해커스
이상구
5급 국제정치학

Ⅱ 외교사편

해커스공무원

이상구

약력
서울대학교 대학원 졸업
성균관대학교 졸업
현 | 해커스 국립외교원 대비 국제법 · 국제정치학 강의
현 | 해커스 변호사시험 대비 국제법 강의
현 | 해커스공무원 국제법 · 국제정치학 강의
전 | 베리타스법학원(5급) 국제법 · 국제정치학 강의
전 | 합격의 법학원(5급) 국제법 · 국제정치학 강의

주요 저서
해커스 이상구 5급 국제정치학 Ⅰ 사상 및 이론편, 해커스패스
해커스 이상구 5급 국제정치학 Ⅱ 외교사편, 해커스패스
해커스공무원 패권 국제정치학 기본서, 해커스패스
해커스공무원 패권 국제정치학 핵심요약집, 해커스패스
해커스공무원 패권 국제정치학 단원별 핵심지문 OX, 해커스패스
해커스공무원 기출 + 적중 1700제 패권 국제정치학, 해커스패스
해커스공무원 실전동형모의고사 패권 국제정치학, 해커스패스
해커스공무원 패권 국제법 기본서, 해커스패스
해커스공무원 패권 국제법 조약집, 해커스패스
해커스공무원 패권 국제법 판례집, 해커스패스
해커스공무원 패권 국제법 핵심요약집, 해커스패스
해커스공무원 패권 국제법 단원별 핵심지문 OX, 해커스패스
해커스공무원 14개년 기출문제집 패권 국제법, 해커스패스
해커스공무원 단원별 적중 1000제 패권 국제법, 해커스패스
해커스공무원 실전동형모의고사 패권 국제법, 해커스패스
해커스공무원 패권 국제법개론 실전동형모의고사, 해커스패스

국립외교원, 5급 공채 합격! 해커스가 함께 하겠습니다.

『2022 해커스 이상구 5급 국제정치학 Ⅱ 외교사편』은 국립외교원을 지원하는 학생들을 돕기 위해 집필하였습니다. 외교사의 문제유형이나 국제정치학 시험에서 외교사가 차지하게 될 비중 등이 현 단계에서는 아직 불확실하지만, 1815년 빈체제부터 1989년 12월 몰타정상선언으로 냉전체제가 공식적으로 종식된 시기까지의 외교사 및 국제정치사의 주요 사건들을 꼼꼼하게 정리해야 하는 학습 방향은 명확하다고 봅니다. 기존의 외무고시나 5급 공채(외교직)에서는 외교사가 출제되지 않거나 냉전 초기 외교사 및 동양외교사에 편중되어 출제되었고, 유럽외교사는 거의 출제되지 않았습니다. 그러나 약술형으로 여러 문제의 출제가 예상되는 국립외교원 입학시험에서는 유럽외교사도 본격적으로 출제될 것으로 전망됩니다. 국립외교원 입학시험의 목적은 국립외교원에서 공부할 수 있는 기본지식을 측정하는 것과 외교관에게 필요한 기본교양을 함양하도록 유도하는 것이라고 봅니다. 이러한 관점에서 보면 외교사 전 범위를 상세하게 정리하고, 또 암기하여야 좋은 점수를 받을 수 있을 것입니다.

『2022 해커스 이상구 5급 국제정치학 Ⅱ 외교사편』은 국립외교원 시험 대비에 만전을 기하는 한편, 외교관으로서 필요한 기초교양을 배양한다는 두 가지 기조를 갖고서 집필에 임하였으며, 구체적 특징은 다음과 같습니다.

첫째, 외교사의 주요 내용들을 체계적으로 정리하는 데 포커스를 맞추었습니다. 나폴레옹전쟁과 빈회의부터 1980년대 말 냉전체제가 붕괴되는 시기까지의 역사적 흐름을 좇아 주요 사건들을 핵심논점 위주로 정리하였습니다. 사건에 대한 해석이 필요한 경우 역사학계나 정치외교사학회에서 발간된 논문을 참고하여 요약·정리하였습니다.

둘째, 냉전기 국제정치사의 주요 사건이나 이슈들을 체계적으로 정리하였습니다. 최근 학계에서 냉전체제사에 대한 연구가 강화되는 경향이 있고, 기존 5급 공채시험에서도 지속적으로 출제되고 있으므로 이를 반영하여 본서에서도 주요 논점들을 집중 정리하였습니다. 냉전기 외교사는 이기택 교수님의 저서와 냉전시대사를 연구하시는 교수님들의 주요 논문을 참고하였습니다.

셋째, 동양외교사를 중국·일본·조선의 세 부분으로 분류하여 정리하였습니다. 양국, 또는 삼국에 공동으로 관련되는 주제는 함의가 상대적으로 큰 국가편에 분류하였습니다. 김경창 교수님의 「동양외교사」가 큰 도움이 되었습니다. 또한 미국 패권의 시기임을 고려하여 미국외교사를 별도의 장으로 구분하여 핵심 주제들을 요약해 두었습니다. 기존 개설서에서 다루지 않는 토픽들은 차상철 교수님 외 여섯 분이 공저하신 「미국외교사」를 주로 참조하였습니다.

넷째, 외교사가 낯선 이유 중 하나가 지명, 인명, 사건 등이 낯설기 때문임을 고려하여 중요한 지명, 인명, 사건에 대해서는 백과사전을 참조하여 필요한 부분만 발췌해서 주석에 실어 두었습니다. 두산동아 「대백과사전」을 참고하였습니다. 공부하는 중간중간에 좋은 휴식이 될 것이며, 나아가 깊이 있는 교양을 위한 디딤돌 정도의 효과가 있을 것으로 기대합니다.

끝으로, 21세기 대한민국의 창조적·평화지향적 외교를 이끌어 나갈 미래의 외교관 여러분들에게 합격의 영광과 번영의 미래를 기원합니다.

2021년 11월
저자 이상구

목차

제1편
총론

제1장 | 역사학 서설

제1절 역사란 무엇인가?

I 역사의 정의 및 중요성

1. 역사의 정의

역사에 대한 정의는 다양하지만 일반적으로 인간 사회의 변천 및 발전의 과정 또는 그것을 기록한 것이며, 어떤 사물의 오늘날에 이르는 동안 변화된 자취로 정의할 수 있다. 키케로(Cicero)는 역사를 "참으로 시대의 증인이요, 진실의 등불이다. 역사는 세월의 흐름을 입증하는 증인이다. 그것을 현실을 밝혀주며 기억에 활력을 주며, 일상생활에 지침이 되며, 우리들에게 고대인들의 소식을 전해준다."라고 하였다.

2. 역사의 중요성

역사의 중요성에 대해서는 다양한 견해가 있다. 포드(H. Ford)는 "역사는 엉터리다."라고 하였고, 플루타르코스(Plutarch)는 "역사로써 어떤 일의 진실을 결정하기는 매우 어렵다."라고 하였다. 반면, 베인턴(Bainton)은 역사가 인간의 본성에 대해 무언가 우리에게 가르쳐 줄 수 있다는 확신을 가지고 역사 연구의 중요성을 인정하였다. 라마르틴(Lamartine)도 역사는 모든 것을 미래까지도 가르쳐준다고 하였다. 에머슨(Emerson)은 "역사의 효용은 현재시간과 현재시간의 의무에 가치를 주는 것이다."라고 하였다. 카(E. H. Carr)는 "역사가의 기능은 과거를 사랑한다는 것도 아니요, 과거로부터 자신을 해방시키는 것도 아니요, 현재를 이해하는 열쇠로써 과거를 지배하고 과거를 이해해야 한다."라고 하였다.

II 역사관

1. 그리스의 순환론적 역사관

고대 그리스 역사관은 순환론적 역사관으로 묘사된다. 그리스인들은 역사란 끝없이 되풀이되는 사건의 순환이라고 인식하였다. 그러므로 역사의 의미는 반복의 패턴을 발견함으로써 밝혀질 수 있다고 보았다. 이들의 역사관은 자연과 천체 현상에 대한 연구에서 비롯되었다. 그리스인들은 한편으로는 계절에 따른 자연의 규칙적인 변화, 생물의 생성과 소멸, 식물계의 재생과 멸절에 흥미를 느꼈으며, 다른 한편으로는 천체의 주기적인 운동에 감명을 받았다. 순환론적 역사관은 힌두교에 영향을 주었고, 슈펭글러(Oswald Spengler)도 그리스의 영향을 받아 순환론적 역사관을 지지하였다.

2. 헤겔의 변증법적 역사철학

(1) 의의

헤겔은 역사 속에는 인간에 의해 변경시킬 수 없는 절대적인 법칙이 있으며, 이 법칙에 의해 역사의 과정은 필연적으로 정해진다고 보았다. 인간이 상상력에 의해 고안한 그 어떤 이상도 역사의 법칙에 적합한 것이 아니면 결코 성공할 수 없다. 그리고 이상은 역사 속에 있어서 그것이 실현되어야 할 시기가 오지 않으면 실현될 수 없다. 헤겔은 이와 같은 법칙을 그의 범신론적 사상에 의해 절대자, 신의 자기실현의 과정으로 파악하였다.

(2) 변증법

헤겔은 인류 역사는 정치적, 사회적, 경제적 제관계 안에서 스스로를 현현하고 있는 제이념 간의 상극으로서 발전하는 것이라고 하였다. 헤겔은 그 과정을 변증법으로 체계화하였다. 변증법은 정(正), 반(反), 합(合)을 말한다. 어떤 주장을 정이라 할 때 그것을 부정하는 반이 생기고 정과 반의 투쟁 속에서 보다 차원 높은 사상으로 종합된다. 이것이 정이 되면, 여기에 대한 반이 생기고 또다시 종합되는 과정을 거친다. 변증법에는 세 가지 법칙이 있다. 첫째, 전체로서 변화 발전의 원칙이다. 이 원리는 사물을 개별적으로 보지 않고 상호 관련된 전체 차원에서 보게 된다. 둘째, 모순 대립의 원칙이다. 존재하는 현상이나 사물은 정과 반의 관계에 있다. 셋째, 전진과 후퇴의 운동 법칙이다.

3. 마르크스의 유물사관

1840년대 마르크스와 엥겔스에 의해 체계화된 사관으로서 사적 유물론이라고도 한다. 유물사관은 역사발전의 근본동력이 물질, 즉 생산력이라고 본다. 생산력의 변동이 역사변동이며, 생산력의 변동은 생산관계에 변동을 가져오고, 생산관계를 안정화시키기 위해 국가, 대학, 종교 등 다양한 사회제도가 형성 및 변동된다. 마르크스의 유물사관에서 주목할 사실은 역사의 전개 과정에서 결정론 또는 필연성의 존재를 지지한다는 것이다. 즉 역사변동을 통해 궁극적으로 공산주의라는 이상적 공동체가 실현됨으로써 역사발전은 완성되는 것이다.

4. 토인비(A.Toynbee)

(1) 개설

토인비는 고대와 현대를 연결하는 거시적 입장에서 집필한 역작 『역사의 연구』에서 다양한 문화유형을 탐구하여 독자적 문명사관을 제시하였다. 슈펭글러의 영향을 받은 토인비는 제1차 세계대전으로 현대의 역사와 서유럽 문명의 장래에 대한 위기의식 속에서 『역사의 연구』를 집필하였다. 이 저서에서 토인비는 세계역사에서 26개의 문명권이 각각 성장, 발전, 쇠퇴의 공통 경로를 거쳤다고 주장하였다. 실증적 연구를 통해 토인비는 26개 문명은 탄생하여 성장하는 제1막과 성장을 멈추고 쇠퇴하여 붕괴되어가는 제2막으로 구성되어 있다고 주장하였다. 제1막의 기본적인 동학은 도전과 응전이다. 도전이 올 때 중요한 것은 창조적 소수자(creative minority)의 존재이다. 창조적 소수자는 문명공동체가 새로운 문제에 부딪칠 때마다 창조적 역량을 발휘하여 문제를 해결한다. 창조적 소수자는 비창조적 다수자와의 협력관계를 끌어내는 것이 중요한 과제이다. 토인비는 '미메시스(mimesis)'를 통해 이러한 과제가 해결된다고 보았다. 미메시스는 사회적 훈련을 통한 모방을 말한다. 대중은 미메시스를 통해 사회적 재산, 기술, 정서, 사상 등을 획득한다. 어떤 문명이 창조적 소수자의 창조성이 계속 발휘되어 비창조적 다수자가 미메시스를 철회하지 않는 한 성장을 계속한다. 그러나 소수자가 응전에 실패하여 비창조적 다수자가 모방을 철회하는 경우 문명은 성장을 멈추고 좌절한다. 이를 문명의 쇠퇴라고 한다.

2) 법칙

토인비는 문명연구를 통해 네 가지 법칙을 제시하였다. 첫째, 문명의 발생은 역경에 대한 도전의 응전으로 시작된다. 둘째, 문명의 성장은 일련의 계속적인 도전에 대한 응전이 있음으로써만 가능하다. 셋째, 문명의 좌절은 반복되는 도전에 성공적으로 응전하지 못한 결과이다. 넷째, 문명의 해체는 소수의 지배계층과 내적-외적 프롤레타리아트 형성으로 특징지워진다.

5. 카(E.H.Carr)

(1) 현실의 역사성

카(Carr)는 19세기 정점에 달했던 랑케류의 실증사학에 반기를 들었다. 랑케는 1830년대에 역사가의 임무는 "과거에 있었던 그대로를 보여주는 것일 뿐"이라는 유명한 명제를 제기하였다. 실증주의자들에게 있어서 역사는 "확인된 사실들로 이루어져 있다. 사실들이란 마치 물고기가 어부의 그물에 걸려 있듯이, 사료와 비문(碑文)의 형태로 사가들에게 쓰여지는 것이다.". 그러나, 카(Carr)는 객관적인 역사적 사실의 존재 자체를 부정한다. 사실은 '스스로 말하는 것'이 아니라 '역사가가 말하라고 할 때에만 말하는 것'이다. 카(Carr)는 "모든 역사는 현대사이다"라는 크로체의 명제에 동의한다. 역사란 본질적으로 과거를 현재의 눈으로, 그리고 현재의 문제의식에서 보는 것이라는 의미이다. 역사란 "역사가와 그의 사실들 간의 끊임없는 상호작용이며, 과거와 현재 사이의 계속되는 대화이다."

(2) 이상과 현실

이상과 현실이라는 두 범주는 카(Carr)의 사상 전반에 걸쳐서 중요한 대립 개념이나, 양자는 그 본질상 영원히 서로 화해할 수 없는 것이다. 이상은 결코 제도화될 수 없고, 또 이미 만들어진 제도는 결코 이상이 될 수 없다. 카(Carr)는 소렐(Albert Sorel)의 말을 인용하여 "자신들의 이상에 맞는 세상을 꿈꾸는 사람들과 세상의 현실에 자신들의 생각을 맞추려는 사람들 간의 논쟁은 영원히 끝나지 않는 싸움이다."라고 하였다. 카(Carr)는 이상주의자들 주장의 이데올로기적 성격 또는 지식사회학적 성격을 배격하는 한편, 현실주의의 한계라고 지적하였다. 카(Carr)는 철저한 현실주의자는 결국 냉소적이고 수동적인 처지에 빠질 것이라고 비판하면서 현실의 변화가능성을 주장하였다.

(3) 진보와 실천

카(Carr)는 현실을 인간의 인식과 완전히 독립되고 결정론적인 법칙이 작동되는 초역사적인 대상이 아니라 인간의 가치(values)와 행동(practice)이 그 속에서 중요한 부분을 차지하는 역사적, 사회적 구성물로 보았다. 인간의 사회적 현실은 주체와 완전히 독립되어 별개로 존재하는 대상물이 아니다. 그것은 끊임없는 인간의 행위를 통해서만 주체에게 인식될 수 있고, 동시에 주체의 행위를 통해서 구성되고 변화되는 간주관적인 실체이다. 카(Carr)에 의하면 우리의 가치들은 "인간 능력의 필수적 부분"이다. 그것들을 통해 "우리는 환경에 적응할 수 있고, 환경을 우리들에게 적합하도록 만들 수 있으며, 나아가 그것에 대한 지배력을 얻게 된다.". 이 능력 덕분에 우리는 역사를 진보의 기록으로 만들어 올 수 있었다.

역사가 사실과 가치의 상호작용에 의해 구성된다는 점을 고려하면 역사는 단순히 해석의 문제가 아니라 실천의 문제가 된다. 카(Carr)는 역사는 과정의 정치이고, 정치는 현재에서 미래로 역사를 만들어 나가는 행위라고 보았다. 불완전한 존재로서의 인간이 자신이 걸어온 길을 이해하고 "최선책"을 모색하는 실천이야말로 역사학과 정치학이 만나는 지점이라는 것이다.

6. 랑케(Ranke, Leopold von)

(1) 헤겔 비판

랑케의 역사관은 헤겔의 역사철학 비판에서 출발한다. 경험적 역사학의 토대를 이룬 것으로 평가되는 랑케는 그의 역사학을 헤겔의 역사철학에 대치시키면서 역사주의 이론을 정립하였다. 그는 헤겔의 역사철학을 '관념적'인 것이라고 비판하면서, 그것이 경험적 역사학에 의해 극복되어야 한다고 주장하였다. 랑케는 헤겔의 역사철학은 실제로 일어났었던 사건과는 관계없는 추상적인 원리들을 통해 역사적 현실에 접근하기 때문에 실제로 어떤 일이 일어났었는지 정확하게 파악할 수 없는 '관념적인 철학'에 그치는 것이며, 사건 그 자체를 철학자의 이념에 종속시킨다고 보았다. 또한 그는 사실의 실재성과는 거리가 먼 사변적인 개념과 그것으로부터 추록된 보편성을 통해서는 현상들의 다양성을 담아낼 수 없다고 주장하였다. 그에게 있어서 "사실의 실재성은 모든 면에서 사변적 개념"을 벗어나 있는 것이어야 하였다. 그는 사변적 개념 대신 개체성에 주목할 것을 요구하였다. 랑케에 따르면 개체는 상위의 목적에 봉사하거나 보편적인 이념의 실현을 위한 도구로 이용되지 않는다. 개체성은 전일적인 보편성에서 벗어나 있으며, 그 자체의 내재적인 원리에 의해 발전해 나아간다. 또한 그 발전의 과정은 단지 하나의 이념이나 말에 의해 특징지어 지거나, 하나의 개념에 의해 규정될 수 있는 것이 아니라, 단지 이해될 수 있는 대상이다.

(2) 랑케의 사관

랑케에게 있어서 역사 지식의 구성에서 가장 앞서야 하는 것은 개별적인 사실들을 낱낱이 파악하는 작업이다. 사건의 인과적 요인과 연관관계, 의미 등은 이러한 작업이 수행된 이후에야 확보될 수 있다. 다시 말해, 랑케는 개별적인 구체적 사실들을 확인함으로써 객관적이고 보편적인 과학적 역사 지식을 구성할 수 있다고 믿었다. 그는 역사가의 과업을 "존재의 근원으로까지 파고 들어가 완전한 객관성을 가지고 서술하는 것"이라고 규정하였다. 이 정의는 역사가가 마주하는 대상, 즉 과거의 역사적 사실은 역사가가 관찰하기 전에 이미 실재로 존재하며, 그것을 객관적으로 재현하는 것이 가능하다는 믿음 위에서 성립한다. 랑케는 과거와 현재의 질적 차이를 소거함으로써, 관찰되는 대상과 관찰자의 동일성을 가정한다. 이러한 전제하에서 역사가는 사료를 꿰뚫어 독해함으로써 과거의 역사적 사실을 오롯이 재현할 수 있다.

근대국제정치체제의 성립 및 변동

제1절 30년전쟁과 근대국제정치체제의 성립

Ⅰ 서론

30년전쟁은 유럽에서, 로마 가톨릭교회를 따르는 국가들과 개신교를 따르는 국가들 사이에서 벌어진 종교 전쟁이다. 1618년 신성 로마 제국의 페르디난트 2세가 보헤미아의 개신교도를 탄압한 것에 대해 개신교를 믿는 보헤미아의 귀족들이 반발하여 일어난 전쟁으로, 1648년 베스트팔렌조약으로 끝났다. 당초 신성 로마 제국과 보헤미아 사이의 종교싸움이었으나 곧 덴마크, 스웨덴, 프랑스가 개신교도를 지원하기 시작하였고, 1630년대에 이르러서는 신성 로마 제국, 스페인, 프랑스, 스웨덴 등 여러 강대국의 이권 쟁탈전으로 성격이 변화되었다. 30년전쟁으로 네덜란드와 스위스는 각각 스페인과 오스트리아로부터 독립을 인정받았고, 프랑스와 스웨덴은 영토를 확장하였다. 30년전쟁으로 근대국제체제가 탄생하게 되었다.

Ⅱ 배경

1. 네덜란드 독립전쟁

1610년대 초에 유럽의 정세는 크게 바뀌고 있었다. 가장 큰 역사적 변화는 스페인 제국의 몰락이 가속화되기 시작하였다는 것이다. 오스만 제국을 레판토 해전에서 격파하고, 라틴아메리카 대부분을 자신의 식민지로 복속한 스페인은 16세기 중반까지 유럽의 최강대국 중 하나로 부상하게 되었다. 그러나 펠리페 2세의 지나친 강력한 왕권 전제화 및 종교 탄압은 네덜란드 신교도의 반발을 부추겼다. 1568년부터 스페인의 지배하에 있던 저지방 국가의 북부 지역이 반란을 일으키면서 스페인은 이 반란을 진압하기 위해 자국의 경제력을 네덜란드 반란군에 쏟아 부었다. 1588년 스페인 무적함대가 영국-네덜란드 연합군에 의해 격파당한 이후, 스페인의 위신은 바닥으로 추락하였다. 네덜란드 연방은 스페인에 대한 반격을 감행해 1609년 스페인령 네덜란드에 심각한 타격을 입혔다. 이에 스페인령 네덜란드는 스페인에 의존하게 되었다. 이후 네덜란드는 마우리츠 공을 중심으로 스페인에 대항하였다.

2. 신흥 강대국의 등장

스페인 제국이 쇠퇴를 거듭할 무렵, 유럽에서는 새로운 세력들이 등장해 스페인 제국의 패권에 도전할 수 있게 되었다. 가장 큰 성장 세력은 프랑스 왕국이었다. 100년 전쟁 이래로 봉건제가 서서히 붕괴되기 시작한 프랑스 왕국은 앙리 4세의 훌륭한 통치로 중앙 집권의 기틀을 마련하는데 성공한다. 한편 유럽의 북쪽 지대에서도 강력한 중앙집권화를 이룩한 국가들이 등장하였다. 스웨덴 제국, 엘리자베스 1세의 잉글랜드 왕국, 덴마크-노르웨이가 이 세 국가이다. 먼저 잉글랜드 왕국은 엘리자베스 1세의 즉위 이후 신교도 국가로 확실히 자리매김하게 되었다. 이와 달리 스웨덴 제국과 덴마크 왕국은 같은 신교도 국가임에도 불구하고 서로 반목하는 사이였다. 먼저 스웨덴 제국의 경우, 당시 스웨덴의 왕이었던 구스타브 2세 아돌프는 부왕의 뜻을 기려 적극적인 발트해 공략 작전을 개시하였다. 그는 잉그리안 전쟁에서 러시아 제국의 군대를 격파했으며, 폴란드-리투아니아 연방을 자주 침공하기도 하였다. 이 무렵 스웨덴은 해상 무역이 발달하여 한자 동맹을 위협할 수준에 이르렀으며, 발트 해의 세력권을 확보하여 강대국으로 성장할 수 있는 발판을 마련하였다.

3. 프랑스와 신성 로마 제국의 외교

유럽 내부에서 종교적 갈등이 심화됨에 따라 서로 앙숙이었던 프랑스와 합스부르크의 신성 로마 제국은 서로를 고립시키기 위해 더욱 더 강력한 동맹 체제를 구축하고자 하였다. 프랑스의 경우에는 교황, 베네치아 공화국 등과 동맹을 맺었다. 당시의 교황인 바오로 5세는 이탈리아의 지배권이 신성 로마 제국 측에 넘어가는 것을 방지하기 위해 프랑스의 외교 정책에 더 힘을 실어주게 된다.

4. 신성 로마 제국 내부 문제

1517년 마르틴 루터가 독일에서 95개조 반박문을 통해 교황을 정면으로 공격한 이후, 1522년 마르틴 루터의 주장을 따르는 라인 강 하류 지역의 기사들이 "형제단"을 세우고 신성 로마 제국에 반기를 들었으며, 이들이 진압당한 뒤에도 독일 곳곳에서는 로마 가톨릭 교회를 버리고 루터의 주장을 따르는 루터교회로 개종하는 도시들이 늘어났다. 특히 뮌스터에서는 재세례파 위원회가 결성되어 지역 주교의 군대에 저항하였다. 비록 뮌스터는 주교가 이끄는 군대에 함락 당했지만, 로마 가톨릭 교회를 버리면 기존의 로마 가톨릭 교회의 재산들을 압수할 수 있었기 때문에 루터교회나 장 칼뱅의 개혁교회로 개종하는 영주들은 늘어만 갔으며, 이어 기사들과 도시민들도 루터교회나 개혁교회로 개종하기 시작하였다. 결국 1526년에 열린 슈파이어 제국 의회에서, 오스만 제국 등과의 전쟁을 위해 영주들의 힘을 필요로 했던 신성 로마 제국은 영주들의 루터교회의 신앙을 인정했지만, 1529년 빈 공방전에서 신성 로마 제국이 승리한 이후 황제 카를 5세는 기존의 『보름스 칙령』을 다시 발표해 루터교회를 탄압하려 하였다.

Ⅲ 전개과정

1. 보헤미아 반란

아들이 없었던 마티아스 황제는 열렬한 가톨릭 지지자인 이스트리아의 페르디난트를 후계자로 염두에 두고 있었다. 1617년 페르디난트가 보헤미아 왕국의 실질적인 주인으로 선출되었고 마티아스가 죽자 자연스레 보헤미아의 왕이 되었다. 이에 개신교도들은 반란을 도모하게 되었다. 그리하여 가톨릭세력과 개신교 세력 간 내전이 시작되었다. 전황은 보헤미아인들에게 유리하게 돌아갔다.

2. 오스만 제국의 지원

트란실바니아의 공작이자, 헝가리 개신교도의 왕이었던 베슬렌 가블러는 오스만 제국의 술탄 오스만 2세의 지원을 받고 있었다. 페르디난트의 2세의 가톨릭 공포 정치로 베슬렌은 오스만 2세에게 보호를 해달라고 부탁하였고, 오스만 제국은 이에 따라 합스부르크의 통치에 의해 반기를 일으키고 개신교도의 왕으로 프리드리히 5세를 선출한 이후 보헤미아 내 여러 국가들이 힘을 발휘할 수 있는 상황을 만들 수 있는 보헤미아의 유일한 동맹국이 되었다.

3. 덴마크 시대(1625년 ~ 1629년)

1625년 5월 덴마크의 왕 크리스티안 4세가 개신교 측에 참가하여 전쟁에 뛰어들었다. 크리스티안 4세는 개신교도였고, 바이센베르크 전투(흰산 전투)의 승리에 자신감을 가진 가톨릭 진영에 대항하기 위한 것이 표면상의 참전 이유였다. 그러나 실제로는 신성 로마 제국 니더작센의 구역장으로서 오랫동안 빈 자리로 남아있는 2개의 제국내 사교직(司教職)에 자신의 아들을 취임시켜줄 것을 요청하였으나, 황제 페르디난트 2세가 이를 거절하고 틸리 백작의 군대를 니더작센에 진군시켜 머무르게 한 것이 진정한 이유였다. 덴마크 왕 크리스티안 4세는 아들의 사교직 취임 문제에 대한 페르디난트 2세의 노골적인 반대를 명분으로, 프랑스, 영국, 스웨덴의 동맹국들로부터 지원을 받아 1625년 5월 전쟁에 참전하였다. 1626년 8월 크리스티안 4세는 믿고 있던 프랑스의 지원을 얻지 못해 루터 전투에서 가톨릭 동맹군 사령관 틸리 백작에게 완패하였다. 크리스티안 4세는 스웨덴에게 지원을 요구하였고 곧 동맹이 성립되었다.

4. 스웨덴 참전

1630년 7월 스웨덴 왕 구스타브 2세 아돌프는 황제군의 발트 해 진출에 대해 위협을 느끼는 한편, 이를 대륙 진출의 찬스라고 생각하였다. 그는 곧 개신교 옹호를 표방하고 프랑스 재상 리슐리외의 군사비 원조를 얻어 28척의 전함과 수송선에 기병 16개 부대, 강력한 포병이 배속된 보병 92개 중대, 합계 13,000명의 대군을 승선시키고 북부 독일의 우제돔에 상륙하였다. 구스타브는 자신의 군을 새로운 군제(軍制), 장비, 전술로 탈바꿈시키고, 신 전술의 전투대형으로 배치하였다. 결과적으로 신 전술의 위력을 유감없이 발휘해 구체제의 테르시오로 조직된 틸리군에게 결정적인 패배를 안겨주었다. 이 전투로 인해 세력관계는 단숨에 역전되어, 황제측이 수세로 몰리게 되었다.

5. 프랑스 – 스웨덴 시대(1635년 ~ 1648년)

스웨덴과 독일 개신교 제후의 든든한 방패였던 프랑스는 스웨덴의 구스타브 왕이 전사한 후 재상 옥센셰르나가 이끄는 스웨덴군이 뇌르틀링겐 전투에서 패배하여, 서부, 남부 독일 개신교 제후의 하이브론 동맹이 와해되면서 스웨덴이 고립되게 되자, 전쟁의 무대에 등장하게 되었다. 프랑스는 1635년 5월 21일 스페인에게 선전포고를 하였고, 이로써 부르봉 왕가 대 합스부르크 왕가의 직접 대결이 시작되었다. 프랑스군은 주로 스페인군과, 스웨덴군은 황제군과 전투를 벌였다. 1642년 황제군은 브라이텐펠트에서 다시 스웨덴군과 맞붙었으나 패배하였다. 황제는 이 패배에 굴복해 화평의 길을 모색하기 시작하였다. 이 시기 제국 전체에서 전투를 기피하는 분위기가 만연해 있었다. 1642년 후반쯤 라인 강의 양쪽 강변에서 화평회의가 설치되었으나 1644년이 되어서야 교섭이 시작되었다. 스웨덴은 30년전쟁의 승리를 확실하게 하기 위해 다시 보헤미아에 침공하였다. 1645년 프라하 근교의 얀카우 전투에서 또다시 황제군은 대패하였고, 같은 해 바이에른군도 스웨덴군에게 패배해 바이에른 공작은 프랑스와 화해를 맺고, 고립된 작센 공작도 스웨덴군과 휴전조약을 체결하였다. 1648년 스웨덴-프랑스 연합군은 황제-바이에른 연합군을 격파하고 대세를 굳혔다.

Ⅳ 강화조약(베스트팔렌조약)

베스트팔렌조약을 통해 30년전쟁은 종결되었다. 베스트팔렌조약은 오스나브뤼크와 뮌스터(각각 1648년 5월 15일과 10월 24일)에서 체결되었다. 주요 내용은 다음과 같다.

첫째, 모든 진영은 각 제후에 로마 가톨릭 교회, 루터교회, 개혁교회 중 자신의 종교를 결정할 권리를 부여한 1555년의 아우크스부르크 회의를 인정한다.

둘째, 네덜란드, 스위스, 사부아, 밀라노, 제노바, 만토바, 토스카나, 루카, 모데나, 파르마가 신성로마제국에서 공식적으로 독립한다.

셋째, 프랑스는 메츠, 툴루즈, 로렌 지방 근처의 베르됭의 주교령과 알사스의 열개의 동맹 도시(Décapole)를 확보한다.

넷째, 스웨덴은 서부 포메른과 비스마르 및 브레멘과 베르덴의 주교령을 지배함과 동시에 배상금을 받는다.

다섯째, 선제후령은 새로 승인된 칼 루트비히 1세의 영토와 바이에른의 막시밀리안 선제후 공작의 영토로 나뉜다.

여섯째, 전란기에 생긴 무역 및 상업 장벽은 철폐되며, 라인 강에서 제한적인 자유항행을 인정한다.

Ⅴ 결과 및 영향

30년전쟁과 베스트팔렌조약으로 통해 주권 개념에 기반을 둔 새로운 질서를 중부 유럽에 수립하였으며, 근대 국제체제가 태동하게 되었다. 베스트팔렌조약을 통해 종교의 자유가 허용되면서 개신교 국가들이 로마 가톨릭 교회의 탄압에서 벗어나 생존의 발판을 마련했으며, 역사에서 처음으로 프로이센이 왕국으로 등장하였다. 네덜란드와 스위스는 독립을 인정받았으며, 프랑스는 이 전쟁을 통해서 영토를 확장하였다.

제2절 근대국제정치체제의 변동

Ⅰ 서론

체제란 전체의 목표를 위하여 상호작용하며 어떤 종류의 경계에 의해 그 환경으로부터 구분되는 구성요소나 단위의 집합을 의미한다. 체제는 환경과 상호작용과정에서 평형을 유지하려는 속성을 가지며, 환경의 압력에 적절한 적응하지 못할 때 체제는 변화한다. 국제체제란 국제정치 행위자들로 구성된 집합체로서 규칙적인 패턴에 따라 상호작용하고 있는 것으로 정의할 수 있다[1].

근대 국제정치체제는 역사적으로 전쟁을 통해 이전의 체제가 붕괴되고, 전후처리과정에서 새로운 체제가 성립되었다. 즉, 나폴레옹전쟁을 통해 유럽협조체제, 독일통일전쟁 이후 비스마르크동맹체제, 제1차 세계대전을 통해 베르사유체제, 로카르노체제, 워싱턴체제, 제2차 세계대전을 통해 얄타체제 또는 냉전체제가 성립되었으며, 냉전의 평화적 종식이후 새로운 국제질서가 형성되었다[2][3].

---

1) 박재영, 국제정치 패러다임, 전정판, 74면.
2) 국제정치체제의 분류는 이기택 교수님의 논의에 기초하여 편의상 로카르노체제와 워싱턴체제를 추가하였음.
3) 이기택, 국제정치사, 제2개정판, 서울:일신사, 17면.

Ⅱ 19세기 이후 국제정치체제의 역사적 흐름

1. 나폴레옹전쟁과 유럽협조체제

유럽협조체제는 프랑스혁명 이후 유럽의 세력균형체제의 변경을 시도한 나폴레옹전쟁의 전후처리과정에서 형성되었다. 유럽협조체제는 빈체제, 신성동맹, 4국동맹, 회의외교방식이라는 기제를 통해 유럽 대륙의 세력균형을 유지하기 위한 국제체제였으며 세력균형원리 및 보수주의 원리에 의해 유지되었다. 유럽협조체제는 자유주의 혁명과 민족국가 형성문제에 대한 자유주의 세력과 보수주의 세력의 대립, 동방문제에 대한 프랑스와 러시아의 대립, 발칸반도에 대한 오스트리아와 러시아의 대립 등을 거치면서 협조체제는 붕괴되기 시작했으며, 이탈리아와 독일의 통일을 통해 유럽협조체제는 비스마르크 동맹체제로 이행하게 된다.

2. 독일통일전쟁과 비스마르크동맹체제[4]

소독일중심 통일을 위해 독일은 오스트리아 및 프랑스와 통일전쟁을 하게 되고 통일을 완성한 이후 변경된 세력관계를 유지하기 위해 비스마르크를 중심으로 형성된 체제를 비스마르크 동맹체제라 한다. 프랑스를 고립시키는 것이 목표였으며, 이를 위해 특히 오스트리아와 러시아를 독일과의 동맹 또는 협상체제속에 묶어두고자 하였다. 비스마르크 동맹체제는 비스마르크 퇴진 이후 독일이 적극적인 제국주의 정책을 추진하면서 와해되기 시작하였으며, 러불 협상의 성립에 따른 러시아의 동맹체제에서의 이탈, 이탈리아의 동맹에서의 사실상 이탈과 제1차 세계대전의 패전으로 붕괴된다.

3. 제1차 세계대전과 베르사유체제

제1차 세계대전 이후 파리강화회의에서 체결된 베르사유조약에 의해 창설된 체제가 베르사유체제이다. 베르사유체제에서는 윌슨적 자유주의 사상을 반영하여 세력균형과 동맹을 대체하는 안보유지기제로서 '집단안전보장제도'를 도입하였다. 집단안전보장제도는 회원국의 일방적 전쟁을 제한하고, 제도적 절차에 기초하지 않은 개전자에 대해서는 체제 내의 모든 국가들이 단결하여 침략자를 제어하기로 예정된 제도이다. 베르사유체제는 제도자체의 모순, 주도국(미국)의 이탈, 현상타파국가에 대한 잘못된 대응, 체제내 국가 간 대립 등으로 제 기능을 발휘하지 못하고 제2차 세계대전 발발로 붕괴되었다.

4. 로카르노체제

로카르노체제란 1925년 로카르노에서 체결된 일련의 조약에 의해 성립된 유럽의 집단안보제도를 의미한다. 영국과 미국 주도로 형성된 베르사유체제는 전통적으로 세력균형이나 동맹에 안보를 의존해 온 프랑스의 안보위협을 해소해 주지 못하였다. 로카르노체제는 독일의 서부국경에 대해 독일이 라인란트 비무장을 약속하고 이를 영국과 이탈리아가 보장함으로써 프랑스의 안보위협을 완화하기 위한 체제였다. 로카르노체제는 불소불가침조약을 트집 잡은 히틀러의 라인란트 재무장, 이에 대한 영국의 유화정책, 체제보장국인 영국과 이탈리아 간의 갈등으로 붕괴되었다.

5. 워싱턴체제

로카르노체제가 유럽지역의 안보불안을 해소함으로써 베르사유체제를 보완한 체제라면, 워싱턴체제는 동아시아 지역질서를 구축한 체제다. 1923년 미국의 하딩 대통령이 주최한 워싱턴회담은 제1차 세계대전 이후 신흥강대국으로 부상한 미국이 자국의 전략적 기조인 문호개방정책과 현상유지정책에 대항하는 일본의 힘을 약화시키

---

4) 비스마르크 동맹체제는 유럽내부에서 형성된 국제체제이며, 유럽 외부에서는 여전히 유럽협조체제가 작동하고 있었다(이기택, 전게서, 20면). 논자에 따라 유럽협조체제의 지속시기를 제1차 세계대전까지 연장하는 견해의 근거가 된다.

려는 의도를 갖고 있었다. 미국의 의도대로 중국의 현상유지와 영토보전, 일본에 우월한 해군력 보유, 영일동맹 해체라는 목적을 달성하였으나, 일본의 국내정치적 상황변화와 함께 일본을 현상타파세력화하는 계기가 되기도 하였다. 워싱턴체제는 일본의 만주경략이래 악화일로를 걸었으며, 마침내 태평양전쟁으로 붕괴되었다.

6. 제2차 세계대전과 얄타체제

제2차 세계대전 이후 형성된 얄타체제는 이상주의적 집단안보체제를 기본으로 하면서도 국제연맹의 실패를 반면교사로 삼아 미, 영, 소 3국의 지도체제의 성격과 바르샤바조약기구와 북대서양조약기구를 중심으로 공산진영과 자유진영의 동맹체제의 성격을 같이 가지고 있었다. 냉전으로 인해 지도체제의 작동이 정지되기도 하였으나 얄타체제적 성격을 완전히 변형시키지는 못하였다. 동서데탕트, 핵전력의 균형 등의 요인에 기초하여 강대국 간 협조적 지도체제가 복원되었다. 얄타체제는 독일의 통일로, 냉전체제는 구소련의 분열로 붕괴되었다.

7. 새로운 국제질서

냉전의 종식 이후 새로운 질서에 대해서는 다양한 견해가 개진되고 있고, 국제정치 실제에 있어서도 새로운 체제의 구체적이고 명확한 형상이 나타나고 있지는 못한 상황이다. 새로운 국제질서는 민주주의와 시장경제에 기반한 국제정치 행위자들 간의 우호적 관계가 지배적일 것이라고 예측하는 견해도 있고[5], 레이몽 아롱과 같이 종국적으로 제국체제로 발전해 갈 것이라고 예측하는 견해도 있다[6]. 미국이 주도하는 단일체제적 제국체제적 성격의 국제질서가 전개되리라 예측하는 것이다. 그러나, 세력전이론의 논의에 비춰볼 때, 미국중심의 단극질서는 미국의 상대적 힘이 쇠퇴하기 전까지의 일시적 체제일 가능성이 있으며, 강대국들 간의 균형체제로 회귀할 가능성이 높다고 생각된다.

Ⅲ 체제의 지속 및 변화요인과 21세기 국제질서에 대한 시사점

1. 국제체제의 지속 및 변화요인

역사적으로 존재해왔던 국제정치체제를 종합적으로 검토해 볼 때, 각 체제를 유지했던 요인들은 강대국 간 세력 및 이익의 균형, 강대국 간 이념유대, 지도국의 존재와 체제보존 의지, 부분적으로는 집단안보제도라 할 수 있다. 무엇보다 압도적인 국력을 보유한 국가의 국력 및 체제유지 의사가 존재하거나, 국가들 간 세력균형이 형성된 상황에서 체제의 안정성이 가장 높았다고 본다. 이념유대, 집단안보제도는 세력균형에 의해 달성된 안보를 보다 강화시켜 주는 요인이었다. 같은 맥락에서 국제체제가 변화되는 근본적인 요인은 국가들 간 국력분포의 변화와 이에 대해 타 강대국들이 적절하게 대응하지 못한 것이라 생각한다. 제1차 세계대전의 경우의 독일, 제2차 세계대전의 경우 독일, 태평양전쟁의 경우 일본의 국력증가와 이에 기초한 현상타파 의도에 타 강대국들의 부적절한 대응이 체제변화를 초래하는 전쟁으로 연결된 것이다.

2. 21세기 국제질서에 대한 시사점

냉전체제의 소멸 이후 미국의 군사적 패권질서가 전개되고 있으나, 그 안정성에 대해서는 의견이 일치되어 있지 않다. 지금의 국제체제를 패권체제라 전제할 때 21세기 국제질서의 안정성을 결정하는 핵심 변수는 '도전국의 등장가능성' 및 이에 대한 패권국 및 타 강대국들의 대응이라 볼 수 있다. 무엇보다 현 체제하에서 현상타파세력이 등장하지 않도록 적절히 관리하는 것과, 현상타파 의도를 가진 세력의 진의를 명확히 파악하여 봉쇄하는 것이 국제체제의 안정에 있어서 중요하다는 점을 국제정치사가 보여주고 있다고 생각한다.

5) 프랜시스 후쿠야마, 역사의 종언. (이기택, 전게서, 25면에서 재인용)
6) 이기택, 전게서, 26면.

제2편
유럽외교사

제1장 | 유럽협조체제

제1절 서설

Ⅰ 의의

유럽협조체제(Concert of Europe)란 나폴레옹전쟁의 전후처리 과정에서 형성된 유럽의 안보질서를 유지하기 위한 안보제도를 의미한다. 유럽의 세력균형을 교란하는 행위자에 대해 유럽의 강대국들이 상호 협의하여 공동대응함으로써 빈회의 결과 형성된 유럽질서를 보존하는 것을 목적으로 하였다. 보다 구체적인 목적은 4국동맹조약 제2조 및 제3조에 기술되었듯이, 혁명 프랑스가 강대국으로 재부상하여 유럽의 평화를 위협하고 프랑스 국경이 변화하는 것을 막는 것이었다. 강대국 간 상호이익조정으로서의 유럽협조체제는 트로파우회의와 베로나회의를 거치면서 붕괴되기 시작하여 크리미아전쟁과 비스마르크 통일전쟁으로 막을 내렸으나, 식민지에 대한 이익조정으로서 유럽협조는 제1차 세계대전 이전까지 지속되어 유럽문제를 해결하는데 유익한 거버넌스 기제(governance mechanism)로 기능하였다.

Ⅱ 유럽협조체제의 형성

1. 형성원리: 세력균형과 정통주의

빈체제 및 유럽협조체제를 지배한 원리는 세력균형과 정통주의였다. 이는 나폴레옹전쟁 전의 유럽상황을 복원하는 의미를 담고 있었다. 즉, 나폴레옹전쟁으로 사라진 유럽의 국경을 재획정함에 있어서 유럽대륙의 주요 세력 간 균형을 고려하였다. 세력균형정책은 영국에 의해 주도되었는바, 나폴레옹전쟁으로 해상에서의 패권을 장악할 수 있었던 영국은 유럽 대륙에서 다시 세력균형을 형성시켜, 프랑스와 러시아를 동시에 견제하고자 하였다.
한편, 정통주의원칙이란 프랑스 정복전쟁과정에서 점령지역에 파급된 자유주의나 민족자결주의를 인정하지 않고, 나폴레옹전쟁으로 퇴위당한 기존의 왕조들을 복귀시키는 것을 의미한다. 정통주의원칙은 전통적인 권리의 정통성을 승인하는 것으로서 국제질서의 안정을 확보하기 위한 것이었다. 정통주의원칙은 민족국가 형성의 기초가 되는 민족주의와 국민주의를 무시하여 진행되었고, 민족을 무시한 국경정책은 이후 빈체제에 직접적인 위협을 가하게 된다.

2. 4국동맹

4국동맹은 나폴레옹에 대항한 영국, 러시아, 오스트리아, 프러시아 간에 1815년 11월 20일에 체결된 4국동맹조약에 의해 형성되었으며, 1814년 3월 1일에 체결된 쇼몽조약을 모체로 한다. 쇼몽조약에서 유럽 4대 열강은 대프랑스 연합전선을 형성하고 단독강화하지 않으며, 전쟁 종식 이후에도 프랑스의 재침략이 있는 경우 공동전선을 형성하기로 합의하였다. 조약의 주요 내용은 프랑스의 재침이 있는 경우 4국이 협조하여 필요한 조치를 취할 것과 회의외교를 정례화하는 것이었다. 4국동맹은 유럽협조체제의 물적 기반이 되었다.

제4차 연합전선 형성 이후 연합군에게 전세가 유리해진 상황에서 영국, 러시아, 오스트리아, 프러시아 4국 간 동맹관계를 공고화하기 위해 체결한 조약으로서 4국동맹의 모체가 되었다. 세력균형을 최초로 성문화하였으며, 전쟁 종결 이후 프랑스의 재침을 예방하기 위한 집단안보구상을 담고 있다. 단독강화를 금지하는 내용도 포함되어 있다.

3. 신성동맹

러시아의 알렉산더 I세의 주도로 1815년 9월 26일 러시아, 프러시아, 오스트리아 3국 간에 체결된 조약을 의미한다. 이후 영국, 터키, 법왕을 제외한 유럽의 주요 국가들이 모두 가입하였다. 러시아, 오스트리아, 프러시아 3국이 기독교의 가르침에 따라 형제애로 결속하여 상호 지원할 것을 선언하였다. 신성동맹은 유럽협조체제의 형성원리였던 '정통성의 원칙'을 강화시켜주는 역할을 한 것으로 평가된다.

Ⅲ 유럽협조체제의 전개과정[1])

유럽협조체제의 전개과정은 빈체제를 수정하려는 체제내외적 다양한 변수들에 유럽의 강대국들이 대응하여 빈체제를 수호하려는 국제정치과정임과 동시에 유럽협조체제의 균열 및 붕괴과정이기도 하였다.

1. 회의외교의 전개

4국동맹조약 제6조에 의해 제도화된 회의외교는 최초로 연합군의 프랑스 주둔기간 만료에 따른 문제를 논의하기 위해 소집된 엑스 라 샤펠[2])회의였다. 이 회의를 통해 연합군의 프랑스 주둔이 종료되어 나폴레옹전쟁의 전후처리가 완료되고 프랑스는 유럽의 강대국의 지위를 회복하였다.

유럽열강들 간 관계가 정비된 이후의 회의외교는 빈체제의 세력균형원칙에 의해 희생된 약소국에서 강하게 일기 시작한 자유주의와 민족주의적 열망을 억압하는데 초점이 모아졌다. 이탈리아 카르보나리를 중심으로 한 자유주의운동에 대응하기 위해 트로파우[3])회의 및 라이바하[4])회의가 개최되었으며, 그리스문제와 스페인 혁명문제를 위해 베로나[5])회의가 소집되었다.

회의외교의 전개과정에서 유럽협조체제 내에서 영국과 프랑스 등 자유주의 세력과 신성동맹 3국의 보수주의 세력의 갈등이 고조되었으며 베로나회의는 좁은 의미의 유럽협조체제의 마지막 회의가 되었다[6]).

19세기 초 이탈리아에서 독립과 자유를 내세우고 활동한 비밀결사. 이탈리아어로 '숯 굽는 사람'이라는 뜻으로, 결사단원이 숯장이로 위장했기 때문이라고도 하고, 혹은 스스로 숯장이라는 사회의 하층계급에 비유한 것이라고도 한다. 19세기 초 남이탈리아에서 프랑스의 지배에 항거하여 조직되었으며, 빈회의 후의 부르봉가(家)의 전제정치에 항거하여 활발한 활동을 전개하였고, 남이탈리아에서 북이탈리아로 세력을 확대하였다.

---

1) 유럽협조체제의 시기구분으로서 형성, 위기, 붕괴는 이기택 교수님의 분류에 따름.
2) 독일 노르트라인베스트팔렌주(州)에 있는 광공업 도시. 독일어로는 아헨. 쾰른 남서쪽 70km 지점에 있으며, 시역(市域)은 네덜란드·벨기에와의 국경에 접한다.
3) 체코 세베로모라프스키주(州)에 있는 도시. 인구는 6만 2000명(1997)이다. 트로파우는 독일어이며, 체코어로는 오파바라한다. 폴란드와의 국경 근처. 오데르강 상류의 지류인 오파바강이 흐르는 평야 중심에 위치한다.
4) 지금의 슬로베니아 수도 류블랴나.
5) 이탈리아 베네토주(州) 베로나현(縣)에 있는 도시.
6) 김용구, 세계외교사(전정판), 60면.

2. 유럽협조체제의 위기

회의외교 과정에서 고조된 유럽열강들 간 갈등은 자유주의사상의 확산에 따른 민족국가 형성열망의 분출 및 빈체제에서 배제되어 있었던 동방문제 및 미주대륙문제-먼로주의-가 국제이슈로 등장하면서 더욱 고조되기 시작하였다. 쇠락한 오토만 제국내의 약소국들의 독립문제-특히 그리스 독립문제-를 놓고 영국과 러시아, 러시아와 오스트리아의 이익갈등이 고조되었다. 또한 1830년 7월혁명의 영향으로 빈회의 당시 프랑스를 북부에서 견제하기 위해 네덜란드에 병합되어 있었던 벨기에의 독립이 열강에 의해 승인되었다. 벨기에의 독립은 빈체제를 합의에 의해 수정한 것이었으나, 그 과정에서 동유럽3국과 서유럽2국이 대립하게 되어 이후 유럽 외교사에 큰 영향을 미치게 되었다.[7]

3. 유럽협조체제의 붕괴

유럽협조체제 성립 이래 유럽 열강 간 갈등이 고조되어 오긴 하였으나, 직접적인 무력충돌이 발생하지는 않았으며, 약소국 문제에 대해서는 회의외교가 유지되고 있었다. 그러나, 1850년대 이후 강대국 간 회의외교를 통해 이익조정은 근본적인 한계에 봉착하게 되고 전쟁을 통해 이해관계를 조정하게 되면서 유럽협조체제는 붕괴되었다. 발칸의 현상유지를 원하는 영국 및 프랑스와 현상변경을 원하는 러시아의 대립이 크리미아[8] 전쟁으로 이어졌고, 이탈리아 통일과 독일통일이라는 빈체제의 변경도 프랑스-오스트리아, 오스트리아-프로이센, 프로이센-프랑스 간 전쟁을 통해 달성되었다.

Ⅳ 유럽협조체제의 붕괴요인

유럽협조체제는 공동위협(프랑스재흥방지), 공동이익(빈체제유지), 공동정체성(정통주의)에 의해 형성 및 유지되는 안보제도였다. 유럽협조체제가 붕괴된 원인은 공동위협의 소멸, 이익의 균열, 이념의 균열에서 찾을 수 있다.

1. 공동위협의 소멸

유럽협조체제의 물적기반을 형성하였던 4국동맹은 프랑스를 유럽평화의 공동위협으로 상정한 조약체제였다. 그러나 엑스 라 샤펠회의 이후 프랑스가 유럽의 강대국으로 복귀하고 오두정치체제(Pentarchy)가 형성된 이후 대 프랑스 봉쇄라는 유럽협조의 명분이 약화되었다.

2. 이익의 균열

유럽협조체제 내에서 가장 강력한 대립세력은 영국과 러시아였다. 19세기 영국의 대외전략기조는 유럽대륙에서 세력균형을 통해 안정을 달성하고 자국은 해군력을 통해 해양패권국이 되어 해외식민지를 획득하는 것이었다[9]. 한편, 나폴레옹전쟁 과정에서 100만 대군을 양성한 러시아는 영국에게 가장 위협적인 세력으로서 대륙의 세력균형과 해양패권에 도전가능성이 있었다. 특히 러시아의 발칸반도[10]와 지중해[11]를 장악하기 위한 남하정책은 영국의 이익과 정면으로 충돌하는 것이었으며, 양자의 이해관계는 회의외교를 통해 조정될 수 없었다. 양자의 대립은 크리미아전쟁으로 표면화되었다.

---

7) 김용구, 전게서, 74면.
8) 우크라이나 남쪽, 흑해로 돌출해 있는 반도. 면적은 2만 5600km², 인구는 약 255만 명(1991)이다. 주도(州都)는 심페로폴이다. 행정상으로는 크림주(州)를 이루며, 영어로는 크리미아(Crimea) 반도라고 한다.
9) 이기택, 전게서, 41면.

3. 이념의 균열

유럽협조체제의 형성원리의 하나인 '정통성의 원칙'은 신성동맹 3국뿐 아니라, 영국과 프랑스도 공감하고 있는 공동이념이었다. 유럽에서 자유주의 혁명이 비교적 약했던 유럽협조체제 초기에는 동유럽 3국, 즉 신성동맹 서명국과 서유럽 2국 간 갈등이 격화되지는 않았고 따라서 유럽협조체제가 유지될 수 있었다. 그러나, 프랑스 혁명과 공화정의 수립으로 서유럽 2국과 동유럽 3국 간 이념적 유대를 더 이상 지속할 수 없었다. 신성동맹국 들에게 혁명은 군주정의 몰락과 영토적 현상변경을 의미하는 것이었으므로 회의외교를 통한 해결은 쉬운 문제 가 아니었다.

제2편

📊 참고 유럽협조체제에 대한 이론적 분석

1. 서론

고전적 현실주의의 권력정치적 국제관계에 대한 강조와 구성주의의 과정내재적 이익형성과 정체성에 대한 강조의 측면에 서 양 이론이 보완적으로 유럽협조체제를 가장 잘 설명할 수 있다. 당시의 세력분배구조와 빈체제의 관계, 세력균형과 독 립적으로 작동한 소위 '권리의 균형'(balance of rights)과 같은 이념적 측면의 중요성, 정통성의 원칙에 기반한 신성동맹의 내재된 보수성의 중요성등 세 측면에서 논의한다.

2. 유럽협조체제의 성립에 대한 이론적 설명

(1) 유럽협조체제의 성격

유럽협조체제란 영국, 러시아, 오스트리아, 프러시아 4대강국이 주축이 되고 다른 국가들이 동의하여 탄생한 다자간 안 보협력제도를 의미한다. 유럽협조체제는 18세기 세력균형체제와 달리 동맹을 통한 안보를 벗어나, 다자간 회의에 의한 안보협력을 보여주고, 상호간에 동의된 규범에 따라 안보정책을 추진한 새로운 형태의 제도였다. 유럽의 세력분배구조 를 변화시킬 수 있는 사건들이 있을 때마다 각국은 자국의 이익을 추구하기 위한 직접적 행동을 취하기 보다 강대국들 간의 회의를 통해 이해관계를 조정하고자 협력하였고, 그 결과 19세기 전반을 통해 강대국 간 전쟁이 현저히 줄어들었 다. 유럽협조체제의 협력은 다자적이고, 반복적이었으며, 규범과 규칙에 근거한 것이었다. 다만, 강대국 간에는 자발적 의사에 따른 동등한 협력이었으나, 강대국-약소국 관계에서는 강대국이 주축이 되고 다른 국가들은 강대국의 결정에 따라 협력을 강요당한 측면이 있었다.

(2) 신자유제도주의의 설명

유럽협조체제는 연장된 미래의 그림자와 제도를 통한 상호감시의 가능성, 회의를 통해 상대적 이득의 문제를 다자적으 로 조정할 수 있다는 믿음에 힘입어 성립된 측면이 있다. 그러나, 제도형성에서 영국의 지배적 위치를 고려해야 하며, 연장된 미래의 그림자 역시 과거 세력균형정책을 일삼아 오던 국가들에겐 그 자체로 쉽게 수긍될 수 있는 것은 아니라 는 한계가 있다.

(3) 고전적 현실주의의 설명: 권력정치의 제도화와 세력균형의 반영

쇼몽조약, 제1,2차 비엔나회의, 4국동맹을 통해 영국, 오스트리아, 프러시아, 러시아, 4국은 프랑스의 재팽창 가능성을 막고자 장기적 협력을 약속하고, 이를 계기로 강대국 간 문제 뿐 아니라 약소국의 문제까지도 공동으로 협력하여 해결 하는 협조체제를 출범시켰다. 유럽협조체제 성립과정에서 상대적 이득에 대한 고려나 배반의 가능성으로 협조체제 성 립이 근본적인 어려움을 겪지는 않았다. 이는 프랑스 봉쇄로 인한 안전의 보장이라는 절대적 이득의 크기 때문이기도 하지만, 패권국으로 등장한 영국에 의한 협조체제의 보장 및 공고화라는 요인이 작용하였다. 러시아, 오스트리아, 프러 시아는 패권국으로 등장하는 영국의 구상을 받아들였고, 주도권을 인정하여 이들 간의 세력분배구조를 반영한 협조체 제를 확립시킨 것이다.

---

10) 유럽 남부. 지중해 동부에 돌출한 3각형의 반도. 면적 50만 5000km². 동서 길이 1,300km. 남북 길이 1,000km. 북쪽 부분은 도나우강과 드라바강의 계곡에 의해 대륙부와 밀접하게 결부되어 있고, 남쪽 부분은 복잡한 지형을 이루며 에게해(海)와 이오 니아해에 둘러싸여 있는데, 자연조건·문화·민족적 전통 등에서 남북의 두 부분은 매우 이질적이다.

11) 대서양의 부속해. 면적 296만 9,000km². 길이 약 4,000km, 최대너비 약 1,600km, 평균수심 1,458m, 최대수심 4,404m이다. 유 럽 지중해는 아프리카·아시아·유럽의 3개 대륙에 둘러싸여 있는데, 서쪽은 지브롤터 해협으로 대서양과 통하고, 동쪽은 수에 즈 운하로 홍해·인도양과 연결되며, 북쪽은 다르다넬스·보스포루스 해협으로 흑해와 이어진다.

(4) 권리의 균형으로서의 유럽협조체제(고전적 현실주의 및 구성주의)

① 모겐소의 견해: 세력균형이 유지되기 위해서는 도덕적 규범적 합의가 필요하다. 세력 간 비교의 불확실성으로 각국은 세력의 극대화정책을 추구하게 되고, 세력균형이 무의미해지기 때문이다. 이를 막기 위해서는 도덕적 규범적 합의가 필요하다. 체제유지를 위해 적극적인 노력을 공유하고, 체제의 정당성을 인정하여 이를 지켜가려는 도덕적 의지를 가져야 세력균형이 유지된다.

② 슈뢰더의 견해: 세력균형의 개념과 정치적 평형(political equilibrium)의 개념을 분리하였다. 19세기 초반 유럽의 국가들은 권력에 대한 공동체주의적, 협력적 개념을 가지고 있었다. 메테르니히와 카슬레이의 정책은 순수한 적대적 세력균형정책에 기반하였다기 보다는 모든 국가들의 이익의 조화를 추구하고, 정당한 균형의 창출을 목적으로 하는 친화적 세력균형의 전통에 기반하였다. 슈뢰더는 이를 분석하기 위해 권리의 균형(balance of rights)이라는 개념을 제시하였다. 당시 유럽국가의 정체성은 국가의 권리와 의무에 대한 타국, 혹은 국제사회의 인정이라는 상호주관적 인식을 바탕으로 성립되었다. 형식적 주권이 모든 국가가 소유하고 있는 국가의 권리, 의무에 대한 인정에 바탕한 것이라면, 실질적인 국제질서, 특히 지역적 국제질서에서 한 국가의 실체적 주권의 내용은 역사적으로 변화되어온 국가간의 관계 속에서의 인식에 바탕을 둔 정치적 합의이다. 빈회의 작동과정에서 실질적인 힘의 균형도 중요했지만, 권리의 존중, 법의 지배와 같은 국제사회적 측면도 상당히 중요하였다.

③ 키신저[12]의 견해: 키신저도 슈뢰더의 견해에 동의하였다. 세력균형의 원칙을 전면에 내세운 비엔나회의가 세력자체에 가장 적게 의존하고 있었다. 대륙의 국가들은 가치를 공유하고 있어서 세력균형을 유지할 수 있었던 것이지, 물리적 세력균형으로 협조체제가 유지된 것은 아니다. '세력균형은 무력을 사용할 기회를 감소시키는 반면, 정의에 대한 공유된 의식은 무력을 사용하려는 욕망을 감소시킨다.'

④ 소결: 비엔나회의는 권력을 추구하고 그 과정에서 권력의 균형만을 모색하는 것은 아니었고, 오히려 국가들 간의 권리주장의 화해를 모색하는 것이었다. 그리하여 약속을 실현하고, 상충되는 요구사항 간의 균형을 맞추고, 특별한 필요들을 충족시키고, 모든 국가들의 독립과 안전을 보장하고, 그렇게 하여 유럽의 국가들의 가족의 모든 구성국들이 일반적인 평형을 이룩하여 이익과 의무를 공유할 수 있도록 하려는 것이다.

3. 유럽협조체제의 지속과 발전에 대한 이론적 설명

(1) 신현실주의

신현실주의에서 제도는 국제적 세력분배구조의 반영에 불과하고, 제도가 지속되는 것은 강대국의 지배가 공고하기 때문이라고 설명한다. 그러나 신현실주의 설명의 한계는 제도가 구체적으로 어떠한 기제를 통해 강대국의 지배에 봉사하는지, 강대국은 왜 제도를 유지시키는지에 대해 보다 정교한 분석틀을 결하고 있다는 것이다.

(2) 신자유주의적 제도주의

협력이 지속됨에 따라 이익의 구조, 전략의 구조가 바뀌게 되고 이에 따라 협력에서 얻을 수 있는 이득이 점차 커져 협력이 지속된다. 크라스너가 말한 지체와 회귀의 효과와 같은 개념이다. 한계는 협력이 지속되면서 국가들이 협력을 통해 이득이 증가하였다고 생각했는지 확신할 근거가 없다는 것이다. 영국은 유럽협조체제에서 탈피가 유리하다고 생각한 반면, 신성동맹국은 협조의 지속을 주장했기 때문이다.

(3) 고전적 현실주의 및 구성주의

유럽협조체제를 지속시킨 것은 강대국-약소국 간 권력정치의 제도화와 강대국 간 내재된 보수주의였다. 유럽강대국 간에는 '정당성의 원칙'이라는 규범이 공유되었는데, 정당한 지배의 권리는 정통적 군주만이 보유한다는 보수적 원칙이었다. 오스트리아, 러시아, 프러시아로 구성된 신성동맹은 왕조적 보수주의라는 국내적 목적을 공유하고 유럽대륙에서의 문제를 공동으로 해결하기 위한 국제적 협력을 지속시키는 원동력이 되었다. 영국의 이념적 이탈로 유럽협조체제가 약화되었으나, 대륙에서는 신성동맹 3국의 협조가 지속되었고 협력의 정도도 심화되었다.

---

12) 독일 퓌르트 출생. 1938년 나치스의 유대인 박해를 피하여 가족과 함께 미국으로 이주하여 제2차 세계대전에 종군하고, 1943년 미국 국적을 취득하였다. 1954년 하버드대학에서 정치학박사 학위를 취득하였으며, 1962년 같은 대학 정치학 교수가 되었다. 저서 『핵무기와 외교정책 Nuclear Weapons and Foreign Policy』(1956)으로 대량보복전략을 비판하면서, 전술핵무기의 한정적 사용에 의한 유연대응전략을 제창함으로써 전략연구가로서의 지위를 확립하였다. 1969년 R.M.닉슨 행정부 발족과 함께 대통령 보좌관 겸 미국국가안전보장회의 사무국장으로 취임하여 국무부의 통상적인 외교경로를 무시하고, 이른바 '키신저외교'를 전개하였다. 1971년 7월 중국을 비밀리에 방문하여 닉슨 방중(訪中)의 길을 열었고, 이어서 국무장관에 취임, 1972년 중동평화조정에 힘썼으며, 1973년 1월 북베트남과 접촉하여 평화협정을 체결하는 등 세계평화를 위한 노력으로 그 해 노벨평화상을 수상하였다.

4. 결론

유럽협조체제에 대한 제도론적 분석이 주는 시사점은 협력의 제도화가 쉬운 일은 아니나, 세력분배구조의 정확한 반영, 참가국 간 권리의 균형에 대한 명확한 인식, 그리고 참가국 간 집합적 정체성에 기반한 상호이해와 합의가 있다면 안보협력이 가능하고 제도화도 이뤄질 수 있다는 점이다. 다만, 이러한 분석은 강대국 간 관계에서만 타당하다는 점도 시사해 준다. 즉, 19세기 유럽정치를 통해 많은 유럽약소국들, 그리고 국가를 형성하지 못한 민족들의 운명은 강대국 간의 이해관계에 의해 결정되었고, 이는 유럽협조체제가 과두적 성격이었음을 보여준다. 강대국 간의 협조적 집합정체성의 형성과 달리, 강대국-약소국 간 합의된 정체성은 억압관계에 대한 수용을 기반으로 형성된 정체성이었으며, 약소국은 강대국에 대한 자신의 권리에 대해서 제한된 주장만을 할 수 있었을 뿐이었다.

제2절 나폴레옹전쟁

Ⅰ 나폴레옹의 등장[13]과 대외정책

1. 프랑스혁명

일반적으로 프랑스혁명은 1789년 5월에 삼부회의 소집으로 시작하여 1799년 11월에 나폴레옹 보나파르트의 쿠데타로 끝나는 10년의 기간을 의미한다[14]. 프랑스혁명은 반봉건, 반귀족의 부르주아혁명이었다. 부르봉왕조[15]의 전제정치, 정부의 불합리한 운영, 무모한 전쟁감행등 정치적 요인과 제3신분인 중산계급(the middle class)의 성장이라는 사회경제적 요인, 계몽사상 등 사상적 요인으로 인해 발생하였다. 프랑스혁명은 봉건적 유제를 청산하고 국민주권주의를 확립하였다.

---

13) 임희완, 서양사의 이해(제2판), 서울 박영사, 제 310면 이하를 주로 참고함.

14) 배영수, 서양사 강의(개정판), 한울아카데미, 308면.

15) 프랑스의 왕조(1589~1792, 1814~30). 이 왕조의 명칭은 부르봉 라르샹보시(市)에서 유래한다. 원래는 소영주(小領主)였으나 1272년 프랑스왕 루이 9세의 여섯번째 아들인 로베르와 부르봉가(家)의 베아트리스가 결혼을 함으로써 그들의 소생인 아들 루이 1세가 공작(公爵)이 되었다. 1488년 장 2세가 죽음으로써 그의 동생 피에르 2세가 영지를 계승하여 루이 11세의 왕녀 안느와 결혼하였다. 이들 사이의 딸인 수잔은 1505년 몽팡시가(家)의 샤를과 양자(養子) 결혼을 하였으며, 이 샤를은 원수(元帥)로서 프랑수아 1세의 휘하에서 이탈리아 전쟁 때에 활약을 하였다. 샤를의 사후에 다시 그 직계가 단절되었으나 그의 일족인 앙트완이 프랑수아 1세의 누이 마르그리트 드 나바르(에프타메롱의 저자)의 아들 잔 달브레와 결혼함으로써 부르봉가를 재흥케 하였다. 이들의 아들인 앙리 드 나바르가 바로 신교도의 수령으로서 1589년 프랑스의 왕위에 오른 앙리 4세이다. 이 이후 루이 13세, 루이 14세로 왕위가 계속되어 프랑스 절대왕정의 황금시대를 이룩하였다. 루이 14세에 이어 루이 15세, 루이 16세가 잇달아 왕위에 올랐으나 1792년 혁명으로 폐위되었다. 그러나 나폴레옹 몰락 후에 루이 16세의 동생이 루이 18세로 복위되었고, 다음 샤를 10세(부르봉왕조 최후의 왕)가 1830년의 7월혁명에 의해 퇴위할 때까지 부르봉왕조의 왕위가 지속되었다. 7월왕정 이후에도 샤를 10세의 가계(家系)는 계속되어 그의 손자인 샹보르백작은 파리코뮌 이후 국왕으로 추대되었으나, 스스로 사양하여 83년 그의 죽음과 함께 정통(正統)은 단절되었다. 더욱 부르봉가는 앙리 4세 이래 여러 외국의 왕가와 혈연관계가 깊었는데, 특히 에스파냐와는 루이 14세의 손자인 앙주공(公)이 1700년에 왕위를 계승(에스파냐 왕 펠리페 5세)한 관계로 프랑스에서 왕정이 폐지된 이후에도 부르봉왕조는 계속되었다. 1931년에 공화(共和)혁명으로 인하여 퇴위한 알폰소 13세가 최후의 왕이다. 이탈리아에서의 부르봉가는 나폴리왕위를 계승하여 이탈리아 통일 때까지 계속되었다.

2. 나폴레옹의 등장

프랑스혁명이 제 3단계로 들어서면서 제1,2단계에서 나타났던 개혁에 대한 열정은 사라지고 침체와 타락, 냉소의 시기로 반전되었다. 행정권을 담당하고 있었던 집정관위원회는 부패하였고 일반 인민의 선거권도 박탈당하였다. 이런 상황에서 부르주아지와 시민들은 집정관 정부의 무력과 정국의 불안정에 실망하여 그들의 재산과 권리를 지켜줄 강력한 지도자를 기대하게 되었다. 1799년 나폴레옹의 쿠데타는 이들의 기대에 부응하는 것이었다.

3. 나폴레옹의 대외정책

1804년 황제에 등극한 나폴레옹은 민족주의적 팽창욕과 군대의 영광을 위한 자신의 야망에 기초하여 유럽대륙, 나아가 영국에 대한 정복전쟁을 수행하였다.

> **참고 나폴레옹전쟁**
>
> 1797년~1815년 프랑스혁명 당시 프랑스가 나폴레옹 1세(재위 1804~1814/15)의 지휘하에 유럽의 여러 나라와 싸운 전쟁의 총칭. 처음에는 프랑스혁명을 방위하는 전쟁의 성격을 띠었으나, 차차 침략적인 것으로 변하여 나폴레옹은 유럽 제국(諸國)과 60회나 되는 싸움을 벌였다. 나폴레옹전쟁에서는 혁명 그 자체에서 나온 조국과 국민의 영광이라는 형태로 변질된 내셔널리즘의 왜곡된 변질성을 찾아볼 수 있으나, 프랑스 국내에서는 나폴레옹이 혁명의 정치원리를 뒤엎고 군사독재(軍事獨裁)를 강화한 정치적 모순을 내셔널리즘의 너울을 씌워 은폐한 효과를 거두었다. 그 바탕에는 영국·프랑스 간의 중상주의적(重商主義的) 경쟁이 기본적인 성격을 띠고 있었으며, 침략받은 유럽 제국은 영국을 중심으로 대프랑스동맹을 결성하여 나폴레옹에 대한 항전을 계속하였다. 한편 프랑스혁명에서 탄생한 내셔널리즘은 나폴레옹전쟁을 계기로 유럽 각지에 확대되어 도리어 반(反)나폴레옹적인 각국의 애국주의 운동으로 이어져 발전되었다. 그리하여 세계지배를 꿈꾸던 나폴레옹의 시대착오적 야망은 전쟁의 실패로 무너졌으나, 그의 전쟁은 뜻밖에도 중대한 결과를 초래하였다. 그것은 19세기 역사의 주류를 형성하는 자유주의·국민주의의 전파, 정복지의 구(舊)제도 폐지와 민주적 제도·입헌정치의 수립, 혁명의 영향을 받은 프랑스 군인들에 의한 자유·평등사상의 이식 등이 바로 그것이다. 따라서 결과적으로 자유주의의 확대는 민족의 독립과 통일을 요구하는 국민주의 운동으로 발전하였다.

Ⅱ 유럽 열강들의 공동대응

1. 공동대응 이유

프랑스혁명에 유럽 열강, 즉 영국, 오스트리아, 프러시아, 러시아가 공동대응하게 된 이유는 무엇보다 18세기 유럽 국제정치 질서의 지배이념으로 인식되고 있었던 '세력균형원칙'에 위배된다고 보았기 때문이다. 둘째, 프랑스혁명은 절대왕정과 봉건제를 타파하고 국민주권에 기초한 공화정의 수립으로 귀결되었는데, 이는 절대왕정을 유지하고 있던 프러시아, 오스트리아, 러시아에 위협이 되었다.

> **참고 절대왕정(절대군주제)**
>
> 절대군주제란 군주가 국가통치의 모든 권력을 장악하고 중앙집권적 관료기구·군·경찰을 지주(支柱)로 하여 전제지배를 강행하는 정치체제를 의미한다. 전제군주제·절대왕정(絕對王政)·절대주의라고도 부른다. 루이 14세의 '짐(朕)은 곧 국가이다'라는 말이 보여 주듯이 모든 것은 오로지 군주 한 사람의 전단(專斷)에 맡겨져 있으므로, 국가기관은 다만 군주의 권력집행기관에 지나지 않았다. 오랫동안 동양 여러 나라에서 행해졌던 아시아적 전제, 혹은 17세기~18세기 절대주의시대의 유럽 여러 나라에서 행해졌던 군주제에서 찾아볼 수 있다. 절대군주제는 권력의 기원과 그 정당화 원리에 따라 몇 가지로 나눌 수 있다. 군주의 독재적 권능이 신의(神意)에 바탕을 둔다고 하는 신정적(神政的) 군주제, 국가라는 큰 가족의 가장인 지위에 바탕을 둔다고 하는 가부장적(家父長的) 군주제, 영토 및 신민을 자기의 세습재산으로 보는 가산적(家產的) 군주제가 있다. 18세기 계몽사상의 영향을 받아 정치의 합리화, 국가의 개조를 꾀하여 절대왕정을 폈던 계몽전제군주제도 한 형태이다.

참고 봉건제도

원래 봉건제도란 용어는 중국의 고대사에서 군현제도에 대응되는 말로 사용되었으나, 오늘날에는 주로 서양의 feudalism의 역어(譯語)로서 사용되고 있다. 봉건제도의 의미에 대해서는 세 가지 개념으로 대별할 수 있다. 첫째, 법제사적 개념으로서의 봉건제도는 봉주(封主)와 봉신(封臣) 간의 주종서약(主從誓約)이라는 신분관계와 거기 대응하는 봉토(封土)의 수수라는 물권(物權)관계와 불가분의 결합체제를 말한다. 서유럽에서는 대략 8, 9세기에서 13세기까지 해당한다. 둘째, 사회경제사적 개념으로는 노예제의 붕괴 후에 성립되어 자본주의에 앞서서 존재하였던 영주(領主)와 농노(農奴) 사이의 지배·예속관계가 기조를 이룬 생산체제를 말한다. 이 생산체제에서 영주와 농노는 토지를 매개로 봉건지대를 수취·수납하였다. 봉건지대는 부역지대에서 생산물지대 또는 화폐지대로 바뀌어 농민의 지위가 향상되어 갔으나, 여전히 영주의 경제외적인 지배와 공동체의 규제가 농민을 극심하게 속박하였는데, 서유럽에서는 6, 7세기에서 18세기 시민혁명 때까지가 이 시기에 해당된다. 셋째, 사회유형으로서의 봉건제도(사회)는 국왕 또는 황제를 정점으로 계서제(階序制)를 이루고, 신분제의 견지, 외적 권위의 강조 또는 전통의 고수라는 형태로 개인역량의 발휘와 내면적 권위의 존중 등이 억압된 사회를 말한다. 봉건사회가 세계사적으로 어떤 뜻을 지니느냐에 대해서, 일반적으로 씨족제의 붕괴과정에 있는 사회가 보편적인 국가이념과 종교를 이용하여 새로운 정치형성을 도모해 나갈 때에 생긴 역사적 조건의 우연한 산물로 보고 있으며, 필연적인 한 단계라고는 하지 않는다. 관료·군대가 없고 화폐경제가 발달하지 않은 사회에 있어서는 주종관계라고 하는 인적 결합의 강화에 의한 통일이야말로 국가 통치의 한 방법이었던 것이다.

서유럽을 중심으로 봉건제도의 발전과정을 보면, 그 법제사적 의미에서나 부역중심의 고전장원(古典莊園)의 성립 및 가톨릭적 통일문화권의 형성이라는 점에서 유럽에서의 봉건제도는 대략 8,9세기의 카롤링거왕조의 프랑크 왕국에서 성립하였다. 10세기~13세기가 그 전성기였으며, 13세기 이후 도시의 발달에 의한 화폐경제의 보급·지대형태의 변화 등에 의해서 점차 지배형태가 변화하였고, 국가제도의 변질을 초래하여 영역지배를 중심으로 한 왕권 또는 영방(領邦) 군주권이 강화됨으로써 인적 결합(人的結合) 관계의 요소가 더욱더 희박해져 붕괴하고 말았다. 봉건제도는 프랑크 왕국이라는 공동의 모체에서 출발했는데도 프랑크 왕국의 해체 후 각국이 독자의 발전을 시작하자 지역에 따른 전통이 다르기 때문에 각각 특색 있는 봉건체제를 나타냈다. 사회경제의 면에서는 공통점이 많지만, 국가체제의 면에서는 달랐다. 국가별로 보면 다음과 같다.

첫째, 독일에서는 종족공국(種族公國)의 자생적 통합현상이 나타나서 그 통합 위에 형성된 신성로마제국은 처음부터 연방적 봉건국가의 성격을 지니고 있었다. 그것이 오토 1세를 비롯한 여러 황제들의 교회정책, 즉 여러 공국(公國) 제후들의 분립적 세력에 대한 중화적(中和的) 세력으로서 교회의 세속적 세력을 배양하는 정책을 강행하였던 이유였다. 말하자면 독일에서 법(法)의 근원은 황제 또는 그의 관리에 의한 위로부터의 관직적(官職的) 명령 외에 촌락단체·가우(Gau)·훈데르트샤프트(Hundertschaft)·종족공국의 순서로 밑으로부터 솟아오르는 자생적 지배권이 있었으며, 대소(大小) 귀족의 영지에도 위로부터 받은 봉토 외에 조상전래의 자유세습지가 많았으므로, 법의 이원주의가 일관하여 강하게 작용하고 있었다. 따라서 법제사적 의미의 봉건제는 독일에서는 예상 외로 관철되지 못하였다.

둘째, 독일의 경우와는 반대로 프랑스에서는 로마제국 말기로부터의 전통도 있어 영주와 민중과의 사이에는 부족적인 연결이 없었으며, 귀족의 대부분은 프랑크 왕실과의 관계에 의해서 발생했었다. 따라서 독일에서와 같은 자생적인 힘의 작용은 대단치 않았고, 노르만족의 침입에 대처할 수 있는 실력자에 의한 통일의 필요성이 크게 요구되었기 때문에 군웅할거의 봉건적 분열의 현실 속에서 실력에 의한 왕권 신장이 달성되는 양상이 나타났다. 그리하여 10, 11세기의 프랑스는 분권적 봉건제의 대표적 형태를 취하여 '나의 봉신의 봉신은 나의 봉신이 아니다'라는 주종관계의 전형적 원칙이 수립되었고, '봉토 아닌 것이 없다'는 상황을 나타내었다. 프랑스 왕실은 12세기 말 이후 이와 같은 상황 속에서 도시의 경제력과 결탁하여 정기금(定期金)을 가신(家臣)에게 수봉(授封)함으로써 봉건왕정의 실력을 강화하여 나갔다.

셋째, 이탈리아에서는 남부의 고전고대·사라센·노르만적 제요소, 북부의 로마·랑고바르드·프랑크적 제요소 및 교회국가의 전통 등으로 인해 모자이크와도 같은 복잡성을 띠고 있었다. 게다가 비잔틴 제국의 영향하에 있던 제도시가 먼저 발달했기 때문에 봉건체제 남부와 북부로 크게 분류된다. 남부에서는 노르만의 집권적 지배하에 봉건제후의 통치가 도시의 자유로운 발전을 저해하였으며, 북부에서는 봉건제후나 가신군(家臣群)의 시민화와 도시에 의한 주변농촌의 정복으로 도시국가의 할거를 초래하고, 아울러 농민이 조기에 소작관계로 전화하여 전반적으로 일찍이 봉건체제를 벗어났다고 말할 수 있다.

넷째, 영국에서는 앵글로 색슨 시대에 이미 봉건제로 기우는 경향을 보이는 제제도가 존재하였다. 그러나 영국에서 본격적으로 봉건체제를 받아들인 것은 1066년의 노르만인의 정복에 의해서이다. 즉 영국봉건제는 정복민족에 의해서 대륙으로부터 수입된 것이라는 점이 처음부터 결정적인 특색이다. 그것을 입증하는 봉건법상의 예는 86년 솔즈베리의 서약이다. 누구를 막론하고 잉글랜드에서 토지를 보유하고 다소의 세력이 있는 모든 사람이 윌리엄 1세에게 충성을 선서하도록 되어 있었다. 즉 직속신하이거나 가신이거나를 막론하고 국왕과 일반민과의 사이에는 다른 관계에 우선해서 일반적 신종(臣從)의 관계가 유지되었는데, 프랑스와는 정반대로 영국이 집권적 봉건제의 대표적인 형태를 취하게 된 이유가 여기에 있다.

2. 연합전선의 형성과 와해

연합전선은 4차례에 걸쳐서 형성 및 와해되었다. 제1차 연합전선은 오스트리아와 프러시아의 주도로 형성되었으나, 프랑스의 막강한 군사력 및 프랑스의 대외팽창을 묵인하는 대신 영토보상을 추구하는 외교전략으로 인해 와해되었다. 제2차 연합전선은 1798년 나폴레옹의 이집트 침공으로 오토만 제국에 이해관계를 갖고 있던 러시아와 충돌하게 되자 러시아를 중심으로 공동전선을 형성하였으나 역시 프랑스의 팽창정책을 저지하기엔 역부족이었다. 1805년 영러동맹에 기초하여 형성된 제3차 연합전선도 와해되었고 1807년 틸지트조약이 체결되었다. 1812년 러시아와의 전쟁에서 나폴레옹이 패한 이후 1813년 제4차 연합전선이 형성되었다.

3. 틸지트조약(1807년 7월)

제3차 연합전선이 와해되고 나폴레옹은 유럽 전역을 실질적으로 지배하게 되자 러시아 및 프러시아와 틸지트조약을 체결한다. 나폴레옹이 수립한 위성국들인 바르샤바 대공국, 나폴리 왕국, 홀란드왕국 등을 러시아가 승인하였으며, 프러시아는 라인강과 엘베강 사이에 위치한 지역을 프랑스가 자유 사용하게 하는 한편, 대륙봉쇄정책에 동의하였다.

> 📑 **참고 틸지트조약**
>
> 1807년 나폴레옹 1세와 프로이센의 프리드리히 빌헬름 3세가 체결한 강화조약. 틸지트는 러시아연방 칼리닌그라드주(州) 네만강(江) 좌안에 위치한 도시이다. 1806년 프로이센은 나폴레옹에게 선전을 포고했으나 예나전투에서 패하고, 구원하러 온 러시아군도 같은 운명에 빠졌다. 전후 처리를 위하여 1807년 2월, 러시아 황제 알렉산드르 1세와 나폴레옹은 네만강에 띄운 뗏목에서 회견하였다. 이어서 프로이센 왕과는 7월에 화약이 성립되었다.

4. 쇼몽조약(1814년 3월 1일)

제4차 연합전선 형성 이후 연합군에게 전세가 유리해진 상황에서 영국, 러시아, 오스트리아, 프러시아 4국 간 동맹관계를 공고화하기 위해 체결한 조약으로서 4국동맹의 모체가 되었다. 세력균형을 최초로 성문화하였으며, 전쟁 종결 이후 프랑스의 재침을 예방하기 위한 집단안보구상을 담고 있다. 단독강화를 금지하는 내용도 포함되어 있다.

5. 제1차 파리평화조약(1814년 5월 30일)

연합군이 파리에 입성한 이후 프랑스와 체결한 조약이다. 주요 내용은 다음과 같다. 첫째, 프랑스는 원칙적으로 1792년 국경선으로 돌아간다. 둘째, 네덜란드 왕국을 창설한다. 셋째, 독일은 연방형태로 구성한다. 넷째, 이탈리아는 독립국가들로 구성한다. 다섯째, 스위스는 독립시킨다. 이러한 내용들은 영국의 구상이 반영된 것으로 프랑스의 재침에 대한 봉쇄망의 형성을 목표로 하고 있다.

6. 제2차 파리평화조약(1815년 11월 20일)

엘바섬[16]을 탈출한 나폴레옹이 워털루 회전에서 패배한 이후 대프랑스 강화조건을 조정한 조약이다. 프랑스의 국경이 1790년의 국경선으로 후퇴함으로써 프랑스의 영토가 축소되었으며, 3~15년간 15만 연합군의 프랑스 점령이 결정되었다.

---

16) 이탈리아 서해안 티레니아해(海) 토스카나 열도에 딸린 섬.

> **📖 참고 워털루전투(Battle of Waterloo)**
>
> 1815년 6월 엘바섬에서 돌아온 나폴레옹 1세가 이끈 프랑스군이 영국, 프로이센 연합군과 벨기에 남동부 워털루(Waterloo)에서 벌인 전투로, 프랑스군이 패배하여 나폴레옹 1세의 지배가 끝나게 되었다. 나폴레옹(Napoleon Bonaparte I, 1769~1821)이 이끈 프랑스군은 1812년 러시아 원정에 실패한 이후 각 지역의 민족주의적 반란에 부닥쳤다. 그리고 마침내 1814년에는 프로이센, 오스트리아, 영국으로 구성된 연합군에게 파리를 점령당하였다. 나폴레옹은 퇴위되어 지중해의 작은 섬 엘바(Elva Island)로 유배되었다(1814.5.4). 그리고 루이 16세(Louis XVI, 1754~ 1793)의 동생인 루이 18세(Louis XVIII, 1755~1824)가 황제로 즉위하여 왕정이 복고되었다. 그러나 프랑스 시민들은 무능한 루이 18세에 실망하였고 나폴레옹을 다시 옹립하자는 움직임이 있었다. 1815년 2월 나폴레옹은 엘바 섬을 탈출하여 칸느(Cannes)에 상륙하였고 충직한 부하 1000여 명과 함께 파리로 북상하였다. 루이 18세는 이를 대수롭지 않게 여겨 관군을 보내 진압하게 하였다. 하지만 관군은 오히려 나폴레옹에 합세하였다. 루이 18세의 왕정은 영국으로 도망가고 나폴레옹은 공화주의자와 농민들의 지지를 받으며 20여일 만에 파리에 입성해 다시 권력을 장악하였다. 하지만 당시 각국은 나폴레옹을 타도하기로 협약되었고 그들 동맹국의 병사는 70만 명이 넘었다. 나폴레옹은 초전에 이들을 각개격파하면 정치적 이해가 다르기 때문에 동맹국들의 관계가 와해될 것으로 판단하였다. 그 해 6월, 나폴레옹은 12만 5000명의 프랑스군을 이끌고 웰링턴(Arthur Wellesley Wellington, 1769~1852)이 지휘하는 약 9만 5000명의 영국군과 블뤼허(Bluecher, 1742~1819)가 지휘하는 약 12만의 프로이센군을 격파하기로 결심하였다. 벨기에 남동쪽 워털루(Waterloo) 남방 교외에서 전투가 벌어졌는데 이 전투가 워털루 전투(Battle of Waterloo)이다. 6월 16일 리니에서 프로이센군을 격파해 퇴각시키고, 6월 18일 워털루에서 영국군에 대한 총공격을 개시하였다. 전투는 프랑스군의 승리로 기우는 듯했지만, 퇴각했던 블뤼허의 프로이센군 6만 명이 다시 기습을 하여 전세가 역전되었다. 프랑스군은 결국 이 전투에서 프로이센·영국군의 공세에 의해 처참하게 패배하였다. 프랑스군의 전사자는 4만 명에 이르렀으며, 영국군 전사자는 1만 5,000명, 프로이센군은 7,000명 가량이었다. 전투에서 패배한 나폴레옹은 6월 22일 영국군함 벨레로폰(Bellerophon)호에 실려 대서양의 외딴 섬인 세인트헬레나(Saint Helena Island)로 유배되었다. 그리고 그 곳에서 영국군의 감시를 받으며 울분의 나날을 보내다 1821년 5월 5일 세상을 떠났다. 나폴레옹의 재집권은 백일천하로 끝났고 워털루 전투의 패배로 프랑스와 유럽 국가들 간의 23년에 걸친 오랜 전쟁도 끝이 났다. 나폴레옹의 퇴진 이후 프랑스는 다시 부르봉 왕가(Hause of Bourbon)의 왕정으로 돌아갔으며, 혁명을 피해 외국으로 도피하였던 망명 귀족들이 다시 돌아와 잃었던 특권을 회복하였다.

7. 4국동맹조약(1815년 11월 20일)

프랑스의 재침을 방지하기 위해 연합국 간 협조체제를 구축한 조약이다. 프랑스가 혁명을 기치로 타국의 평온을 위협하는 경우 4국은 서로 협조하여 필요한 조치를 강구하기로 하였고(제2조), 정기적인 회의를 개최하여 관련 문제를 협의하기로 하였다(제6조). 또한 프랑스에 주둔하고 있는 연합군이 공격을 당하는 경우 각국은 6만의 병력을 투입하여 침략을 격퇴하기로 하였다. 4국동맹조약은 엑스 라 샤펠 회의 이후 프랑스가 유럽 강대국의 지위를 회복한 이후 존속에 대해 논란이 있었으나, 프랑스를 제6조의 회의에 참가시키되, 4국동맹은 비밀조약으로 유지시키기로 합의하였다.

Ⅲ 나폴레옹전쟁의 국제정치사적 의의

첫째, 나폴레옹전쟁은 엄격하게 세력균형원칙에 의해서만 유럽의 안보질서를 유지하는 방식에서 진일보한 '유럽협조체제'를 탄생시켰다는 점에서 그 의의를 찾을 수 있다. 즉, 물리적 세력배분을 안보질서의 초석으로 삼는 한편, '회의외교'방식을 도입하여 '협력안보'(cooperative security)의 원형을 보여주었다. 둘째, 나폴레옹전쟁은 역설적으로 프랑스혁명의 자유주의 사상을 유럽 대륙 전역으로 전파하는 계기가 되었다. 그럼에도 불구하고, 빈체제가 자유주의사조에 반하는 반동적 양상을 띄게 됨으로써 빈체제의 내재적 모순을 배태하게 된 배경이 되었다.

나폴레옹(1769.8.15~1821.5.5)

이름은 나폴레옹 보나파르트(Napoléon Bonaparte)로 지중해 코르시카섬 아작시오 출생이다. 카를로 보나파르테와 레티치아 라몰리노 사이에서 태어났다. 프랑스혁명의 사회적 격동기 후의 안정에 편승하여, 제1제정을 건설하였다. 군사·정치적 천재로서 세계사상 알렉산드로스대황·카이사르와 비견된다. 아버지가 지도자 파올리를 따라 프랑스에 대한 코르시카 독립운동에 가담하나, 싸움에 진 뒤에는 도리어 프랑스 총독에게 접근하여 귀족의 대우를 받았다.

1779년 아버지를 따라 프랑스에 건너가, 10세 때 브리엔 유년학교에 입학하여 5년간 기숙사 생활을 하였다. 코르시카 방언으로 프랑스어 회화에 고민하며 혼자 도서실에서 역사책을 읽는 재미로 지냈으나, 수학만은 뛰어난 성적을 보였다. 1784년 파리육군사관학교에 입학, 임관 뒤 포병소위로 지방연대에 부임하였다. 1789년 프랑스혁명 때 코르시카로 귀향하여, 파올리 아래서 코르시카국민군 부사령에 취임하였다. 프랑스 육군은 3회에 걸친 군대이탈과 2중군적에 대해 휴직을 명하였다.

1792년 파올리와 결별하고, 일가와 함께 프랑스로 이주하였다. 1793년 가을 툴롱항구 왕당파반란을 토벌하는 여단 부관으로 복귀하여, 최초의 무훈을 세웠다. F.로베스피에르의 아우와 지우(知遇)를 갖게 되어 이탈리아 국경군의 지휘를 맡았다. 테르미도르(Thermidor)의 반동 쿠데타로 로베스피에르파(派)로 몰려 체포되어 다시 실각, 1년간 허송세월을 보냈다. 1795년 10월 5일(방데미에르 13일), 파리에 반란이 일어나 국민공회(國民公會)가 위기에 직면하자, 바라스로부터 구원을 요청받고, 포격으로 폭도들을 물리쳤다.

이 기민한 조치로 재기의 기회를 포착, 1796년 3월 바라스의 정부(情婦)이자 사교계의 꽃이던 조제핀과 결혼, 총재정부로부터 이탈리아 원정군사령관으로 임명되었다. 이탈리아에서 오스트리아군을 격파하여 5월에 밀라노에 입성, 1797년 2월에는 만토바를 점령하는 전과를 올렸다. 10월 오스트리아와 캄포포르미오(Campoformio)조약을 체결하여, 이탈리아 각지에 프랑스혁명의 이상을 도입한 인민공화국을 건설하였다. 그의 명성은 프랑스에서도 한층 높아졌다. 하루 3시간만 잔다는 소문도 있었으나, 비서 브리센에 의하면 건강에 항상 신경을 써서 하루 8시간은 잤다고 한다.

1798년 5월 5만여 명의 병력을 이끌고 이집트를 원정하여 결국 카이로에 입성하였다. 7월 해군이 아부키르만(灣)에서 영국함대에 패하여 본국과의 연락이 끊기자 혼자서 이집트를 탈출, 10월에 프랑스로 귀국하였다. 곧 그를 통해 총재정부를 타도하려는 셰이에스·탈레랑 등의 음모에 말려들었다. 1799년 11월 9일(브뤼메르 18일) 군을 동원, 500인회를 해산시켜 원로원으로부터 제1통령으로 임명되고, 군사독재가 시작되었다.

그는 평생 코르시카인의 거칠음·솔직함을 잃지 않아, 농민출신 사병들로부터 신뢰를 받고 있었으나, 역사적 영웅으로 보면 인간성을 무시하고 도덕성이 결여된 행동의 주인공이었다. 광대한 구상력, 끝없는 현실파악의 지적 능력, 감상성 없는 행동력은 마치 마력적이라고 할 정도였다. 이처럼 사상 유례 없는 개성이 혁명 후의 안정을 지향하는 과도기의 사회상황에서 보나파르티즘이라는 나폴레옹의 정치방식이 확립되었다. 제1통령으로서 국정정비·법전편찬에 임하고, 대(對)오스트리아와의 결전을 서둘러 1800년 알프스를 넘어 마렝고에서 전승을 이룩하였다.

1802년에는 영국과 아미앵화약을 맺고, 1804년 12월 인민투표로 황제에 즉위하여 제1제정을 폈다. 즉위소식을 들은 L.베토벤이 『영웅 교향곡』의 악보에서 펜을 던지고, '인민의 주권자도 역시 속물이었다'고 한탄하였다고 한다. 영국을 최대의 적으로 간주하던 그는 즉위하자, 곧 상륙작전을 계획하였다. 1805년 가을 프랑스함대는 트라팔가르 해전에서 H.넬슨의 영국해군에 다시 격파되어, 그의 웅도(雄圖)는 끝내 이루어지지 않았다. 그러나 같은 해 12월 아우스터리츠전투에서 오스트리아·러시아군을 꺾은 이래, 프랑스육군은 전유럽을 제압하여 위광을 전세계에 떨쳤다.

1809년 조제핀과 이혼, 이듬해 오스트리아 황녀 마리 루이즈와 재혼하였다. 그러나 1812년 러시아원정에 실패하면서 운세도 기울어져, 1814년 3월 영국·러시아·프러시아·오스트리아군에 의해 파리를 점령당하고, 그는 엘바섬으로 유배되었다. 이듬해 1815년 3월 다시 파리로 들어가 황제에 즉위하였으나, 6월 워털루전투에서 패하여 영국에 항복하였다. 그 뒤 대서양의 세인트 헬레나섬에 유배, 그곳에서 죽었다.

제3절 빈회의

Ⅰ 서론

빈회의는 제1차 파리평화조약에서 개최가 예정되어 1814년 9월 오스트리아 빈에서 개최되었으며 나폴레옹전쟁을 공식적으로 종료하고 19세기 안보질서를 형성시킨 회의였다. 빈회의의 목표는 유럽의 국제정치를 전전의 질서(status quo ante bellum)로 복귀시키는 한편, 프랑스의 재흥을 방지하고 유럽의 세력균형을 모색하는 것이었다. 빈회의 결과 형성된 빈체제는 약소국의 민족주의적 열망을 무시한 채 강대국 간 세력균형을 위한 영토보상에 초점을 맞춤으로써 자유주의 열망의 강화에 따라 붕괴될 수밖에 없는 내재적 모순을 배태한 체제였다.

Ⅱ 빈회의의 기본원칙

1. 세력균형

빈체제 및 유럽협조체제를 지배한 원리는 세력균형과 정통주의였다. 이는 나폴레옹전쟁 전의 유럽상황을 복원하는 의미를 담고 있었다. 즉, 나폴레옹전쟁으로 사라진 유럽의 국경을 재획정함에 있어서 유럽대륙의 주요 세력 간 균형을 고려하였다. 세력균형정책은 영국에 의해 주도되었는바, 나폴레옹전쟁으로 해상에서의 패권을 장악할 수 있었던 영국은 유럽 대륙에서 다시 세력균형을 형성시켜, 프랑스와 러시아를 동시에 견제하고자 하였다.

2. 정통주의

정통주의원칙이란 프랑스 정복전쟁 과정에서 점령지역에 파급된 자유주의나 민족자결주의를 인정하지 않고, 나폴레옹전쟁으로 퇴위당한 기존의 왕조들을 복귀시키는 것을 의미한다. 정통주의원칙은 전통적인 권리의 정통성을 승인하는 것으로서 국제질서의 안정을 확보하기 위한 것이었다. 정통주의원칙은 민족국가 형성의 기초가 되는 민족주의와 국민주의를 무시하여 진행되었고, 민족을 무시한 국경정책은 이후 빈체제에 직접적인 위협을 가하게 된다.

Ⅲ 빈회의와 유럽열강의 입장[17)

1. 러시아 팽창정책

나폴레옹전쟁 이후 유럽대륙의 강자로 부상한 러시아는 적극적인 팽창정책을 시도하고자 하였다. 팽창의 방향은 중부유럽, 지중해, 북태평양으로서 빈회의에서 팽창에 유리한 지역을 자국의 영향력하에 두고자 하였다. 우선, 중부유럽 진출을 위해 폴란드 왕국을 부활시켜 러시아의 속국으로 삼고자 하였다. 둘째, 지중해 진출을 위해 보스퍼러스[18)와 다다넬스[19) 해협의 통과권을 획득하고자 하였다. 이 지역은 러시아에서 생산되는 밀의 수출이라는 경제적 이익과 러시아 해운의 지중해 진출이라는 전략적 이익의 관점에서 중요한 지역이었다. 터키문제는 빈회의 의제에서 제외되었으므로 이 문제가 쟁점이 되지는 않았다. 셋째, 북태평양연안 진출을 위해 알래스카 해안에 거점을 확보하고 남부로 진출하여 캘리포니아 해안의 보데가만에 상업기지를 확보하였다.

2. 영국: 이중장벽 정책

영국은 산업에 필요한 원료를 수입하고, 유럽 내외에서 영국시장을 확보하기 위해 해양항로를 확보하는 것이 가장 중요한 관심사였다. 이러한 정책에 최우선순위를 두기 위해서는 유럽대륙에서 세력균형이 유지되어야 하였다. 당시 세력균형을 위협하는 세력은 프랑스와 러시아였으므로 빈체제를 통해 이 두 세력을 견제하기 위한 정책이 '이중장벽정책'이다. 이중장벽정책의 핵심은 중부유럽의 오스트리아와 프로이센을 강화시켜 프랑스의 재흥을 방지하는 동시에 러시아가 중부유럽으로 세력을 확장하는 것을 견제하자는 것이다. 19세기 외교사는 해양으로 진출하려는 러시아와 해양패권을 수호하려는 영국 간의 외교사라 해도 과언이 아니다.[20)

3. 오스트리아: 현상유지정책

오스트리아의 가장 중요한 국가이익은 다민족으로 구성된 오스트리아에서 자유주의운동이나 민족주의 운동이 발생하지 않도록 통제하여 오스트리아의 현 국경을 유지하는 것이었다. 이를 위해서는 보수주의 왕정체제와 유럽 국가 간 세력균형이 유지되어야 한다고 생각하였다. 프랑스가 재흥하는 경우 자유주의 사조가 자국내에서 고조될 수 있고, 왕정국가 간 공동개입이 쉬울 것이라 판단했기 때문이다.

4. 프로이센

상대적 약소국이었던 프로이센은 빈회의에서 적극적인 대외전략을 구사할 수 없었다. 독일연방 내부에서 오스트리아의 주도권을 인정할 수밖에 없었고, 최대한의 영토보상을 획득하는 것을 목표로 하였다.

---

17) 이기택, 전게서, 39면~43면 요약 정리.
18) 터키의 서부, 마르마라해와 흑해를 연결하는 해협. 길이는 30km, 너비는 550~3,000m, 수심 60~125m이며, 아시아 대륙과 유럽 대륙과의 경계를 이룬다. 고대부터 흑해와 지중해를 연결하는 중요한 수로(水路)인 데다가 마르마라해의 출입구에 해당하는 위치에 있었기 때문에 1453년 이래 터키가 장악하게 되자 방위를 목적으로 양안(兩岸)을 요새화(要塞化)하였다.
19) 터키 서부, 마르마라해(海)와 지중해를 연결하는 해협. 길이 60km, 너비 1~6km, 평균수심 약 54m(중앙부에서는 약 90m에 이름). 고대에는 '그리스의 문호'라는 뜻으로 헬레스폰투스(Hellespontus) 또는 헬레스폰트(Hellespont)라고 하였다. 동쪽의 소아시아 연안과 서쪽의 유럽으로 돌출된 갈리폴리 반도 사이에 끼여 있으며, 표층류(表層流)는 에게해로, 심층류(深層流)는 마르마라해로 흘러들며 어족도 풍부하다. 보스포루스 해협과 함께 예로부터 유럽과 아시아, 지중해와 흑해를 연결하는 전략요충지로 고대 그리스의 도시 트로이도 동안(東岸)에 위치하여 번영을 누렸다. 그 후에도 이 해협은 흑해 연안의 식민도시와 그리스 본토를 연결하는 상업상의 요로(要路)를 이루었다.
20) 이기택, 전게서, 41면.

5. 프랑스

프랑스의 최대과제는 나폴레옹과 함께 몰락한 프랑스의 국가적 지위와 위신을 회복하고 대프랑스 연합동맹체제를 해체시키는 것이었다. 일차적으로는 빈회의에 다른 전승국들과 동등한 자격으로 참가하는데 목표를 두었다.

Ⅳ 빈회의의 주요 쟁점과 결정

1. 폴란드와 색스니

폴란드는 나폴레옹전쟁 과정에서 바르샤바대공국에 포함된 지역으로서 전쟁 이후 영국, 러시아, 오스트리아의 이해관계가 첨예하게 교차하던 지역이었다. 영국은 러시아의 중부유럽진출을 방지하기 위해서, 오스트리아는 자국과 러시아가 직접 부딪히게 될 수도 있는 상황을 두려워하여 폴란드가 러시아의 영향권하에 들어가는 것에 반대하였다. 한편, 색스니의 경우 1813년 칼리쉬조약을 통해 러시아는 폴란드를, 프러시아는 색스니를 병합하기로 합의가 되어 있었다. 최종적으로 러시아는 폴란드 대부분 지역을 획득하였고 프러시아는 색스니의 2/5지역과 서부 프러시아, 포젠[21]지방을 얻었다. 프러시아는 루르[22]와 자르지방의 탄광지대도 보유하게 되었다.

> **📑 참고 바르샤바대공국**
>
> 나폴레옹이 세운 폴란드의 나라(1807~1815년). 나폴레옹이 프로이센을 물리치는 과정에서 폴란드가 협조한 대가로서, 틸지트 조약에 따라 프로이센이 폴란드 분할 때 빼앗은 지역에 세운 나라이다. 나폴레옹은 곧 자유주의적인 헌법을 만들게 하고, 심복인 작센왕 프리드리히 아우구스투스 3세를 대공으로 앉혔다. 처음에는 프로이센에 흡수된 폴란드 중부의 주요 지방으로 이루어졌으나, 1809년 오스트리아가 3차분할(1795년)에서 차지한 지역이 더해짐으로써 영토는 더욱 넓어졌다. 그러나 나폴레옹이 러시아에 패하자, 1813년 빈 회의에서 다시 분할되었다. 대부분은 러시아 황제가 국왕을 겸하는 폴란드왕국이 되어 사실상 러시아 제국의 일부를 이루었다. 포즈난을 포함한 일부는 프로이센의 영토가 되고, 크라쿠프는 중립을 지키는 반(半)독립 공화국이 되었다.

2. 독일연방의 구성

신성로마제국을 해체하고 34개의 군주와 4개의 자유시로 구성된 독일 연방을 창설하였다. 독일 연방의회 의장은 오스트리아가 맡았으며 프로이센과 오스트리아의 발언권을 강화시켰다. 연방 구성국가들은 전시 단독강화 체결이 금지되었고 연방을 적대시하는 어떤 동맹에도 가입할 수 없었다.

---

21) 폴란드 서부 포즈난주(州)의 주도(州都). 오데르강(江)의 지류인 바르타강 연안에 위치한다. 10세기에 성채로서 건설된 폴란드 최고(最古) 도시의 하나이다. 968년에는 폴란드 최초의 주교구가 설치되었다. 15세기 유럽 교역의 한 중심지였으며, 16세기에는 폴란드 수출입품의 대부분을 취급하기도 하였다. 17세기 중엽의 스웨덴 전쟁, 18세기 초의 북방전쟁으로 도시가 파괴되었으며, 1793년에는 프로이센에 점령되었다. 1807~15년 바르샤바 대후국령(大侯國領)이 되었다가 그 뒤 프로이센에 다시 병합되었으나 1918년 12월 폴란드에 귀속되었다. 제2차 세계대전 때에는 독일군과 소련군의 격전장이 되기도 하였다.

22) 독일 북서부 노르트라인베스트팔렌주(州)에 있는 공업지대. 면적 약 4,600km². 라인강 하류와 그 지류 루르강·리페강 사이에 있는 대탄전지대를 바탕으로 발달한 유럽 최대의 공업지역이다. 독일에서는 라인베스트팔렌 공업지역이라 부른다. 인구가 조밀하고, 탄광이 많으며, 철강을 비롯한 독일 중공업의 중심지를 이룬다. 이곳은 19세기 후반부터 크루프, 티센 등에 의해서 대규모의 채탄·철강업이 시작되어 먼저 라인의 하항(河港) 뒤스부르크에서 에센·보훔·도르트문트에 걸쳐 대중공업도시가 번영하였다.

3. 네덜란드 왕국과 덴마크

영국은 이중장벽건설정책의 일환으로 강력한 네덜란드 왕국을 건설하여 프랑스의 팽창을 북쪽에서 저지하고자 하였다. 오스트리아령 네덜란드와 홀란드 공화국을 합쳐서 오렌지가의 국왕이 통치하도록 하였다. 덴마크는 노르웨이와의 연합을 해체하고 노르웨이는 스웨덴에 병합되었다. 스웨덴은 핀란드를 러시아에 양보하였다.

4. 오스트리아와 이탈리아

오스트리아는 이탈리아반도와 일리리아지방에서 보상을 받았는데, 롬바르디[23], 베네치아[24], 베니스 공화국을 흡수하였다. 일리리아 지방도 오스트리아에 병합되었다. 이탈리아는 사르디니아[25] 공화국, 모데나[26], 파르마[27], 루카[28], 투스카니[29], 법왕령, 나폴리왕국, 산마리노 공화국, 모나코등 9개 정치단위로 구성되었고, 투스카니, 파르마, 모데나공국은 오스트리아가 통치하였다. 프랑스를 남쪽에서 견제하기 위해 사르디니아 왕국은 제노아[30], 사보이[31], 니스[32], 피에드몬테[33]를 보유한 강력한 왕국으로 등장하였다.

---

23) 이탈리아 북부에 있는 주. 면적 2만 3857km², 인구 892만 2463명(2001)이다. 주도(州都)는 밀라노이다. 북쪽은 스위스와의 국경에 접하고 있으며, 알프스산맥에서 포강(江) 중류에 이르는 지역을 차지하여 북부 이탈리아의 심장부를 이룬다.

24) 이탈리아 베네토주(州)의 주도(州都)이자, 베네치아현(縣)의 주도(主都). 영어로는 베니스(Venice)라고 한다. 베네치아만(灣) 안쪽의 석호(潟湖:라군) 위에 흩어져 있는 118개의 섬들이 약 400개의 다리로 이어져 있다. 섬과 섬 사이의 수로가 중요한 교통로가 되어 독특한 시가지를 이루며, 흔히 '물의 도시'라고 부른다.

25) 이탈리아 반도 서쪽 해상에 있는 지중해 제2의 섬.

26) 이탈리아 에밀리아 로마냐주(州) 모데나현(縣)의 주도(主都). 인구는 17만 6965명(2000)이다. 에밀리아 가도(街道)의 연변에 있다. BC 183년 로마인이 식민도시로 건설한 것이 기원이며, 옛이름은 무티나였다. 랑고바르드의 침입으로 폐허가 되었지만, 9세기경부터 재건되어, 13세기에는 본격적으로 발전하기 시작하였다. 1452년 모데나 공국의 중심지가 되었으며, 특히 1598년에 북동쪽 페라라가 교황령이 된 뒤부터는 페라라 대신 에스테가(家)의 본거지가 되어 학문과 예술의 중심지로서 번영하였다

27) 이탈리아 에밀리아로마냐주(州) 파르마현(縣)의 주도(主都). 인구는 15만 6172명(2001)이다. BC 2세기에 로마의 식민도시로 건설된 후 중세에는 학예의 중심지로 번영하였다. 풍요한 농업지대의 중심지이며 농산물가공업이 활발하다.

5. 스위스

스위스는 1648년 뮌스터조약으로 독립국이 되어 중립을 고수해 왔으나 나폴레옹은 스위스를 점령하여 종속국으로 만들었다. 빈회의에서 스위스는 영세중립국으로 승인되었다.

---

28) 이탈리아 중북부에 있는 토스카나주(州) 루카현(縣)의 현청(縣廳) 소재지. 인구는 약 7만 9700명(2002)이다. 피사에서 북동쪽으로 16km, 세르키오강(江)의 비옥한 계곡의 구릉으로 둘러싸여 있으며, 북쪽과 서쪽에 아푸안 알프스가 있다. 올리브 · 포도 · 채소 등이 재배되며, 올리브유 · 담배 · 섬유 · 종이 · 가구 · 가공식품 등의 제조업이 활발하다. 리구리아인(人)의 취락에서 비롯되었으며, BC 3세기에 로마제국에 점령되어 병영지가 되었다. 6세기에는 랑고바르드 공작령의 수도가 되었으며, 12세기에는 자치체가 되어 인근 도시들 및 귀족 가문들과의 많은 분쟁을 겪으면서도 1799년 프랑스에 함락될 때까지 독립을 유지하였다. 1805~1814년에는 공국으로 나폴레옹 1세의 누이 엘리자 바치오키의 통치를 받았다. 1817년에는 파르마 공국의 일부가 되었고, 1847년에는 토스카나 공국에 양도되었으며, 1860년 이탈리아 왕국에 합병되었다.

29) 이탈리아 중부에 있는 주. 면적은 2만 2992km². 인구는 346만 835명(2001)이다. 주도(州都)는 피렌체이다. 고대 에트루리아 영토의 대부분이 포함되며 11세기부터 르네상스 시대에 걸쳐 대부분의 도시는 자유도시가 되었다. 그 중에서도 피렌체 · 시에나 · 루카 · 피사 등이 특히 번영하여 그들 도시는 이탈리아 르네상스 문화의 중심이 되었다. 1569년 이후 19세기에 이탈리아 왕국에 병합되기까지는 토스카나 공국령(公國領)을 이루고 피렌체가 그 중심지였다.

30) 이탈리아 리구리아주(州) 제노바현(縣)의 주도(州都). 제노바만(灣)에 면한 항구도시로, 영어로는 제노아(Genoa)라고 한다. 이탈리아 쪽의 리구리아해(海) 중앙에 위치하는 이탈리아 제1의 항구이며, 밀라노 · 토리노와 더불어 북부 이탈리아 공업지대의 중심을 이룬다. 아메리카 대륙의 발견자 C.콜럼버스, 음악가 N.파가니니, 이탈리아 통일운동 때의 공화주의자 G.마치니 등의 출신지로서 알려져 있다. 1797년에 나폴레옹에 의해 리구리아 공화국으로 개조되었다가 프랑스 제국에 병합되었으며, 빈회의(1815) 후부터 사르데냐 왕국에 편입되었다.

31) 프랑스 남동부. 이탈리아와 접하는 옛 지방의 이름. 이탈리아어로는 사보이아(Savoia), 영어로는 사보이(Savoy)라고 한다. 현재의 사부아현(縣)과 오트 사부아현을 포함한다. 4세기에는 사파우디아(Sapaudia)라는 이름으로 스위스의 일부도 포함했으나, 그 후 부르군트국(5세기), 메로빙거왕조와 카롤링거왕조의 프랑크왕국(6~9세기), 부르고뉴왕국(9~10세기) 및 신성로마제국(11세기)에 속하였다가, 11세기 중엽부터 사부아 백작령으로서 독립하였다. 1416년부터는 공작령이 되었으며, 이 공작가(家)가 사르데냐 왕국을 이루던 기간(1720~1860)에는 그 일부가 되었다가, 1860년에 최종적으로 프랑스 영토가 되었다.

32) 프랑스 프로방스알프코트다쥐르주(州) 알프마리팀현(縣)의 주도(主都). 모나코 공국 및 이탈리아에서 가까운 지중해의 항만도시로 리비에라(Riviera) 혹은 코트다쥐르(Cote d'Azur)라고도 불리는 지중해 연안에 있다. 이탈리아 통일의 영웅인 J.가리발디가 태어난 곳으로도 잘 알려져 있다.

33) 이탈리아 북서부에 있는 주. 면적은 2만 5399km², 인구는 416만 6442명(2001)이다. 주도(州都)는 토리노이다. 포강(江)의 중류 및 상류 지역의 기름진 평원과 이 평원을 둘러싸고 있는 알프스 및 아펜니노 산지로 구성된다. 짧은 기간의 단절은 있었지만 11세기부터는 사보이아 왕조가 이곳을 지배하였고 이탈리아를 통일한 직후, 한때는 토리노가 이탈리아의 수도가 되었다.

📖 참고 뮌스터조약(베스트팔렌조약)

독일 30년전쟁을 끝마치기 위해 1648년에 체결된 평화조약으로 가톨릭 제국으로서의 신성로마제국을 사실상 붕괴시키고, 주권 국가들의 공동체인 근대 유럽의 정치구조가 나타나는 계기가 되었다. 페르디난트 2세(Ferdinand II,1578~1637)의 반종교개혁에 대한 보헤미아의 반란에서 시작된 독일 30년전쟁(Thirty Years' War, 1618~1648)은 독일을 무대로 전개되었지만 덴마크와 네덜란드, 스웨덴, 프랑스, 에스파냐 등 유럽의 여러 나라들이 참여한 국제 전쟁이었다. 1637년 페르디난트 2세가 죽자, 새로 신성로마제국의 황제가 된 페르디난트 3세(Ferdinand III,1608~1657)는 1641년 종전을 제의하였다. 1644년 봄부터 황제를 비롯해 66개의 영방(領邦) 대표, 프랑스, 스웨덴, 에스파냐, 네덜란드 등이 참여한 강화회의가 시작되었다. 협상은 흥청망청한 분위기에서 뚜렷한 성과를 거두지 못하였다. 그러다 1648년 봄, 30년전쟁의 진원지였던 프라하가 스웨덴에 점령되고 프랑스가 황제군과 에스파냐 군대에 승리를 거두면서 협상이 급진전되었다. 마침내 1648년 10월 24일 베스트팔렌(Westfalen)의 오스나브뤼크에서 조약이 체결되었다.

베스트팔렌조약의 주요 내용 및 결과는 다음과 같다. ① 프랑스가 알자스 대부분과 메스, 투르, 베르됭의 세 주교령을 얻어 라인강 유역까지 국경을 넓혔다. 스웨덴은 서(西)포메른과 브레멘대주교령, 페르덴주교령 등의 영토를 얻어 발틱해와 북해의 광대한 영토를 차지하였다. 그리고 제국 안에서 브란덴부르크가 동(東)포메른, 마크데부르크대주교령, 덴주교령 등의 영유를 인정받고, 바이에른과 작센 등도 약간의 영토와 선제후위를 인정받으며 새로운 열강으로 떠올랐다. ② 스위스와 네덜란드가 독립국 지위를 승인받았다. ③ 1555년 아우크스부르크 종교화의(宗教和議)가 정식으로 승인되며, 칼뱅파에게도 루터파와 동등한 권리가 주어졌다. 또한 농노나 예속인들이 영주와 종교가 다를 경우에도 사적 또는 공적으로 종교 행사에 참가할 수 있는 권리가 인정되었다. ④ 독일의 영방(領邦) 제후와 제국도시들에 '황제와 제국(帝國)을 적대하지 않는 한에서'라는 조건으로 상호 또는 외국과 동맹할 권리가 인정되었다. 제후들에게 영토에 대한 완전한 주권과 외교권, 조약 체결권이 인정된 것이다. ⑤ 그 밖에 교회령에 대해서는 1624년의 상태로 되돌리기로 결정했으며 베스트팔렌조약에 대한 반대나 거부는 어느 누가 표명하든지 간에 모두 백지화, 무효화한다고 선언하여 독일 문제에 교황이 개입하지 못하도록 하였다.

이처럼 베스트팔렌조약은 유럽에서 로마 가톨릭교회와 신성로마제국의 지배적 역할을 실질적으로 무너뜨리고 새로운 질서를 가져왔다. 조약은 제후들에게 완전한 영토적 주권과 통치권을 인정하고 가톨릭, 루터파, 칼뱅파에게 동등한 지위를 부여하였다. 이는 정신적으로는 교황이 주도하고 세속적으로는 황제가 주도하는 가톨릭 제국으로서의 신성로마제국이 실질적으로 붕괴된 것을 의미하였다. 황제와 교황의 권력은 약화되었으며, 정치는 종교의 영향에서 벗어나 세속화하여 국가 간의 세력 균형으로 질서를 유지하는 새로운 체제를 가져왔다. 이는 유럽의 근대화와 절대주의 국가의 성립에 매우 커다란 영향을 끼쳤다.

한편, 베스트팔렌조약은 유럽의 세력균형에도 변화를 가져왔다. 합스부르크 왕가(Habsburg Haus)의 권력이 약화되고 에스파냐는 네덜란드를 잃었을 뿐만 아니라 서유럽에서의 영향력을 상실하였다. 대신 프랑스의 영향력이 강화되었으며, 제국 안에서도 브란덴부르크와 바이에른 등의 성장이 촉진되었다.

V 결론: 빈회의에 대한 평가

우선, 긍정적인 측면은 유럽 열강의 정치적 이해관계를 조정하여 유럽의 세력균형을 재건함으로써 유럽국제질서를 안정시켰고, 전쟁의 재발을 방지하기 위해 '협조체제'라는 원시적인 국제협력 체제를 창출하였다는 점이다[34]. 특히 유럽의 안정을 해칠 수 있는 국제문제를 사전에 열강 간의 정기적인 회의를 통해 해결하기로 한 점은 18세기 세력균형체제보다는 진일보한 안보공공재 공급 메커니즘이라 볼 수 있다. 반면, 당시 국제법 질서에서 약소국 영토의 보상을 통해 강대국 간 세력균형을 위한 조정이 정당화되었다고 하더라도, 이후 전개된 유럽질서를 약소국의 자유주의, 민족주의 운동으로 불안정하게 만들었다는 점에서 빈회의의 결정이 바로 혁명을 잉태하고 있었다고 평가할 수 있다.

---

34) 김용구, 전게서, 37면

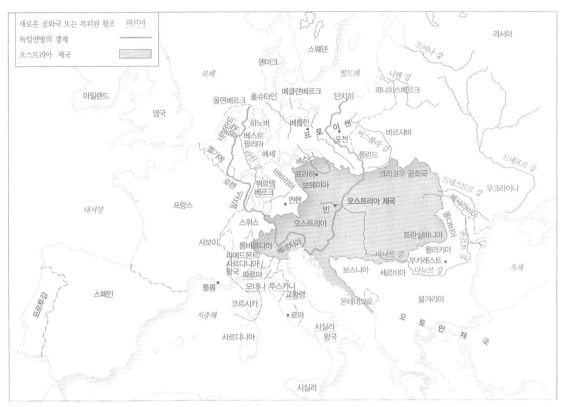

⊙ 1815년의 유럽

메테르니히(Metternich, Klemens Wenzel Nepomuk Lothar von, 1773.5.15~1859.6.11)

오스트리아의 정치가. 라인 지방의 유서 깊은 귀족가문 출신으로 1790년 마인츠 대학교에 다니면서 마인츠 선거후(選擧侯)의 궁정에 드나들며, 당시 여기에 모여든 망명귀족들을 통하여 프랑스혁명을 알았다. 1792년 마인츠가 혁명군에게 점령당하자 부친이 있는 브뤼셀에 가서 부친을 도와 혁명의 파급을 막는 현실정치에 처음으로 참여하였다. 이러한 부친의 후광과 더불어 1795년 전(前) 재상인 카우니츠의 손녀와 결혼하여 정계에의 진출이 용이해졌다. 1801년 드레스덴 주재 공사, 1803년 베를린 주재 공사를 거쳐 1806년 파리 주재 공사가 되어 나폴레옹을 타도할 기회를 타진하였다. 1809년 오스트리아가 프랑스에 개전한 것도 그의 정세판단에 힘입은 바가 컸다. 그러나 이 전쟁은 패전으로 끝났다. 그 해 외무장관이 되었고, 프란츠 1세의 딸 루이즈와 나폴레옹의 결혼을 주선하기도 하여 프랑스와 우호관계를 유지하면서 그 사이에 국력의 회복을 도모하였다.

1813년 여름 심기일전하여 대(對)나폴레옹 해방전쟁에 참가하여 승리한 후, 빈회의 의장이 되어 유럽의 질서를 회복하기 위한 외교상의 지도권을 장악하였다. 그지도이념은 1815년에 만들어진 질서의 유지와 유럽 대국들의 세력균형이었다. 이를 위하여 독일에 대해서는 독일연방의회를 통하여, 또한 범(汎)유럽에 대해서는 신성동맹과 4국동맹을 이용하여 현상을 변혁하려는 모든 국민주의 · 자유주의 운동을 탄압하는 동시에 대국 간의 이해가 대립하여 전쟁으로 발전하는 일을 극력 피하려고 하였다. 이러한 그의 현상유지책은 단순한 신념이 아니라, 그렇게 함으로써 많은 민족국가의 모순을 내포하고 있는 오스트리아가 국가로서 유지될 수 있다는 현실주의에 입각한 것이었다. 그러나 1821년 재상이 된 그의 정책은 그리스의 독립과 7월혁명으로 파탄에 빠졌고, 1848년 3월혁명에 의하여 실각, 영국으로 망명하였다. 후에 귀국하여 황제 프란츠 요셉 1세의 정치고문으로 일하였다.

I 의의

신성동맹은 1815년 9월 26일 러시아, 오스트리아, 프러시아 세 군주가 서명한 신성동맹 조약 자체만을 지칭하기도 하고, 1815년 11월 20일에 체결된 4국동맹과 합쳐서 모두 신성동맹이라고 부르기도 하며, 이 두 조약을 포함하여 1815년에 체결된 모든 조약을 총칭하기도 한다[35]. 신성동맹조약에 대해서는 캐슬레이[36]의 표현대로 '숭고한 신비주의와 넌센스'라는 의견이 지배적이긴 하나, 유럽협조체제를 유지시키는 이념적 토대를 제공하였다는 점에서 의의가 있다. 신성동맹조약은 영국, 터키, 법왕을 제외하고 유럽의 주요 국가들이 모두 가입하고 있었다.

II 신성동맹의 형성요인

왈츠(K. Waltz)는 그의 저서 『Man, State and War』에서 개인, 국가, 국제체제라는 세 가지 분석수준을 제시하고, 국제체제가 분석수준으로서 가장 적합하다는 견해를 제시한 바 있다. 세 분석수준에 기초하여 신성동맹이라는 국제정치현상의 원인을 분석한다.

1. 국제체제적 요인

신성동맹조약은 당시 영국과 패권경쟁을 벌이고 있던 러시아가 자국의 영향력을 증가시키기 위한 수단으로서 체결하였다고 볼 수 있다. 영국의 이중장벽정책은 근본적으로 러시아의 세력증가와 팽창정책을 저지하는 성격을 띠고 있었고 양국 간 갈등은 빈체제형성시기부터 지속되고 있었다. 러시아는 같은 군주국들인 프러시아와 오스트리아를 자국편에 묶어두기 위해 동 조약을 주도한 것이다.

2. 국가적 요인

신성동맹 체결배경을 세 군주국이 왕권유지와 영토주권 수호라는 국가이익 또는 군주의 이익을 수호하기 위한 것으로 보면 국가수준에서 파악한 신성동맹의 요인이 된다. 오스트리아의 경우 다민족국가로 형성되어 있어 자유주의운동에 대해서는 적극적으로 개입하지 않을 수 없었으며, 이를 위한 동맹은 자유주의에 반대하는 군주국들과 형성하는 것을 선호하고 있었다.

한편, 신성동맹에는 러시아의 야심이 개입된 것이라고 보는 견해도 있다. 즉, 기독교적 공동체라는 이름을 빙자하여 기독교국 군주들의 단결을 호소함으로써 유럽동맹에서 터키를 배제하였다. 이는 지중해의 출구인 터키해협으로 진출함으로써 외교적으로 유리한 입장을 확보하고자 의도한 것이다.

---

35) 김용구, 전게서, 47면.

36) 캐슬레이(Castlereagh, Viscount, 1769.6.18~1822.8.12). 더블린 출생. 1799년 아일랜드총독, 1802년 인도총독, 1805~1809년 육군장관(1805~1806, 1807~1809) 등을 역임하여 아일랜드통합문제와 대(對)프랑스 전쟁 지도 등에서 중책을 맡아 수행하였다. 1809년 외무장관 G.캐닝과의 충돌로 결투를 하고 사임하였다. 1812년 정계에 복귀하여 R.B.J.리버풀내각의 외무장관 겸 하원의 장이 되었다. 그 후 나폴레옹에 대항하는 대동맹을 이끄는 데 이바지하였고, 1815년 빈회의에서는 전권(全權)을 맡아 참석하여 중요한 역할을 하였다. 특히 프랑스의 세력유지를 통하여 프로이센·러시아의 진출을 억제하였으며, 오스트리아의 외무장관 메테르니히의 간섭을 여러 번 저지하였다. 그러나 독선적인 정책수립으로 의회와 갈등을 야기하였고, 특히 내정에 관해서는 하원의 여당지도자로서 보수반동의 중심이라 하여 공격의 표적이 되었다. 또한 러시아의 투르크 진출에 대항하여 메테르니히의 그리스정책에 동조함으로써 격렬한 비난의 대상이 되었다. 1822년 피해망상증이 심해져 자살하였다.

3. 개인적 요인

신성동맹을 제안한 러시아 알렉산더 I세의 종교적 열정의 산물로 볼 수도 있다. 알렉산더 I세는 나폴레옹과의 전쟁과정에서 기독교를 받아들였으며 기독교의 평화사상에 심취해 있었다. 즉, 기독교 정신으로 단결함으로써 전쟁을 방지해야 한다는 소박한 생각을 가지고 있었던 것이다.

Ⅲ 유럽 열강들의 반응과 신성동맹의 내용

1. 유럽 열강들의 반응

오스트리아나 프로이센은 알렉산더의 조약안에 대해 '종교의 외투 밑에 있는 박애에의 열망'이라고 생각하였으나, 전면적 거부 시 제2차 파리평화교섭에 미칠 부정적 영향을 고려하여 받아들이기로 하였다. 다만, 법적 구속력이 없음을 조약성립 이후 별도로 선언하였다. 영국은 러시아의 제안에 대해 동맹의 정신에는 원칙적으로 찬성하나 영국 헌정상의 전통을 이유로 서명하지 않았다.

2. 신성동맹조약의 내용

신성동맹조약은 전문과 3개조항으로 구성되어 있다. 전문에서 유럽은 기독교의 가르침에 따라 지배되어야 하다고 강조하고, 제1조에서 세 군주들은 형제애로 결속되어 있음을 인정하고 어떤 경우에든지 상호 원조할 것을 약속하였다. 제2조는 세 국가는 신이 통치하는 한 나라의 세 분파를 형성하고 있는 것임을 인정하고 신이 가르치는 원칙과 의무를 성실히 이행할 것을 선언하고 있다.

Ⅳ 신성동맹에 대한 평가

우선, 신성동맹에 대한 부정적인 평가는 신성동맹조약은 아무런 법적 효력이 없는 선언에 불과하다는 점과 군주국의 이데올로기로서 혁명사상을 억압하고 정치적 자유와 신앙의 자유에 대한 탄압을 목적으로 하고 있었다는 것이다. 한편, 신성동맹에 대한 긍정적인 평가도 있는바, 베르티에는 신성동맹은 반동적이 아니며 오히려 타국에 대한 내정간섭을 규정한 4국동맹이 반동적이라고 주장한다. 알렉산더 I세가 스위스나 미국에게 신성동맹 가입을 요구한 것을 논거로 제시한다. 또한, 국제체제분석에 있어서 구성주의의 견해를 원용해 보면, 유럽협조체제의 형성 및 유지에 있어서 중요한 관념변수로 작동하였다고 볼 수 있다. 조화적 집합정체성은 체제형성에 있어서 긍정적 작용을 하고, 형성된 체제를 유지시켜주는 역할을 한다. 신성동맹조약은 '기독교정신'이라는 관념변수를 통해 유럽열강의 집합정체성을 강화시킴으로써 유럽협조체제를 어느 정도 작동하는 요인이었다고 해석할 수 있다.

Ⅰ 서론

유럽협조체제가 성립된 이후 유럽의 평화와 안정을 해치는 문제가 발생하는 경우 이른바 '회의외교'가 전개된다. 4국동맹조약 제6조에 의해 제도화된 것으로 영국의 입장에 따라 프랑스의 재흥을 막는데 초점을 두고 있었다. 회의외교가 전개되는 과정에서 유럽협조체제가 강화되기보다는 유럽국가들 사이에 갈등이 고조된다. 이러한 갈등의 표면적인 이유는 유럽내의 자유주의 혁명에 대한 간섭여부였으나, 보다 심층동인은 지중해, 터키, 남미 등 유럽밖의 문제에 대해 단독개입을 추구하는 영국과 이 지역으로 자국의 영향력을 확대시키려는 러시아의 대립이라 볼 수 있다.

유럽내부 문제를 다뤘던 엑스 라 샤펠회의에서는 영,러 양국의 갈등이 표면화되지는 않았으나, 남미와 관련된 스페인 문제를 다뤘던 베로나 회의나 이탈리아반도문제를 다뤘던 트로파우 및 라이바하 회의에서는 양자의 갈등이 고조되어 유럽협조체제는 근본적인 도전에 직면하게 된다.

Ⅱ 엑스 라 샤펠 회의(1818년 9월~11월)

1. 배경

제2차 파리조약에 따라 프랑스 내에 주둔하고 있던 연합국 군대의 점령기간 종료에 따라 주둔군 철수문제가 대두되었다. 한편, 프랑스가 유럽협조체제에 가입을 요구함에 따라 이 문제를 논의하기 위해 4국동맹조약 제6조에 따라 회의가 개최되었다.

2. 쟁점

첫째, 외국군대 철수문제는 프랑스가 국내사정을 이유로 강력하게 주장하였다. 리슐리외는 외국군 주둔 연장은 프랑스 국민의 민족주의를 고취시켜 혁명을 자극할 것이라고 주장하였다. 둘째, 유럽협조체제에 프랑스를 포함시키는 문제가 영국과 러시아 사이에 쟁점이 되었다. 러시아는 프랑스를 유럽협조체제에 가담시켜 영국과 오스트리아를 견제하고자 한 반면, 영국은 4국동맹을 유지시켜 프랑스가 러시아와 동맹을 맺는 것을 저지하고자 하였다. 이 문제는 러시아의 '일반동맹'구상에 대한 대립으로 표출되었다.

3. 합의사항

연합군의 철군문제는 쉽게 합의되어 1818년 11월 30일까지 모든 연합군의 철수와 요새의 프랑스 반환을 완료하기로 하였다. 러시아의 일반동맹과 영국의 4국동맹에 대해서는 캐슬레이의 타협안에 따라 4국동맹의 원조의무는 비밀조약으로 유지시키고 4국동맹조약 제6조의 회의에는 프랑스를 참여시키기로 하였다.

4. 의의

우선, 나폴레옹전쟁의 전후처리가 완료되고 패전국 프랑스는 다시 원상회복되어 강대국의 지위를 되찾게 되었고 연합군의 주둔이나 배상문제도 완전히 해결되었다. 그러나 4국동맹이 유지됨으로써 유럽 국제질서는 4국동맹과 오두정치(Pentarchy)가 동시에 병존하는 2중구조를 이루게 되었다.

둘째, 알렉산더 1세의 신성동맹을 중심으로 한 이상과 영국의 현실적인 정책기조였던 4국동맹이 일단 조화를 이루어, 유럽협조체제가 강화되는 듯하였으나, 실제로는 영국과 러시아의 대립의 시작이었다. 유럽협조체제에 대한 영국정책의 의도는 4국동맹을 그 윤곽으로 하여 단순히 프랑스만을 견제하여 상호 간의 외교적 협조체제를 진행시키려 한 데 있었고, 유럽협조체가 유럽 밖의 남미 식민지제국이나 오토만제국 문제를 간섭할 것을 두려워하였다.

Ⅲ 트로파우회의(1820년 10월)와 라이바하회의(1821년 1월)

1. 배경

나폴리반란으로 인한 빈체제의 위협에 대해 오스트리아의 제의로 열린 회담이다. 나폴레옹전쟁의 영향으로 이탈리아에서도 나폴리의 카르보나리를 중심으로 자유주의 운동이 강하게 일고 있었다. 이들은 페르디난트 1세의 반동정치에 대항하여 자유주의 헌법을 요구하였다. 나폴리의 반란이 이탈리아 전역으로 확산되자 오스트리아는 유럽협조체제의 발동을 요구하였다. 그러나 이 회의에는 신성동맹 3국만이 당사자로 참석하고, 영국과 프랑스는 옵저버로만 참가하였다. 트로파우회의에서 간섭원칙이 천명되고, 라이바하회의를 통해 구체적인 실천계획이 마련되었다.

2. 쟁점

신성동맹 3국의 간섭주장과 영국의 불간섭주장이 대립되었다. 오스트리아는 다민족국가로서 이탈리아 혁명이 승리하고 이것이 독일의 자유주의운동과 연결되는 것은 자국의 존립자체를 위협하는 문제였으므로 간섭을 주장하였고, 프러시아와 러시아도 이에 동조하였다. 반면, 4국동맹을 대프랑스 연합으로 묶어두려는 영국은 불간섭주의를 고수하고자 하였다. 프랑스는 자유주의에 동정적이면서도 이탈리아의 자유주의운동에 대해서는 개입하지 않는 중립적 위치를 취하였다.

3. 합의사항

신성동맹 3국은 트로파우회의를 통해 정통주의 원칙을 재확인하고 불법적 정체변혁에 대해서는 불승인하며 변혁의 영향이 인접국으로 파급될 우려가 있는 경우 최종적으로 공동군사개입하기로 합의하였다. 라이바하회의에서는 이러한 원칙에 따라 오스트리아의 군사개입을 결정하였으며 오스트리아의 개입으로 나폴리 반란이 진압되고 전제군주제가 유지되었다.

4. 의의

첫째, 유럽협조체제의 성격이 변화되었다. 본래 4국동맹의 목적은 빈체제를 보장하는 것이었고 타국내정에 간섭할 수 있는 것은 프랑스 재흥의 경우에만 국한되었으나 트로파우회의 이후 혁명에 의해 설립된 모든 정부에 대항하여 정통정부를 지원하는 것이 목적이 되었다. 둘째, 불간섭원칙을 둘러싸고 신성동맹 3국의 보수세력과, 영국 및 프랑스의 자유주의 진영으로 양분되었다. 자유주의 사조가 현상을 변경시킬 개연성이 커질수록 열강간에 심각한 문제로 대두되었다.

Ⅳ 베로나회의(1822년 10월~11월)

1. 배경

베로나회의는 이탈리아문제 토의를 위해 소집되었으나 주요 의제는 스페인 내란에 대한 간섭문제였다. 당시 스페인에서는 우파세력들이 쿠데타를 시도하여 페르디난트 7세의 자유주의 탄압에 대항하고 있었다.

2. 쟁점

영국의 불간섭주의와 러시아의 간섭주의의 대립이 재현되었다. 러시아는 스페인을 통해 스페인의 남미 식민지에 개입하려는 의도를 가지고 있었으나, 우파 쿠데타는 이를 방해할 우려가 있었다. 영국이 불간섭주의를 주장한 이유는 열강의 협조체제가 남미의 스페인식민지에까지 확대될 것을 방지하기 위한 것이다. 프랑스는 페르디난트왕을 복위시키는 것이 프랑스의 영예를 위해 좋을 것이란 입장에서 간섭하고자 하였다.

3. 합의사항

오스트리아, 프러시아, 러시아 3국은 프랑스로 하여금 스페인 반란에 단독 개입하여 반란을 진압하도록 위임하였다. 프랑스 군대는 1823년 스페인에 진주하여 쉽게 왕위를 복위시키고 사태를 진압하였다. 다만 프랑스는 스페인을 점령하지 않을 것과 스페인의 아메리카 식민지에 대해 아무런 요구도 하지 않을 것을 영국과 사전에 합의하였다.

4. 의의

베로나 회의를 끝으로 회의외교라는 유럽협조체제의 방식은 일단 파탄을 보게 된다. 베로나 회의에서 영국과 러시아의 결정적 대립으로 유럽협조체제 내부에서 국가 간 이익조정은 한계에 봉착했기 때문이다.

Ⅴ 국제정치사적 영향과 시사점

1. 국제정치사적 영향

회의외교방식이 베로나회의를 끝으로 러시아와 영국의 대결체제로 전환된다. 즉, 유럽협조체제제가 좌절되면서 지중해, 터키, 그리고 스페인의 식민지인 남미에서 영국과 러시아 간 경쟁은 치열한 대립으로 전개되었다. 이러한 대립은 양국 간 크리미아전쟁의 배경이 되었다.

2. 시사점

회의외교 전개과정을 통해 몇 가지 시사점을 얻을 수 있다. 첫째, 국제제도의 자율성에 대한 현실주의와 자유주의 대립에 있어서 현실주의의 타당성을 보여 주는 좋은 사례라 생각된다. 현실주의는 제도가 기존 힘의 배분관계의 반영이고, 패권국의 이익을 위한 수단으로 보기 때문에 제도의 자율성은 높지 않다고 본다. 반면, 자유주의는 제도의 국가에 대한 규제적 측면과 규모의 경제효과로 인해 제도의 자율성을 상대적으로 높게 평가한다. 유럽협조와 회의외교의 전개과정은 제도는 강대국의 의도를 제약하지 못하고 강대국의 의지에 의존하는 종속변수적 성격을 갖고 있음을 보여준다.

둘째, 안보공공재의 공급 메커니즘에 있어서 세력균형과 제도의 상대적 유용성에 대한 시사점을 준다. 회의외교 전개과정은 국제안보는 기본적으로 세력균형 또는 힘에 기초해서 달성됨을 시사한다. 유럽열강들이 회의외교라는 새로운 안보달성수단을 창안했으나 그것이 기존의 세력균형을 대체할 수는 없었던 것이다.

셋째, 안보제도 유지에 있어서 조정자의 역할의 중요성을 시사한다. 엑스 라 샤펠회의에서의 영국과 러시아 간의 갈등이 오스트리아의 중재로 원만하게 타협이 되었다. 이후의 회의외교에 있어서는 오스트리아가 중요한 이해당사자가 되면서 조정자가 사라지게 되고 영국과 러시아의 갈등이 표면화된 원인이 되기도 하였다.

오스트리아는 30년전쟁 후 베스트팔렌조약에 의해서 독일 제후(諸侯)의 하나로서 완전한 영방주권(領邦主權)을 획득하였으나 10년 후에 즉위한 레오폴트 1세(재위 1658~1705)는 사보이공(公) 오이겐의 힘으로 다시 투르크의 침입을 억압하고 전(全)헝가리령(領)을 평정하였다. 에스파냐 계승전쟁(繼承戰爭: 1701~1713)에서는 프랑스를 격파하고 위트레흐트 평화조약의 결과 밀라노 · 나폴리 · 네덜란드 등을 획득함으로써 오스트리아는 이전의 에스파냐 의존체제에서 벗어나 프랑스와 어깨를 겨루는 유럽의 열강(列强)이 되었다.

그러나 분산된 영토와 이민족의 문제로 시달리게 되어 결국 독일의 주도권을 신흥(新興)프로이센에 넘겨주게 되었다. 합스부르크가 최후의 남자황제인 카를 6세(재위 1711~1740)가 국가기본법(프래그머틱생크션)을 제정하여 전(全)합스부르크가령의 영구 불분할(不分割)과 여자상속제를 정하여 관계 열국의 승인을 얻으려 한 것도 이와 같은 사정 때문이다. 그러나 카를 6세가 죽자 바로 바이에른 · 작센 및 에스파냐가 계승권을 주장하고 프랑스나 사르데냐도 자국(自國)의 이익을 위하여 이것을 지지하여 결국 오스트리아 계승전쟁(1740~1748)이 시작되었다.

한편, 프로이센도 또 이 기회를 틈타서 예전부터 바라고 있었던 중요자원지역인 슐레지엔(실레지아)지방을 침략하기 시작하였다. 여제 마리아 테레지아(재위 1740~1780)는 결국 아헨 화약(和約)으로 계승권을 승인받고, 대신 슐레지엔을 프로이센에 할양하였다. 슐레지엔 탈환을 꾀하는 마리아 테레지아는 재상(宰相) 카우니츠를 채용, 국력 충실에 진력하는 한편, 프랑스 · 러시아 및 독일의 여러 영방(領邦)과 손을 잡고 프로이센과 싸웠으나(7년전쟁) 목적을 달성할 수 없었다.

그러나 오스트리아를 절대주의적 근대국가로 확립시킨 것은 그녀의 힘이었으며 나중에는 폴란드 분할에도 참여하여 갈리시아 지방을 획득하였다. 요제프 2세(재위 1780~1790)는 계몽적 전제군주라고 불릴 정도로 농민해방, 종교의 관용 등 계몽주의적 개혁에 주력하였으나 복잡한 국정(國情) 때문에 충분한 성공을 거둘 수 없었다. 프랑스혁명이 발발하자 그 파급을 두려워하였고, 또 여동생 마리 앙투아네트의 운명을 걱정한 레오폴트 2세(재위 1790~1792)는 프로이센과 손을 잡고 프랑스에 간섭하였다.

다음 대인 프란츠 2세(재위 1793~1806)도 영국 · 네덜란드 · 에스파냐 등과 대동맹(大同盟)을 체결하고 여러차례 프랑스와 싸웠으나 패전을 거듭하여 1791년에는 캄포포르미오 화약에서 북이탈리아의 영토 밀라노와 네덜란드를, 1801년 뤼네빌 화약에서는 라인 좌안지방(左岸地方)을 상실하였다. 게다가 네덜란드 · 스위스 · 롬바르디아 등지에서의 프랑스의 지배권을 인정하였고, 1805년 프레스부르크 화약에서는 티롤 · 베네치아 지방을 할양하였다.

1806년 나폴레옹이 라인동맹을 조직하였고 프란츠 2세는 황제의 지위에서 물러났으며(물러나기 2년 전에 이미 오스트리아 황제의 칭호를 사용했음), 이에 따라 중세 이래의 신성로마제국은 해체되었다. 1809년 빈 화약에서 오스트리아는 완전히 굴복하고 왕녀 마리 루이즈는 나폴레옹의 황후가 되었으며, 그 후에는 나폴레옹의 러시아 원정(1812)에도 참가해야 하였다.

나폴레옹 몰락 후 유럽의 재건을 위한 열강회의를 빈에서 개최한 오스트리아는 재상 메테르니히가 수완을 발휘하여 국제적 지위가 높아지고, 1815년 오스트리아를 맹주(盟主)로 하는 독일연방이 성립되었다. 그러나 오스트리아는 영내에 마자르인 · 슬라브족 등 많은 이민족이 살고 있는데다가, 또 근대산업의 발달도 뒤늦었기 때문에 국가적 통일을 유지하기 위해서는 힘에 의한 정치체제를 고집해야 하였다. 메테르니히가 신성동맹(神聖同盟)이나 5개국 동맹을 이용해서 국내뿐만 아니라 전(全)유럽에서 자유주의 · 국민주의운동을 억압하는 데 주력한 것도 이 때문이다.

그러나 이른바 메테르니히체제(體制)도 1830년 7월혁명을 계기로 동요하기 시작하여 1848년 2월혁명의 영향을 받아 3월 13일에는 빈에서 동란이 일어나 메테르니히는 영국으로 망명하고 입헌정치가 성립하였다. 보헤미아 · 헝가리 · 이탈리아의 각지에도 독립운동이 성행하였으나 얼마가지 않아 옛 지배세력이 권력을 되찾은 데다 러시아의 지원까지 얻어 11월에는 반혁명이 승리를 거두었다. 그러나 영내의 민족독립운동이 계속되어 1859년에는 이탈리아의 통일전쟁이 일어나 롬바르디아 지방을 상실하였다.

또 점점 융성하기 시작한 프로이센과는 독일의 주도권 싸움을 개시하여 1866년 프로이센–오스트리아전쟁으로 발전하였고 이 싸움에서 패배한 오스트리아는 독일연방을 탈퇴하여 주도권을 프로이센에 넘겨준 데 이어 1861년 베네치아 지방을 통일한 이탈리아에게 할양하였다. 이에 따라 국가의 통일은 중대한 위기에 직면하고 이민족(異民族)의 독립운동을 억압한다는 것은 지극히 어렵게 되었다.

드디어 1867년 헝가리의 마자르인 대토지소유 귀족과 타협(아우구스라이히)하고 헝가리 왕국의 건설을 허용하여 황제 프란츠 요제프 1세(재위 1848~1916)가 그 국왕을 겸하고 같은 군주의 지배를 받는 오스트리아–헝가리 이중제국이 성립하였다.

오스트리아의 산업혁명이 본격적으로 진행된 것은 1850년대부터이다. 그 후 근대화를 위하여 1887년 입헌제(立憲制)가 채용되고, 1907년에는 보통선거제가 시행되었다. 대외정책에서는 독일의 통일(1871) 후 대립감정을 버리고 독일에 접근하면서 러시아의 남하정책에 대항하려고 하였으나 현상유지를 희망하는 비스마르크의 방침에 동의하여 1873년 독일 · 러시아 양국 사이에 삼제동맹(三帝同盟)을 체결하였다.

그러나 베를린회의(1877)에서 러시아와의 이해관계가 대립하였기 때문에 이것은 효력을 상실하였다. 이어 1879년 외무장관 안드라시는 비스마르크와 독일–오스트리아동맹을 체결하고, 다시 1882년에는 이탈리아를 끌어들여 삼국동맹을 성립시켰다. 비스마르크의 은퇴(1890) 후 발칸에서는 러시아의 범(汎)슬라브주의와 독일·오스트리아의 범게르만주의가 대립하여 불안이 계속되었다.

1908년 투르크에 혁명이 일어나자 오스트리아는 베를린회의 이래 점령통치를 허용한 보스니아·헤르체고비나 2주(州)를 강제로 병합해서 세르비아와 러시아를 크게 자극하였다. 이어 1912~1913년의 발칸전쟁 후의 영토처분 때 불가리아를 지원하였기 때문에 세르비아의 대(對)오스트리아 감정은 더욱 악화되었다.

1914년 6월 28일 황태자 부부가 보스니아의 수도 사라예보에서 범슬라브주의 비밀조직에 속하는 세르비아 청년에게 암살되자 오스트리아 정부는 세르비아에 강경한 최후 통첩과 함께 7월 28일 선전 포고하여 제1차 세계대전이 시작되었다. 그러나 전쟁중 국력의 결함이 폭로되어 이를 틈타 이민족의 이반(離反)이 일어나 결국 1918년 11월 3일 연합국과의 사이에 단독 휴전 조약이 체결되었다. 동시에 혁명이 일어나 합스부르크가는 소멸하고 공화제가 성립되었다.

제6절 동방문제

I 의의

트로파우회의와 베로나회의 이후 유럽국가 간의 문제는 주로 쇠퇴되어가는 오스만제국과 관련된 문제들이었다. 16세기 유럽 열강이 강성해짐에 따라 오토만제국의 상대적 힘이 약화되었고 그때까지 오토만 제국의 유럽 진출을 저지하고 있었던 오스트리아와 러시아가 침략적인 정책을 추구하게 되었다. 오스만 제국은 발칸반도를 비롯하여 오늘날 거의 모든 중동지역인 터키, 이라크, 아라비아, 리비아, 튀니지, 알제리까지 포함하는 광활한 지역에 걸쳐 존재하고 있었기 때문에 유럽열강들의 이해관계가 첨예하게 대립될 수밖에 없었다. 유럽 열강들의 이 지역에 대한 이해관계를 정리하고, 조정되어 가는 과정을 검토한다.

Ⅱ 동방문제에 대한 유럽열강의 이해관계

1. 러시아

러시아는 이 지역에서 경제적, 인종적, 종교적 이해관계를 갖고 있었기 때문에 이 지역으로의 팽창을 사활적 이익이라 생각하고 있었다. 특히 발칸지역은 곡물수출을 위한 필요했으며 슬라브민족[37]들의 거주지였고 그리스정교신자들이 다수를 차지하고 있었다. 1699년 오스트리아와 '카를로비츠조약'을 체결하여 세력범위를 설정하였고, 1774년 터키와 쿠추크-카이나르지조약을 체결하여 흑해자유항행권, 해협통과권, 콘스탄티노플[38]에 그리스정교 교회 설립권을 획득하였다.

2. 오스트리아

러시아와 함께 오토만 제국의 유럽 진출을 저지한 핵심세력이었다. 1699년 1월 카를로비츠조약을 통해 헝가리, 트란실바니아, 크로아티아, 슬로베니아를 획득하였다. 발칸지역은 러시아와의 경쟁대상 지역이었고, 발칸 민족주의에 의해 오스트리아영토 내에서 민족주의 운동이 일어나고 이로 인해 오스트리아국가가 붕괴되는 것을 두려워하였다. 즉, 영토적 이해관계와 정치적 이해관계가 주요한 관심사였다.

3. 영국

기본적으로 오토만제국이 현상유지되는 것이 자국의 국가이익에 부합된다고 판단하였다. 즉, 유럽대륙이외의 지역에서 단독개입하고 이익을 독점하기 위해서는 유럽의 세력균형이 유지되고, 러시아의 팽창정책을 저지해야 하였다. 쇠약해진 오토만제국에서 유럽국가들이 영토를 획득하는 경우 세력에 변경을 초래하여 유럽의 불안과 독점적 이익을 저해할 수 있다고 생각하였다.

4. 프랑스

프랑스는 카톨릭 보호국으로서 러시아와 오스트리아 다음으로 이 지역에 관심을 갖고 있었다. 프랑스는 러시아의 해협진출에 대해서는 영국과 공동보조를 취하고 있었으나, 그 밖의 문제에 대해서는 영국과 상호 경쟁적인 입장에 있었다.

5. 프러시아

프러시아는 이 지역에 거의 관심을 갖지 않았으며, 비스마르크 퇴진 이후 관심을 갖게 되었다.

---

37) 인도유럽어족(語族)의 슬라브어파(派)에 속하는 민족의 총칭. 현재 동유럽과 북아시아의 주된 주민으로 러시아 · 폴란드 · 체코 · 슬로바키아 · 유고슬라비아 · 불가리아의 기간민족이다. 슬라브족은 각기 봉건국가를 세우고 흥망을 되풀이하였으나 서슬라브족은 유럽 제국의 지배하에 들어가고 남슬라브족은 투르크인에게 정복되었다. 단지 동슬라브족만은 9세기 키예프공국을 세워 외적의 침입에도 불구하고 국토를 유지하면서 중앙집권적인 러시아 제국을 건설하였다. 18~19세기 슬라브 제민족의 민족 해방운동이 일어났고, 특히 남슬라브족은 오스만투르크제국의 쇠퇴를 계기로 독립하였다. 제1차 세계대전 후 오스트리아-헝가리 제국의 붕괴로 서슬라브족이나 남슬라브족은 몇 개의 독립국가를 이루었고, 동슬라브족은 혁명을 통하여 세계 최초의 사회주의 국가를 창건하였다.

38) 터키 최대의 도시. 비잔티움이라고도 불렸으며, 현재는 이스탄불이라 불린다. 보스포루스해협의 남쪽 입구에 있으며, 아시아와 유럽에 걸쳐 있다. 남부에는 바그다드 철도의 시발역인 하이다르파사역이 있다.

Ⅲ 동방문제의 전개 과정[39)

1. 그리스 독립

(1) 의의

4세기 동안 터키의 지배하에 있었던 그리스는 18세기 후반부터 러시아의 후원으로 독립운동을 지속하고 있었다. 그리스 독립문제는 쇠락해가는 오스만 터키에 대한 유럽열강들의 영향력 확장문제와 관련되어 있었으므로 유럽전체의 문제였다.

(2) 유럽열강의 입장

영국은 심정적으로 그리스독립을 지지하면서도 독립 그리스가 러시아의 지배하에 들어가는 것을 우려하여 터키의 종속국화하되 자치권을 부여하고자 하였으나, 러시아와 터키가 반대하였다. 러시아는 그리스를 독립국화하거나 최소한 3등분하여 자국의 영향력하에 두려고 하였기 때문이다.

(3) 그리스 독립과정

그리스 독립움직임에 대해 터키는 강하게 반발하고 이집트와 연합으로 반란을 진압하고자 하였다. 이에 영국, 프랑스, 러시아는 1827년 7월 6일 런던조약을 맺고 공동대응하기로 합의하였다. 1828년 4월 26일 러시아는 터키에 선전포고를 하였으며 러시아에 유리한 전세가 형성되고 결국 1829년 9월 14일 아드리아노플[40)조약이 체결되었다. 이 조약은 러시아에게 해협의 자유통항권 등의 이권을 제공하는 것과 함께 터키가 그리스의 독립을 승인한 조약이다. 그리스의 완전한 독립은 1830년 2월 3일 런던의정서를 통해 완료되었다.

(4) 의의

그리스 독립은 오스만 터키라는 제국주의세력을 여타 신흥제국주의세력들이 타파한 예로서 민족주의 승리의 기록이다. 이 과정에서 러시아와 영국의 제휴가 이뤄졌다는 것은 역사의 아이러니이며 이로써 러시아의 발칸진출이 가능해졌다. 그리스 독립을 계기로 러시아와 오스트리아 간에는 균열이 생겼고 터키의 기대에 부응하지 못했던 오스트리아의 고립을 초래하였다.

2. 프랑스의 알제리 점령

알제리는 터키의 지배하에 있었으나 1708년 터키로부터 독립을 쟁취하였고 그 후 각국에 대해 해적행위를 자행하였다. 프랑스의 샤를 10세는 알제리의 해적행위를 소탕하고 왕정복고에 대한 불만을 해외로 돌리기 위해 알제리를 점령하였다. 프랑스의 알제리 점령에 대해 영국은 지중해에서 자국의 지위약화를 우려하여 항의하였으나, 지브롤터 해협[41)과 시실리 해협을 영국이 지배하고 튀니지와 모로코에 프랑스가 관여하지 않을 것을 조건으로 프랑스의 알제리 지배를 승인하였다.

---

39) 동방문제는 1923년 터키공화국성립까지 열강들의 지속적인 문제가 되고 있었다. 이 부분에서는 크리미아전쟁 전까지의 주요 쟁점을 정리하기로 한다.

40) 터키 북서쪽 그리스 국경 근처에 있는 도시. 옛날 트라키아 시대 건설된 것으로 우스쿠다마라고도 불렸다. 125년경 로마 황제 하드리아누스가 재건한 뒤 아드리아노플이라고 개명하였다.

41) 에스파냐의 이베리아 반도 남단에서 지브롤터 해협을 향하여 남북으로 뻗어 있는 반도로 영국의 직할식민지. 바위산의 절벽과 급사면 위에는 해군기지가 구축되어 있으며 제2차 세계대전 중에는 바위산의 일부를 닦아 비행장을 만들었다.

3. 이집트문제

(1) 배경

그리스 독립 과정에서 터키를 원조한 이집트가 터키에 대한 보상을 요구함으로써 이집트와 터키 간에 분쟁이 발생하였다. 모하메드 알리의 이집트가 터키에 대해 승리하자 유럽열강들이 개입하게 되었다.

(2) 제1차 위기(1832년 12월~1833년 7월)

이집트가 터키원조의 대가로 시리아에 대한 관할권을 요구하자 터키는 이집트와 전쟁을 하였으나 패하였다. 오스만제국의 현상보존을 위해 러시아가 터키를 지원하자 영국과 프랑스도 개입하였다. 이집트의 시리아에 대한 관할권을 승인하였다. 러시아는 터키와 운키아르스켈레시조약을 체결하여 동맹관계를 형성하였고, 오스트리아와는 뮌헨그라츠합의를 통해 오토만제국의 분할시 사전합의하기로 하였다.

(3) 제2차 위기

부국강병책을 추진한 터키가 이집트에 대한 패배를 설욕하기 위해 이집트가 관할하고 있던 시리아를 공격하였으나 다시 패배하였다. 이에 유럽국가들이 개입하였으나 영국과 프랑스 간 갈등이 발생하였다. 프랑스는 시리아를 이집트에 주려는 입장이었으나 영국은 터키에 돌려줘야 한다고 주장하였다. 영국은 프랑스의 알제리 점령은 묵과할 수 있으나 알제리-나일-시리아로 연결되는 지역에서 프랑스의 영향력이 확대되는 것은 묵과할 수 없었다. 영국과 프랑스 간 전쟁의 위기까지 치달았으나 프랑스가 후퇴함으로써 위기를 모면하였다. 영국의 주장대로 이집트는 시리아를 터키에 되돌려주었다.

> **📖 참고 오스만터키제국의 역사**
>
> 13세기 말 이후 셀주크 투르크에 대신하여 소아시아(아나톨리아)를 중심으로 형성된 투르크족의 이슬람 국가(1299~1922). 오스만 1세가 건국하였으므로 이렇게 부른다. 부르사를 공략하여 소아시아 지방을 거의 통일하고(1326), 아드리아노플(에디르네)을 점령하고(1362), 코소보 전투에서 발칸 여러 나라의 동맹군을 무찔렀으며(1389), 나아가서 니코폴리스에서 유럽 여러 나라의 십자군을 격파(1396), 발칸의 대부분을 병합하였다. 그러나 서진(西進)하여 온 티무르군에게 앙카라에서 패하여(1402), 그 진격은 한때 멈추는 듯하였으나 메메드 2세 때에 콘스탄티노플(이스탄불) 공략에 성공함으로써 비잔틴제국(동로마제국)을 멸망시키고 수도를 아드리아노플에서 이곳으로 이전하였다(1453).
>
> 이후 셀림 1세는 이란·시리아·아라비아를 제압하고 이집트를 정복하여, 마지막 아바스왕조로부터 칼리프 칭호를 물려받아 이슬람교의 종주권을 장악함으로써, 술탄 칼리프제를 확립하였다(1517). 쉴레이만 1세 치하(治下)에 극성기에 달하여, 영토는 아시아·아프리카·유럽 3대륙에 걸쳤으며, 그 군대는 한때 빈(오스트리아)까지 육박하였다(1529). 또한 국내에서는 군사적 봉건제에 입각한 국가체제를 확립하고, 법률·학예·건축·공예 등 각 분야에 걸쳐 눈부신 발전을 이룩하였으나, 17세기 이후로는 점점 쇠퇴하기 시작하였다.
>
> 17세기 중기에 전체주의적 개혁에 의하여 질서를 회복, 강경한 외교정책을 펴서 한때 부흥하였으나, 제2차 빈 포위공격에 실패(1683)하고부터는 오스트리아·러시아·폴란드 등 열강의 진출이 활발하여 17세기 말에 헝가리의 대부분을 오스트리아에, 18세기 후반에는 흑해 북안을 러시아에 빼앗겼다. 19세기에 들어서자, 나폴레옹의 이집트 원정(1789~1801)을 계기로 열강의 압력은 더욱 격화되어 그리스의 독립, 이집트의 이탈, 프랑스의 알제리 점령, 영국의 아덴 점령 등이 잇달아 일어났다. 아메드 2세(재위 1803~39) 이후 19세기 중엽에 이르기까지의 '탄지마트'에는 근대화정책이 추진되어 신앙·출생의 구별없이 생명·재산을 보장하는 일, 과세의 공정화, 재판의 공개, 군제의 개혁 등이 공약되었다. 그러나 이것은 유럽의 표면적인 모방에 그쳤기 때문에 효과는 거두지 못하였고, 그 후 러시아-투르크전쟁에 대패함으로써 유럽 영토의 대부분을 상실하였다.
>
> 이에 유럽 문명의 영향을 받은 지식인들은 전제군주 아브틸 하미드 2세에게 강요하여 근대적·자유주의적 헌법을 발포하게 하였다(1876). 그러나 술탄은 이듬해 이 헌법을 정지시키고 절대주의적 전제정치를 강행하게 되자, 1908년 이에 반대하는 청년 장교들이 청년투르크당(黨)을 결성하고, 군대의 압력으로 술탄에게 헌법·의회정치의 부활에 동의하게 하였다. 이것이 청년투르크당의 혁명이다. 이후 청년투르크당 내각이 조직되었고, 그 정권하에서 제1차 세계대전에 참전, 독일측에 서서 싸웠으나 패하였으며, 그 결과로 가혹한 세브르조약에 조인하지 않을 수 없었다(1920). 그러나 이 조약은 오스만투르크의 독립을 위태롭게 하는 것이었으므로 케말 아타튀르크는 터키 대국민의회를 소집하고, 1922년 11월 술탄 정부의 폐지를 선언함으로써 오스만투르크제국은 멸망하였다.

1824. 프랑스, 샤를 10세 등장
1829. 구교도 해방(영국)
1830.7 프랑스, 알제리 합병
1830.7 프랑스혁명
1848.2.22 파리데모
1848.3.12 비엔나 혁명
1848.3 밀라노 반란
1848.3.22 사르디니아, 오에 선전포고
1848.4 프랑스 의회 선거

1848.5.18 프랑크푸르트 국민의회 개최
1848.6 파리노동자 봉기
1848.8 말뫼강화조약
1848.11 프랑스 헌법 완성
1848.11 로마폭동
1848.12 프랑스 대통령 선거
1849.2 로마공화국 선포
1850.11.29 올뮈쯔의 굴욕
1851.12 루이 나폴레옹 쿠데타

I 서론

혁명의 진원지였던 프랑스는 1789년부터 여러 해에 걸친 혁명과정을 통해 1792년 제1공화국이 탄생하였으나 1799년 나폴레옹이 집권함으로써 중단되었다. 1814년 나폴레옹이 몰락한 후에 루이 18세에 의한 왕정복고후 샤를 10세로 이어졌고, 1824년까지 프랑스는 그에 의한 강력한 통제하에 놓여있었다. 그러나 프랑스 국내정치는 안정되지 못하였고 1830년과 1848년 다시 혁명에 휩싸이게 된다. 프랑스혁명은 유럽전역의 자유주의 운동 세력들의 영향력을 강화시켜 주었으며 자유주의운동은 빈체제하에서 억압되었던 민족국가형성의지로 표출되었다. 프랑스혁명과 자유주의 민족주의 운동은 유럽협조체제를 와해시키고, 빈체제를 수정시킨 요인이 되어 이후 유럽 국제질서 전개에 있어서 중요한 역할을 하게 되었다.

II 빈체제 성립 이후의 프랑스혁명

1. 7월혁명(1830년 7월)

(1) 원인

7월혁명은 부르봉왕가가 복귀한 이래 겉으로는 입헌군주제를 표방하였으나 루이 18세의 정책은 보수주의로 회귀하고 있었던 데서 발단되었다. 뒤를 이은 샤를 10세도 승려의 권한을 강화하고 망명귀족들의 입지를 강화시켜주는 반동정치를 시행하였다. 또한 폴리냑42)을 중용하여 언론을 탄압하고, 의회를 해산하였으며, 시민의 선거권을 제한하였다. 이에 대해 자유주의 역사가와 언론인, 파리시민들이 혁명을 일으켜 신흥 부르주아의 지지를 받는 루이필립이 집권하였다.

---

42) 1804년 반(反)나폴레옹 음모에 참가하였다가 해외로 망명하였다. 1814년에 귀국하여 백일천하 때에는 파괴공작에 종사하였다. 1823년 영국 주재 대사, 1829년 외무장관이 되어 샤를 10세로부터 두터운 신임을 받았다. 자유주의에 대한 완고한 반대자였고, 앙시앵 레짐(舊制度:ancien régime)으로복귀할 것을 주장하는 왕당파(王黨派)다. 1829년 총리가 되었으나 1830년 7월혁명으로 투옥되었고 1836년 석방되어 런던으로 도피하였다.

(2) 열강의 태도

혁명에 의한 왕정의 전복은 빈체제의 지도원리인 '정통주의원칙'에 정면으로 반하는 것임에도 불구하고 4국동맹국들은 개입하지 않았다. 영국은 샤를 10세의 알제리정책에 반대하여 혁명정부를 즉각 승인하였고, 오스트리아는 재정상의 빈곤으로 간섭할 능력이 없었다. 프로이센도 개입할 의사가 없었다. 러시아만이 공동개입을 주장하였으나 타국가들의 소극적인 태도로 단념하였다.

(3) 영향

7월혁명은 벨기에, 폴란드, 이탈리아, 프로이센의 독립운동에 영향을 주었다. 벨기에의 독립운동은 성공하였으나 타국에서는 별다른 성과를 얻지 못하였다. 동유럽 지역에서의 독립운동이 결실을 얻지 못한 것은 자유주의의 이념이 민중 속에 깊이 뿌리내리지 못하고 단지 지식인이나 소수 엘리트의 소유물이 되었기 때문이다.[43]

2. 2월혁명(1848년 2월)

(1) 원인

7월혁명으로 집권한 루이 필립[44]은 부르주아지만 대변할 뿐 하층계급의 이익을 고려하지 못하여 다시 혁명에 직면하게 된다. 2월혁명의 원인은 첫째, 민주주의에 대한 다수국민의 열망을 외면하였고 둘째, 루이 필립과 집권세력의 타락이 프랑스인들을 자극하였다. 셋째, 시민왕으로 자처한 루이 필립의 반승려주의정책이 카톨릭의 불만을 샀다. 넷째, 산업프롤레타리아에 사회주의 이념이 널리 침투하였다[45]. 2월혁명으로 루이필립이 영국으로 도망가고 공화파와 사회주의파에 의해 임시정부가 수립되었다. 이후 제2공화국헌법이 제정되고 루이나폴레옹[46]이 대통령에 당선되었다.

(2) 영향

2월혁명으로 자유주의 헌법에 대한 열망이 유럽 각국으로 확산되었다. 오스트리아에서는 3월혁명이 발발하여 보수적 탄압책을 강화해왔던 메테르니히가 하야하고 영국으로 망명하였다. 헝가리의 독립운동은 러시아의 원조로 실패하였으나 독립에 가까운 지위가 인정되었다. 이탈리아에서도 자유주의운동이 고조되고 자유주의 헌법이 채택되기도 하였다.

---

43) 임희완, 전게서, 354면.
44) 프랑스의 왕(재위 1830~1848). 16세 때 혁명에 가담. 1792년 북경군(北境軍)의 장교가 되었다. 발미의 전투에 참가하고(1792), 네덜란드의 네르윈덴의 전투에서 패배한(1793) 후, 그를 옹립하여 왕정을 회복하려는 C.F.뒤무리에의 음모에 가담하였으나 실패하고, 오스트리아로 망명하였다. 그 뒤 약 20년간 북독일·스칸디나비아·미국·시칠리아 등지를 편력하였다.
1814년 왕정복고(王政復古)와 함께 프랑스에 귀국하여 팔레루아알관(館)을 중심으로, 자유주의자들의 결속을 꾀하고, 라파예트 후작과 J.라피트 등에 추대되어, 7월혁명과 더불어 왕위에 올랐다. '프랑스 국민의 왕'으로서 1848년 2월혁명 때까지 군림하였다.
45) 임희완, 전게서 354면.
46) 프랑스 제2공화국 대통령(재위 1850~1852)·제2제정 황제(재위 1852~1871). 정식이름은 샤를 루이 나폴레옹 보나파르트(Charles-Louis-Napoléon Bonaparte)이며 파리 출생이다. 나폴레옹 1세의 동생 루이 보나파르트의 셋째아들. 2월혁명 뒤부터 '나폴레옹적 이념'의 대표자 및 사회질서·안정의 옹호자로서의 자신을 표명, 1848년 12월 대통령 선거에서 75%를 얻어 당선되었다. 이는 소농민의 지지, 대중의 영웅 대망열(待望熱), 우익급진주의 공포의 결과였다. 1851년 쿠데타로 의회를 해산, 공화파의 세력을 꺾었다. 그 해 말 국민투표로 신임을 얻고, 이듬해 1월 헌법을 제정, 11월 쿠데타기념일에 황제로 즉위하였다. 제2제정은 시민적 자유를 억압하였으나, 뒤에 '자유주의제국(帝國)'의 양상을 띠었다. 비스마르크의 정책에 농락당하여 1870년 프랑스-프로이센 전쟁에 돌입, 9월에 포로가 되었다. 파리에 혁명이 일어나서 제정은 붕괴되고, 영국으로 망명하여 그곳에서 죽었다.

Ⅲ 프랑스혁명의 영향: 민족국가의 태동

1. 벨기에의 독립(1831년)

(1) 배경

빈회의에서 영국의 전략에 따라 벨기에는 네덜란드에 병합되어 프랑스가 북유럽쪽으로 팽창하지 못하도록 하는 방파제 역할을 하도록 하였다. 그러나 벨기에와 네덜란드는 언어, 종교, 산업, 역사에 있어서 서로 달랐다. 통합네덜란드의 국왕 윌리암 1세는 네덜란드인 중심의 국정운영으로 벨기에 국민들의 민족감정을 자극하였다. 7월혁명으로 벨기에에서 반란이 일어나 네덜란드군대를 축출하고 임시정부를 수립하고 입헌군주제를 선포하였다.

(2) 열강의 입장

벨기에 독립은 빈체제의 수정이었으나 신성동맹국의 간섭주의와 영불의 불간섭주의가 대립하였다. 영국의 파머스턴은 벨지움의 독립에 우호적이었으며 이 지역에 프랑스의 영향력이 강화되는 것을 저지하는 데 역점을 두었다. 1830년 5개국회의에서 벨기에의 독립과 영구중립이 결정되었다. 벨기에 국왕선정문제로 영불이 대립하였으나, 영국의 입장이 관철되어 레오폴트가 국왕에 선출되었다.

(3) 의의

벨기에의 독립은 빈체제의 수정이었으나 열강 간 합의로 달성됨으로써 유럽협조체제의 성과로 볼 수 있다. 벨기에의 독립은 폴란드 문제로 동유럽 3국이 간섭할 여력이 없었고, 영국과 프랑스가 폴란드와 이탈리아문제에 신중히 대처하고 자제함으로써 동유럽 3국과의 마찰을 회피한 데서 가능한 것이었다.

2. 폴란드의 반란(1831년)

빈체제에서 폴란드의 대부분 지역은 러시아에 할양되었으나 행정적인 자치가 인정되고 군대도 보유하고 있었다. 7월혁명으로 자유주의 분위기가 고조된 가운데, 러시아가 벨기에 개입에 폴란드군대를 동원하려하자 반란이 일어나 임시정부가 선포되었다. 폴란드군과 러시아는 9개월간 대치하였으나 결국 반란은 진압되고 폴란드의 러시아화가 시작되었다. 폴란드는 제1차 세계대전 이후 독립하였다.

3. 이탈리아의 민족주의 운동

7월혁명의 영향으로 1831년 모데나와 파르마의 반란을 시작으로 이탈리아 각지에서 혁명이 일어났으나 오스트리아군이 개입하여 반란이 제압되었다. 2월혁명 이후에는 사르디니아가 오스트리아에 선전포고를 하였으나 패하였고, 로마에서는 1849년 2월 공화국이 선포되고 법왕이 축출되었으나 프랑스군의 개입에 의해 원상회복되었다.

4. 프러시아의 민족주의 운동

2월혁명으로 메테르니히가 실각하자 프로이센에서는 오스트리아 연방으로부터 분리독립하려는 운동이 강하게 일어났다. 1848년 5월에 개최된 연방의회에서 프러시아의 소독일론이 승리하였으나 오스트리아의 반대로 분리독립은 실현되지 못하였다.

Ⅳ 결론: 프랑스혁명의 국제정치사적 의의

프랑스혁명은 유럽 각국의 자유주의 운동과 민족주의 운동을 활성화시켰으나 벨기에의 독립을 제외하고는 민족국가 형성노력이 성공하지는 못하였다. 그러나, 자유주의에 대한 보수주의의 탄압으로 민족국가 형성 열망과 실천이 고조되었고 이로 인해 빈체제의 몰락을 가져온 이탈리아와 독일의 통일로 이어졌다. 한편, 자유주의 운동에 대한 열강의 대응에 있어서 신성동맹 3국과 영불의 대립이 더욱 분명해 졌고, 양 진영은 회의외교에 의한 조정보다는 무력에 의한 조정을 보다 선호하게 되는 계기가 되었다.

제8절　크리미아전쟁

1853.5.4 술탄칙령(성지보호권 분배)
1853.6 러, 몰다비아와 왈라키아 불법점령
1853.7 오, 비엔나각서 제의
1853.10.4 러, 터키에 선전포고
1854.3 영국과 프랑스, 러에 선전포고
1854.8.8 비엔나 4개 조항

1854.9 영, 불. 크리미아 상륙
1854.12.2 오, 영, 불 동맹
1855.1.26 사르디니아 참전
1855.9 세바스토폴 함락
1856.2.25~3.30 파리강화회의

Ⅰ 의의

크리미아전쟁은 1854년 3월 27일 영국과 프랑스가 러시아에 전쟁을 선포함으로써 발발한 전쟁으로서 무너져 가는 오스만 터키의 분할을 둘러싼 유럽열강의 이해상충에서 비롯된 전쟁이었다. 동방문제를 놓고 영국과 러시아가 직접 대립한 크리미아전쟁에서 러시아가 패배함으로써 러시아의 남하정책이 좌절되고 영국의 패권적 지위는 더욱 강화되었다.

Ⅱ 전쟁의 원인

1. 국제체제적 요인

19세기에 지속되어온 영국과 러시아의 대립에서 전쟁의 원인을 찾을 수 있다. 나폴레옹전쟁 과정에서 거대한 군대를 양성한 러시아는 이에 기초하여 지중해 지역으로의 남하정책을 실시하였으나, 이는 영국의 해외식민지 경략을 위해 필수적인 지중해 루트를 위협할 뿐 아니라 해외식민지에서의 독점적 이익을 추구하였던 영국의 전략과도 배치되었다.

2. 경제적 요인

영국과 러시아의 터키에 대한 직접적인 경제적 이해관계의 충돌로 전쟁이 발발한 측면도 있다. 러시아는 오데사[47] 항구를 통하여 밀의 수출이 번창하고 있었으므로, 이 지역에서 상업의 활성화를 위해 터키에 대해 적극적인 정책을 펴게 되었다. 한편, 영국은 1838년 터키와의 통상조약에 의해 터키는 영국의 수출상대국이 되었으며, 주요 식량 공급지였기 때문에 오토만제국을 유지하는 것은 영국에게 중요한 이익이 되었다.

3. 종교적 요인

크리미아전쟁의 직접적인 요인은 성지관할권을 둘러싼 프랑스, 러시아, 터키 3국 간의 갈등이었다. 프랑스는 18세기 중엽 오토만제국과 체결한 일련의 영사재판조약을 통해 오토만제국 내 로마 카톨릭 시설에 대한 보호권과 팔레스타인에 있는 성지감독권을 보유하게 되었다. 한편, 러시아도 1774년 쿠츠크카이나르지조약을 통해 그리스정교에 관해 프랑스와 유사한 보호권을 획득하였고 사실상 팔레스타인 성지관할권을 보유하고 있었다. 1851년 프랑스가 터키에 대해 성지관할권을 요구하고 이를 터키가 승인하려 하자 러시아가 이에 반발하여 전쟁이 발생하였다고 볼 수 있다.

> **참고 성지관할권문제**
>
> 그리스도교 성지인 예루살렘은 오스만 투르크 영내에 있었으나 관리권은 16세기 이래 프랑스 국왕에게 있었다. 그러나 프랑스가 혁명의 와중에 있을 때, 러시아의 지지를 받은 동방정교회가 관리권을 장악하게 되었다. 1808년 러시아의 니콜라이 1세는 남하정책의 일환으로 터키령 내의 동방정교회의 보호권을 인정한 쿠츠크카나르디조약(1774)을 근거로 하여 성지 관리권과 그리스도 교도 보호권을 동방정교회의 지배하에 독점시키려다가 로마 교회의 반발을 사게 되었다. 로마 가톨릭교의 지원을 얻으려던 프랑스 황제 나폴레옹(3세)이 오스만 투르크와 교섭하여 1852년에 성지관리권을 획득하자, 이듬해 니콜라이(1세)는 오스만 투르크에 선전포고를 하였다.

4. 개인적, 심리적 요인

프랑스의 나폴레옹 3세가 성지관할권 문제를 갑작스럽게 제기한 배경에는 자신의 국내정치적 기반이 카톨릭 세력이었으므로 이들의 지지를 강화시키고자 하는 의도가 있었다. 또한 프랑스에 대항하여 형성되어있던 빈체제를 붕괴시키고 국제질서를 변경시키려는 생각도 가지고 있었다. 즉, 나폴레옹 3세의 개인적 야망으로 전쟁이 발발하였다고 보는 것이다. 한편, 크리미아전쟁이 러시아에 대한 예방전쟁이라고 보는 학자들은 크리미아전쟁이 서유럽세력들이 갖고 있었던 러시아에 대한 공포로 인한 최초의 대러시아 봉쇄정책의 소산이라고 본다 (심리적 요인).

---

47) 우크라이나 오데사주(州)의 주도(州都). 흑해의 북해안에 있는 항구도시이며, 흑해 연안 최대의 무역항이다. 19세기 후반에는 밀의 대량 수출항으로서 크게 번영하였으며, 남러시아 최대의 항구가 되었다. 러시아 혁명운동의 중심지였으며, 1875년에는 '남러시아 노동자동맹'이 결성되고, 1905년에는 전함 '포템킨'의 수병반란이 있었다. 또 1941년 가을에는 독일군의 포위를 69일간 버팀으로써 '영웅도시'의 칭호를 받았다.

Ⅲ 유럽열강의 입장

1. 러시아

터키가 프랑스의 성지관할권 요구를 수락하자 멘시코프를 특사로 파견하여 오토만 제국에서의 러시아 권리를 다시 확인하고, 프랑스에 허용한 양보를 취소하고 총주교의 선출 등 종교문제에 있어서 터키가 간섭하지 말 것을 요구하였다.

2. 영국

영국은 경제적 이익을 수호하고, 러시아의 팽창을 저지하기 위해서는 터키의 현상유지가 중요하다고 보고, 터키정부에게 러시아의 요구를 거절할 것을 권고하고, 개전시 터키를 원조할 것임을 약속하였다.

3. 프랑스

나폴레옹 3세는 빈체제를 전복하고 유럽에서의 프랑스 패권을 부활시키는 것을 국내정치적 슬로건으로 제시하였다. 이러한 배경에서 성지관할권문제를 제기한 프랑스는 영국과 공동보조를 취하고자 하였다.

4. 오스트리아

오스트리아의 최대목표는 오토만 제국의 현상유지를 고수하면서 이탈리아와 독일연방에서 우월한 지위를 계속 유지하는 것이었다. 동방문제로 전쟁이 발발하는 경우 발칸이 주전장이 되어 전쟁의 참화를 입을 위험이 있었고, 발칸에서의 전쟁이 민족주의와 연결된다면 다민족국가인 오스트리아 제국의 존립 자체의 문제로 확산될 수 있었다. 오스트리아는 메테르니히의 조언에 따라 중립을 유지할 수밖에 없었다.

5. 프러시아

프러시아는 동방문제에 가장 이해관계가 적은 국가였다. 또한 프러시아는 오스트리아의 입장을 추종하는 정책을 펴고 있었다. 따라서 프러시아도 중립을 지켰다. 오스트리아가 너무 깊이 관련되어 중립을 견지하였다면 프러시아는 무관심하였기 때문에 중립을 지킬 수 있었다.

Ⅳ 크리미아전쟁의 전개과정과 파리강화회의

1. 러 – 터의 최후통첩과 프랑스의 중재노력

1853년 5월 31일 러시아의 최후통첩과 동년 7월 17일 터키의 최후통첩이 있은 후 프랑스는 러시아의 요청에 따라 중재안을 마련하였다. 7월 28일 비엔나각서(Wien Note)가 작성되었는바, 전체적으로 러시아에 유리한 내용을 담고 있었다. 그러나 영국과 프랑스 대사의 강력한 반발로 중재는 성공하지 못하고 1853년 10월 4일 터키는 러시아에 전쟁을 선포하였다.

> **📑 참고 비엔나각서(Wien Note)**
>
> 러시아의 니콜라이1세의 요청에 따라 나폴레옹3세가 만든 중재안에 기초하여 만들어진 합의서이다. 비엔나각서는 오스트리아 외상 부올이 소집한 대사회의에서 채택되었다. 이 각서의 전체적인 내용은 러시아에 호의적이었다. 즉 러시아 황제는 오토만 제국의 그리스정교의 특권과 면제를 적극적으로 갈망해 왔으며 술탄은 이런 갈망을 거절하지 않았고 앞으로도 우호적인 태도를 견지할 것이라고 규정하였다. 또한 터키는 기독교 자유에 관한 쿠츠크 카이나르지조약과 아드리아노플조약의 준수를 약속하고 이 문제에 관해서는 러시아와 프랑스의 사전 양해없이는 현상을 변경하지 않겠다고 약속하였다.

2. 오스트리아와 영불의 동맹과 비엔나 4개 조항(1854년 8월 8일)

오스트리아는 실제 전쟁에 참전하지는 않았으나, 발칸반도가 전장이 되는 것을 방지하기 위해 프랑스 및 영국과 동맹을 체결하면서 그 전제조건으로서 오스트리아와 프랑스 간에 비엔나 4개 조항이 합의되었다. 강화교섭의 골격이 된 4개조항의 내용은 첫째, 세르비아와 다뉴브 공국에서 러시아의 특권 부인, 둘째, 모든 국가 선박의 다뉴브 자유항행, 셋째, 1841년의 해협조약의 개정, 넷째, 오토만제국 내 그리스 정교에 대한 러시아의 보호권 부정과 기독교도에 대한 열강의 공동보장이었다. 러시아는 이를 11월 29일에 수락하였고, 오스트리아는 영불과 12월 2일에 동맹을 체결하였다.

3. 프랑스 – 오스트리아 간의 평화예비안(1855년 11월 14일)

세바스토폴[48] 함락 이후 프랑스는 평화조약의 체결을 구상하고 오스트리아와 함께 평화예비안을 작성하였다(부올–부르크네이 평화예비안). 주요 내용은 첫째, 세르비아와 다뉴브공국들에서 러시아의 특수 권리는 폐지되고 베사라비아[49] 지방에서 러시아, 터키 국경은 재조정된다. 둘째, 다뉴브강[50]과 그 흑해 입구에서 자유항행이 보장된다. 셋째, 흑해는 중립화되고 군함을 포함한 모든 국가의 선박에게 흑해는 개방된다. 넷째, 오토만제국 내의 그리스정교에 대한 러시아의 보호권은 부정된다. 다섯째, 교전국은 특수조건을 제기할 권리를 갖는다. 영국은 아랜드의 비무장과 흑해 동부연안지역에 관하여 특정한 요구를 할 수 있는 권리를 인정받았다.

---

48) 우크라이나 크림주(州)에 있는 도시. 크림반도 남서쪽에 있는 군항(軍港)이며 휴양지이다. 1804년 러시아 흑해함대의 수비대가 설치되었는데, 크림전쟁 때에는 이 요새를 두고 양군(兩軍)의 공방전이 치열하였다. 349일간에 걸친 유명한 농성전을 치른 후, 55년 9월 영국 · 프랑스 연합군에 함락되었다.

49) 몰도바 동부지역의 역사적 지명. 예로부터 동 · 남 유럽을 잇는 발칸의 회랑(迴廊)으로 민족이동 교체가 격심하였고, 또 러시아 · 루마니아 양국 분쟁지로도 알려졌다. 14세기 말경 투르크의 지배를 받았다. 그 뒤 러시아는 다뉴브강 하류 진출을 위하여 투르크와 싸워, 1812년 부쿠레슈티조약으로 베사라비아 전역을 처음으로 획득하였다. 크림전쟁 패배로 남반부를 빼앗겼으며, 결국 그곳은 루마니아 영토가 되었다. 그러나 1878년 베를린회의 결과 전지역이 다시금 러시아 영토가 되었기 때문에, 러시아와 협력하여 투르크를 패배시킨 루마니아로서는 불만이었다. 그리하여 러시아 혁명기의 혼란을 틈타서 이를 병합, 제1차 세계대전 후의 파리조약에서 루마니아의 베사라비아 병합이 국제 간에 공인되었으나, 소련은 이를 거부하고 그 반환을 강력히 요구하였다. 1940년 소련은 루마니아로 하여금 이 지역을 할양케 하는 데 성공했으나, 제2차 세계대전으로 추축군(樞軸軍)에게 점령당하였다가 1944년에 소련이 재차 탈환하여 현재에 이르고 있다.

50) 독일 남부의 산지에서 발원하여 흑해로 흘러드는 국제하천. 볼가강에 버금가는 긴 강으로, 본류는 독일 · 오스트리아 · 체코 · 슬로바키아 · 헝가리 · 유고슬라비아 · 불가리아 · 루마니아 · 우크라이나 등 여러 나라를 지나고, 빈 · 부다페스트 · 베오그라드 등 각국의 수도가 모두 그 본류 연안에 위치한다. 근세 초 하류유역이 오스만제국의 영토가 된 후부터 이 강의 통행권이 문제화되고 투르크가 크림전쟁에 패한 후 맺은 파리조약(1856)에 의해 국제하천으로 규정되어, 영국 · 프랑스 등 5개국의 도나우 항행위원회가 이 강의 관리권을 실질적으로 장악하였다. 제1차 세계대전 후 강 연안에 생긴 신흥국들이 도나우의 관리권을 연안의 여러 나라에 맡겨야 한다고 주장하였으나 영국 · 프랑스는 이를 받아들이지 않고, 파리조약(1921)에서 항행위원회의 권한을 상류인 울름까지 연장하였다. 그러나 제2차 세계대전 후 베오그라드조약(1948)에서 자유항행은 인정하나 관리권은 연안 제국에 한정하고, 연안 제국의 무장자유(武裝自由)가 인정되었다.

4. 파리강화회의의 주요 결정(1856년 2월 25일~3월 30일)

(1) 흑해중립

모든 국가의 상선에 흑해는 개방되며 흑해 연안에 병기공장의 설치가 금지되었다. 러시아는 흑해 치안에 필요한 최소한의 함정이외의 함대를 유지하거나 항해시킬 수 없게 되었다. 흑해 중립화는 러시아가 지중해 및 발칸에 진출하는 것을 저지한 것으로서 영국외교의 최대의 승리로 평가되었다.

(2) 다뉴브공국들의 지위

아드리아노플조약으로 러시아가 획득했던 다뉴브공국에 대한 지배권을 상실하였다. 터키의 세력하에 두되 자치권을 인정하였고, 열강의 집단적 보장하에 두기로 규정하였다.

> **📖 참고 왈라키아(Walachia)**
>
> 루마니아 남부의 역사적인 지방명. 남서쪽과 남쪽 및 동쪽은 도나우강(江)을 사이에 두고 유고슬라비아·불가리아·도브루자와 접경하고, 북쪽은 트란실바니아알프스산맥이 솟아 있고, 북동쪽은 몰도바와 경계를 이룬다. 올트강(江)을 사이에 두고 동부의 문테니아와 서부의 올테니아로 양분된다. 대륙성 및 지중해성 기후의 비옥한 농업지대이며, 곡물·콩·과일·포도주·가축 등을 산출한다. 산지에서는 임업과 목양(牧羊)이 활발하며, 도나우강 유역에서는 수산업도 행해진다. 플로이에슈티 및 부쿠레슈티 주변에서는 풍부한 유전을 배경으로 공업이 발전하고 있다. 그 밖의 주요도시로는 크라이오바·브러일라·지우르지우 등이 있다. 원주민은 라틴어 계통의 언어를 쓰는 다코로만이 주체를 이룬다. 이곳은 고대 다키아의 일부였으며, 2세기부터는 로마제국의 지배하에 들어가 로마인의 식민이 시작되었다. 그 후 민족대이동을 거쳐 6세기에는 슬라브인도 정착하였으며, 원주민과 혼혈하였다. 1325년에 바사라브 1세가 왈라키아공국(公國)을 세워 마자르인의 지배에서 벗어나 독립하였다고 한다. 그 후에도 인접 민족들의 잇단 침략을 받다가 16세기 초, 투르크의 보호하에 들어갔으며, 1714년부터는 왈라키아공국의 선거제가 폐지되어 완전히 투르크의 지배를 받았다. 18~19세기에는 몇 차례의 러시아-투르크 전쟁으로 자주 러시아에게 점령당했으나, 아드리아노플화약(1829)과 파리조약(1856)에 따라, 투르크 주권하의 자치가 인정되었다. 그러는 동안 1821년의 블라디미레스크의 난이 있었고, 1848년의 혁명 때 독립하려는 움직임이 있었으나, 모두 투르크군이 진압하였다. 1859년에 몰도바와 동군연합(同君聯合)이 이루어졌으며, 1861년에 국호를 루마니아로 바꾸었다. 몰도바는 1891년 독립국이 되었다.

> **📖 참고 몰다비아(몰도바)**
>
> 몰도바는 베사라비아지역의 서부, 즉 현재의 루마니아에 속하는 지방의 이름이었다. 14세기에 몰도바 공국이 베사라비아 지방을 통치하면서 이 지역은 몰도바 공국의 일부가 되었다. 그러므로 당시의 몰도바 공국은 현재 몰도바의 서부, 루마니아에 귀속되어 있었다. 그후 베사라비아는 오랫동안 헝가리인의 지배를 받았고, 일시적으로 리투아니아의 영역에 속하기도 하였다. 오스만터키의 융성에 따라 16세기 초부터 300여 년 동안 베사라비아는 터키의 통치 하에 있었고, 1812년에 러시아에 병합되었다. 그러나 크림전쟁의 결과, 1856년 남부 베사라비아(현재 우크라이나 영역)가 루마니아 몰다비아(Romanian Moldavia)로 되었다가 1878년 다시 러시아의 영토로 편입되었다. 1918년 1월 제정러시아의 붕괴로 인하여 베사라비아는 공화국으로 독립하였으나, 2달 후 루마니아에 귀속되었다. 그러나 1922년 12월 창건된 구소련은 베사라비아에 대한 루마니아 주권을 인정하지 않았고, 우크라이나인이 많이 살고 있는 드네스트르강의 동쪽 지역에 1924년 10월 12일 몰다비아 자치 소비에트사회주의공화국을 탄생시켰다. 마침내 1939년 8월의 독소(獨蘇) 불가침조약에 따라 1940년 6월 베사라비아가 구소련에 양도되었고, 같은 해 8월 베사라비아와 몰다비아 자치 소비에트사회주의공화국이 합쳐져서 몰다비아 소비에트사회주의공화국이 탄생하였다.

(3) 터키의 영토보전과 독립 보장

쿠츠크카이나르지조약을 폐기하여 러시아는 터키 내정에 대한 간섭권과 터키 내의 그리스정교회에 대한 보호권을 상실하였다. 오토만 제국의 문제를 유럽 전체의 문제화하였다. 터키와 유럽국가의 관계는 국제법에 의해 규율하기로 하였다.

(4) 다뉴브강의 자유항행

다뉴브강의 자유항행을 인정하고, 자유항행에 관련된 문제를 다룰 국제위원회를 설치하였다. 각국은 다뉴브 강의 흑해 입구에 2척 이하의 경군함을 유지할 수 있으며 터키가 이 함정의 해협통과를 인정하도록 하였다.

(5) 아랜드 비무장

스웨덴은 1855년 11월 21일 영국 및 프랑스와 동맹을 체결하였으나 참전은 하지 않았다. 다만, 전쟁 중 함대가 아랜드를 점령하였으므로 러시아가 장차 아랜드에 군사시설이나 요새의 건설을 금지할 것을 결정하였다. 이 섬을 비무장함으로써 영국은 언제든지 이곳을 이용하여 러시아를 공격할 수 있었다.

📋 **참고 파리강화조약의 주요 내용**

1. 터키의 독립과 영토보전을 열국은 집단적으로 보장함으로써 터키를 다시 유럽의 일원으로 한다. 또한 러시아는 그리스정교회에 대한 러시아의 독점적 보호권을 폐기한다.
2. 터키는 내정을 개혁하고 열국의 내부간섭을 배제한다.
3. 흑해의 중립을 기한다.
4. 몰다비아, 왈라키아에 대한 오스트리아의 점령은 계속되되 이는 열국의 공동보호하에 둔다. 다만 양 주에 대한 터키의 종주권은 인정한다.
5. 국제위원회를 설치하여 다뉴브 강의 자유항행의 원칙을 지킨다.
6. 러시아의 해상권을 제한한다.

V 크리미아전쟁의 국제정치사적 의의

1. 영국

영국은 러시아의 남진정책을 저지했을 뿐 아니라 영국의 세계정책 실현에 있어서 도전국으로 부상하고 있었던 러시아를 패퇴시킴으로써 영국의 세계적 지위에 대한 발판을 굳힐 수 있었다.

2. 러시아

1815년 나폴레옹이 몰락한 이후 프랑스 대신 대륙에서의 패자를 자처하던 러시아는 패전 이후 지중해와 발칸에 대한 영향력을 상실하게 되었고, 몰다비아와 왈라키아 두 주를 잃었으며, 베사라비아를 빼앗겨 러시아의 남진정책은 완전히 좌절되었을 뿐 아니라 국제적 위신도 실추되었다. 이후 러시아는 현상변경국가가 되어 현상타파에 앞장서게 되어 1871년 흑해 중립조항을 무효화시켰으며 1877년 터키와 전쟁을 통해 베사라비아 지방을 되찾았다.

3. 프랑스

프랑스는 1815년 이후 열강에게 빼앗겼던 황제와 프랑스의 영광과 위신을 되찾을 수 있었고, 쿠데타와 인민투표에 의해 권력을 장악한 루이 나폴레옹의 국내정치적 기반을 강화시킬 수 있었다.

4. 오토만제국

오토만제국은 전쟁의 결과로 영국의 보호하에 자국의 영토보존과 독립을 확보할 수 있었고, 러시아에 대한 영국의 방파제 역할을 맡게 되었다.

5. 오스트리아

오스트리아는 국제적 위신이 저하되고 국제적으로 고립되었다. 러시아가 내놓은 몰다비아와 왈라키아를 점령함으로써 러시아를 배신하였고, 영불과 동맹을 체결했음에도 불구하고 참전하지 않아 영불로부터 신뢰를 잃었다. 오스트리아는 1879년 독일과 동맹을 체결함으로써 비로소 국제적 고립을 탈피할 수 있었다.

6. 이탈리아와 독일 통일

이탈리아와 독일이 통일할 수 있는 국제적 환경이 조성되었다. 오스트리아의 상대적 세력약화로 양국은 오스트리아 영향력에서 벗어날 가능성이 높아졌다. 사르디니아는 참전을 통해 영불과 우호적인 관계를 조성했으며, 프러시아는 전쟁에 참전하지 않음으로써 러시아와 우호관계를 유지하여 통일전쟁 과정에서 러시아의 우호적 중립을 유도하였다.

제9절 이탈리아 통일

1852. 카부르, 사르디니아 수상 취임
1858.1 오르시니 사건
1858.7.20 카부르-나폴레옹3세, 플롱비에르 밀약
1859.1.26 불-사르디니아 동맹조약
1859.4.23 오, 사르디니아에 최후통첩
1859.5~6 파르마, 모데나, 투스카나 등 반란

1859.7.11 빌라프랑카 단독강화
1860.3.24 투린조약
1860.5.5 가리발디, 시실리 원정
1860.9. 가리발디, 나폴리 진격
1861.5.17 이탈리아 왕국 탄생

I 의의

1. 빈체제와 이탈리아

빈회의에서 오스트리아는 이탈리아반도와 일리리아 지방에서 보상을 받았는데, 롬바르디, 베네치아, 베니스 공화국을 흡수하였다. 일리리아 지방도 오스트리아에 병합되었다. 이탈리아는 사르디나아 공화국, 모데나, 파르마, 루카, 투스카니, 법왕령, 나폴리왕국, 산마리노 공화국, 모나코등 9개 정치단위로 구성되었고, 투스카니, 파르마, 모데나공국은 오스트리아가 통치하였다. 프랑스를 남쪽에서 견제하기 위해 사르디니아 왕국은 제노아, 사보이, 니스, 피에드몬테를 보유한 강력한 왕국으로 등장하였다.

2. 이탈리아 통일방안

이탈리아 통일은 안으로는 자유주의 헌법채택을 위한 투쟁임과 동시에 밖으로는 오스트리아의 영향력을 배제하고 오스트리아에 할양된 실지를 회복하는 것이었다. 이를 구체적으로 실행하기 위한 세 가지 통일방안이 존재하였다. 첫째, 연방국가를 건설하여 로마교황이 통할하는 방안, 둘째, 기존국가를 모두 없애고 이탈리아라는 단일국가를 건설하는 방안, 셋째, 사르디니아를 중심으로 점진적으로 통일하는 방안. 세 번째 방안이 가장 실현가능한 대안으로 지지를 받고 있었다.

Ⅱ 통일요인

1. 민족주의 이념

프랑스혁명의 영향으로 자유주의사상이 이탈리아에도 확산되었고, 이탈리아에서의 자유주의운동은 통일 이탈리아를 건설하고자 하는 민족주의운동의 성격을 띠게 되었다. 통일된 민족국가형성을 위한 노력이 열강의 개입으로 좌절되곤 하였으나, 민족국가형성을 위한 열망 자체를 좌절시키지는 못하였다.

2. 국제정세

상대적 약소국이었던 사르디니아로서는 오스트리아와 독자적인 전쟁을 통해 통일을 달성할 수는 없었으므로 열강의 도움을 받을 수밖에 없었다. 크리미아전쟁 당시 영국과 프랑스를 지원함으로써 우호적 국제정세를 조성하였다. 한편, 이탈리아 자유주의 혁명 진압을 위해 개입하고 있었던 오스트리아와 프랑스의 대립관계를 적절히 활용하였다.

3. 강력한 리더십

사르디니아의 재상 카부르는 이탈리아 통일에 있어서 실현가능한 대안을 만들고, 국제정세를 현실적으로 파악하여 실현가능한 수단을 선택해서, 결국 이탈리아의 통일을 만들어냈다. 독자적인 통일이 불가능하다고 판단하여 프랑스의 무력지원을 얻어냈고, 통일방안에 있어서도 사르디니아를 주축으로 하면서 이를 영토적으로나 정치적으로 확대시켜 통일하는 것이 현실적인 방안이라 생각하였다.

Ⅲ 통일에 대한 열강의 입장

1. 프랑스

이탈리아 통일에 가장 적극적인 태도를 취하고 무력지원하였다. 프랑스의 영광을 재현하고자하는 야망을 가진 나폴레옹 3세는 오스트리아를 약화시킴으로써 오스트리아의 지배하에 있는 국가들에 프랑스의 영향력을 강화시킬 수 있다고 생각하였다. 벨기에 및 독일이 프랑스 산하에 들어올 것이며, 영토보상을 획득할 수 있고, 이탈리아를 위성국화할 수 있다고 생각하였다. 다만 이탈리아가 단일국가가 되는 경우 교황청의 영향력이 약화되고, 프랑스에 위협이 될 수 있기 때문에 연방국가로 형성하고자 하였다.

2. 영국

파머스턴[51] 개인이나 여론은 이탈리아의 통일에 호의적이었으나 영국은 1856년 파리조약에 의한 유럽정치질서에 만족하고 있었고, 러시아 대신 프랑스의 강대국화를 저지하는데 대외정책목표를 두고 있었다. 따라서 이탈리아가 프랑스의 영향으로 통일되어 이탈리아 반도가 프랑스의 영향권에 들어가는 것은 바람직하지 못하다고 판단하였다. 또한 오스트리아가 약화되는 것은 유럽의 세력균형과 프랑스 재흥방지 정책에 반한다고 생각하였다. 인도차이나[52]에서의 반란, 중국에 대한 영불연합작전으로 오스트리아를 지원할 군사적 여력도 없었다.

3. 러시아

크리미아전쟁 이후 러시아와 오스트리아의 관계는 적대적 관계로 돌아서 있었다. 따라서 러시아는 프랑스와 오스트리아가 개전하는 경우 중립을 지킬 것이며, 병력을 동원하여 독일연방을 견제하겠다는 입장을 유지하였다.

4. 프로이센

프로이센은 독일 통일과정에서 오스트리아와 충돌이 있으리라 생각하고, 프랑스가 호전적인 태도를 보이지 않는다면 중립을 지키겠다는 입장이었다.

Ⅳ 통일과정

1. 플롱비에르협약(1859년 1월 19일)

프랑스와 사르디니아 간의 비밀동맹조약이다. 주요 내용은 첫째, 사르디니아가 오스트리아에 개전하고 프랑스는 20만의 군대를 동원하여 지원한다. 둘째, 오스트리아 세력을 이탈리아반도로부터 완전히 제거하기 전까지는 단독 강화하지 않는다. 셋째, 프랑스는 사보이와 니스를 할양받는다. 넷째, 전후 이탈리아는 ① 사르디니아, 롬바르디아, 베네치아, 파르마, 모데나로 구성되는 북부이탈리아왕국, ② 투스카니를 중심으로 하는 중부이탈리아왕국, ③ 로마와 주변지역으로 축소된 법왕령, ④ 나폴리 왕국 네 개 정치단위를 연방형태로 구성하고 법왕이 의장이 되나 실제로는 사르디니아가 지배한다.

---

51) 아일랜드의 귀족으로 태어나 케임브리지대학교에서 수학하였으며, 대학에 입학하기 전 아버지의 죽음으로 습작(襲爵)하여 자작이 되었다. 1807년 토리당 소속의 하원의원이 되었으며 1809년부터 약 20년간 육군장관을 지냈으나 토리당의 보수주의에 불만을 품고 휘그당(후에 자유당)으로 옮겼다. 그 후 외무장관(1830~1834, 1835~1841, 1846~1851)·내무장관(1852~1853)·총리(1855~1858, 1859~1865)를 역임하였으며 주로 대외정책면에서 약 30년 동안 영국을 영도하였다. 그 사이 벨기에의 독립을 보장하였고 동방문제에서는 터키를 지지하였으며, 크림전쟁 등에서 자유주의 세력을 지원하여 프랑스·러시아의 야망을 억제하였다. 한편 애로전쟁과 세포이의 항쟁 등의 대(對)아시아정책에서는 강경책을 견지하여 권익의 확대·강화에 노력하였다. 국내정책에서는 자유주의적 개혁을 부정하는 보수주의자였다.

52) 중국과 인도 사이에 있는 대륙부의 총칭. 일반적으로 옛 프랑스령 식민지인 베트남·라오스·캄보디아 3개국을 가리킨다. 이들 세 나라는 예전에는 모두 독립왕국을 건설하고 있었으나 19세기 후반 이래 프랑스의 식민지로 있다가 제2차 세계대전 후 독립을 되찾았다.

2. 프랑스, 러시아 비밀합의(1859년 3월 3일)

프랑스는 라인강과 롬바르디 평야에서 동시에 전쟁을 수행하는 남북 양면전쟁 가능성을 우려하여 러시아 병력을 오스트리아 동부 국경에 집결시킴으로써 프러시아를 움직이지 못하게 하는 동시에 오스트리아가 모든 병력을 이탈리아 전선에 투입하는 것을 저지하고자 하였다. 프랑스는 장차 흑해중립조항 철폐를 지원한다는 조건으로 러시아의 우호적 중립약속을 받아냈다.

3. 개전과 빌라프랑카 휴전조약

1859년 4월 23일 오스트리아의 최후통첩을 사르디니아가 거절하자 전쟁이 개시되었다. 프랑스, 사르디니아 연합군이 솔페리노 전투에서 승리한 이후 단독강화 약속을 어기고 나폴레옹 3세는 빌라프랑카에서 오스트리아와 휴전조약을 체결한다. 이유는 첫째, 5월 투스카니, 모데나, 파르마 등에서 혁명이 발발하여 기존지배자들이 축출되자 나폴레옹 자신이 통제할 수 없는 사태로 진전될지 모른다고 우려하였다. 둘째, 프러시아가 오스트리아와 동맹을 맺을 우려가 있었고 이는 프랑스가 남북 양면전에 직면할 우려가 있었다. 셋째, 오스트리아가 4각지대 요새로 후퇴함으로써 전쟁이 장기화될 가능성이 있었다. 휴전조약의 내용을 보면 첫째, 롬바르디아 지방을 프랑스에 할양하고 이를 사르디니아에게 재할양한다. 둘째, 오스트리아는 베네치아를 소유하나, 이는 이태리 연방에 속한다. 셋째, 투스카니, 파르마, 모데나왕을 복위시킨다. 넷째, 이태리는 교황을 명예장으로 하는 연방으로 한다.

> **📖 참고 빌라프랑카조약**
> 1. 오스트리아는 롬바르디아를 프랑스에 넘겨주면 프랑스는 후에 이를 사르디니아에 반환한다.
> 2. 베네치아는 이탈리아 연방에 들어가나 오스트리아가 계속 영유한다.
> 3. 파르마, 모데나, 토스카나는 왕위를 복위한다.
> 4. 이탈리아가 법왕을 맹주로 하여 연방을 조직하는 것에 합의한다.

4. 북부이탈리아의 수복

오스트리아와의 전쟁을 통해 롬바르디아를 수복함으로써 사르디니아를 중심으로 북부이탈리아를 부분적으로 통일하였다.

5. 중부이탈리아의 통일

투스카니, 교황령, 모데나등에서 자유주의 혁명이 일어나고, 혁명세력들은 국민투표를 통해 사르디니아와의 합병을 결정하였다. 재상에 복귀한 카부르가 이를 수용함으로써 중부이탈리아의 통일이 달성되었다. 이로써 이탈리아를 연방국가로 약화시키려 했던 프랑스의 의도는 좌절되었고, 이탈리아의 통합기운을 더 이상 막을 수 없다고 판단한 나폴레옹 3세는 이후 플롱비에르합의에 따른 사보이, 니스 할양에 집중한다.

6. 남부이탈리아의 통일과 이탈리아 통일의 완성

마치니파들이 시실리에서 부르봉왕조에 대한 반란을 일으켰으나 실패하자, 가리발디장군은 시실리섬에 진격하여 팔레르모를 점령하고 나폴리에 입성하였다. 이후 북진하여 로마와 베네치아로 진격하려 하자, 열강의 개입을 두려워한 카부르는 가리발디를 진압하고자 하였으나 가리발디가 북진을 포기하였다. 이로써 로마와 그 부근 및 베네치아를 제외하고 이탈리아는 통일을 대부분 완성하게 되었다.

📑 **참고 마치니(Mazzini, Giuseppe, 1805.6.22~1872.3.10)**

1827년 카르보나리당(黨)에 입당하는 한편, 낭만주의 문학을 연구하여 이탈리아의 도덕적 혁신의 필요성을 강조하였다. 1830년 카르보나리당의 비밀활동이 발각되어 체포되었다가 마르세유로 망명하였다. 사르데냐왕국의 왕 카를로 알베르토에게 이탈리아 통일에 앞장서 줄 것을 요청하였고, 이 무렵에 카르보나리당을 탈당, 1831년 청년이탈리아당을 결성하여 자유·독립·통일을 표방, 이탈리아를 공화정치로 통일할 것을 호소하였다. 제네바로 가서 사보이가에 대한 무력침입을 시도하였으나 실패하였다. 빈곤한 망명생활 속에서도 문필활동을 계속하였고, 1834년 청년유럽당을 창설하여 유럽 각 국민에게 협력을 호소하였다. 1836년 스위스에서 추방되어 이듬해 런던으로 망명하였다. 1848년 밀라노의 독립운동에 참가하였으며 사르데냐왕국에 의한 롬바르디아 합병에 반대, 끝까지 통일공화국을 추구하였다. 밀라노에서의 운동이 실패한 후 루카노로 망명하였다. 1849년 로마로 가서 로마공화국정부의 3인위원의 위원이 되었다. 프랑스군(軍)의 개입에 대한 저항운동을 지도하였으나 실패하고 다시 외국으로 망명하였다. 그 후로도 여러 차례 군사행동을 일으켰으나 전부 실패하였다. 불굴의 공화주의자로, 사르데냐왕국에 의한 통일에는 끝까지 반대하였다. 그의 계획에는 구체성이 결여되어 있었지만, 순수한 정열을 지닌 인물로 국가통일기의 초창기 청년층에게 지대한 영향을 끼쳤다.

📑 **참고 가리발(Garibaldi, Giuseppe, 1807.7.4~1882.6.2)**

니스에서 선원의 아들로 태어났다. 사르디니아 해군에 복무중 청년 이탈리아당의 혁명운동에 가담하였다가 1834년 관헌에 쫓겨 프랑스로 피신하였다. 프랑스에서 남미로 건너간 그는 리오그란데와 우루과이의 독립전쟁에 참가하여 공을 세웠다. 1848년 해방전쟁이 일어나자 귀국, 의용군을 조직하여 참가하였으나 패배한 후 로마의 혁명공화정부에 참가하여 나폴레옹 3세의 무력간섭에 대한 방어전을 지휘하였다. 이듬해 공화정부가 붕괴되자 뉴욕으로 망명하였다가 1854년 귀국하여 카프레라섬에서 살았다. 이 무렵부터 공화주의로부터 사르데냐왕국에 의한 이탈리아 통일주의로 전향, 1859년의 해방전쟁에서는 알프스 의용대를 지휘하였고, 이듬해 5월에는 '붉은 셔츠대'를 조직하여 남이탈리아왕국을 점령, 사르디니아왕에 바침으로써 이탈리아 통일에 기여하였다. 한때 카프레라섬으로 물러났으나, 로마 병합이 늦어지는 것을 못마땅하게 여겨 1862년과 1867년에 의용병의 로마탈취를 시도하였다가 실패, 카프레라섬에 연금되었다. 1870년 L.강베타의 모병에 호응하여 프랑스로 건너갔으며, 이듬해 보르도 국민의회에 선출되었으나, 프랑스인과의 관계도 좋지 않아 다시 카프레라섬으로 돌아와 사회사업 등을 하면서 여생을 보냈다. 이탈리아의 국민적 영웅으로 추앙받고 있다.

Ⅴ 이탈리아 통일의 국제정치사적 의의

첫째, 이탈리아 통일은 1815년 비엔나 국제정치 질서의 중대한 수정이자 오스트리아의 심각한 후퇴를 의미한다. 이탈리아 통일은 또한 민족주의의 승리로서 독일의 통일로 이어지게 되었다. 둘째, 이탈리아의 통일은 크리미아전쟁으로부터 시작된 1815년 유럽 질서 해체의 완성이라 볼 수 있다. 메테르니히의 질서는 실은 러시아가 그것을 보장한다는 전제에 입각하고 있었다. 그러나 크리미아전쟁으로써 러시아가 유럽 질서의 변경을 목표로 삼게 되자 1815년의 질서는 더 이상 유지될 수 없었다.

🔸 이탈리아의 통일과정

제10절 독일 통일

1834. 관세동맹 형성
1858. 빌헬름1세 등장
1862.9 비스마르크 등장
1863.3 프리드리히 7세, 슐레스비히 합병
1864.1 보-오, 공동개입
1865.8.14 가쉬타인협정
1865.10 비스마르크-나폴레옹3세, 비아리츠 밀담
1866.6.17 오, 프로이센에 선전포고
1866.7.3 쾨니히그래쯔 전투
1866.7.26 니콜스부르크 예비조약
1866.8.23 프라하조약

1867.3 네덜란드왕, 룩셈부르크 매각계획 발표
1867.5 런던회의
1868. 스페인혁명
1870.7.25 비스마르크, 베네데티 초안 발표
1870.7.30 엠스전보사건
1870.9.2 세당전투
1870.10.20 러, 파리조약의 흑해비무장조항 폐기
1871.8 이, 로마점령
1871.1.18 독일제국 선포
1871.5.10 프랑크푸르트강화조약

I 서론

빈체제에서 유럽강대국들은 신성로마제국을 해체하고 34개의 군주와 4개의 자유시로 구성된 독일 연방을 창설하였다. 독일 연방의회 의장은 오스트리아가 맡았으며 프로이센과 오스트리아의 발언권을 강화시켰다. 그러나, 자유주의혁명의 영향을 받은 프로이센 국민들은 오스트리아와의 연방을 해체하고 프로이센을 중심으로 단일국가를 형성하고자 하는 열망을 품고 있었다. 이탈리아와 통일과정에서 오스트리아가 패하여 독일연방에서 오스트리아의 영향력이 약화되고, 비스마르크의 등장으로 강력한 군비를 갖추게 됨에 따라 프로이센은 오스트리아, 프랑스와 전쟁을 통해 독일 통일의 과업을 완수하게 되었다.

II 독일의 통일 요인

1. 민족주의 이념

프랑스 혁명사상과 1848년 2월혁명은 독일민족주의에도 영향을 주어 오스트리아와의 연방을 해체하고 프로이센 중심으로 통일을 이루고자 하는 열망을 형성시켰다. 특히 1859년 9월에 결성된 '독일민족연합'(Deutsche Nationalverein)은 프로이센을 중심으로 한 통일운동을 전개하고 있었다.

2. 관세동맹

프러시아는 자국주도로 1834년 관세동맹(Zollverein)을 형성하여 정치적 통일의 경제적 기반을 마련하고 있었다. 관세동맹에는 오스트리아를 제외한 거의 모든 독일연방이 가입하고 있었고 이로 인해 높은 관세를 부담해야 했던 오스트리아 산업은 프로이센에 비해 상대적으로 쇠퇴하고 있었다.

> **참고 관세동맹(Zollverein)**
> 1834년 프로이센 주도하에 결성된 관세동맹이다. 이 동맹은 그 후의 자본주의적 발전과 프로이센에 의한 독일의 정치적·군사적 통일의 중요한 전제(前提)가 되었다. 이 동맹으로 대내관세(對內關稅)가 철폐되고, 화폐·어음·도량형·교통제도 등의 국내적 경제영역의 통일이 이룩되었으며, 철도망의 발전과 더불어 광범한 국내시장의 형성을 보게 되었는데, 이것은 중공업을 중심으로 한 독일 자본주의의 본격적인 발전을 준비하게 하였다. 한편 대외공통관세(對外共通關稅)는 수입금지적인 고율의 육성관세까지는 이르지 않았으나, 국내산업의 성장을 크게 도울 수 있었다. 이 동맹은 1871년 독일제국의 탄생과 함께 정치적으로 통일되었다.

3. 비스마르크의 철혈정책

직업군인인 윌리엄 1세는 국왕이 되자 군대를 개편하고자 하였으나 의회의 반발에 부딪히게 된다. 이를 해결하기 위한 인물로서 비스마르크가 수상이 되었으며 비스마르크는 이른바 '철혈정책'이라는 강력한 군비증강정책을 추진하였다. 프러시아의 헌정분쟁해결은 오직 군사력에 의해서만 가능하다고 판단했기 때문이다.

> **참고 철혈정책(鐵血政策, Blut und Eisen Politik)**
> 비스마르크가 제창한 독일의 통일정책. 1862년 비스마르크는 프로이센 수상에 임명되자 최초의 하원(下院)에서의 의회연설에서 "작금의 대문제는 언론이나 다수결에 의해서가 아니라 오로지 철과 피(血), 곧 병기(兵器)와 병력에 의해서만 해결할 수 있다."라고 주장한 데서 유래한 말이다. 이 연설은 프로이센 의회의 자유주의자에 대항하여 군비를 확장하고 무력을 통한 독일 통일을 수행한 비스마르크의 정책을 특징지은 것으로 알려져 있으나, 이탈리아의 카부르 수상이 이와 비슷한 표현을 이미 사용한 바 있다. 이 연설로 인하여 비스마르크를 철혈재상이라고도 하였다.

4. 국제정세

오스트리아 약화 이후 유럽의 국제정세는 프로이센의 통일전쟁에 유리하게 조성되고 있었다. 영국은 오스트리아 패전으로 약화된 중부유럽을 강화하기 위해서는 독일 통일이 필요하다고 생각하고 있었고, 러시아는 오스트리아에 대한 반감으로 프로이센의 통일전쟁에 우호적이었다.

Ⅲ 프러시아 – 오스트리아 전쟁

1. 엘베공국문제와 가슈타인협정(1865년 8월 14일)

엘베공국인 슐레스비히와 홀슈타인은 중세이래 덴마크의 세력권이었으나 빈체제에서 홀슈타인은 독일연방에 포함되어 있었다. 그러나 덴마크는 계속해서 홀슈타인을 합병하고자 하였고 마침내 독일연방군과 전쟁을 하게 되었다. 독일연방군이 승리하여 두 공국은 독일연방에 편입되었고 프로이센과 오스트리아는 가슈타인 협정을 체결하여 슈레스비히공국은 프로이센이, 홀슈타인공국은 오스트리아가 시정하도록 하였다. 이 협정으로 홀슈타인이 프러시아 영토내에 존재하게 되어 프로이센과 오스트리아 간 분쟁의 씨앗이 되었다.

2. 폴란드 반란과 알벤스레벤협정(1863년 2월)

프로이센과 러시아 간 협정으로서 폴란드인의 행동에 관하여 서로 정보를 교환하고 필요한 경우 무력협력도 할 수 있으며, 프러시아 영토내로 도피하는 폴란드인의 추격을 러시아에 허용한다는 것이 골자였다. 이 협정으로 러시아와 프로이센의 관계가 강화되어 통일전쟁과정에서 우호적 중립을 유도하였다.

3. 비아리츠회견(1865년 10월)

비스마르크는 오스트리아 전쟁에서 프랑스의 중립을 유도하기 위해 나폴레옹 3세와 회동하였다. 나폴레옹 3세는 비스마르크에게 베네치아를 약속받는 대신 프러시아와 오스트리아의 전쟁에서 중립을 지켜주기로 약속하였다.

4. 프러시아 – 이탈리아 공수동맹(1866년 4월 8일)

프러시아는 오스트리아가 남북 양면전을 하도록 하기 위해 이탈리아와 동맹을 체결하게 되었다. 이 동맹은 나폴레옹 3세의 제의로 이뤄졌는바, 나폴레옹 3세는 루마니아문제로 이 동맹을 제의하였다. 루마니아는 몰다비아와 왈라키아의 통합에 의해 형성되었는데, 프랑스는 루마니아를 오스트리아가 보유하고 대신 베네치아는 이탈리아에게 돌려주라는 구상을 하고 있었다. 이것을 실현하기 위해 오스트리아를 위협하는 방편으로 이탈리아가 프로이센과 동맹을 맺도록 제안한 것이다. 동맹조약의 내용은 이탈리아가 프로이센 편에 가담하여 전쟁을 하고 대신 베네치아를 약속받는 것이었다.

5. 프랑스 – 오스트리아 비밀조약(1866년 6월 12일)

개전을 앞둔 오스트리아는 프랑스의 중립을 유도하기 위해 비밀조약을 체결하였다. 오스트리아는 전쟁의 승패와 상관없이 베네치아를 나폴레옹 3세에게 할양하고 나폴레옹 3세는 이를 이탈리아에게 돌려주기로 하였다. 또한 오스트리아가 전쟁에 승리하는 경우 오스트리아가 원하는 방향으로 독일연방을 개편하고 그러한 개편으로 유럽의 세력균형이 변화하는 경우 나폴레옹 3세와 협의하기로 합의하였다.

6. 개전과 니콜스부르크 예비평화안(1866년 7월 26일)

비스마르크는 연방개편안을 제출하여 오스트리아를 자극하는 한편, 홀슈타인 의회가 홀슈타인 장래를 토의하자 이것이 가슈타인 협정 위반이라고 하여 군대를 홀슈타인(오스트리아점령지역)에 진주시켜 전쟁이 시작되었다. 사도바전투에서 대패한 오스트리아는 나폴레옹 3세에게 휴전을 주선해 줄 것을 제의하여 예비 평화조건이 합의되었다. 하노버, 헤센, 나사우, 프랑크푸르트 자유시는 프러시아에 합병되고 마인강 이북의 독일국가들은 북부 독일연방을 구성한다. 독일연방은 해체하고 오스트리아는 독일 연방에서 제외된다.

> 📖 **참고 사도바전투(쾨니히그래쯔전투)**
>
> 쾨니히츠레그 전투는 1866년 프로이센-오스트리아 전쟁 중 프로이센군이 보헤미아의 도시 쾨니히츠레그(지금의 흐라데츠크 랄로베) 북서쪽의 사도바 마을에서 벌인 전투로 사도바 전투라고도 불린다. 이 전투에서 프로이센은 대승을 거두었고 오스트리아는 군대는 거의 괴멸되어 대패하였다. 1866년 6월 18일에 프로이센이 오스트리아에 선전 포고함으로써, 프로이센-오스트리아 전쟁을 일으킨 프로이센은 오스트리아로 진격하고 있었다. 보헤미아 전선의 24만 1000명의 오스트리아군을 이끌고 있던 사령관 루트비히 아우구스트 리터 폰 베네데크 장군은 갓 임명된 장군이라 전선의 지형을 잘 모를 뿐만 아니라 오스트리아군은 전장식 소총에다 총검 돌격전술에만 의존하여 구시대적인 전술을 펼쳤다. 이에 비해 프로이센군은 28만 5000명을 이끄는 사령관 헬무트 폰 몰트케는 작센에서 슐레지엔까지 뻗은 434km의 3개의 부대를 나누고 새로운 전술과 전투 방법을 사용해보자고 하였다. 프로이센군은 비스마르크의 군비확장정책을 배경으로 후장식 소총으로 새로운 총을 앞세워 무장하고 유럽 역사상 최초로 철도수송의 이점을 충분히 살려 활용하였다. 몰트케는 7월 1일에 3개 부대를 하나로 모으고 7월 3일에 오스트리아군과 전투를 벌였다. 전쟁 결과 오스트리아군은 대패하여 약 4만 명의 군사를 잃고 절반 정도가 포로가 되었으나 프로이센군의 피해는 1만 5000명도 채 되지 않았다. 베네데크 장군은 후퇴하여 빈 근처에서 전투 준비 중 7월 26일에 프라하에서 조약이 체결되어 전쟁은 프러시아의 대승으로 막을 내렸다.

7. 프라하조약(1866년 8월 23일)

오스트리아와 프로이센의 강화조약이다. 내용은 첫째, 오스트리아는 구독일연방의 해산을 승인하고 오스트리아가 참가하지 않는 새로운 독일의 조직을 인정한다. 둘째, 오스트리아 황제는 라인강 이북으로 하는 북독일연방의 형성과 라인강 이남으로 하는 제독일연방으로 하나의 연방을 형성할 것을 인정한다. 셋째, 슐레스비히, 홀슈타인, 프랑크푸르트 자유시는 프러시아에 병합된다.

> 📖 **참고 프라하조약**
>
> 1. 베네치아를 제외한 오스트리아의 영토보전을 기한다.
> 2. 오스트리아는 독일연방의 해체를 승인하고 독일의 개조에 이의를 제기하지 않고 작센을 비롯한 모든 덴마크 영유지에 대한 영유권을 포기한다.
> 3. 마인 강 북쪽의 북독일연방의 형성과 프러시아의 맹주권을 인정하고 프러시아는 북독일연방의 군통수권을 행사한다.
> 4. 마인 강 이남의 남부독일은 새로운 연방을 형성하고 남북독일연방의 문제는 후일에 결정하기로 한다.
> 5. 프러시아는 홀스타인과 슐레스비히를 병합한다.
> 6. 이탈리아에게 베네치아를 귀속시킨다.
> 7. 오스트리아는 6000만 크라운의 전쟁배상을 프러시아에게 지불한다.

Ⅳ 프러시아 - 프랑스 전쟁

1. 전쟁 이유

오스트리아와 전쟁을 통해 북부독일을 통일한 비스마르크는 남부독일을 통일하기 위해서는 프랑스와의 전쟁이 불가피하다고 보았다. 프랑스가 전쟁 중재의 대가로 라인강(마인강) 좌안의 독일 영토를 강력하게 요구했기 때문이다. 독일주재 프랑스 대사인 베네디티의 초안에 의하면 프랑스는 1814년 프랑스령이었던 라인좌안의 영토를 회복하고, 라인좌안에 있는 바이에른 왕 및 헤센 대공의 영토를 프랑스에게 할양할 것 등을 요구하고 있었다.

2. 룩셈부르크 사건과 런던조약(1867년 5월 11일)

나폴레옹 3세의 보상외교 과정에서 룩셈부르크 사건이 발생하였다. 룩셈부르크는 원래 독일연방의 구성원이었으나 북부 독일연방성립시 제외되었다. 그러나 프러시아 군이 주둔하는 지역이었다. 나폴레옹 3세는 프로이센의 동의하에 룩셈부르크를 합병하고자 하였으나 프로이센의 반대로 뜻을 이루지 못하였다. 런던조약을 통해 룩셈부르크는 영세 중립국이 되고 유럽강대국이 중립을 보장하기로 하였다. 룩셈부르크 사건은 프로이센과 프랑스의 관계가 극도로 악화되는 계기가 되었다.

3. 러시아 - 프러시아 합의

1868년 3월에 러시아는 프랑스와 프러시아 간에 전쟁이 발발하는 경우 군대를 오헝국경에 집결시켜 오헝을 움직이지 못하도록 하겠다고 약속하였다.

4. 스페인 내란과 왕위계승문제(1868년 9월) 및 엠스전보사건(1870년 7월 13일)

내란에 성공한 반란군은 정부를 수립하는 과정에서 호엔촐레른 가문의 레오폴드왕자를 국왕으로 옹립하고자 하였으나 프랑스가 강력하게 반대하였다. 레오폴드가 국왕이 되길 바라는 프로이센과 이에 반대하는 프랑스의 외교전 과정에서 엠스전보사건이 발생하여 양국 여론이 전쟁으로 기울게 되었다. 윌리암국왕과 프랑스 대사 베네디티의 대화가 비스마르크에 의해 변조된 사건이 엠스전보사건이다. 프로이센 국민에겐 프랑스 대사의 국왕에 대한 결례가, 프랑스 국민에게는 프랑스의 레오폴트 국왕옹립거절요청을 윌리암국왕이 거절한 것이 부각되었다.

5. 개전과 강화의 성립

1870년 7월 19일 프랑스는 전쟁을 선포하였다. 전세는 신속한 군대배치와 이동, 우수한 작전계획 그리고 효율적인 참모본부의 활동으로 프러시아에 유리하게 전개되었다. 9월 1일 프랑스군은 세당전투에서 대패하고 프로이센에 항복을 선언하였다. 1871년 1월 28일 파리가 함락되었으며 2월 26일에 예비강화조약이 베르사이유에서 체결되었고, 5월 10일 프랑크푸르트강화조약으로 종전되었다.

6. 프랑크푸르트강화조약의 주요 내용

첫째, 프랑스는 알사스의 전부와 로렌의 일부를 할양한다. 둘째, 프랑스 정부는 50억 프랑의 배상금을 지급한다. 셋째, 프랑스가 배상금을 지불하는 데에 따라 프로이센군은 점차 동부로 철수하며 지불이 5억 프랑에 달하면 점령을 종결한다.

Ⅴ 결론: 독일 통일의 국제정치사적 의의

첫째, 독일 통일로 이탈리아 통일과 함께 중부유럽이 강화되었으며 이는 유럽대륙 내부의 패권이 프랑스에서 독일로 교체됨을 의미하였다.

둘째, 보불전쟁이 진행되던 중 이탈리아는 로마로 진격하여 이를 장악함으로써 이탈리아의 통일을 완성하였다.

셋째, 러시아가 갈망했던 흑해중립조항을 폐기하였다. 1856년 파리조약에서 흑해의 비무장중립조항은 러시아의 남진을 결정적으로 봉쇄하였기 때문에 이의 파기는 러시아의 숙원이었다. 러시아는 비스마르크의 지원 아래 1871년 1월의 런던회의에서 이를 타결짓는 데 성공하였다.

넷째, 독일과 이탈리아가 통일국가가 됨으로써 강대국 간에는 완충지역이 사라지고 열강이 서로 국경을 맞대고 대치하게 되었다. 열강이 국경을 맞대고 있지 않은 지역은 발칸반도지역이었으며 따라서 이 지역이 열강들이 영향력을 행사하려는 각축장이 되었다.

다섯째, 빈체제의 근본적인 수정이 이뤄지게 되고 유럽은 비스마르크동맹체제로 전환되었다.

📑 참고 비스마르크의 엘사스 – 로렌 병합정책

1. 서론

비스마르크 시대에 실시된 많은 정책들 가운데 1870~1871년의 독불전쟁과 관련한 엘사스–로렌 두 지역의 독일제국으로의 합병문제만큼 폭발적이며 비극적인 사건은 없다고 해도 과언이 아니다. 영토병합문제는 보복전쟁을 계획하던 프랑스에게 국제적인 동정심을 일으키는 요인이 되기도 하였다. 일찍이 영국 수상 글래드스톤(W.E.Gladstone)은 이 두 지역의 합병문제는 독일과 프랑스 간의 지속적이며 진정한 자유를 불가능하게 만들것이라 예언했듯이, 그 결과는 다음 세기까지 두 국가는 물론 그 지역의 주민들에게 고통과 시련을 남겨주었다. 알사르–로렌을 비스마르크가 병합한 원인 및 그 결과를 간략히 검토해 보자.

2. 병합에 대한 여론

알사스–로렌에 대한 병합은 프랑스혁명 이후 유포된 '민족주의'열망과 관계가 깊다. 독일 국민들은 이탈리아 통일전쟁 과정에서 오스트리아가 패배하고, 프랑스가 사보이와 니스를 할양하자 반프랑스, 반나폴레옹 정서가 강해졌다. 이러한 분위기속에서 알사스–로렌 지역의 병합문제는 프로이센과 프랑스 전쟁과정에서 전격적으로 제기되었다. 알사스–로렌의 병합문제가 제기되고 여론이 확산된 것은 프로이센이 최초로 승리를 거둔 바이센부르크와 뵈르트 전투 이후였다. 병합여론은 특히 남부독일 지역을 중심으로 강하게 일고 있었다. 병합과 관련하여 쟁점이 되는 것은 비스마르크가 병합을 주동했는가 하는 것인데, 영토병합 문제는 민족주의적 의식에 격앙된 서남부 독일 지역에서부터 먼저 제기되었다는 사실로 미루어 보아, 비스마르크가 주동자라고 보기는 어렵다. 다만, 비스마르크는 독일제국의 통일이 목적이었으므로 독일남부지역의 반프랑스적 성향에 편승하였다고는 볼 수 있다.

3. 비스마르크의 입장

1866년 이전까지 알사스–로렌 지역의 병합문제에 대한 비스마르크는 태도는 명확하지 않았다. 그러나, 1866년 오스트리아와의 전쟁 이후 비스마르크는 이 지역을 합병하는 방향으로 입장을 정리하였다. 비스마르크가 이 지역을 병합하기로 결정한 것에는 두 가지 측면이 있다. 우선, 남부독일 지역의 반프로이센 감정을 다스리고, 소독일중심의 통일을 완성하고자 하였다. 즉, 프랑스와의 전쟁을 통해 승리하고, 반프로이센적 성향을 보여주었던 바이에른이나 뷰르템베르크에게 프랑스의 영토를 할양해 줌으로써 소독일중심 통일정책을 지지하게 만들고자 하였던 것이다. 둘째, 알사르–로렌의 병합은 독일제국의 남부국경의 안전과도 직결된다고 판단하였다. 즉, 알사스–로렌의 포게젠과 메츠, 그리고 스트라스부르크를 소유함으로써만 독일제국의 남부지역이 안전하다고 믿었던 것이다.

4. 영토병합의 결과

영토병합의 결과를 대외정책 차원에서 보면, 우선, 주지하듯이, 비스마르크의 알사르–로렌의 합병으로 프랑스와 회복할 수 없는 관계로 양자관계가 극도로 악화되었다. 따라서 프랑스의 고립과 약화라는 정책을 지속적으로 구사할 수밖에 없었다. 둘째, 독일제국의 대외정책 공간이 더욱 두드러지게 제한되었다. 이로 인해 독일은 동맹체제에 의존할 수밖에 없었다. 셋째, 자국을 제외한 유럽세력들 간의 동맹체제 출현을 미연에 방지해야 했으므로 현상유지정책과 아울러 자신의 동맹국을 찾을 수밖에 없었다.

5. 결론

제1차 세계대전 이후 1918년 발표된 윌슨의 14개 조항이 주장하듯 50년 가까이 불안정상태에 있었던 두 지역은 비로소 자유를 회복하게 되었고, 베르사유조약에 따라 프랑스에 반환되었다. 비스마르크의 병합정책은 많은 사가들로부터 정책상의 오류라고 비판을 받고 있다. 비스마르크의 대외정책에 있어서 가장 의문시되는 중대한 실수라고도 본다. 콜프(K. Kolb)는 심지어 독일 지도층에서 당시 영토병합이 원할 만한 가치가 있었던 것인지, 그보다는 다른 선택은 없었는지 그리고 특히 비스마르크는 병합을 결정하는 것보다 다른 가능성을 찾지 못했는지 등의 의문을 제기하고 있다.

제2장 | 비스마르크체제

1873.10 제1차 삼제협상
1878.3.3 산 스테파노조약
1878.6.13~7.13 베를린회담
1879.10.7 독-오, 동맹 체결
1881.5 바르도조약
1881.6.18 제2차 삼제협상
1881.6.28 오-세르비아, 동맹 체결
1882.5.20 삼국동맹체결
1883.10.30 오-루마니아, 동맹체결
1885.11 세르비아, 불가리아에 선전포고

1886.5 블랑제 국방장관 취임
1886.11 불가리아, 러와 관계 단절
1887.2.12 제1차 지중해협정
1887.2.20 제2차 삼국동맹
1887.6.18 독-러, 재보장조약 체결
1887.12.12 제2차 지중해협정
1888.7 빌헬름2세 등장
1890.3 비스마르크 사임
1890. 독러재보장조약 파기
1891.5.6 제3차 삼국동맹

Ⅰ 의의

보불전쟁을 통해 독일 통일을 완성한 비스마르크는 유럽정치질서의 현상유지와 프랑스 고립이라는 새로운 정책노선을 제시하고 이에 따른 평화정책(Friedenspolitik)을 전개한다. 프랑스 고립을 추진한 이유는 프랑스의 독일에 대한 보복전쟁은 필연적일 수밖에 없으나 프랑스가 독자적으로 전쟁을 수행하기는 어렵다고 생각했기 때문이다. 따라서 프랑스를 국제적으로 고립시키기 위해서는 영국, 러시아, 오스트리아, 이탈리아 등 유럽의 다른 열강들을 독일에 묶어두는 전략을 추구한 것이다. 비스마르크 동맹체제란 프랑스를 국제적으로 고립시키기 위해 비스마르크가 형성한 삼제협상, 삼국동맹, 방계동맹, 지중해협정 등을 의미한다.

Ⅱ 비스마르크 동맹체제의 구조

1. 삼제협상(1873년)

독일이 오스트리아 및 러시아와 함께 구축한 협상체제이다. 독러군사협정과 오스트리아-러시아 간 쉔부른협정으로 형성되었다. 독일은 러시아나 오스트리아가 프랑스와 동맹을 형성하는 것을 저지하고자 하였고, 러시아나 오스트리아는 발칸에서 유리한 입지를 구축함에 있어서 비스마르크의 지원을 기대하였다. 삼제협상은 예방전쟁사건과 발칸위기를 거치면서 붕괴되었고, 1881년 제2차 삼제협상이 성립되었다. 1887년 독러재보장조약이 체결되어 러시아는 계속해서 독일중심의 동맹체제 내에 존재하였으나, 독러재보장조약의 폐기로 삼제협상은 종료되었다.

2. 독오동맹(1879년)

러시아-터키전쟁 이후 베를린회의를 거치면서 러시아와 독일의 관계는 급속히 악화되었다. 러시아의 발칸진출에 있어서 삼제협상 당사국인 독일은 러시아를 지원하기보다 다른 열강과 함께 발칸진출을 저지하고자 했기 때문이다. 한편, 오스트리아 내에서는 영국과 동맹체결 여론이 강화되고 있었다. 비스마르크는 오스트리아가 러시아의 공격을 받는 경우 원조한다는 조건으로 프랑스가 독일을 공격하는 경우 우호적 중립약속을 받아냈다. 독오동맹은 제1차 세계대전까지 유지되었다.

> **📇 참고 독오동맹조약**
> 1. 러시아가 양국 중 어느 한 쪽을 침공시, 타방은 전군을 동원하여 원조한다.
> 2. 타 세력(예컨대 프랑스)이 어느 한 쪽을 공격할 때 러시아가 가담하지 않는 한 오스트리아는 우호적 중립을 지킨다.
> 3. 조약은 비밀이며 5년간 유효하고 연장이 가능하다.

3. 삼국동맹(1882년)

독일, 오스트리아, 이탈리아 3국 간에 형성된 동맹체제다. 독일은 이탈리아를 동맹체제에 끌어들여 프랑스와 전쟁에서 유리한 입지를 형성하고자 하였고, 이탈리아는 국제적 고립에서 탈피하고, 지중해에서 프랑스와 대결 시 독일의 지원을 기대하였다. 오스트리아는 이탈리아의 미수복운동[53]의 종식을 꾀하고자 하였다. 삼국동맹은 프랑스를 겨냥한 것으로서 1915년까지 존속하였다.

4. 방계동맹

1881년 오스트리아와 세르비아 간 동맹이 체결되었고, 1883년에는 오스트리아와 루마니아 간에 동맹이 체결되었다. 독일과 오스트리아가 동맹관계에 있었으므로 이들 동맹은 독오동맹의 연장선상에 있었다고 볼 수 있다. 세르비아와 루마니아는 발칸반도에서 반러정책을 펴고 있었던 오스트리아와 이해관계가 일치하였다.

5. 지중해협정(1887년 2월)

영국, 이탈리아, 오헝간에 상호 이해관계를 조정한 협정들을 의미한다. 제1차 지중해협정이 1887년 2월에 체결된 이후 1887년 12월에 제2차 협정 또는 근동앙땅뜨가 체결되었으며 1892년 로즈베리가 외상이 되면서 종료되었다. 영국과 이탈리아 간에는 지중해에서 현상유지에, 영국과 오스트리아 간에는 발칸에서 러시아의 남하정책을 저지하는 것에 이익이 합치되었다. 제1차 지중해협정은 프랑스, 제2차 지중해협정은 러시아에 대항하는 성격을 띠고 있었다. 지중해협정에 독일이 가입하지는 않았으나, 영국과 독일이 우호적인 관계를 유지하게 하는 기제로 작동하였다.

---

53) 이탈리아 역사상의 용어로 '이탈리아 이레덴타(Italia irredenta:미회수 이탈리아)'라는 말에서 유래한다. 이 주장의 근저에는 민족주의와 인민자치의 원리가 있다. 이것은 민족적 경계와 국경이 일치하지 않는 현상을 타파하려는 운동이지만 흔히 특정한 대외정책의 이데올로기로 전화되는 경향이 있다. 이탈리아의 경우에서도 실지회복은 원래, 민족적 통일 내지는 해방을 목표로 하는 것이었지만 19세기 말부터의 열강의 제국주의적 팽창에 따라 이탈리아 제국주의 정책의 이데올로기로 전화하였다

Ⅲ 비스마르크 동맹체제의 붕괴요인

독러재보장조약 파기 이전까지 유럽의 질서를 안정적으로 유지해 주었던 비스마르크 동맹체제는 독러재보장조약 파기 이후 러시아가 동맹체제에서 이탈하고, 1892년 지중해협정이 종료되면서 붕괴되기 시작하였다. 몇 가지 요인은 다음과 같다.

1. 독일의 세계전략

비스마르크 퇴임 이후 빌헬름2세는 '새로운 코스'인 '세계정책'(Weltpolitik)의 추진을 선언하였고 1897년경부터 현실적으로 전개되기 시작하였다. 이는 영국과의 패권경쟁전략이자 해외식민지획득을 위한 경쟁에 독일도 참여하는 정책이었다. 이러한 독일의 세계전략은 구체적으로 해군력확장정책으로 나타났다. 이로 인해 유럽국가들은 독일의 위협에 대응하여 대독포위노선을 추구하게 된다. 프랑스를 고립화시키려 했던 독일의 전략과 반대로 오히려 독일이 고립되기 시작한 것이다.

2. 독일의 오판과 독러재보장조약 파기

1890년 독러재보장조약이 파기되면서 비스마르크동맹체제는 구체적으로 붕괴되기 시작한다. 독러재보장조약의 파기는 독일의 오판이었음이 밝혀졌다. 우선, 독일은 러시아와 재보장조약을 파기하더라도 러시아와 프랑스는 결코 동맹을 맺지 못하리라 생각하였다. 양국은 공통 이해관계가 없었기 때문이다. 둘째, 영국이 프랑스나 러시아 어느 국가와도 동맹을 맺을 수 없다고 생각하였다. 그러나, 3국협상의 성립으로 이 모든 판단이 그릇되었음이 입증되었다.

3. 제국주의와 비스마르크체제의 내재적 한계

비스마르크 체제는 유럽 중심적이며 비 유럽지역에 대한 철저한 경시에 입각하고 있었다. 그러나 이러한 유럽 중심은 유럽 시장만으로 충족될 수 있는 자본주의 경제발전단계에서만 가능한 것이었다. 해외시장이 유럽경제에 필수적인 요소로 등장하는 단계에서 비스마르크체제는 더 이상 유지될 수 없었다.

Ⅳ 비스마르크 동맹체제에 대한 평가

우선, 동맹체제를 안보공공재 공급 메커니즘으로 볼 때, 비스마르크 재임기까지의 비스마르크 동맹체제는 안보공공재를 효율적으로 공급하였다고 볼 수 있다. 동맹체제 성립 이후 유럽열강 간 대규모 전쟁이 없었고, 무엇보다 독일이 원했던 프랑스 고립체제를 성공적으로 형성, 유지했기 때문이다.
둘째, 비스마르크 동맹체제 자체의 속성을 평가해 보면, 1871년 이래 비스마르크가 형성한 동맹체제는 프랑스를 제외하고 거의 모든 국가군을 거미줄같은 동맹의무들로 묶어 놓은 특유한 기술적 동맹이었다. '기술적'이란 의미는 동맹들이 어떤 이념에 기초한 것이 아니고 오직 대응적인 동맹관계로서 단일체제를 구성하였다는 뜻이다.
셋째, 안보제도로서 비스마르크 동맹체제는 '집단안보제도'의 성격을 띠고 있었다. 프랑스의 복수전에 대비하기 위해 프랑스를 제외하고는 어떤 잠재적인 공격세력도 그의 동맹체제내에 끌어들여 수용하고 있기 때문이다. 비스마르크 동맹체제는 가상적을 동맹체제 밖에만 둔 순수한 동맹체제가 아니라 잠재적인 침략세력도 그 체제내에 안고 있었다.
넷째, 비스마르크 동맹체제는 유럽의 안보유지에는 긍정적인 기능을 했으나, 유럽외부의 상대적 약소국의 입장에서 보면 역기능적이었다고 평가할 수 있다. 비스마르크 동맹체제에 의해 유럽내부의 안보가 달성되자 열강은 해외식민지경략에 주력하였다. 비스마르크는 프랑스의 관심을 유럽 밖으로 전환하기 위해 프랑스가 해외식민지를 경략하는 것을 적극 지원하기도 하였다.

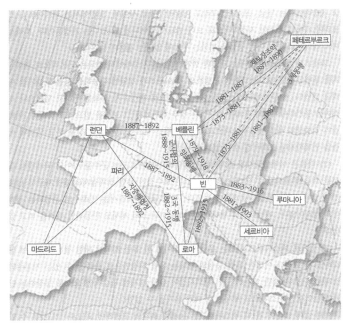

지도 내 표기:
- 페테르부르크
- 재보장조약 1887~1890
- 1881~1887
- 3제동맹
- 1873~1891
- 런던 1887~1892
- 베를린
- 1879~1918
- 1881~1887
- 1873~1891
- 파리
- 1888~1919
- 1887~1915
- 빈 1883~1916
- 루마니아
- 3국 동맹 1882~1915
- 1882~1916
- 1881~1903
- 지중해협정 1887~1892
- 세르비아
- 마드리드
- 로마

⬆ 비스마르크 동맹체제

비스마르크(Bismarck, Otto Eduard Leopold von, 1815.4.1~1898.7.30)

독일 제국의 초대 총리로 독일 통일과 국가 발전에 공적이 있었다. 프로이센의 쇤하우젠에서 융커(지방귀족)의 아들로 태어나, 괴팅겐과 베를린 두 대학에서 공부한 후 프로이센의 관리가 되었다(1836~1839). 베를린의 3월혁명(1848) 때에는 반혁명파로 활약하였고 보수당 창립멤버의 한 사람이었다. 혁명 후 프랑크푸르트에서 열린 독일 연방의회에 프로이센 대표(1851~1859)로 임명되어 프랑크푸르트에 부임하였다. 그는 독일의 통일방식에 대해 오스트리아와의 협조를 주장하였지만, 결국 오스트리아가 프로이센을 동등하게 취급하지 않는다는 판단을 갖게 되어 오스트리아와 자주 대립하였다.

1848년 전후에 보수적인 정치가에 불과하였던 그는 러시아 주재대사(1859), 프랑스 주재대사(1862)가 되면서 안목이 넓어졌고, 1862년 국왕 빌헬름 1세가 군비확장 문제로 의회와 충돌하였을 때 프로이센 총리로 임명되었다. 취임 첫 연설에서 이른바 '철혈정책(鐵血政策)', 즉 "현재의 큰 문제는 언론이나 다수결에 의해서가 아니라 철과 피에 의해서 결정된다."라고 하여 의회와 대립한 채 군비확장을 강행하였다. 결국 1864년, 1866년 전쟁에서 승리하여 북독일연방을 결성하였고, 나아가 1870~1871년 전쟁에서 승리함으로써 독일 통일을 이룩하였다. 1871년 독일제국 총리가 되어 1890년까지 이 지위를 독점하였다.

경제면에서 그는 보호관세정책을 써서 독일의 자본주의 발전을 도왔으나, 정치면에서는 융커와 군부에 의한 전제적 제도를 그대로 남겨놓았다. 그는 통일 후 외교면에서 유럽의 평화유지에 진력하였으며, 3제동맹, 독일-오스트리아동맹, 3국동맹, 이중보호조약 등 동맹과 협상관계를 체결하여, 숙적이었던 프랑스의 고립화를 꾀하고 독일 지위를 튼튼하게 함으로써 국력을 충실히 하려 하였다. 그리고 러시아투르크전쟁(1877) 후에는, 베를린회의를 주재하여 '공정한 중재자'의 역할도 하였다.

그러나 국내에는 많은 반대 세력이 있었는데, 특히 남독일을 중심으로 한 가톨릭교도를 억압하기 위하여 1872년 이후 '문화투쟁(Kulturkampf)'을 벌여 왔으나 실패하였고 사회주의 세력에 대해서는, 사회주의자진압법(1878)을 제정하는 한편, 슈몰러 등의 강단(講壇)사회주의 사상을 도입하여 사고·질병·양로보험 등의 사회정책을 추진하였다. 그럼에도 사회주의 세력은 증가하였고, 결국 소기의 목적을 충분히 달성하지 못하고 말았다.

그는 원래 현상유지론자였음에도 불구하고 식민지를 확장하여 아프리카에 토고·카메룬(1884), 독일령 동(東)아프리카(1885) 등을 경영하였다. 그의 집권 아래 독일 공업은 유럽에서 가장 발전하였으므로, 비스마르크시대 말기에는 그의 평화정책에 반대하는 제국주의자가 늘어갔다. 1888년 빌헬름 2세가 즉위하자 비스마르크는 곧 그와 충돌하였고, 1890년에 사직하였다.

1871. 오, 안드라시 등장	1873.6 오-러, 정치협정
1872. 빌헬름1세, 프란츠 요제프 방문	1873.10 제1차 삼제협상
1872.9 베를린 3자 회담	1878.6.13~7.13 베를린회담
1873.5 독-러, 군사협정	1881.6.18 제2차 삼제협상

I 의의

삼제협상은 유럽의 정치질서를 현상유지하고, 프랑스를 고립화시키겠다는 목표를 가진 비스마르크 동맹체제 구상의 최초의 산물이었다. 독일, 오스트리아, 러시아 간 협의체적 성격을 가진 동맹이었고 법적 구속력은 없었으나 각국의 이해관계 실현에 있어서 상호 원조에 대한 기대감으로 형성되었다. 1873년 최초로 형성된 삼제협상은 1881년과 1884년에 갱신되었으나 1887년에 붕괴되었다. 다만, 독러재보장조약을 통해 독일은 러시아를 보장체제속에 묶어둘 수 있었다.

II 제1차 삼제협상

1. 국가들의 입장

(1) 독일

삼제협상을 통해 오스트리아와 러시아를 묶어 둠으로써 그들이 프랑스와의 동맹관계에 들어가는 것을 막을 수 있고, 프랑스와 전쟁을 하는 경우 양국의 원조를 기대하였다.

(2) 러시아

발칸반도에 영향력을 확장하고자 했던 러시아는 독일과 오스트리아가 동맹을 체결하여 독일이 오스트리아를 지원하는 것을 우려하였다. 러시아의 의도는 독일과 오스트리아간의 동맹을 방해하고, 독일을 이용하여 발칸에서의 오스트리아를 제어한다는 것이 목적이었다.

(3) 오스트리아

보이스트재상과 안드라시 외상은 프랑스가 독일에 패하자 대독 복수전은 불가능하다고 보고 독일과의 동맹을 건의하게 되었다. 이는 오형의 진로는 장차 유럽의 동남지역으로 나아가는 길밖에 없는데 이를 위해서는 러시아와 화해가 필요하나 독일을 통해서만 가능하다고 판단했기 때문이었다.

2. 제1차 삼제협상의 성립

(1) 독러군사협정(1873년 5월)

일방이 유럽의 어떤 열강으로부터 공격을 받는 경우 타방은 20만의 병력으로 지원한다는 내용을 담고 있다.

(2) 러시아 – 오헝 간 쇤브룬협정(1873년 6월)

러시아 황제 알렉산더와 오스트리아황제 프란츠 요셉 간 개인적 협상으로서 양국 간 중요한 문제에 대해서는 상호 협의할 것을 약속하였다. 1873년 10월 독일황제가 추가로 서명함으로써 삼제협상이 완성되었다.

3. 제1차 삼제협상의 성격

삼제협상은 확고한 동맹은 아니었고 느슨한 형태의 보수세력 간의 결합이었다. 발칸을 둘러싸고 경쟁상태에 있던 오스트리아와 러시아 간의 문제에 책임을 지지 않으려는 비스마르크의 태도와 서로 간에 도울 의향이 없는 입장은 뚜렷하였다. 이렇게 불투명한 삼제협상도 군권, 보수주의세력을 옹호하며 진보세력을 억압하자는 데는 공동의 이해를 갖고 있었다.

4. 제1차 삼제협상의 위기

(1) 예방전쟁사건(1875년)

1873년 프랑스 외상에 드카즈(L.C.A. Decazes)가 취임한 이후 프랑스는 군비를 강화화고 국민개병제를 성립시켰으며 사관학교를 세우고 요새를 건설하는 등 군사력강화에 박차를 가하였다. 프랑스의 급속한 회복에 불안을 느낀 독일이 예방전쟁론을 거론하면서 말 수출을 금지시켰다. 독불관계가 악화일로를 걷자 러시아가 개입하여 독일의 평화의도를 확인함으로써 일단락되었다. 예방전쟁사건을 통해 독일은 프랑스와 전쟁에서 러시아의 지원을 받기가 어렵다고 판단하게 되고 삼제협상의 허약함을 인식하게 되었다.

(2) 발칸위기

발칸반도에서 터키 지배하에 있던 국가들이 반란을 일으키자 이에 터키가 무자비하게 탄압(불가리아의공포)하자 러시아가 개입하였다. 러시아의 개입은 러시아-터키 간 전쟁으로 확대되어 러시아가 승리하였다. 그러나 발칸의 현상유지를 원하는 영국, 오스트리아, 독일이 개입하고 대불가리아를 건설하고자 하는 러시아의 의도는 좌절되었다. 정직한 중재자로 자처하며 회의를 주재했던 독일이 베를린회의에서 러시아의 입장을 지지해 주지 않자 러시아는 독일에 불만을 갖게 되었고, 이로 인해 제 1차 삼제협상이 사실상 와해되었다.

Ⅲ 제2차 삼제협상(1881년 6월 18일)

1. 각국의 의도

(1) 독일

베를린회의 이후 관계가 악화된 러시아가 프랑스에 접근할 우려가 있었다. 따라서 러시아를 다시 자국에 묶어두기 위해 삼제협상을 체결하였다. 독일은 오스트리아와 동맹을 체결하고, 영국과 동맹교섭을 진행시킴으로써 러시아가 선제적으로 자국에 접근하도록 하는 전략을 구사하여 성공하였다.

(2) 오스트리아

오스트리아는 독오동맹(1879년)을 체결하고 있는 상황에서 별도로 삼제협상을 체결할 실익이 없고 오히려 발칸에서의 오스트리아의 행동의 자유에 제한을 가함으로써 국가이익을 침해한다고 판단하였다. '실지회 복주의'에 대응하기 위해 이탈리아와의 동맹이 더욱 필요하다고 보았다. 그러나 비스마르크가 오형의 향후 위기는 러시아와의 조약을 거부한 결과라고 위협하자 결국 동의하였다.

(3) 러시아

베를린회의 이후 사부로프는 발칸진출보다는 중앙아시아방면으로 진출해야 하고 러시아의 국제적 고립을 탈피하기 위해 독일과 관계를 개선해야 한다고 생각하고 있었다. 따라서 독일과의 양국동맹을 추진했으나 이미 독오동맹이 체결되어 있음을 알고 독오동맹과 양립하는 범위에서 3제협상을 체결하게 되었다. 영러 간 분쟁에서 독일과 오스트리아의 중립을 확보하는 것이 최대의 이해관심사였다.

2. 제2차 삼제협상의 주요 내용

첫째, 체약국 중 일국이 제 4국과 전쟁을 하는 경우 다른 체약국들은 우호적인 중립을 지킨다. 터키와의 전쟁에도 적용한다. 둘째, 러시아는 오형이 베를린조약에 따라 얻게 된 새로운 지위와 이익을 준수한다. 오토만 제국의 유럽영토는 공동합의에 의해서만 현상을 변경한다. 셋째, 다다넬스-보스포러스 해협 봉쇄원칙을 다시 확인한다. 터키는 어떤 국가에게도 해협에서 전투작전을 허용할 수 없다. 넷째, 오형은 필요하다고 인정할 경우 보스니아-헤르체고비나를 병합할 수 있다. 다섯째, 터키가 동루멜리아[54]를 병합하지 못하도록 한다. 여섯째, 러시아는 베를린회의에서 인정된 국경선의 범위 내에서 불가리아와 동루멜리아를 병합할 수 있다.

3. 제2차 삼제협상의 의의

(1) 독일

프랑스 고립과 유럽 정치질서의 현상유지라는 목표를 재달성할 수 있게 되었고, 발칸에서 오형과 러시아 가 대립하는 경우 우호적 중립을 지킬 수 있게 됨으로써 발칸분쟁에 연루될 위협을 감소시켰다.

(2) 러시아

베를린회의 이후의 국제적 고립을 탈피할 수 있었고, 산스테파노[55]조약에서 의도한 바를 부분적으로 성취할 수 있었다. 즉, 대불가리아 건설에는 실패했으나, 불가리아와 동루멜리아 합병을 원칙적으로 승인받음으로써 산스테파노의 좌절을 부분적으로 만회하였다. 또한 영국과의 전쟁 시 독일과 오형의 우호적 중립도 확보하게 되었다.

(3) 오스트리아

발칸문제를 둘러싸고 일어날지도 모를 러시아와의 이해관계를 조절할 수 있는 외교적 장치를 확보하였고, 이탈리아와 전쟁시 최소한 러시아의 중립을 확보하였다. 또한 베를린회의에서 이미 승인된 보스니아와 헤르체고비나의 병합을 재확인받음으로써 계획을 구체화시킬 수 있었다.

---

54) 불가리아의 스타라플라니나산맥(발칸산맥) 이남. 로도페산맥 이북의 마리차강(江) 유역의 역사적 명칭. 1878년 베를린회의에서 불가리아공국(公國)의 자치를 승인하였을 때, 분리하여 자치행정주가 되었으나 터키의 술탄이 임명하는 총독이 통치하였다. 당시의 주민수는 약 80만으로 대부분 불가리아인이었으므로, 불가리아와의 합병을 원하여 1885년 반란을 일으켰다. 불가리아공(公) 알렉산드르도 이에 호응해서 출병하였으나, 세르비아가 반대하여 전쟁이 일어나게 되었다. 전쟁 결과 불가리아가 승리를 거두고, 열강이 조정해서 터키도 승인하여 1886년 동루멜리아는 불가리아의 일부가 되었다.

55) 터키 이스탄불 서쪽 교외에 있는 마을. 러시아-투르크 전쟁의 결과로 1878년 3월 3일에 이 곳에서 산스테파노조약이 조인되어, 불가리아가 독립되고 발칸 민족들이 해방되는 등 러시아의 압도적 우위가 규정되었다. 그러나 이는 영국·프랑스·오스트리아의 반대에 봉착하였으며 비스마르크가 조정하는 베를린회의(1878)가 개최되기에 이르렀다.

1. 제1차 삼제협상
   (1) 3국의 이해가 서로 상반될 때 협의하여 해결한다.
   (2) 제3국으로부터의 침략위협에 대해서는 공동으로 사전협의한다.
   (3) 군사행동이 필요할 때에는 특별협정을 체결한다.
   (4) 2년의 유예기간을 두고 폐기할 수 있다.

2. 제2차 삼제협상
   (1) 3국 중 어느 하나가 제4국과 전쟁을 할 때 나머지 2국은 중립을 지키고, 전쟁을 국지화시키도록 노력한다.
   (2) 러시아는 독일과의 합의하에 베를린조약에서 발생한 오스트리아의 권리를 확인한다.
   (3) 3국은 보스포러스와 다다넬스 해협 폐쇄의 원칙이 의무임을 확인한다.
   (4) 오스트리아는 적당한 시기에 보스니아와 헤르체고비나를 병합할 수 있다.
   (5) 3년간 유효하며 비밀로 한다.

Ⅳ 평가

3제협상은 3국 간의 공동목표 또는 공통이익 위에 구축된 동맹이라고 볼 수 없다. 다만, 발칸지역에서 전통적으로 대립하여 온 러시아와 오헝간의 잠정적인 화해에 입각하고 있는 것이었다. 따라서 이 조약은 러시아와 오헝이 각각 발칸 이외의 지역에서 세력을 확장하고 있을 동안에만 작동할 수 있는 것이었다.

제3절 베를린회의

1875.7 보스니아에서 반터키 반란
1875.12.30 안드라시 각서
1876.7.8 오-러, 라이히슈타트협정
1877.1.15 오-러, 부다페스트협정
1877.4 터키, 런던공동의정서 거부

1877.4.24 러, 터키에 선전포고
1878.2 영국함대, 콘스탄티노플 출현
1878.3.3 러-터, 산 스테파노조약
1878.6.13~7.13 베를린 회담

Ⅰ 서론

크리미아전쟁 이후 발칸반도에서 한발 물러서 있던 러시아는 제1차 삼제협상의 체결 이후 발칸반도에서의 민족주의에 대한 탄압을 이유로 다시 발칸반도에 대한 영향력을 강화하고자 하였다. 러시아의 발칸진출은 전통적인 남하정책의 달성이라는 이유 이외에 발칸에서 고조되고 있는 범슬라브주의를 정치적으로 활용하려는 의도도 있었다. 그러나 발칸과 터키의 현상유지를 우선시하고 있었던 유럽 열강의 개입으로 러시아의 발칸진출은 또다시 좌절되었다.

Ⅱ 베를린회의의 배경: 발칸의 위기

1. 발칸국가들의 반란과 발칸전쟁

술탄이 재원확보를 위해 조세를 증액한 것을 계기로 보스니아-헤르체고비나지방에서 반란이 일어났다. 세르비아와 러시아는 반란군을 지원하여 터키의 반발을 사게 되었다. 또한 1876년 5월에는 불가리아에서도 반란이 일어났고 터키는 이에 대해 학살을 자행하였다. 터키의 불가리아인에 대한 학살을 계기로 세르비아와 몬테네그로가 터키에 선전포고하여 발칸전쟁이 발발하였다. 이 전쟁에서 세르비아가 패하자 러시아가 개입하였다.

2. 러시아 - 터키 전쟁

러시아는 부다페스트협정과 런던의정서를 통해 유럽국가들의 승인을 받은 후에 터키와 개전하였다. 오헝과의 부다페스트 협정의 주요내용은 오헝이 중립을 지키는 대신 보스니아-헤르체고비나를 병합한다는 것이다. 런던의정서는 러시아가 제시한 터키 개혁안을 영국이 승인한 것이었다. 전쟁은 러시아의 일방적 승리로 전개되었고 1878년 1월 31일 아드리아노플56)에서 휴전조약이 체결되었다.

3. 산 스테파노조약

러시아와 터키 간의 강화조약으로서 러시아는 카르스, 도부르쟈지방 등을 획득하고, 세르비아, 몬테네그로, 루마니아는 독립시키기로 하였다. 보스니아-헤르체고비나는 오헝의 감독을 받는 자치지역으로 만든다. 문제가 된 조항은 대불가리아조항으로서 불가리아는 흑해로부터 마케도니아를 거쳐 바르다를 지나 에게해의 살로니카까지 포함하는 광활한 지역을 보유하게 되었다. 이 지역을 러시아가 2년간 점령하기로 하였다.

Ⅲ 유럽 열강들의 입장57)

1. 러시아

발칸위기를 기회로 오토만제국의 약화와 발칸에 있어서의 슬라브 주민에 대한 러시아의 영향력을 강화하고자 하였다. 국내적으로 단독개입파와 열강과의 협의하에 개입하자는 입장이 대립하고 있었으나 발칸에서의 러시아 위신의 실추를 우려하여 단독개입을 결정하였다.

2. 오헝

오헝은 1871년 이래 에게해58) 연안의 살로니카로 그 세력팽창을 기도하고 있었다(동방으로의 돌진). 트리에스테항59)을 지배하고 있었으나, 이 지역은 이탈리아계 거주민에 의한 '실지회복주의'운동이 강하게 일고 있었으므로 오헝은 트리에스트 항구로 진출할 자신이 없었다. 한편, 러시아의 발칸진출을 차단시키는 것도 중요한 정책목표로 삼고 있었다.

---

56) 터키 북서쪽 그리스 국경 근처에 있는 도시. 현재 이곳은 에디르네라고 불리며 장대한 셀림 1세의 회교 사원을 비롯하여 동양풍 건물이 많이 있다.
57) 이기택, 전게서, 144면-146면.
58) 그리스 본토, 소아시아 반도의 서해안 및 크레타섬에 둘러싸인 동지중해의 해역이다.
59) 이탈리아 프리울리베네치아줄리아주(州) 트리에스테현(縣)의 주도(主都). 아드리아해(海) 북부, 슬로베니아와의 국경지대에 있는 항구도시이다. 중부유럽을 배후지로 가진 중요한 상업항이며 조선업·석유공업을 비롯한 공업도시이기도 하다. 로마인(人)이 식민도시로 세운 것이 그 기원이며, 1295년 자유도시가 되었고 1382년 이후 오스트리아의 지배하에 들어갔다. 1719년 자유항이 된 뒤 19세기에는 오스트리아 유일의 해항(海港)으로 발전하였으며, 제1차 세계대전 결과 1919년 이탈리아에 병합되었다.

3. 영국

영국의 발칸에 대한 기본목표는 오토만제국의 분해를 저지하는 것이었으며, 이는 터키가 약화되어 러시아의 남하정책이 성공하게 되면 터키에 대한 영국의 상품수출에 타격을 줄 우려가 있었기 때문이었다. 또한 1869년 수에즈운하[60]의 개통으로 페르시아만[61]을 경유하여 인도로 가는 수로가 단축됨에 따라 이 지역에 대한 지배를 확고히 하는 것을 중요한 국가이익으로 생각하였고, 이를 침해할 수 있는 국가가 바로 러시아라고 생각하였다.

Ⅳ 베를린회의의 주요 결정

1. 불가리아 3등분

우선, 불가리아를 불가리아, 동부 루멜리아, 마케도니아로 삼등분한다. 축소된 불가리아는 자치공국의 법적지위를 갖는다. 러시아군이 당분간 주둔한다. 둘째, 동부 루멜리아 지방은 터키의 통치하에 두되 독립국과 종속국의 중간정도에 해당하는 법적 지위를 갖는다. 셋째, 마케도니아는 터키에 반환된다.

2. 보스니아 – 헤르체고비나

오형이 점령하고 시정을 담당한다. 오형은 노비바쟈르 지방에 군대를 주둔시킬 수 있었으며 이로써 세르비아와 몬테네그로의 통합을 저지시킬 수 있었다. 또한 살로니카와 에게해로 진출할 수 있는 통로를 확보하게 되었다.

3. 영토보상

러시아는 바툼[62], 아르다한, 카르스[63]를 획득하였고, 루마니아로부터 남부 베사라비아를 할양받았다. 영국은 터키와 합의하에 취득한 사이프러스 점령에 대해 국제적 승인을 받았다. 프랑스가 장차 튀니지를 점령하는 것이 묵인되었다.

---

60) 지중해와 홍해 · 인도양을 잇는 운하. 1854년 이집트의 태수가 된 마호메트 사이드 파샤가 프랑스인 페르디낭 드 레셉스에게 운하 개착 특허권과 수에즈 지협 조차권(租借權)을 주었고, 1856년에는 이집트의 종주국(宗主國)이던 터키도 이를 승인하였다. 레셉스는 1858년 '만국 수에즈 해양운하회사'를 이집트 법인(法人)으로서 설립하였으며, 2억 프랑(800만 파운드)의 자본금에 주식(株式)을 국제적으로 공개하였다. 주식은 1주 500프랑이었으며, 프랑스인이 20만 7000주를 소화하고, 이집트 태수가 17만 7000주를 인수하였다. 이리하여 공사는 1859년 4월부터 시작되었으나, 고대의 운하를 개수(改修)하여 음료수의 공급과 수송로가 확보된 단계에서 영국이 수만 명의 이집트인을 강제 노동에 동원하였다는 점과 6만ha에 이르는 농경지 조차를 이유로 들어 이집트 정부에 항의했기 때문에 운하의 개착 공사가 일시적으로 중지되었다. 그 후 이집트 태수 사이드 파샤가 사망하고, 1863년 1월 이스마일 파샤가 즉위하자 그의 열렬한 희망에 따라 영국과 터키의 방해에도 불구하고 공사는 재개되었으며, 드디어 1869년 11월 17일에 수에즈 운하가 개통되었다. 이 개통으로 런던~싱가포르 항로는 케이프타운 경유로 2만 4500km인 것이 1만 5027km로 줄어들고, 런던~봄베이는 2만 1400km인 것이 1만 1472km로 단축되었다.

61) 아라비아반도의 북동쪽. 이란과의 사이에 있는 넓은 만. 아랍 여러 나라에서는 아라비아만이라고 한다. 만 연안에는 이란 외에 이라크 · 쿠웨이트 · 사우디아라비아 · 바레인 · 카타르 및 아랍에미리트연합국이 있다. 만 안에 있는 여러 섬의 영유권을 둘러싸고 이란과 아랍국가와의 분쟁 등 국제적 긴장지역의 하나이다.

62) 그루지야 아자르 자치공화국의 수도. 흑해 남동 연안의 항만도시이며, 그루지야 굴지의 휴양지이다.

63) 터키 북동부 카르스주(州)의 주도(州都). 에르주룸 북동쪽 177km, 카르스강에 면하며 해발고도 1,900m의 고원에 있다. 때때로 러시아령에 속하였으나 1921년부터 터키령이 되었다.

Ⅴ 베를린회의의 국제정치사적 의의[64]

첫째, 오형은 보스니아–헤르체고비나에 대한 시정권과 군대 주둔권을 획득하여 발칸반도 서부지역에서 지배적인 위치를 확립하게 되었다.

둘째, 영국은 오토만제국의 붕괴를 막은 점에 만족하였다.

셋째, 러시아는 예상보다 적은 이익을 획득하였다. 러시아는 오토만제국을 동요시키고, 발칸의 슬라브 민족들에게 보호자로서의 역할을 자처할 수는 있었다. 그러나 영국의 러시아 남하에 대한 저지정책이 성공하여 콘스탄티노플, 알렉산드리아로[65]의 러시아의 남하가 영국에 의해 완전히 봉쇄되었다. 이로 인해 러시아는 비스마르크에게 불만을 토로하였고 3제협상이 붕괴되었다.

넷째, 독일은 동방문제에 구체적인 이해관계는 없었으나 동방문제를 둘러싸고 야기될 열강 간의 세력관계에 관심을 갖고 있었다. 러시아의 발칸진출로 독일동부국경에서의 압력이 발칸으로 이동하는 것은 독일에게 바람직한 일이었으나 발칸에서 러시아와 오형의 대립으로 3제동맹이 붕괴되는 것을 우려하였다. 따라서 비스마르크는 동방문제에 개입했으나 베를린회의 결과 영국과 오형의 상대적 이익이 증가되자 러시아와 친선관계가 균열되고 결국 3제협상의 붕괴로 이어졌다.

참고 19세기 영국의 세력균형정책

1. 세력균형정책의 의의

세력균형정책이란 적대적 세력 상호간 개별적으로 또는 집단적으로 힘의 균형을 유지하고자 하는 정책을 의미한다. 국제정치현실주의자들에 따르면 무정부적 국제체제에서 국가들은 권력의 극대화를 추구한다고 가정하며, 이러한 가정하에서 국가들은 생존을 위해 세력균형의 유지가 불가피하다고 본다.

2. 19세기 이래 영국의 대륙정책

빈체제 성립 이후 영국의 안보정책의 중심에는 세력균형정책이 있었다. 특히 영국은 유럽대륙에서 강대국 상호간 세력균형이 유지되는 것이 자국의 안보 및 독자적 대외전략 전개에 필요불가결한 조건이라고 판단하였다. 유럽에서 패권국이 등장하는 경우 영국의 안보를 위태롭게 하고, 영국의 전 세계 제국주의 전략에 차질을 초래할 것이라고 생각했기 때문이다. 19세기 이래 영국의 세력균형정책은 대체로 성공적으로 유지되었으나, 전간기 국제정세에서 구사했던 유화정책은 오히려 제2차 세계대전의 일 요인을 제공하기도 하였다.

3. 세력균형정책 사례

(1) 빈체제형성

빈회의에서 국경선은 세력균형원칙에 따라 획정되었다. 영국은 프랑스의 재흥을 막는 동시에 러시아의 세력이 비대칭적으로 강화되는 것을 방지하고자 하였다. 이러한 구상은 '이중장벽정책'으로 현실화되어 중부유럽의 오스트리아를 강화하여 프랑스와 러시아를 동시에 봉쇄하고자 하였다. 또한 스위스 중립화, 사르디니아 강화, 네덜란드 강화 등의 정책도 프랑스의 세력강화를 통한 세력균형파괴를 방지할 목적을 가진 것이었다.

---

64) 이기택, 전게서, 152면.
65) 이집트 북부 알렉산드리아주(州)의 주도(州都). 지중해와 마레오티스(마류트)호(湖) 사이의 좁은 모래톱에 위치한 항구도시이다.

(2) 크리미아전쟁

크리미아전쟁은 표면적으로는 프랑스, 러시아, 터키 3자 간 성지관할권에 관한 전쟁이나 기본적으로는 영국의 세력균형정책이 투사된 것이다. 영국이 이 문제에 즉각 개입한 것은 러시아와 터키 전쟁에서 러시아가 승리하는 경우 유럽대륙의 세력균형이 파괴될 우려가 있었기 때문이다. 영국은 프랑스와 연합을 형성하여 러시아의 남하정책, 즉 현상타파정책을 좌절시킴으로써 유럽의 세력균형을 유지시켰다.

(3) 베를린회의

베를린회의는 비스마르크가 주도한 회의이나 영국의 의중이 상당히 반영된 회담으로 평가할 수 있다. 러시아는 보불전쟁에서 중립을 지킨 댓가로 흑해중립조항을 폐기하고 다시 남하정책을 시도하였다. 불가리아 사태를 계기로 러시아는 터키와 개전하고 대불가리아 건설을 기도하였다. 이는 터키에 대한 현상변경이자 러시아에 의해 세력균형의 파괴로 간주되었다. 영국은 이를 간과하지 않았으며 베를린회담을 통해 러시아의 대불가리아 건설 기도를 좌절시켜 유럽의 현상과 세력균형을 유지시켰다.

제4절 | 삼국동맹

1877. 이탈리아 크리스피, 비스마르크에 접근
1881.5 불-튀니지, 바르도조약 체결
1882.5.20 제1차 삼국동맹 체결
1887.2.20 제2차 삼국동맹
1891.5.6 제3차 삼국동맹

1896.5 삼국동맹 기간 연장
1902.6.28 삼국동맹 기간 연장
1913.6 오-이, 해군협정
1914.8.3 이, 중립선언

Ⅰ 서론

삼국동맹은 독일, 오스트리아, 이탈리아 3국 간의 동맹으로서 1882년에 체결되고 1887년, 1891년, 1902년, 1912년에 약간씩 수정되면서 연장되었다. 3국동맹은 중부유럽의 강대국들 간 결속을 가져왔으며 프랑스 배제정책을 강화하였다. 제1차 삼국동맹과 제2차 삼국동맹을 중심으로 정리한다.

Ⅱ 제1차 삼국동맹(1882년 5월 20일)

1. 배경

(1) 바르도조약(1881년 5월)

베를린회의 이후 이탈리아의 외교목표는 실지회복과 해외식민지, 특히 튀니지에 진출하는 것이었다. 그러나 베를린회의에서 튀니지 획득을 약속받고 있었던 프랑스는 영국과 독일의 지지하에 튀니지의 보호통치를 위한 바르도조약을 체결하였다. 이로써 이탈리아의 해외식민지 경략은 좌절되었고, 국제적으로 고립되었다. 이에 이탈리아는 동맹을 구하게 되었다.

(2) 이탈리아의 실지회복주의

이탈리아가 통일을 이룩한 다음에도 탈환하지 못한 지역이 남아 있었다. 오스트리아가 점령한 남티롤, 고지리아, 이스트리아, 트리에스트, 달마치아, 프랑스가 점령한 코르시카, 니스, 영국이 점령한 몰타 등이 대표적이다. 실지회복주의는 특히 오스트리아와 관계를 급격히 악화시켰다.

(3) 감베타 내각의 적극주의 노선

1881년 프랑스에 감베타[66] 내각이 등장하고, 감베타 내각은 영국, 러시아, 이탈리아와 접근을 시도하였다. 1882년 1월에는 러시아의 스코벨레프가 파리를 방문하여 러시아-프랑스 동맹을 제의하기도 하였다. 이에 따라 3국동맹에 소극적이었던 비스마르크가 입장을 변경하여 3국동맹을 체결하게 되었다.

2. 열강의 이해관계

(1) 이탈리아

베를린회의 이후의 국제적 고립을 탈피하고, 로마문제로 프랑스와 갈등을 겪고 있어 지원국이 필요하였다. 로마문제란 보불전쟁과정에서 무력으로 교황청이 속한 로마를 이탈리아 지배에 편입시켜 프랑스와의 관계가 악화된 것을 의미한다. 한편, 오스트리아와는 실지회복문제에 있어서 갈등을 관리하고자 하였다.

(2) 독일

프랑스에 대항하는 하나의 동맹으로서 가치를 두었다. 프랑스와 전쟁에서 러시아와 오스트리아의 지원을 획득하고 있었으나 이탈리아를 가담시킨다면 알프스에서의 프랑스의 군사력을 약화시킬 수 있을 것으로 기대하였다.

(3) 오스트리아

이탈리아의 실지회복주의를 가라앉혀 이탈리아와 관계악화나 전쟁을 방지하고자 하였다.

3. 제1차 삼국동맹의 내용

첫째, 체약국은 다른 체약국에게 적대하는 동맹에 가입하지 않는다. 둘째, 이탈리아가 도발하지 않았음에도 불구하고 프랑스의 공격을 받는 경우 다른 체약국은 이탈리아를 원조한다. 독일이 프랑스의 공격을 받는 경우 이탈리아에게 같은 의무가 발생한다. 셋째, 체약국 중 1국 또는 2국이 2개국 또는 그 이상의 비체약국으로부터 공격을 받는 경우 세 체약국에게 원조의무가 발생한다. 넷째, 어떤 비체약국이 체약국 중 1국의 안전을 위협하여 그 체약국이 전쟁을 하게 되는 경우 다른 두 체약국은 우호적 중립을 지킨다.

---

66) 감베타(1838.4.2~1882.12.31). 프랑스의 정치가. 남프랑스의 카오르에서 태어났다. 1860년 변호사가 되어 나폴레옹 3세의 전제(專制)에 대한 반대론을 펴서 이름을 떨쳤다. 1869년 하원의원에 당선되었고, 1870년 9월 프로이센프랑스전쟁이 일어나자 독일 항쟁파가 되었다. 나폴레옹이 패배하자 공화정(共和政)을 선언하여, 이 때 성립된 국방정부의 내무장관이 되어 항쟁을 계속할 것을 주장하다가, 파리가 독일군에게 포위당하자 경기구(輕氣球)를 타고 탈출한 일로 유명하다. 제3공화제 후에는 군주주의를 반대하는 L.A.티에르를 지지, 공화주의연합(Republican Union)을 지도하는 한편, 1871년 신문 「프랑스 공화국」을 창간하였다. 1877년 공화파의 승리로 의회에 복귀, 1879~1881년에는 하원의장이 되었다. 1881년 선거에서 공화주의연합이 승리함으로써 총리로 임명되었으나, 내정에 있어서의 독재적 경향 때문에 의회의 불신을 사서 1882년 1월 사직하였다.

📑 **참고 3국동맹조약**

1. 제1차 3국동맹조약(1881년 5월 20일)

  (1) 3국은 상호간에 평화와 우호를 약속하고 동맹관계를 맺는다. 또한 장래의 정치적 · 경제적 측면에서 자국의 이익이 허용하는 범위 내에서 상호원조한다.

  (2) 만약 이탈리아가 도발하지 않은 전쟁에서 프랑스로부터 공격을 받을 때 독일과 오스트리아는 전군을 동원하여 이탈리아를 원조한다.

  (3) 프랑스가 독일을 공격하는 경우 이탈리아에게 원조의무가 발생한다.

  (4) 3국 중 일국 또는 이국이 도발하지 않은 공격을 체약국 이외의 타 강대국으로부터 받을 때 조약당사국에게는 동시에 원조의무가 발생한다.

  (5) 평화에 대한 위협이 있을 때 상호협의하며 공동전쟁시 단독강화는 금한다.

  (6) 조약은 비밀이며 5년 기한으로 연장이 가능하다.

2. 제2차 삼국동맹조약(1887년 1월 25일)

  (1) 1882년 5월 20일에 맺어진 3국 간의 동맹조약을 1891년 5월 30일까지 연장한다.

  (2) 오스트리아와 이탈리아는 동방에서의 영토상의 현상유지를 지지하고 이를 위한 정보를 교환한다. 단, 보스니아와 헤르체고비나는 제외한다.

  (3) 프랑스와 이탈리아의 전쟁 시 독일이 원조한다.

Ⅲ 제2차 삼국동맹(1887년 2월 20일)

1. 배경

유효기간이 5년인 제1차 삼국동맹 조약의 만료기일이 다가옴에 따라 독일, 오스트리아, 이탈리아는 갱신여부를 논의하게 되었다. 불가리아 사건으로 독러관계 악화 및 3제협상체제가 약화되고, 블랑제 사건으로 독불관계가 악화된 것이 갱신의 배경이 되었다.

(1) 불가리아 사건

불가리아의 알렉산더는 러시아의 지나친 간섭에 반대하여 반러정책을 펴게되었고, 동루멜리아와 불가리아를 통합하였다. 이에 위협을 느낀 세르비아가 불가리아를 선제공격하였으나 패하자 오형이 개입하였다. 이로 인해 세르비아와 불가리아는 모두 친오형적이 되자 오형과 러시아의 관계가 악화되었다. 러시아에서는 3제협상이 친오형적이라고 보고 대불동맹론이 제기됨으로써 3제협상체제가 약화되었다.

(2) 블랑제 사건

프랑스의 블랑제 장군이 국방상에 임용된 이후 군사개혁에 착수하고 프랑스 내에서는 대독복수의 여론이 고조되었다. 대독복수를 위해 러불동맹의 여론도 높았다. 독불국경수비를 담당하고 있던 슈네벨레를 독일 관헌이 체포한 슈네벨레체포사건 이후 양국 간 긴장은 더욱 고조되었다. 블랑제 사건은 비스마르크동맹체제의 취약성을 인식시켜준 사건이었다.

2. 각국의 이해관계

독일은 동맹체제의 취약성을 보완하기 위해 3국동맹 갱신을 통해 이탈리아를 동맹체제에 묶어 두고자 하였다. 이탈리아는 트리폴리 병합에 대해 독일과 오스트리아가 지원해 줄 것과 쇠락해 가는 오스만 터키의 유산분배에 이탈리아도 참여하게 해 줄 것을 요구하였다. 오스트리아는 발칸반도에서의 이해관계 조정문제는 동의했으나, 지중해문제로 이탈리아가 프랑스와 겪을 전쟁에 연루되는 것은 회피하고자 하였다. 이로 인해 3국동맹조약이 분할된다.

3. 제2차 3국동맹 조약의 주요 내용

우선, 1882년의 3국동맹조약을 5년 연장하기로 하였다. 둘째, 독일과 이탈리아 간 조약으로 통해 북 아프리카에서의 프랑스의 팽창에 대응하여 독일의 지원이 보장되었고, 프랑스가 패하는 경우 이탈리아가 영토를 획득하는 것을 승인하였다. 셋째, 오형과 이탈리아 간 조약에서는 오토만제국을 현상유지하되, 현상유지가 불가능한 경우 상호보상원칙에 기초한 합의에 의해서만 영토를 획득하기로 약속하였다.

4. 의의

독일은 이탈리아와 오스트리아를 보장기구내에 묶어둠으로써 이탈리아의 러시아나 프랑스와의 동맹을 예방하였다. 한편, 이탈리아는 북아프리카문제 특히 트리폴리 문제를 둘러싼 대프랑스 전쟁에서 독일의 지원을 약속받았고 또한 발칸문제에 있어서는 오스트리아로부터 대상조건에 따른다는 약속을 받음으로써 명분상으로나 실질적으로 국제적 지위를 크게 향상시켰다. 오스트리아는 3국동맹조약 갱신을 통해 안전을 보장받았으나 아드리아해 및 에게해의 연안 및 도서에 있어서 현상유지를 약속하고 이탈리아의 대상조항에 따른 이탈리아의 요구를 들어 주어야하는 입장에 처하게 되었다.

Ⅳ 평가

3국동맹은 3제협상과 함께 비스마르크 동맹체제의 한 축으로서 프랑스 고립과 유럽정치질서의 현상유지에 중요한 역할을 하였다. 3제협상이 1887년 6월에 종료된 것과 달리 3국동맹조약은 형식적으로는 제1차 세계대전 전까지 존속하였다.

제5절 지중해협정

1887.1.26 이 외상 로빌란 각서
1887.2.12 제1차 지중해협정
1887.3.24 오-영, 협정

1887.5.4 이-스페인협정
1887.12.12 제2차 지중해협정

Ⅰ 의의

지중해협정은 지중해에서 영국과 프랑스의 대립, 이탈리아와 프랑스의 대립, 영국과 러시아의 대립, 러시아와 오스트리아의 대립문제를 놓고 핵심 이해당사국인 영국과 이탈리아, 오스트리아 간의 협상체제를 형성시킨 조약을 의미한다. 지중해협정에 독일이 가입하지는 않았으나 특히 제1차 지중해협정이 대프랑스 봉쇄의 성격을 띠게 됨으로서 비스마르크 보장체제를 더욱 견고하게 만들어주는 역할을 하였다.

Ⅱ 제1차 지중해협정(1887년 2월 12일)

1. 배경

영국과 프랑스는 이집트 문제로 대립하고 있었고, 프랑스와 이탈리아는 프랑스의 튀니지 점령문제로 대립하고 있었다. 한편, 영국과 오스트리아는 러시아의 남하정책을 견제하는 데에 이해관계가 일치하고 있었다. 이에 대해 영국, 이탈리아, 오형이 공동대응하기 위해 지중해협정을 체결하였다. 스페인도 나중에 가입하였다.

2. 주요 내용

첫째, 지중해의 아드리아해, 에게해, 흑해에서의 현상유지를 지원하고 현상을 변경시킬 필요가 있을 때는 상호협의한다. 둘째, 이탈리아는 영국의 이집트 경영을 지지하고, 영국은 이탈리아의 북아프리카에서의 행동을 지지한다. 셋째, 영국과 이탈리아는 제3국과의 분쟁시 상호원조한다.

3. 의의

지중해 협상체제의 성립은 지중해에 대한 두 해양국인 영국과 이탈리아가 이해를 조정함으로써 실질적으로 프랑스와 러시아에 대항하는 공동전선을 형성시킨 점에 의미가 있다. 독일로서는 영국을 보장체제 속에 포함시킴으로써 프랑스 고립을 보다 더 확고하게 할 수 있었다.

> **📋 참고 지중해협정의 내용(영국 – 이탈리아)**
> 1. 지중해의 아드리아해, 에게해, 흑해에서의 현상유지를 지원한다.
> 2. 현상을 변경시킬 필요가 있을 때 양국은 사전에 협의한다.
> 3. 이탈리아는 영국의 이집트 경영을 지지하고 대신 영국은 이탈리아의 북아프리카에서의 행동을 지지한다.
> 4. 양국은 제3국과의 분쟁시 지중해에서 상호원조한다.

Ⅲ 제2차 지중해협정(1887년 12월 12일)

1. 배경

1887년 7월에 불가리아의회는 러시아의 반대에도 불구하고 친오형인물인 페르디난트를 불가리아 공으로 임명하였다. 이에 대해 러시아가 강력하게 반발하였다. 이러한 러시아의 남하위협에 대비하여 이루어진 영국, 오형, 이탈리아 간의 각서 교환을 제2차 지중해협정 또는 근동앙땅트라 한다.

2. 제2차 지중해협정의 주요 내용

3국 간 교환된 각서의 내용은 다음과 같다. 첫째, 동방의 현상유지를 보장하며 터키가 외국의 지배를 받는 것을 반대한다. 둘째, 터키는 불가리아에서의 권리를 외국에 양여하거나 외국이 이 지역을 점령하는 것을 허용해서는 안 된다. 셋째, 터키가 만일 외국의 이런 양여 요구에 반대할 경우 체약 3국은 그런 반대를 지원하는 데 필요한 조치에 관하여 상호 협의한다. 넷째, 터키가 만일 그런 양여 요구에 반대하지 않을 경우 체약 3국은 공동으로 또는 개별적으로 필요하다고 인정되는 터키 영토를 점령할 수 있다.

Ⅳ 평가

지중해협정은 영국을 비스마르크 보장체제에 간접적으로 끌어들임으로써 프랑스 고립과 유럽정치질서의 현상 유지를 목표로 하는 보장체제를 보다 강화시켰고, 독일은 지중해 협상체제에 직접 가입하지 않음으로써 러시아의 반발을 회피하면서 발칸에서 오형과 러시아의 이해관계를 조정하는 위치를 유지할 수 있었다. 또한 발칸에 대한 러시아의 남하정책을 공동으로 대응함으로써 발칸의 현상을 유지하고 유럽세력 간 균형을 유지하는데 바람직한 역할을 하였다고 볼 수 있다.

제6절 독일 - 러시아 재보장조약

Ⅰ 의의

독러재보장조약이란 제2차 삼제협상을 종료시킨 독일과 러시아가 오스트리아를 배제하고 양자간 독자적으로 이해관계를 조정한 조약이다. 1887년 6월 18일에 체결되었다. 불가리아 사태와 불랑제사건으로 3제협상은 사실상 와해되어 있었다. 독러재보장조약의 체결로 독일은 러시아를 비스마르크보장체제에 묶어 둘 수 있었으나, 독일의 대외전략 노선 변경으로 1890년에 폐기된다.

Ⅱ 독일과 러시아의 이해관계

1. 독일

불가리아 사태와, 블랑제 사건 이후 악화된 독러관계를 개선하여 러시아가 프랑스에 접근하는 것을 방지하고자 하였다. 또한 발칸에서 러시아와 오스트리아간의 충돌을 방지하는 장치가 필요하였고 동시에 그 지역에서 범슬라브 민족주의의 확장을 저지시켜야만 하는 강한 필요성을 느끼고 있었다.

2. 러시아

3제협상 연장문제를 놓고 러시아내에서는 연장론과 러불동맹론이 대립하고 있었다. 기에르스 외상의 타협안으로서 오형을 제쳐놓고 독일과 단독으로 조약을 체결하기로 하였다. 불가리아사태의 전개과정에서 러시아는 불가리아에 대한 영향력을 상당부분 상실하게 되었다. 러시아는 독일의 힘에 의존하여 발칸반도에서의 영향력을 다시 회복하고자 하였다.

Ⅲ 독러재보장조약의 내용

1. 중립

양국 중 일국이 제3국과 전쟁을 하는 경우 타국은 우호적 중립을 지킨다. 그러나 양국 중 일국이 프랑스나 오형에 대하여 공격을 취함으로써 전쟁이 발생되는 경우에는 동 조항을 적용하지 않는다.

2. 발칸문제

발칸에서의 영토적 현상유지원칙을 지원하며 그 속에서 독일은 러시아의 발칸에서의 우위를 인정한다. 독일은 불가리아에서의 합법정부의 수립을 위하여 러시아에 협력한다.

3. 해협문제

보스포러스와 다다넬스 해협폐쇄의 원칙을 승인한다. 러시아의 이익을 위해서 흑해입구 해협의 방어에 대하여 독일은 우호적 중립과 외교적 지원을 한다.

> **참고 독러재보장조약**
> 1. 양국 중 1국이 제3국과 전쟁시 타방은 우호적 중립을 지킨다. 단, 오스트리아에 대해 러시아가, 프랑스에 대해 독일이 각각 선제공격을 하는 경우에는 이를 적용하지 않는다.
> 2. 발칸에서의 영토적 현상유지원칙을 지원하며 그 속에서 독일은 러시아의 발칸에서의 우위를 인정한다.
> 3. 보스포러스와 다다넬스 해협폐쇄 원칙을 승인한다.
> 4. 3년 유효의 비밀조약으로 한다.
> 5. 러시아의 이익을 위해서 흑해입구의 방어에 대하여 독일은 호의적 중립과 외교적 지원을 한다.

Ⅳ 평가

우선, 독일은 러시아와 프랑스 간의 동맹을 방지하였다는 데에 그 첫 번째 의의를 찾을 수 있다. 또한 러시아는 발칸에서의 이익을 증강시키기 위해서 최소한 오스트리아 이외의 다른 이해관계국인 영국이나 터키와의 싸움에서 독일의 지지를 확보하였다. 특히 불가리아에 대한 러시아의 권익과 해협폐쇄 원칙에 대한 독일의 지지를 얻어낸 것은 큰 수확이었다.

제3장 │ 삼국동맹과 삼국협상

독일의 세계정책(Weltpolitik)

Ⅰ 세계정책의 성립

1. 세계정책의 의의

독일의 세계정책(Weltpolitik)이란 비스마르크 퇴임 이후 전개된 독일정책으로서 비스마르크 시기 독일의 대외정책 대상 지역이 유럽지역을 넘어 전 세계적으로 확대된 것을 의미한다. 이전의 비스마르크는 프랑스의 대독 복수전쟁을 막기 위한 프랑스 봉쇄를 목적으로 하는 강력한 유럽정책(Europapolitik)을 전개하였다.

2. 세계정책의 성립배경

세계정책의 성립은 독일 내외적 상황 변화와 관련이 있다. 우선, 1885년경부터 강대국들의 상대적 국력에 변화가 나타나기 시작하였고 유럽 강대국체제가 세계 강대국체제로 전환되었다. 오스트리아의 하강과 미국 및 일본의 상승이 두드러졌다. 독일 역시 강대국으로 부상하려는 위신정책의 일환으로 세계정책을 추진하였다. 둘째, 독일이 경제적으로 팽창하면서 해외시장 개척의 필요성이 점차 강화되었고, 이로써 독일의 대외정책의 범위가 전 세계로 확대되었다. 셋째, 세계정책이 명확히 추진된 계기는 1895년 청일전쟁과 삼국간섭, 1897년 독일의 중국 교주만 점령이었다. 1895년 청일전쟁 이후 독일은 러시아와 함께 삼국간섭을 실시하여 일본의 만주점령 의도를 좌절시켰고, 독일은 이를 계기로 유럽 이외 지역의 사건과 분쟁들에 적극적으로 개입하기 시작하였다.

Ⅱ 세계정책의 집행 수단

1. 함대정책(Flottenpolitik)

(1) 의의

독일은 1895년경부터 함대정책을 본격적으로 추진하기 시작하였다. 청일전쟁 당시 독일제국은 다른 유럽 열강들과 달리 동아시아에 해군기지를 보유하지 않고 있었다. 삼국간섭 과정에서 독일은 일본과 관계가 악화되었고, 이로 인해 동아시아에서 해군력 증대가 필수불가결하다고 판단하였다. 한편, 세계정책을 펴나감에 있어서 영국과의 대결이 불가피하다고 보고 있었으므로 영국에 열세인 해군력 증강이 필요하다고 보았다. 1897년 해군장관에 부임한 티르피츠는 순양함 대신 전함 위주의 건함정책을 제국의회의 원조하에 적극적으로 추진하였다. 티르피츠의 순양함에서 전함으로의 이행은 독일 산업의 성장에 기초하고 있었지만, 기본적으로 세계대국으로 나아가려는 독일제국의 야심과 결부된 것으로 파악할 수 있다.

(2) 영국의 대응

영국은 독일과 직접 군축 및 동맹협상을 전개하는 한편, 자국의 함대를 증강하고, 일본과 동맹을 체결하는 것으로 대응하였다. 영국은 러시아와의 패권경쟁으로 독일에 대항할 여력이 부족하였으므로, 독일과 대러시아 동맹체결을 제의하였으나, 독일은 '중립정책'의 기조하에서 영국의 제의를 거절하였다. 이에 따라 영국은 동아시아에서 러시아를 견제하는 한편, 독일의 건함정책에 대응하기 위해 1902년 일본과 동맹을 체결하였다. 영일동맹을 통해 영국은 동아시아에서의 러시아의 남하정책을 저지하는데 일본의 군사력을 이용할 수 있게 된 한편, 북해에서의 독일이 해군력 증가에 대비할 수 있는 예비전투력을 보유하게 되었다.

2. 중립정책(Politik der freien Hand)

(1) 의의

1895년 세계정책의 수립 이후 독일은 영국과 러불동맹의 대립을 적절히 이용하기 위해 중립정책을 구사하였다. 독일은 영국과 러시아는 패권경쟁 및 정치체제의 이질성으로, 영국과 프랑스는 아프리카를 중심으로 한 식민지획득 경쟁으로 상호 협력이 불가능할 것으로 판단하였다. 독일은 영국과 러불동맹 사이에서 세력균형을 유지하기 위해 때로는 영국과 협력을 때로는 러시아와 행동을 같이하였다.

(2) 영국의 동맹제의 거절

영국은 러시아의 위협에 독일과 공동대응하기 위해 1898년과 1901년 두 차례에 걸쳐 동맹을 제의하였다. 1898년에는 러시아가 여순을 점령하여 중국 북부에서 러시아의 영향력이 강화되자, 영국은 러시아와 전쟁을 염두에 두게 되었고, 이에 따라 독일에 동맹을 제의하였다. 그러나, 독일은 유럽대륙에서 동쪽에선 러시아와, 서쪽에선 프랑스와 양면전을 전개하는 상황을 우려하는 한편, 러시아가 동아시아에서 영국의 압력에 굴복하고 발칸으로 진출방향을 돌리는 경우 러시아가 오스트리아와 분쟁을 유발하고 이에 따라 발칸문제에 개입해야 하는 상황을 우려하였다. 따라서 영국의 동맹제의를 거절하였다. 1901년 러시아가 의화단 사건을 계기로 만주를 점령하자, 영국은 제2차 대독 동맹제의를 하였다. 독일은 러시아와 관계 악화 가능성을 우려하는 한편, 세계정책의 대상으로서 영국을 제압해야 한다고 보고 있었기 때문에 두 번째 동맹제의도 거절하였다. 이에 따라 영국은 결국 일본과 동맹을 맺게 되었고, 영독관계가 악화되었다. 영국은 독일이 자신을 제압하고 세계 패권을 쟁취하고자 한다는 사실도 인식하게 되었다.

(3) 중립정책의 폐기와 독러동맹 형성 노력

1904년 영불협상(Entente cordiale) 성립 이후 독일은 러불동맹의 결속력을 약화 내지 와해시키기 위해 러일전쟁을 겪고 있던 러시아에 동맹제의를 하였다. 독일은 독러동맹 형성시 프랑스는 결국 독러동맹에 굴복하여 대륙동맹에 참가할 것으로 기대하였으나, 러시아는 독일의 동맹제의를 거절하였다. 한편, 1905년 제2차 동맹제의에서는 러시아가 '뵈르쾨조약'에 동의하였으나, 러시아 황제가 비준을 거부하여 실패하였다.

3. 회담정책

(1) 의의

청일전쟁 이후 삼국간섭을 통해 자신의 지위를 상승시킨 독일은 세계 여러 곳에서의 분쟁을 자신이 주도하는 회담을 통해 해결함으로써 독일의 위신을 지속적으로 상승시킬 수 있을 것이라고 생각하였다. 회담정책의 이면에는 1878년 베를린회의에서의 성공이 계속될 것이라는 기대와, 세계적 패권국으로 부상함에 있어서 반드시 전쟁을 하지 않아도 가능하다는 계산이 깔려 있었다.

(2) 전개

우선, 청일전쟁 이후 독일은 일본의 요동반도 조차기도를 좌절시키기 위해 국제회의 소집을 추진하였으나, 일본이 영국의 의사를 받아들여 요동반도를 포기하기로 하자, 회담소집은 무산되었다. 둘째, 청일전쟁에 대한 제2차 배상금 문제가 중국측에서 제기되자, 영국과 러시아는 경쟁적으로 차관을 제공하고자 하였다. 그 과정에서 독일의 지원을 양국 모두 요청하여 독일의 입지가 강화되었다. 셋째, 의화단사건 이후 영국과 러시아의 대립에 있어서도 영국이 독일에 지원을 요청하였으나, 독일은 중국과 관련된 문제들은 국제협상에 의해 해결되어야 한다는 원칙을 제시하며 거절하였다.

(3) 좌절

독일의 회담정책은 제1차 모로코사태를 해결하기 위한 알헤시라스 회의를 끝으로 폐기되었다. 그 이전까지 독일은 세계 여러 지역에서 분쟁을 자신이 주도하는 강대국 간 회담을 통해 해결할 수 있다는 자신감에 차 있었으나, 알헤시라스회의에서 자국의 고립을 확인한 독일은 이후 회담정책을 포기하고 당사자 간 분쟁 해결원칙에 입각하여 강경한 외교정책을 구사하게 되었다.

Ⅲ 독일 세계정책의 전개

1. 동아시아

독일의 동아시아 개입은 1895년 청일전쟁에 개입한 이후 본격화되었다. 독일의 우선적 목표는 중국내에서 해군기지를 획득하는 문제였다. 삼국간섭에서 중국측에 우호적 결과를 가져다 준 독일은 이를 계기로 중국으로부터 교주만을 조차하기를 원했으나, 중국은 쉽게 동의해 주지 않았다. 이에 따라 뷜로는 러시아의 동의를 구한 다음, 1897년 11월 14일 교주만을 강제 점령하였다.

2. 필리핀과 태평양 지역

독일은 교주만 점령 이후 필리핀과 태평양지역에서 해군기지를 획득하고자 하였다. 당시 힘의 공백지대는 이전의 강대국인 스페인과 포르투갈의 식민지 지역이었고, 이 지역의 재분할 문제가 강대국들 사이에서 관심의 초점이 되고 있었다. 필리핀 점령에 있어서 독일은 영국의 도움을 받고자 했으나, 영국의 거절로 수포로 돌아갔고, 필리핀은 결국 미국의 영향권하에 귀속되었다. 다만, 1899년 사모아와 카롤리나 군도의 영유를 통해 체면을 유지할 수 있었다. 사모아 획득이 독일에게 경제적 측면에서는 거의 유익이 없었으나 단지 독일의 정치적 지위의 승리(prestige victory)를 가져다주었을 뿐이었다.

3. 아프리카

독일은 포르투갈의 남아프리카 식민지인 앙골라와 모잠비크를 영국과 공동으로 분할 구매하고자 하였다. 그러나, 영국은 남아프리카에서 자신의 이해관계를 위협하는 강대국은 없다고 보고, 이를 거절하였다. 영국의 거절에는 독일이 영국의 동맹제의를 거절한 것도 영향을 주었다. 이로써 남아프리카에서 현상변경을 추구하였던 독일의 정책은 영국의 반대를 극복하지 못하고 좌절되었다.

Ⅳ 세계정책의 좌절

1. 의의

독일의 세계정책은 전 세계를 대상으로 독일의 정치적 지위를 강화하고, 영국을 넘어서는 세계패권국이 되는 것을 목표로 하였다. 이를 위해 전함정책, 중립정책 및 회담정책을 구사했으며, 동아시아, 태평양 및 아프리카 지역에서 해군기지와 식민지를 획득하고자 하였다. 이러한 독일의 세계정책은 독일의 군사력의 부족, 대외전략의 실패, 동맹전략의 실패 등으로 좌절되었다.

2. 세계정책의 실패요인

(1) 군사력의 열세

1900년 의화단 사건 이후 대규모 군사력을 파견하였던 독일은 이를 계기로 동아시아에서 정치적, 군사적 영향력이 강화되었다. 영국과는 1900년 10월 양쯔강 협정을 체결하여 양쯔강 유역에 독일이 진출할 수 있는 교두보를 마련하였다. 그러나, 뷜로는 이후 유럽에서의 독일의 안전이 위태롭다고 보고 파견된 육군과 해군을 다시 본국으로 철수시켰다. 강력한 해군력 없이는 동아시아에서 독일의 지위를 보장하거나 적극적인 외교정책을 수행하기가 어려웠다.

(2) 중립정책의 한계

독일은 영국과 러불동맹 사이에서 대립을 이용하는 중립정책을 통해 자신의 주도적 위치를 강화하고자 하였다. 영국의 동맹제의를 거절한 것도 같은 맥락이었다. 그러나 러시아로부터 위협에 대응하는 것이 사활적 이익이었던 영국은 동아시아에서 일본과 동맹을 체결하고, 1904년에는 프랑스와도 협상을 체결함으로써 오히려 독일이 외교적으로 고립되었다. 이후, 독일은 러시아와의 동맹정책으로 노선을 변경하였으나, 러시아의 거절로 동맹을 얻는 데에 실패하였다.

(3) 회담정책의 좌절

독일의 회담정책 역시 1906년 알헤시라스 회담을 끝으로 좌절되었다. 영국이나 미국은 독일의 세계전략을 수용하기 보다는 이에 적극적으로 대응하려는 의사를 대독일 전략에 반영하기 시작하였다. 이로써 독일은 당시의 주요 강대국들로부터 고립되고 포위되었다.

빌헬름 2세(Wilhelm Ⅱ, 1859.1.27~1941.6.4)

독일 황제 겸 프로이센 왕(재위 1888~1918). 포츠담 출생. 보통 카이저라고 한다. 프리드리히 3세의 장남이다. 1877~1879년 본대학에서 공부하였으며, 1879년 이후 육군에 근무하였다. 1888년 황제에 즉위하고, 얼마 안 되어 총리 비스마르크를 파면하였다. 그 뒤 정치의 실권을 장악하려고 노력하였고, 전제적인 경향이 짙어졌다. 비스마르크는 유럽 대륙에서 독일의 지위를 강화시킬 보장정책에 중점을 둔 반면, 그는 해외로 적극적 진출을 도모하는 세계정책을 취하였다. 해외시장의 획득과 아프리카 진출, 그리고 해군의 건설 등에 중점을 두었으나, 이러한 정책을 수행함에 있어 그가 취한 독선적·단견적(短見的)인 행동은 독일을 국제적으로 고립시켜, 제1차 세계대전으로 이끄는 대독 포위망을 만들게 하였다. 즉, 비스마르크 은퇴 후 곧 러시아-프랑스 동맹이 성립되고, 또 1889년 틸피츠를 해군장관으로 등용하면서부터 영국과 독일은 군함건조 경쟁을 벌이기 시작하였으며, 결국 1898~1902년의 영국과 독일의 동맹교섭은 실패하였다.

한편, 터키와 모로코에 관심을 가지고 바그다드 철도의 부설권을 획득하였으며, 모로코 사건을 2회나 야기시켰다. 그리고 동아시아에서는 일본에 대한 3국간섭을 하고, 또 중국의 자오저우만(膠州灣)을 점령하기도 하였다.

제1차 세계대전 때는 독일군의 최고권력자였으나 실권은 군수뇌부에 맡겨져, 1916년 8월 P.힌덴부르크와 E.루덴도르프가 국내의 독재자가 된 뒤로는 전혀 권력을 쥐지 못하였다. 패전시에는 국내의 지배계급으로부터 퇴위 권유를 받았으나, 왕권신수설(王權神授說)의 신봉자인 그는 최후까지 자발적인 퇴위를 거부하였다. 1918년 11월 독일혁명이 일어나자 대전 말기에 국민의 원성을 샀기 때문에 더 이상 버티지 못하고, 퇴위하여 네덜란드로 망명하였다. 연합국측은 제1차 세계대전의 개전책임을 그에게 물어, 네덜란드 정부에 그의 신병인도를 요구하였으나 거절되었다. 이후 그는 네덜란드에 정착하여 저술에 종사하였다. 저서에 『사건과 인물, 1878~1918』(1922)이 있다.

참고 독일의 제국주의

1. 독일제국주의의 특징

독일의 제국주의는 유럽의 다른 열강의 제국주의와 다른 양상을 보여 주었다. 주변 인접지역으로의 팽창정책으로 대변되는 러시아의 제국주의나 원료공급지와 상품시장 개척을 목적으로 식민지 확대에 주력했던 영국이나 프랑스의 경제적 제국주의와 달리 독일 제국주의는 복합적 양상을 띠고 있었다. 독일은 1차 세계대전 이전까지 전체해외투자의 2%만을 자국 식민지에 투자하였다는 사실을 고려해 본다면 독일이 경제적인 이유에서 식민지 획득을 추진하지는 않았다고 볼 수 있다 이러한 독일의 제국주의는 다양한 차원에서 설명될 수 있는바, 관제제국주의(der gouvermmentale Imperiali smus), 간접적 경제제국주의(der indirekte ökonomische Imperialismus), 급진적 민족주의적 제국주의(der radikale nationalistische Imperialismus)로 설명할 수 있다. 각각 정부, 기업과 은행, 대중단체에 의해 주도되면서 외교정책, 해외투자와 무역, 여론 형성이라는 독자적인 영역을 형성하면서 상호 협조체제이기도 하였으나 갈등관계 속에서 제국주의 정책을 추진하였다.

2. 독일 제국주의의 세 가지 형태

(1) 관제제국주의

빌헬름시대 대표적인 관제제국주의는 '세계정책'(Weltpolitik)이라는 형태로 나타났다. 독일이 세계정책을 추진한 큰 이유는 어느 정도의 식민지를 보유하고 있는지가 강대국으로서의 지위와 체면을 대변해 주었기 때문이었다. 당시 중요한 식민지 대상지역은 힘의 공백상태에 있는 스페인과 포르투갈의 지배하에 있는 지역, 중국, 터키와 같은 반독립국가지역이었다. 독일은 유럽정책의 틀을 벗어나 세계 도처의 권력 공백지역에서 식민지를 새로이 획득하거나 자신의 세력범위를 확대하는 정책을 추진하였다. 독일은 중국의 청도를 점령하면서 독일도 적극적으로 식민지와 세력권을 획득하겠다는 의지를 밝혔다. 이후 독일은 본격적으로 세계정책을 추진하게 되었다. 세계정책은 이전까지의 유럽에서의 독일의 강대국(Groß macht)으로서의 지위를 넘어서 세계대국(Weltmacht)으로 향한 전진이었다.

(2) 간접적 경제제국주의

① 무역측면: 독일의 제국주의는 상품수출과 금융자본수출이라는 경제적 측면에서 분석할 수 있다. 1850년대부터 산업화에 착수한 독일은 영국이나 프랑스보다 빠른 속도로 산업화되었다. 19세기 후반에 독일은 산업기술과 조직력에 기초하여 크게 발전하였고, 정부의 적극적인 지원 없이도 선진 외국의 제품과 충분히 경쟁할만하였다. 독일 산업의 주요 수출시장은 영국과 프랑스가 자신의 식민지 지역과 산업화가 진행되지 못한 저개발 지역을 대상으로 삼은 것과 달리 소비재 산업제품이 아니라 생산재 산업 제품을 필요로 했던 산업국가들이었다. 독일의 제국주의가 경제적 제국주의와는 다름을 알 수 있다.

② 금융측면: 영국이나 프랑스의 은행들이 산업화 이전의 시기에 상업적인 필요, 특히 해외 중개무역의 필요와 더불어 형성되었던 것과는 달리 독일 은행들은 처음부터 산업제품의 해외 수출을 장려하는 것에 목적을 두고 있었다. 그러나, 독일 은행들은 대규모의 국제적인 투자 사업에 참여하기에는 자본이 절대적으로 부족하였다. 따라서 독일 은행들은 그때그때 마다 다른 외국의 은행들과의 협력을 통해서 해결하였다. 터키에서의 자금 투자는 프랑스 은행들과의 협력을 통해서 이루어졌고, 동아시아에서 독일 은행은 영국 은행과 협력하였다. 그러나 자본의 부족으로 영국이나 프랑스와 같은 커다란 성과를 거두지는 못하였다.

(3) 급진적 민족주의적 제국주의

유럽에서 급진적 민족주의 운동은 새로운 대중주의적 제국주의 형태로 1914년 1차 세계대전이 발생할 때 까지 급격히 발전하게 되었다. 독일에서는 전독일연맹이나 함대연맹에 의해서 수행되었다. 이들은 영국이나 프랑스처럼 강대국의 지위에 걸맞은 해외에서의 식민지 획득을 요구하였다. 다른 유럽국가들과의 관계를 무시한 채 무한대의 팽창정책을 요구하였으나 국제관계의 역학관계를 고려하지 않았으므로 실현가능성이 적었다. 따라서 자신의 이상과 현실과의 간극을 체험했을 때 정부에 대해서 뿐만 아니라 하층 노동자계층에 대해서까지 호전적이고 공격적인 성향을 지니게 되었다.

3. 독일 제국주의의 전개

(1) 함대정책

① 함대정책의 추진이유: 1897년 당시 외무장관 뷜로에 의해 공식 선언된 '세계정책'은 강력한 무력에 의한 지원, 특히 해군의 지원 없이는 수행될 수 없었다. 세계정책의 수행을 위해서는 해로에 대한 통제권을 장악할 필요가 있었다. 이로 인해 식민지획득을 목표로 하는 순양함 건조보다는 당시 해상로를 장악하고 있던 영국에 대항하기 위해 전함 건조에 주력하였다.

② 티르피츠의 함대정책: 1897년 해군상에 취임한 티르피츠는 해군성의 위상을 강화하는 한편, 이전의 방어지향적 순양함 중심의 해군정책을 전함중심의 공격적 해군정책으로 전환시켰다. 한편, 이전의 프랑스의 북해함대와 러시아 발틱함대를 가상적으로 상정하던 것에서 세계 최강인 영국 해군을 가상적으로 설정하였다. 새로운 함대정책을 실시하기 위해 티르피츠는 해군사령부를 해체하여 권력을 해군성에 집중시키는 한편, 제국의회(Reichtag)의 지지를 얻어내기 위해 전독일연맹이나 함대연맹과 같은 압력단체를 이용하였다.

(2) 바그다드 철도

독일은 1888년 터키의 소아시아 반도에서 철도 부설권을 획득하였다. 1897년 그리스와의 전쟁이후에 터키는 철도를 통한 교통, 통신체제를 완비함으로써 제국의 와해를 막으려는 시도가 본격화되었고 소아시아 반도에서의 철도를 페르시아만까지 연장시키고자 하였고 이 계획을 독일에게 맡긴 것이었다. 영국은 러시아의 지중해에서의 세력 확장을 저지하기 위해 독일의 터키 진출을 수용하였다. 한편, 독일이 바그다드 철도를 건설하려는 이유는 세계정책으로 해로의 중요성을 인식하였으나, 당시 가장 중요한 항로인 지중해 항로를 영국이 통제하고 있었으므로, 새로운 통로를 개척해야 했기 때문이었다. 독일은 베를린-비인-비잔티움-페르시아만을 연결하는 제국주의 통로를 확보하고자 하였다. 바그다드 철도 수주에는 독일기업과 은행들도 동의하였으나 과대한 자본투자를 통한 위험을 제거하려 했던 은행과 기업은 대외적으로 적대국인 프랑스 자본과 협력하였다.

4. 세 가지 제국주의의 상호관계

(1) 보완적인 측면

① 관제 제국주의의 경제적 제국주의 지원: 1890년 이후의 대외무역은 이전의 자유무역 시대와 달리 각국이 보호무역주의에 따라 관세장벽을 건설하게 되었고 대외무역에 있어서 기업의 독자적인 영역이 축소되었다. 기업은 이전보다 더 많이 정부의 지원을 필요로 하게 되었다. 해외에서의 기업활동이나 은행의 투자는 많은 경우 외국 정부와 분쟁을 야기시켰고, 이에 따라 본국정부에 직접적인 지원을 요구하기도 하였다. 경우에 따라 정부는 기업활동을 군사력, 주로 해군력을 이용해서 지원하였다. 1902년 베네수엘라 정부가 철도건설과 관련하여 채무를 불이행하자 독일은 영국과 함께 베네수엘라 항구를 포격하고 봉쇄하였다.

② 경제적 제국주의의 관제 제국주의 지원: 은행과 기업의 지원 없이 독일제국은 자신의 외교정책을 수행할 수 없었다. 19세기 말 20세기 초 독일이 '세계정책'을 추진함에 있어 중요한 수단은 함대와 외국 정부에 대한 차관이었다. 반식민지 상태에 놓인 중국이나 터키 정부에 대한 차관 제공은 열강의 세력을 확대하거나 상업거점 확보나 해군기지 조차에 커다란 영향력을 행사하였다. 독일 은행은 중국에서 독일의 영향력을 확대시키기 위해 청일전쟁 이후 중국 정부에 차관을 제공하였다.

(2) 갈등적인 측면

① 경제적 제국주의와 관제 제국주의: 1899년 중국의 북경 부근 광산 채굴권을 둘러싸고 독일과 이탈리아의 기업이 서로 권리를 주장하였다. 각 기업은 자국 정부에게 지원을 요청하였다. 그러나 당시 독일과 이탈리아는 유럽에서 삼국동맹을 체결하고 있었고 밀접한 군사적, 외교적 유대관계를 형성하고 있었다. 이러한 해외에서의 독일과 이탈리아 기업들의 과다한 경쟁은 베를린과 로마 사이의 우호관계에 악영향을 주었다.

② 급진적 민족주의적 제국주의와 관제 제국주의: 대중단체들에 의해서 주도되는 급진적 민족주의적 제국주의는 대외관계나 경제상황을 고려함이 없이 국가내지는 민족의 무제한적 팽창을 요구하였다. 이들은 정부나 국가에 의해서 조작된 것이 아니라 사회적 계층적 변동에 따라 자연발생적인 성격을 띠었다. 이들의 주장을 그대로 수용한다면 오히려 독일의 세계정책을 진행해 나가기는 불가능했을 것이다. 따라서 여론과 정부정책이 반대될 경우 정부는 다른 강대국과 비밀조약을 체결하기도 하였다.

1890.3 독-러 재보장조약 파기
1890.7.1 영-독 협정
1890.8.4 솔즈베리-크리스피 각서
1891.7.27 루디니 의회연설

1891.8.27 러-불 각서 교환
1892.8.17 러-불, 군사협정
1892.11 독, 군사력 증강법안 통과
1894.1.4 러-불 동맹 효력 발생

I 배경

1. 독일의 세계정책

독일의 빌헬름 2세는 비스마르크 퇴진 이후 독일 외교노선을 보장정책에서 세계정책으로 변화시킨다. 즉, 기존의 정책은 프랑스의 대독복수전을 방지하기 위한 보장정책으로서 독일은 제국주의세력화하지 않고 유럽열강의 제국주의를 지원함으로써 유럽내부에서는 자국중심의 동맹, 협상체제를 유지한다는 것이었다. 그러나, 세계정책은 독일의 영광을 전 세계에서 고양시킨다는 기치하에 보장정책을 폐기하고 적극적인 제국주의전략을 전개하기 시작하였다.

2. 독러재보장조약 폐기

1887년에 체결된 독러재보장조약의 종료기간이 임박했으나 독일은 아무런 조치도 취하지 않아 1890년 이 조약을 폐기시켰다. 이는 독러재보장조약이 독오동맹과 배치되므로 독오동맹관계를 손상시킬 수 있다는 점과 영국, 프랑스, 러시아는 동맹세력이 될 수 없다고 판단했기 때문이었다. 당시 영불은 식민지쟁탈전을 전개하고 있었고, 영러는 발칸에서 러시아의 남하정책을 사이에 두고 대치하고 있었다.

3. 3국동맹의 갱신

1891년 5월 6일 독일, 오형 및 이탈리아 3국 간에 체결되었던 3국동맹이 갱신되었다. 북아프리카에서 가중된 이탈리아의 요구에 대해 독일이 보장하고, 영국의 승인을 획득하기 위해 노력한다는 내용을 담고 있다. 이탈리아 외상 루디니는 의회연설에서 영국이 3국동맹과 연결되어 있으며 프랑스, 러시아 양국은 고립되어 있다고 언급함으로써 러시아와 프랑스가 가까워지도록 하였다.

Ⅱ 러시아와 프랑스의 입장

1. 러시아

기에르스 외상은 근본적으로 독일과의 재결합을 희망하고 있었다. 프랑스와의 교섭을 시작한 것은 독일에 압력을 넣기 위한 수단이었다. 알렉산더3세도 프랑스의 자유주의 정치제도를 혐오하고 있었다. 그러나 오브루체프로 대표되는 군부가 러불동맹을 강력히 주장하고, 프랑스가 무역협정체결과 국채모집승인 등 경제적 지원을 함에 따라 러불동맹이 현실화되었다. 러시아는 오형과의 전쟁에서 프랑스의 지원받는 것이 중요한 목적이었다.

2. 프랑스

독일의 보장정책하에서의 국제적 고립을 타파하는 것이 러불동맹의 첫 번째 목표였으며, 제3차 삼국동맹이 성립으로 아프리카에서의 식민지 경략의 어려움이 가중되자 러시아의 지원이 절실하게 요청되었다.

Ⅲ 러불협상의 성립

1. 정치협정(1891년 8월 27일)

군사협정 체결의 기초가 된 정치협정의 내용은 첫째, 유럽의 평화는 3국동맹에 의해 위협받고 있다는 데에 합의하고 이에 필요한 조치를 강구한다. 둘째, 양국 중 일국이 공격을 받을 때 즉각적이고 동시에 대처할 수 있는 방법을 강구하기 위해 협의한다.

2. 군사협정(1892년 8월 17일)

첫째, 프랑스가 독일의, 또는 독일의 지원을 받는 이탈리아의 공격을 받는 경우 러시아는 가능한 모든 병력을 사용하여 독일을 공격한다. 만일 러시아가 독일의 또는 독일의 지원을 받는 오형의 공격을 받는 경우 프랑스는 가능한 모든 병력을 사용하여 독일을 공격한다. 둘째, 3국동맹의 군대나 또는 그 중 어떤 국가의 군대가 동원되는 경우 프랑스와 러시아는 사전의 협의를 거치지 않고 즉각적으로, 그리고 동시에 모든 군대를 동원하여 국경지대에 집결시킨다. 셋째, 단독강화하지 않으며 유효기간은 3국동맹의 기간과 같이 하며 내용은 비밀로 한다.

📖 참고 러불동맹조약

1. 프랑스가 독일 또는 이탈리아로부터, 러시아가 독일 또는 오스트리아로부터 공격을 받았을 때 양국은 전 병력을 사용하여 상호지원한다.
2. 3국동맹조약국가 또는 그 중 일국이 병력을 동원하여 공격시 양국은 예비적 협의 없이 즉시 그리고 동시에 동원 가능한 전 병력을 국경근방에 파견하여 지원한다.
3. 독일에 대항하기 위하여 프랑스는 130만명, 러시아는 70-80만 명의 병력을 동원한다.
4. 단독강화를 금지한다.
5. 본 조약은 3국동맹조약과 동일기간 유효하며 비밀로 한다.

Ⅳ 의의

1. 유럽의 세력균형 부활

러불동맹의 체결로 독일은 국경에서 200만 명의 병력과 대치하게 되었다. 이로써 유럽은 삼국동맹, 러불동맹, 영국의 3대 세력권으로 분할되었다.

2. 프랑스의 고립 탈피

프랑스는 비스마르크에 의해 조작된 국제적 고립으로부터 벗어나게 되었고, 이는 유럽의 세력균형질서가 회복된 것을 의미한다.

3. 러시아의 이익

러시아는 프랑스의 대독복수전쟁에 대한 지원의사가 없음을 분명히 한 상태에서 그의 독일, 오스트리아 그리고 영국에 대한 안전보장을 확보하게 되었다. 특히 오스트리아와의 전쟁 시 독일이 오스트리아를 지원하는 것을 억제할 수 있게 됨으로써 큰 수확을 거두게 되었다.

4. 독일의 군비증강

독일은 다시 비스마르크 전략에 복귀하지 않으면 안될 처지가 되었다. 독일은 처음에는 러불협정의 의미를 과소평가하였으나 차츰 동, 서 양전선에서 싸워야만 하는 데 대한 대비를 필요로 하게 되었다. 카프리비는 프랑스의 위협과 더불어 러시아의 무력위협에 대처해야 할 수 밖에 없었고 1892년 11월 군사법을 제정하여 군비증가에 박차를 가하게 된다.

제3절 영불협상

1898.8.30 영–독 동맹 체결 실패
1899. 보어전쟁 시작
1899.12 독, 제2차 해군법안
1901.1 영, 에드워드 7세 등극

1902.1.30 영일동맹
1902.8 델카세, 대영접촉 시작
1904.4.8 영–불 협상 체결

Ⅰ 배경

1. 보어전쟁(1899년 10월~1902년 5월)

이 전쟁은 영국이 트란스발[67] 지방과 오렌지 자유국가[68]를 케이프콜로니[69]에 병합시키려고 한데서 발발하였다. 3년간의 전쟁 끝에 영국은 결국 트란스발과 오렌지 자유국을 식민지로 만들었으나 영국군의 비능률성과 국제적 고립을 통감하는 계기가 되었다. 영국은 군사제도를 전반적으로 재편하는 한편, 고립정책에서 동맹정책으로 선회하게 된다.

2. 영독해군교섭결렬

비스마르크 퇴임 이후 독일은 세계정책(Weltpolitik)를 대외전략노선으로 설정하고 해군상 티르피츠[70]를 중심으로 해군력확장에 주력하게 된다. 그러나 이는 영국의 '2개국 기준'(Two-Power Standard)정책에 정면으로 반하는 것이었다. 2개국 기준정책이란 가상적국 2개국의 해군력을 합친 정도의 해군력을 보유해야 한다는 정책이다. 영국의 제의로 영독해군교섭이 진행되었으나 독일의 지연전술과 소극적 태도로 결렬되었다.

---

67) 남아프리카 공화국 북동부에 있는 주. 1836년 케이프주(州)로부터 이동해 온 보어인이 정착하고, 1838년 포체프스트룸시(市)를 중심으로 몇 개의 백인사회가 성립되었다. 1848년 프레토리우스를 정치적·군사적 지도자로 삼아 통일을 이루어 이듬해 헌법을 제정하고, 1852년 샌드리버조약에서 영국으로 하여금 남아프리카 공화국의 독립을 승인하게 하였다. 1855년 수도 프리토리아가 건설되고, 1858년 남아프리카 헌법이 실시되었다. 1877년 영국에 합병되었으며, 발강(江) 내륙에 있기 때문에 트란스발이라 하였다. 1881년 영국보호하의 자치국이 되었다. 금광이 발견됨으로써 1886년 요하네스버그시(市)가 건설되고, 1895년 이후 영국의 합병 시도와 이에 대항하는 대통령 크뤼거의 저항이 계속되어 1899~1902년 보어 전쟁(남아프리카 전쟁) 끝에 영국의 식민지가 되었다. 1907년 자치정부가 인정되어 1910년 남아프리카 연방 성립과 함께 그 주가 되었으며, 1961년 이래 남아프리카 공화국의 주가 되었다.

68) 남아프리카공화국의 중앙에 위치함. 1830년대에 영국의 자유주의적 식민정책을 기피하여 내륙으로 집단 이주한 보어 계통의 백인들이 1854년 독립을 선언한 '오라녜 자유국(Oranje Vrystaat)'(당시 백인 약 1만 5천)을 모체로 하여 성립하였는데 보어전쟁에서 영국에 패하여 '오렌지강 식민지'라는 영국령이 되었고 그 후 1910년 남아연방의 1개주로서 '오렌지 자유주'란 명칭을 되찾았다.

69) 남아프리카공화국 남부에 있는 주(州). 케이프주는 아프리카에서 가장 일찍 백인이 이주한 곳이다. 1652년 네덜란드 동인도회사가 아시아 무역의 보급기지로서 최초로 본격적인 이주를 시작하였다. 네덜란드계(系) 이민은 스스로를 보어(Boer:네덜란드어로 농민의 뜻)라고 하였다. 이들과 원주민 호텐토트와 부시먼 사이에 토지와 가축의 쟁탈을 둘러싸고 충돌이 계속되었다. 18세기에 보어인(人)은 내륙 침략을 시작하여 반투족(族)과 싸우면서 북쪽과 동쪽의 내륙에 영토를 넓혔다. 아시아 항로의 보급 기지로서 케이프 식민지 탈취를 계획한 영국은 1795~1803년과 1806~1814년에 이곳을 점령하여 1814년에 정식으로 영국 식민지로 삼았다. 케이프 식민지는 오렌지강(江) 남안까지 확장하여 아프리카인에게 토지소유권을 인정하고 언론·출판의 자유를 인정하였으며, 1834년에는 약 3만 5000명의 노예를 해방하였다. 이러한 영국의 정책에 반대한 보어인들은 오렌지강 북쪽에 트란스발·오렌지 자유국의 두 공화국을 건설하여 저항하였다. 1842년 지금의 나탈주(州)도 영국이 점령하여 케이프 식민지에 병합되었다(1856년 나탈 식민지로서 분리). 1871년 다이아몬드를 산출하는 오렌지 자유국의 킴벌리 지구가 영국의 압력으로 케이프 식민지에 편입되었다. 1872년 케이프 식민지 정부가 성립되고 그 뒤 북방의 인접지를 병합하였다. 1890년 케이프 식민지의 총리가 된 C.J.로즈는 금광이 발견된 트란스발을 병합할 목적으로 보어(남아프리카) 전쟁(1899~1902)을 일으켰다. 1910년 영연방 구성국으로서의 남아프리카 공화국 연방이 성립하자 케이프 식민지는 그 주가 되었다

70) 티르피츠(Tirpitz, Alfred von. 1849.3.19~1930.3.6) 독일의 군인·정치가. 프로이센 문관의 아들로 태어나 1865년 해군에 입대하여 어뢰정(魚雷艇)의 발전에 노력하였다. 1892년 해군 작전부장, 1897년 해군장관이 되면서 영국 해군에 대항하기 위하여 함대협회의 운동을 이용. 대함대의 계획적 건조를 추진하여 독일을 세계 제2위의 해군국으로 만들었다. 1914년 제1차 세계대전이 발발하자 처음부터 전 함대의 출격과 무제한잠수함작전을 주장하다가 온건파인 재상 B.홀베크와의 의견충돌로 해군장관을 사임하였다. 1917년 W.카프와 함께 독일조국당을 창립하였고, 1924~1928년 독일국가국민당의 국회의원으로 있으면서 1925년 P.힌덴부르크가 대통령에 취임하는 데 큰 역할을 하였다.

3. 델카세의 외교노선

1898년 6월에 프랑스 외상에 취임한 델카세는 대독포위노선을 적극적으로 전개하였다. 이탈리아를 3국동맹에서 떼어내려고 하였고, 영국과의 우호증진에 노력하는 한편, 러시아와의 관계를 더욱 강화하는데 주력하였다.

4. 모로코 문제

영국과 프랑스 간에는 이집트와 모로코 문제가 현안으로 대두되어 있었다. 프랑스의 모로코 경영은 당연한 것으로 여겨지고 있었으나 열강의 승인을 받은 것은 아니었다. 프랑스는 이탈리아, 영국, 스페인으로부터 승인을 원했으나 이탈리아 이외에는 승인을 받지 못하고 있었다.

5. 러일 간 긴장고조

양국을 결속시킨 결정적인 계기는 극동에서 러시아와 일본의 대립이었다. 의화단사건 이후 만주에 주둔하고 있었던 러시아군대의 철병을 놓고 양국 간 교섭이 진행되었으나 교착되고 전쟁위기가 고조되고 있었다. 러일전쟁이 발발하는 경우 프랑스와 영국은 각각 동맹국으로서 전쟁에 개입될 우려가 있었다.

Ⅱ 영국과 프랑스의 입장

1. 영국

독일과의 해군교섭의 실패로 독일과의 동맹체결노선을 포기하고, 프랑스와의 동맹을 통해 유럽에서 고립을 탈피하고자 하였다. 이는 독일의 위협에 대한 적극적인 포위정책을 구사하겠다는 것을 의미한다. 한편, 극동에서 불필요한 러일전쟁에 연루되지 않으려고 하였다.

2. 프랑스

모로코 문제에 대해 아프리카에서 식민지경합을 하고 있던 영국의 승인을 통해 스페인 등 핵심 이해당사국들의 승인을 이끌어 내고자 하였다. 또한 러불동맹에 영국을 끌어들여 대독포위노선을 강화하고자 하였다.

Ⅲ 영불협상의 내용

1. 영불 간 세력권 합의

프랑스는 영국의 이집트에 대한 정책에 간섭하지 않기로 하였으며, 영국은 모로코에서 프랑스의 권익을 승인하기로 하였다. 양국은 이집트 및 모로코에서 30년간 상업상의 자유를 인정하며 프랑스는 모로코문제에 있어서 스페인과 성립시킨 양해를 승인한다.

2. 외교적 지원 약속

프랑스가 독일로부터 공격을 받을 때 영국이 지원하기로 한 것은 일반적 양해사항이었으나, 영국의 지원은 외교적 지원에 국한하기로 하였다.

Ⅳ 평가

첫째, 영불협상으로 양국 간 관계가 개선되었다. 영불협상은 근본적으로 식민지 문제에 있어서 양국 간의 이해를 조정한 것이지만, 제3국의 간섭에 대해 상호 외교적 지원을 공여할 것을 약속한 점에서 의미가 깊다. 둘째, 영불협상은 프랑스와 동맹관계에 있는 러시아의 이해관계를 침해하지 않는 유연한 협상체제였다. 이로 이해 영, 불, 러 삼국 간 협상체제가 성립할 수 있었다. 영불협상의 성립은 이미 존재하고 있는 러불동맹과 간접적인 연계성을 갖게 되었다. 셋째, 영불협상의 성립으로 독일이 계속 추구하여 온 러불동맹과 영국 사이에서 중재역할을 추구하는 정책의 적실성이 사라지게 되었다. 넷째, 국제사회가 유럽에서 삼국동맹과 러불동맹의 대치, 극동에서 러불동맹과 영일동맹으로 대립하는 가운데 영불협상은 부분적으로 이들 세력들의 대치상태를 중화시키는 위치에 서게 되었다.

제4절 영러협상

1904. 영, 북해함대 재배치
1906. 독, 해군증강법안 통과
1906.4 러, 이즈볼스키 외상 등장
1907.1.1 크로우 보고서

1907.6.15 제2차 헤이그회의
1907.7.30 러-일 협정
1907.8.31 영-러 협정 체결

Ⅰ 배경

1. 영국과 독일의 대립

러불동맹과 영불협상으로 고립되고 있던 독일은 세계정책을 추진한다는 명분하에 해군력 증강에 박차를 가하고 있었고 영국의 해군군축제의도 거절하였다. 한편, 뒤늦게 식민지 경쟁에 참가한 독일은 1905년 제1차 모로코 사건을 통해 영국과 일촉즉발의 위기까지 조성하게 되었다. 즉, 영국의 3C정책(Cape-Cairo-Calcutta)과 독일의 3B정책(Berlin-Byzantine-Bagdad)은 심각한 갈등을 빚고 있었다. 영국은 독일의 위협에 대응한 대독 포위망을 구축하기 위해 러시아와 협상체제를 형성하고자 하였다.

2. 영국과 러시아의 식민지 경쟁 조정

1905년 러일전쟁에서 패배한 러시아는 극동에서 후퇴하고 다시 발칸반도에 진출을 적극적으로 모색하기 시작하였다. 그러나, 이를 위해서는 당시 패권국으로서 러시아의 남하정책에 반대하고 있던 영국의 양해가 있어야 한다고 판단하였다. 또한 영국과 갈등을 빚고 있던 아프가니스탄이나 티벳에서 이해관계를 조정하고자 하였다.

Ⅱ 영국과 러시아의 입장

1. 영국

그레이 외상은 아시아 문제에 관해서는 러시아와 타협노선을 견지하고 있었는데, 이는 무엇보다 인도방어의 부담이 급증하고 있었기 때문이다. 또한 러시아가 일본에 패한 후 약화됨에 따라 일본이 급격히 팽창정책을 추진하려는 것을 저지할 필요가 있다고 보았으며 이를 위해서도 러시아와 연결은 중요한 문제라 보았다.

2. 러시아

영국과 마찬가지로 러시아도 영국과의 교섭에 적극적이었다. 영국동맹론자였던 이즈볼스키는 독일의 바그다드 철도부설 계획과 페르시아 진출에 큰 불안을 느끼고 있었다. 또한 러일전쟁에서 패한 이후 러시아 외교의 기본노선을 발칸과 해협에 두었고 이를 위해서는 아시아문제를 해결하는 것이 선결과제라 보고 있었다.

Ⅲ 영러협상의 주요 내용

1. 페르시아 문제

상호간의 가장 중요한 문제는 페르시아에 대한 것이었다. 영국과 러시아는 1860년부터 일기 시작한 페르시아에서의 국내혁명을 기화로 무력으로 간섭하여 러시아는 페르시아 북부를 점령하고, 영국은 남부를 점령하고 있었는데, 이를 기정사실화시킨 것이다. 페르시아 북부에서는 러시아, 남부에서는 영국의 권익을 인정하고 중부지방은 중립으로 남겨두기로 하였다.

2. 아프가니스탄 문제

러시아는 영국의 우월권을 인정하고 앞으로 모든 문제는 영국을 통해 해결할 것을 약속하였다. 러시아는 영국이 이 지역을 병합하지 않을 것을 조건으로 이 지역에서 러시아 군사력을 철수시키는 것에 동의하였다.

3. 티벳 문제

영국과 러시아가 모두 이곳에 대한 청의 종주권을 인정하고 내정간섭이나 이권획득을 하지 않을 것을 약속하였다. 다만 티벳의 대외관계에 있어서는 영국이 지니고 있는 현상을 유지하도록 양해함으로써 영국의 이익을 승인하였다.

Ⅳ 평가

첫째, 러시아는 지속적으로 추구해 왔던 보스포러스와 다다넬스 해협문제를 놓고 영국과 이해를 조정할 수 있는 수단을 갖게 되었다. 러시아는 극동 및 중동에서의 식민 제국주의를 추구할 수 있는 기초를 형성하였다. 둘째, 영국은 독일의 계속적인 해군확장에 대해 협상체제를 구축함으로써 독일의 위협에 대응하는 수단을 마련하였다. 이로써 극동과 유럽에서 안정을 유지하고 식민지 경략에 집중할 수 있었다. 셋째, 영러협상으로 삼국협상체제가 완성되었으며 이는 세계적인 규모의 대독포위망을 구성하는 것으로 이후 유럽국제정치에 중요한 영향을 주었다.

제5절　모로코 사태

1880. 마드리드협정	1906.1.4 알헤시라스 회의 개최
1905.3 빌헬름2세 모로코 방문	1906.4.7 알헤시라스 최종 의정서 채택
1905.6.6 델카세 사임	1911.5 모로코 반란
1905.7.24 독—러, 비욜케 회담	1911.7.1 독군함 판터호, 아가딜 출현
1905.9.28 루비에, 독에 굴복	1911.12.4 독—불 협정 체결

Ⅰ 의의

모로코 문제란 모로코에서 영국, 독일, 프랑스의 대립으로 발생한 유럽국 간 위기를 의미한다. 중세 이후 독립을 유지해 온 모슬렘 국가 모로코는 1880년 7월 마드리드 협정에 의해 열강에 개방되었다. 유럽열강 및 미국이 참여한 동 협정에서 모로코의 독립과 영토보전이 확인되었으나 외국인의 특권이 규정되어 있어서 형식상의 주권만이 인정되고 있었다. 모로코 문제에서 나타난 독일의 팽창주의적 성격으로 삼국협상의 결속력이 강화되고 대독일 포위망으로 작동하게 되고 이는 또 다시 독일의 군비증강을 가속화 시켜 제1차 세계대전으로 나아가게 되었다.

Ⅱ 제1차 모로코 위기

1. 배경

독일은 비스마르크 시대부터 모로코 자체에 대한 관심이나 이해보다는 다른 지역에서 이익을 얻을 수 있는 보상의 지역으로 간주해 왔다. 즉, 모로코를 특정국가의 세력범위로 인정해 주고 그 대가로 자신의 요구를 관철할 수 있을 것이라고 생각하였다. 한편, 1904년 영불협상이 체결되자 독일은 대독포위망이 형성되는 것에 위협을 느끼고 모로코문제를 통해 영불관계를 이간하고자 하는 의도도 있었다.

2. 열강의 입장

카이저가 모로코의 항구 탄지에르를 방문하여 독일의 이익을 주장하면서 마드리드조약 당사국회의 개최를 요구하였다. 프랑스는 자신이 고립되고 독일의 지위가 강화될 것이라 예견하면서 국제회의 소집에 반대하였다. 영국은 모로코 연안에 독일이 진출하는 것을 반대하는 입장이었다. 모로코가 전략적으로 중요한 수로에 위치하고 있었기 때문이다. 미국 루스벨트의 중재로 알헤시라스[71]회의가 개최되었다.

3. 알헤시라스협정(1906년 4월 7일)

첫째, 모로코의 주권, 독립, 영토보전 및 무역자유와 평등을 확인한다. 둘째, 경찰조직은 프랑스와 스페인이 담당한다. 알제리아 국경지역의 경찰조직은 프랑스가 독자적으로 담당한다. 셋째, 국립은행을 설립하고 프랑스가 이 은행을 통제한다.

4. 의의

알헤시라스협정에서 모로코의 국제적인 성격과 문호개방이 규정되어 있어서 독일의 입장이 반영된 것 같으나 프랑스의 특수이익이 국제적으로 승인을 받은 것이었다. 독일은 영불협상을 붕괴시키기 위하여 모로코 사태를 야기하였으나 결과는 독일의 의도와는 정반대로 영불협상을 강화시켰고 독일의 고립을 자초하게 되었다.

Ⅲ 제2차 모로코 위기

1. 배경(아가디르사건, 1911년 7월 1일)

제2차 모로코 위기는 모로코 내란 와중에 독일이 군함을 아가디르에 파견하여 프랑스에 대해 모로코 점령에 대한 구체적인 보상을 요구함으로써 촉발되었다. 내란이 일어나자 프랑스는 '모험주의 노선'으로 정책을 변경하고 모로코 영토를 군사점령하고 이에 대해 독일도 강경책으로 대응하게 된 것이었다.

2. 열강의 입장

독일은 프랑스가 모로코를 점령하는 댓가로 프랑스령 콩고 전지역을 넘겨줄 것을 요청하였다. 프랑스는 반대하였고, 영불협정에 기초하여 영국도 프랑스령 콩고를 독일에 인도하는 것에 반대하였다. 이에 독일은 후퇴하였다.

---

71) 에스파냐 남서부 안달루시아 자치지방(autonomous community) 카디스주(州)에 있는 도시. 이베리아 반도의 남쪽 끝에 위치하며, 알헤시라스만(灣)을 사이에 두고 지브롤터 해협에 면한다. 1905년 일어난 제1차 모로코 사건을 수습하기 위한 '알헤시라스 회의'가 1906년 이곳에서 개최되었다. 북아프리카와의 무역항이며, 뉴욕~나폴리 간 항로의 기항지이다.

3. 모로코협정(1911년 11월 4일)

독일과 프랑스 간에 모로코협정이 체결되어 프랑스는 자국령 콩고의 일부를 독일에게 양도하고 독일은 프랑스의 모로코에 대한 보호권을 공식인정하였다. 프랑스는 1912년 3월 보호통치를 선언하였다.

4. 의의

모로코 사건을 계기로 영불관계는 강화된 반면 독불 간의 감정의 대립은 격화되었다. 한편, 독일의 빌헬름 2세의 식민정책이 더욱 적극화되었고 영국과 대결하기 위해 해군력을 확장하는 데 주력하게 되었다. 이에 대응하여 프랑스-러시아, 영국-프랑스 간에 해군협력이 강화되었다. 이탈리아는 모로코 사건 와중에 터키와 트리폴리전쟁(1911년 11월 5일)을 유발하고 트리폴리병합에 성공하였다.

Ⅳ 국제정치사적 의의

제1, 2차 모로코 사건은 독일에 대한 포위망을 약화시키려는 의도에서 독일에 의해 유발된 사건이었다. 그러나, 결과적으로 영국, 프랑스, 러시아에게 독일의 호전성을 각인시켜 독일에 대한 포위와 고립을 강화시키게 되었다. 고립을 확인한 독일은 당시 패권국인 영국에 대항하기 위해 해군력 강화에 박차를 가하게 되고 이로써 독일과 삼국협상국들 간의 안보딜레마(security dilemma)가 악화되기 시작하였다.

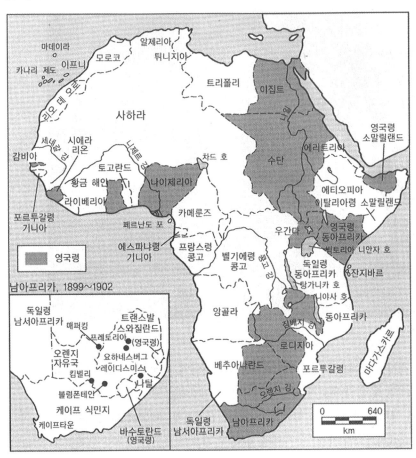

● 1914년의 아프리카

1906 오스트리아에 아렌탈 등장	1908.10.5 오, 보스니아-헤르체고비나 합병 선언
1908.7 터키 헌법 공포	1909.3.30 세르비아 정부 성명
1908.9.15 아렌탈-이즈볼스키, 부클라우회담	1909.10 라꼬니기 협정

Ⅰ 의의

보스니아-헤르체고비나는 1878년 베를린회의에서 오헝에게는 시정권만 부여하였고 두 지역에 대한 명분상의 주권은 술탄에게 있었다. 그럼에도 오헝은 이 지역을 병합함으로써 베를린회의의 합의사항을 어기고 발칸의 현상을 변경시킨 것이다. 이는 세르비아를 비롯해 터키 전역에서 일고 있는 범슬라브주의의 영향을 차단하여 오헝의 존립을 튼실하게 하고자 한 것이었다. 그러나, 발칸의 중대한 현상변경으로 삼국동맹과 삼국협상 간 대립과 긴장이 고조되어 제1차 세계대전에 한층 더 가깝게 다가가는 계기가 되고 말았다.

Ⅱ 배경

1. 러시아의 발칸진출

1905년 러일전쟁에서 패한 러시아는 다시 발칸에서 남하정책을 시도하고자 하였다. 이를 위해 당시 발칸반도에서 강하게 일어나고 있었던 범슬라브민족주의운동을 지렛대로 이용하고자 하였다.

2. 세르비아의 반오헝정책

기존에 친오헝정책을 추진해왔던 밀란이 사망하고 피터1세가 국왕으로 선출된 이후 세르비아는 반오헝정책으로 급선회하게 되었다. 이에 대해 오헝은 세르비아 수출품에 대해 관세인상조치를 단행하는 한편, 세르비아의 주요 수출품인 가축의 수입을 금지하였다. 이로 이해 오스트리아와 세르비아 관계가 악화되었다.

3. 오스트리아 강경파의 등장

오헝에서는 아렌탈이 외상으로, 콘라드가 참모총장으로 임명되었다. 아렌탈은 야망과 교활성을 겸비한 외교관으로서 오헝제국의 명예를 다시 회복하려고 노력한 최후 사람 중의 하나였다. 한편, 콘라드도 아렌탈과 마찬가지로 제국의 명예를 되찾으려고 노력한 인물이며 예방전쟁의 신봉자였다. 강경파가 외교의 주도권을 잡게 되어 현상타파정책을 전개하였다.

Ⅲ 열강들의 입장 및 보스니아 – 헤르체고비나 병합

1. 오스트리아의 입장

오스트리아는 강력한 범슬라브민족주의가 일고 있던 이 시기를 선택하여 오랜 숙원이었던 보스니아와 헤르체고비나를 병합하기로 하였다. 이는 첫째, 러일전에서 패배한 러시아가 발칸문제에 간섭하기가 어려울 것이라는 점과 둘째, 영불은 아프리카와 중동 경략에 집중하고 있어 간섭하지 않을 것이라 생각했기 때문이다.

2. 타 열강들의 입장

러시아는 1908년 9월 부흘라우회견에서 러시아 군함이 특정조건하에서 해협을 통과하는 것을 반대하지 않는다면 보스니아와 헤르체고비나의 병합에 반대하지 않는다는 입장을 밝혔다. 영국은 해협의 지위변경에 찬성하지는 않았으나 발칸에서 전쟁이 발발하는 것을 우려하여 세르비아를 설득하여 전쟁을 만류하고 오스트리아의 병합은 추인해 주었다. 독일은 오헝의 입장을 적극적으로 지지해 주었다.

3. 병합

오스트리아는 러시아가 해협지위변경에 대해 강대국들의 승인을 구하는 순회외교를 전개하는 와중에 1908년 10월 5일 전격적으로 보스니아와 헤르체고비나의 병합을 단행하였고, 독일은 이를 지원하였다. 병합은 형식적으로 오헝과 터키 간의 합의로 타결되었고 오헝은 터키에 240만 파운드의 보상금을 지급하였다.

Ⅳ 국제정치사적 의의

1. 독일과 오헝의 단결 강화

보스니아와 헤르체고비나 합병과정에서 독일과 오헝의 동맹관계가 더욱 견고해졌고 공격적인 성향을 띠게 되었다. 독일은 오헝이 발칸에서 모험주의노선을 자제하도록 권고해 왔으나 이때부터는 독일이 오헝의 노선에 끌려다니게 되었다. 독일은 오헝이 세르비아를 공격하고 러시아가 세르비아를 원조하는 경우 원조의무가 발동한다는 입장을 천명하고 있었다.

2. 독일과 러시아의 관계 악화

독일은 오헝의 보스니아, 헤르체고비나 합병을 러시아가 승인하도록 압력을 가하였고 이로 인해 독러관계가 적대적 관계로 악화되었다.

3. 3국동맹체제의 약화

3국동맹에 대하여 이미 회의적인 태도를 보여온 이탈리아는 합병사건을 계기로 3국동맹과 더욱 거리를 두게 되었다. 이탈리아는 러시아와 1909년 10월 24일 라코니지 비밀조약을 체결하여 트리폴리에서 이탈리아지위를 러시아로부터 승인받는 대신 발칸의 현상유지에 동의해 주었다.

4. 범슬라브민족주의운동 고조

오스트리아의 보스니아, 헤르체고비나 병합으로 세르비아의 극심한 원한을 샀고 이로 인해 반오헝적 성격의 범슬라브민족주의가 더욱 고조되었다. 그러나 오스트리아는 발칸에서의 주도권을 유지하기 위하여 범슬라브 민족주의를 계속 억압해야 하였고, 특히 세르비아에 대한 탄압은 보다 가혹하게 되었다.

> **📑 참고 범슬라브민족주의**
>
> 슬라브민족의 유대와 통일을 목표로 한 정치·사회사상운동. 기원은 18세기 말부터 성행된 슬라브민속학의 부흥에서 찾을 수 있으며, 본래는 슬라브문화의 우수성을 주장한 낭만주의운동이었다. 그러나 19세기 중엽부터 러시아가 자본주의 발흥기에 접어들면서부터 내셔널리즘운동으로 발전하였고, 침략적이고 반동적인 제국주의 이데올로기화하여, 제1차 세계대전의 한 원인(세르비아 문제)을 만들었다. 그러나 이 사조(思潮)에는 2가지 조류(潮流)가 있었다. 하나는 오스트리아·터키의 지배로부터 슬라브민족을 해방하여, 그것을 연방제로 통합하려는 민주적인 방향인 유럽의 범슬라브주의이고, 또 하나는 러시아제국(帝國)을 중심으로 슬라브민족들을 통합시키려는, 반동적인 방향으로 움직인 러시아의 범슬라브주의이다. 전자는 우크라이나의 '통일슬라브결사(結社)', '키리르 메소디우스운동'에서도 볼 수 있는 것으로, 1848년 독일의 3월혁명 뒤에 프라하에서 열린 최초의 슬라브회의가 획기적인 것이었다. 이는 탄압을 당한 뒤에도 슬라브 제민족에게 영향을 남겼다. 그 중에서도 가톨릭 교도인 폴란드의 범슬라브주의는 약간 이색적이어서 러시아에 반항하는 색채가 강하였으며, 연방제의 민주적 원칙을 특히 강조하였다. 후자는 러시아의 슬라브주의 주장자에게서 볼 수 있는 것으로, 그들은 크림전쟁 이후의 러시아 동방정책을 변호하는 이데올로기로 이용되었다. 1908년 프라하회의에서 '문화통일'을 내세운 '네오슬라브주의'가 제창되었다. 그러나 제1차 세계대전 뒤에 슬라브 제민족이 거의 독립하였기 때문에, 그 운동도 소멸되었다.

제7절 발칸전쟁

1912.3.13 세르비아-불가리아 동맹
1912.5 그리스-불가리아 협정
1912.10.8 몬테네그로, 터키에 선전포고
1912.12.23 제1차 발칸전쟁 휴전
1912.12.16 런던 강화회의
1913.5.30 런던평화조약 체결

1913.6.29 불가리아, 세르비아와 그리스에 선전 포고
1913.7 휴전 및 불가리아 패배
1913.8.13 부카레스트조약
1913.9 세르비아, 알바니아 침공
1913.10.18 오, 세르비아에 최후 통첩, 세르비아 철수

I 의의

발칸전쟁은 터키가 이탈리아와 트리폴리 전쟁을 하고 있는 동안 쇠락해 가는 오스만 터키의 영토를 차지하기 위해 발칸의 독립국가들이 터키 및 상호간에 벌인 전쟁을 의미한다. 발칸전쟁은 러시아의 지원하에 세르비아, 불가리아, 몬테네그로, 그리스과 동맹을 체결하여 터키에 대항한 제1차 발칸전쟁과 4국동맹국들 상호간의 제2차 발칸전쟁으로 구분된다. 발칸전쟁은 오스트리아와 세르비아간 적대감이 최고조에 달하게 함으로써 제1차 세계대전의 도화선이 되었다.

Ⅱ 제1차 발칸전쟁

1. 4국동맹

러시아의 후원하에 1912년 3월 13일에 세르비아와 불가리아가 동맹을, 동년 5월 29일에는 그리스와 불가리아의 동맹이 체결되었다. 몬테네그로는 그리스와 불가리아의 동맹을 지지한다는 선언을 하였다. 이로써 4국동맹이 체결되었다. 세르비아와 불가리아 동맹조약에서 세르비아는 북부마케도니아를, 불가리아는 마케도니아동남지역을 각각 분할하기로 하였다. 세르비아는 노비바쟈르 지방을 병합하기로 하였다.

2. 제1차 발칸전쟁

불가리아가 터키에게 마케도니아 자치를 요구하는 각서를 전달하였고, 몬테네그로는 10월 8일 터키에 전쟁을 선포하였다. 4국동맹국이 승리하였으며 1913년 5월 13일 런던회의로 제1차 발칸전쟁이 종식되었다. 터키는 에노스-미디아 선 서쪽의 모든 유럽지역과 크리트를 포기하였다. 알바니아 및 에게해 도서문제는 열강의 결정에 맡기기로 하였다.

3. 알바니아 문제

제1차 발칸전쟁 도중 알바니아문제가 대두되었다. 4국동맹국이 알바니아를 점령하려하자 오형은 세르비아가 아드리아해에 진출하는 것을 묵과할 수 없었으므로 알바니아의 독립을 지지한다고 천명하였고 독일과 이탈리아도 오형의 입장을 지지하였다. 이에 따라 러시아와 러시아의 지원을 받는 세르비아가 물러서게 되었다.

Ⅲ 제2차 발칸전쟁

1. 원인

런던회의 결정에 대해 4국동맹국 간 이해관계가 상충하여 제2차 발칸전쟁이 발발하였다. 세르비아, 그리스, 루마니아, 터키가 동맹을 체결하고 불가리아에 대항하였다. 세르비아는 아드리아해 진출이 좌절되고 불가리아와 약속한 마케도니아 지역조차 얻지 못하자 동맹결성과 불가리아에 대한 전쟁을 주도하였다.

2. 부카레스트조약(1913년 8월 12일)

제2차 발칸전쟁은 부카레스트조약으로 종료되었다. 이 조약으로 터키는 아드리아노플을 다시 얻게 되었고 루마니아는 남부 도브르쟈를 획득하였다. 마케도니아는 세르비아와 그리스 양국간에 분할하게 되어 불가리아는 마케도니아로부터 축출되었다. 에게해에 이르는 카발라는 그리스에 양여되었다.

Ⅳ 발칸전쟁의 국제정치사적 의의

발칸전쟁은 외형상 발칸국가들의 영토획득전쟁으로 보이나, 실상은 터키의 현상유지를 원하는 오스트리아와 범슬라브주의를 이용하여 발칸에 영향력을 확장하기 위해 4국동맹의 결성을 지원한 러시아와의 대립이었다. 또한 알바니아문제를 놓고 오스트리아와 러시아의 지원을 받는 세르비아 간의 갈등이 최고조에 달하여 범슬라브민족주의운동을 더욱 고조시켰으며 이로 인해 사라예보 사건도 발생하게 된 것이었다. 한편, 발칸전쟁과정에서 독일은 오형의 지지를, 프랑스는 러시아의 지지를 공개적으로 명확하게 밝힘으로써 3국동맹과 3국협상국 간, 좁게는 독일 및 오형과 러불 간 대립이 더욱 명확해 졌다.

제4장 │ 제1차 세계대전과 베르사유체제

제1절 서설

1914.6.28 사라예보 사건
1919.6.28 베르사유조약 체결
1921.11~1922.2 워싱턴군축회의
1925.10.16 로카르노조약 체결
1922.10 무솔리니 등장
1928.8.27 부전조약 체결
1931.8~9 만주사변
1932.1 스팀슨 독트린
1933.1.30 히틀러, 독일 수상으로 등장
1933.3 일본, 국제연맹 탈퇴

1935.3.16 히틀러, 징병제도 재실시
1935.3 스트레자연합전선
1935.5.2 불-소 협정 체결
1935.6.18 영-독 해군협정
1936.3.7 독, 라인란트 재무장 선언
1936.5 이, 이디오피아 병합
1938.3 독, 오스트리아 병합
1938.9 뮌헨협정
1939.9.1 독일, 폴란드 공격(제2차 세계대전)

Ⅰ 의의

제1차 세계대전 이후 전후처리를 위한 파리 평화회의에서 기초된 베르사유조약, 생제르맹조약, 트리아농조약, 뉴이조약 등에 의해 수립된 전후의 새로운 국제정치 질서를 일괄하여 베르사유체제라고 한다. 전후처리에서 핵심이 되는 문제는 패전국의 처리문제와 전쟁억제방안이라 할 수 있다. 베르사유체제는 패전국인 독일의 영토를 축소시키고 군비를 제한함으로써 독일의 재흥을 방지하였으며, 국제연맹에 의한 집단안보제도(collective security)를 도입하여 전후의 평화를 유지하고자 하였다. 베르사유체제는 독일과 일본의 현상타파정책에 대한 강대국들의 유화정책, 집단안전보장제도의 한계 등의 이유로 제2차 세계대전이 발발함으로써 붕괴되었다.

Ⅱ 베르사유체제의 형성

1. 형성원리: 윌슨의 14개 조항

전후 미국의 윌슨은 새로운 국제질서형성의 이상을 담은 14개 조항을 제시하고 이에 기초하여 베르사유체제의 형성을 주도해 나갔다. 전쟁의 원인을 비밀외교, 보호무역, 세력균형, 민족주의의 억압 등에서 찾고 비밀외교 철폐, 해양자유와 자유무역주의, 집단안보체제형성, 민족자결주의에 기초한 국경 재조정을 제시하였다.

📑 참고 윌슨의 14개 조항의 주요 내용

1. 개별적인 이익을 위한 비밀외교는 폐지되어야 하고 공개외교가 수립되어야 한다.
2. 전시와 평시를 막론하고 국제조약에 의하지 아니하는 한 공해상의 자유는 보장되어야 한다.
3. 경제적 장벽은 철폐되어야 하고 평등한 통상조건을 확립한다.
4. 국내질서의 유지에 필요한 최저선에 이르기까지 군비를 축소해야 한다.
5. 식민지의 주권을 결정하는데 있어서 그 주민의 이익과 수립하게 될 정부의 공평한 주장이 동등하게 고려되어야 한다는 원칙하에서 모든 식민지 요구를 공평하게 조정한다.
6. 러시아로부터 군대를 철수한다. 그리고 러시아가 자신의 정치발전과 국가정책을 자주적으로 결정할 자유로운 기회를 갖고 원하는 정치제도에서 국제사회에 들어오도록 러시아 문제를 처리한다.
7. 벨기에로부터 군대를 철수하고 그 주권을 완전히 회복시킨다.
8. 알사스와 로렌을 프랑스에 반환하고 1871년 전쟁에서 프러시아가 차지한 전 프랑스 영토를 회복시킨다.
9. 이탈리아의 국경은 민족의 분계선에 따라 개정한다.
10. 오스트리아–헝가리 제국 내의 제민족에 자치권을 허여한다.
11. 발칸 국가들의 부흥에 협조한다. 루마니아, 세르비아, 몬테네그로에서 군대를 철수한다. 세르비아에게 해양에의 자유로운 진출구를 제공한다. 발칸 국가들의 영토 보전을 국제적으로 보장한다.
12. 터키 내의 제 민족에게 자치권을 부여하고, 다다넬스 해협은 국제적인 보장하에 영구히 자유로운 항행을 허용한다.
13. 폴란드인에 의한 폴란드의 독립을 부여하고 그들의 독립과 영토적인 보전은 국제협약에 의거한다.
14. 국가의 상호 정치적 독립과 영토적 보전을 보장하기 위해 특별조약으로 일반적 국제조직을 창설한다.

📑 참고 영구평화를 위한 4개 원칙

1. 모든 문제의 해결은 공평의 원칙에 입각하고 본질적인 정의에 기초해야 한다.
2. 세력균형은 영구히 부인되어야 하고 세력균형을 위한 인민의 주권 간의 이전은 금지되어야 한다.
3. 영토귀속에 있어서 주민의 의사를 존중하여야 한다는 원칙 속에서 영토문제의 해결은 국가 간의 타협에 의하기보다는 관계인민의 이익과 복지에 따라 결정되어야 한다.
4. 모든 민족적 희망은 소수민족보호의 원칙에 따라 해결되어야 한다.

2. 각국의 입장

(1) 프랑스

독일의 복수에 대한 보장책을 확보하는 것이 관건이었다. 클레망소는 가능한 한 독일을 무력화시키고 부활을 곤란하게 만들어 프랑스의 대독일 안전보장을 최대한 오래 유지하고자 하였다. 라인좌안을 독일로부터 분리하여 국제연맹하에 두고자 하였으나 민족자결주의에 반한다는 이유로 영국과 미국이 반대하였다. 대신 영국의 로이드 조지는 라인좌안의 비무장과 라인우안에 50km의 비무장지대 설치, 독일의 군사력을 10만으로 제한, 항공기, 전차, 중포의 보유 금지, 비무장지역에 대해 영국과 미국의 보장 등의 타협안을 제시하였다.

(2) 영국

영국은 대륙에서 세력균형의 유지라는 전통적 정책을 기본노선으로 삼았는바, 이는 독일이 지나치게 약화되는 경우 프랑스가 대륙의 패권을 잡게될 것을 우려하였으며, 한편으로는 독일이 경제적으로 적절하게 부흥하여 대륙에서의 영국의 시장역할을 해 주길 바라고 있었다.

제4장 제1차 세계대전과 베르사유체제 **109**

(3) 미국

윌슨의 14개 조항에 기초하여 민주주의와 민족자결이 세계평화의 길이라는 입장이었다. 즉, 세력균형과 동맹보다는 모든 국민이 자유주의체제를 선택하면 전쟁이 없어질 것이라고 확신하였다. 또한 한 민족에게 하나의 국가를 준다는 국경획정원칙을 민족자결주의원칙에 따라 적용하였다. 이로써 오헝하의 여러 민족이 국가를 형성하게 되었고, 폴란드도 러시아로부터 독립하였다.

3. 국제연맹의 성립

프랑스와 영국의 반대 속에 윌슨의 주도로 국제연맹이 창설되었다. 윌슨은 세력균형이라는 오랜 원칙이 전쟁의 원인이 될 수 있다고 생각했으며, 강대국들이 약소국들에게 그들의 의지를 강요하는 강대국 지도체제도 거부하였다. 승전국과 중립국에 의해 성립된 국제연맹은 집단안전보장제도를 새로운 안보제도로 채택하였다. 미국주도로 성립된 국제연맹이었으나 미국은 민주당의 국제주의노선을 지지하지 않았고 미국은 국제연맹에 가입하지 못하였다.

Ⅲ 베르사유체제의 위기

1. 집단안전보장체제의 붕괴

1929년부터 시작된 경제대공황은 현상타파세력들이 성장할 수 있는 환경을 제공해 주었고, 현상타파세력에 대한 유화정책으로 베르사유체제는 수정되기 시작하였다. 베르사유체제의 현상타파 세력은 독일, 이탈리아, 일본이었다. 독일은 영국의 유화정책 하에서 군비를 증강하고 라인란트를 점령함으로써 베르사유체제를 수정하였다. 일본의 만주침략이나 이탈리아의 이디오피아 침공에 대해서 열강은 적절한 대응을 하지 않았으며 이로 인해 집단안보체제의 무력성이 현실화되고 베르사유체제는 붕괴되어 갔다.

2. 일본의 만주침략

1931년 9월 일본은 유조구사건을 조작하여 만주침략을 본격화하기 시작하였다. 만주침략은 군부강경파 세력과 대공황으로 인해 경제적 위기에 처해있던 여론의 합작품이었다. 국제연맹회원국 간 분쟁이었으므로 국제연맹이 개입했으나 적극적인 제재조치를 취하지 못하고 오히려 일본은 국제연맹을 탈퇴하였다. 베르사유체제의 핵심중 하나인 집단안보체제의 무력성으로 베르사유체제는 첫 번째 위기에 직면하게 되었다.

3. 이탈리아의 에디오피아 침공

무솔리니의 식민정책의 일환으로 국제연맹회원국인 이탈리아가 또 다른 회원국인 이디오피아를 침략하였다. 국제연맹이사회는 만장일치로 이탈리아가 연맹규약을 위반했음을 확인하고 제재조치를 취했으나 실효성이 없었다. 영국을 비롯한 회원국들이 경제적 타격을 이유로 사실상 참여하지 않았기 때문이었다. 이탈리아의 이디오피아 무력병합은 성공하였고 국제연맹의 집단안보체제는 다시 무력성을 확인시켜 주었다. 이러한 사건들은 히틀러의 베르사유체제 변경에 대한 자신감을 불어넣어 주었다.

4. 스페인 내란

스페인 내란은 국내문제였으나, 이념, 전략적 요충지, 무기공급이라는 차원에서 국제문제이기도 하였다. 스페인 내란을 통해 공화파를 지지했던 소련과 프랑스, 프랑코장군을 지지했던 독일과 이탈리아 간 대립관계가 형성되고, 특히 독일과 이탈리아 간 '로마-베를린 축'이라는 블록이 형성되었다. 스페인 내란은 제2차 세계대전의 추축국을 형성시키고, 유럽열강 간 대립축을 형성하였다는 측면에서 베르사유체제에 위기감을 고조시킨 중요한 사건이었다.

Ⅳ 베르사유체제의 붕괴

베르사유체제에서 독일문제에 대해 규정했던 군비제한과 독일의 국경선획정 조항은 독일이 생존공간(Lebensraum) 확보라는 기치하에 독일민족들이 거주하는 영토에로 팽창정책을 실시하고 이를 위해 군비증강을 시작하면서 폐기되기 시작하였다. 독일의 중부유럽으로의 팽창정책으로 베르사유체제는 붕괴되었다.

1. 독일의 오스트리아 병합(1938년 3월)

독일은 오스트리아의 슈스닉 수상과 미클라스 대통령을 위협하여 강제로 오스트리아를 병합하는데 성공하였다. 영국의 체임벌린과 프랑스의 쇼탕내각은 독일의 현상변경을 용인하는 유화정책을 구사하고 있었고 이탈리아도 독일을 지원하였다. 1938년 3월 13일 히틀러에 의해 독오 국가병합이 선언되었고 국민투표를 통해 확정되었다.

2. 독일의 체코 병합(1939년 3월)

독일의 체코침략은 영국과 프랑스에게 자신의 유화정책이 오류였음을 확인하게 한 사건이었다. 히틀러는 체코슬로바키아내의 독일인 거주지역인 주데텐의 병합을 뮌헨회담에서 승인받은 것으로 만족하지 않고 체코를 위협하여 강제 병합하였다. 이로써 유화정책은 종말을 고하였고 영국은 히틀러에 대한 강경대응에 나서게 되었다.

3. 폴란드 침략(1939년 9월 1일)

독일의 체코병합 이후 영국은 유화정책을 폐기하고 강경책으로 전환하였으며 폴란드에 대한 보장을 선언하였다. 이는 독일이 민족자결원칙을 무시하였고, 유럽의 세력균형이라는 영국의 전통적 정책에 반하여 영국의 경제적 이익과 안보이익에 저해된다고 판단했기 때문이다. 영국과 프랑스의 폴란드 무력보장에 대한 선언과 이탈리아의 지원거절의사에도 불구하고 독소불가침조약을 등에 업은 독일은 1939년 9월 1일 마침내 폴란드 국경을 넘게 되었고, 이로써 제2차 세계대전이 발발하였다.

Ⅴ 평가

1919년 베르사유체제가 성립되고 제2차 세계대전이 발발하기까지 베르사유체제는 유럽의 안보제도로서 제대로 작동하지 않았다. 몇 가지 원인을 찾아보면, 첫째, 베르사유체제가 창안한 집단안보제도가 내재적 한계가 있었다. 전쟁을 금지하지 않았으며, 만장일치라는 의사결정절차로 인해 적시에 의사형성이 어려웠고, 위반국에 대한 군사적 제재조치를 할 수 있는 수단이 없었으며, 경제제재도 참가국들의 소극적 태도로 실효성이 없었다. 무엇보다 체제유지를 해야 할 미국이 불참함으로써 무기력성이 더해졌다. 둘째, 경제공황은 한편으로 히틀러, 무솔리니, 일본군부 등 현상변경을 바라는 강경파들이 집권하는 계기를 마련해 주었고, 또 한편으로는 영국이나 프랑스가 유화정책을 구사하게 하는 배경이 되었다. 제도의 한계, 적절하지 못한 대외정책의 구사, 히틀러나 무솔리니의 세계제패 야심 등이 결합되어 베르사유체제는 붕괴되었다고 볼 수 있다.

윌슨(Wilson, Thomas Woodrow, 1856.12.28~1924.2.3)

버지니아주(州) 출생. 프린스턴대학교·버지니아대학교에 이어 존스홉킨스대학교 대학원에서 법학·정치학을 공부하고, 1886년 박사학위를 받았다. 1888년 코네티컷주의 웨슬리언대학교, 1890년 프린스턴대학교의 교수가 되고, 1902년 이 대학 총장으로 선출되어 대학개혁에 힘썼다. 1910년 미국민주당에서 뉴저지 주지사후보로 추천받아 1911년 당선, 정계에 발을 들여놓았다. 1912년 민주당 대통령 후보로 추대, 신자유주의(New Freedom)라고 하는 혁신정책을 내걸고 출마하여 당선되었다.

윌슨의 정책은 대자본에 반대하는 대중의 지지를 받았고, 특히 언더우드관세법안(Underwood Tariff: 관세를 인하시킨 조치)·연방준비법안(Federal Reserve Act: 개인금융기관의 횡포를 방지하기 위한 대규모 통화개혁법안)·클레이턴 반(反)트러스트법안 등을 통과시킨 것은 임기 중에 거둔 특기할 만한 실적이다.

제1차 세계대전이 발발하자 중립주의를 내세웠고, 1916년 대통령선거에서는 미국이 참전하지 않을 것을 약속하고 재선되었다. 대전 개시와 함께 미국의 무역과 생산은 활발해지고, 영국·프랑스와의 관계도 밀접하게 되어, 미국 자본주의는 전쟁에서 이익을 추구하게 되었다. 그러나 1917년 독일이 무제한 잠수함 공격을 감행하면서 상선과 여객선이 침몰당하자 미국 항구 내에 화물이 적체되기 시작하였고, 인명피해도 늘어났다. 또한 멕시코가 애리조나·텍사스에 대한 재정복을 꾀한다는 소문은 여론을 더욱 악화시켰다. 윌슨도 이런 압박에 버티지 못하고, 독일의 무제한 잠수함 공격에 대항할 것을 이유로 연합국측에 가담하여 참전하였다. '전쟁을 끝내게 하는 전쟁', '민주주의를 위한 전쟁'이라는 슬로건으로 전쟁에 이데올로기성을 부여하고, 1918년 1월 비밀외교의 폐지와 민족자결주의를 제창, '14개조 평화원칙'을 발표하였다. 그리고 파리평화회의에서는 지도적인 지위에 서서 국제연맹 창설을 위하여 노력하였다. 그러나 미국 상원은 국제연맹규약을 포함한 베르사유조약의 비준을 거부하였고, 윌슨 자신은 이 무렵 건강이 나빠져서 1921년 3월 임기를 마치고 은퇴하였다. 1919년 노벨평화상을 받았다.

📑 참고 제1차 세계대전 이전 강대국들의 대외전략

1. 영국의 외교

1871년부터 1914년 제1차 세계대전이 일어나기까지 영국외교의 특징은 세 가지로 요약할 수 있다.

(1) 팍스 브리태니카

영국의 패권에 의해 세계질서를 유지하려는 팍스 브리태니카정책(Pax Britanica)이다. 1907년 영러협상 이전까지는 러시아가 패권에 대한 도전세력이었으나 이후 독일로 변경되었다.

(2) 식민지경영을 위한 교통로 유지

영제국의 유지와 방위, 영국의 세계시장에서의 위치의 유지를 위해 영국 본국과 속령과의 교통로를 유지하는 것이 실질적인 외교정책의 내용을 구성하였다. 러시아의 발칸진출은 지중해를 위협하였고 러시아의 동방진출은 인도의 안녕을 위협하므로 러시아의 남하정책을 적극적으로 저지하고자 하였다.

(3) 유럽의 세력균형유지

전통적으로 영국은 유럽세력들 간의 세력균형을 위한 균형자 역할을 수행하였고 영국이 협상체제에 들어가기 전인 1891년부터 1904년 사이에는 삼국동맹과 러불협상 사이에서 균형자적인 위치에 있었다.

2. 프랑스의 외교

(1) 대독관계

프랑스 외교정책의 핵심은 대독관계에 있었다. 비스마르크체제하에서 프랑스는 고립되었으나, 그의 퇴진 이후 국제적 고립에서 탈피하여 대독 포위망을 결성하는 대륙정책의 특징을 지니고 있었다. 알사스, 로렌 회복을 위해 대독 복수전의 열망을 항상 가지고 있었다.

(2) 제국주의

1880년부터 1900년 사이에 독점자본주의의 발전으로 프랑스는 해외식민지 획득에 있어서 적극적이 되어 제국주의 색채가 강하게 나타났다. 식민지 재분할이 끝날 무렵부터는 현상유지정책에 집착하여 영국에 추종하는 외교행태를 보여주었다.

(3) 소극주의

일반적으로 프랑스는 그 국내정치상의 분열로 인하여 외교정책에 있어서 일관성을 결여하였고 그 대외관계에서는 소극성을 면치 못하였다. 그러나 1912년 푸앵카레[72] 내각이 들어선 이후 적극성을 띠게 되었다.

3. 러시아의 외교

(1) 팽창주의

러시아는 부동항의 획득을 목적으로 하는 팽창주의정책을 지속적으로 전개하였다. 군사력을 바탕으로 한 봉건적 제국주의형태를 띠었으며 지정학적 이점을 활용하여 유럽, 중동, 극동경략을 번갈아가며 선택하였다.

(2) 세계정책의 근간

비스마르크시대에는 독일과 제휴를 통해 세계정책을 전개해 나갔으나 프랑스와 동맹을 체결한 이후는 러불동맹을 그 근간으로 삼았고 영러협상 성립이후에는 대독 포위망을 구축하는데 일익을 담당하였다.

4. 오형의 외교

명확한 식민지를 갖지 못한 채 발칸에의 진출과 영토보존을 위한 동방정책을 근간으로 삼았다. 비스마르크시대 이후 독오동맹에 의한 독일의 모험주의정책에 종속되는 외교적 취약성을 보여 주었다.

5. 이탈리아의 외교

(1) 무기력성

이탈리아 외교는 무기력성을 그 특징으로 하였다. 이는 첫째, 영토적 통일은 이룩했으나 국민적 대통합은 실현되지 못하여 정정이 불안정하였고, 둘째, 군사력의 상대적 열세로 제국주의정책에 있어서도 실패를 거듭했으며, 셋째, 군사적, 경제적인 면에서 대영의존성에서 탈피하지 못했기 때문이었다.

(2) 삼국동맹세력

독일, 오스트리아와 함께 삼국동맹을 형성했으나 독일과의 관계는 전통적으로 우호적이었으나 오스트리아와의 지속적으로 갈등관계에 있었다. 이로 인해 제1차 세계대전이 발발하자 중립을 선언하게 되었다.

6. 미국의 외교

(1) 고립주의외교

미국은 1823년 먼로 독트린에서 선언한 고립주의정책을 근간으로 삼고 있었다. 그러나 이는 미주대륙에서 미국의 패권을 위한 팍스 아메리카나의 기초로 작용하였다.

(2) 문호개방정책

미주대륙에서 패권을 장악한 미국은 차츰 태평양세력으로서의 면모를 갖추면서 1899년과 1900년 문호개방과 기회균등선언을 계기로 차츰 미국의 대아시아정책은 적극화하기 시작하였다. 제1차 세계대전 이후에는 아태지역에서 가장 강력한 세력으로 부상하였다.

(3) 균형자

미국은 삼국협상과 우호적인 관계를 유지하면서 점차 삼국동맹과 삼국협상세력 간의 균형자적인 위치를 점하게 되었다. 제1차 세계대전에의 참전은 영불러가 승리하여 유럽대륙에서 세력균형을 파괴할 것을 우려한 연유였다. 이때부터 동서양 양대 대륙의 세력균형유지가 미국의 외교정책에 있어서 기조를 형성하였다.

7. 독일의 외교

(1) 대륙정책과 세계정책

독일외교에 있어서 비스마르크 사임이 결정적인 분기점을 형성하였다. 비스마르크 시대가 유럽대륙에서의 패권을 위한 대륙정책으로 민족주의적 산업자본주의시대를 이루었다면 이후 빌헬름2세는 '세계정책'으로 제국주의적 팽창정책을 시행하였으며 이는 금융자본주의시대를 배경으로 하였다.

---

72) 뫼즈현(縣) 출생. 과학자인 J.H.푸앵카레의 사촌동생. 법률학을 배우고 관계(官界)에 들어갔으며 1887~1903년 하원의원, 1903~1913년 상원의원으로 정계에서 활약하였다. 그 동안 1893년 문교장관, 1894~1895년 재무장관을 겸임, 1895~1898년 하원 부의장, 1906년 다시 재무장관, 1910년 아카데미프랑세즈 회원이 되었다. 1912년 총리 겸 외무장관, 1913년 제3공화국 제9대 대통령이 되었고, 제1차 세계대전 전에는 영국 · 러시아와 협조하여 대독(對獨)강경외교정책을 취하였다. 대전 중에는 반전(反戰) · 패배주의를 억압하고 클레망소를 총리로 임명하여, 프랑스를 승리로 이끌었으나 대독강화에 불만을 품고 1920년 대통령직을 사임하였다

제2절 제1차 세계대전

1914.6.28 사라예보 사건	1914.8.23 일, 대독 선전포고
1914.7.23 오, 세르비아에 최후통첩	1915.4.26 이, 런던조약(협상측에 가담)
1914.8.3 이, 중립선언	1915.5.7 일본, 중국에 21개조 최후통첩
1914.8.4 독, 벨기에 침공	1917.11 이시이-랜싱 협정 체결
1914.8.5 영, 대독 선전포고	1919.6.28 베르사유조약 체결

Ⅰ 의의

1914년 6월 28일 사라예보 사건으로 촉발된 오헝과 세르비아 간 갈등이 삼국동맹과 삼국협상국 간의 대립으로 확산되고, 이후 미국, 일본, 중국 등 유럽 이외의 국가들이 참전하면서 세계대전으로 확대되었다. 제1차 세계대전의 원인과 전개과정 및 파리평화회의의 주요 내용에 대해 논의한다.

Ⅱ 제1차 세계대전의 원인

1. 영국과 독일의 세계패권쟁탈전

뒤늦게 식민지 경쟁에 뛰어든 독일은 기존세력인 영국에 도전하였고 경제전, 식민지 쟁탈전에서 두드러지게 나타났다. 영국의 3C정책과 독일의 3B정책의 대립으로 양국은 건함경쟁을 하게 되고, 영국은 기존의 고립정책을 버리고 동맹정책으로 전환하게 되었다.

2. 발칸에서 독오와 러의 대립

독일과 오헝의 발칸에의 팽창주의적 정책은 러시아의 남하정책과 대립하게 되었다. 이는 범게르만주의와 범슬라브주의의 갈등으로 나타났고 전쟁 이외의 방법으로 갈등을 해결하기가 어렵게 되었다.

3. 독일과 프랑스의 역사적 대립관계

1871년 보불전쟁으로 독일은 알사스와 로렌을 병합한 이후 양국은 복수전과 예방전쟁으로 적대적 관계를 유지해 왔다. 유럽대륙 밖에서는 양국은 모로코에서 두 차례 걸쳐 대립함으로써 양국감정은 극도로 악화되었다.

4. 오스트리아와 세르비아의 적대감정

1909년 오스트리아가 보스니아와 헤르체고비나를 병합한 이후 세르비아와 오스트리아 간 민족적 감정은 극도로 악화되어 있었다. 또한 오스트리아의 영향권 하에 있던 슬라브족과 세르비아가 야합함으로써 대세르비아를 건설하려는 움직임에 대해 오스트리아의 탄압은 계속되었고 세르비아는 계속해서 오스트리아에게 복수할 기회를 노리고 있었다. 1914년의 사라예보사건이 직접적인 도화선으로 작용하였다.

> **📑 참고 사라예보 사건**
>
> 1914년 6월 28일 오스트리아 황태자와 그의 비(妃)가 사라예보에서 두 명의 세르비아 청년에게 암살된 사건. 제1차 세계대전의 도화선이 됨으로써 더욱 알려졌다. 사라예보는 현재 보스니아 헤르체고비나에 있지만, 당시에는 1908년 오스트리아에 합병된 보스니아주(州)의 중심도시였다. 이 암살사건은 남(南) 슬라브민족의 통일을 부르짖고, 황태자를 그 장애물로 본 세르비아의 민족주의적 비밀결사의 계획에 의한 것이었다. 오스트리아 정부는 이 사건에 세르비아 정부가 관련되었다고 하여 즉각 세르비아에 최후통첩을 보내고, 7월 28일에 세르비아에 선전포고를 함으로써 제1차 세계대전이 시작되었다.

Ⅲ 제1차 세계대전과 열강의 입장

1. 오스트리아

1914년 6월 18일 사라예보 사건이 발생하자 오스트리아는 예방전쟁을 주저하던 오스트리아외상 베르흐톨의 태도가 급변하여 전쟁을 결심하였다. 오스트리아는 독일로부터 지원을 약속받은 다음 1914년 7월 23일에 최후통첩을 수교하였다.

2. 독일

독일내부에서는 강경파와 온건파의 대립으로 혼선이 빚어졌다. 카이저를 비롯한 온건파들은 분쟁을 국지화시키려고 하였으나 강경파들은 '슐리펜계획'에 따라 전면전을 선호하였다. 결국 강경파의 입장에 따라 독일은 8월 1일에는 러시아에게, 8월 3일에는 프랑스에게 선전포고를 하였다.

> **📑 참고 슐리펜계획**
>
> 독일(프로이센)의 참모총장 A.G.von 슐리펜(1833~1913)이 세운 작전계획이다. 이 계획은, 러시아 및 프랑스와의 양면전쟁(兩面戰爭)에서 독일이 승리하기 위한 방법을 제시한 것으로, 즉 러시아제국은 개전 후부터 전병력을 동원할 때까지 6~8주일이 걸릴 것이므로, 이 나라에 대해서는 소수 병력만을 보내고, 필요하다면 적당히 후퇴한다(동프로이센을 포기한다). 그 동안에 모든 병력을 서부국경에 집중하고, 벨기에의 중립을 침범하여 프랑스 북부로 침입하며, 파리를 서쪽에서 크게 우회하여 프랑스군의 주력을 프랑스 동부로 몰아넣고 전멸시킨다. 이처럼 서쪽을 안전하게 해결한 다음 러시아와 본격적으로 싸운다는 작전이었다. 그러나 여기에는 영국과 싸워서 굴복시키는 작전이 빠졌으며, 총력전(總力戰)에 관한 준비도 없었다. 이 작전은 그 후 알사스·로렌을 지키기 위해서 프랑스 북부 침입군의 병력을 줄였기 때문에 무리가 커졌지만 원래 무리한 작전계획이었다.

3. 영국

사라예보 사건 이후 영국은 명확한 입장을 표명하지 않았으며, 오스트리아가 최후통첩을 수교한 이후에는 국제회의 소집을 통해 중재하려고 하였으나 오스트리아의 반대로 무산되었다. 프랑스가 지원을 요청하자 영국은 독일의 도전과 영국의회의 승인을 조건으로 원조를 약속하였다. 8월 3일 독일이 벨기에를 침공하자 이를 이유로 독일에 선전포고하고 참전하였다. 참전의 근본적인 동기는 유럽에서의 세력균형을 독일이 파괴할 것이라는 우려 때문이었다.

4. 프랑스

사라예보 사건 이후 푸앙카레 대통령과 비비아니 외상은 러시아를 방문하고 세르비아의 주권, 독립을 침해하는 오스트리아 요구의 철회에 의견을 모았고, 양국 간의 동맹의무에 대해 재확인하였다. 독일과 전쟁을 위한 사전정지작업이었다.

5. 러시아

러시아는 세르비아로부터 원조요청을 받고 국내적으로 강경파와 온건파의 대립이 있었다. 강경파의 입장이 관철되었는바, 이는 발칸에서 독일과 오헝에 당한 참패를 설욕하려는 의도와 내정의 혼란을 전쟁으로 진정시키고자 하는 의도 때문이었다. 러시아는 삼국협상국에 공동행동을 요청했으며 8월 1일 독일의 선전포고로 전쟁에 개입하게 되었다.

6. 이탈리아

이탈리아는 형식상 삼국동맹의 일원이었으나 실질적으로는 영국의 강력한 영향력하에 놓여 있었다. 또한 1902년 프랑스와의 식민지 협상을 통해 중립을 약속한 상태였기 때문에 영국과 프랑스가 독일과 오헝을 상대로 전쟁하는 경우 동맹의 의무를 다할 수 없는 입장이었다. 또한 오스트리아 내의 실지인 트렌티노를 요구함으로서 오스트리아와의 관계도 악화되어 있었다. 7월 28일 오스트리아가 세르비아에 선전하자 이탈리아는 이를 침략으로 규정하고 삼국동맹의 원조의무가 발생하지 않는다고 선언하고 중립을 선포하였다.

Ⅳ 제1차 세계대전의 전개과정

1. 사라예보 사건

1914년 6월 18일 오스트리아의 황태자 페르디난트가 보스니아에 주둔한 오헝군을 사열하는 과정에서 세르비아의 지원을 받는 비밀결사소속인 프린찌프의 권총에 맞아 사망한 사건을 사라예보 사건이라 한다. 오스트리아가 세르비아에 전쟁을 결심하게 된 계기가 되었다.

2. 선전포고와 참전

1914년 7월 23일 오스트리아는 세르비아에 최후통첩을 수교하고 7월 28일에 선전포고하였다. 독일은 7월 31일 총동원령을 발동하고 8월 2일 프랑스에 선전포고하였다. 영국은 4일 독일에 선전포고하였다. 이탈리아는 중립을 선언하였고, 8월 6일에는 오헝이 러시아에 전쟁을 선언하여 유럽은 강대국들 간의 전면전으로 들어갔다.

3. 슐리펜 계획

독일참모총장 슐리펜과 몰트케에 의해 구상된 독일의 양면전 전략을 의미한다. 이에 따르면 6주일 이내에 프랑스를 함락한 다음 주력부대를 러시아에 투입하여 동서 양면전에서 승리를 거두게 된다. 그러나 전쟁의 양상은 이와 달리 참호전으로 장기화되고 독일의 계획은 차질을 빚게 되었다. 서부전선에서 전쟁이 장기화된 이유는 독일이 벨기에의 능력을 과소평가하였고, 영국원정군이 예상보다 빨리 유럽대륙에 상륙하여 프랑스를 지원하였기 때문이다.

4. 일본의 참전

열강은 일본의 참전을 원하지 않았으나 자신이 참전을 적극적으로 주장하고 영국의 도움으로 참전할 수 있었다. 일본의 참전동기는 중국에서 절대적인 우월권을 확보하고자 하는 것이었다. 이를 간파한 영국, 미국은 일본의 참전을 만류하고자 했던 것이다. 일본은 참전과 함께 중국에 대한 21개조 요구를 제출하였다. 중국은 일본의 무력위협에 굴복하여 이를 수용하였으며, 연합국들도 일본해군의 지중해 파견을 조건으로 산둥성의 독일권익과 적도 이북 태평양지역의 독일식민지를 약속받았다.

📖 참고 일본의 제1차 세계대전 참전과 21개조 요구

1. 배경

제1차 세계대전이 발발하자 일본은 열강들의 만류에도 불구하고 전쟁에 참여하였다. 이는 참전을 계기로 중국에서 절대적인 우월권을 확보하기 위함이었다. 안평선의 권익과 랴오둥 반도의 조차는 1923년에, 남만철도의 권익은 1939년에 만료하게 되어 이들 권익을 연장해야 하였다. 일본의 21개조 요구는 중국에 대한 일본의 요구를 집약한 것으로서 중일관계, 중국 내부의 반일운동, 미일관계에 부정적 영향을 줌으로써 열강들이 일본을 견제하게 하는 배경이 되었다.

2. 21개조 요구의 내용

(1) 산둥성에 대한 요구

산둥성의 독일 권익에 관하여는 일본, 독일 간의 교섭에 맡긴다. 산둥성 내지, 연안, 도서를 타국에 양도하지 않는다. 지푸 또는 룽커우와 자오지 철도를 연결하는 철도의 부설권을 일본에 허용한다. 산둥성 내의 주요 도시를 외국인의 주거, 무역을 위하여 개방한다.

(2) 남만주 및 동부 내몽고에 대한 요구

뤼순, 다롄의 조차기한, 남만철도, 안평철도에 관한 기한을 99년간 연장한다. 일본 국민은 남만주, 동부 내몽고에서 토지를 소유, 임차할 수 있고 이 지역에서 자유로이 사업을 경영할 수 있다. 광산채굴권을 승인하며, 철도를 부설하는 경우 일본인에 우선적으로 허용한다.

(3) 한치평공사

일본자본과 한치평공사와의 관계에 있어서 양국의 합작사업에 있어서 처분권은 일본의 동의를 필요로 한다. 또한 제 광산 및 부근 광산의 채굴권은 오직 한치평공사에 한정한다.

(4) 중국 연안문제

중국의 영토보전을 위하여 그 연안의 항만 및 도서를 타국에 양허하거나 조차하지 않는다.

(5) 중국에 대한 일본의 지배

정치, 재정, 군사에 있어서 일본인 고문을 초빙하고, 중국내지에 있는 일본의 병원, 사원, 학교에 토지소유권을 부여한다. 지방경찰을 중국과 일본이 같이 운용하고 중국의 지방관청에 일본인을 고용한다. 외국자본 차관시 일본과 사전에 협의한다.

3. 주요 이해당사국의 반응

(1) 중국
중국은 중국 연안의 문제와 중국에 대한 일본의 지배문제가 중국의 주권과 독립을 침해하며 내정간섭이라는 이유로 강력히 반대하였다. 또한 교주만의 환부에 대해서는 일본과 독일의 강화에 중국이 참가하는 것을 조건으로 부가하였다. 전체적으로 중국은 21개조 요구에 반대했으나 일본의 최후통첩의 수교로 굴복하고 말았다.

(2) 러시아
21개조 요구로 인해서 러일 간 제4차협약이 1916년 7월 3일에 성립되었다. 양국은 만주에 미국이 진출하여 기득권을 잠식하는 것에 대해 우려를 같이하고 있었다. 극동에서 양국의 지위를 서로 인정하기로 하였다. 중국이 러시아와 일본에 적의를 갖고 있는 제3국의 지배에 들어가는 것을 방지한다. 제3국은 미국을 의미하였다.

(3) 미국
1917년 11월 2일 이시이-랜싱협정이 체결되었다. 중국에서 일본의 특수이익을 인정하고, 중국의 영토보전, 상공업상의 기회균등, 문호개방의 승인을 내용으로 한다. 1922년 워싱턴회의에서 폐기되었다. 미국이 일본의 중국내 특수이익을 인정한 이유는 미국이 유럽전쟁에 집중하고, 일본의 만몽진출을 용인하는 대신 캘리포니아의 일본인 토지 소유문제를 해결하려는 움직임 때문이었다.[73]

4. 일본의 21개조 요구의 영향
중국은 산둥성에 있어서의 독일의 조차지와 조약상의 권리를 일본에 양도해야 하였고 또한 교주만 환부에 따른 조건으로써 일본의 세력하에 들어가게 되었다. 중국에 대한 지배적인 지위를 확보한 일본은 중국을 보호국으로 만들려고 획책하였으며 이는 결국 중국 전체의 장기적인 배일운동의 결정적 계기가 되었다.

5. 미국의 참전

미국은 개전초기 중립을 선언하고 유지하였으나, 독일군의 무제한 잠수함 작전과 이로 인한 경제적 타격, 짐머만 전문사건으로 인한 독일의 위협 등으로 참전을 결정하게 되었다. 초기에 중립을 선언했던 이유는 국내정치적 분열을 막기 위한 것이었다. 한편, 짐머만 전문 사건이란 독일외상 짐머만이 멕시코에 대해 동맹을 제의한 전보내용이 미국에 의해 도청된 사건을 말한다. 미국의 참전으로 전세는 연합국 쪽으로 급격히 기울게 되었다.

📋 참고 무제한 잠수함 작전
제1차 세계대전에서 독일이 적국, 특히 영국을 공격하기 위하여 취한 해전전술. 독일은 1915년 초부터 잠수함으로 영국에 대한 통상(通商) 파괴작전을 개시하였으며 영국은 이에 대해 해상봉쇄를 감행하여 맞섰다. 17년 독일 군부와 보수정당은 영국의 해상봉쇄에 대항하기 위하여 무제한 잠수함전의 실시를 정부에서 강요하게 되었다. 이에 독일정부는 2월 1일부터 유럽 대륙과 영국 본토 주변간의 지정해역의 항행을 금지하고, 교전 당사국의 선박 및 중립국 선박의 이 해역항행은 침몰을 각오해야 한다고 선언하고 유럽 여러 나라 및 미국 선박을 무차별 격침하기 시작하였다. 이 작전으로 독일은 영국을 반 년 이내에 항복시키게 될 것이라 생각하였으나, 이 작전은 소기의 목적을 달성하지 못했을 뿐만 아니라, 미국의 국내 여론을 자극하는 결과가 되어, 대(對)독일국교 단절과 참전의 계기가 되었다. 이후 연합국측은 독일의 잠수함전에 대비하여 호송선단(護送船團) 방식을 채용하였기 때문에 5월 이후 무제한 잠수함전의 효력이 크게 줄어들었다.

---

6. 독러휴전

1917년 11월 러시아에서는 사회주의혁명이 발발하고 신정부가 수립되었으나 소비에트정권은 더 이상 전쟁을 수행할 능력이 없었다. 군대는 더 이상 전투를 지탱할 사기를 잃었고 국내질서는 혼란스러웠다. 이에 러시아는 독일과 브레스트-리토브스키조약으로 단독강화하게 되었다.

---

73) 김경창, 동양외교사, 665면.

> **참고 브레스트 – 리토브스키조약**
>
> 1918년 3월 3일 러시아혁명으로 성립된 러시아의 소비에트 정부가 제1차 세계대전 중의 교전국인 독일·오스트리아·불가리아·터키 등과 체결한 단독 강화조약. 이에 따라 러시아는 전쟁에서 이탈하고, 영국·프랑스·미국·일본 등 연합국은 이에 대한 응징으로 대(對)소간섭전쟁까지 일으켰다. 이보다 앞서 단독강화를 둘러싸고 소비에트 정부와 당내에서는 심각한 의견대립이 일어났다. 당시의 유럽은 특이한 상황에 놓였으므로, 강화교섭을 단순한 혁명 선전장으로 이용하고 혁명전쟁을 결행하면 유럽혁명, 나아가서는 세계혁명을 유발할 수 있다는 기대가 부하린·트로츠키 등을 중심으로 한 당 간부 사이에 강하게 일어났다. 그러나 레닌은 현실적인 입장을 취하여 소비에트정권의 존속이 지상명령이라 하고 이를 위한 양보는 어쩔 수 없는 일이라고 주장, 반대론자를 누르고 교섭을 전개하게 하였다. 마침내 이 조약이 조인되었으나, 그 내용은 러시아에게 매우 굴욕적인 것이었다. 즉, ① 폴란드·발트지방·그루지야 등에서의 주권 포기, ② 핀란드·우크라이나 정부의 승인, ③ 카르스·아르다한·바투미 등의 터키에의 할양, ④ 적위군을 포함한 육·해군의 해체, ⑤ 60억 마르크의 배상금 지불 등이었다. 그러나 1918년 11월 독일혁명이 일어나자 소비에트정부는 즉시 이 조약의 폐기를 성명하였고, 연합국도 이 조약의 실효(失效)를 독일 항복의 조건으로 넣었기 때문에 독일의 패전과 함께 파기되었다.

Ⅴ 파리강화회의의 주요 결정

1. 국제연맹의 창설

프랑스와 영국의 반대 속에 윌슨의 주도로 국제연맹이 창설되었다. 윌슨은 세력균형이라는 오랜 원칙이 전쟁의 원인이 될 수 있다고 생각했으며, 강대국들이 약소국들에게 그들의 의지를 강요하는 강대국 지도체제도 거부하였다. 승전국과 중립국에 의해 성립된 국제연맹은 집단안전보장제도를 새로운 안보제도로 채택하였다. 미국주도로 성립된 국제연맹이었으나 미국은 민주당의 국제주의노선을 지지하지 않았고 미국은 국제연맹에 가입하지 못하였다.

2. 독일의 국경획정 문제

첫째, 프랑스의 개전사유(causus belli)였던 알사스와 로렌은 프랑스에 반환되었다. 둘째, 자르지역에 대해 프랑스가 영토권을 주장했으나 이 지역은 15년간 국제연맹이 통치하고 이후에는 국민투표로 주권자를 정하기로 합의하였다. 셋째, 벨기에가 독일인 영토였던 오이펜과 말메디를 병합하였다. 넷째, 프랑스는 라인좌안을 독일로부터 분리하여 연합군이 주둔하게 하려 하였으나, 미국의 반대로 무산되었다. 미국은 라인좌안에 대해 영국과 함께 보장을 하기로 했으나 베르사유조약조약 비준거부로 무산되었다. 다섯째, 슐레스비히는 국민투표로 북부는 덴마크에, 남부는 독일에 귀속되었다. 여섯째, 단찌히는 자유시로 하여 폴란드의 관리하에 속하게 하였는데, 이는 폴란드에게 바다로의 접근을 허용하기 위한 것이었다. 일곱째, 상부실레지아지역은 국제연맹에 의해 분할되어 서북부지역은 독일에, 남부는 폴란드에 귀속시켰다. 여덟째, 동프로이센지역의 메멜은 프랑스고등판무관이 파견되어 임시로 이 지역을 통치하였다. 이로써 독일은 전전에 비해 영토의 1/7, 인구의 1/10을 잃었다.

3. 대독 보장정책

독일이 군사적으로 위협하지 못하도록 보장하기 위해 군사적 보장책과 정치적 보장책이 수립되었으나 정치적 보장책, 즉 독일이 조약을 위반하여 군사적 모험을 감행하는 경우 미국과 영국이 개입한다는 정책은 미국의회의 베르사유조약 비준거부로 수포로 돌아갔다. 따라서 군사적 보장책만이 남게 되었다. 첫째, 독일의 군비를 제한하였다. 군병력의 수, 보유할 수 있는 무기의 종류와 수량, 군사학교 등을 제한하였다. 둘째, 라인좌안과 우안을 중심으로 50km에 걸친 지역을 비무장화하였다. 이 지역에서 진지구축, 군대주둔 및 기동연습이 금지되었다. 셋째, 라인지역 좌안을 군사점령하였다. 15년간 점령하되 5년간격으로 단계적으로 철수하기로 하였다. 다만, 철수를 중단할 수도 있고 재점령할 수도 있었다.

4. 배상금 문제

베르사유조약 제231조에 따라 독일의 전쟁 책임을 인정하고 배상금을 지불하기로 하였다. 다만, 베르사유조약에는 배상금총액은 규정하지 않았고 연합국 배상위원회를 설립하여 일임하기로 하였다. 배상문제에 있어서 프랑스는 막대한 배상금으로 독일의 재흥가능성을 차단하고자 하였으나 영국은 유럽의 세력균형, 사회주의세력에 대한 방파제로서의 독일, 영국의 상품판매시장유지 등의 이유로 과도한 배상금을 부과하는 데는 반대하였다.

Ⅵ 결론: 파리강화회의 결정에 대한 평가

파리강화회의는 근대국가를 구성하는 국제사회를 도덕적 원칙에 입각하여 재편하려는 회의였다. 국제정치 질서가 근대국가의 의사에만 의존하는 경우 전쟁의 방지는 불가능하며 따라서 민족주의와 민주주의 원칙에 입각한 새로운 국제질서의 창출에 의해서만 평화가 보장된다는 것이다. 세력균형 원칙대신 집단안보를 새로운 안보수단으로 창안하였다. 그러나, 집단안보자체의 결함, 독일에 대한 일방적인 전쟁책임의 강요와 가혹한 배상금 부과 등은 파리평화회의 결정이 내포하는 한계였으며 제2차 세계대전과 무관하다고 볼 수 없었다.

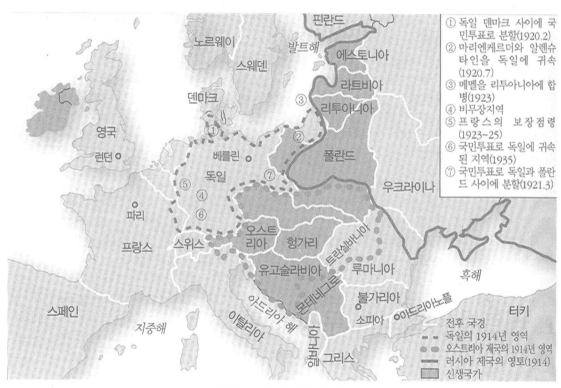

❶ 제1차 세계대전 이후의 유럽

참고 제1차 세계대전과 독일의 전쟁책임론

1. 제1차 세계대전의 원인에 대한 논쟁

베르사유조약 제231조는 독일에게 전쟁발생에 대한 정치적 책임뿐만이 아니라 도의적 책임까지 부과시켰기에 제1차 세계 대전의 원인 규명은 독일측의 전쟁 책임을 벗어나려는 노력에 의해서 시작되었다. 독일 역사학자들은 1차 세계대전에서 독일 측의 방어적 성격을 강조하였던 반면, 영미 역사학자들은 독일 측의 도전적, 공격적 성향에 주목하였다. 제1차 세계대전의 원인에 대해서는 다음과 같은 점들이 논의되었다.

(1) 사라예보 사건

1914년 8월 1일에 발생한 1차 세계대전에 대한 가장 직접적인 원인은 분명히 1914년 6월 28일 보스니아의 수도 사라예보에서 오스트리아 황태자 페르디난트가 세르비아의 민족주의자에 의해 암살되면서 나타난 이른바 '7월위기'에 있다. 그러나 이것이 직접적인 원인은 될 수 있으나 가장 중요한 원인이 될 수는 없다.

(2) 유럽강대국 간 대립

1914년 이전 유럽 강대국들은 중부유럽의 삼국동맹과 동유럽과 서유럽 강대국의 결합체인 러불동맹으로 나뉘어서 대립하고 있었다. 또 하나의 중요한 세력인 영국은 러프동맹에 우호적이기는 하였지만 유럽 내에서는 여전히 양자 사이에서 '영광스러운 고립'을 유지하면서 세력균형의 중심추로서의 기능을 수행하려 하였다. 삼국협상은 삼국동맹과 달리 결코 군사적 동맹의 기능을 수반하고 있지 않았다. 당시 유럽 강대국들 사이의 주된 대립은 삼국동맹의 지도적 역할을 수행하였던 독일과 영국의 갈등이었다. 양국 간의 경쟁관계는 경제, 산업분야와 해군정책에서 두드러지게 나타났다. 이 분야들은 영국의 지배에 있어서 중추적인 역할을 수행하던 분야였고 독일은 19세기 말부터 이 분야에 대해 도전하기 시작하였다.

(3) 급진적 민족주의

유럽 강대국들의 대립 이외에 유럽 각국에서의 사회적 갈등과 급진적 민족주의의 성장이 제1차 세계대전의 원인으로 거론된다. 당시 최고조에 달한 제국주의적 상황 하에서 일반 대중들의 민족주의에 고취된 분위기는 국가들 사이의 갈등에 중요한 요인이었음에는 틀림없다. 1차 세계대전이 장기간에 걸쳐서 전쟁당사국의 대다수의 국민들의 지원을 받으면서 지속될 수 있었던 것을 고려해 본다면, 급진적 민족주의가 전쟁의 수행과정에 중요한 이념으로 작용하였다는 것을 알 수 있다.

2. 피셔논쟁: 제1차 세계대전과 독일의 책임론 – 7월위기에 대한 논쟁

(1) 피셔(Franz Fischer)의 첫 번째 주장과 비판

① 피셔의 주장: 피셔는 제 1차 세계대전을 독일에 의한 침략전쟁으로 규명하였고 독일 제 2제국과 제3제국 사이의 연속성을 주장하였다. 독일제국은 1914년 7월 위기를 의도적으로 확대시켜서 발칸반도에 한정된 위기 상황을 유럽 위기로 확대시켰다. 오스트리아에 무조건적인 지원을 약속하는 백지수표(Blanko–Scheck)를 발행하였고 이는 오스트리아로 하여금 세르비아에 대해서 강경한 정책을 취하게 만들었으며, 이에 따라 세르비아의 보호자격인 러시아를 전쟁으로 이끌었으며 러시아의 동맹국인 프랑스의 참전을 야기하였다. 제1차 세계대전의 원인을 제공한 사람은 몰트케와 같은 군부지도자가 아니라 정치지도자로 제국수상 베트만 홀벡, 외무장관 야고, 외무차관 슈툼이며 가장 중요한 책임은 베트만 홀벡에게 있다.

② 홀벡책임론에 대한 비판: 7월위기의 최종적인 순간에 빌헬름2세와 제국수상 홀벡은 영국과의 협상에 응하려고 하였다. 영국의 벨기에 중립의 보장과 동부유럽에서의 전쟁 제한이라는 요구를 받아들이려 하였다. 그러나 육군참모총장 몰트케가 동부에서의 제한된 전쟁에 결정적으로 반대하였다. 당시 독일 육군은 동부전선에서의 전쟁을 수행할 작전계획을 가지고 있지 않았기 때문이다. 슐리펜 작전계획은 프랑스와 러시아를 동시에 상대하는 군사작전이었고, 전쟁의 발생과 더불어서 독일 육군은 이 작전계획에 따라서 자동적으로 벨기에의 중립을 파괴하고 북부 프랑스 지역을 선제 공격하게 되어 있었다. 동부전선에서는 수세적 입장을 취해야 하므로 오스트리아의 지원에 의존해야 하였다. 독일이 백지수표를 발행한 것은 군사적 지원약속이라기 보다는 외교적 지원이라고 봐야 한다. 군사적 지원은 불가능했기 때문이다. 결국 일차대전의 원인은 피셔가 주장하는 것처럼 베트만 홀벡이나 백지수표의 발행이 아니라 몰트케나 슐리펜작전계획 자체에 있다.

(2) 피셔의 두 번째 주장과 비판

① 피셔의 주장: 베트만 홀벡이 1912/1913년과 달리 1914년 7월에 오스트리아의 강경한 발칸 정책에 제동을 걸지 않은 것으로 보아 그는 1914년에는 전쟁을 원하였다고 보아야 한다. 피셔의 제자 가이스는 1914년 초 '잔더스위기'로 오스만 터키에서 독일과 러시아의 대립이 심해졌다고 한다. 1914년 7월에 독일 해군은 전쟁에 대해 준비되어 있었고 러시아와의 관계악화로 러시아와 전쟁을 원했었다는 것이 피셔측의 주장이다.

② 비판

첫째, 독일에서 해군은 육군에 비해서 중요한 역할을 전쟁 중에 수행하지 못하였고 육군처럼 확실한 전쟁계획을 보유하고 있지도 못하였다.

둘째, 피셔는 1912, 1913년과 1914년 사이에 있었던 유럽 강대국들 사이에서의 관계의 변화에 대해서 피셔측은 주목하지 않았다. 발칸 위기 이후 독일은 영국과의 관계개선을 통해 영국이 삼국동맹과 러불동맹 사이에서 중립을 취하도록 하고자 하였다. 이를 위해 독일은 오스만 터키에서 바그다드 철도문제와 아프리카에서의 영국과의 대립을 해소시켰다.

셋째, 1912, 1913년을 중심으로 해서 러불동맹은 자신의 군사력 증강에 박차를 가하게 되었다. 이에 독일 정책결정자들은 독일이 위협받고 있다는 강력한 심리적 불안감을 느끼게 되었다. 특히 동부전선에서 러시아에 대해서는 거의 무방비 상태에 있는 독일로서는 러시아 군사력의 증강은 자신의 안위와 직결되는 문제였다.

넷째, 1913년과 1914년의 위기해결 방안사이에는 차이가 있는데 피셔는 이를 의도적으로 누락하였다. 1914년 위기에서 독일이 오스트리아를 저지하지 않은 것은 그 경우 독일이 유럽에서 고립될 것이기 때문이었다. 한편, 오스트리아는 독일의 지원이 없었더라도 세르비아의 팽창은 오스트리아의 존립을 위협하는 것이므로 세르비아와 전쟁을 감행했을 것이다.

(3) 독일 정책결정자들이 발칸의 위기를 의도적으로 유럽의 위기로 확대시켰는지에 대한 논쟁

부분적으로 타당하다. 독일 정책결정자들은 최후의 수단으로서 프랑스, 러시아와의 전쟁을 예상하였다. 베트만 홀벡의 전략은 오스트리아의 세르비아에 대한 부분적인 응징이었고, 이후에 오스트리아와 러시아가 발칸에 관련해서 협상을 벌인다는 것이다. 이를 통해 독일의 국제적 위신을 고양하고, 오스트리아를 동맹국으로서 계속 유지하며, 삼국협상국가들의 결속력을 약화시켜 영국과 러시아의 오스만 터어키와 페르시아 지역에서의 갈등을 심화시킴으로서 이른바 협상국들의 '포위'를 분쇄시키려는 외교적 승리를 예상하면서 '계산된 위험'을 감행하였다. 이에 따라 7월 위기의 열쇠는 러시아가 쥐게 되었다. 그런데 프랑스 푸앵카레는 러시아에 방문하여 지원을 약속하고 독일의 외교적 공세에 굴복하지 않을 것을 요구하였다. 프랑스 측에서도 어느 정도는 발칸의 위기를 유럽 위기로 확대시키려는 시도를 한 것은 사실이다.

(4) 피셔의 주장에 대한 전반적 평가

피셔의 문제는 제1차 세계대전의 원인을 주로 전쟁발발 직전인 1912, 1913년 발칸위기와 1914년 7월위기에서 규명하려는데 있다. 대전 직전에 당시의 현상에 대해서 영국을 제외하고는 어느 국가도 만족하고 있지 않았다. 프랑스는 1871년 이후 알자스, 로렌을 회복하려 하였고, 러시아는 러일전쟁에서의 패배와 1905년 혁명으로 인해서 내적, 외적으로 체제가 불안한 상황에 놓여있었고 범슬라브주의자들의 성장으로 발칸에서의 지위를 향상시키려고 하였다. 오스트리아는 슬라브민족을 포함하고 있는 다민족국가로서 발칸반도에 거대한 슬라브국가가 성립되려는 움직임에 대해서 항상 민감한 반응을 보였다. 독일제국은 1907년 삼국협상의 결성과 더불어서 협상국에 의해서 포위되어 있는 상태였고 외교적인 고립에서 탈피하려 하였으며 자신의 국력에 걸맞는 지위를 국제사회에 인정받기를 원하였다. 이러한 불만족 상태에서 전쟁은 변화를 의미하였고 대부분의 유럽 국가들은 전쟁이라는 기회를 통하여 자신들의 불만을 해소시키려 하였다. 그러므로 유럽 강대국들 모두 어느 정도는 전쟁발생에 대한 책임을 보유하고 있다.

3. 독일제국의 대외전략과 제1차 세계대전

제1차 세계대전은 다양한 요인들이 결합되어 발발하였으나, 독일의 대외전략에 많은 문제점이 있음을 부인할 수 없다. 독일제국 성립이후 독일의 대외전략을 검토해 보자. 모험주의와 오판에 기초해서 고립화를 자초해 가는 과정이었다고 평가할 수 있다.

(1) 독러재보장조약의 파기와 러불동맹

홀슈타인에 의한 독러재보장조약파기로 러불동맹이 결성되었고 이를 계기로 독일외교가 변화하였다. 다만, 러시아와 독일의 관계는 러불동맹이전에 이미 냉각되어 있었다. 오스트리아와의 이국동맹, 러시아 농산물에 대한 보호관세정책, 러시아 국채에 대한 독일에서의 유통금지 등이 원인이 되었다. 결국 비스마르크 자신이 러시아가 프랑스에 접근하게 만든 장본인이라 볼 수 있다.

(2) 뷜로와 티르피츠 등장과 독일외교

뷜로[74]와 티르피츠의 등장 이후 독일은 세계정책과 함대정책을 추진하였다. 세계정책은 함대정책에 의해 뒷받침되었다. 세계정책은 영국의 패권에 도전하는 정책이었으나 1897~1998년 당시에는 영국의 적수로 간주되지 않았다. 따라서 독일은 영국과의 건함경쟁에 돌입하게 되었다.

---

74) 뷜로(1849.5.3~1929.10.28) 독일의 정치가 · 외교관. 로마 주재 대사(1893~1897), 외상(1897)을 역임한 후 1900년 독일제국 재상(宰相)이 되었다. 빌헬름 2세를 도와 자오저우만(膠州灣)의 조차(租借), 바그다드 철도의 건설, 대함대(大艦隊)의 건조 등, 외교적 수완을 발휘함으로써 제국주의적 세계정책을 추진해 나갔으나, 결국은 독일의 고립을 초래하고 말았다. 내정면(內政面)에서는 의회 장악을 위하여, 1907년 보수당으로부터 자유주의 좌파(左派)에 이르는 다수파(多數派) 여당(뷜로 블록)의 형성에 성공하였으나, 1909년 재정개혁 문제를 둘러싸고 블록이 붕괴되었기 때문에 사직하였다. 제1차 세계대전이 일어나자, 로마 주재 대사(1814)가 되어 이탈리아의 중립 확보에 노력했으나, 이탈리아가 연합국에 가담하여 참전하는 것을 얼마 동안 지연시키는 데에 불과하였다.

(3) 영국의 영독 동맹교섭 실패와 독일 견제
① 영독동맹교섭: 독일은 러불동맹과 영국의 대립을 목도하면서 양자대립은 결코 해소될 수 없는 것이라고 오판하고, 영국의 군축교섭이나 동맹제의를 모두 무시하였다. 당시 러시아는 아시아에서, 프랑스는 아프리카에서 영국에 도전하고 있었다. 영국에 가장 위험한 적은 러시아였으므로 영국에 막대한 부를 주는 인도를 러시아로부터 보호하는 것이 가장 중요한 과제였다. 이에 영국은 영광스런 고립정책의 한계를 느끼고 동맹국을 찾기 시작했던 것이다. 이에 영국은 독일에 동맹을 제의하였으나, 영국과 러불동맹의 대립관계를 지속시킴으로써 국제관계에서 독일의 지위를 고양시키고 나아가서 평화로운 방법으로 세계패권을 획득할 수 있으리라는 판단하에 이를 거절하였다.
② 영국의 독일견제: 두 번의 동맹교섭에 대한 거절과 독일의 건함정책은 영국의 대독인식과 정책을 변경시켰다. 독일이 영국의 세계패권에 도전하는 것일 수도 있다고 생각하기 시작한 것이었다. 영국은 독일을 견제하기로 하였고, 우선 1902년 영일동맹을 체결하였다. 동아시아에서 러시아의 팽창을 일본이 견제하게 하고 자신은 독일의 함대증강에 대응하고자 한 것이었다. 두 번째 견제 조치는 드레드노트라는 거함의 개발이었다. 세 번째 조치는 1909년 이국표준주의를 독일 해군에 대해서만 적용되는 일국표준주의(two-keels-to-one-standard)로 전환시켰다. 건함경쟁은 양국 관계를 급속도로 악화시켰다.

(4) 모로코 위기
러일전쟁 이후 러시아의 군사력이 약화되어 유럽내부에서 양면전의 위험으로 벗어난 빌헬름2세는 모로코에 도착해서 1904년 영국이 인정한 모로코에서의 프랑스 특권을 전적으로 부정하면서 모로코의 독립을 독일이 보장한다고 선언하였다. 뷜로는 이를 통해 영불협상의 무효화를 기도하였으나 오히려 독불관계가 악화되었고 독일의 의도와 달리 영불관계가 더욱 가까워졌다. 대륙동맹을 위해 독일이 재차 모로코위기를 일으켰다. 프랑스에게 대륙동맹을 강요함으로써 프랑스가 궁극적으로 알자스와 로렌을 완전히 포기하고 독일의 유럽에서의 패권을 인정함으로써 스스로 2급 강대국으로 몰락하기를 뷜로와 슐리펜은 바라고 있었다. 뵈르쾨에서 독러방어조약을 체결하였으나, 러시아 각료들의 반대와 프랑스의 반대로 성사되지 못하였다.

(5) 독일이 외교적으로 고립된 이유
① 독일 외교정책 자체의 문제: 러일전쟁에서 러시아의 패전으로 독일 측에 유리한 상황에서 뷜로는 세 가지 선택지가 있었다. 우선, 가장 과격한 수단으로 프랑스에 대해 예방전쟁을 감행하고 유럽 대륙에서 패권을 장악하는 것이었다. 이 전략에 대해 독일 정책결정자들은 영국의 개입을 두려워하여 거절하였다. 둘째는 러불동맹의 약점을 이용하지 않음으로써 국제적 신뢰를 획득해서 독일의 대외적 고립 내지는 포위를 방지하는 것이다. 셋째, 대륙동맹을 결성해서 독일의 대외적 지위를 고양시키고 프랑스를 2급 강대국으로 강등시킴으로써 서유럽에 내재하고 있는 알자스, 로렌 문제를 완전히 해소시키고 나아가 러시아와 함께 영국의 세계 패권에 도전하는 것이다. 뷜로는 세 번째 정책을 선택하였으며 고립을 자초하게 되었다.
② 대외적 요인: 영독 협상결렬 이후 영국은 독일 해군을 견제하기 시작하였다. 러시아의 패전은 독일에서의 세력균형을 독일에게 유리하게 변경시켰고 이에 대해 영국은 프랑스와의 유대 강화를 통해 독일에 대항하였다. 프랑스는 재정력을 바탕으로 러불동맹을 재건하고 러시아와 동맹을 유지하는데 성공하였다. 결국 영, 불, 러 삼국은 독일을 고립시키게 되었다.

📖 참고 체코군단 [2020국립외교원]

1. **체코군단의 개념**
체코군단은 제1차 세계대전(1914~1918년) 당시 오스트리아-헝가리 제국의 군대에 징병 돼 전선에 배치됐다가 러시아군에 포로가 된 뒤 독립을 위해 총부리를 거꾸로 돌린 러시아군 속의 체코 군인들을 말한다. 이들은 포로수용소로 가는 대신 러시아군의 지원을 받아 러시아 군복을 입고 러시아제 무기를 든 채 전선에서 오스트리아-헝가리군이나 독일군에 맞섰다.

2. **체코 군단의 형성 배경**
이들은 1914년 7월 제1차 세계대전이 터지자 오스트리아-헝가리 제국 영토였던 체코와 슬로바키아에서 징집된 군인이다. 전쟁 발발 전 합스부르크 왕조가 지배하던 오스트리아-헝가리 제국은 헝가리 의회를 분리해 이중 제국을 이뤘다. 오랫동안 체코를 이룬 보헤미아와 모라비아 지역은 오스트리아, 슬로바키아 지역은 헝가리의 영토였다. 합스부르크는 체코 지역에도 별도 의회 설치를 허용해 삼중제국을 만들려고 하다가 세계대전을 맞았다.
체코 징집병들은 러시아와 싸운 동부 전선에 가장 많이 배치됐다. 이 과정에서 일부 체코인과 슬로바키아인은 오스트리아-헝가리와 독일이 소속된 동맹군이 아닌 연합군 편에서 싸우면서 나중에 독립 국가를 건설할 꿈을 꾸었다. 모든 슬라브족이 하나의 공동체를 구성하자는 '범슬라브주의'의 영향도 있었다. 19세기 말부터 고향을 떠나 러시아로 망명해 살았는데 일부 체코인과 슬로바키아인은 러시아의 편에서 오스트리아-헝가리 제국에 맞서 싸우는 것이 독립에 유리하다는 입장이었다. 징집돼 전선에 투입된 체코와 슬로바키아 청년 사이에서 이에 동의하는 움직임이 일어 기회가 되면 러시아군에 투항하였다. 일부는 의도적으로 집단 탈영해 러시아 쪽으로 귀순하기도 하였다.

1914년 8월 러시아군 최고사령부는 전쟁포로를 포함해 러시아 제국 내 체코인과 슬로바키아인들로 구성된 부대의 구성을 승인하였다. 러시아 군복을 입고 러시아제 무기를 든 체코와 슬로바키아 출신 군인들은 그해 10월 러시아 제국 육군 제3군 산하로 배속돼 최전방인 갈리시아 전선으로 보내졌다. 갈리시아는 현재 폴란드 동남부와 우크라이나 서북부를 이루는 지역으로 당시에는 오스트리아-헝가리 영토였으며 제1차 세계대전 당시 격전지였다. 체코인들은 러시아 외에도 프랑스, 이탈리아, 세르비아 전선에서도 싸웠다. 이들을 '체코군단'이라고 부른다.

3. 볼셰비키혁명 이후 러시아의 연합전선 이탈

러시아에선 1917년 3월(당시 러시아 달력으론 2월)에 '2월혁명'이 터지고 로마노프 왕조가 전복됐지만 새로 들어선 알렉산드르 케렌스키의 임시정부는 제1차 세계대전을 계속 치르기로 하였다. 그런데 1917년 11월 7일(당시 러시아 달력으론 10월) 볼셰비키가 적위대를 동원해 임시정부 청사인 겨울궁전을 점령하는 '10월혁명'을 일으켜 정권을 탈취하면서 상황이 달라졌다. 임시정부를 전복하고 정권을 차지한 볼셰비키는 10월혁명 이듬해인 1918년 3월 러시아가 맞서 싸우던 동맹국(독일, 오스트리아-헝가리, 불가리아, 오스만튀르크)과 브레스트-리토프스크 협정을 맺고 서부의 광활한 영토를 포기한 뒤 전쟁에서 이탈하였다. 볼셰비키가 정권을 차지하자 이에 반발하는 반혁명군이 백군을 조직해 저항에 나서면서 러시아 내전이 발발하였다. 1922년까지 계속된 내전에서 적군 120만, 백군 150만의 사상자가 발생했으며 러시아 전역은 피바다가 됐다.

4. 체코 군단의 시베리아로의 진군

러시아군 속의 체코 군인들은 난처해졌다. 그들의 입장에선 자신들을 후원하던 제정 러시아가 몰락하고 권력을 차지한 볼셰비키는 중동유럽 슬라브계 소수민족을 지배하던 오스트리아-헝가리 제국과 전투를 중지했기 때문이다. 이들에게 체코 독립운동 지도자였던 토마스 마사리크의 지침이 도착하였다. "러시아 내란에 가급적 휘말리지 말고 목숨을 잘 보전해 서방으로 가라." 서방은 독일이나 오스트리아-헝가리군과 계속 싸우고 있던 프랑스나 이탈리아 등의 서부 전선을 가리킨 것이었다.

러시아군 소속 체코군단은 자체 무장력을 바탕으로 독자적인 부대를 조직해 행동에 들어갔다. 이들은 서부전선으로 가서 계속 싸울 방법을 찾았다. 처음에는 러시아 북부 아르한겔스크 항구를 통해 서방으로 가는 방법을 모색하였다. 영국과 프랑스 등이 백군을 지원하기 위해 이 지역을 거쳐 군대와 선박을 보내고 있었기 때문이다. 하지만 내전이 격렬하게 진행 중인 러시아 중심지를 거쳐 북부 항구로 가는 것은 사실상 불가능하였다.

서쪽은 독일과 오스트리아-헝가리에 막혀 있고 북쪽으로 가자니 내전이 한창인 상황에서 이들의 선택은 '동쪽'이었다. 결국 이들은 시베리아 철도를 이용해 비교적 전투가 '덜' 격렬했던 시베리아를 거쳐 극동의 항구 블라디보스토크로 향하였다. 서방으로 가서 프랑스나 이탈리아의 서부 전선에서 독일이나 오스트리아-헝가리 군대와 싸우려면 시베리아를 거쳐 블라디보스토크에서 배를 타고 가는 수밖에 없었다.

5. 연합군의 체코 군단 지원

당시 혁명에 반대하는 연합군은 체코군단의 철수를 돕기 위해 무기와 물품 등을 지원하였다. 당시 일본의 시베리아 출병도 실제로는 영토적 욕심에서 이뤄졌지만, 표면상 명분은 체코군단의 철수 지원이었다.

6. 체코군단의 블라디보스토크 점령

체코군단이 볼셰비키의 붉은 군대와 제정 러시아를 복구하려는 백군 사이의 내전이 한창이던 러시아와 시베리아를 거쳐 동쪽 바다에 도착한 것은 1918년 7월 6일이었다. 체코군단은 극동의 적군과 전투를 치른 끝에 블라디보스토크 항을 점령하였다. 체코군단은 이 항구를 연합군 항구로 선포하고 모든 연합군 선박에 항만 시설을 개방하였다. 몇 달 뒤인 1918년 11월 11일 독일이 항복하면서 제1차 세계대전이 끝났다. 체코군단은 이곳에 1920년까지 머물면서 선박을 수배해 유럽으로 차례차례 떠났다.

7. 체코군단과 당시 한국 독립운동과의 관계

체코군단이 블라디보스토크에 주둔할 당시 발간한 신문 '덴니크'는 1919년 한국에서 3·1운동이 일어난 지 17일 만에 소식을 전하였다. 그 뒤에도 두 차례 더 기사화하였다. 세계사적 사건의 주인공인 체코군단이 또 다른 세계사적인 사건인 3.1운동에 관심을 가진 셈이다.

주목할 점은 당시 만주와 연해주에서 활동하던 우리 독립군이 체코군단에서 흘러나온 것으로 보이는 무기를 사용해 일본군과 전투를 치렀다는 사실이다. 체코군단은 보유한 무기를 잘 수습해서 가져갔는데 일부에서 유출됐다. 당시 체코군단의 라돌라 가이다 장군은 블라디보스토크에 머물다 비교적 나중에 귀국했는데 그가 지휘하던 부대가 보유 무기의 일부를 한국 독립군에게 넘긴 것으로 추정된다. 체코군단이 체코로 가져가 보관하던 유물 중에는 은비녀와 반지 등도 있다는 점이 유력한 근거다. 당시 독립군이 연해주와 만주에 이주한 우리 동포들로부터 이렇게 독립자금을 현물로 받아 이를 들고 체코군단을 찾아가 무기를 구했을 것으로 짐작할 수 있다.

독특한 것은 체코군단이 보유하던 무기는 러시아제가 아니고 미국산이라는 점이다. 산업시설이 부족했던 제정 러시아는 자국 육군의 기본무기인 모신나강 소총(M1891)을 적기에 충분히 생산할 능력이 없었다. 그래서 제1차 세계대전이 발발하자 미국의 레밍턴사에 150만 정을, 웨스팅하우스사에 180만 정을 각각 주문하였다.

1917년 러시아 혁명이 일어날 때까지 75만 정을 제작했는데 수송 문제로 47만 정만 납품하였다. 혁명으로 납품을 못 하고 남은 28만 정은 미군이 인수하였다. 일부는 러시아 혁명에 개입하기 위해 투입된 연합군에 공급됐다. 5만 정은 체코 군단에 공급됐다. 이 체코군단이 블라디보스토크를 떠나면서 일부 무기를 한국 독립군의 손에 들어온 셈이다. 우리 역사에는 체코 무기라고 알려졌지만 이는 미국산 러시아 소총이었다.

독립군은 이 무기를 바탕으로 화력을 강화할 수 있었을 것으로 보인다. 홍범도 장군이 1920년 6월 6~7일 벌인 봉오동 전투, 홍범도 부대를 비롯한 독립군 연합부대가 10월 21~26일 치른 청산리 전투의 승리에서 사용된 무기가 이것으로 짐작할 수밖에 없다. 독립군 사진에서 보이는 무기는 맥심 기관총과 모신나강 소총으로 보인다. 게다가 당시 이 지역에서 이런 무기를 구할 수 있는 곳은 체코군단이 가장 유력하다. 물론 전투를 치르던 백군과 적군이 돈을 받고 팔았을 가능성도 있다. 체코군단의 시베리아 횡단은 물론 한국의 독립운동은 이처럼 대단히 국제화된 환경 속에서 이뤄졌다.

(출처: [채인택의 글로벌 줌업] 시베리아 휩쓴 '설국열차'의 체코군단 무기가 독립군 청산리 대첩 이끌었다. 중앙일보 2018.11.30. 채인택 기자)

제3절 로카르노체제

1923.1.11 불, 루르점령	1925.8 루르철수
1923.8 독, 구스타프 스트레제만 등장	1925.10.16 로카르노조약 체결
1924.8 런던회의(도오즈안 최종 확정)	1926.1 영, 라인좌안 철수
1925.2.9 독, 불에 협상 제안	1926.9 독, 국제연맹 가입
1925.3 체임벌린, 독 제의 수용	1936.2~3 불, 불―소 조약 비준
1925.4 불, 브리앙 외상 등장	1936.3.7 독, 라인란트 재무장 선언

I 의의

로카르노체제란 로카르노에서 영국, 독일, 프랑스, 이탈리아, 벨지움, 폴란드, 체코슬로바키아간에 체결된 조약체제를 의미한다. 영국, 독일, 프랑스, 이탈리아, 벨지움간의 라인란트조약, 프랑스와 독일, 벨지움과 독일, 폴란드와 독일, 체코슬로바키아와 독일 간의 중재협정으로 구성되어 있다. 로카르노체제는 베르사유체제에 대한 프랑스와 동유럽국가들의 안보위협을 제거하여 유럽질서를 안정화시켰다. 로카르노체제는 1936년 3월 히틀러가 라인란트조약의 비무장규정을 폐기함으로써 붕괴되었다.

Ⅱ 배경

1. 프랑스의 루르[75]점령(1923년 1월~1925년 8월)

프랑스의 루르점령은 독일의 배상금지불문제를 놓고 발생한 사건이다. 베르사유조약에서 배상금은 배상위원회 결정을 통해 지불하기로 하였다. 극심한 인플레로 경제위기를 겪고 있던 독일은 배상금지불 연기를 요청했으나 프랑스와 벨기에는 배상거부를 이유로 독일의 루르지역을 점령하였다. 이는 독일이 배상을 이행하지 않는 경우 루르의 산업을 선취하고 독일에 압력을 가하고자 함이었다. 이에 독일은 '수동적 저항정책'으로 대응하였다. 프랑스의 루르점령으로 독불관계가 악화되었다.

2. 스트레제만의 이행정책

1923년 11월에 외상에 취임한 스트레제만은 수동적 저항정책을 중지시키고 이행정책으로 전환하였다. 이행정책이란 가능한 한 조약의무로부터 벗어나려는 과거정책을 폐기하고 베르사유조약의 이행을 선언함으로써 연합국의 호의를 획득하고자하는 정책이었다. 베르사유체제를 당분간 인정하지 않을 수 없다고 판단한 그는 독일이 다시 강대국으로 부상해야 베르사유조약의 수정이 가능하다고 보았다. 이와 함께 연합국들이 독일의 조약의무 불이행을 이유로 라인란트 철병을 중단하기로 결정한 것도 이행정책의 배경이 되었다.

3. 프랑스에서 친독내각의 등장

루르점령을 단행한 푸앵카레 내각이 실각하고 베르사유조약의 실천에 있어서 대독 화해정책을 전개한 에리오내각이 들어섰다. 에리오 내각은 도스안을 받아들임으로써 독일배상금 문제를 일단락 지었다. 이후 에리오 내각은 대독 친선정책을 전개하였다. 한편, 에리오 이후 등장한 브리앙도 에리오의 대독 화해정책을 유지하였다.

> **📖 참고 도스안**
>
> 이 안을 제출한 배상문제 전문가위원회 위원장인 미국의 C.G.도스의 이름을 붙여 그렇게 불렀다. 1923년 전쟁책임에 대한 독일의 배상금 지급에 불만을 품은 프랑스가 루르 지방을 강제점령함으로써 독일의 정치·경제·사회는 대혼란에 빠졌다. 그 해결책으로 입안된 것이 도스안으로, 배상의 총액과 지불기간은 언급하지 않고 향후 5개년간의 지불연액(支拂年額)만을 정하였다. 즉, 제1년 째인 1924년에는 금화 10억 마르크, 제5년째인 1928년부터는 금화 25억 마르크로 증액하되 독일의 경제번영에 따라 증액한다는 것이었다. 이 계획안의 실시를 위하여 독일은 8억 달러의 미국 자본을 도입하고, 독일의 철도·공업 등을 담보로 합계 금화 16억 마르크를 대부받아 산업합리화를 꾀하면서 경제도 회복단계에 들어갔다. 배상지불이 원활하게 진행되어 독일과 프랑스 간의 대립이 사라졌으며, 독일에 대한 엄격한 통제도 해제되면서 1925년 '르카르노조약' 성립을 가능하게 하였다. 그러나 총배상액의 미정 등 그 잠정적 성격 때문에 1930년 채택된 영안(Young Plan)에 의해서 수정되었다.

> **📖 참고 영안(Young Plan)**
>
> 1929년 6월 7일 독일의 제1차 세계대전 배상문제의 완전하고 최종적인 해결안으로서 제출된 보고서. 이 명칭은 그 위원회의 위원장 O.D.영의 이름을 딴 것이다. 이 안은 독일이 지불할 수 있는 능력의 범위 내에서 연금지불방식으로 배상금을 각국에 지불하도록 한 것이며, 배상사무기관으로서 국제결제은행의 창설을 규정하였다. 1930년 1월 헤이그 회의에서 정식으로 성립되었으나 미국의 주식 대폭락으로 시작된 대공황(大恐慌)이 세계적 규모의 공황으로 확대됨에 따라 독일은 지불이 불가능하게 되었다. 그러나 이 때 창립된 국제은행제도는 그 후로도 발전하여 업무를 계속하고 있다.

---

75) 독일 북서부 노르트라인베스트팔렌주(州)에 있는 공업지대. 라인강 하류와 그 지류 루르강·리페강 사이에 있는 대탄전지대를 바탕으로 발달한 유럽 최대의 공업지역이다. 1920년에는 루르탄전지대 도시연합이 조직되었다. 제1차 세계대전 후에는 독일의 배상지불 지연을 이유로 1923~1925년 프랑스군이 점령했었다. 제2차 세계대전 후는 미국·영국·프랑스·베네룩스 3국의 국제관리에 있었으나, 1952년의 유럽 석탄·철강 공동체의 발족으로 국제관리는 해제되었다.

Ⅲ 독일의 제안내용과 주요 국가의 입장

1. 독일의 제안

독일은 영국과 프랑스에게 라인지방에 이해관계를 갖고 있는 열강간에 불가침, 중재, 군사협정등을 체결하여 서유럽에 관한 베르사유조약의 규정을 독일이 수락하고 동유럽에 관한 문제는 중재재판에 회부하여 해결하며 프랑스에 대한 전쟁을 포기한다는 것을 천명하자고 제안하였다.

2. 영국의 입장

영국은 강온파의 대립 끝에 독일의 제안을 받아들이게 되었다. 영, 불, 독 간 3국동맹을 체결해야 한다는 체임벌린의 주장과 대륙문제에 깊이 관여하여 영국의 행동의 자유를 제한하지 말아야 한다는 반대파의 의견을 절충한 것이었다. 또한 독일의 제안을 거절할 경우 독일과 러시아가 동맹을 맺고 반서유럽 블록을 형성하는 것을 저지하자는 의도도 있었다.

3. 프랑스의 입장

프랑스는 독일의 제안에 독일의 동부국경에 대한 보장이 없는 점이 불만족스러웠다. 독일의 제안에 따르는 것은 1921년 프랑스–폴란드조약, 1924년 프랑스–체코슬로바키아 조약을 수정하는 것이기 때문이었다. 그러나 영국의 권유에 따라 독일의 제안을 받아들이기로 하였다. 이는 동부국경의 현상유지를 인정하는 조약을 독일이 국내사정상 체결할 수 없음을 이해하고, 당시 상황으로는 동유럽의 보장은 시급한 문제가 아니라고 판단했기 때문이다.

Ⅳ 로카르노체제의 주요 내용

1. 상호보장조약

영국, 프랑스, 독일, 이태리, 벨기에 5개국 간에 라인좌안에 대한 현상유지를 확인하는 조약이다. 프랑스–독일–벨기에 간의 국경을 현상유지하고, 라인란트 비무장을 규정한 베르사유조약 제 42조, 제43조를 준수한다. 프랑스, 독일, 벨기에 3국은 자위권발동을 제외하고는 상호 전쟁을 하지 않는다. 이 모든 약속에 대해 영국과 이탈리아가 보장한다.

2. 중재조약

독일은 벨기에, 프랑스, 폴란드, 체코슬로바키아 4국과 중재재판조약을 체결하였다. 모든 분쟁을 평화적으로 해결한다. 국제분쟁을 법률적 분쟁과 정치적 분쟁으로 구분하고 법률적 분쟁은 상설국제재판소를 비롯한 국제재판에 회부하고 정치적 분쟁은 조정위원회를 통해 해결한다.

3. 상호원조조약

독일의 동부국경에 대한 보장이 마련되지 않자 프랑스는 동유럽국가인 체코슬로바키아 및 폴란드와 상호보장조약을 단독으로 체결하였다. 독일이 도발 받지 않았음에도 공격을 취하여 로카르노조약을 위반하는 경우 프랑스–체코, 프랑스–폴란드는 국제연맹 규약을 적용하여 상호 지원한다. 이 조약에 의한 프랑스의 행동은 독일에 대한 침략으로 간주되지 않는다.

Ⅴ 국제정치사적 의의

첫째, 프랑스는 일단 독일을 집단안전보장체제속에 편입시킴으로써 직접적인 침략의 위협을 감소시키긴 하였으나 독일의 동부국경문제에 있어서는 폴란드와 체코에 대한 보장의 부담을 지게 되었다. 그러나, 프랑스는 루르점령 이후의 국제적 고립을 탈피하고 독일의 무장을 억제하며 독일의 소련에의 접근을 방지할 수 있었다.

둘째, 로카르노조약은 영국의 전통적 정책과 일치하는 것이었다. 즉, 대륙세력과 동맹은 맺지 않고 대륙의 세력균형과 안정을 유지할 수 있게 되었기 때문이었다. 독일을 소외시키지 않고 프랑스의 안보를 보장해 줌으로써 양 세력 간 우호관계를 유지하면서 양국간 조정자 역할을 할 수 있었다. 다만, 독일 동부국경에 대한 보장은 회피함으로써 프랑스의 정책과 마찰을 빚게 되는 부분도 있었다.

셋째, 이탈리아는 조약의 당사국이자 보장국이 되어 명목상 국제적 지위를 향상시키는데 도움을 얻었다.

넷째, 독일은 라인란트 규약을 통해 서부국경의 현상유지를 보장함으로써 연합군의 조기철수를 위한 명분을 확보하였다. 또한 독일이 우려한 영국과 프랑스의 동맹형성을 방지하게 되었다. 독일은 국제연맹에 가입하고 상임이사국이 됨으로써 패전국의 법적지위에서 탈피하고 국제사회에 정식으로 복귀되었다.

스트레제만(Stresemann, Gustav, 1878.5.10~1929.10.3)

베를린 출생. 제1차 세계대전 전 작센지방의 공업을 크게 발전시켜 공업가단체의 조직가로서 두각을 나타내어 국민자유당의 국회의원이 된 후, 타고난 웅변술과 활동적인 수완으로 정치지도자로 부상하였다. 제1차 세계대전 중 국민자유당의 지도자, 독일혁명 후에는 독일인민당을 조직하여 온화한 군주주의를 내세웠다. 1923년 8월 인플레의 대혼란 중 수상에 선출되자, 프랑스군에 대한 저항을 중지하고 통화의 안정을 꾀하였다. 1923년 11월~1929년 10월 죽을 때까지 역대 공화국의 외무장관으로 있으면서 정계의 중심인물로 활약하였다.

그는 전승국(戰勝國)과 협조하여 독일의 국력을 회복시키는 정책을 폈으며, '로카르노조약'을 맺어 국제연맹 가입에 성공하였다. 또한 미국이 제안한 도스안(案:Dawes Plan)과 영안(案:Young Plan)에 의하여 배상금액을 경감시키고, 라인란트로부터의 점령군 철수를 확약받았다. 한편, 소련과의 친선에 노력하면서 독일을 다시 유럽의 패자(覇者)로 만들기 위해 동유럽으로 진출을 꾀하는 등 정치가로서의 야망을 보이기도 하였다. 1926년 '로카르노조약' 체결에 노력한 공로로 프랑스의 외무장관 브리앙과 공동으로 노벨평화상을 수상하였다.

푸앵카레(1860.8.20~1934.10.15)

프랑스의 정치가·변호사. 뫼즈현(縣) 출생. 과학자인 J.H.푸앵카레의 사촌동생. 법률학을 배우고 관계(官界)에 들어갔으며 1887~1903년 하원의원, 1903~1913년 상원의원으로 정계에서 활약하였다. 그 동안 1893년 문교장관, 1894~1895년 재무장관을 겸임, 1895~1898년 하원 부의장, 1906년 다시 재무장관, 1910년 아카데미프랑세즈 회원이 되었다. 1912년 총리 겸 외무장관, 1913년 제3공화국 제9대 대통령이 되었고, 제1차 세계대전 전에는 영국·러시아와 협조하여 대독(對獨)강경외교정책을 취하였다. 대전 중에는 반전(反戰)·패배주의를 억압하고 클레망소를 총리로 임명하여, 프랑스를 승리로 이끌었으나 대독강화에 불만을 품고 1920년 대통령직을 사임하였다.

그 후 1920~1934년 상원의원으로 있으면서 1922~1924년 총리 겸 외무장관으로 재직, 1923년 독일의 루르지방 점령을 단행하는 등 강경정책을 취함으로써 국내외의 불신을 초래하여 1924년 사임하였다. 그 후 경제위기 극복에 좌익연합내각들이 실패하자 1926년 거국일치 제3차 내각 수반이 되어 재무장관을 겸하고 증세(增稅)와 행정기구 정리에 의한 지출절감을 단행하여 재정난을 해결하였다. 그리고 1928년 프랑화(貨)의 평가절하를 실시하여 '푸앵카레 프랑'을 정함으로써 통화의 최종적 안정을 실현시켰다.

에리오(1872.7.5~1957.3.26)

트루아 출생. 육군장교의 아들로 태어나 1894년 파리 고등사범학교를 졸업하였다. 낭트와 리옹 국립고등학교 교수가 되고, 논문「레카미에 부인과 그 친구들 Madame Récamier et sesamis」(1904)을 발표하여 문학박사가 되었다. 이 때 정치에 관심을 갖고 급진사회당에 입당, 드레퓌스사건에 관계하여 반동파와 항쟁하였다. 1905년 리옹시장이 되었고, 그 후 비시정부시대를 제외하고는 리옹시의 만년(萬年)시장으로서 이름을 떨쳤다. 1912~1919년 상원의원, 1919~1957년 하원의원을 지냈는데, 그 사이에 16~17년 제5차 브리앙내각의 공공사업장관을 역임하였고, 1919년부터 급진사회당 당수를 지냈다. 당시의 반동적인 '군복의회(軍服議會)' 내에서 반대파의 총수로 활동, 1924년 6월 좌익연합내각의 총리 겸 외무장관이 되었다.

대내적으로는 반교권적(反敎權的) · 민주주의적 시책을 시도하였고, 대외적으로는 안전보장조약의 체결을 희망하여 루르 철병(撤兵), 소련의 정식승인 등 업적을 올렸으나, 재계(財界)의 강력한 저항(에리오는 이를 '금전의 벽'이라 명명하였음)으로 이듬해 사직하고 하원의장이 되었다. 1926년 제2차 에리오내각은 곧 쓰러졌고, 1932년 총리 겸 외무장관이 되어, 불 · 소(佛蘇)불가침조약을 체결하고, 1934~1936년 국무장관, 1936~1940년 하원의장을 지냈다. 1942년 페탱의 위헌(違憲)행위를 탄핵하고, 곧 독일군에 체포되어 각지를 전전하다가 포츠담에 감금되었다. 1945년 4월 소련군에 의해 석방, 귀국하여 다시 리옹시장이 되었고, 1947년 1월 국민의회 의장에 선출되었다. 유럽통합론자이기도 한 그는 문학과 역사에 관한 작품을 저술하였고, 아카데미 프랑세즈 회원이었다.

제4절 부전조약

I 의의

로카르노조약 체결로 평화의 분위기가 유럽정세에 고조되고 있는 가운데 프랑스 외상 브리앙[76]은 미국에 대해 정치수단으로서 양국 간 전쟁을 포기하자는 상호보장조약을 제의하게 되었다. 프랑스는 베르사유체제나 로카르노체제밖에 존재하고 있는 미국과 소련을 안전보장체제에 끌어들이고자 하였다. 1928년 8월 27일에 조인된 부전조약에는 영국, 미국, 독일, 이탈리아, 일본 등 57개국이 당사국이 되었다. 실효성이 없는 것으로 비판을 받기도 하였으나 당시 유럽에 존재하던 국제평화에 대한 열망과 의지를 보여주었다.

---

76) 낭트에서 출생하였다. 변호사업을 하다가 사회주의자가 되고, 언론인으로 활동하였다. 제1차 세계대전 후에는 푸앵카레(1854~1912)와 나란히 대정치가의 면목을 발휘하였다. 전후 국제연맹을 거점으로 한 국제협조주의와 집단안전보장체제의 노선을 추진하였으며, 독일에 대한 배상문제에 있어서 푸앵카레가 강경책을 써서 루르 점령을 강행한 것과는 대조적으로, 평화적 해결을 주장하여 루르로부터의 철병책(撤兵策)을 택하였다. 그와 동시에 1925년 로카르노조약을 제안하였으며, 국제분쟁의 평화적 해결을 도모하는 등의 공로가 인정되어 1926년에 슈트레제만(1878~1929)과 더불어 노벨평화상을 받았다. 또한 1928년에는 파리에서 선진열강과 부전조약(不戰條約)인 켈로그-브리앙조약을 체결하였고, 독일을 정식으로 국제연맹에 가입시켰다. 1930년 유럽연방안(聯邦案)에 대한 각서를 발표하여 국내외의 관심을 끌었다.

Ⅱ 주요 국가의 입장

1. 프랑스

미국에 대한 먼저 제의를 한 프랑스의 의도는 미국을 포함하는 집단안전보장체제를 모색하고자 하는 의도와 함께 전쟁부채 상환문제로 미국 국민이 프랑스 국민에게 갖고 있는 불만을 완화하기 위한 것이었다. 멜롱−베랑제조약은 프랑스가 미국에게 전쟁부채를 62년에 걸쳐 상환하기로 약속한 조약이나 프랑스 의회가 비준을 하지 않고 있었다. 프랑스는 양자조약으로 체결하고자 하였다.

2. 미국

미국 국무장관 켈로그[77]는 프랑스의 제안에 대해 다자조약으로 확대시키자고 하였다. 또한 프랑스가 침략전쟁만의 포기를 제의하는 것에 대해 침략전쟁의 정의가 곤란함을 이유로 제한을 두지 않으려고 하였다. 미국으로서는 세계평화에 대한 이상에 어떠한 제한도 가하지 않으려고 하였다.

Ⅲ 부전조약의 주요 내용

첫째, 전쟁을 반대하며 대외관계에 있어서 국가정책수단으로서의 전쟁을 포기한다.
둘째, 분쟁의 성질과 원인을 불문하고 모든 분쟁은 평화적 방법에 의해서만 해결한다.

Ⅳ 평가

1. 긍정적인 측면

첫째, 국제연맹 밖에 머물고 있던 강대국인 미국과 소련이 가입함으로써 명실상부한 범세계적인 조약체제를 이루게 되었다. 둘째, 베르사유 평화기구의 중추인 국제연맹규약보다 진일보하여 전쟁을 불법화 시켰다.

2. 한계

첫째, 조약문이 간단하다는 장점은 있었으나 이에 위반한 국가에 대한 제재규정이 없었다. 따라서 조약자체가 지니는 이행능력의 갭은 처음부터 그 실효성을 약화시켰다. 둘째, 자위권을 행사할 경우엔 그 적용이 어려웠다. 셋째, 영국은 이집트에 대해 이 조약의 적용을 유보함으로써 조약의 실효성을 저하시켰다.

---

77) 뉴욕주(州) 포츠담 출생. 법률을 공부하고, 1877년부터 미네소타주(州) 세인트폴에서 변호사를 개업, 1904년에는 법무장관의 특별고문이 되어 스탠더드 오일 등 트러스트 고발에 활약하였다. 후에 주제통상위원회(州際通商委員會) 고문으로 일하였다. 1912년 미국 변호사회 회장, 1917~1923년 상원의원, 1924~1925년 주영대사(駐英大使), 1925~1929년 쿨리지 정부의 국무장관으로서 칠레와 페루 사이의 영토 분쟁의 해결에 노력하여 선린외교의 선구가 되었다. 1928년의 부전조약(不戰條約:켈로그−브리앙 조약) 실현에 공헌하였고, 1929년 노벨 평화상을 수상하였다.

1933.1.30 히틀러, 수상으로 등장
1934.1.26 독일-폴란드 불가침 협정
1935.3.1 자르지역 독에 복귀
1935.3.16 히틀러, 징병제도 재실시
1935.4.11 스트레자 연합전선
1935.5.2 불-소 협정 체결
1935.6.18 영-독 해군 협정
1936.2~3 불, 불-소 협정 비준

1936.3.7 독, 라인란트 재무장 선언
1936.6.11 독-오 협정
1936.10.24 로마-베를린 추축 형성
1936.11.11 독-일 반공협정 체결
1938.3 독, 오스트리아 합병
1938.9 뮌헨협정
1939.9.1 독, 폴란드 공격

I 히틀러의 대외전략 기조

1933년 1월 30일 독일 수상에 취임한 히틀러의 대외전략은 나찌즘에 기초한 현상타파주의에 기초하고 있었다. 히틀러의 대외정책관은 적자생존의 다위니즘, 인류발전에 있어서 인종의 중요성, 독일인구의 생존을 위한 공간이 필요하다는 인식에 기초해서 형성되었다. 히틀러는 『나의투쟁』이라는 자서전에서 구체적인 외교정책 목표를 밝혔는바, 우선적인 외교정책의 목표는 독일내에서 아리아족의 존재를 유지하기 위해 그 인구수에 걸맞는 생존공간을 확보하는 것이었다. 생존공간 확보정책은 강력한 군사력에 기초해야 한다고 보았으므로 결국 히틀러의 대외전략은 베르사유체제의 타파로 요약할 수 있다.

II 군비증강정책

1. 국제연맹 탈퇴(1933년 10월 19일)

히틀러는 독일을 다시 강대국으로 재건하기 위해서는 우선 베르사유조약의 군비조항을 철폐해야한다고 생각하였다. 히틀러는 군사력이 독일의 정치권력 강화에 있어서 중요한 전제조건이라고 강조하였다. 1933년 개최된 군축회의에 앞서 히틀러는 국제연맹 탈퇴를 선언하였다.

2. 독불군축회의

연맹을 탈퇴하되 호혜적 군축회의 참여를 선언한 히틀러는 1933년 11월 24일 프랑스와 양자 간 군축회담을 진행하였다. 히틀러는 불가침조약의 체결, 로카르노조약준수, 독일의 30만병력보유, 자르지방의 국민투표없이 병합등의 내용을 제시하였다. 그러나 프랑스에서는 1934년 4월 17일 독일의 재군비를 거부한다는 이유로 협상을 종료시켰다.

3. 재군비결정(1935년 3월 16일)

3월 16일 프랑스 대사를 접견한 자리에서 독일은 군복무 의무제를 실시하고 55만에 달하는 36개 사단병력을 보유하게 될 것이라고 선언하였다. 이는 베르사유조약을 수정하는 것으로서 베르사유조약은 군복무 의무제를 폐지하고 직업군인으로 구성된 10만의 병력만 유지하도록 하였다. 독일의 재군비 결정에 대해 영국, 프랑스, 이탈리아는 4월 11일 '스트레자합의'로 대응하였다. 스트레자합의는 독일의 행동을 비난하고 로카르노조약의 충실한 이행을 재다짐한 합의였다.

4. 영독해군합의(1935년 6월 18일)

히틀러는 재군비결정 이후 평화적인 외교노선을 발표하였다. 즉, 로카르노조약을 준수하고 오스트리아의 독립을 보장하며 베르사유조약에 의한 비무장 지대유지를 약속하는 한편, 영국에 대해 독일은 영국 해군력의 35%에 만족할 것이라고 선언하였다. 이에 영국은 독일의 제안을 받아들여 양국간 잠수함의 비율을 100:35로 규정하였다. 이는 영국이 베르사유조약을 수정한 것으로서 베르사유조약에서 독일은 잠수함 보유가 금지되어 있었기 때문이다.

5. 독일군의 라인란트 진주(1936년 3월 7일)

독일의 재군비에 대응하여 1935년 5월 2일 프랑스와 소련은 상호원조조약을 체결하였다. 양국 중 일국이 도발하지 않은 공격을 받은 경우 연맹이사회가 제재하지 못하면 즉시 원조를 제공한다는 내용이었다. 프랑스 의회는 이 조약을 1936년 2월 27일에 비준하였고, 히틀러는 이 조약을 이유로 라인란트비무장조항을 파기하였다. 독일군의 라인란트 진주에 대해 프랑스는 아무런 조치도 취하지 않았고 영국은 이를 승인해 주었다.

> **참고 라인란트**
> 독일 라인강 연변의 지명. 1648년 베스트팔렌조약의 결과 남부의 알자스는 프랑스령이 되었다. 유럽을 제패한 나폴레옹은 1797년 라인 서안(西岸)을 프랑스령으로 하였고, 라인 지방의 중소 제후국을 합쳐서 라인동맹을 결성하여 그 보호하에 두었다. 그러나 빈 회의의 결과 라인란트는 제후 할거의 상태로 독일연방에 편입되어 프로이센령이 되었고, 다시 프로이센·프랑스 전쟁의 결과 모든 라인란트는 독일 제국령이 되었다. 제1차 세계대전 후 1919년 6월의 베르사유조약은 라인강 서안 지역을 15년간의 연합국 보장 점령 아래 두게 하였으며, 동쪽 기슭 50km에 걸친 비무장화를 규정하였다. 프랑스는 라인란트를 정치적으로도 독일에서 분리시키려고 기도하였으나 독일계 주민들의 저항으로 실패하였다. 그 후 '로카르노조약'이 체결되어 라인란트의 영구 무장금지가 보장되었고, 연합국 군대는 1930년 철수하였다. 그러나 나치스 독일이 성립된 후 히틀러는 1936년 5월에 로카르노조약을 일방적으로 파기하였으며, 라인란트로 군대를 진주시켰다. 서구 제국은 이에 저항하지 못하고 방관하였으며 프랑스의 전략적 이점은 상실되었다. 제2차 세계대전으로 라인란트는 큰 피해를 겪었는데, 전후에는 서독 정부가 성립되기까지 프랑스·영국·미국의 3국이 분할 통치하였다.

Ⅲ 유럽열강과의 주요 외교관계

1. 독일 – 폴란드 불가침조약(1934년 1월 26일)

히틀러는 국제연맹탈퇴 이후 고립을 탈피하고 체코슬로바키아와 폴란드의 접근을 저지하고자 폴란드에 불가침조약을 제안하였다. 폴란드는 자국 안보에 대한 프랑스의 보장에 회의적인 태도를 갖고 있었고 독일과의 직접교섭에 의한 안보를 구축하고자 하였다. 상호 불가침과 분쟁의 평화적 해결을 합의하였다. 이 조약으로 폴란드와 프랑스의 동맹관계가 해체되었다.

2. 오스트리아에서 독일과 이탈리아의 대립

독일에 있어서 오스트리아는 독일 민족의 통일을 위해 병합해야할 지역이었다면, 이탈리아에게는 '이탈리아의 유럽오지'로서 이탈리아가 대륙세력이 되기 위해서는 반드시 차지해야할 지역이었다. 오스트리아에서 나찌당의 활동이 적극화되자 무솔리니는 1934년 2월 17일 영국, 프랑스와 함께 오스트리아의 독립을 보장한다는 선언을 공포하고, 3월에는 오스트리아, 헝가리와 경제적 유대를 강화하는 조약을 체결하였다.

3. 독일 – 오스트리아 합의(1936년 7월 11일)

라인란트 진주를 마친 히틀러는 오스트리아 독립에 관한 합의를 이탈리아의 양해하에 이끌어냈다. 독일은 오스트리아의 완전한 주권을 인정하고 양국은 상호 내정에 간섭하지 않는다는 내용이다. 이탈리아는 독일의 오스트리아 병합을 막기 위해 이와 같은 선언을 인정했으나 결과적으로 오스트리아내의 나찌당의 활동의 자유를 보장하여 병합을 용이하게 하였다.

4. 로마 – 베를린 추축의 결성(1936년 10월 24일)

스페인 내란을 계기로 독일과 이탈리아 관계가 강화되었고 이를 통해 로마-베를린 추축이 형성되었다. 10월 의정서는 양국이 공산주의 선전에 반대하고 프랑코 정권을 승인하며, 독일은 이탈리아제국을 인정하고, 독일은 지중해 문제에 간여하지 않는다는 내용을 담고 있다.

5. 독일 – 일본 반코민테른 협정(1936년 11월 25일)

독일과 일본이 5년간 코민테른[78]의 파괴활동에 공동대처한다는 것으로 비밀협정에서는 반코민테른의협정의 대상을 소련으로 명시하였다. 히틀러는 영국을 위협할 의도로 동 조약을 체결하였으며 영국은 독일과 일본을 동시에 상대할 수 없다는 판단하에 유화정책을 구사하는 하나의 배경이 되었다. 일본은 소련에 대항하기 위해서는 독일과 제휴가 필요하다고 판단하게 되었다.

Ⅳ 오스트리아 병합

1. 열강의 태도: 유화정책

영국에서는 1936년 12월 친독주의자인 체임벌린 내각이 들어섰으며 대독외교의 기본노선을 현실주의로 제시하였다. 이는 대독유화정책을 의미하는 것으로서 오스트리아, 체코, 단찌히 등의 현상변경은 평화적인 방법으로 이뤄지는 경우 용인하겠다는 입장이었다. 한편, 프랑스에서도 역시 델보 외상(外相), 보네 장상 등 대독유화론자들이 입각하고 있었다. 이탈리아는 기존의 오스트리아에 대한 세력확장 정책을 변경시켜 독일의 오스트리아 병합에 반대하지 않는다는 입장을 천명하였다.

---

78) 공산주의인터내셔널(Communist International)을 지칭한다. 제1차 세계대전으로 제2인터내셔널이 와해된 후 러시아의 V.I.레닌의 지도하에 각국 노동운동 내의 좌파가 모여 1919년 모스크바에서 창립된 것으로, 마르크스–레닌주의를 사상적 기초로 중앙집권적 조직을 가지며 각국 공산당에 그 지부를 두고 있다. 프롤레타리아독재를 통한 사회주의의 달성이라는 노선에 입각하고 있다는 점에서 제2인터내셔널과 구별된다. 제1·2차 세계대전 사이에 공산주의자들의 투쟁을 촉진시키며, 7회의 대회를 가졌으나, 스탈린에 의해 다수의 지도자들이 숙청된 후 1943년 해산되었다.

2. 히틀러 – 슈스닉 회담(1936년 7월)

1936년 독오협정 체결 이후 오스트리아 내에서 나찌당원의 활동이 적극화되어 독일과의 통합을 주장하였다. 오스트리아 경찰은 38년 1월 나찌당의 쿠데타 음모를 발표하였고 이로 인해 독오관계가 급격히 악화되었다. 히틀러는 슈스닉과의 회담에서 내상에 친나찌 자이스–잉크바르트를 임명하라고 요구하였고 슈스닉은 받아들일 수밖에 없었다.

3. 오스트리아 병합(1938년 3월 13일)

독일은 슈스닉 수상의 사임을 요구하였으나 미클라스 대통령이 거부하자, 최후통첩을 수교하였다. 이에 오스트리아는 굴복하였고 자이스–잉크바르트가 수상이 되었다. 그는 독일에 군대파견을 요청하였고 13일 독일과의 합병을 선언하였다.

Ⅴ 체코 병합

1. 체코슬로바키아 문제

제1차 세계대전 후 오헝제국이 붕괴되자 체코인과 슬로바키인으로 구성되어 체코슬로바키아가 탄생하였다. 독일인 소수민족은 230만명으로서 오스트리아, 독일의 국경지대인 주데텐란트에 거주하고 있었다. 이 지역은 선진공업지대였고 체코정부는 요새를 구축해 놓고 있었다. 1935년의 선거로 헨라인이 이끄는 주데텐독일당이 제1당이 되었고 히틀러와 관계를 강화하기 시작하였다.

2. 히틀러 – 헨라인 회담(1938년 3월 28일)

히틀러는 막강한 군사력으로 무장한 체코를 '유럽의 항공모함'이라 생각하였고 주데텐 독일당을 이용하여 체코 문제를 해결하고자 하였다. 히틀러–헨라인 회담에서 히틀러는 체코가 받아들이기 힘든 요구[79]를 제시할 것을 헨라인에게 주문하였다. 이에 4월 24일 헨라인은 칼스바드대회를 열고 주데텐에 독일의 자치정부를 허용하고 독일인 관리를 둘 것을 요구하였다.

3. 체임벌린 – 히틀러 회담

히틀러의 뉘른베르크 연설 이후 체코소요사태가 가열되자 체임벌린은 히틀러와 협상을 통해 문제를 해결하고자 하였고 두 차례에 걸쳐 회담이 진행되었다. 1938년 9월 15일 베르흐테스가덴회담에서 체임벌린은 주데텐 할양에 찬성하나 프랑스와 협의해야한다는 입장이었고 히틀러는 주데텐 할양 이외에 체코의 붕괴는 바라지 않는다고 하였다. 이후 영국과 프랑스의 정책은 주데텐할양으로 정리되었다. 그러나 9월 22일에 있었던 고데스베르크회담에서 히틀러는 종전과 달리 체코분해, 즉 폴란드인 거주지역은 폴란드에, 헝가리인 거주지역은 헝가리에 할양해야 한다는 입장을 천명하자 양자회담은 성과없이 끝났고 체코는 총동원령을 내렸다.

---

79) 독일인과 체코인의 완전한 평등, 주데텐에 독일인 자치정부 수립, 독일인지역에는 독일인 관리의 임명, 독일 이데올로기 선전의 완전한 자유 등을 요구하게 하였다.

4. 뮌헨협정(1938년 9월 29일)

체임벌린-히틀러 회담 이후 영국, 프랑스의 입장은 강경정책으로 변화되어 독일이 체코를 공격하는 경우 원조할 것임을 천명하였다. 소련도 체코를 지원하겠다고 하자 히틀러는 무솔리니의 국제회의 개최안을 수용하였다. 영국, 프랑스, 독일, 이탈리아간 회담에서 주데텐의 할양과 영국, 프랑스의 새로운 국경보장, 체코 내 폴란드, 헝가리 소수민족문제 해결, 독일과 이탈리아의 신국경 존중 등이 합의되었다. 10월 10일 주데텐이 독일에 할양되었고, 테센지방은 폴란드에, 남슬로바키아와 루테니아지방은 헝가리에 할양되었다.

5. 체코병합(1939년 3월 15일)

히틀러는 체코가 독일의 동, 남유럽 진출에 장애가 되고, 독일이 다른 국가와 전쟁을 하는 경우 '프랑스의 항공모함' 역할을 하는 것을 우려하여 체코를 완전히 병합하고자 하였다. 히틀러는 슬로바키아의 독립을 명분으로 삼아 체코대통령을 위협하여 병합을 완료하였다. 독일이 거주지역이 아닌 체코병합으로 영국은 히틀러의 침략적 성격과 유화정책의 오류를 인식하게 되었다.

Ⅵ 폴란드 침공

1. 단찌히 문제

1938년 10월 폴란드 내 독일인의 소요사태 이후 단찌히 문제가 현안으로 등장하였다. 독일의 입장은 단찌히 반환, 동프러시아와 연결되는 철도건설과 철도에 대한 치외법권적 지위부여를 요구하는 것이었다. 독일은 단찌히 문제를 강력히 요구하지는 않음으로써 폴란드와 우호관계를 유지하고자 하였다.

2. 독일 – 이탈리아 동맹(1939년 5월 22일)

폴란드문제를 해결하기 전에 이탈리아의 지원을 확보하고자 했던 독일은 독일, 이탈리아, 일본 3국 간 동맹체결을 원했으나 일본의 반대로 독일과 이탈리아의 동맹이 체결되었다. 양국 중 1국이 제 3국과 전쟁을 하는 경우 타국은 모든 병력을 동원해서 지원하며 단독강화하지 않기로 합의하였다. 이 조약으로 이탈리아는 독일에 종속적인 지위에 놓이게 되었다.

3. 독일 – 소련 불가침 조약(1939년 8월 23일)

독일은 폴란드 침략시 소련의 중립을 확보한다면 영국이나 프랑스가 폴란드 지원을 단념할 것이라 생각하였다. 한편, 소련은 영,불의 유화정책으로 독일에 대항하지 않을 것이라 생각하고 단독으로 독일과의 전쟁에 연루될 것을 두려워하였다. 따라서 독일과의 협상으로 자기 안전을 도모하고자 하였다. 양국은 서로 적대적인 행위를 하지 않으며, 1국이 제 3국과 전쟁을 하는 경우 타국은 제 3국을 어떤 형태로든 지원하지 않기로 합의하였다. 세력권 조정으로서 핀란드, 에스토니아, 라트비아를 소련에 편입시키기로 하였다. 독소불가침조약으로 히틀러는 계획대로 폴란드를 침공할 수 있었고 소련은 제정 러시아의 영토를 거의 되찾을 수 있었다.

4. 독일의 폴란드 침공(1939년 9월 1일)

독일은 단찌히, 회랑, 폴란드령 상부실레지아 등 폴란드가 수용할 수 없는 요구를 제출하고 폴란드가 이를 거절하자 9월 1일 폴란드를 공격하였다. 영국과 프랑스는 최후통첩을 수교하고 폴란드를 지원하여 참전하였다.

히틀러(Hitler, Adolf, 1889.4.20~1945.4.30)

오스트리아의 세관원의 아들로 태어나서, 13세에 아버지를, 18세에 어머니를 잃었다. 빈에서 예술가의 꿈을 키웠으나 실패하였고, 독신자합숙소의 공영시설(公營施設)에서 숙박하면서 유산과 자신이 그린 그림을 팔아서 생활을 이어갔다.

오스트리아·헝가리제국(帝國) 내의 격렬한 민족투쟁의 와중에서 독일민족지상주의자가 되어 국제주의적인 마르크스주의를 반대하였으며, 유대인과 슬라브족을 증오하였다. 1913년 병역을 기피하여 뮌헨으로 피신했지만 생활은 더욱 나빠졌다. 제1차 세계대전이 발발하자 독일군에 지원병으로 입대하고 무공을 세워 1급 철십자장(鐵十字章)을 받았다. 독일이 패전한 후 뮌헨에서 공산혁명이 실패하였는데, 그 직후에 히틀러는 군대에서 정치교육을 받고 반(反)혁명사상으로 정신을 무장하였다. 1919년 9월 독일노동자당(후에 국가사회주의독일노동자당, 즉 나치스)이라는 반(反)유대주의적인 작은 정당에 가입하였다.

그는 웅변에 능하였고, 그 웅변의 힘으로 선전활동을 전개하여 당세를 확장하였으며, 1920년 4월 군대에서 제대하여 당의 선동가로서 정치활동에 전념하였다. 이어 당내(黨內)의 독재자가 된 그는 군부·보수파(保守派)와 손잡고 민족공동체의 건설, 강대한 독일의 재건, 사회정책의 대대적인 확장, 베르사유조약의 타파, 민주공화제의 타도와 독재정치의 강행, 유대인의 배척 등을 역설하였고, 특히 대중집회를 자주 열어 일반 민중의 지지를 얻었다. 1923년 11월 8~9일 뮌헨에서 봉기(히틀러의 봉기)를 획책했으나 군부와 관료의 지지를 얻지 못하여 실패하였다. 그 사건으로 란츠베르크 육군형무소에 투옥되었는데, 출옥 후 와해된 당의 조직을 재편하고 합법적인 운동으로 민주공화제를 내부로부터 정복할 것을 꾀하였다. 옥중에서 『나의 투쟁 Mein Kampf』을 출판하여, 동유럽을 정복하고 게르만 민족의 생존권을 동방으로 확장하겠다는 계획을 제시하였다.

그는 당내의 여러 가지 경향을 종합·정리하고, 1930년 9월 총선거에서 나치스는 18.3 %의 득표율로 사회민주당에 이어 제2당이 되었다. 이 시점부터 그의 일생이 바로 나치스의 역사가 되었다. 연립내각에 입각하기를 거절하고 나치스의 독재지배를 요구하였는데, 1932년 4월 대통령선거에서 1340만 표(36.8 %)까지 득표하였으나 P.힌덴부르크에게 패하였다. 또한 7월 총선거에서는 37.3 %를 득표하여 압도적인 당세를 과시하면서 여전히 연립내각에 참가할 것을 거절하였다. 그러나 11월 총선거에서는 33.1 %로 지지율이 떨어지면서 당세가 쇠퇴해졌으나, 자본가·농업계를 비롯한 지배세력의 많은 사람들이 히틀러를 지지하게 되었다.

대통령 힌덴부르크는 경제계와 정계의 혼란을 수습하기 위하여 1933년 1월 30일 히틀러를 수상으로 임명하였다. 그는 보수파와 군부의 협력을 얻어 반대파를 탄압하고 1933년 7월 일당독재(一黨獨裁)체제를 확립하였다. 1934년 8월 대통령 힌덴부르크가 죽자 대통령의 지위를 겸하여, 그 지위를 '총통 및 수상(Führer und Reichskanzler:약칭은 총통)'이라 칭하였다. 명실상부한 독일의 독재자가 된 그는 민주공화제시대에 비축된 국력을 이용하여 국가의 발전을 꾀하였다. 그리고 외교계·경제계·군부 요인들의 협력을 얻어 외교상의 성공을 거두었고, 경제의 재건과 번영을 이루었으며, 군비를 확장하여 독일을 유럽에서 최강국으로 발전시켰기 때문에 국민의 열광적인 지지를 받게 되었다.

또한 독일민족에 의한 유럽 제패를 실현하고 대생존권(大生存圈)을 수립하기 위한 제2차 세계대전을 일으켰다. 그의 작전지령이 처음에는 효과를 거두어 프랑스에서 크게 승리하였지만 스탈린그라드의 패전 전후부터 현실을 무시한 지령을 남발하여 패전을 거듭하였다. 1944년 7월 20일 과거에 그를 돕던 장군들과 보수제정파(保守帝政派)의 정치가들이 반란을 기도하였으나 히틀러에 대한 암살계획이 실패하였기 때문에 반란은 제압할 수 있었다. 그러나 나치스의 퇴세는 이미 만회할 길이 없었고, 1945년 4월 30일 그는 베를린이 함락되기 직전에 자살하였다.

그는 독신생활을 하였으나 그 동안에 질녀(姪女) 안겔라 라우발(1908~1931)을 사랑하였고 그녀가 1931년 자살한 후로는 에바 브라운(1912~1945)을 사랑하여, 그의 자살 전날에 결혼하였다. 또 그는 채식주의자이며 담배와 술도 하지 않았다. 밤에는 새벽 3,4시까지 잠을 자지 않았으며 아침에는 정오에 가까운 시간까지 침대에 있었다.

그는 스스로를 예술의 보호자라고 생각하면서 현대문학이나 현대회화를 억압하였고, 19세기적 예술을 애호하여, 특히 각종의 장려한 건축물을 세우는 것을 좋아하였다. 자기 주위에는 의사·사진사·운전기사·비서, 기타 정치와는 관계가 없는 사람들을 모아 두었으며, 개인생활에서는 정치관계자와 교제하지 않았다. 매사에 우왕좌왕하는 타입이었고, 그의 일이 순조롭게 되어갈 때에는 남의 의견도 잘 들었으나, 일단 결정된 방침은 결코 바꾸지 않는 옹고집이었다.

사상적으로는 인종론자이었는데, 모든 인종은 우열(優劣)이 분명하여 열등인종은 아무리 교육을 하고 환경을 개선해 주어도 열악한 성격이 바꾸어지지 않으므로 멸종되야 한다는 주장을 폈다. 인종의 성격은 유전적으로 확정되어 있어서 변하지 않는 것이라고 생각하였으며, 우수한 인종도 생존권을 확장하지 않거나 열등한 인종과 혼혈이 되면 몰락하는 것이라고 믿었다. 또, 러시아를 정복하고 유럽을 지배한 다음에는 미국을 타도하여 세계를 지배하려고 생각하였다.

무솔리니(Mussolini, Benito Amilcare Andrea, 1883.7.29~1945.4.28)

이탈리아의 정치가 · 파시스트당 당수 · 총리(재임 1922~1943). A.히틀러와 함께 파시즘적 독재자의 대표적 인물이다. 이탈리아 북동의 프레다피오에서 대장장이의 아들로 태어나서 사범학교를 졸업하였다. 1901년 초등학교 교사가 되었으나, 1902년부터는 스위스에서 사회주의자와의 접촉을 시작. 그 영향을 받아 사회주의운동에 적극적으로 참여하게 되었다. 로마니아 지방에서 이탈리아사회당의 선전활동에 종사하여 두각을 나타내고 1912년 사회당 집행위원 및 당기관지 『전진(前進) Avanti』 편집장이 되었다. 초기 정치사상의 특징은 무정부주의 경향이 강한 행동주의였고 이론적으로는 정비되지 않았다. 웅변과 자기 과시적인 연기에 능숙하였으며, 영웅주의적 기질이 강하였다. 이런 종류의 극좌적 급진주의는 정세에 따라 용이하게 극우익으로 전환할 수 있는 것이었다.

1914년 7월 제1차 세계대전이 일어나자, 이탈리아의 참전(參戰)에 반대하였으나 몇 달 뒤 갑자기 열렬한 참전론자로 전향, 사회당에서 제명되었다. 1914년 말에는 참전을 위한 파쇼(Fascio:결속의 뜻)를 조직하였고, 대전 중에는 병사로 출전하였으나 사고로 부상당하였다. 대전 후인 1919년 3월 밀라노에서 '전투자동맹(Fasci di Combattimento)'을 조직하여 제대군인과 반사회주의적 분자들을 규합하고 과격한 국가주의를 주창하여 사회주의자들을 습격하였다. 당시 이탈리아는 노동과 농민운동이 격심하였고 이에 대하여 폭력으로 대항하는 파쇼 세력도 자본가 · 지주 · 군부의 지원을 얻을 수 있었다.

1921년 5월 국회의원에 당선되고, 그 해 11월 전투자동맹을 파시스트당으로 개편하여 당수가 되면서 정치적 기반을 구축하였다. 1922년 10월 '로마 진군'이라는 쿠데타로 정권을 인수, 정치 · 문화 · 경제를 개혁하여 강력한 독재정권의 기반을 굳혀 나가는 한편, 대외적으로는 1935년 에티오피아침략, 1936~1939년 에스파냐내란 간섭 등으로 제국주의적 팽창정책을 구체화시켰다. 1939년 5월 독일과 군사동맹을 체결하고 나치스 독일 · 일본과 함께 국제파시즘 진영을 구성하였다. 1940년 무솔리니는 제2차 세계대전에 참전, 영국과 프랑스에 대항하였으나 각지의 전투에서 패전하고 1943년 7월 연합군의 시칠리아섬 상륙과 함께 실각하여 체포, 감금되었다. 그 해 9월 독일군에 의하여 구출되어 북부 이탈리아에 나치스 괴뢰정권을 조직하였으나, 독일 항복 직전인 1945년 4월 25일 이탈리아의 반(反)파쇼 의용군에게 코모 호반에서 체포되어, 28일 정부(情婦)와 함께 사살되었다.

제6절 뮌헨협정

Ⅰ 배경

뮌헨협정은 영국, 프랑스, 독일, 이탈리아 4국 간의 뮌헨회담결과 체결된 조약으로서 체코문제를 해결하기 위한 국제협조체제였다. 아리안족의 생활공간확보라는 히틀러의 대외노선의 공간적 범위에는 체코의 독일인 집단거주지인 주데텐 지역과 나아가 체코전역도 포함되어 있었다. 로마–베를린 추축에 기초하여 무력으로 체코를 분할하려는 히틀러의 계획에 대해 영국, 프랑스, 미국이 강경대응을 시도하자 히틀러는 한 발 물러서서 이탈리아의 국제회의 개최제의에 동의하였고 이로써 뮌헨회담이 개최되었다.

Ⅱ 열강의 입장: 유화정책

뮌헨회담은 유화정책의 대표적 사례로 거론된다. 영국, 프랑스, 이탈리아 독일에 대해 유화정책을 구사한 원인은 다음과 같다.

1. 영국

영국의 체임벌린 내각 이후 더욱 강화되긴 하였으나, 베르사유체제 형성 이후부터 줄곧 영국은 대독 유화정책을 전개해 왔다. 그 이유는 첫째, 영국은 독일이 지나치게 약화되는 것을 원치 않았다. 독일이 약화되는 경우 대륙의 세력균형이 파괴되어 대륙에서 패권국이 등장하는 경우 영국의 생존이 위협된다고 생각하였다. 또한 강화된 독일이 소련의 볼셰비즘이 서유럽으로 파급되는 것을 막아주는 방파제 역할을 하리라 기대하였다. 독일의 성장으로 영국의 수출신장에 기여하리라는 생각도 독일의 약화를 막은 취지였다. 둘째, 1929년 이후 시작된 경제공황으로부터 영국은 회복되는데 국력을 집결시켜야 하였다. 따라서 유럽대륙의 전쟁에 개입하지 않기 위해 독일에 대해 강경대응을 하지 않았다.

> ### 📖 참고 볼셰비즘
> 소련공산당의 전신인 러시아사회민주노동당 정통파인 볼셰비키의 기본노선을 의미한다. 정통적 서구마르크스주의의 영향을 크게 받은 멘셰비키(소수파)가 부르주아민주주의혁명을 당면과제로 삼아 민주적 투쟁방식을 강조한 데 반하여 볼셰비키는 민주적 자유주의의 단계를 거치지 않는 무산계급에 의한 폭력적 정권탈취와 체제변혁을 위하여 혁명적 전략전술을 안출(案出)하였다. 볼셰비키는 무엇보다 의식 있는 소수정예의 직업적 혁명가들에 의한 중앙집권화된 당조직의 필요성을 역설하며, 이들 첨병들로 구성된 혁명당에 의한 폭력혁명과 독재정치의 이론을 펼쳤다. 민주적 중앙집권제라 불리는 당조직 이론은 훗날 공산주의 체제의 관료독재의 이론적 모태가 되었다. 제1차 세계대전이 일어나자, 볼셰비키는 '제국주의 전쟁'을 부르주아적 전제정부에 대한 국내전으로 변모시키는 데 주력하였다. 그들은 1917년 2월혁명 이후 차르의 퇴위가 몰고온 정치사회적 진공 속에서, 망명에서 돌아온 레닌의 주도 하에 역사적인 10월혁명을 성공시켰다. 그리고 정권을 장악한 볼셰비키는 인류 최초의 소비에트 사회주의국가를 수립하였다.

2. 프랑스

경제위기로 인해 독일에 대해 강경대응을 할 수 없는 사정은 영국과 같다. 다만, 프랑스는 독일에 대해 강경대응을 하고자 하는 의지는 있었으나, 영국의 지원 없이 단독개입 할 수 있는 능력이 없었다. 따라서 최소한의 독일의 요구를 수용하는 선에서 유럽대륙을 안정시키고자 하였다.

3. 이탈리아

군국주의자 무솔리니가 지배한 이탈리아는 로마제국의 영광을 회복한다는 기치하에 해외식민지 경략에 주력하고 있었다. 이를 위해 이디오피아를 침공하였다. 이탈리아는 독일의 확장정책을 용인하는 대신 독일이 자국의 식민지정책을 승인, 지지하기를 원하였다.

Ⅲ 주요 결정 사항

1. 주데텐 할양

체코내의 독일인 거주지역인 주데텐 지역을 독일에게 할양해 주기로 약속하였다. 할양은 1938년 10월 1일에서 12일 사이에 완료하기로 하고 할양조건은 영국, 프랑스, 독일, 이탈리아, 체코 대표로 구성된 국제위원회에서 결정하기로 하였다.

2. 국경보장

새로 형성된 체코의 국경에 대해 영국과 프랑스가 보장하기로 하였다. 영국과 프랑스는 체코가 도발하지 않는 공격을 받는 경우 새로운 국경을 보장한다.

3. 체코 내 소수민족 문제

히틀러가 요구했던 바대로 체코 내의 폴란드, 헝가리 소수민족 문제의 해결, 즉, 관련국가에게 할양을 약속하였고, 이에 대해서는 독일과 이탈리아가 보장하기로 하였다.

Ⅳ 국제정치사적 의의

첫째, 주데텐과 기타 폴란드인 및 헝가리인 거주지역의 할양으로 체코의 영토가 대폭 축소되었다. 그럼에도 불구하고 히틀러는 남은 지역마저 병합하여 독일이 유럽 남부지역으로 진출함에 있어 체코가 '프랑스의 항공모함'화 되는 것을 방지하고자 하였다. 둘째, 뮌헨회담 이후 영국-독일, 프랑스-독일 간 불가침협정이 체결되었다. 양국 간 모든 문제는 평화적으로만 해결한다고 약속하였다. 영국이 제안한 것으로 영독해군협정에 이어 뮌헨회담으로 영독관계의 현안이 해결됐다고 생각했으나 오판이었다. 셋째, 뮌헨회담의 약속과 달리 독일은 뮌헨회담 이후 체코 전체를 병합하게 되었고 이로써 유럽열강들의 대독유화정책은 종결되었다. 뮌헨회담은 최후의 유화정책이었다.

📖 참고 유화정책

1. 서론

현재의 상황을 정의할 때 과거의 사례와의 유사점에 착안하여 과거의 경험에 집착할 때 발생하는 문제를 역사적 유추의 문제라고 하는데, 인식의 오류를 초래하여 잘못된 정책으로 이어지게 한다. 러셋과 스타는 뮌헨협정으로 상징되는 유화적 외교정책의 과거 사례가 2차 세계대전 이후의 많은 정책결정자들에게 영향을 미쳤다고 보고 이를 '뮌헨증후군'이라 명명하였다. 영국과 프랑스가 대독 유화정책을 펼 수밖에 없었던 이유를 국제체제적 요인, 국내체제적 요인, 사회적 요인들로 나누어 생각해 보고 대북정책에 있어서 역사적 유추의 문제를 회피하기 위해 시사점을 도출한다.

2. 1935년부터 1938년까지의 유럽의 상황

(1) 히틀러의 대외정책기조

단순한 현상타파를 목적으로 한 것이 아니라, 1차 세계대전을 마감한 베르사유조약에 의해 만들어진 유럽정치의 전반적 구조를 근본적으로 개편하고자 하는 것이었다. 1925년 로카르노조약을 통해 베르사유체제를 받아들이고, 유럽열강들을 안심시켜 왔으나, 자국의 경제력, 군사력이 증강되고, 히틀러의 현상타파의 외교정책이 가시화되면서 위협적인 존재로 부상하였다.

(2) 히틀러의 군사정책

히틀러는 베르사유조약상의 독일의 군비제한조항을 철폐하고, 국민개병제를 실시하는 한편, 군축회의에 불참하고 국제연맹을 탈퇴하였다. 1935년에는 공군 보유를 선언하였다. 프랑스의 군복무 기간 연장 발표 직후 프랑스 대사에게 독일이 군복무 의무제를 실시하고 55만에 달하는 36개 사단의 병력을 보유하게 될 것이라 선언하였다. 베르사유체제에서 독일의 군복무의무제가 폐지되었고, 직업군인으로 구성된 10만 병력만을 유지할 수 있었다.

(3) 유럽열강의 반응

프랑스는 바르두를 중심으로 독일을 포위하는 조약망을 구축하고자 하는 한편, 1932년 불소 불가침조약을 체결하였다. 1935년 영불이 수뇌회담을 열고 베르사유조약을 일방적으로 폐기한 독일의 행동을 비난하고 로카르노조약의 충실한 이행을 다짐하였다. 한편, 국제연맹도 독일을 비난하는 결의를 하고 유럽의 평화와 안정을 해치는 행동을 할 경우 적절한 조치를 취할 것임을 다짐하였다.

(4) 히틀러의 평화제안과 영독군사협정

히틀러는 열강의 대독강경책을 무마하기 위해 평화적 외교정책을 발표하였다. 1935년 5월 21일 로카르노조약의 준수, 오스트리아 독립의 보장, 베르사유조약에 의한 비무장지대의 유지 등을 약속하였다. 영국에 대해서는 영국 해군력의 35%의 해군력을 보유하는 데 만족하겠다고 제안하여 영독해군협정이 체결되었다.

(5) 히틀러의 라인란트 진주

히틀러는 불소동맹이 로카르노조약에 위반된다는 논리로 반발하고 36년 3월 7일 라인란트에 진주하여 베르사유조약을 사문화시켰다. 히틀러는 프랑스가 로카르노조약을 폐기한 것이고 독일은 프랑스, 소련, 체코로부터 위협을 받게 되었으므로 자위의 수단으로 라인란트의 주권을 회복한 것이라고 주장하였다. 영국은 명시적으로 반대하지 않았고 국제연맹 이사회도 독일이 국제의무를 위반하였다고 선언하는 선에 그쳤다. 독일의 라인란트 주둔은 기정사실화되어 결국 베르사유체제의 붕괴를 인정하게 된 결과를 가져왔다.

(6) 유화정책과 히틀러의 오스트리아 병합

히틀러는 영국과 프랑스의 유화정책을 기반으로 오스트리아를 병합하였다. 당시 영국에서는 체임벌린 내각이 등장하여 반독일 노선을 수정하였다. 체임벌린의 친구 핼리팩스는 히틀러를 방문하여 영국은 독일의 팽창정책을 저지하지 않겠다는 뜻을 명백히 하였고, 오스트리아, 체코, 단찌히 등의 현행지위 변경에 대한 긍정적 언질을 주었으며, 영국은 평화적 현상변경을 바랄뿐이라고 말하였다. 한편, 프랑스에서도 1937년 쇼탕내각이 등장하고, 대독 유화정책을 견지한 델보가 외상에 유임되었고, 장상에는 대독 유화론자인 보네가 취임하였다.

(7) 뮌헨회담

히틀러의 체코내 쥬데텐 할양문제를 놓고 뮌헨회담이 개최되었다. 영국이 유화정책을 가장 적극적으로 추진하였고, 프랑스는 영국과의 관계를 돈독히 필요가 있었으며 이를 위해 영국의 유화정책에 동조하였다. 소련은 당사국에서 제외되었는데, 이로 인해 프랑스와 소련의 연결이 실제적 효과에서 단절되었고, 자신을 배제시킨 서유럽국가들의 의도에 대한 의문을 품게 되어 후일 독소불가침조약의 배경이 되었다.

(8) 히틀러의 체코슬로바키아 병합

히틀러는 뮌헨회담의 합의를 위반한 채 체코대통령을 위협하여 독일의 실지(失地)가 아닌 체코 전역에 대해 강제 병합을 실시하자 영국의 대독 정책은 급변하여 대독강경정책을 추진하게 되었다. 1939년 3월 31일 폴란드의 독립이 위태롭게 되는 경우 영국은 모든 수단을 다하여 폴란드를 지원하겠다고 약속하였고, 4월 13일엔 프랑스도 폴란드와 같은 내용의 조약을 체결하였다. 이로써 대독유화정책이 종료되었다.

3. 영국과 프랑스의 유화정책의 원인

(1) 영국과 프랑스의 유화정책

양국은 독일의 체코슬로바키아 병합 이전까지 독일의 요구를 거의 일방적으로 수용하면서 전쟁의 회피에 총력을 기울였다. 독일에 대한 군사적 위협이나 제재, 개입, 대독전선의 형성 등의 강경책보다는 독일의 요구를 들어주고 이미 확립되어 있는 베르사유조약과 로카르노조약의 틀이 붕괴되는 것을 묵인하였다.

(2) 유화정책의 원인1: 국제체제적, 지정학적 요인

① 영국: 영국은 프랑스와 달리 베르사유체제를 강행하는 것이 평화를 위해 도움이 되지 않는다는 생각을 해왔다. 영국은 전통적으로 너무 약하지 않은 독일, 또한 너무 강하지 않은 독일을 원하는 정책을 추진해 왔는데, 이는 독일이 너무 약화되어 러시아, 혹은 소련의 팽창을 억지하지 못하게 되고 프랑스가 대륙에서의 패권을 차지하게 되는 상황과, 독일이 너무 강화되어 서유럽을 위협하는 상황 모두를 두려워했기 때문이다. 양차대전 사이에 영국은 독일이 지나치게 약화되는 것을 더욱 두려워하였는데, 프랑스가 대륙에서의 패권을 차지하고 더욱이 소련이라는 공산주의 세력이 서구로 침투하는 것을 두려워하였다. 또한 1930년대 초반 나찌 독일이 유럽질서를 근본적으로 뒤흔들만한 힘을 가지고 있다는 사실에 회의를 가지고, 독일에 의해 제기된 위험을 과소평가한 측면도 있다.

② 프랑스: 중유럽에서의 독일의 주도권을 인정하고 독일의 요구는 어쩔 수 없이 받아들여야 한다고 생각하였는데, 이는 독일의 의도가 제한적이고, 독일이 공산주의 위협에 대한 강력한 보루라는 인식을 갖고 있었기 때문이었다.

결국, 영국과 프랑스는 유럽대륙의 세력균형을 위해 독일의 어느 정도의 강대국화를 묵인하는 외교정책을 구사하였는데, 이는 독일의 의도가 패권의 추구와 같이 유럽의 질서를 근본적으로 뒤흔드는 것이 아니라는 가정 하에서 가능한 것이었다.

(3) 유화정책의 원인2: 국내적 상황

① 영국: 영국은 당시까지 경제공황으로부터 완전히 회복되지 못하였으며, 따라서 중앙유럽에 대한 지원을 감당할 수 없었다. 경제, 재정상의 문제로 재무장을 위해 필요한 재정이 부족하였다. 체코문제로 독일과 전쟁을 하는 경우 프랑스 등 다른 나라의 도움을 받더라도 승리할 수 없을 것으로 판단하였다. 한편, 전쟁에 대한 대중의 반감과 전쟁회피경향이 강하였고 사기는 저하되어 있었으며 완전한 보통선거의 실시로 정책결정에 미치는 여론의 영향이 급증하였다. 또한 노동당의 세력이 강화되면서 사회문제에 대한 관심이 급증하였다. 1933년 당시 군사비 지출은 전체 재정지출의 10.5%인 반면 사회복지 지출은 46.6%에 달하였다.

② 프랑스의 국내상황: 1930년대 초까지만 해도 프랑스는 영국에 비해 군사적, 외교적으로 우위에 있었다. 러시아에 이어 두 번째로 큰 육군과 공군을 소유하고 있었고, 동구국가와 동맹관계를 유지하였다. 1926년 푸앵카레의 환율안정정책으로 경제적 부흥을 이루고 대공황기에도 가장 적은 영향을 받았다. 그러나 1933년 이후 프랑화의 평가절상으로 수출경쟁력이 하락하고 경제적으로 점차 쇠퇴하였다. 한편, 프랑스는 전쟁발발시 영국에 거의 전적으로 의존해야하는 경제구조를 가지고 있었다. 프랑스는 석탄의 30%, 동 100%, 원유 99%, 고무 100% 등 필수 자원을 영연방으로부터의 수입에 의존하였고 운송 수단 역시 영국 상선에 의존하고 있었다.

프랑스 국내정치도 극심한 국내정치세력들 간의 대립으로 자주 정권이 바뀌고 이로 인해 일관된 정책수립이 어려웠다. 우익파시스트, 인민전선, 프랑스 공산당 등 다양한 세력이 극단적 대립하여, 군사전략, 전쟁준비, 외교전략 등에 혼선이 빚어져 대독일 강경노선을 일관되게 지속하지 못하고 유화정책의 원인이 되었다. 키에르는 프랑스의 방어위주 전략이 유화정책의 원인이라 보았는데, 방어위주전략은 프랑스의 좌우대립에서 기인하였다. 즉, 우파는 직업군체제와 장기복무를 주장한 반면, 좌파는 이것이 부르주아 지배체제 강화에 도움을 준다고 보고 단기복무와 예비군체제의 강화를 주장하여 결국, 프랑스 군복무 연한이 1년으로 결정되고 프랑스 군 장군들은 1년간 훈련으로는 공격적 전략을 위한 사병의 훈련이 불가능하다고 믿게 되었다. 따라서 프랑스의 군사 독트린은 단기복무의 체제에서 가능한 방어적 군사독트린으로 굳어지게 된 것이었다.

③ 독일: 독일의 경제력은 지속적으로 향상된 반면, 프랑스는 영국과 독일에 자동차 생산량에서 뒤지게 되었고 비행기 생산력에서도 1위에서 4위로 하락하였다. 철 생산량도 1932년에서 1937년에 불과 30%증가를 보여 300%증가를 이룩한 독일에 비해 현저히 뒤졌다. 석탄 생산량도 같은 기간 현저히 감소하였다. 비행기도 1937년 독일 5606대의 비행기를 생산한 데 비해 프랑스는 단지 370대 생산에 그쳤다.

(4) 유화정책의 원인3: 유화정책과 군사전략의 상관성

① 배리 포즌(Barry Posen)의 논의: 1914년 이전에는 모든 국가들이 공격위주의 전략을 채택한 반면, 제2차 세계대전 직전에는 많은 국가들이 방어위주의 전략을 채택하고 있었다. 공격적 전략의 원인은 전쟁의 비용이 적게 소모되고 기습전략이 효과적이며, 세력균형이 공격에 의해 쉽게 파괴된다고 생각했기 때문에 국가들은 공격적이고 무제한적으로 맞균형정책을 취하였다. 그러나, 1930년대에는 국가들이 방어위주의 전략을 선택하였고 전쟁의 비용이 높다고 생각해서 자신의 안보를 타국에 전가하려고 생각하였다. 포젠은 모든 국가들이 방어위주의 전략을 채택하였으므로 동맹국이 쉽게 침략당하리라 생각하지 않았고, 동맹국을 곤경에 어느 정도 방치하더라도 생존에 위협이 될만큼 위험하다고는 생각하지 않았다고 주장하였다.

② 다극체제와 동맹국 간 상호관계: 다극체제에서 공격에 대한 국가의 취약성이 크면 클수록 동맹국은 무조건적으로 결속하고, 침략당한 동맹국을 초기부터 전적으로 지원하는 모습을 보인다. 이는 동맹국이 즉각적인 지원을 받지 않으면 초기에 붕괴되어 세력균형이 자국에 불리하게 변화될 것이라는 두려움을 가지고 있으므로 그러하다. 반면, 공격에 대한 국가의 취약성이 작을수록 동맹국간 책임전가의 경향이 강해진다. 이는 공격받은 국가가 지원없이도 공격 국가를 효과적으로 제압할 수 있으리라는 기대 때문에 그러하다. 따라서 동맹국은 공격받은 동맹상대국을 지원하지 않고도 기존의 세력균형을 유지하면서 국력소모를 회피할 수 있다고 본다.

③ 독일에 대한 유화정책의 원인: 제2차 세계대전 이전 점증하는 독일의 위협에 직면하여 이에 대항하는 동맹이 형성되지 못하였는데, 이는 국가들이 다른 국가들의 노력에 무임승차하기를 원하기 때문이다. 국가들은 불필요한 비용을 회피하거나 다른 국가들이 힘을 소진하는 동안 상대적으로 국력을 축적하여 유리한 입장에 있기를 원하였다. 1936년 라인란트 재무장 당시 프랑스와 영국은 독일에 대한 대항을 서로 미루고 대독 균형의 주도권을 잡지 않으려 하였다. 포젠은 영국과 프랑스의 방어적 전략이 독일에 대항하는 비용을 서로에게 전가시키도록 만들었다고 주장하고, 이러한 동맹국 간 결속의 완화가 대독 정책에서는 유화적 측면으로 나타났다고 본다.

4. 유화정책에 대한 현실주의 국제정치이론가들의 견해

(1) 카의 견해

카(E.H.Carr)는 유화정책의 불가피한 측면을 인정하고 유화정책을 긍정적으로 평가하였다. 모든 외교정책이 세력의 분포와 균형을 반영하고 있으며, 또한 이러한 반영위에서 세워진 정책만이 가장 안정적인 정책이다. 당시의 급속히 성장하고 있는 독일의 힘의 증강을 인정하는 것은 불가피하였다. 현실주의가 권력의 요소만을 강조해서는 안 되고 당위의 요소도 개입시켜야 한다고 보고, 제2차 세계대전 직전 영국의 정책은 영국의 자기반성에 의해 이루어지고 있으며, 소위 강대국의 자기희생(SELF-SACRIFICE)이라는 측면을 반영하고 있다는 것이다. 영국의 유화정책은, 국제정치가 권력정치에 의해 이루어지는 권력투쟁을 완화하고 자신이 추구하는 자유라는 가치를 실현할 수 있는 방법으로서 강대국의 자기희생이 가장 중요한 것이라고 생각한 카의 견해와 일치하는 사례였다.

(2) 모겐소의 견해

① 유화정책: 유화정책이란 현상유지정책에 적절한 방법을 구사하여 현상변경의 위협에 대처하는 외교정책으로 정의하였다. 유화정책이 모두 나쁜 것은 아니다. 만약 현상변경세력에 대해 적절한 봉쇄가 달성되었다면 유화정책은 효과적이고 평화적인 정책이 될 수도 있다. 유화정책은 상황에 따라 좋은 정책일 수도, 그릇된 정책일 수도 있다. 허약함이나 공포에 기반한 유화정책은 무력하고 치명적이다. 그러나 힘에 기반한 유화정책은 관대하고, 고귀한 것이며 세계평화를 향한 가장 확실하고 아마도 유일한 길일 것이다. 그러나, 현상변경이라는 정치적 환경에 노출되어 있으면서도 현상유지에 유리한 정치적 환경에 있는 것처럼 사고하고 행동하는 오류를 범할 때 유화정책의 문제점이 심화된다.

② 봉쇄정책: 봉쇄정책은 잘못 사용되면 재앙을 초래할 수도 있다. 양국 모두 현상변경세력이 아님에도 불구하고 상대방의 의도를 반대로 파악하여 현상변경에 대비한 과도한 군비증강을 시도하였을 때 심각한 문제가 생긴다. 안보딜레마가 발생하는 것이다. 양국은 상대방의 의도를 팽창적으로 인식하여 양국 모두 극심한 정치적, 군사적, 경제적 경쟁과 낭비를 하게 되고 결국 국력을 소진한다.

③ 올바른 정책 방향: 결국 현상변경세력임에도 현상유지세력으로 오인한 상황에서 발생하는 유화정책, 현상유지세력임에도 불구하고 현상변경세력으로 오인한 상황에서 비롯된 봉쇄정책, 그리고 이에서 연유하는 안보딜레마, 모두가 정책상의 실패다. 가장 중요한 점은 객관적인 세력의 균형을 유지하고 현상변경을 추구하는 가능성을 보이는 세력에게 명확한 봉쇄정책을 추구하는 것이다. 이를 바탕으로 상대방의 의도를 정확히 간파하는 노력을 병행하여 안보딜레마를 방지하고 가능하면 상대방을 포용하는 유화정책을 추진하는 것이 핵심이다. 주의할 점은 유화정책을 추진하다보면 상대국이 유화세력의 결의를 과소평가하여 애초에는 현상을 인정하는데 만족하고 있었으나, 점차 현상을 근본적으로 변경하려는 욕구를 가지게 될 수도 있다는 것이다. 따라서 유화정책의 추진과정에서도 현상의 유지에 대한 결의를 보이는 것이 중요하다는 것이다.

(3) 키신저의 견해

히틀러의 의도에 대한 서구의 집착은 애초부터 잘못된 것이었다. 세력균형의 기본명제들을 고려해 볼 때, 동부의 약소국들에 둘러싸인 강대한 독일은 그 자체가 위험하기 짝이 없는 위협요소이다. 현실주의적 관점에서 볼 때 히틀러의 의도와 상관없이 독일과 인접국가의 관계는 이들의 상대적 국력에 의해 평가되어야 한다. 서구는 히틀러의 의도를 파악하는데 시간을 쏟기보다는 독일의 점증하는 국력에 맞균형을 취하는데 더 많은 시간을 쏟았어야 하였다. 서구국가들은 독일이 일정 수준 이상의 군사력을 확보했을 경우, 히틀러의 의도는 더 이상 중요하지 않다는 사실을 인식하지 못하였다. 영국의 지도자들은 처칠의 경고를 무시하였고, 전쟁준비가 아닌 군비제한이 평화의 열쇠라고 고집하였다.

(4) 길핀의 견해

길핀은 유화정책과 패권의 쇠퇴를 연결시켰다. 유화정책은 기존의 국제체제의 질서와 국력의 재배분구조 사이의 불균형에서 비롯된 것이라 보았다. 쇠퇴하는 패권국가는 현상유지에서 오는 이익을 지키면서 도전세력을 무마하기 위해 다양한 전략을 구사하는데, 유화정책도 그중하나로서 도전세력의 요구를 적당히 받아들여주면서, 분쟁을 평화적으로 해결하여 기존의 질서를 유지시키려는 전략이다.

5. 결론

(1) 유화정책의 실패이유

유화정책이 실패하는 이유는 첫째, 상대방의 현상변경의 의도를 간과하여 상대방 요구의 수용에 민감하지 못하고, 교섭과정이 지속되면서 객관적인 세력균형이 변화하고 있음을 알아채지 못하는데 있다. 둘째, 세력균형의 변화를 인식하면서도 오직 상대국의 의도를 파악하는데 치중하여 객관적이고 구체적인 세력의 맞균형정책에 적절한 대응을 하지 못할 때, 부정적인 결과를 초래한다고 볼 수 있다.

(2) 유화정책의 성공조건

첫째, 상대방의 의도가 현존하는 세계질서 속에서 자국의 신장된 국력에 걸맞는 현상유지적 이익추구에 있는지, 혹은 현존하는 세계질서의 정당성 자체를 의심하고, 패권국에 도전하려는 현상변경적 이익추구에 있는지를 파악하는 것이 중요하다. 둘째, 상대국의 의도를 객관적으로 파악하는 것에 못지않게 객관적인 세력의 균형을 인식하고 이에 대처하는 일이 중요하다. 키신저의 지적처럼, 제2차 세계대전 직전 유럽열강들은 독일의 의도를 파악하는데 총력을 기울일 것이 아니라 독일의 점증하는 국력을 인식하고 이에 대처하는 현실적 대안을 찾았어야 한다. 셋째, 유화정책은 국내사정의 영향을 많이 받는다. 객관적 세력균형이 상대방에 유리하게 전개되고 있다는 것을 알면서도 이에 대처할 수 있는 경제력, 군사력의 배양에 실패한다면, 유화정책은 무력하면서도 불가피한 대안이 될 수밖에 없다. 넷째, 유화정책은 현존질서를 책임지고 있는 패권국의 국력에 따라 그 실효성에 있어 큰 차이가 날 수 있다. 길핀의 지적처럼 유화정책은 패권국의 쇠퇴기에 접어들 때 사용되어 부정적인 결과를 가져오는 경우가 많은데, 이는 패권의 쇠퇴기에 패권에 도전하는 국가가 많아질 뿐 아니라 패권국과 도전국의 상대적 국력격차가 줄어들어 패권국의 유화정책이 도전국에 유리한 상대적 이득을 주어, 패권국의 지배력이 쉽게 약화될 수 있기 때문이다. 다섯째, 유화정책은 현존질서의 정당성이 어느 정도 공유되고 있는가에 따라 효과를 달리할 수 있다. 영국과 프랑스가 독일의 요구조건을 상당히 적극적으로 수용할 수 있었던 배경에는 베르사유조약에 대한 일종의 죄책감이 작용했던 상황이 존재하였다.

(3) 대북포용정책에 대한 시사점

첫째, 북한의 의도가 동북아의 세력균형을 근본적으로 변화시키려는 의도를 가지고 있는지를 파악하는 노력이 중요하다. 북한의 전통적인 대남 적화전략처럼 한반도와 동북아의 세력균형의 변화를 추구하고, 그 전략의 일환으로 핵무기 개발, 미사일 발사의 정책을 전개하는 것이라면 한국과 미국의 포용정책은 지나친 유화적 측면을 가져서는 안 된다. 둘째, 북한의 의도파악과 함께 객관적인 남북한의 군사적, 정치적 세력균형이 변화하고 있는가를 파악하고 이에 대한 구체적인 맞균형을 추구해야 한다. 북한이 핵무기 개발, 미사일 발사 등으로 한국에 대한 군사적 균형에서 객관적 우위를 차지해 나가고 있다고 판단될 때, 한국은 독자적 군사력 증가, 혹은 미국과의 동맹 강화를 통해 북한에 대한 맞균형 정책에 소홀함이 없어야 한다. 한국의 대북 포용정책은 서서히 변화하고 있는 남북한간 세력균형을 항상 염두에 두고 있어야만 하는 것이며, 이는 한국의 군사적 억지수단의 개발이나, 미국과의 군사적 동맹강화에 의해 대북 억지와 병행하여 추진되어야 할 사항이다.

아서 체임벌린(Arthur Neville Chamberlain, 1869.3.18~1940.11.9)

영국 버밍엄 출생. 대학에 진학하지 않고 버밍엄에서 실업계에 투신하였으며, 1915년 버밍엄 시장(市長)이 되었다. 1918년 49세로 처음 하원의원이 되었다. 제1차 세계대전 후 1924~29년 보수당내각에서 보건장관으로 활약하였다. 1931년 재무장관으로서 세계공황 이후의 재정위기를 잘 수습하여 1937년 총리가 되었다. 당시 유럽에는 파시즘이 대두되어 긴장이 고조되고 있었는데, 그는 유화정책으로 파시즘을 자극하는 것을 피하였다. 그리하여 에스파냐내란에는 불간섭정책을 고수하였고, 이탈리아의 에티오피아 합병을 인정하였으며, 1938년 뮌헨회담에서는 히틀러의 요구를 받아들였다. 그러나 이러한 일시적인 전쟁회피책도 결국은 성공하지 못하고, 1939년 제2차 세계대전에 돌입하게 되었으며, 1940년 노르웨이작전의 실패에 대한 책임을 지고 사퇴하였다. 그 해 9월까지 처칠내각에서 자문위원회 의장을 지내다가 건강악화로 정계에서 은퇴하였다.

제7절 독 - 소 불가침조약

I 배경

1. 뮌헨회담

영국, 독일, 이탈리아, 프랑스 4국 간 뮌헨협정이 체결되자 소련은 영국, 프랑스가 독일로 하여금 볼셰비즘의 확산을 저지하는 방파제 역할을 하게하고 결국 독일로 하여금 소련을 침공케 할지도 모른다는 의구심을 갖고 있었다. 따라서 영국과 프랑스가 폴란드 문제에 대해 강력한 개입의사를 천명하고 있으나, 실제로 개입하지 않을 것으로 판단하였다.

2. 소련의 영국, 프랑스와 교섭 실패

영국과 프랑스는 소련과 폴란드 문제에 개입시 공조체제를 확립하고자 교섭을 시도하였으나 실패하였다. 실패 원인은 우선, 영국은 교섭자체가 독일의 행동을 억지한다는 판단하에 교섭을 장기화하고자 하였고, 소련군의 폴란드 통과문제로 프랑스와 폴란드의 교섭이 교착되었음에도 구체적인 대응을 하지 않았다. 한편, 소련은 당시 대독 유화정책 노선을 유지하고 있었으므로, 대독 포위정책에 참가할 유인이 적었다.

Ⅱ 당사국의 이해관계

1. 소련

독일과 이탈리아의 확장정책에 대해 유화정책으로 일관한 영국과 프랑스에 대해 소련은 폴란드문제에 있어서도 직접개입하지 않을 것으로 생각하였다. 따라서 소련은 대독전쟁에 자국만 단독으로 개입되는 것을 막는 것이 최대문제이며 이를 위해서는 독일과 직접교섭이 최선의 방책이라 판단하였다.

2. 독일

소련의 이니셔티브에 대해 독일은 관망세를 보였으나 영국과 프랑스가 대소 교섭을 재개하려는 움직임을 보이자 적극적으로 교섭에 나서게 되었다. 독일은 소련이 폴란드 문제에서 중립을 지켜줄 것을 요구하였다. 소련의 중립을 확보한다면 영국이나 프랑스가 폴란드에 대한 군사지원을 단념하거나 불개입의 입장을 취할 가능성이 높고 따라서 폴란드에 압력을 가하여 독일의 요구를 관철시킬 수 있을 것으로 판단하였다.

Ⅲ 독소불가침조약의 주요 내용

1. 상호불가침

양국은 상호 적대적인 행위를 하지 않으며 양국 간의 모든 분쟁을 평화적인 방법으로 해결하고 양국 간 문제를 장차 서로 협의한다. 양국 중 1국이 제 3국과 전쟁을 하는 경우 타국은 그 제 3국을 어떠한 형태에서건 지원하지 않는다. 또한 양국은 양국 중 1국에 대항하는 어떠한 세력형성에도 참여하지 않는다.

2. 세력범위 획정

영토변화가 있는 경우 핀란드, 에스토니아, 라트비아는 소련의, 리투아니아는 독일의 영향권하에 들어간다. 폴란드 영토를 재조정하는 경우 독일, 소련간의 경계는 나레프-비스툴라-산강으로 한다. 폴란드 독립문제는 양국 간 협의한다. 독일은 베사라비아 지역에 관한 소련의 이해를 인정한다.

Ⅳ 독소불가침조약의 국제정치사적 의의

독소불가침조약으로 소련의 중립을 약속받은 히틀러는 예정대로 1939년 9월 1일 폴란드를 침공하고, 이로써 제 2차 세계대전이 발발하였다. 소련은 중앙유럽으로 진출할 수 있는 길이 열려 제정 러시아의 영토를 거의 되찾을 수 있었다.

제5장 | 제2차 세계대전과 얄타체제

제1절 제2차 세계대전

1939.9.1 제2차 세계대전 발발
1940.9.27 독-이-일 삼국동맹 체결
1941.3.11 미, 무기대여법 제정
1941.8.14 미-영, 대서양 헌장 발표
1941.12.7 태평양전쟁 발발
1942.1.2 일본군, 마닐라 점령
1942.6.5 일, 미드웨이 해전 참패
1943.9.3 이탈리아 항복
1943.11.22 카이로회담
1943.11.28 테헤란 회담

1944.8.20 덤버튼-오우크스 회담
1945.2.4 얄타회담
1945.4.25 샌프란시스코 회담
1945.5.8 독일 항복
1945.7.17 포츠담회담
1945.8.6 미, 일본에 원폭투하
1945.8.8 소련, 대일선전포고
1945.8.15 일본, 무조건 항복
1945.12.26 모스크바 3상회의
1947.2.10 강화조약 조인

Ⅰ 서론

제2차 세계대전은 1939년 9월 1일 독일의 폴란드 침공으로 개시되었다. 이탈리아와의 동맹, 소련과의 불가침 조약 체결을 기초로 독일의 생존공간을 확보한다는 것이 독일의 전쟁의 목적이었다. 제2차 세계대전은 이상주의에 기초한 집단안보체제의 취약성을 다시 한 번 확인시켜 주었고 새로운 안보제도는 보다 현실주의적인 기반 하에서 형성되었다.

Ⅱ 제2차 세계대전의 원인

1. 집단안보제도의 문제

우선, 제2차 세계대전은 집단안보제도의 내재적 한계와 지도력의 부재로 인해서 집단안보제도가 작동하지 않은데서 그 원인을 찾을 수 있다. 집단안보제도는 무엇보다 제도를 통한 안보달성을 참가국들이 신뢰를 해야 하나, 베르사유체제 형성시기부터 유럽국가와 미국사이에 대립이 지속되었다. 실질적인 지도력을 행사해야할 미국이 국제연맹에 불참함으로써 지도력을 방기한 것도 집단안보제도가 작동하지 못한 원인이었다.

2. 대독유화정책

영국의 대독 유화정책은 독일의 현상타파의도를 간과함으로써 위기를 고조시켜온 책임이 있다. 영국은 대륙의 세력균형이라는 전통적 정책하에서 독일의 군비증강, 라인란트 진주, 오스트리아, 주데텐 병합을 허용해 주었다. 영국이 유화정책을 구사함으로써 프랑스와 소련도 역시 이러한 정책에 편승하여 독일에 대항이라는 부담을 회피(buck passing)하게 되어 적절한 시기에 독일의 팽창을 저지하는데 실패하였다.

3. 독일의 현상타파정책

히틀러는 집권하기 이전부터 생물학적 인종주의에 기초하여 유럽제패를 나찌 독일의 기본노선으로 설정하고 있었다. 아리안족의 생존을 유지하기 위한 생활공간(Lebensraum)은 애초부터 독일인 거주지역만을 의미하였다고 볼 수 없다. 베르사유체제가 독일을 범죄집단으로 낙인찍은 것은 독일국민의 민족주의를 고조시켜 히틀러의 현상타파정책을 적절하게 제어하지 못하고 오히려 히틀러의 정책에 대한 거국적 지지를 형성시켰다.

4. 경제공황

독일이나 이탈리아, 일본이 현상타파정책을 구사한 배경, 그리고 영국이나 프랑스가 유화정책을 구한 배경에는 경제공황이라는 경제적 요인이 자리 잡고 있었다. 또한 경제공황은 강대국 간 보호주의정책을 구사하게 함으로써 위기를 고조시키기도 하였다.

5. 검토

제2차 세계대전은 히틀러의 개인적 야심에 기초한 현상타파정책이 가장 큰 요인이라 생각된다. 히틀러의 현상타파정책에 대해 유럽국가나 미국이 유화정책으로 대응함으로써 세력변경전쟁을 적절한 시점에서 막지 못하였다고 볼 수 있다. 집단안보제도의 무력성은 히틀러의 현상타파의지를 강화시켰다. 한편, 당시의 경제위기로 인해 유화정책이 불가피했던 측면도 있다.

Ⅲ 제2차 세계대전의 전개

1. 독일의 폴란드 침공(1939년 9월 1일)

이탈리아와의 동맹, 소련과의 불가침 조약을 통해 사전정지 작업을 완료한 독일은 폴란드 문제를 전쟁을 통해 해결하고자 하였다. 영국의 제의에 따른 폴란드와의 교섭에서 폴란드가 수락할 수 없는 영토적 요구를 하였고, 이로 인해 교섭은 결렬되고 9월 1일 새벽 폴란드 국경을 넘었다.

2. 소련 – 핀란드 전쟁(1939년 11월~1940년 3월)

소련은 독일과의 합의에 따라 에스토니아, 라트비아, 리투아니아와 상호원조조약을 체결하고 소련군을 주둔하고 요새를 구축하였다. 그러나 핀란드가 소련의 요구를 거절하자 전쟁이 발발하였고 소련군의 승리로 핀란드 일부지역의 할양과 군사기지건설권을 부여받았다. 소련의 핀란드 침공으로 소련은 국제연맹에서 제명되었다.

3. 프랑스의 패배와 휴전(1940년 6월 25일)

1940년 6월 13일에 파리가 함락되자, 프랑스에서는 항복을 하고 정부를 북아프리카로 옮겨 독일에 항전을 계속하자는 입장과 휴전하자는 입장이 대립하였으나 결국 휴전을 결정하였다. 독일–프랑스 휴전으로 프랑스 영토의 3/5에 해당하는 지역을 독일이 점령하게 되었다.

4. 이탈리아 참전

한동안 관망세를 취하던 무솔리니는 독일의 승리를 확신하고서 독일편에 가담하여 1940년 6월 10일 전쟁을 선포하였다. 프랑스–이탈리아 휴전협정으로 양국 국경지대에 비무장지대가 설정되었고 지중해에 있는 프랑스 기지가 무장해제 되었다.

5. 독, 이, 일의 삼국동맹 형성(1940년 9월 27일)

3국은 미국이나 소련을 겨냥한 동맹을 체결하였다. 일본은 독일, 이탈리아가 유럽에서 새로운 정치질서를 창설하는 것을 인정하고 독일, 이탈리아도 아시아에서 일본의 권리를 인정하는 조건이었다. 미국을 견제한다는 의도와 달리 미국은 3국동맹의 결성으로 국제파시즘의 위협을 느끼게 되었고 루스벨트의 3선을 가져와 결국 미국 개입의 길을 열게 되었다.

6. 태평양전쟁의 발발과 미국의 참전(1941년 12월 8일)

일본의 대동아공영권구상으로 미국과 일본의 갈등은 고조되었고, 일본의 진주만 선제기습공격으로 태평양전쟁이 발발하였다. 미국은 서방측과 동맹을 맺고 유럽전쟁에도 개입하였으며, 독일과 이탈리아는 미국에 선전포고 하였다.

> **🖳 참고 대동아공영권**
>
> '대동아'란 동아, 즉 동아시아에 동남아시아를 더한 지역을 가리키는 말로, 1940년 7월 일본이 국책요강으로 '대동아 신질서 건설'이라는 것을 내세우면서 처음 사용한 말이다. 제2차 세계대전에 개입한 직후인 1941년 12월 10일에는 이 전쟁을 대동아전쟁으로 부르기로 결정하였으며, 같은 달 12일에는 전쟁 목적이 '대동아 신질서 건설'에 있다고 주장하였다. 1940년 8월 1일 마쓰오카 요스케(松岡洋右) 일본 외상은 담화를 발표해 처음으로 대동아공영권을 주창하였다. 그 요지는 아시아 민족이 서양 세력의 식민지배로부터 해방되려면 일본을 중심으로 대동아공영권을 결성하여 아시아에서 서양 세력을 몰아내야 한다는 것이다. 대동아공영권의 결성이란 일본 · 중국 · 만주를 중축(中軸)으로 하여 프랑스령 인도차이나 · 타이 · 말레이시아 · 보르네오 · 네덜란드령 동인도 · 미얀마 · 오스트레일리아 · 뉴질랜드 · 인도를 포함하는 광대한 지역의 정치적 · 경제적인 공존 · 공영을 도모하는 블록화였다. 그러나 실제로 대동아공영권에서 일본이 한 일은 피점령국의 주요 자원과 노동력을 수탈하는 것이었으며, 이 목적을 위하여 식민지와 점령지의 독립운동을 철저하게 탄압하였다. 대동아공영권은 일본이 1945년 제2차 세계대전에서 패함으로써 허황된 슬로건으로 끝났다.

7. 이탈리아의 패전

1943년 7월 25일 무솔리니가 실각한 이후 집권한 바도글리오정부는 연합국과 휴전협상을 시작하여 9월 3일 연합국과의 휴전에 조인하고 항복하였다. 1942년 11월 이래 지중해 작전에서 실패한 것이 직접적인 패전의 원인이었으며 독일과의 동맹관계 균열, 여론의 악화도 패전의 주요 요인이었다.

8. 독일의 패전

독일의 휴전협상은 아르덴느에서의 독일의 총공세가 실패하고 영국이 독일을 폭격하기 시작하자 1945년 초 본격적으로 시작되었다. 독일은 미국과 소련이 베를린을 포위하자 5월 7일 무조건 항복 문서에 서명함으로서 유럽전쟁이 종식되었다.

9. 일본의 패전

1942년경 서태평양 전역과 중국, 인도차이나반도와 동남아를 장악한 일본은 1943년 2월 이래 솔로몬 전쟁으로부터 실패하면서 전세가 역전되기 시작하였다. 1945년 4월 1일에는 미군이 오키나와에 상륙하였다. 7월 26일 포츠담회의에서의 미국, 영국, 중국의 최후통첩을 일본이 거절하자 히로시마와 나가사키에 원폭이 투하되었다. 8월 14일 일본은 미국의 항복조건을 수락하였다.

Ⅳ 제2차 세계대전의 국제정치사적 의의

제2차 세계대전으로 제1차 세계대전 이후 형성된 베르사유체제가 완전히 붕괴되었다. 세력균형과 비밀외교를 전쟁과 국제정치질서 불안정의 핵심요인으로 간주하고 형성된 집단안보체제가 하나의 이상에 불과한 것이었음을 재확인시켜 준 사건이었다. 이상주의자들의 실험의 실패로 세계대전이라는 값비싼 비용을 치르게 하였고, 안보제도가 현실적 권력정치에 기반해야 함을 반성하게 되었다. 국제연합은 집단안보를 중심축으로 하되, 상임이사국에 의한 지도체제를 창안함으로써 이상주의와 현실주의의 조화를 의도하였으나, 냉전의 발발로 국제연합도 제 기능을 하지 못하였다.

제2절 | 제2차 세계대전 이후 국제질서 구상

Ⅰ 서론: 전후 국제체제의 변화

국제정치사에 있어서 국제사회를 지배하는 방법은 세 가지가 존재하였는바, 유럽협조체제 또는 지도체제(Directoire), 동맹체제(Alliance System), 집단안보체제가 그것이다. 제2차 세계대전 이후의 국제체제는 지도체제, 집단안보체제, 방어동맹체제가 복합된 것이라 할 수 있다. 얄타회담은 미국, 영국, 소련 3국에 의한 열강지도체제를 형성하였고, 국제연합헌장을 통해 집단안전보장체제를 구성하였다. 한편, 1950년대 이후 동맹체제가 소련과 미국을 중심으로 한 위성국들 간에 형성되었다. 그러나, 냉전으로 인해 집단안보체제나 지도체제는 사실상 붕괴되었다고 볼 수 있으며, 동맹체제만이 냉전체제 기간에 효력을 발휘하여 국제체제를 안정시켰다고 볼 수 있다.

Ⅱ 3대강국의 지도체제

1. 의의

제2차 세계대전의 전시외교는 실질적으로 미국, 영국, 소련 3국에 의해 주도되었다. 중국이 3대국회담에 참가하기도 하였으나, 이는 루스벨트의 대아시아 전략의 산물이었을 뿐 실질적인 영향력은 없었다. 3국은 추축과의 전쟁을 승리로 이끈 이후 국제문제에 공동 개입하여 평화로운 국제질서를 유지하기로 합의하였다.

2. 형성과정

3대열강이 지도체제를 구성한 것은 1943년 10월 30일 모스크바회담이었다. 독일에 대항하는 전쟁 수행, 장차 세계기구조직, 및 평화와 안전보장의 유지에 있어서 공동보조를 취할 것을 약속하였다. 테헤란 회담과 얄타회담에서도 3대열강의 공동노력 및 지도력 행사에 대해 재확인 하였다. 샌프란시스코헌장 제 106조에서 '국제연합이 발효하기까지 1943년 10월 30일 모스크바 3상회의의 당사자가 상호 협의할 것이며, 국제적 안전보장과 평화를 위해 필요한 행동을 취함에 있어 국제연합의 이름으로 공동 개입한다'라고 규정하였다.

📑 참고 모스크바회담

제2차 세계대전 중인 1943년 10월 19~30일, 전후(戰後) 처리에 관한 의견조정을 위하여 모스크바에서 개최한 미국 · 영국 · 소련 3국의 외무장관회담(모스크바회담). 모스크바선언을 발표하였다. 모스크바선언에는 일반적 안전보장에 관한 4국선언, 이탈리아에 관한 선언, 오스트리아에 관한 선언, 독일의 잔학행위 및 히틀러파(派)의 책임에 관한 선언 등이 포함되어 있다. 최초의 '4국선언'에는 미국 · 영국 · 소련의 3국 외무장관 외에 중국대사도 참가하여 서명하였고, 또한 루스벨트, 처칠, 스탈린 등 3국 수뇌가 서명하여 11월 1일 발표하였다. 주요 내용은 다음과 같다. 첫째, 전후의 긴밀한 협력을 위한 평화유지기구(국제연합)의 창설. 둘째, 유럽자문위원회를 설치하여 전후 유럽 문제를 연구하고 3국 정부에 권고한다. 셋째, 이탈리아의 파시즘을 일소하고, 언론, 신앙, 정치적 신조, 보도 집회의 자유 등을 회복한다. 넷째, 1938년 3월 나치스 독일에 의하여 강제되었던 오스트리아의 병합은 무효다. 다섯째, 잔학행위에 책임이 있는 히틀러파(派), 즉 나치스 당원은 각각의 행위를 자행하였던 그 나라에 송치되어 재판을 받고 처벌된다.

📑 참고 테헤란회담

제2차 세계대전 중인 1943년 11월 28일에서 12월 1일까지 이란의 수도 테헤란에서 열린 3국 수뇌회담. 미국의 F.D.루스벨트, 영국의 W.처칠, 소련의 I.V.스탈린은 이 회담에서 3국의 협력과 전쟁수행의 의지를 표명하고 이란의 독립과 주권 · 영토의 보전을 약속하였다. 이 회담에서 가장 중요한 의제는 독일에 대한 작전이었고, 스탈린이 주장하는 북프랑스 상륙작전과 처칠이 주장하는 지중해작전 중에서 하나를 선택하는 것이었는데, 결국 1944년 5월 북프랑스 상륙작전을 감행하기로 결정하고 작전 수행을 위한 총사령관으로 D.D.아이젠하워의 임명을 결정하였다. 또한 회담 초에 스탈린은 독일 패배 후의 대일(對日)참전의 사를 밝혔으며, 다시 유고슬라비아의 티토에 대한 원조문제도 합의를 보았다.

📑 참고 얄타회담

제2차 세계대전 종반에 소련 흑해 연안의 얄타에서 미국 · 영국 · 소련의 수뇌들이 모여 독일의 패전과 그 관리에 대하여 의견을 나눈 회담(1945.2.4~11). 제2차 세계대전이 장기간 진행되고 있을 때, 이탈리아가 이미 항복한 상태이고 독일마저 패전의 기미가 보이자, 연합국 지도자들은 나치 독일을 최종 패배시키고 그 후의 점령 방법을 논의하기 위해 크림 반도 얄타에서 회담을 가졌다. 미국의 프랭클린 루스벨트 대통령, 영국의 윈스턴 처칠 수상, 소련의 요시프 스탈린 최고인민위원 등 연합국의 지도자들은, 패전 후 독일은 미국 · 영국 · 프랑스 · 소련 4국이 분할 점령한다는 원칙을 세우고, 연합국은 독일인에 대해 최저 생계를 마련해주는 것 외에는 일체의 의무를 지지 않는다는 데 합의하였다. 또한 독일의 군수산업을 폐쇄 또는 몰수한다고 선언했으며, 주요 전범들은 뉘른베르크에서 열릴 국제재판에 회부하기로 합의하였다. 배상금 문제는 위원회를 구성하여 그에 위임하기로 하였다.

그 밖에 다른 패전국이나 광복을 맞는 민족에 대하여는 별도의 방법을 찾아 합의하였다. 그 주요 핵심은 '해당지역(패전국 또는 광복을 맞은 민족)의 모든 민주 세력을 폭넓게 대표하는 인사들에 의해 임시정부를 구성한 후, 가능한 한 빠른 시일 내에 자유선거를 통해 인민의 뜻과 합치되는 책임있는 정부를 수립한다.'는 것이었다. 그러나 이들은 폴란드 처리 문제를 놓고 갈등을 빚게된다. 당시 영국과 미국은 런던의 폴란드 망명정부와 관계를 유지하고 있었던 반면, 소련은 공산당이 주도하는 루블린 소재 폴란드 인민해방위원회를 지지하고 있었다. 서방 연합국과 소련 어느 쪽도 자국이 지지하는 단체를 포기하려고 하지 않았고 결국 폴란드의 신정부는 두 단체가 협의하여 수립하기로 합의하였다. 또한 자유선거를 실시할 때까지 임시정부를 구성하여 운영하기로 합의하였다.

극동문제에 있어서는 비밀의정서를 채택하였는데, 그것은 소련이 독일 항복 후 2~3개월 이내에 대일전(對日戰)에 참전해야 하며, 그 대가로 연합국은 소련에게 러일전쟁에서 잃은 영토를 반환해준다는 것이었다. 또한 외몽골의 독립을 인정하기로 합의하였다.

한편, 스탈린은 중국과 동맹 및 우호 조약을 체결한다는 데 동의하였다. 그리고 국제연합을 창설한다는 전제 하에 이미 헌장의 초안이 마련되어 있는 상태에서, 안전보장이사회의 투표 방식에 관한 절충안을 마련하였다.

얄타회담의 일부 조항은 태평양과 만주에서 일본을 패배시키는 데 소련의 지원이 절실히 필요하다는 가정에서 체결된 것이었다. 그러나 소련의 참전은 지연되었고, 미국의 원폭이 투하(1945.8.6)된 뒤에 참전하여(8.8), 참전한 지 불과 5일 만에 일본은 항복하였다.

3. 외상이사회(Council of Foreign Ministers)

3대열강 지도체제를 형성하기 위한 구체적인 조직으로서 외상위원회를 조직하였다. 외상위원회는 평화조약을 처리하고 평화조약과 관련된 모든 문제를 관할하기로 예정되었다. 상설기구는 런던에 두었고, 상설서기국을 두었다. 3국지도체제는 유럽협조체제와 유사한 것으로서 평화가 위협받을 때는 공동의 행동을 취하는 체제였다.

4. 한계

제2차 세계대전 진행과정에서 형성된 지도체제는 제2차 세계대전이 끝나고 상호간 갈등이 표면화되면서 유지가 어려워졌다. 3국지도체제에 있어서 독일, 이탈리아, 일본이라는 공동의 적의 존재로 3국 간 이해관계는 표면화되지 않았다. 그러나, 일본과 독일이 패망하면서 3국은 전후질서형성과 세력권형성을 두고 대립하였다. 영국과 미국은 중동의 석유자원을 놓고 대립하였고, 소련과 미국은 폴란드 문제로 대립하였으며, 영국과 소련 역시 동유럽에서 세력권 분할을 놓고 대립하였다. 냉전이 공산주의와 자본주의 대립양상을 띠면서 3국지도체제는 사실상 와해되었다고 볼 수 있다.

Ⅲ 국제연합에 의한 집단안보체제

1. 국제연합의 형성과정

국제연합은 전시외교에서 전후 평화유지방안으로서 창설되었다. 1941년 8월 26일 처칠과 루스벨트는 대서양헌장에서 '보다 광범위한 기초위에 전반적인 안전보장체계'를 수립할 것을 선언하였다. 국제연합은 덤버튼 오우크스 회의에서 구체적인 형태를 갖추게 되었다. 상임이사국의 거부권 문제와 소련연방의 투표권의 수가 문제가 되었으나, 얄타회담에서 소련연방의 투표권은 3개로, 거부권은 절차문제이외의 문제에 대해서만 행사하기로 합의되었다. 1945년 4월 25일부터 개최된 샌프란시스코회담에서 국제연합 헌장이 채택되었다.

📖 참고 대서양헌장

제2차 세계대전 당시인 1941년 8월 14일 미국 대통령 F.D.루스벨트와 영국 총리 W.처칠이 대서양 해상의 영국 군함 프린스 오브 웨일스호(號)에서 회담한 후 발표한 공동선언. 제2차 세계대전 후의 세계 국민복지와 평화 등에 관한 양국 정책의 공통 원칙을 정한 것으로 내용은 다음과 같다. ① 양국은 영토의 확대를 원하지 않는다. ② 관계 주민의 자유의사에 의하지 아니하는 영토 변경을 인정하지 않는다. ③ 주민이 정체(政體)를 선택하는 권리를 존중하며, 강탈된 주권과 자치(自治)가 회복될 것을 희망한다. ④ 세계의 통상 및 자원에 대한 기회균등을 도모한다. ⑤ 노동조건의 개선과 경제적 진보 및 사회보장을 확보하기 위하여 경제 분야에서 국제협력을 도모한다. ⑥ 나치스의 폭정을 파괴한 다음 모든 인류가 공포와 결핍으로부터 해방되어 생명의 보전이 보장되는 평화를 확립한다. ⑦ 공해(公海)의 자유항행을 확보한다. ⑧ 침략의 위협을 주는 나라의 무장을 해제하고, 항구적이며 전반적인 안전보장제도를 확립하며, 군비부담의 경감을 조장한다. 이와 같은 대서양헌장은 다른 전시선언(戰時宣言)과 마찬가지로 그다지 실제적인 것은 아니었지만 미국이 참전한 후 이 원칙이 연합국의 공동선언에 채택되어 제2차 세계대전에서의 연합국의 공동 전쟁목표의 기초가 되었을 뿐만 아니라 국제연합의 이념적 기초가 되었다.

> **참고 덤버턴오크스 회의**
>
> 국제연합의 창설을 위하여 1944년 개최된 국제예비회의. 미국의 워싱턴 교외에 있는 덤버턴오크스에서 미국·소련·영국의 3개국회의(8월 21일~9월 28일)와 미국·영국·중국의 3개국회의(9월 29일~10월 7일)가 각각 별도로 열렸다. 회의를 2회로 나눈 이유는 당시 일본과의 교전국이 아닌 소련이 중립적 태도를 지키기 위하여 중국 대표와 동석하기를 거절하였기 때문이다. 이 회의에서 결정된 덤버턴오크스제안(일반적 국제기구 설립에 관한 제안)에는 강대국의 협조 아래 안전보장이사회를 중심으로 집단안전보장기능을 발휘하려는 평화유지구상이 포함되어 있으며, 이것은 후에 국제연합헌장의 원안(原案)이 된다. 그러나 안전보장이사회의 표결방식과 소련내 공화국들에 대한 회원자격조항과 같은 중대한 문제에 대해서는 합의에 이르지 못한 채 다음 해 2월 개최된 얄타회담으로 넘겨졌다. 이 회의에서 새 기구의 명칭을 국제연합(The United Nations)이라 정하였다.

2. 국제연합과 집단안보

국제연합은 국제평화와 안정의 유지를 제1의 목표로 설정하고, 분쟁이 발생하는 경우 회원국 모두의 참여에 의해 분쟁을 해결하기로 하여 집단안보제도를 재도입하였다. 즉, 평화에 대한 위협, 평화의 파괴, 침략이 존재한다고 안전보장이사회가 인정하는 경우 유엔회원국들은 안보리 결의에 따라 의무적으로 경제제재조치를 취한다. 한편, 경제제재가 불충분한 경우 특별협정을 체결하여 유엔의 관할하에 둔 군대를 투입할 수도 있다.

3. 국제연합 상임이사국

미국, 영국, 소련은 국제연맹의 실패를 답습하지 않기 위해 국제연합 안전보장이사회 상임이사국들에게 거부권을 부여하여 이사국들이 좀 더 많은 책임감과 권한을 가지고 국제분쟁에 개입할 것을 기대하였다. 상임이사국은 미국, 영국, 소련, 중국, 프랑스로 결정되었다.

4. 집단안보체제의 한계

집단안보체제가 모든 회원국을 대상으로 한 제도이긴 하나 안전보장이사회 상임이사국의 입장이 무엇보다 중요하였다. 즉, 모든 상임이사국들이 거부권을 행사할 수 있으므로 이들 간 만장일치가 있어야 국제문제에 개입할 수 있었던 것이다. 동서냉전은 안보리 내에서도 확대재생산되었고 이로 인해 유엔의 집단안보제도 역시 기대했던 효과를 내지 못하였다.

Ⅳ 결론

얄타회담을 전후해서 미국, 영국, 소련 3국 간에 형성된 지도체제와 이들의 협력을 밑바탕으로 형성된 국제연합은 제2차 세계대전 이후 새롭게 시작된 동서 냉전으로 전후 세계질서 안정을 위한 수단으로서의 유용성을 상실하였다. 다만, 냉전체제를 안정화시켜주었던 것은 왈츠(K. Waltz)에 의하면 양극적 세력균형이라는 힘의 분포였다. 동맹을 매개로 하여 형성된 양극적 세력균형체제는 힘의 사용에 있어서 신중성을 높여주고 오판을 방지하게 하여 국제체제를 안정시키는 역할을 하였다.

루스벨트(Roosevelt, Franklin Delano, 1882.1.30~1945.4.12)

미국의 제32대 대통령(재임 1933~1945). 뉴욕주(州) 하이드파크 출생. 하버드대학교를 졸업, 1904년 컬럼비아대학교에서 법률을 공부하였으며, 1907년 변호사 개업을 하였다. 1910년 뉴욕주의 민주당 상원의원으로 당선되어 정계에 진출하였다. T.W.윌슨의 대통령선거를 지원해주고, 1913~1919년 윌슨 정부의 해군차관보로 임명되어 제1차 세계대전을 통하여 활약하였고, 베르사유회의에 수행하였다. 1920년 민주당 부통령후보로 지명되어 대통령후보인 J.M.콕스와 함께 국제연맹 지지를 내걸고 싸웠으나, 공화당 대통령후보인 W.G.하딩에게 패하였다. 그 후 다시 변호사로 일하며 보험회사에도 관계하였으나, 1921년 39세의 나이에 소아마비에 걸렸다. 치료 후 체력이 회복되자 1924년 정계로 복귀하였다. 1928년 뉴욕 주지사에 당선되어 2기(期)를 재임하였다.

1932년 민주당 대통령후보로 지명되자, 그 지명수락연설에서 '뉴딜(New Deal)'을 선언하였다. 1929년 이래 몰아닥친 대공황으로 천 수백만에 달하는 실업자를 배출하고 있던 당시 미국의 사정으로서는 뉴딜을 대환영하였고 마침내 H.C.후버를 물리치고 당선되었다. 대통령 취임 후에는 강력한 내각을 조직하고 경제공황을 극복하기 위하여 뉴딜정책을 추진하였다. 통화금융제도의 재건과 통제, 산업 특히 상공업의 통제, 농업의 구제와 통제, 구제사업과 공공사업의 촉진, 정부재정의 절약 및 행정의 과감한 개혁 등으로 성공을 거두어, 국민생활은 점차 안정되어 갔다.

외교면에서는 소련의 승인, 필리핀의 독립과 함께 호혜통상법(互惠通商法)을 제정하게 하고 공황의 원인이 되었던 국제무역의 불균형을 시정하였고 라틴아메리카 제국(諸國)에 대해서는 우호적인 선린외교정책(善隣外交政策)을 추진하였으며, 먼로주의를 미국만의 정책으로 삼지 않고 아메리카주(洲) 전체의 외교정책으로 할 것을 강력히 주장하였다.

1936년 대통령에 재선되었고, 1940년 3선되었다. 1935년 유럽 정세가 악화됨에 따라 중립법이 제정되었지만, 원래 국제주의자였던 그는 고립주의를 억제하여 제2차 세계대전 초기에는 중립을 선언하였으나 후에 적극적으로 영국과 프랑스를 원조하였다. 1941년 일본의 진주만(眞珠灣)공격을 계기로 참전하였다. 대서양헌장의 발표를 비롯하여 카사블랑카·카이로·테헤란·얄타 등의 연합국 회의에서 전쟁의 결정적 지도권을 장악하여 영국의 총리 W.L.S.처칠과 긴밀한 연락을 취하면서 지도적 역할을 다하고 전쟁종결에 많은 노력을 기울였다. 1944년 대통령에 4선되고 국제연합 구상을 구체화하는 데 노력하였으나, 1945년 4월 세계대전의 종결을 보지 못하고 뇌출혈로 사망하였다.

처칠(Churchill, Winston Leonard Spencer, 1874.11.30~1965.1.24)

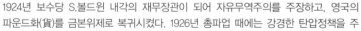

1874년 11월 30일 옥스퍼드셔에서 출생하였다. 1895년 샌드허스트 육군사관학교를 졸업하고 제4경기병 연대에 입대, 인도로 배속되었는데 특별허가를 얻어 쿠바반란 진압작전에 참가하였다. 1898년 수단원정, 1899년 보어전쟁에 참가하여 종군기사를 신문에 발표하였다. 보어전쟁에서는 포로가 되었으나 탈출에 성공하여 국민적 영웅이 되었다. 1900년 보수당의 후보로 하원의원에 당선되었으나, 보수당의 보호관세정책에 반대하여 1904년 당적을 자유당으로 옮겼다.

1906년 이후 자유당 내각의 통상장관·식민장관·해군장관 등을 역임하였는데, 제1차 세계대전 중 다르다넬스작전 실패의 책임을 지고 1915년 해군장관의 자리를 물러났다. 1917년 군수장관으로 다시 입각, 1919년 육군장관 겸 공군장관, 1921년 식민장관이 되었다. 그러나 당시의 자유당은 분열하여 쇠퇴의 길을 걸었고, 또 소련에 대한 강한 반감과 점점 열기를 더해가는 노동운동에 대한 위구심에서 보수당에 복귀하였다.

1924년 보수당 S.볼드윈 내각의 재무장관이 되어 자유무역주의를 주장하고, 영국의 파운드화(貨)를 금본위제로 복귀시켰다. 1926년 총파업 때에는 강경한 탄압정책을 주장하여 노동운동가들로부터 적대시되었다. 1929년 내각 총사퇴 후 10년간은 보수당 주류파와 견해를 달리 하였던 탓으로 1931년 거국내각에도, 1935년 보수당 내각에도 입각하지 않고 각외에 머물러 있었다.

보수당 주류파와 견해의 차이점은 당시 초당파적인 국책이라 할 수 있었던 인도자치론에 반대한 것과 대독일강경론을 주장하여 주류파의 유화(宥和)정책에 반대한 것이었다. 당시 보수당 주류파는 독일과 이탈리아의 파시즘을 공산주의에 대한 방파제로 생각하여 유화정책을 주장한 반면, 처칠은 나치 독일의 군사력이 영국의 안전에 위협이 된다고 하여 영국의 군비낙후를 규탄하고, 영국·프랑스·소련의 동맹을 제창하였다.

소련과도 동맹을 맺어야 한다는 생각은 그의 이데올로기상의 반소주의(反蘇主義)가 영국의 안전보장이라는 지상명령에 자리를 양보한 결과였다. 그의 주장은 제2차 세계대전 직전에 이르러 그 정당성이 인정되기 시작하였으며, 1940년 노르웨이작전 실패를 계기로 보수당은 총리 N.체임벌린 대신에 그의 지도를 요망하게 되어 그 해 총리에 취임하였고, 전시 중에는 노동당과의 연립내각을 이끌고 F.D.루스벨트, I.V.스탈린과 더불어 전쟁의 최고정책을 지도하였다.

1945년 총선거에 패한 후에는 야당 당수로서 집권 노동당에 대한 공격을 늦추지 않았으며, 국제정치상으로는 동서양극화시대의 도래를 예견하고 반소(反蘇) 진영의 선두에 섰으며, 1946년 미국 미주리주(州) 풀턴에서의 연설에서 '철의장막(iron curtain)'이라는 신조어를 만들어 내기도 하였다. 1951년 다시 총리에 취임하였고, 그 해 '경(卿:Sir)'의 칭호를 받았다. 1955년 당수의 자리를 R.A.이든에게 물려주고, 평의원으로 하원에 그대로 머물러 있었다.

그는 또 역사 · 전기 등의 산문에도 뛰어나 『랜돌프 처칠경 Lord Randolph Churchill』(1906), 『말버러: 그 생애와 시대 Marlborough: His Life and Times』(4권, 1933~1938), 『제2차 세계대전 The Second World War』(6권, 1948~1954), 『영어사용국민의 역사 A History of the English Speaking Peoples』(4권, 1956~1958) 등의 저서를 남겼으며, 1953년 『제2차 세계대전』으로 노벨문학상을 수상하였다. 또한 화가로서도 널리 알려져 있다.

스탈린(Stalin, Iosif Vissarionovich, 1879.12.21~1953.3.5)

레닌의 후계자로서 소련공산당 서기장 · 수상 · 대원수를 지냈다. 본명은 그루지야어로 Ioseb Dzhugashvili. 그루지야의 고리(Gori)에서 구두직공의 아들로 태어나, 어려서 아버지를 잃고 어머니 손에서 자랐다. 일찍이 비밀결사 '메사메 다시(Mesame Dazi)'에 가담하여 티플리스의 그리스도 정교회신학교에서 추방당하고, 1901년 직업적 혁명가가 되어 카프카스에서 지하활동을 하였다. 이후 10년간에 체포 7회, 유형 6회, 도망 5회의 고초를 겪었다.

「마르크스주의와 민족문제」라는 논문으로 인정을 받아 1912년 당중앙위원이 되었고, 「러시아뷰로」의 책임자로서 처음으로 스탈린(강철의 사나이)이란 필명을 사용하였다. 1913년 체포되어 시베리아로 유형되어, 1917년 그곳에서 2월혁명을 맞고 페트로그라드로 돌아왔다. 4월 레닌이 망명에서 귀환하자 그의 '4월 테제'를 재빨리 지지하였고, 신정권의 민족인민위원이 되어 제(諸)민족 공화국의 공수동맹(攻守同盟)인 '소련방'의 결성에 진력하였다.

1919~1922년 국가통제위원, 이어서 초대 당 서기장이 되어 죽을 때까지 그 자리를 유지하면서 반세기 동안 독재적으로 전(全) 소련을 통치하였다. 레닌은 유서에서 그의 재능을 평가하였으나 한편으로는 성격적 결함(난폭 · 불관용)도 지적하여 당 서기장직에서 경질할 것을 시사하였다. 그러나 그는 이미 체카(VCHK:비밀경찰)와 당기구를 통하여 1만 5000명 이상의 자기 부하를 전국에 배치하고 있었기 때문에 1924년 제13차 당대회 때 유임을 인정받았다.

이 사이 1936년 이른바 '스탈린헌법'이 제정되었다. 스탈린헌법은 소련에서의 사회주의의 승리를 법적으로 확인한 것이었으나, 이 무렵 국제적 파시즘의 대두로 '대소전쟁(對蘇戰爭)'의 위기에 직면하자, 3차에 걸친 대숙청을 감행하여 잇따른 '반혁명재판'(1936~1938)에서 G.E.지노비예프 등 반대파 뿐 아니라 충실한 당원 · 군인 · 관료와 무고한 많은 민중이 처형 · 투옥 · 제명되었다.

1939년 제18차 당대회에서 그는 사회주의에서 공산주의로의 이행문제를 제기하여 소위 '일국(一國)사회주의론'을 전개하였고, 제2차 세계대전 전야의 긴박한 국제정세하에서 나치 독일과 불가침조약을 맺어 파시즘의 총구를 일시 서유럽 쪽으로 돌려놓았다. 1941년 V.M.몰로토프 대신에 인민위원회 의장(수상)을 겸하여 비로소 정치정면에 나섰는데, 그로부터 1개월 후에 독일의 기습을 받아 독 · 소전쟁(1941~1945)에 돌입하였다.

그는 국방회의 의장, 적군(赤軍) 최고사령관이 되어 개전 초에는 패배하였으나 급속히 국내의 임전체제를 갖추고, 주코프 등 소장 장군들을 이끌고 반격작전을 전개하여 모스크바 전선에서 우세한 적군의 진격을 저지하고 반격의 시간을 마련하였다. 또 테헤란 · 얄타 · 포츠담 등의 거두회담에 참석, 연합국(미국 · 영국)과의 공동전선을 굳혀, 독일을 굴복시키는 데 일익을 담당하였다.

1945년에 대원수가 되어 그 명성은 레닌을 능가하였고 동구(東歐)제국에 대해 헤게모니를 잡고 미국과 대항함으로써 냉전의 중심인물이 되었다. 국내적으로는 반대자에 대한 탄압을 계속하였다. 1953년 뇌일혈로 급사하였다. 그가 죽은 뒤, 1956년 제20차 당대회에서 N.S.흐루시초프의 '스탈린비판'은 복잡한 반응을 일으켜 '중 · 소논쟁' '헝가리사건' 등을 유발하였고, 국제공산주의운동을 심각한 혼란 속에 몰아넣었다. 특히 1991년의 소련정변 이후 스탈린에 대한 인민들의 평가는 종전의 신(神)적 숭배에서 독재자로 격하되었다.

해커스공무원 학원 · 인강
gosi.Hackers.com

제3편
냉전기 국제정치사

제1장 | 냉전체제의 형성

제1절 서구 냉전체제의 형성

I 냉전의 기원

1. 외상위원회

제2차 세계대전에서 미국과 소련은 동맹관계를 형성하였으나, 대전의 종료와 함께 미소는 대립의 관계로 변화하게 되었다. 외교적으로 미소 간의 균열은 포츠담회담에서 결정된 문제를 구체적으로 논의하고자 하였던 1945년 9월의 런던 외상위원회 회의에서부터 시작되었다. 이 회의에서 소련의 몰로토프(Molotov)가 위원회의 의사일정에 관한 모든 문제에 대하여 검토도 없이 의제를 연기하여야 한다고 주장하면서 공동성명 하나 없이 회의는 끝나게 되었다. 이러한 모든 문제에 대한 조직적인 반대와 함께 소련은 더욱 받아들일 수 없는 요구를 들고 나왔다. 과거 이태리 식민지에 대한 신탁통치를 요구하거나, 일본에 대한 전후처리에 적극적으로 소련이 참가해야 한다는 주장 등을 내세운 것이다. 특히 소련이 만든 루마니아와 불가리아 정부를 승인해줄 것을 요구하였는데, 이는 연합국의 전후처리에 대한 모든 원칙과 선언을 부정하는 것이었다. 또한 5개국 외상위원회 자체에 대해서도 중국은 유럽문제에 관여할 필요가 없다고 하였고, 프랑스도 프랑스가 직접적 이해관계를 갖고 있던 독일 및 이태리 문제에 한해서만 참석해야 한다고 주장하였다. 이에 따라 전후처리를 책임지기로 되어 있었던 5개국 외상위원회는 좌절되었다.

> **참고 포츠담회담(협정)**
>
> 1945년 미국·영국·소련 3개국 수뇌 사이에 열린 포츠담회담에서 조인된 독일의 전후처리 방침에 관한 협정. 포츠담회담에는 미국의 트루먼, 영국의 처칠(뒤에 애틀리와 교체), 소련의 스탈린이 참석하여 일본에 대한 포츠담선언과 독일에 대한 포츠담협정이 조인되었다. 이 협정은 연합국의 독일점령 목적을 독일의 무장해제, 비(非)군사화, 비나치화, 민주화에 있음을 명시하고 그 가운데서도 독일산업의 비군사화에 중점을 두었다. 협정은 첫째, 당분간 독일에는 중앙정부를 두지 않고 독일을 단일 단위로서 다루며, 분할을 궁극의 방침으로 하지 않는다. 둘째, 독일문제의 처리에 관한 외무장관이사회를 설치한다. 셋째, 독일로부터의 배상금 징수 등을 정하였다. 또한 오데르강(江)·나이세강을 독일의 동부국경으로 정하는 데 대하여 강화회담에서 미국·영국·소련 3개국은 이를 지지한다는 것 등을 약정하였다.

2. 원자탄문제

전후 미소 간의 불화를 재촉하고 있었던 시기에 소련의 외상인 몰로토프의 방송연설이 큰 문제를 야기시켰다. 몰로토프는 1945년 9월 6일 소련 국민과 전 세계를 향한 방송에서 '원자탄의 비밀'에 대한 문제를 제기하였는데, 여기에서 결론은 만일 원자무기의 비밀이 지속된다면 이는 한 나라나 혹은 하나의 집단적 국가군에게만 유리할 수밖에 없는 불균형을 낳게 될 것이고, 이러한 불균형은 세계적인 협력에 위배된다는 것이었다. 반대로 원자무기의 비밀이 없어진다면 평화가 올 것이라고 하였다. 이에 대해 트루먼 대통령은 단호하게 미국은 원자무기의 비밀을 소련에게는 넘겨줄 수 없다는 성명서를 발표하였다. 소련과 서방측 간의 불신을 기초로 하는 대립이 시작된 것이다.

3. 모스크바 3상회의

외교적 교착을 타개하기 위해 1945년 12월 모스크바 3상 회의가 개최되었다. 이 회의에서 전후의 평화조약에 대한 비준절차가 결정되었다. 첫째, 이태리와의 평화협상은 영국, 미국, 소련, 프랑스가 참가한다. 둘째, 루마니아, 헝가리, 불가리아와의 평화조약 협상은 영국, 미국, 소련이 한다. 셋째, 핀란드와의 평화조약은 영국과 소련만이 참가한다. 극동의 전후처리에 관해서는, 첫째, 한국문제에 대하여는 '한반도에 민주적 정부를 수립할 것이며, 이를 위해서 미소공동위원회를 개최하고, 현지의 민주적 정치조직과 협의한다'고 하여 통일정부가 수립되기 전까지는 미국과 소련이 각기 협력하여 행정적, 정치적인 조치를 취해나가기로 하였다. 둘째, 중국문제에 대하여는 '중국문제에 대한 내정간섭은 피한다'고 결정하여 내란의 종식에 대한 필요성과 국민적 정부 하에 민주적이며 통일된 하나의 중국의 필요성에 합의하였다. 셋째, 일본문제에 대하여는 일본 극동위원회와 일본에 대한 연합국위원회가 창설되었다. 마지막으로 모스크바 회담은 원자력통제위원회를 창설하는데 합의하였다. 하지만 모스크바 3상회의는 소련과 서방측과의 일시적인 타협에 불과한 것으로 평가받았다.

Ⅱ 서구냉전체제의 형성

1. 트루먼 독트린

1946년에는 미국과 소련 간의 대립이 심화되기 시작하였다. 공산게릴라로 인한 그리스 문제, UN 안보리 내에서의 미소의 대립, 인도차이나 문제를 둘러싼 미소의 대립이 있었고, 전후 급속히 군사를 해체해 가던 미국에 비해 군사를 거의 해체하지 않고 있던 소련에 대한 불안 역시 상호간 깊은 불신을 야기하였다.

전후 모스크바 주재 미국대사관에 근무하던 조지 케난(George Kennan)은 소련의 권력에 대한 철학적이며 정치적인 파악을 기초로 한 긴 외교전문(A Long Telegram)을 본국에 발송하였는데, 이것은 1947년 「Foreign Affairs」지에 X라는 가명으로 실린 「소련 행동의 근원(Sources of Soviet Conducts)」이라는 논문으로 발표되었다. 케난은 여기에서 "어떠한 소련의 대외정책도 그 주된 요인은 소련의 팽창적인 경향이므로 지금부터 미국은 이에 대하여 장기적으로 참을성 있는 그러면서도 확고하고 주의 깊은 봉쇄정책을 전개하지 않으면 안 된다는 것이 명백하다."라고 주장함으로써 '봉쇄정책'(Containment Policy)이라는 전후 미국의 대소정책의 기본정책을 낳게 하였다. 주된 내용은 소련은 혁명과 전쟁이라는 폭력을 통해서 소련 국내만이 아니라 세계적으로 팽창하는 성격을 띠고 있다고 보았고, 따라서 이를 억제하고 국경 너머로 팽창하는 것을 봉쇄해야 한다는 것이다. 즉, 케난의 논문은 전후 냉전을 이념적, 정책적으로 체계화하는데 기여하였다.

트루먼 독트린은 봉쇄정책을 처음으로 실천에 옮긴 미국의 냉전정책이며, 군사적인 첫 봉쇄정책이었다. 트루먼 대통령은 1947년 미국의회 연설을 통해 미국의 정책은 자유로운 국민을 지원하는 것이라며, 그리스가 공산게릴라의 위협 아래 놓여 있으며, 이를 구하기 위해서는 미국은 그리스와 터키에 대하여 4억 달러의 원조를 제공할 것이고, 군사고문단을 파견할 것임을 천명하였다. 특히 이러한 원조는 군사원조를 목적으로 하는 경제원조로 정치적 의미가 컸다. 미 의회는 예산을 통과시켰고, 그리스와 터키에 대한 군사원조가 시작되었다.

2. 모스크바 회담

트루먼이 독트린을 발표할 즈음 미국, 영국, 소련, 프랑스의 외상들이 참가하는 외상회의가 모스크바에서 개최되었다. 이 회담에서 문제된 것은 소련과의 타협이나 합의가 거의 불가능하다는 점이었다. 특히 독일문제와 오스트리아 문제에 대한 평화조약 협상조건에서 상당한 대립을 낳게 되었다. 독일문제에 대해 프랑스는 약한 연방정부가 중심이 되는 비중앙집권적인 독일을 원했으나, 소련은 강력한 중앙집권적인 정부를 주장하였고, 영국과 미국은 강력한 연방정부 형식을 원하였다. 오스트리아 문제는 포츠담 회담에서 정했던 오스트리아 내의 독일 재산을 소련에게 배상으로 준다는 조항에서 발생했는데, 소련은 독일의 자본만이 아니라 오스트리아 내의 모든 독일재산을 차지하는 것으로 법 해석을 하였고, 이는 오스트리아 경제 전체를 소련에게 넘겨주는 일이 되어 서방국가들이 찬성할 수 없었다.

3. 마셜플랜

모스크바 회담이 실패한 후 서방측의 결속이 급격하게 추진되었는데, 이 과정에서 1947년 6월 5일 하버드 대학 연설에서 미국 국무장관 마셜은 마셜플랜(The Marshall Plan)을 천명하였다. 이는 정치적 목적 하에 대대적인 유럽 재건을 위한 미국의 경제원조를 보장한 것으로, 그 목적은 자유로운 제반 정치제도가 존속될 수 있는 정치적, 사회적 조건을 구축할 수 있도록 세계의 활발한 경제를 부활케 하여야 한다는 것이었다. 미국의 원조는 유럽의 구매력을 창출할 달러 부족을 메꾸는 성격의 원조였으며, "미국의 원조를 방해하는 정치세력이나 국가는 미국의 반격을 받을 것이다"라며 적극적인 태도를 보임으로써 서유럽의 결속을 강조하였다. 이에 응하기 위한 유럽부흥계획(European Recovery Plan) 토의를 위해서 파리에서 영국, 프랑스, 소련 간 3상회의가 개최되었지만, 소련이 1국에 의한 대외원조는 타국에 대한 내정간섭을 초래한다고 비난하면서 유럽 경제 재건 계획에 정면으로 반대하고 나섬으로써 3상회의는 결국 실패로 돌아갔다. 유럽부흥문제를 두고 유럽은 양 진영으로 분열되었고 중립적인 입장을 취한다는 것이 불가능하게 되었다. 소련에게 있어서 마셜플랜은 유럽을 지배하기 위한 제국주의적인 정책으로 비쳤던 것이고, 미국으로서는 소련의 팽창정책에 대하여 이를 포위하기 위한 대항정책의 일환이었던 것이다.

4. 코민포름의 형성

마셜플랜에 대한 소련의 즉각적인 반응은 1947년 10월 코민포름(Kominform)의 창설이었는데, 유럽 차원에서 공산국가 사이에 상호협력기구로 조직되었다. 1차 회의에서 소련 대표 쥬다노프는 세계는 두 진영으로 분열되었다고 선포하고, 미국은 제국주의와 자본주의 진영을 주도하고, 소련은 반제국주의와 반자본주의를 이끌 것이라고 선언함으로써 두 동서진영의 확고한 분열을 확인하였다.

5. 런던회의

최종적으로 세계대전의 지도체제로서의 외상위원회가 런던에서 열렸지만, 모스크바 회담에서와 같은 논쟁으로 일관하면서 이 회의는 외상위원회 체제의 '최후의 회의'로 불리며 완전한 실패로 돌아갔다. 결국 전시외교에서 기본적인 역할을 해온 외상위원회가 그 종지부를 찍은 것이다.

Ⅲ 동서블럭의 형성

1. 독일문제와 베를린 봉쇄

1947년 11월 런던 4개국 외상위원회가 실패로 돌아간 후 미국과 영국은 가까운 장래에 소련과의 타협은 불가능하다고 생각하게 되었다. 결국 1948년 2월 런던에서 미국, 영국, 프랑스 3개국 외상회의가 개최되었다. 런던회담에서는 9월 1일 제헌의회의 소집이 결정되었고, 의회의원들은 각 주의 의회에서 결정된 제도에 의해서 임명하되 의원은 55명으로 구성하며 연합국 군정부의 지시를 받기로 하였다. 이밖에도 루르에 대한 관리위원회 및 독일의 비무장화를 감시할 안보군사사무소를 창설하기로 합의하였다. 이러한 서방측의 일련의 조치에 대하여 소련정부는 계속적으로 항의하였다. 서방측은 런던회의에서 결정된 몇 가지 결정을 실천에 옮기기 시작하였다. 새로운 공통 독일화폐인 독일 마르크를 전 서방측 점령지역에 유통토록 하는 조치를 취하였고, 서방측 3개 지역을 통합하는 국립은행을 창설하였다. 6월 22일 소련 대표는 이에 대항하여 베를린을 포함하는 소련측 점령지역에 대한 화폐개혁을 단행하였다. 베를린을 소련측 지역으로 포함시킨 것이다. 7월 1일에는 유일하게 기능하고 있었던 베를린 4개국 사령부를 폐쇄하였다. 이는 약 1년간 지속되었다. 서방측은 소련의 이러한 봉쇄에 대하여 실력으로 대항키로 하고, 베를린 공수작전을 감행하였는데 성공하였다. 베를린에 대한 모든 보급을 실력으로 공수할 수 있게 된 것이다. 또 한편 서방측 3개국은 베를린 문제를 UN 안보리에 회부할 것을 제의하고 베를린 해제를 결의하였으나 소련의 거부권 행사로 실패하였다. 유엔에서 미소 대표가 수차례 회담을 진행하여 1949년 5월 소련 점령지역과 베를린 간의 모든 통제를 철폐하고 4개국 외상위원회를 가까운 장래에 재개한다는 것이 결정되었다. 결국 5월에 파리에서 4개국 외상위원회가 개최되었다. 서방측은 우선 서방 3개 지역에서 진행되고 있었던 독일에 대한 결과조치를 소련 점령지역으로까지 확대할 것을 제의하였으나, 소련은 이를 공식적으로 거부하였다. 서방측의 독일 조치에 대항하기 위하여 동베를린에서 독일인민회의가 소집되고 만장일치로 독일 통일헌법을 채택하는 결의를 한다. 동서 간에 있어서 독일 통일문제는 이미 합의볼 수 없는 문제가 된 것이다. 서방측 연합국 3개국은 루르에 대한 결정의 적용 방법에 대한 토의와 배상문제, 그리고 점령의 법적인 수정 등을 협상하였고, 1949년 4월에 독일문제에 관한 협정(워싱턴조약)이 체결되었다. 이 워싱턴조약은 점령군의 철수와 함께 독일에 완전한 자치를 부여하는 것이 그 목적이었다. 단, 독일이 조직된 후 행동에 대해서는 제한을 가하고 있었다. 즉, 독일에 대한 최고의 권한은 연합국이 가지며 독일에 대한 여하한 행정적이며 법적인 수정도 가능하다는 권한을 유보한 것이다. 독일이 스스로 제한 없이 할 수 있는 영역은 비무장정책, 무장해제, 루르 지역에 대한 제한, 배상문제, 권력의 분권화, 외교문제, 점령군에 대한 경비, 무역의 통제와 외환의 관리 등이었다. 이로써 독일에 대한 군정은 사라지기 시작했으며, 그 대신 연합국은 독일에 대한 통제 기능만 하게 되었다. 연합국의 목적은 이 조치로서 민주적인 통일독일을 유럽연합이라는 테두리 안에 두고 독일 국민의 통합을 촉진시키는 것이었다. 1949년 5월 본 기본법이라는 헌법 초안이 완성되었고, 이는 주의회와 연합국 사령관의 승인 하에 결정되었다. 8월에는 총선거가 거행되었고, 9월에는 호이스가 독일연방공화국의 초대 대통령으로 선출되었다. 이때부터 독일은 자치적인 독립국가로 출발하게 된 것이다. 이에 대하여 소련은 즉각적으로 대항하였다. 독일인민위원회를 소집하고 10월 7일 독일인민공화국의 창설을 선포하였던 것이다. 10일에는 소련군 사령부가 해체되었다. 하지만 동독은 다른 동유럽 국가들과 같이 외교정책에 대한 지시를 소련으로부터 받는 등 자주적인 외교권을 상실하게 되었다.

2. 북대서양조약기구(NATO)의 결성

(1) 결성과정

국제연합이라는 국제기구로는 동서 간 냉전체제의 정치적 해결은 불가능하다고 판단하고 미국과 소련은 새로운 동맹체제를 형성하였다. 이러한 동맹체제는 서방측 블록에서 드골의 프랑스의 이탈과 동방측 블록에서 중소 간 새로운 분쟁이 있기까지 전후를 지배하는 국제질서의 기초가 되었다. 1947년까지 유럽에서의 모든 동맹조약은 독일에 대항하는 대독 동맹정책이었으나, 그 후에는 서방측과 소련의 분쟁과 대립으로 새로운 동맹체제가 형성 전개되어 갔다. 1948년 3월 브뤼셀에서 영국, 프랑스, 베네룩스 3국이 참여하는 정치군사협정이 체결, 조인되었는데, 조인국에 대한 침략이 있을 경우에는 즉각 상호협의한다는 것이 주요 내용이었다. 이후 영국과 프랑스는 미국에 브뤼셀조약을 보다 확대하는 조약의 협상을 제의하였다. 6월 11일 미국 상원에서 반덴버그 결의가 채택되었는데, 내용은 미국정부가 본토 밖에서 평화시에도 동맹을 체결할 수 있도록 허용한 것이다. 이는 미국의 대외정책에 있어서 획기적인 결의였다. 10월 개최된 유럽 5개국 외상회의에서는 미국과 캐나다를 포함하는 대서양의 안전보장에 관한 북대서양동맹을 천명하였고, 미국에게 북대서양동맹조약안을 제시하였다. 이에 따라 본격적으로 미국과의 협상이 개시되었으며, 1949년 3월에 대서양동맹조약안이 완성되었다. 유럽5개국과 미국, 캐나다, 노르웨이, 아이슬랜드, 포르투갈, 이태리가 조약에 가담하였다.

(2) 내용

첫째, 전문에 서구형의 민주주의 정치체제를 방어할 것이라 규정하였고, 둘째, 군사조항으로서는 위협(menace)과 침략(aggression)을 구분하여 사용하고 있는데, 위협이 있을 시에는 협의한다는 것이며, 침략 시에는 자동적으로 군사 조치가 발동되는 것은 아니며, UN 헌장 제51조에 따라서 "북대서양 지역에서의 안전을 회복시키기 위하여 무력의 사용을 포함하는 필요 조치를 개별적으로나 조약국 간에 발동할 수 있다"는 것이었다. 따라서 조약 당사국은 전쟁을 할 것인가 하지 않을 것인가 하는 판단은 각기 자유인 것이다. 이에 대한 소련의 항의에도 불구하고 1949년 4월 4일 북대서양조약은 조인되었다.

(3) 기구

북대서양조약을 가동시킬 구체적인 군사조약은 순조롭게 진행되었는데, 이것이 북대서양조약기구(NATO)였다. 나토는 3단계로 진행되었다. 첫 단계는 조약 실천기구를 구성하는 상임이사회를 창설할 것을 제의하였다. 12개국 외상회의를 정기적으로 개최할 것과 재무경제방위위원회, 방위위원회, 군사위원회를 구성하고 그 아래에 다시 군사차원에서 상임전략그룹을 형성하기로 하였다. 제2단계로서는 명백한 권한을 규정하기 위해 상임 그룹에서 직접 통할하는 유럽 연합국 최고사령부가 창설되었다. 제3단계는 12개국 상임이사회였다. 이 기구는 앞으로 상호간의 업무 연락 혹은 권한의 강화로서 지침을 조정하게 되었다. 1952년 2월에는 모든 대서양동맹기구는 파리에 주재시킨다는 결정을 함으로써 나토가 확립되었다.

3. 바르샤바조약기구의 결성

서유럽의 나토에 대항하기 위하여 소련을 비롯한 동유럽의 군사동맹체제가 창설되는데, 이것이 바로 바르샤바조약기구이다. 정식명칭은 '소비에트 및 동유럽 7개국 우호협력상호원조조약'인데, 1955년 5월 바르샤바에서 소련을 비롯하여 폴란드, 헝가리, 루마니아, 불가리아, 알바니아 및 동독이 가입하였다. 가맹국이 유럽에서 어느 한나라나 혹은 그룹으로부터 무력 공격을 받을 때에는 UN 헌장 제51조에 따라서 개별 혹은 집단적 자위권으로서 공격을 받은 국가 혹은 제 국가에 대하여 합의 하에 무력을 포함하는 필요하다고 생각되는 모든 수단을 동원하여 즉각 원조를 제공한다는 것이 주요 내용이었다. 이 조약을 기초로 하여 소련 및 동유럽 7개국의 군통합사령부가 조인과 함께 설치되었다.

📑 참고 바르샤바조약기구(1955년 5월 14일)

제2차 세계대전 후 심각한 동서대립 속에서 서독의 재무장과 NATO(North Atlantic Treaty Organization:북대서양조약기구)에 대항하기 위해 소련을 비롯한 동구권 8개국의 총리가 1955년 5월 11~14일 폴란드 바르샤바에 모여 체결한 군사동맹조약기구이다. 조약체결국은 소련·폴란드·동독·헝가리·루마니아·불가리아·알바니아·체코슬로바키아의 8개국이었으나, 알바니아는 소련과 의견을 달리하여 1968년 9월에 탈퇴하였다. 소련의 위성국들에 대한 지배 강화 및 사회주의국가들의 동맹 강화를 목적으로 조약을 체결하였으나, 서독을 NATO에 가입시킬 것을 결의한 파리협정이 직접적인 계기가 되었다. 조약에는 통합사령부 설치와 소련군의 회원국 영토 주둔권을 규정하고 있으며, 그 병력 규모는 1980년대 초 약 475만 명에 육박하였다. 조약은 전문 및 11개 조항이 있으며 무력공격의 위협에 대처하는 협의(3조) 및 무력공격에 대한 공동방위(4조)로 이루어져 있다. 또 독립 및 주권의 상호존중 및 내정불간섭이 이 기구의 행동원칙이다. 조직은 외무장관회의와 연 2회 개최하는 정치자문위원회를 비롯하여 통일군사령부 지휘 아래 조약기구연합군과 기타 보조기관으로 구성되어 있다. 조약의 효력기간은 20년이나 그 기간 내에도 소련이 1954년 제안한 바와 같은 유럽안전보장체제가 확립되면 그 효력을 상실하는 것으로 되어 있다. 소련 국방정책의 주안점이 서방측으로부터 기습공격을 저지하는 데 있었으므로 1950년대 후반에는 기구의 활동도 소극적이어서 군사적으로는 대공 방위체제의 개선에 머물렀다. 그보다 기습공격을 피하기 위한 외교정책의 일환이나 유럽의 안전보장체제 확립을 서방측에 요구하기 위한 수단으로서 크게 이용되었다. 1960년대 소련의 핵전력 증대를 배경으로 더욱 견고하게 통합군을 편성하였으며 합동연습도 자주 실시하였다. 그뿐 아니라 가맹국의 군사 준비도 확대하였으며 정치자문위원회도 자주 개최하였다. 그러나 1960년대 후반에는 동서대립의 완화, 다극화의 진전, 중·소 대립 격화 등의 영향으로 가맹국들은 각 가맹국 내의 자유화 및 조약기구 내 자주성을 요구하게 되었다. 그 결과 루마니아의 자주노선의 추구, 체코슬로바키아의 자유화의 진전, 알바니아의 보이콧 등이 조약기구에 많은 영향을 미쳤다. 1972년 1월 25~26일 체코슬로바키아의 프라하에서 개최된 수뇌회담에서 구주선언을 채택하였다. 이 선언에서는 프·소 협력, 서독과 소련, 서독과 폴란드 간의 조약 비준협의 개시, 베를린 4대국 협정 성립 등의 긴장 완화로 동서관계의 개선을 지적하였고 미국·캐나다를 포함한 전 유럽회의의 조기실현을 호소하였다. 그러나 그해 2월 개최한 국방장관위원회 회의에서 대대적인 수송력 강화책을 채택하는 등 군축과 상반되는 방향이라는 비난을 받았다. 또한 4월 18~23일에는 가맹국 해군이 흑해에서 대연습을 실시하는 등 복잡한 정세를 보였다. 1985년 4월 26일 소련과 6개 조약국들은 바르샤바조약의 유효기간을 20년 더 연장하였다. 1990년 10월 독일이 통일하면서 동독이 탈퇴하였고 1991년 4월 1일 바르샤바조약기구가 해체되었으며 조약 자체도 유명무실해졌다.

📖 참고 냉전의 기원론

1. 서론
제2차 세계대전 당시 연합국을 구성하고 있었던 미국과 소련이 1940년대 중반 이래 상대방을 최대의 적대국으로 설정하고, 약 50여년간 갈등상태를 지속한 원인에 대해 학계의 논쟁이 집중되고 있다. 냉전체제의 형성과 관련해서는 냉전의 원인, 냉전의 불가피성, 소련 및 미국 외교정책의 성향, 냉전의 1차적 책임 등이 쟁점이 되고 있다. 이 같은 쟁점을 중심으로 하여 전통주의 학파(traditional school), 현실주의 학파(realist school), 수정주의 학파(revisionist school), 후기 수정주의 학파(postrevisionist school), 결합주의 학파(corporatist school) 등으로 구분한다.

2. 전통주의
전통주의는 냉전의 책임이 소련에 있다는 점을 강조한다. 즉, 소련의 세계 정복을 위한 야욕과 무제한적인 팽창주의 그리고 스탈린 개인의 편집광적인 성격을 냉전을 초래한 근본적인 요인으로 간주한다. 케난(Kennan)은 미소 간 전시 협조체제가 무너진 것은 스탈린의 야심이 근본적인 원인으로서 그는 얄타협정의 정신을 파기하고 동유럽 지역 전체를 지배하려고 했을 뿐만 아니라, 전쟁의 후유증으로 정치·경제적으로 어려움을 겪고 있었던 서유럽까지도 장악하려 하였다고 본다. 우즈(Woods)와 존스(Jones) 역시 스탈린은 폴란드, 루마니아, 불가리아는 직접지배, 헝가리와 체코는 간접지배하고자 하였고, 서유럽, 근동, 아시아에서도 영향력 확장을 적극적으로 시도하였다고 평가하였다.

3. 현실주의
현실주의 학파 역시 전통주의 학파와 마찬가지로 소련의 공격적인 성향과 팽창야욕을 지적하고, 냉전 초래의 중요한 책임이 소련에게 있다고 본다. 그러나, 현실주의 학파는 소련과의 관계에서 보여준 미국의 대응방식이 대단히 잘못되었다고 주장하면서 미국의 외교정책을 신랄하게 비판하였다. 이들이 전통주의와 근본적으로 다른 점은 공산주의 이념을 소련의 팽창주의의 원천으로 간주하지는 않는다는 점이다. 이들은 스탈린의 외교정책은 공산주의를 위한 세계혁명을 유발시키는 것이 아니라 러시아의 전통적인 팽창주의 정책을 계승하였다고 주장하였다. 이들은 또한 냉전의 불가피성을 인정한다.

4. 수정주의
수정주의 입장은 1960년대 미국 역사학계에 '신좌파'(New Left) 사가들이 등장하면서 새롭게 제기된 입장이다. 수정주의자들은 냉전의 일차적 책임이 미국에게 있다고 본다. 이들은 미국이 국내정치경제적 요인과 대외전략적 이념의 영향으로 지속적으로 팽창주의적이고 세계패권 구축을 위한 전략을 구사해 왔다고 주장한다. 콜코는 미국의 자본주의가 지속적으로 발전하기 위하여 세계경제질서는 안정되어야 한다고 미국의 지도자들은 굳게 믿어 왔다고 지적하고, 미국이 세계경제의 주도권을 계속 확보하기 위한 미국의 끊임없는 팽창주의적인 노력이 냉전을 초래시킨 근본적인 요인이라고 주장하였다. 한편, 수정주의 사가들은 냉전의 초래가 불가피하였다고 보지 않는다. 왜냐하면, 경제력과 군사력의 측면에서 소련보다 월등히 우월한 입장에 있었던 미국이 여러 중요한 문제에 대하여 소련에게 보다 유화적이고 타협적인 태도를 취했더라면 전후 세계의 모습은 매우 달라졌을 것으로 본다.

5. 후기 수정주의
후기 수정주의 학파는 전통주의 학파, 현실주의 학파, 수정주의 학파 입장을 수용 및 재평가한 입장으로서 '절충주의 학파'로 불리기도 한다. 이들은 냉전의 시작에 있어서 경제적인 요인의 중요성을 인정하는 한편, 다른 국내적 요인들, 특히 여론과 의회의 태도가 보다 중요한 역할을 하였다고 주장한다. 후기 수정주의 학자들은 경제외교를 국내의 압력 때문이 아니라 지정학적 고려에서 기인된 수단으로 본다. 개디스는 미국의 지도자들이 '제국의 건설'(empire building)을 위해 적극적으로 노력하였고, 실제로 미국 '제국'이 존재하였다는 수정주의 학파의 주장에 원칙적으로 동의했지만, 제국의 건설이 미국의 자본주의 체제의 속성 때문이 아니라 '외부로부터의 초청'(invitation from abroad)때문에 이루어졌다고 강조하였다. 후기 수정주의자들은 냉전의 책임을 미국과 소련 모두의 공동책임이라고 본다. 다만, 중간우파는 소련의 책임을, 중간좌파는 미국의 책임을 상대적으로 강조한다.

6. 결론
결론적으로, 냉전체제 형성에는 이념, 정책, 무정부적 국제체제라는 구조, 정책결정자의 인식, 여론, 국가이익 등 다양한 요인들이 영향을 주었다고 평가할 수 있다. 다만, 구성주의 입장에서 볼 때, 냉전체제가 필연적이라고 볼 수는 없다. 양자관계가 형성되던 초기에 국가들이 상대방에 대한 타자정체성 및 집합정체성을 어떻게 형성하는가에 따라 양자관계의 패턴이 달라질 수 있었을 것이다. 미국과 소련은 이질적 이념과 정치, 경제 체제, 세력권 경쟁, 핵문제를 사이에 둔 갈등 등 다양한 요인때문에 조화적이기보다는 갈등적 집합정체성을 형성하고, 냉전체제를 형성시켰다.

제2절 아시아 냉전체제의 형성

I 아시아 냉전체제의 성격

1. 아시아 냉전체제와 한국전쟁

냉전체제가 구체화되는 가운데, 한국전쟁의 발발은 냉전을 이 지역으로 확산시켰다. 한국전쟁은 사실상 제2차 세계대전 이후의 냉전체제의 극치를 이루는 전쟁이며, 정치적 사건이었다. 미국의 대일정책도 1948년을 기점으로 대전환을 하게 되었다.

2. 중국 공산당의 중국 장악

아시아의 냉전구조는 기본적으로 중국 공산당이 아시아 대륙을 장악하는 데서 기인하였다. 1947년을 기준으로 중국 국공내전의 승기는 국민당에서 공산당으로 넘어가게 되었다. 중국 공산당이 전 중국을 장악하였다는 것은 서방측을 경악케 하는 사건이었다. 이는 아시아의 냉전을 재촉하는 중요한 요인이 되었고, 결국 1950년 한국전쟁이라는 형태를 통해 공산중국과 미국이 정면으로 대항체제를 구축하고 전쟁에 돌입하게 되었다.

> **📖 참고 중국혁명**
>
> 중국 혁명은 이전에는 거의 중국 공산당사와 같은 뜻이었지만 현재에는 중화민국 성립 이후의 역사 전개를 가리키는 말로 사용되기도 한다. 중국 혁명의 귀결은 1949년의 중화인민공화국의 탄생이며, 이는 우선 마오쩌둥의 역사해석론에서 출발한다. 중국 사회를 '반봉건, 반식민지' 상태로 규정하고 '신민주주의 혁명론'을 주장함으로써 1919년의 5.4운동을 중국판 부르주아혁명이라 판단한 것이다. 중국 공산혁명의 본질은 '마르크스주의의 중국화'로서, 마오쩌둥은 처음에 러시아를 교훈 삼아 도시 노동자의 조직화를 시도했으나 실패하자 대상을 농민으로 바꾸어 혁명을 전개해 가면서 두각을 나타내고 당내 지도권을 확립하였다(1935년). 1945년 일본의 패망 이후 공산당과 국민당은 내전에 돌입하였고, 결국 공산당이 승리하여 장제스의 국민당은 타이완으로 도피하였다.
>
> 중국혁명론은 이처럼 이전에 중화인민공화국의 성립 과정과 중국 공산당에 의한 역사 해석에 강한 영향을 받고 있었으나, 이후 '민족사관' 등에 의해 비판을 받게 되었다. '민족사관'에서는 중국혁명론에 중화민국 시대로부터의 '역사적 연속성'을 포함해야 함이 강조되면서 1911년 신해혁명과 그 이후 중화민국사에 대한 관심이 높아져, 1928년 장제스가 '북벌'을 완성하여 전국 통일을 완수함으로써 국민국가를 형성한 사건 등 국민당에 대한 연구도 증가하게 되었다. 한편, 중국 혁명의 기원 논쟁에서는 주로 '서양의 충격'인 아편전쟁에서 근대의 기원을 찾는 경우가 많으며, 아편전쟁이라는 외적 요인과 '양무 운동'(중국적 가치를 중심에 두고, 서양의 과학·기술을 이용)과 '변법자강운동' 등의 내적 요인이 함께 작용하여 근대화를 이루었다고 보는 시각도 많다.

II 중소우호조약과 미일안보조약

1. 중소우호조약

중소우호상호원조조약이라는 대륙에서의 중소체제와 미국과 일본 간의 군사동맹조약이었던 미일안보조약이라는 두 조약체제의 대립이 기본적인 아시아 냉전구조의 시발이었다고 할 수 있다. 중소우호조약은 1950년 2월 체결되었는데, 이는 미국이 냉전을 전제로 일본의 재무장을 개시하자 일본 공업의 부활을 두려워한 중국과 소련이 대항체제로서 체결한 조약이었다. 즉, 일본 제국주의의 부활 및 일본의 침략을 공동으로 방지하기 위한 것이 주요 목적이었다.

2. 미일안보조약

미일안보조약은 1951년 9월 샌프란시스코에서 서명되고 1952년 발효되었다. 이는 1960년 갱신되었으며, 정식 명칭은 '미합중국과 일본국 간의 상호협력 및 안전보장조약'이다. 미국이 일본에 미군을 주둔시켜야 할 필요성에서 연유한 조약이었기 때문에 기본적으로 기지조약의 성격을 띠고 있다. 아시아 대륙의 공산세력과 대항하기 위하여 일본열도를 군사기지화하기 위한 것이었다. 미국은 여기에 한국, 대만과도 군사동맹체제를 형성하여 대륙의 공산세력을 봉쇄하였다. 즉 아시아의 냉전구조를 전후 상당한 기간 구축하였던 기본구조는 아시아 대륙 세력인 중국과 미국 간의 대립이었다고 할 수 있다.

📖 참고 미일안보조약

미국과 일본과의 군사동맹을 규정한 조약. 1951년 9월 8일 체결된 '미합중국과 일본의 안전보장조약' 구조약과 1960년 6월 20일 개정된 '미합중국과 일본의 상호협력 및 안전보장조약' 신조약이 있다. 전후(戰後) 일본이 패전국으로서 평화조약을 체결할 때 그 평화조약 제3장 C항에 의거하여 일본은 국제연합헌장 제51조에 기한 개별적 또는 집단적인 안보체제에 가입할 수 있게 용인되었으며 그에 따라 일본은 미국과의 군사동맹조약의 당사국이 될 수 있었다. 1951년 체결된 미·일안전보장조약에서는 미군의 주둔을 규정하고 일본 내의 기지를 제3국에 대여할 경우 미국의 동의권을 필요로 한다는 것을 비롯하여 일본에 대규모 내란이나 소요가 발생하여 일본정부의 요청이 있거나 일본에 대한 외부로부터의 공격이 있을 때 미군이 출동할 수 있도록 되어 있어 사실상 불평등조약이었다. 그러나 1960년 신조약에서는 일본 국내의 정치적 소요(騷擾)에 대한 미군의 개입가능성과 일본이 제3국에 기지를 대여할 경우 미국의 동의권을 필요로 한다는 조항이 삭제되었다. 이 조약의 유효기간은 10년이었으나 1971년 자동연장조약을 원용(援用)함으로써 현재까지도 유효하며, 폐기의사를 통고하여 1년 후에 폐기되기 전에는 반(半)영구적으로 그 효력을 지니게 되었다. 일본은 이 조약에 의거하여 자국의 안보비용을 미국에 전가시킴으로써 경제개발에 전념할 수 있었다.

Ⅲ 미국의 대일본 점령정책

1. 냉전 시작 전의 정책

(1) 기본방향

1945년 8월 14일 일본은 포츠담 선언을 수락하며 항복하였고, 이에 연합국은 일본에 대한 군정을 시작하였다. 하지만 사실상 대일 점령정책은 거의 미국과 연합국 최고사령관인 맥아더 원수에 의해 주도되었다. 미국의 초기 대일 점령정책은 일본의 비군사화와 일본의 민주화를 기본 방향으로 하였다.

(2) 비군사화 정책

비군사화정책에서 정치면과 군사면에서는 일본군의 무장 해제, 모든 군사기구의 폐지, 전쟁범죄자의 처벌, 국수주의자의 추방, 초국가주의 단체의 해체, 신도(神道)의 일본 국교지위 박탈 등이 실천에 옮겨졌고, 경제면에서는 일본 군사력의 기초가 되어온 군수산업의 해체 및 재벌 해체가 이루어졌다. 이를 통해 일본 군국주의를 지탱하고 있었던 공업력의 해체가 본격화되었다.

(3) 민주화 정책

정치면에서는 정치적, 시민적인 그리고 종교의 자유를 확립하려 하였고, 사회면에서는 노동자의 인권 향상을 추진하였다. 즉, 노동보호정책으로 민주화를 촉진시키며 정치세력으로 노동조합의 결성을 장려한 것이다. 농민층에 대해서도 농지개혁을 통해서 생활수준을 끌어올려 국수주의와 공산주의의 침투를 방지하려 하였다. 이러한 일본의 비군사화정책과 기본방침은 1946년 11월 공포된 헌법 속에 명백하게 나타나있다. 일본 헌법 9조에는 '전쟁포기선언' 조항이 담겨 있는 것이다.

2. 냉전시작 이후의 정책 전환

미국의 초기 대일본 정책은 1948년 냉전의 격화를 계기로 대전환을 하게 된다. 1949년 1월 트루먼 대통령은 연두교서에서 일본 강화정책을 밀고 나가겠다는 뜻을 강력하게 시사하였다. 일본을 경제적으로는 '아시아의 공장'이라는 공업국가로 지원하겠다는 것이었으며, 정치적으로는 '반공의 방벽'으로 만들겠다는 것이었다. 즉, 일본을 극동에서의 전체주의 전쟁의 위협에 대처할 방벽의 역할을 할 수 있는 자족적인 민주주의 국가로 지원하겠다는 것이었다.

3. 한국전쟁과 미국의 대일본정책

결정적으로 한국전쟁은 일본에 다양한 영향을 주었다. 한국전에 투입되는 전쟁물자 및 장비에 대한 특수가 일본 경제에 강력한 활력소로 작용하여 일본 경제의 전환을 가져오게 되었고, 이는 미국의 의도와 일치하는 것이었다. 또한 주일미군이 한국으로 이동함에 따라 일본내 치안문제가 제기되어 대내 치안을 담당하는 국가경찰 예비대가 조직되었다. 다음으로 전범들이 대거 석방되었고, 국외 추방되었던 많은 경제 인사들이 복귀하였다. 이는 전후 독일의 반나치화 정책과 비교한다면 엄청난 차이가 있었다. 미국은 아시아에서 공산주의에 대항하기 위하여 총부리를 맞대었던 일본의 과거 세력과 손을 잡게 되었다. 마지막으로 소련의 반대로 지지부진하던 대일강화협상이 급속하게 추진되었다.

4. 일본의 주권회복

일본은 포츠담 선언을 수락한 이래 만 6년간 미군정하에 있게 되었고, 1951년 9월 8일 샌프란시스코에서 평화조약이 체결됨으로써 주권을 회복하고 독립할 수 있었다. 이러한 미국의 대일 정책은 1969년 닉슨 독트린에 따라 미국이 중국에 대한 정책을 대폭적으로 수정함으로써 새로운 미국의 극동정책이 나오기까지 지속되었다.

📑 참고 냉전기 주요 국제정치사(1945~1991)[1]

1. 대동맹(Grand Alliance)의 붕괴: 1945~1946

연도	월일	주요 사항
1945	2.4~11	얄타회담. 전후 유럽, UN, 극동문제 등 논의
	5.8	독, 공식항복. 미국, 소련, 영국, 프랑스 군사 점령
	6.26	샌프란시스코 회담 종료. UN 헌장 서명
	7.16	미, 뉴멕시코주의 알라모고도에서 최초 원폭 실험 성공
	7.17~8.2	포츠담 정상회담. 독일 점령을 위한 공동 대책 논의
	8.15	일, 공식 항복. 제2차 세계대전 종료
	9.11~10.2	런던 외무장관 회담
	12.16~26	모스크바 외무장관 회담
1946	3.5	처칠, 동유럽에 내려진 '철의장막' 비판 연설
	6.14	원자력 에너지의 통제에 관한 바루크 플랜[2] 발표

---

1) 김진웅, 냉전의 역사, 서울: 비봉출판사, 1999, 307-325면.
2) 1946년 6월 제1회 유엔 원자력 위원회에서 미국 대표인 바루크가 제안한 원자력 국제 관리안. 유엔 내에 초국가적 국제 원자력 관리 기관을 설치하는 것 따위의 5개안으로 되어 있었으나 실현되지 않았다.

2. 제1차 냉전: 1947~1952

1947	2.10	연합국, 파리에서 이, 헝가리, 불가리아, 루마니아, 핀란드와 강화조약 체결
	3.12	트루먼 독트린 발표. 공산주의에 저항해서 싸우는 그리스 및 터키 정부에 대한 원조 요청. 의회 승인
	6.5	마셜, 유럽 부흥 계획에 대한 미국의 원조 제의.
	7	케넌의 'X'논문 「포린어페어즈」지에 발표. 미국의 봉쇄정책을 지적으로 정당화.
	9.22~23	소련, 동유럽, 프랑스, 이탈리아 공산당들, 폴란드에서 코민포름 결성
1948	3.17	브뤼셀조약 체결. 영국, 프랑스, 벨기에, 네덜란드, 룩셈부르크 상호 방위 조약
	6.24	소련, 서베를린에 이르는 서방측의 육상, 해상 교통로에 대한 전면적인 봉쇄 시작
	6.26	서베를린에 대한 물자 공수 시작
1949	1.25	소련과 위성국들, 코메콘 창설
1949	4.4	워싱턴에서 북대서양조약 체결. NATO 창설
	4.8	미국, 영국, 프랑스, 서부 독일 국가 창설에 합의
	5.12	소련, 베를린 봉쇄 해제
	8.29	소련, 최초 원폭 실험
	9.21	마오쩌둥, 중화인민공화국 수립 선포
1950	1.12	애치슨, 미국의 극동 방위선이 알래스카로부터 일본을 거쳐 필리핀에 이른다고 발표
	2.14	중소우호동맹조약 체결
	4.7	NSC-68 발표. 미국의 대규모 군비 확장 계획
	6.25	한국전쟁 발발
	6.27	UN, 한국에 군대를 파견하는 '평화를 위한 단결'(Uniting for Peace) 결의 채택
1951	9.4~8	샌프란시스코 강회회의. 일본과의 강화조약 체결
1952	2.18	그리스와 터키, NATO 가입
	11.1	미국, 최초 수소 폭탄 실험
	11.4	아이젠하워 대선 승리(공화당)

3. 해빙: 1953~1958

1953	3.5	스탈린 사망. 말렌코프를 중심으로 하는 집단지도체제 형성
	4.16	아이젠하워, '평화를 위한 기회 연설' 소련과 우호관계 희망
	7.27	한국전쟁 휴전협정 조인
	8.8	소련, 최초 수소 폭탄 실험
	9.12	흐루시초프, 공산당 제1서기 등극
1954	1.15	덜레스, '대량보복정책' 제시. 미국은 '우리 자신이 선택한 수단에 의하여 즉각적으로 보복할 수 있는 능력'을 통하여 어떠한 위협에도 대처할 것임.
	9.28~10.3	미국 등 서방진영, 서독재무장, 서유럽연합(Western European Union) 결성 결정.
1955	5.8	서독, NATO 가입
	5.11~14	동유럽 진영 국가들, 바르샤바조약 체결. WTO(바르샤바조약기구, Warsaw Treaty Organization) 창설.
1956	2.25	흐루시초프, 스탈린주의 공격 연설. 동유럽 자유화 운동 야기
	10.29	이스라엘 군, 이집트 침략
	11.6	아이젠하워 재선 성공

1957	8.26	소련, 최초의 대륙 간 탄도탄 발사 실험 발표
	9.19	미국, 최초 지하 핵실험 실시
	10.4	소련, 최초 인공위성 스푸트니크 1호 발사
1958	1.10	미국, 대륙 간 탄도탄 발사 실험 성공
	1.31	미국, 최초 인공위성 익스플로러(Explorer) 1호 발사

4. 흐루시초프의 냉전: 1958~1962

1958	11.10	흐루시초프, 서방측에 베를린을 떠날 것을 요청하고 소련도 동독에 동베를린을 넘길 것이라고 발표. 제2차 베를린 위기 시작
1960	5.1	소련, 우랄산맥 상공에서 미국의 U-2기 격추
	11.8	미국대선, 케네디 당선
	12.20	베트남 공산주의자들, 남베트남에서 '베트콩'(민족해방전선) 창설
1961	1.3	미국, 쿠바와 외교관계 단절
	4.17~20	CIA가 후원한 망명 쿠바인들의 피그만 침공 대실패
	8.19~22	베를린 장벽 세워짐
1962	7.23	라오스 중립화 협정 조인

5. 쿠바 미사일 위기: 1962

1962	10.14	U-2 첩보기, 쿠바에서 소련의 핵 미사일 발사기지 사진 촬영
	10.18	케네디, 쿠바에 공격용 미사일 설치 금지 경고
	10.22	케네디, TV 연설을 통해 소련 미사일의 존재를 공개적으로 밝히고 쿠바의 '격리' 발표. 미군, DEFCON-3 경보단계에 들어감
	10.24	미군, 한 단계 높은 DEFCON-2 경보 발령. 소련함정들은 미국의 쿠바 봉쇄선에 접근했으나 멈춤
	10.26	흐루시초프로부터 미국이 쿠바 봉쇄를 해제하고 쿠바가 침공당하지 않을 것이라고 보장한다면 소련은 미사일을 철거할 것이라고 제의하는 메시지가 전달됨
	10.27	소련, 새로운 메시지를 통해 미국의 터키로부터의 미사일 철거를 원한다는 사실을 밝힘. 케네디, 흐루시초프의 10월 26일자 메시지에 동의하고 또한 미국이 터키로부터 곧 미사일을 철거할 것이라고 소련의 지도자들에 비밀리에 확신시킴
	10.28	흐루시초프, 미국의 쿠바 불침공과 봉쇄 해제를 조건으로 쿠바로부터의 미사일 철거에 동의

6. 베트남전쟁과 초기 데탕트: 1963~1968

1963	6.10	케네디, 미국은 냉전의 긴장을 완화하는 정책을 목표로 하고 있다고 밝힘
	6.20	미국-소련, 백악관과 크렘린 간에 '핫라인'설치 합의
	7.15~8.5	미국-소련-영국, 부분적 핵실험금지조약 체결
1964	1.12	소련, 처음으로 미국으로부터 밀 구매협정 체결
	8.2	미국 구축함 매덕스 호, 통킹 만에서 북베트남의 어뢰정 공격 받음
	8.7	미국의회, '통킹만 결의안'을 통해 존슨에게 베트남의 상황을 다룰 전권 부여
	10.14	흐루시초프 실각. 브레즈네프와 코시긴의 연합정권 형성
	11.3	존슨, 대통령 당선
1965	3.8	미해병대, 남베트남의 다낭에 상륙
	5.2	라틴아메리카에서 공산주의 팽창에 반대하는 '존슨 독트린' 발표됨
	10.15~16	미국 최초 주요 반전집회 열림

1966	10.7	존슨, 베트남전쟁에도 불구하고 소련과의 데탕트에 대한 희망 피력
1968	1.30~31	베트콩과 북베트남 군, 구정 공세를 통해 남베트남의 주요 도시들을 장악
	3.31	존슨, 베트남에서의 부분적인 폭격 중지 및 대선 불출마 선언
	5.13	미국과 북베트남, 파리에서 평화회담 시작
	7.1	NPT 체결. 미국과 소련, SALT 회담 시작 선언
	11.5	닉슨, 대통령 당선
	11.12	브레즈네프, 공산주의 국가들의 주권을 제한할 수 있다는 '브레즈네프 독트린' 발표

7. 협상의 시대: 1969~1975

1969	1.20	닉슨, 취임연설에서 소련과의 '협상의 시대' 기대 언급
	6.19	닉슨, SALT 회담 개최 제의(소련 동의)
	7.25	닉슨, '괌 독트린' 발표. 베트남전쟁의 '베트남화' 제시
	8.4	키신저 안보보좌관, 파리에서 북베트남 대표와 비밀회담
	11.17	미국과 소련, 헬싱키에서 SALT 회담 시작
1970	5.2	미국, 북베트남에 대한 대규모 폭격 재개
	8.12	소련과 서독 간에 유럽 국경은 평화적인 수단에 의해서만 변경될 수 있다는 모스크바조약 체결
1971	4.6	미국 탁구팀의 중국 방문으로 '핑퐁외교' 시작
	5.20	키신저와 도브리닌, '막후 채널'을 통하여 SALT 돌파구 마련. 양자는 소련이 원하는 ABM조약과 미국이 원하는 공격용 미사일의 제한에 합의
	12.17	동독–서독, 베를린의 통행에 관한 협정 체결
1972	2.21~28	닉슨, 중국방문
	5.22~26	닉슨, 소련방문
	8.11	최후의 미 전투부대가 베트남에서 철수
	11.7	닉슨, 재선
	12.18~30	미국, 북베트남에 대해 '크리스마스 폭격' 단행
	12.21	동독–서독, 양국 관계에 관한 '기본조약' 체결
1973	1.27	파리에서 베트남 평화협정 조인
	2.22	미국과 중국, 키신저의 중국 방문 이후 양국 수도에 상호 연락사무소 설치 합의
	3.29	미군, 최종적으로 남베트남에서 철수
	10.6	중동에서 전쟁이 발발함
1974	8.8	닉슨, 대통령직 사임. 부통령 포드가 승계
	11.23~24	포드와 브레즈네프 간에 블라디보스톡 정상회담. SALT II 조약의 토대 마련
1975	4.16	캄보디아 정부, 공산 크메르 루즈 세력에 무너짐
	4.30	사이공 정부, 공산군에 항복. 베트남전쟁 종결
	7.30~8.1	헬싱키 정상회담 개최. 헬싱키 협정 체결

8. 데탕트의 약화: 1975~1979

1975	12.1~5	포드, 중국을 방문하고 마오쩌둥 만남. 중국, 미국과 소련간의 데탕트 비판
1976	11.2	미국 대선에서 포드의 데탕드 정책을 비판하고 인권정책을 강조한 카터가 포드를 누르고 당선
1978	5.20~22	미국 대통령 안보보좌관 브레진스키, 중국 방문
	12.15	카터, 미국과 중국은 이듬해 1월 1일자로 관계를 정상화 할 것이라고 발표하고 소련은 이를 비난

1979	1.28~2.5	덩샤오핑, 중국 고위 지도자로서는 처음으로 미국 방문
	3.26	이스라엘-이집트, 캠프 데이비드 평화 협정 체결
	6.15~18	카터와 브레즈네프, 빈에서 정상회담을 갖고 SALT II 조약에 조인
	11.4	이란 대학생들, 테헤란의 미국 대사관을 점거하고 외교관들을 인질로 잡음
	12.10	NATO 국가들, 브뤼셀에서 회동. 크루즈 및 퍼싱 미사일의 배치에 합의하고 중거리 미사일 제한 회담 제의
	12.25	소련군, 아프가니스탄 침공

9. 신 냉전: 1980~1984

1980	1.4	카터, 소련의 아프가니스탄 침공에 항의하는 조치들을 제시. 무역의 제한, SALT II 조약의 비준 유보, 파키스탄에 대한 원조 증대 등을 포함.
	1.5	미국 국무부, 미국은 SALT II 비준 불가에도 불구하고 그 조약을 준수할 것이라고 발표
	1.23	카터, 의회연설에서 페르시아만의 방위에 관한 '카터 독트린' 발표
	11.4	미 대선에서 레이건이 압승을 거두고 당선
1981	1.20	레이건, 취임연설에서 강력한 외교정책을 약속
	5.3	미국 정부, SALT II 조약 준수의 법적 의무 없다고 발표
	10.2.	레이건, 카터가 취소한 전략 폭격기 계획을 포함한 새로운 무기 개발 계획 발표
	11.30	미국과 소련, 제네바에서 INF에 관한 회담 시작
1982	6.29	미국과 소련, 제네바에서 START 회담 시작
1983	3.9	레이건, 연설에서 소련을 '악의 제국'으로 묘사
	3.23	레이건, 연설에서 'SDI' 발표
	3.30	레이건, 소련이 중거리 미사일을 철거한다면 크루즈 및 퍼싱 미사일을 배치하지 않겠다고 제의
	4.27	레이건, 의회에서 미국은 중앙 아메리카에서의 '외부의 지원을 받는 침략'에 맞서야 한다고 말함
	9.1	한국 여객기 KAL 007기, 소련 전투기에 의해 격추됨
	12.15	MBFR(유럽의 재래식 전력)회담, 결렬
1984	3.16	빈에서 MBFR회담 재개
	11.6	레이건, 민주당의 먼데일을 누르고 대통령에 재선됨

10. 냉전의 종식: 1985~1991

1985	3.11	고르바초프, 소련 공산당 서기장으로 선출
	3.12	미국과 소련 간의 군축회담 재개
	4.7	고르바초프, 소련의 미사일 배치를 동결시킴
	11.19~21	레이건-고르바초프 정상회담
1986	4.26	체르노빌 원자력 발전소의 원자로 폭발
	5.27	레이건, 소련이 SALT II 조약을 위반하고 있다고 비난하고 미국은 그것을 준수하지 않을 것이라고 말함
1987	12.7~10	레이건과 고르바초프 정상회담. INF조약 조인(12.8)
1988	4.14	미국과 소련, 소련군의 아프가니스탄 철군 합의
	5.29~6.2	INF 비준서 교환
	10.1	고르바초프, 소련 대통령이 됨
	11.8	부시, 민주당의 듀카기스를 누르고 미국 대통령 당선
	12.7	고르바초프, UN 연설에서 소련군의 동유럽 철수 발표

1989	1.20	부시, 취임연설에서 소련과 좋은 관계를 유지할 것을 약속
	2.15	소련군, 아프가니스탄 철수 완료
	3.6	나토와 바르샤바조약기구 국가들 간에 '유럽 재래식 전력(CFE)'회담이 빈에서 열림
	5.12	부시, 대 소련 정책에 관한 연설에서 냉전 종식 인정
	5.15~18	고르바초프와 덩샤오핑, 1959년 이후 처음 정상회담
	8.24	폴란드에서 공산 통치 종식
	10.6~7	고르바초프, 동독을 방문하고 개혁에 소극적인 동독 정부를 비판. 동독에서 대중들의 반정부 시위 진행
	11.10	베를린 장벽이 개방됨
	11.17	체코슬로바키아에서 대규모 반정부 시위
	11.28	서독 총리 콜(Helmut Kohl), 독일 통일 방안 발표
	12.2~3	부시와 고르바초프, 말타에서 회담
	12.10	체코슬로바키아에서 공산정부 무너짐
1990	2.10	콜 총리, 모스크바에서 독일의 재통일에 관하여 원칙적으로 동의를 얻음
	3.13	소련 인민대표회의, 공산당의 지도적 역할을 종식시킴
	3.28	헝가리, 1945년 이후 최초 자유선거 실시
	5.20	옐친, 러시아 연방 대통령에 선출되어 고르바초프에 도전
	8.2	이라크군, 쿠웨이트 침공
	9.12	미국, 소련, 영국, 프랑스, 서독, 동독, 모스크바에서 재통일된 독일에 주권을 되돌려주는 조약 체결
	10.3	독일, 다시 단일국가로 통일됨
	11.19	유럽에서의 재래식 전략감축 조약이 파리에서 체결됨
1991	1.5	코메콘 집행위원회, 코메콘 해체에 합의
	2.24~28	미국 주도의 다국적 군, 이라크를 패배시키고 쿠웨이트를 해방시킴
	2.25	바르샤바조약기구, 3월 31일자로 모든 군사협정의 폐기에 합의
	7.15~17	고르바초프와 부시, START 협정 체결 발표
	8.18~19	소련에서 쿠데타 발생
	8.20~21	반 고르바초프 쿠데타 진압. 에스토니아와 라트비아 독립 선언
	8.24	고르바초프, 공산당 서기장 사임. 우크라이나 독립 선언
	8.29	소련 공산당의 활동 정지
	9.6	라트비아, 리투아니아, 에스토니아, 독립 부여
	9.27	부시, 미국 핵 폭격기들의 모든 경계상태 해제. 전술 핵무기의 일방적 감축을 발표하고 전략 핵무기에 대한 새로운 감축안 제의
	12.21	구 소련 11개 소비에트 공화국들, CIS 형성 합의
	12.31	소련연방의 공식 해체

제3장

참고 소련의 대일전 참전문제와 동북아냉전의 기원

1. **태평양전쟁 초기 소련의 대일전참전문제와 미국**

   미국은 소련에게 극동 '제2전선'의 설정을 요구하였고 이에 대응한 소련은 참전 대가를 요구함으로써 서로의 주장에 대한 신경전을 다음과 같이 전개하였다.

   (1) **진주만 공습전 미국·일본·소련의 삼각관계: 소·일 밀월과 미국**

   일본은 독소전쟁이 개시된 1941년 6월 22일 이후에도 북방으로의 진출보다는 남방으로의 진출을 도모하였다. 우선 일본은 소련을 두 개의 전선에서 싸우도록 만들어달라는 독일의 요구에 대하여, 이미 체결했던 소·일중립조약(1941년 4월)을 명분으로 소련과의 전쟁을 계속 회피하였다. 그리고 미국의 기대와는 달리 북방으로 진출하여 소련과 싸우기보다는 남쪽으로 그 세력권을 넓혀 나아갔다. 삼국군사동맹과 소·일중립조약에 의해 국제적 지위를 공고히 한 일본은 점차 남방진출을 적극화하였던 것이다. 따라서 일본은 이미 남방지역에 진출해있던 미국과의 충돌이 예견되고 있었다. 이에 미국은 종래의 애매한 태도를 버리고 중국을 적극적으로 원조하며 군수품의 대일수출을 금지하여 일본의 남방진출을 차단하고자 하였다. 일본군의 침범을 두려워 한 소련은 일본의 남진이라는 기회를 포착, 극동의 적군을 독소전선으로 이동시켜 모스크바를 방위할 수 있었고 나아가 스탈린그라드 공방전에서 승리할 수 있었다. 결국 일본과 소련은 얼마간 서로가 서로를 암암리에 도와주는 일종의 밀월관계를 유지했던 것이다.

   (2) **미국의 대일전 참전 최초 요구와 소련의 회피**

   미국은 소련에 대해 참전을 권유함으로써 자국의 인적 희생을 감소시키고 전쟁을 조기에 종결하고자 하였다. 이에 더하여 소련이 일본과 결탁하면 태평양에서의 반연합국 진영 강화가 예상되므로 이를 약화시키려는 세력견제에도 목적이 있었던 것으로 추정된다. 이는 유럽전쟁에서 연합국의 패배를 의미하는 독·소의 결합을 방지하는 정책과 그 궤를 같이하여 이루어졌던 것이다. 그러나 소련은 대일전 참전 제의에 대해 회피하는 입장을 보였다. 일본의 진주만 공습 하루 뒤인 1941년 12월 8일 미국과 중국은 소련의 대일전 참전을 요구하였다. 그러나 소련은 1941년 4월에 체결한 소일중립조약을 12월에 재차 확인함으로써 '극동지역에서 중립을 고수한다'는 종래의 원칙을 개진하여 참전거부의사를 비공식적으로 표명하였다. 게다가 리트비노프는 12월 11일 국무장관에게 "우리는 일본에 대항해 미국과 협조할 입장에 있지 않으며 대규모의 대독전을 수행하고 있으므로 일본의 공격을 자초할 수 없다."라고 공식 통고한바 있었다. 따라서 이러한 단호한 입장을 접한 미국과 영국은 소련의 입장을 인정하면서 태평양전쟁에 별다른 중요성을 부과하지 않게 되었다.

   (3) **시베리아 기지를 둘러싼 미·소의 갈등**

   미국과 소련은 시베리아 기지를 둘러싸고 갈등에 휘말리게 되었다. 미국은 1942년에 들어서면서 일본의 대소 공격가능성이 높아져 가는 상황아래에서 소련과의 긴밀한 군사적 협조가 바람직하다고 판단하였다. 이에 미국은 시베리아-알래스카 간 통로의 개통과 미 공군의 연해주기지 사용 등 중요한 계획을 소련에 제안하였다. 그러나 소련은 일본의 시베리아 공격가능성에 대하여는 논의를 회피한 채 알래스카로부터 오는 대여무기 수송을 위한 항공로 문제 등에 관하여만 언급하였다. 즉 소련은 아직 교전당사국이 아니었던 일본과의 불필요한 갈등 여지를 없애면서, 미국만 조급하게 만들어 놓고 실리를 확보하려는 속셈을 가지고 있었던 것이다. 이러한 관점의 차이는 이후 미·소 간 갈등으로 이어지게 되었다. 결국에 미국은 소련의 경직된 태도에 실망하여 대륙을 태평양전쟁의 주전장으로 삼으려는 전략을 포기하고 해양전쟁에 주력하면서 대일폭격 기지를 해양에서 구하려고 하였다. 또한 소련이 조만간 참전할 가능성을 보이지 않자 미국은 소련 지원 전략을 중국 쪽으로 전환하였다. 그러나 소련의 경직된 태도는 미국의 태도에 대한 '실망'에서 비롯되었다. 소련의 판단근거는 다음과 같았을 것으로 보인다. 소련의 주전장인 유럽전선에서의 제2전선 개설요구를 거부하는 미국이 자국의 주력전선인 태평양전선에서의 제2전선 개설만 요구하는 이중적인 태도를 취하고 있다. 또한 소련이 독일과의 전투에서 큰 희생을 초래하여 약화되는 것을 미국을 비롯한 자본주의 국가들이 원하고 있다는 것이다. 이러한 신경전이 냉전 형성의 기원적 배경이 되었다.

   (4) **소련의 참전 의사 표명**

   소련의 대일전 참전의사는 아래와 같이 1942년 8월 이래로 계속적으로 개진되기 시작하였다. 우선 소련은 1942년 8월 적당한 시기가 오면 참전한다는 의사를 사적이며 암시적인 형태로 표명하였다. 그리고 같은 해 11월 패트릭 헐리(Patrick Hurley) 미 대통령 특사의 스탈린 방문시에는 대독전 종결 후 참전한다는 의사를 명백히 하였다. 또한 1942년 말부터 1943년 초에 걸쳐 지속된 스탈린그라드 공방전에서의 승리 이후 주도권을 획득한 스탈린은 1943년 10월 이후에 참전 의사를 미국에 반복해서 전달하였다. 그러나 소련이 참전에 대한 어떠한 조건이나 단서를 붙이지는 않았음에도 불구하고 아무런 욕망 없이 참전을 결정한 것은 아니었다. 1942년 8월 소련은 해리먼(W. Averell Harriman) 주소 미국 대사에게 러시아의 전통적인 적인 일본의 패망은 자국의 이익이 된다고 전제하면서 '일본의 대 시베리아 공격을 방지한다는 면에서 전략적 중요성을 가진 대일전'에 참전하겠다고 밝힌바 있었다.

2. 테헤란 회담과 소련의 세력범위

일각에서는 테헤란에서 아직 소련의 참전이 불투명한 상태였으므로 소련의 대일전 참전 조건이 본격적으로 논의되지 않았다고 지적하지만 그것은 사실이 아니다. 테헤란회담 회기 중인 1943년 11월 28일 스탈린은 루스벨트에게 독일이 패망한다면 시베리아의 소련군을 강화시켜 대일공동전선을 형성할 수 있음을 공식적으로 전달하였다. 그러나 그러한 공식적 전달 3개월 후인 1944년 1월 12일에 루스벨트가 백악관에서 열린 태평양전쟁자문위원회에서 각국의 외교사절에 행한 연설에 의하면 테헤란 회담에서 루스벨트와 스탈린 사이에 본격적 논의가 이루어져 그 대강의 윤곽이 완전히 합의되었던 사실이 확인된다. 루스벨트의 연설에 따르면 한반도 탁치안이 미국에 의하여 제기되었으며 만주철도의 사용·사할린과 쿠릴열도의 소련에로의 반환 등이 논의되었고 대련의 국제화도 확실히 논의되었다. 따라서 미·소 간에 참전 흥정에 대한 막후 접촉이 이미 이루어졌을 가능성이 크다는 사실과 미국이 소련의 참전에 대하여 절박하게 바라고 있었다는 사실 등이 확인된다. 그런데 미·소가 극동지역의 부동항에 대한 언급에서 소련과 거리상으로 제일 가까운 한반도 북단의 질 좋은 부동항을 언급하지 않은 것에 대해서는 의문의 여지가 있다. 그 이유는 소련의 참전대가와 관련이 있다. 우선 소련에게는 러·일전쟁 전 확고한 권리를 주장할 별다른 구체적 이권이 한반도 내에 존재하지 않았다. 따라서 만주와는 달리 한반도를 참전대가로 요구할 수 없었다. 둘째로 러시아의 입장에서는 중국의 부동항이 군항과 상업항의 성격을 골고루 갖추고 있으며 자국의 중심과 제일 가깝고도 가장 길게 접해 있기 때문에 더 적합하다고 생각하였다. 한반도는 중국이 여의치 않을 때 고려할 수 있는 지역에 불과했던 것이다. 이러한 이유로 소련 이권의 중심지역은 대련을 비롯한 만주지역이 되었으며 미·소 모두에게 전략적 핵심지역에서 벗어나는 한반도는 의도했건 의도하지 않았건 간에 힘의 공백지대로 되어 자연스럽게 논의되지 않았다. 한반도는 따라서 고의적으로 회피되었던 것이 아니라 여러 지역을 논의하는 과정에서 힘의 공백지대로 남게 되었던 것이다.

3. 소련의 동북아 이권확보와 미국의 대응

(1) 소련의 적극적인 참전대가 논의와 참전준비: 소련의 팽창욕구 시현

소련은 참전을 결정한 이후에는 참전 협상에 적극적으로 나서게 되었다. 1944년 9월 23일 소련 주재 미국 대사 해리먼으로부터 미국의 대일작전 계획을 청취한 스탈린은 그것이 소련참전을 필수조건으로 하지 않는다는 사실을 확인하고 매우 당황하여 자국이 불청객이 되고 싶지는 않다고 말하면서 대일전에서 소련의 역할에 대한 논의가 진행되어야 함을 제안하였다. 이에 루스벨트는 태평양전쟁에서 소련 참전의 목적을 ① 시베리아 횡단철도와 블라디보스톡 반도의 확보, ② 연해주 및 캄차카반도에서의 미·소 공군력의 설정, ③ 일본 본토와 아시아대륙 간 통신선의 차단, ④ 만주소재 일본 육·공군의 격멸, ⑤ 소련의 참전으로 필요하게 될 태평양 보급선의 확보 등으로 명시하였다.

(2) 1944년 10월 모스크바회담에서의 참전협상

1944년 10월 모스크바에서의 논의된 사항은 이후 어떠한 참전협상에서도 크게 변경되지 않았기 때문에 중요한 의미가 있는 회담이다. 스탈린은 모스크바회담에서 미국측에 독일 몰락후 2~3개월 후 참전한다는 비교적 구체적인 계획을 통고하면서 연해주, 캄차카기지 및 페트로파블로브스크항의 미군사용에 응낙하는 등 유화적인 태도를 보였다. 이는 이권 확보의 속셈을 가지고 있던 소련이 의도적으로 타협적인 태도를 보였던 것으로 해석된다. 그러나 소련은 "고려해야 할 정치적 측면의 문제가 있다."라고 주장하며 참전대가가 논의되어야 함을 암시하였으며, 이는 소련에 대한 견제론 대두의 배경이 되었다. 미군부 일각에서는 "골치 아픈 소련참전이 대일전승에 있어 필수적이 아니다"라는 견해를 제시하게 되었고, 이는 소련에 대한 견제론이 대두되는 계기를 마련하였다.

(3) 참전 교섭의 난항과 미군부내부의 '소련참전배제론' 등장

소련의 참전 교섭은 그러나 난항을 겪게 되었고, 이에 미군부내부에서는 소련참전에 대한 회의론이 부상하였다. 미합동참모본부가 1944년 11월 23일 참고한 작전계획에 나타난 소련참전에 대한 회의론에 따르면 소련이 참전하는 것은 미국의 인도주의적 호소와 강한 독촉 때문이 아니었다. 소련은 자국의 이해에 의거하여 결정하는 것이므로 미합동참모본부는 소련이 "적이 다 무너졌을 때야 비로소 참전할 것"이라는 예측을 내리게 되었다. 이러한 냉엄한 국제정치현실로 인해 양국간 참전 교섭이 난항을 겪게 되었다.

(4) 미국의 적극적 참전교섭(1944년 가을~1945년 초)

그러나 가미가제식 일본의 '결사항전'적 저력에 위협받아 일본본토와 관동군의 전력을 과대평가했던 미국의 조야에서는 일본 본토진공 전에는 승전이 불가능할 것이라는 견해가 1944년 가을의 시점에서는 지배적이었다. 당시 원자무기는 아직 실험단계였으며 미국이 독자적으로 일본과 상대한다고 가정할 때 승리는 가능하겠으나 인적·물적 피해는 말할 것도 없고 많은 시간이 필요하다고 예측되던 상황이었다. 이에 소련의 참전을 조기에 유도하는 것이 이 시점에서는 최상의 방책으로 고려되었다.

(5) 얄타회담과 소련 참전 대가의 최소화

미국은 소련의 참전을 강력히 요구하고자 하였으므로 얄타회담에서 소련의 요구를 재확인시켜 줄 수밖에 없었다. "비적대적인 일본과의 전쟁을 불필요하다고 생각하는 인민을 설득하려면 내가 제시한 요구조건이 충족되어야 한다"는 협박을 가한 스탈린에 대해 미국은 사할린에 대한 논의를 진행시키고, 이로서 쌍방 모두 일본의 부속도서를 중시한다는 사실을 서로 감지함으로써 문제를 해결하고자 하였다. 그러나 이 과정에서 중국은 이권제공의 중요 당사자였음에도 불구하고 일본으로의 정보누출 때문에 철저히 배제당하게 된다.

4. 결론

얄타회담 이후부터 트루먼 독트린이 발표되는 1947년 3월까지의 국제정세는 불확실성과 애매함이 지배하는 시기였고, 이 시기에 냉전의 출현이 가시화되고 있었다고 할 수 있다. 1945년 8월 6일 미국은 일본 히로시마에 원자폭탄을 투하했으며 소련은 전쟁이 조기종결되어 자신들의 동북아 이권 확보가 무산될 것을 우려하여 8월 9일 황급히 참전하였다. 이러한 방식으로 소련의 참전이 이루어지자 미국의 '소련배제모험'은 실패로 끝나게 되었고, 따라서 미국은 소련의 세력권을 최소화하기 위해 38선 분할을 확정하고 일본에 대한 소련의 점령을 저지하는 등 대소견제에 본격적으로 나서게 된다. 결국 1941년 12월부터 양국 사이에 벌어진 신경전은 동북아 냉전의 한 기원이 되었던 것이다.

제3절 한반도 냉전체제의 형성

I 전후처리 문제와 한국의 독립문제

1. 극동지역의 전후처리 문제와 한국 신탁통치안

제2차 세계대전의 종결이 보일 때 즈음 연합국은 한국의 독립에 대한 시나리오를 구상하기 시작하였다. 그 내용은 우선 미국과 소련이 군사점령을 한 후, 미국·영국·소련·중국의 신탁통치로 대치하고 일정 기간이 지난 뒤 한국을 독립시킨다는 것이다. 이는 1943년 3월 미국과 영국 간 회담에서 논의되었고, 이후 카이로 회담(1943.11), 얄타 회담(1945.2), 포츠담 회담(1945.7)에서 확인되었다. 미국과 소련은 신탁통치에 대해서는 합의하였으나, 신탁통치하 과도정부의 성격, 한국의 군사점령문제, 한국의 독립 시기에 대해 논의하지 않음으로써 분쟁의 씨를 남겨두었다.

2. 일반명령 제1호와 한반도의 분단

스탈린은 인접국 한국의 적대국화 방지, 부동항 확보, 러일전쟁 패배로 상실한 한반도에 대한 이권 확보 등의 이유로 한반도에 강한 집착을 보였다. 따라서 대일전 참전 1년 전인 1944년부터 한반도 북부 항구를 차지할 계획을 세웠다. 1945년 8월 6일 히로시마에 원폭이 투하되자 8일 소련은 일본에 대해 선전포고를 발표한다. 한편 1945년 4월 서거한 루스벨트 대통령과 달리 철저한 반공주의자였던 트루먼 대통령은 미국이 원자폭탄 개발에 성공하자 소련에 대한 강경책으로 선회하고 있었다. 원폭투하를 확정한 이후 한반도에 대해 미국의 단독점령으로 계획을 수정하였다. 그러나 소련의 대일전 참전으로 미국의 단독점령 계획은 수포로 돌아가고, 미국은 소련의 한반도 독점을 막기 위해 차선책으로서 분할선을 제안한다. 미국 전략정책단은 수도인 서울과 부산, 인천이라는 주요 항구를 미국의 점령지역에 포함하는 이점을 지닌 38선을 분할선으로 선택하였고, 소련도 이 제안을 수락한다.

연합국 간 세력권 인정의 내용을 담은 일반명령 제1호에 따르면, 만주, 북위 38도선 이북의 한국, 쿠릴열도에 소재한 일본군은 소련이 항복시키고, 일본과 인근 도서, 북위 38도선 이남의 한국, 류쿠열도 및 필리핀에 있는 일본군은 미국이 항복시킨다. 이로써 한국은 8월 15일 해방되어 독립을 얻은 것이 아니라 연합국의 승리에 의해 군사점령지역이 되었다.

Ⅱ 미소의 분할점령과 한국의 신탁통치안

1. 미소점령과 군정

(1) 소련의 점령정책

소련은 점령지역 주민들의 지지를 확보하기 위해 유화적인 정책을 시행함과 동시에, 사회 전반을 소비에트화하기 위한 체계적인 전략을 시행한다. 소련군은 조선인민에게 자유와 독립을 찾아주는 일 외에 다른 뜻이 없음을 강조하면서, 소련군의 대일전선에 대해 조선인민들의 지지를 호소하였다. 군정기관인 '민정관리국'을 세우고 소련의 공업 · 농업 · 문화 · 재정 · 의료서비스 전문가들을 데려와 북한의 임시인민위원회를 지도하였다. 토지 분배와 친일분자 일소, 독립정부를 구성할 제 정당 및 사회단체의 통일전선 구축을 내세웠다. 이로써 장래 한반도에 소련에 우호적인 정치체제를 구축하고, 주민들과의 마찰 없이 소련의 정치질서를 이식하려 하였다.

(2) 미국의 점령정책

미국은 구체적인 점령 정책을 가지지 못하였고, 기존의 독립운동단체의 권위를 인정하지 않고 미군정기관만의 권위만 내세우고 친일파들을 그대로 기용함으로써 주민들의 지지를 확보하는 데 실패하였다. 군정실시를 발표한 맥아더의 포고문은 '점령군에 반항하거나 공공질서를 교란하는 행위는 용서 없이 엄벌에 처한다'는 등 주민들의 협조를 호소하기보다는 협박조로 주민들의 복종을 강요하는 것이었다. 또한 군정당국은 건준의 '조선인민공화국'이나 상해의 '대한민국임시정부'를 부정하고 단지 정당으로 취급하면서, 총독부 체제를 대체로 유지하였다. 일본인을 포함하는 총독부 직원을 우선 유지하고 일본인을 포함한 경찰관을 존속시킴으로써 한국인들의 저항을 불러왔다. 이러한 미국의 초기 점령정책은 한민족의 정치적 리더십을 약화, 분열시키는 결과를 가져왔다.

2. 해방정국과 정치세력

해방으로 그 동안 눌려왔던 정치적 욕구들이 분출되며 250여 개의 정당이 난립하고, 독립운동가 출신 명망가들이 이념 지향에 따라 각자의 세력을 형성, 대립함으로써 해방 정국은 혼란스러웠다. 해방 초기에는 건국준비위원회를 중심으로 좌익이 강세를 보였다. 여운형은 해방 직전 조선총독부로부터 행정권을 이양 받고 건준을 조직해 해방 직후 정치적 주도권을 잡았다. 대중 선전을 통해 전국에 145개 지방인민위원회를 구성하고, '조선인민공화국' 선포, 인민입법의회 구성을 위한 대표 승인 등 미군정 실시 전까지 사실상 과도정부로 기능하였다. 한편 여운형에 대항하기 위해 과거 친일파들이 참여한 한민당이 창립되기도 하였다. 그러나 미군정은 건준을 비롯한 일체의 권력기관을 인정하지 않았다.

이승만과 임정요인들이 귀국하면서 해방정국은 새롭게 재편되었다. 미군정은 이승만의 명망, 정치력을 이용해 정책을 실현하고자 하였고, 이승만은 미국의 힘을 이용해 자신의 정치적 목적을 달성하고자 하였다. 중경임시정부 주석으로서 큰 명망을 지닌 김구는 반탁운동을 주도하면서 지지기반을 확대해 나갔으나, 미군정과의 잦은 갈등이 있었다. 임정 부주석 김규식은 1946년 7월 미군정의 지지를 받으며 좌우합작운동을 전개했으나 합작 및 남북협상 실패로 정계에서 물러난다.

3. 모스크바 3상회의와 신탁통치안

1945년 12월 모스크바에서 열린 미·영·소 3국 외상 간 회의에서 한국문제를 분할점령, 미·소공동위원회 설치, 임시정부 수립, 신탁통치협정 작성, 신탁통치 실시, 독립 단계로 해결하기로 합의하였다. 그러나 이미 미국과 소련 간에 냉전이 시작되고 있는 상황에서 통일정부의 성격에 있어 합의 도출을 기대하기란 어려웠다. 더욱이 우익진영의 반대로 미국은 곧 신탁통치안을 포기하게 된다.

Ⅲ 신탁통치문제와 남북관계

1. 신탁통치에 대한 남북한의 태도

남한에서 우익은 김구의 주도 아래 반탁운동이 전개되었고, 좌익은 처음에는 반탁을 주장하다가 박헌영의 평양 방문을 계기로 찬탁으로 급변해 양 세력 간 대립이 격렬하였다. 북한에서는 조만식을 중심으로 한 민족주의 세력은 반탁운동을 하였고, 좌익 세력은 모스크바의 지시를 받아 찬탁으로 전향하였다. 북한 당국은 모스크바 3상회의 결과 중 임시정부수립의 의의를 강조하고 신탁통치는 '후견제'라고 역설하면서 반탁운동을 금지하였다. 1946년 초부터 시작된 신탁통치논쟁은 이후 미·소공위의 참가범위 논쟁과 남북한 단독정부 수립 논쟁으로 변형되었다.

2. 미소공동위원회와 한반도 문제의 UN이관

1946년 3월, 1947년 5월 제 1, 2차 미소공동위원회가 열렸지만 공위에 참가할 단체의 범위에 대한 이견을 좁히지 못하고 결렬되었다. 소련 대표는 미소공위에 반탁단체의 참여를 배제하고자 하였고, 미국 대표는 반탁을 주장하는 우익에게도 발언권을 주려고 하였다. 이로써 신탁통치 시행에 진전이 없자, 미국은 한국 문제를 미국측이 수적으로 우세한 UN에 상정한다. 미국의 제안은 UN 감시 하에 남북한 인구비례에 의한 총선거를 실시하고 미·소 양군이 철수한다는 내용이었다. 소련은 인구비례에 의해 선거를 실시할 경우 남한 민족진영의 승리 가능성이 높아 보여 이 제안에 반대하였으나, 다수결로 미국안이 통과되었다.

미·소공위의 결렬은 예견된 일이었다. 트루먼 독트린 선언(1947.3.12)과 마샬플랜 발표(1947.6.5)로 냉전 구도가 시작되는 가운데, 양측은 한반도 문제에 대해 대립되는 목표를 가지고 있었기 때문이다. 미국은 한국이 소련의 위성국이 되는 것을 막으려 하였고, 소련도 한국이 미국의 영향력 하에 들어가는 것을 막으려고 하였다. 따라서 양측의 양보와 타협으로 한반도에 중립적인 통일임시정부를 수립하는 것은 실현 불가능한 일이었다.

3. 좌우합작운동과 남북협상

1차 미소공위가 결렬되고 찬탁·반탁 논쟁이 거세지자, 미군정장관 하지의 정치고문은 남한의 중도파로써 좌우합작정부를 만들면 정치적 안정을 가져올 수 있을 것이라 기대하였다. 이에 우익측의 김규식, 좌익측의 여운형과 논의해, 이들이 중심이 된 좌우합작위원회가 결성되고(1947.7.10.) "좌우합작 7원칙"을 발표하였다.[3] 그러나 신탁통치, 토지개혁, 친일파 처리 등에 대해서도 좌우익이 계속 갈등을 겪자 미군정이 개입해 남조선 과도입법기구 구성을 위한 선거를 실시하였다. 선거 결과 극우세력은 많이 당선되었지만 합작세력이 거의 당선되지 못해 미군정의 의도에 어긋나게 되었고 합작운동도 사실상 중단되었다. 1947년 7월 여운형이 암살되고 9월 한국문제가 UN에 상정되면서 합작운동은 기반을 잃고 12월 해체된다. 미국은 신탁통치 후 친미국가를 수립하려는 의도가 좌절되자, 남한에서만이라도 친미적인 국가를 세우는 것으로 선회하였다.

---

3) 주요내용은 좌우합작으로 임시정부수립, 미소공위 속개를 요구, 토지개혁, 친일파 처분 등이다.

UN에서 UN 감시하 한국 총선거가 결의되고 북한은 이를 반대하는 가운데, 이승만과 한민당은 남북협상의 비현실성을 들어 미군정에 단독정부수립을 요구하였다. 반면 김구와 김규식은 남한의 단독선거는 분단을 영구화한다고 주장하며 북한의 공산주의자에게 남북한 정치지도자회의를 제안한다. 북한은 합법성 구축을 위해 이 제안을 받아들여 김구, 김규식은 평양에서 열린 회의에 참여하지만, 이는 제안했던 정치협상의 성격이 아니라 북한측이 일방적으로 진행한 행사였다. 결국 남북협상은 성과를 내지 못하고, 남북 양측에 단독정부가 들어선다.

Ⅳ 남북한의 정권수립과 남북관계

1. 북한정권의 수립

해방 직후에는 민족진영이 우세했으나 주둔한 소련군의 점령 정책으로 좌익 세력이 정국을 주도하게 된다. 해방 직후 평양에서는 조만식을 중심으로 각계 유지들이 모여 '건준'을 결성하기로 논의한다. 그러나 소련군은 공산주의자들로 구성된 소규모 한인부대를 동반하고 있었고, 이들을 중심으로 북한지역에 공산주의 지배를 확립하기 시작한다. 소련의 지지를 받는 김일성은 평양에 나타난 직후부터 민족지도자로 행세하며 국내 공산당 간부들과 접촉하고 모든 정치행사를 주도하면서 권력을 잡아갔다. 결국 1945년 12월 17일 조선공산당 북조선분국 확대집행위원회에서 책임비서로 선출되면서 북한의 지도자가 되었다.

모스크바 3상회담의 결정에 의해 임시정부 수립과 신탁통치 실시가 목전에 다가서자 김일성은 임정에서 주도권을 잡기 위해 북한에서의 정치적 기반확립이 시급하였다. 이에 1946년 2월 8일 '북조선임시인민위원회결성대회'를 열어 사실상의 북한정권을 수립하였다. 북한은 소련군정의 지원 아래 토지개혁을 실시(1946.3.5)해 지주계급 등 기존 정치세력을 숙청, 중요산업의 국유화(8.10), 도·시·군 인민위원회 선거(11.3)를 통해 공산주의 정권수립을 위한 정치적, 경제적 기반을 닦아놓았다. 1948년 2월 10일 '북조선임시헌법초안'을 발표하고 8월 대의원 선거를 실시하였으며 9월 9일 '조선민주주의인민공화국' 정부 수립을 선포하였다.

2. 남한정권의 수립

미군은 1945년 9월 8일 한국에 도착하자마자 미군정청을 설치하고 인공이나 상해임정의 승인을 거부하였다. 모스크바 3상회의의 신탁통치 실시 발표 이후 남한에서는 찬탁 대 반탁의 대립으로 정치적 혼란이 가중되는 가운데 우익과 좌익 간 주도권 경쟁이 본격화되었다. 미군정은 김규식과 여운형을 중심으로 좌우합작을 통해 미소공위에 임하고 신탁통치를 실현하려고 하였다. 그러나 제2차 미소공위의 결렬과 이승만 등 주요 세력의 외면으로 실패하자, 한국문제를 유엔에 상정한다.

북한이 유엔한국임시위원단의 입국을 거부하자 남한에서만 선거가 실시되게 되었고, 이에 김구는 보이콧하였다. 한편 이승만은 북한에서 소련의 후원을 받은 공산정권 수립이 기정사실화 되었다고 판단, 일찍이 1946년 6월부터 남한 단독 정부 수립을 주장하기 시작했었다. 1948년 5월 10일 남한 단독 선거가 실시되어 제헌국회가 형성되고, 1948년 8월 15일 대한민국 수립이 선포되고 미군정은 폐지되었다.

3. 남북한정권의 정통성 경쟁과 남북관계

남북한 모두가 한반도의 유일 합법정부라고 주장하면서 자신의 체제와 통치를 상대측에 확장하려고 하였다. 즉 적대적 실지회복의 조건에서만 통일을 이루려고 하였다. 이러한 남북한 적대적 체제경쟁의 근본은 미소 간 냉전체제와 이데올로기에 있었다. 북한은 자신들이야말로 민족적이며 노동자와 농민의 지지를 받는 정부임을 강조하였다. 북한은 해방되자마자 친일부역자를 색출·처단하고, 토지개혁을 실시해 무상몰수 무상분배 하였다는 점을 선전하려 하였다 남한은 국제법 측면에서 정통성을 주장하였다. 유엔총회에서 미국의 주도로 한국정부에 정통성을 부여하는 결의문을 채택하였다는 점을 강조하였다.

Ⅴ 한국전쟁의 발발과 국제연합

1. UN안보리 결의

한국전이 발발한 직후 미국은 즉각 UN 사무총장에게 안전보장이사회를 소집할 것을 요청하였고, 즉각 안보리가 개최되었다. 한국정부는 공식으로 안전보장이사회에 원조 요청을 하였다. 당시 소련은 공산중국이 자유중국의 의석을 대신해야 한다는 주장을 하면서 1월부터 안보리에 참석하지 않고 있었다. 소련의 불참으로 도리어 역사적인 한국에 대한 안보리 결의가 소련의 거부권 저항 없이 통과할 수 있었다. 결의는 북한군의 군사행동을 '평화에 대한 침범과 침략행위'로 규정하고, 전쟁행위의 즉각적인 중지, 북한군의 철수를 요청하고 모든 회원국에 대하여는 본 결의의 실천에 있어서 UN에 모든 지원을 하고 북한에 대하여는 지원을 중단할 것을 규정하였다.

2. 미국의 군사개입

트루먼 대통령은 주일 연합국 총사령관 맥아더로 하여금 주일미군을 한국에 상륙시킬 것과 한국의 전 해안선을 봉쇄할 것을 명령하였다. 9월에 반격을 시작한 유엔군은 10월 들어 38선을 넘어 북한에 대한 진격을 시작하였다. 남침을 보호한다는 목적을 벗어나 한국의 통일을 위해서 전쟁을 계속하는 결과가 된 것이다. 영국과 프랑스는 중공이나 소련의 개입을 우려하여 이에 반대하였다. 10월 7일 UN 총회는 UN 감시 하의 전 한반도 총선거를 실시, 통일정부의 수립을 결의하였다.

3. 중국의 군사개입

유엔군은 북진을 계속하여 압록강에 도달했으나, 10월 16일 중공군이 압록강을 건너기 시작하였다. 중공군의 개입은 전쟁 양상을 완전히 변모시켰다. 맥아더는 중공에 대한 폭격을 감행하도록 허용할 것을 UN에 암시하였는데, 이는 세계적인 파문을 던진 것이었다. 세계는 중공의 심각한 군사적 개입이 결국 소련의 개입을 초래할 것을 걱정하였다. 극동에서의 소련의 개입은 결국 유럽전쟁으로 확산될 것이라 염려했던 것이다.

4. 휴전협상

1951년에 들어서는 휴전논의가 나오기 시작하였다. 6월 30일 미국이 휴전을 제의하였고, 공산측이 이에 동의하여 7월 10일 휴전협상이 개시되었다. 하지만 휴전협상은 긴 협상이었다. 결국 휴전조약이 성립하기까지는 1953년 7월까지 기다려야 했던 것이다. 7월 27일 판문점에서 휴전조약이 조인되었고, 8월 7일에는 한미방위조약이 동시에 조인되었다. 휴전과 동시에 한국정부는 목표했던 휴전의 대가, 즉 한미군사동맹을 형성함으로써 휴전을 묵인한 것이었다.

한반도 문제는 해방 이전부터 국제문제화 되었고 점령군인 미국과 소련의 직접적인 합의 없이는 어떤 것도 해결될 수 없었다. 그러나 냉전기로 전환되는 가운데 양측은 한반도에 자국에 우호적인 정권을 수립하려는 서로 대립되는 목표를 가지고 있었다. 북한에서는 소련군정의 신속하고 치밀한 점령정책에 따라 사회전반에 걸친 소비에트화를 진행하였고, 남한에서는 미군정의 소극적이고 일관성 없는 점령 정책과 다양한 이념적 지향 지닌 정치세력 간 갈등으로 혼란이 가중되었다. 신탁통치 실시가 미소 간 냉전과 좌우대립으로 실현하기 어렵게 되고 결국 남북한에 두 정권이 들어서게 된다. 한반도의 독립보다 미소의 정치적 의도가 전제된 점령 정책 하에서 남북한의 정치세력은 처음부터 제한적일 수밖에 없었다. 미소가 한반도를 분할 점령하는 순간 이미 남북은 사실상 분단되었으며 냉전체제의 진행과 함께 남북은 무력을 불사하는 적대적 체제경쟁관계로 발전하였다. 현재도 분단과 갈등은 끝나지 않고 있다.

📋 참고 한국전쟁기원론

1. 한국전쟁 연구와 전쟁의 기원 논쟁

(1) 당시 한국과 북한의 입장

한국전쟁은 발발 직후부터 전쟁 기원 및 개전 책임에 대한 논란에 휩싸였다. 한국은 이 전쟁을 김일성의 불법 전면 남침으로 규정하였고, 이승만 대통령은 6월 25일 무치오 대사와의 면담에서 한국이 '제2의 사라예보'가 되지 않아야 한다고 함으로써 이 전쟁이 세계 공산주의 세력과 서방진영의 대리전적 성격이 있다는 점을 암시하였다. 그러나 북한은 전쟁 발발 당일 내무성 담화를 통해 "한국군의 북침을 격퇴하고 추격전을 진행 중"이라 발표함으로써 이 문제에 있어 관점의 차이를 드러냈다. 또한 중국과 소련도 개전 직후 이 전쟁을 "한국 내부의 문제"로 규정하여 개입하지 않을 뜻임을 밝혔다.

(2) 전통주의의 견해

한국전쟁의 발발 과정에 대해 교전 양측이 서로 상반된 주장을 제시하면서, 주로 서방 국가에서 이에 대한 학문적 논란이 점차 제기되기 시작하였다. 우선 전통주의 학자들은 스탈린의 개전 동기를 주로 다음과 같이 제시하였다.

첫째, 전통적인 국익 추구의 방법으로서 미국과의 전 세계적 대결에서 미국의 위신을 실추시키고 상대적으로 자국의 위신을 제고하기 위해서였다. 둘째, 국제 공산주의 세력의 세계 적화 전략과 관련하여 남한이라는 자본주의 진영의 허점을 잡아 미국의 결의를 시험해보기 위해서였다. 셋째, 미국과의 전 세계적 군사 대결의 차원에서 유럽에서 북대서양조약기구의 형성으로 본격화된 미국의 군사적 압력을 극동으로 분산시키기 위해서였다. 넷째, 동북아에서의 미·소 대결과 관련하여 미국의 단독 대일 강화조약 체결과 반공 동맹 형성을 견제하기 위해서였다. 따라서 전통주의 학파는 소련의 압도적 영향력을 중시하였고 동시에 상대적으로 소련의 '꼭두각시'인 북한의 개전 동기를 상대적으로 덜 중요하게 취급하였다.

(3) 수정주의의 견해

① 북침 및 남침유도설: 1952년에 미국의 좌파 언론인인 스톤(I. Stone)에 의해 제기된 수정주의 학파의 주장은 1960년대 말과 1970년대에 걸쳐 확장되었는데, 이 시기에 수정주의 학자들이 제기한 핵심적 주장은 한마디로 한국전쟁이 북침과 남침 유도로 인해 발발하였다는 것이었다. 예컨대 인도의 굽타(K. Gupta)는 한국전쟁이 남한에 의한 북침과 아울러 북한의 침략을 유도하여 일어났다는 '시론적' 주장을 펼쳤다. 그러나 이들 수정주의 학자들의 주장은 실증자료가 제대로 뒷받침되지 않은 상황에서 추론과 심증에 근거하여 제기된 것으로서 이미 발표 당시부터 거센 반론을 불러일으켰다.

② 내전설: 수정주의 학파는 북침 또는 남침 유도설이 거부되고 북한에 의한 남침이 점차 확인되자 새로운 주장을 제기한다. 우선 이들은 한국전쟁이 '내전'이라는 새로운 주장을 제기하였다. 예컨대 시몬스(R. Simmons)는 한국전쟁이 한반도의 내부적 요소에서 비롯되었고 김일성이 박헌영과의 대립 관계에서 우위를 확고히 하고자 소련 및 중국과의 약속보다 앞당겨 전쟁을 일으켰다고 주장하였다.

③ 커밍스(B. Cumings)의 입장: 내전설이 강력한 반론을 야기하자 국내적 요인을 강조하는 수정주의자들의 논의는 전쟁의 발발보다 그 전쟁이 어떤 배경 하에 발생하게 되었는가, 즉 전쟁의 기원을 강조하는 방향으로 변모하게 되었다. 예컨대 1981년에 나온 커밍스(B. Cumings)의 『한국전쟁의 기원』 1권에서는 전쟁의 기원으로서 해방 이전에 응축되어 온 사회개혁의 열망이 미군정과 분단 과정을 거치면서 제대로 반영되지 못하였다는 점을 강조하였다.

④ 민족해방전쟁론: 한국전쟁의 기원에 관한 논쟁이 한국 현대사에서의 좌·우익 갈등 및 사회혁명에 관한 논의로 발전하면서 한국전쟁은 이제 단순한 내전을 넘어서 '민족해방 전쟁'이라는 주장이 대두하기 시작하였다. 이는 당초 북한이 미국의 전쟁 도발에 응하여 '정의의 민족해방 전쟁'을 수행하게 되었다고 주장하면서 국제화된 전쟁을 설명하기 위한 개념으로 제시한 것이었으나, 앞에서 커밍스가 제시한 내용대로 한국전쟁이 미국 및 이에 편승한 일부 보수세력의 '반동'과 억압으로부터 한국 민족을 해방시키기 위해서 일어난 것이라고 보게 되면서 전쟁의 성격뿐 아니라 기원까지 모두 규정짓는 개념으로 탈바꿈하였다. 특히 한국 내의 일부 진보적 학자들은 한국전쟁이 해방된 북한을 근거지로 하여 미국에 의해 '강점'되어 있는 남한 민중을 해방시키려는 식민지 민족해방 전쟁적 성격을 갖는 '정의의 전쟁'으로 규정된다고 주장하였다.

(4) 수정주의 견해의 한계

한국 내에서 1980년대에 거센 한국 현대사 연구 붐을 일으켰던 일련의 수정주의 저작들은 당초부터 미국측 자료에 과도하게 의존한 결과, 한국전쟁의 원인과 과정에 대한 한·미측의 책임을 집중적으로 부각시키는 문제를 낳았다. 그러나 구소련 문제의 공개에 따라 새로운 증언과 더불어 전쟁 발발 과정에 대한 자료가 밝혀지면서 수정주의적 관점이 비판을 받게 되었다. 특히 박명림의 저서 『한국전쟁의 발발과 기원』은 전쟁의 발발 과정과 더불어 1945년부터 1950년까지의 분단 고착화 과정을 면밀하게 검토함으로써 커밍스가 제시한 주요 가설들, 대표적으로는 남한군에 의한 모종의 도발 조치가 고의 또는 사고로 인해 발생하였고 이것이 북한의 응전으로 이어졌다는 가설을 대부분 부인하고 북한이 전쟁을 선택한 이유를 설득력있게 재구성하였다.

2. 한국전쟁의 기원에 관한 쟁점 검토

(1) 개전 과정 및 원인

① 의의: 한국전쟁의 원인에 대한 명확한 인식을 위해서는 개전의 주도자 문제와 관련한 불분명한 부분을 해결해야 한다. 특히 김일성과 스탈린 중 누가 과연 전쟁 발발을 주도했는가 하는 물음은 이 전쟁의 원인으로서 국내적 요인이 우선하는 것인가, 아니면 국제적 요인이 우선하는 것인가 하는 물음까지 아울러 포괄하는 것이라고 할 수 있다. 어느 한쪽이 주도했을 경우에는 그쪽의 개전 논리가 전쟁 원인으로서 더 중요하게 작용하였다고 볼 수 있기 때문이다.

② 한국전쟁 주도권자에 대한 논쟁: 스탈린과 김일성의 개전 주도 문제에 대해서는 스탈린이나 김일성 중 누가 더 주도를 했는지에 대해서 다양한 의견이 제시될 수 있다. 우선 스탈린이 완전히 주도하였다는 주장은 구미의 전통주의 학자들이 제시해 온 '대리전'설로서, 미국과의 대결, 일본의 미국 진영 포섭 견제 등을 이유로 스탈린이 전쟁을 입안하였고 김일성은 그 하수인이 되어 전쟁을 치뤘다는 것이다. 또한 김일성이 완전히 주도하였다는 주장은 커밍스나 시몬스 등이 제시하는 전형적인 '내전'설로서, 김일성이 공산화 통일을 앞당기기 위해 소련의 내락을 받지 않거나 약속을 어기고 개전을 감행하였다는 것이다.

스탈린이 주도하고 김일성이 보조적 입장을 취하였다는 주장도 존재한다. 그는 소련이 북한에 대중국 지원과 거의 맞먹을 정도의 상당한 규모의 무기와 장비를 지원하였고 1949년 10월에 소련 당국이 38선상에서의 대규모 '국경분쟁'을 더 이상 도발하지 못하도록 제지한 사실을 소련 주도의 방증으로 들고 있다.

반면 상당수 학자들은 구소련 문서에 나온 사실을 인정하고 김일성이 개전을 사실상 주도하였다는 점을 주장하고 있다. 예컨대 김학준은 한국전쟁이 북한의 잘 준비된 전면 남침에 의해 일어났고 북한 지도층의 이니셔티브에 의해 취해졌으며, 미·소 간의 국제내전은 전쟁의 주요한 요인이 되었으나 한반도의 내적 요인들도 역시 중요하게 작용하였다는 점에서 "소련이 지원한 북한 주도의 남침"으로 결론지었다. 이외에도 박명림도 김일성이 이미 1948년 9월에 북한 정권 수립시 '국토 완정론'을 제시한 이래 남북한 관계의 악화에 따라 '급진 군사주의'가 확산되면서 1950년 초에 개전을 이미 결정하고 스탈린과 모택동의 동의를 구하였다는 점을 제시함으로써 한국전쟁 발발에 있어서 김일성의 주도를 지지한다.

그러나 김일성과 스탈린 중 누가 더 주도적인 역할을 했는가 하는 점은 쉽게 결론을 내리기 힘들 것으로 보인다. 구소련의 외교문서 가운데 비밀해제된 내용이 부분적일 수밖에 없고 핵심 관련국인 북한의 관계 문서들이 공개되지 않았기 때문이다.

③ 공동주도론: 공동주도론에 따르면 김일성은 '해방 공간'에서 북한이 이룩한 민주개혁의 성과를 자신하고 이를 남한에까지 파급시킨다는 야심을 갖고, 스탈린 및 모택동에게 한국전쟁에 관해 동의를 구하였다. 당시는 1949년 6월의 주한미군 철수와 그 해 10월의 중국 대륙 공산화 등으로 외부적 여건이 북한에게 있어 매우 긍정적인 상황이었다. 그러나 김일성의 개전 결정은 실현 가능성면에서 크게 불투명한 것이었으며, 그가 충분한 전쟁 준비를 위해 스탈린 및 모택동의 동의를 구했던 이유가 바로 여기에 있었다. 스탈린과 김일성의 공동 주도론은 군사력의 증강 과정을 통해 확인할 수 있다. 북한군의 창군 과정은 소군정하에 추진되면서도 '항일 빨치산' 출신인 김일성이 상당 부분 주도한 것이었다. 한편 소련은 기본 화기 수준의 지원을 제공하였고 이후에는 상당한 규모의 '유상' 군사지원을 제공하였다. 결국 한국전쟁의 개전에 이르는 군사력의 증강 부분에서 소련이 중요한 지원 역할을 맡았지만, 김일성도 스탈린과 모택동을 설득하여 개전에 필요한 군사력을 확보하는 데 주력하여 상당한 성과를 거두었던 것이다.

(2) 전쟁의 기원

① 의의: 직접적인 개전 과정에서부터 출발하던 한국전쟁의 원인 논의가 한국 초기 현대사를 포괄하는 '전쟁 기원론'으로 발전된 것은 수정주의 학자들의 연구 업적 때문이었다. 그러나 탈냉전의 도래로 인해 구소련 자료들이 '해금'되면서 다양한 측면에서 수정주의 학자들에 대한 비판론이 제기되었다.

② 커밍스의 주장과 비판: 우선 커밍스의 전쟁 기원론은 학계 전반에 상당한 충격을 주었고, 이에 따라 다양한 측면에서 그에 대한 비판론이 제기되었다. 커밍스의 연구는 한국전쟁의 기원뿐 아니라 한국 현대사의 주요한 사건에 대한 설명에서도 편협한 시각과 편파적 자료 선택을 통해 잘못된 결론을 내리고 있다는 비판이 대표적이다. 또한 박명림은 '분단 기원론'을 제기하면서 커밍스의 논지를 조목조목 반박하고 있다. 그는 한국전쟁의 기원과 관련한 설명으로 식민시대로부터 한국전쟁의 기원을 설명하려는 시각과 6월 25일로부터 전쟁의 기원을 설명하려는 시각이 존재해 왔다고 하고, 전자를 지나치게 근본주의적인 해석으로, 후자는 지나치게 현상적인 해석으로 규정하고 있다. 따라서 한국전쟁의 기원을 길게는 1945년 해방과 미·소의 분할점령으로부터, 짧게는 1948년 분단정부의 수립으로부터 설정하고, 이 기간 동안 이어져 온 두 이질적인 사회로의 사태 전개가 가져온 한 파국적 귀결로 전쟁 발발을 설명하고 있다.

그러나 박명림의 논의도 북한의 민주개혁의 반민주성과 급진적 리더십의 전쟁 책임 규명에 초점을 맞춤으로써 커밍스와 유사한 한계를 안을 수밖에 없다. 우선 그의 논의는 식민시대 기원론을 배척하면서 분단의 배경과 고착화에 미친 일제 시대의 경험을 제대로 고려하지 못하는 것으로 보인다. 또한 그의 논의에서 한국전쟁 개전에 이르는 북한의 급진 군사주의의 대두는 강조하면서 남한에서 '정권의 논리'로서 제시된 북진통일론에 대해서는 북한의 국토완정론에 대응할 공갈 정책 정도로 볼 뿐 종합적인 분석이 결여되어 있다. 따라서 커밍스와 박명림의 전쟁의 기원에 대한 논의는 일단 커밍스의 상황 오도적 설명은 폐기하면서도, 부분적으로 상호보완적인 이해를 기함으로써 더욱 현실에 접근할 수 있을 것이다. 즉 남한 사회가 미군정하에서 점차 더욱 보수화되어 가고 북한 사회는 소군정하에서 급진 공산세력이 강화되는 양상으로 진행되어 가다가, 분단 정부의 수립으로 무력통일론이 양쪽 모두에서 팽배해지는 전쟁 직전의 시기로 나아가게 되었다는 것으로 전쟁의 기원을 정리해볼 수 있다.

(3) 한국전쟁의 국제정치적 배경

전쟁의 기원에 있어서 국제정치적 배경을 고려함으로써 논의를 한 단계 더 진전시킬 수 있을 것이다. 실제로 한국전쟁의 배경으로서 남북한에서의 분단 정부의 수립은 결국 미국과 소련의 대한국 정책이 충돌한 결과 나온 것이었다. 따라서 전쟁의 기원에서도 분단 정부 수립 이후 남북한 간의 심각한 갈등 양상이 나타나기까지 미·소와 남북한 내 정치세력이 상호작용하는 부분도 전쟁의 기원과 관련하여 중요한 부분이라고 볼 것이다.

3. 한국전쟁 기원 논의의 현재적 의미

첫째, 한국전쟁의 개전 책임과 기원 논의를 분리하여 볼 필요가 있다. 한국전쟁의 기원에 대한 제 논의는 해명된 요소들이 전쟁의 발발에 직·간접적으로 작용하였다는 것을 규명하는 것일 뿐이다. 전쟁의 기원, 즉 한국 분단사는 전쟁이 없었더라면 그 뒤의 역사적 계기에 의해 해결될 수도 있는 문제였다는 '개방된 인식'이 필요하다. 둘째, 구체적으로 개전 책임 문제와 관련하여 역사적 귀책론과 현실적 평가를 구분하여 보아야 한다. 김일성은 스탈린과 더불어 분명히 개전의 책임자이고 이 같은 역사적 책임은 결정적 반증자료가 나오지 않는 한 영원할 것이다. 그러나 그는 한국전쟁 이후에도 북한을 40여 년이나 통치한 인물이므로 남북한 관계를 위해 현실적 고려를 해야 할 것이다. 실제로 1994년 7월 8일 김일성 사망시 국내에서는 '조문 파동'이 일었고 이는 남북한 관계의 급속한 냉각으로 이어졌다. 이러한 시대착오적 행동이 현실적으로 위기 상황을 조성하고 있는 것이다. 셋째, 이에 따라 한국전쟁의 개전 책임의 '역사적' 귀책론을 심각히 고려해야 한다. 즉 이제 우리는 남북한 통일을 염두에 두고 과거사를 조명하기 시작해야 한다. 북한 체제의 변화 가능성이 점차 높아지고 국제사회에서 위기 상황의 북한을 언제까지나 골칫덩이로 둘 수 없다는 인식이 커져 갈 경우에 통일의 조건이 순식간에 형성될 수 있기 때문이다.

📖 참고 소련의 대일전참전과 38선

1. 소련의 대일전 참전약속을 통한 이권 확보(1942년 8월~1945년 7월)

(1) 태평양전쟁 초기 소련의 대일전 참전문제와 미국

1941년 12월 7일 일본의 진주만폭격으로 태평양전쟁이 개시된 직후 미국은 일본군을 분산시켜 전쟁을 조기 종결시키기 위해 소련의 대일전 참전을 끊임없이 요구해왔다. 그러나 소련은 독일과의 전투에 주력한다는 이유로 즉답을 회피하다가 1942년 8월부터 대일전 참전의사를 개진하기 시작하였다. 1943년 모스크바 외상회담에서 스탈린은 미 국무장관에게 독일 패망 시에 대일본전에 참전하겠다는 의사를 비공식적으로 전달하였다.

(2) 테헤란회담과 소련의 세력범위

1943년 11월 테헤란회담에서 스탈린은 루스벨트에게 독일 패망 시 대일 공동전선을 형성할 수 있다는 의사를 공식적으로 전달하였고, 소련의 대일전 참전조건에 대해 본격적으로 논의한 것으로 보인다.[4] 한반도 탁치안, 만주철도의 사용, 소련의 만주철도 사용, 사할린과 쿠릴열도의 소련에로의 방안, 다롄의 국제화, 만주철도의 중국 귀속문제가 되었다. 그러나 중국의 반발을 의식해 비공개로 하였다. 소련은 전통적으로 동아시아에서 만주를 핵심 이권 지역으로 보는 '만주제일주의'를 추구했을 뿐만 아니라, 러일전쟁 이전에 한반도 내에 구체적이며 확고한 기득권이 없었으므로 한반도를 참전가로 요구할 수 없었다. 따라서 미소 모두에게 전략적 핵심 지역에서 벗어나는 한반도는 힘의 공백지대가 되어 논의되지 않았다.

(3) 소련의 이권 확보 추구

① 소련의 적극화된 자세변화와 모스크바 회담: 스탈린은 1944년 7월 이후 대일전을 자체적으로 준비하며 미국과의 참전협상에 적극성을 보였다. 특히 1944년 10월 모스크바 회담에서 논의된 사항은 이후 크게 변경되지 않았다. 본 회담에서 소련은 한반도 북부 항구도 작전지역에 포함시켜야 한다고 요구했지만, 미국은 이에 대해 답을 회피하였다. 한반도는 대륙의 한 지역이므로 계속 논의를 진행하다가 소련의 세력권에 속할 개연성이 높았다. 따라서 미국은 소련의 접근을 봉쇄하려는 의도에서 논의를 지연시켜 한반도를 우선 힘의 공백지역으로 만들고자 한 것이다.[5] 소련이 적극적으로 참전대가를 요구하자 미국 내에서는 소련 팽창을 우려하는 견제론이 대두되기 시작하였다.

② 유럽전쟁 종결과 소련의 대일전 참전문제: 1945년 5월 대독전이 종결되면서 소련의 대일전 참여 여부와 소련이 강대국 간 합의한 아시아태평양 지역 전후 구상에 동의할지 여부가 중요 문제로 대두되었다. 미국 내에서 소련의 참전에 따른 소련의 세력권 팽창에 대한 우려가 제기되었다. 그러나 원자무기가 아직 불확실했기 때문에, 미국의 희생을 줄이고 소련이 적은 노력으로 큰 전리품을 획득하는 것을 방지하기 위해서는 소련의 빠른 참전을 유도할 필요가 있었다.

③ 포츠담에서의 대한반도 작전분계선 논의: 1945년 7월 포츠담회담에서 한반도에 대하여 육상작전구역은 논의하지 않은 채, 소련의 공군과 해군작전구역을 한반도 북부에 설정하는 데 합의하였다. 미국은 일본의 3대 세력권, 일본 본토ㆍ식민지(한반도)ㆍ만주 중에서 본토는 미국의 세력권으로, 만주는 소련의 세력권으로 분류하며 한반도에 대해서는 상대방의 독점을 막으며 힘의 공백지대로 만들고자 하였다. 소련은 부동항에 대한 러시아의 전통적 욕구를 충족하기 위해서라기보다, 만주작전의 일환으로 관동군의 퇴로와 교통을 차단하기 위해 함경북도 지방에 관심을 기울였다. 또한 미국이 한반도를 비워두었기 때문에 소련 입장에서 한반도에 대한 시급한 진공이 필요하지 않았고, 당시 상황에서 신속한 진공은 소련군에게 무리이기도 하였다.

2. 일본의 항복조짐과 미국의 원폭투하(1945년 6월~8월)

(1) 일본의 항복조짐

1945년 7월 일본이 소련에게 전쟁 중재자 역할을 요청하자 소련은 일본의 항복 조짐을 간파하였다. 소련은 항복이 예상되는 일본과의 전쟁에 참여해 이권을 확실하게 확보하는 것이 중재 역할을 하는 것보다 명분 면에서나 실질적인 면에서나 더 큰 이익을 가져다 줄 것으로 판단하였다. 한편 미국은 암호해독을 통해 일본과 소련 간의 대화를 알게 되고, 일본의 조기항복 가능성과 소련-일본 간 밀월 가능성에 대해 우려하게 된다. 이러한 밀월을 막기 위해 포츠담에서 소련의 대일전 참전을 기정사실화하고, 일본 본토와 식민지 점령에 힘을 기울였다.

---

4) 이듬해 1월 12일 태평양전쟁 자문위원회에서 각국 외교사절에게 행한 루스벨트의 연설에 의하면 스탈린과의 사이에서 참전조건의 윤곽이 합의된 것으로 확인된다.

5) 그러나 미국의 침묵에 대해 소련군의 한반도 북부지역 작전에 대한 미국의 묵시적 합의라는 해석, 소련의 한반도에 대한 희망을 불러일으킨 '실수'라는 해석도 존재한다. 이완범 논문 각주 18) 참조

(2) 미국의 원폭 투하

포츠담회담이 있었던 1945년 7월부터 미국은 핵무기를 통한 소련참전의 배제와 동북아에 대한 독점전략을 추구하였다. 대일 최후통첩인 포츠담선언에 대해 일본 수상이 '묵살' 의사를 표명하자 미국은 이를 무시(disregard)와 거부(reject)로 해석해서 8월 6일과 9일 각각 히로시마와 나가사키에 원자폭탄을 투하하였다. 이는 희생감소를 위한 의도도 있지만, 보다 본질적으로는 소련의 참전 전에 조기종전을 목표로 한 것이라 할 수 있다. 또한 유럽에서 소련을 "잘 다루려고" 핵무기를 과시하려는 계산도 있었다.[6]

3. 소련의 대일전 참전(1945년 8월 9일)

소련은 독일군을 자국 영토에서 축출한 1944년에 이르러서야 대일전을 준비할 수 있었다. 소련의 극동전 구상에 따르면 만주 지역이 1차 목표로 이 작전구역에는 나진, 웅기, 청진 등 한반도 관북지역 항구가 포함되었다. 1차 목표 달성 시 2차 목표는 랴오둥 반도의 뤼순과 다롄, 한반도 내륙지방(서울)이었다. 여기에서 소련이 한반도를 자기세력권으로 분류하였다는 사실을 추론할 수 있다. 스탈린은 포츠담에서 미국의 원폭 투하 예정을 확인하고 이권 확보를 위해 대일전 참전을 서두르려 했으나, 참전 준비가 미비하여 원폭 투하 이후에야 황급히 참전하였다.

4. 소련의 한반도 침공(1945년 8월 10일~19일)

(1) 전쟁 직전 한반도 작전계획안과 일본 주력군의 패퇴

전쟁 직전에도 소련은 한반도를 2차 목표로 설정하고 있었다. 참전 직전 소련의 작전계획은 관동군 분쇄를 목표로 하고, 한반도에 대한 작전은 일본군의 진로 및 퇴로를 절단하기 위한 보조적 작전이었다. 그런데 소련의 참전이 개시되자 일본의 주력군은 예상과 달리 맥없이 무너졌다. 당시 관동군의 정예는 남방지역으로 징발되었고 패색이 짙어 일본군의 사기가 떨어졌기 때문에 관동군의 전력은 약화된 상태였다.

(2) 한반도 확보를 위한 소련의 진공계획 변경과 합의 준수

그런데 참전 이튿날인 8월 10일, 소련은 진공계획을 변경해 한반도를 확보하고자 한반도 북부 항구를 점령하라는 명령을 내렸다. 소련은 힘의 공백 지대였던 한반도의 일부 지역이라도 자신의 세력권이 되도록 토대를 마련하고자 한 것이다. 이 때 아직 만주의 주요 도시가 점령되지 않아서 한반도 진공이 빨랐다고 평가할 수는 있으나, 미국과 합의한 작전지역을 준수해서 한반도 전역이 아닌, 한반도 관북지역 항구로 작전 구역을 제한하였다. 소련은 미국과 합의한 작전지역 외의 지역을 침범할 수 있었음에도 대체로 합의를 준수하였다. 다만 8월 16일 청진 해방 이후 진주가 개시되었다. 전쟁이 계속 진행된다고 해서 한반도 전역이 소련의 세력권이 될 것으로 명백한 상황도 아니었다. 이는 미국의 힘의 공백지대화 전략이 성공한 것으로 볼 수 있다.

(3) 일본항복의 직접적 원인

일본항복의 직접적 원인은 소련의 참전인가 아니면 미국의 원폭 투하인가라는 논쟁이 있다. 소련은 자신의 참전이 일본에게 최후의 보루를 무너뜨린 결정적 요인이라고 주장한 반면, 서방 세계는 소련이 참전하지 않았더라도 일본이 피폭의 충격으로 인해 항복을 결정했을 것이라고 주장한다. 그러나 일본은 어느 일방 단독의 힘에 굴복한 것이 아니라, 두 세력의 유기적 결합 때문에 항복한 것으로 볼 수 있다. 실제 전투의 상대가 된 것은 미국이었지만, 만약 일본이 소련과의 교섭을 성공시켜 참전을 저지했더라면 전쟁 양상은 복잡해지고 장기화되었을 수도 있다. 일본은 소련의 단호한 태도 때문에 희망을 버리고 항복할 수밖에 없었다. 따라서 미국과 소련 양자의 힘이 복합적으로 작용해 일본의 항복을 가져왔다.

5. 소련의 38선 수락과 그 의도

(1) 38선 분할 계획과 소련의 수락

트루먼 미국 대통령은 소련의 한반도 독점을 견제하기 위해 38선 분할안을 담은 일반명령 1호를 맥아더와 스탈린에게 보냈다. 스탈린은 이를 수락하면서 랴오둥반도 및 쿠릴열도를 소련의 세력권으로 하는 합의를 다시 한 번 확인하였다. 그리고 새로이 훗카이도 북부를 소련의 항복구역에 포함시키고 일본 점령에 소련이 참여할 것을 요망하였다.

(2) 미국의 입장

스탈린의 38선 수락에 대해 당시 딘 러스크 미국 국무장관은 미국의 한반도 진주가 어려운 상황에서 소련이 좀 더 남진할 수 있었음에도 불구하고 동 제안을 받아들인 데 대해 의아해하였다. 한편 미국이 한반도를 독점할 수 있었는데도 소련에게 절반을 양보하였다는 비판도 존재한다.

---

[6] 전승기념일 15주년인 1960년 8월 15일 1945년 당시 국무장관이었던 번스가 언론과의 인터뷰에서 증언한 내용이다.

(3) 38 이북 만족설

미국은 소련군의 한반도 진군 및 점령 속도에 대해 과대평가하여 과민 반응함으로써 38선 분할을 제안하였다. 그러나 실제로 소련은 일반명령 1호를 받을 당시, 미국의 평가와 달리 한반도 북부 대부분 지역을 점령하지는 못하였고 극히 일부분에 교두보만을 확보한 차원에 머물렀다. 따라서 38선 획정에 대해 만족해하며 불만을 제기할 이유가 없었다. 부차적인 이유로는 동아시아 세력관계에 대한 정치적 전략 차원에서 주변부인 한반부에 대해 문제를 제기하기 보다는 중심부인 일본 점령에 참여하기를 바랐다. 따라서 한반도에서 양보한 듯한 인상을 심어 줌으로써 미국의 양보를 얻어내기를 기대하였다. 결국 동북아에서 미국과 소련은 일본과 만주를 나누어 갖고, 한반도를 반분함으로써 양국의 객관적 군사력에 기초한 욕구를 무리 없이 충족시켰다.

6. 결론

한반도에 대해서 미국과 소련 모두 관심은 있었으나 종전 때까지는 어느 국가의 일방적 세력권으로 분류하지 않고 힘의 공백지대로 두었다. 1945년 이후 미국은 일본의 대소접근을 과도하게 의식하고 소련에게 약속했던 참전대가를 너무 크다고 평가해, 원자폭탄을 이용해 소련의 참전 없이도 전쟁을 조기 종결하려 하였다. 그러나 원폭 투하 이후 소련은 미국으로부터 약속 받았던 이익을 잃지 않기 위해 서둘러 참전한다. 소련에게 한반도는 부차적인 공격목표였으나, 참전 이틀 째 한반도 북단을 주요 공격목표로 수정한다. 이는 임박한 일본의 항복에 대비해 힘의 공백지역에 교두보를 확보하려는 의도로, 미국과 합의된 작전구역을 벗어나지는 않았다. 한편 미국은 소련의 팽창을 우려해 이를 봉쇄할 분할선으로서 38선을 제안한다. 소련은 38선 이북의 확보에 만족하다고 판단해 수락한다. 또한 38선 수락을 양보로 위장해 보다 핵심 지역인 일본점령에 참여하려는 일말의 기대감을 가졌던 것으로 추정된다. 결과적으로 동북아에서 미국은 일본과 한반도 남부, 소련은 만주와 한반도 북부를 세력권으로 삼게 되었다.

제2장 | 냉전체제의 변동

Ⅰ 서설

한국전쟁이라는 동서진영 간의 군사적 긴장이 1950년대에 세계적으로 파급되어 갔으나 1960년대에 들어서면서 각 진영 속에서 균열이 생기게 되었다. 서방측에서는 골리즘(Goulism)의 프랑스가 미국과의 핵타협의 실패로 나토 탈퇴와 프랑스 핵정책의 독립으로 나아갔고, 소련 사회주의권에서는 중공과의 이념분쟁으로부터 군사분쟁에 이르기까지 거의 돌이킬 수 없는 국제정치상의 구조적인 양국의 분열이 일어났다.

Ⅱ 골리즘의 탄생과 북대서양조약기구의 균열

1. 드골의 대미정책

1958년 프랑스에서는 드골이 대통령에 취임하였다. 취임 후 바로 드골은 전적으로 미국적인 성격을 띠는 나토의 지휘권을 앞으로 미국, 영국, 프랑스 3자 간의 지휘체제로 변경할 것을 미국에 요청하였는데, 유럽에서의 모든 전략핵을 장악하고 있었던 미국은 이에 반대하였다. 특히 드골은 나토내 미국의 핵을 사용할 수 있는 권한을 미국과 나눌 것을 요청한 것이었다. 미국과의 특수한 관계로 인해 미국과 핵을 공유하고 있던 영국도 미국과의 특수한 관계를 소멸시킬 수 있는 드골의 이러한 생각에 반대하였다. 미국과 영국은 프랑스의 의도가 나토내 군사적인 주도권의 장악이라고 판단하였다. 결국 미국과의 정치적 교섭은 실패로 돌아갔다. 이후 드골은 계속적으로 프랑스 독자의 핵무기 발전을 지속시켰는데, 1960년 2월 첫 핵실험에 성공하였고 1961년 4월에는 4차 실험까지 끝냈다.

2. 미국의 대응

케네디는 1962년 대계획(Grand Design) 또는 대서양 파트너십(Atlantic Partnership)이라는 유럽안을 제의하였는데, 이는 미합중국과 상응하여 서방측 국가들로 구성되는 유럽합중국을 건설한다는 것이었다. 이렇게 하여 미합중국과 유럽합중국을 합하여 정치, 경제, 사회, 군사적으로 연합한 강력한 두 기둥을 형성한다는 안으로, 미국과 유럽이 동등한 지위에 선다는 것이었다. 하지만 동등하지 못한 내용이 있었는데 그것은 미국이 핵억지력과 핵능력을 독점한다는 것이었다. 드골은 이러한 미국이 주도하는 대서양 혹은 유럽을 인정할 수 없었다. 1962년 영미 간 나소(Nassau)조약이 체결되었는데, 영국은 단독으로 미국의 핵탄두를 사용할 수 있는 특권을 갖게 되었다. 이는 드골이 미국에 요구하고 있던 특권이었는데, 프랑스에게는 거부되고 영국에게는 허용된 것이다. 당연히 이에 대하여 드골은 반기를 들었다. 핵을 정점으로 하여 유럽에 군림하려는 드골의 대계획과는 근본적인 거리가 있었기 때문이다. 1963년 1월 드골은 기자회견을 통해 케네디의 정책에 분명한 반대의사를 표명하였다. 영국의 유럽 공동시장 가입을 반대하였고, 미국의 주도하에 유럽국가들을 포함한 나토 핵군을 조직하려는 미국의 핵정책에 정면으로 반대한 것이다. 프랑스는 독자의 핵군과 핵정책을 갖겠다는 것이었는데, 특히 미국이 유럽을 주도할 수 없다는 것이 그 핵심이었다.

3. 서방진영의 균열

1966년 3월 프랑스는 나토에서 탈퇴하고, 프랑스 주권 하의 모든 영토에서 나토군의 기지 사용을 금지한다고 선포하였다. 그리고 1967년에는 가상적국에 소련과 동시에 미국도 포함시킨다는 프랑스 참모총장 명의의 논문을 발표하기에 이르렀다. 이것은 서방의 약화이자, '다극화'의 시작이었다.

Ⅲ 동서의 데탕트

1. 브레즈네프의 전유럽안보회의 제안

1971년 5월 브레즈네프 소련 공산당 서기는 중부유럽의 '상호병력 삭감'과 '전유럽안보회의'를 제의하였다. 중부유럽을 중심으로 하여 동서 간의 병력을 삭감하자는 전제하에 동서 간의 데탕트를 시도한 것이었다. 그러나 이러한 제안과 내용은 새로운 것이 아니었다. 1966년 동서군사기구(나토 및 바르샤바조약기구)의 동시 해소를 요구한 부카레스트 선언에서 이미 천명된바 있었고, 1967년의 칼로비 바리 선언, 1969년의 부다페스트 선언에서도 전유럽회의를 제안한 바 있었다. 이 3가지 선언은 그 내용과 형식면에서 거의 동일하다. 즉, 동서병력의 삭감을 통한 군사기구의 상호 해체를 위한 전유럽안보회의의 개최가 그 제안의 주내용이었다.

2. 제안의 배경: 브레즈네프 독트린과 중소관계 악화

브레즈네프의 제안에는 중소 간 기본적 관계의 악화 및 변질이라는 국제정치적 배경이 있었다. 소련이 1968년 체코를 침공한 이래 중소관계에는 이미 근본적인 변질이 발생하였다. 브레즈네프가 체코 침공을 정당화하기 위하여 꾸며낸 이론인 '브레즈네프 독트린'이 중소관계를 더욱 악화시킨 것이다. 이 독트린은 세계 어느 곳에서든 사회주의 체제가 위험에 처하게 될 때에는 소련이 이에 개입할 권한을 보유한다고 하는 사회주의국가에 대한 주권제한론을 천명한 것이었다. 세계 도처에서 사회주의체제가 붕괴 및 위험에 처할 때 개입할 수 있다는 것은 사실상 그 목표가 중공에 있었기 때문이다. 체코사태 이후 중공은 수정주의의 본산인 유고슬라비아의 티토와 친밀하게 되어 갔다. 미국과 중공 간의 접근에 있어서 루마니아의 역할이 체코침공 이후의 결과임이 너무나 뚜렷하였다. 중소관계의 근본적인 변질은 미중 관계의 개선으로 나타났으며, 이로 인해 소련은 반작용으로서 유럽과 사실상의 관계 개선을 강요받게 되었다. 소련의 체코 침공은 소련이 본격적으로 중공과의 대치에 대비하기 위한 엄호조치였다고 할 수 있다. 소련이 중공에 대한 본격적인 군사적 대항체제를 확립하기 위해서는 태평양의 역방향인 대서양에서 최소한 외교적인 엄호조치 내지는 예방적인 노력이 필요하였다. 중공에 대항하기 위해서는 동유럽을 진압해야 했으며 서구와의 정치적, 군사적 타협 없이는 동유럽을 눌러 놓을 수 없다는 데서 소련의 전유럽안보회의가 제의된 것이다. 1971년 6월 나토 각료이사회는 공동 커뮤니케를 통해서 베를린 문제의 해결을 교섭 개시의 조건으로 내세웠는데 소련의 양보로 베를린 문제를 해결하기 위한 조약 초안의 합의가 이루어지면서 소련의 의도가 진실한 것으로 나타났다. 베를린 문제는 사실상 동서유럽 간 냉전의 상징이었는데, 세계의 냉전이 1948년 베를린 봉쇄에서 기인하였으며 이의 해결 없이는 유럽 냉전 해소는 어려운 일이었기 때문이다. 그러나 베를린 문제의 해결이 유럽안보 해결의 전환점임에는 틀림없었으나, 이는 기초적인 교섭 개시 조건에 불과하였다.

3. 군축문제

브레즈네프는 '균형 잡힌 동서병력의 상호 삭감'(Mutual and Balanced Forces Reductions; MBFR)을 제안하였으나 '균형'이 실제로 무엇을 뜻하는지가 문제였다. 동일한 비율이라 보는 것은 합리적이지 않기 때문이었다. 미소 각 1만의 지상군이 전쟁시 투입될 수 있는 지리적, 시간적 조건이 다르기 때문이었다. 미 지상군은 바다를 건너야 하지만, 소련 지상군은 곧장 전투에 투입될 수 있는 것이다. 또한 '병력'이 지상군만을 뜻하는 것인지 아닌지가 문제가 되었고, '삭감'이 다른 전선으로의 이동인지 아니면 부대의 해체를 의미하는 것인지의 문제도 있었다. 그중에도 결정적인 의문은 동유럽을 사실상 군사적으로 지배하고 있으며 체코의 경우처럼 이들의 충성 확보를 사명으로 하는 소련이 실제로 동유럽 주둔군을 삭감할 용의가 있는지의 문제였다. 이처럼 동서유럽 안보상의 문제점은 쉽게 해결될 가능성은 없었지만 중소관계의 악화라는 새로운 국제환경의 변화가 동서 간의 데탕트를 시발시킨 것이다.

4. 독일문제

제2차 세계대전은 유럽에 새로운 힘의 배분을 가져왔고, 미국과 소련이라는 두 국가를 뚜렷이 등장시켰다. 이 두 초강대국은 상호 균형을 이루는 위치에 서게 되었는데, 이 중간에 독일이 위치하게 되면서 독일은 매우 큰 정치적 비중을 지니게 되었다. 사실상 '독일문제'는 제2차 세계대전 후의 유럽안보의 중심적 문제로 나타났다. 1945년에서 1947년 간에 유럽안보의 주요문제는 4개국 각료회의에서 논의하게 되었는데, 여기서 제일 처음 논의한 문제는 독일 침공 재발 방지를 위한(24년간, 후에 40년간으로 변경) 4개국 보장안이었다. 이 안의 주요 조항은 통일독일의 완전 비무장화를 통한 중립화의 요구였다. 하지만 1947년 회의에서 소련의 반대로 협상에 실패하고 마는데, 40년간에 걸쳐서 미국이 유럽안보 유지에 개입하는 것을 소련이 원치 않는다는데 그 이유가 있었다. 미국의 개입은 소련이 누릴 수 있는 행동의 자유를 본격적으로 제한하게 되기 때문이었다. 사실 소련의 반대 이유는 미국 세력을 어떤 형태든지 간에 유럽으로부터 추방한다는 근본적인 전략원칙이기도 하며, 이 원칙은 동서병력 삭감 논의와 협상에서 오늘까지 지속되고 있는 것이다. 결국 1949년 가을에 두 개의 동서 독일이 수립되었고, 향후 20년간 현상유지를 이루게 되었다. 1952년 소련은 서독 군사력이 서방측과 결합하는 것을 막기 위해 외교공세를 전개하였는데, 주요 내용은 독일의 군대보유를 허용함과 동시에 무기 생산에 제한을 두지 않는 다는 것이었다. 소련의 이러한 양보는 그 이전의 태도와는 판이했는데, 그 목적은 통합유럽군내에서 독일의 재무장을 진행시키려는 서방측의 의도를 방해하여 서방측의 방위력 구축을 방해하거나 지연시키려는 것이었다. 이 제안은 첫째, 중립화를 수락할 수 없다는 것과, 둘째, 독일의 동부 영토를 양보할 수 없다는 데서 서방측에 의해 거부되었다. 미국의 입장에서 볼 때 공산권과의 대립에서 서독의 잠재적 군사력은 전략상 빼놓을 수 없는 요소였던 것이다. 1954년 1월 4개국 외상회의에서 영국 외상 이든에 의해 제1차 이든안이 제안되었다. 전 독일에 걸친 자유선거를 통해 통일을 이루고, 통일된 독일은 장래에 외교적, 군사적 국가관계를 자의로 선택할 수 있다는 것이었다. 하지만 통일 독일이 서방측과 연계될 가능성이 더 크다고 본 소련은 이를 거부하였고, 대신 50년 집단안보를 추가한 중립국 독일안을 내세웠으나 서방측은 자결 원칙이 제한된다는 이유로 이를 거부하였다. 1954년 가을에 개최된 나토 및 서구연맹 특별회의에서 서독이 정식으로 서방측에 가담하면서, 소련의 정치 공세는 완전한 외교적 실패로 돌아가게 되었다. 이후 개최된 1955년 제네바 4국 수상회의는 향후 10년 내지 15년간 진행될 동서간의 정치적 기본 입장이 형성된 유럽안보에 큰 의미를 갖는 회의였다. 영국의 수상이 된 이든이 제2차 이든안을 제시하였는데, 독일 동부국경에 동서를 분리하는 비무장 지대를 설치하고, 통일 독일은 국가교섭권을 가지며, 안보협정을 체결할 것을 제안하는 내용이었다. 이에 소련측은 집단안보안을 들고 나와 나토와 바르샤바조약기구의 해체를 주장하였고, 제2차 세계대전 이전 상황으로의 복귀 및 유럽국가 영토로부터의 외국군대 철수를 주장하였다. 제네바 수상회담 이후 동구권은 '두 개의 독일'정책을 고수하였으며, 소련은 동독을 공산체제로 강화하였다. 이는 서독에 대한 외교적 승인을 의미하며,

현상유지의 인정으로 소련의 원래 입장으로 되돌아간 것이었다. 서방측은 소련측 입장과는 반대의 입장을 취하였다. 서방측은 동독의 합법성을 인정하지 않았고 동서유럽의 세력권분할을 인정하지 않았다. 1958년 11월에 소련은 최후통첩을 하는데 여기서 소련은 외군철수, 비무장지대 형성, 서베를린의 중립화를 요구하였다. 그 대신 소련은 동독에서의 소련 점령권을 포기한다는 것이었다. 이 최후통첩의 목적은 두 개의 독일정책을 서방측이 수락토록 강요하는 한편 약한 입장인 동독을 지원하자는 것이었다. 서방측은 소련의 최후통첩을 거부하였지만, 독일의 장래에 대해 상의할 용의가 있음을 밝혔다. 이후 여러 회담이 진행되었지만 타협을 보지 못하고 결국 1961년 8월 베를린을 동서로 완전 분단한 베를린 장벽이 건설되면서 종식되었다. 서방측으로서는 베를린의 분단이라는 현실을 수용할 수밖에 없었는데, 이 분단을 깨뜨릴 유일한 방법은 전쟁이었기 때문이다.

5. 프랑스의 나토 탈퇴와 드골의 모스크바 방문

1966년 프랑스의 나토 탈퇴와 드골의 모스크바 방문은 1960년대 중반의 유럽안보 외교의 큰 특징 중 하나였다. 드골은 유럽의 안보는 유럽민족, 특히 독일과 인접하고 앞으로 독일과 운명을 같이할 민족 간의 이해 없이는 이루어질 수 없을 것이라 선언하면서 동서유럽의 민족감정에 호소하였다. 미군의 유럽주둔에 대한 유럽인의 거부감에 초점을 두고 있던 소련은 유럽이 하나의 비유럽국가에 의해 좌지우지되고 있다는 이러한 드골의 비난에 동의하였다. 미국의 유럽 개입을 반대하는 소련의 주장을 기초로 한 것이 1966년 부카레스트에서 개최된 바르샤바조약기구회의에서 발표된 '부카레스트 선언'이다. 원명칭은 '유럽의 평화 및 안보 강화 선언'으로 국내문제에 대한 불개입원칙을 강조함으로써 동독의 입장을 두둔하였고, 특히 동서군사기구의 동시해체를 주장하면서 미국 군사력을 배제(외국군대의 철수)한다는 전제하의 범유럽주의 호소로 일관하였다. 반미주의의 기조 하에 유럽내 중립국들의 역할을 강조하면서 비군사적 협력을 제의하기도 하였다. 또한 유럽경제공동체(EEC)를 전유럽 무역 조치로 대치하자고도 제의하였다. 이외에도 핵충돌을 피하기 위한 비무장지대의 형성, 국경불변동원칙, 독일문제의 평화적 해결, 새로운 유럽안보체제의 형성 등을 주장하였다. 1967년 개최된 바르샤바조약기구회의에서는 '칼로비 봐리 선언'이 발표되었다. 유럽문제는 유럽 스스로가 해결해야 한다는 드골의 명제를 표면에 걸고 이 회의 참가자들은 나토를 해체하기 위하여, 그리고 미군을 유럽에서 철수시키기 위해서 대대적인 반나토 및 반미운동을 지지하기로 합의하였다. 하지만 부카레스트 선언과는 달리 바르샤바조약기구 해체나 동유럽에 주둔하고 있는 소련군에 대한 언급은 없었다. 1968년 발표된 하멜보고서는 동서 군사력 감축에 대한 서방측의 적극적인 대안의 하나로 나온 것으로서, '상호 균형적인 병력감축'(Mutual and Balanced Forces Reductions)이 제시되었다. 여기서 문제된 것은 균형적인 병력 감축이라는 의미와 중요성이다. 균형의 의미에는 단순한 수적 개념만이 아닌 전략적 개념이 내포하고 있다. 미군과 소련군이 동시에 철수했을 경우 다시 분쟁이 일어난다면 병력의 재투입시 미국이 소련에 비해 지리적으로 현저히 불리하기 때문에 동수의 병력감축은 균형된 감축이 아니라는 것이다. 이러한 때 체코내의 자유화 운동이 예상외로 빠르게 진행되고 브레즈네프 독트린이 동구권에서 소련을 외교안보면에서 수세로 몰아넣게 되자 이에 대한 반응으로 나타난 것이 1969년의 '부다페스트 선언'이다. 이 선언은 세계의 이목을 체코 사태에서 돌리고 점증하는 중소관계의 악화에 대한 주목도 피하는데 그 목적이 있었다. 미군의 유럽 철수, 두 개의 독일 체제에 대한 서독의 승인, 전유럽안보회의의 소집 등이 주요 내용으로 이전 선언들과 크게 다르지 않았다. 유럽국가들에게 최소한 친소는 아니더라도 유럽 민족주의에 호소함으로써 반미적 중립 경향으로 몰아보려는 노력의 일환이었다고 볼 수 있다.

6. 브란트의 동방정책

1969년 서독의 브란트가 동방정책(Ostpolitik)을 발표하면서 유럽 안보문제가 급속하게 문제 되었는데, 동서독 간의 관계는 특수한 성격을 띠고 있다는 '1민족 2국가'원칙이 주요 내용이었다. 독일에는 두 국가가 존재하지만, 이 두 국가가 상호 외국은 아니며 서로 협력이 가능하다는 것이다. 브란트의 연설 이틀 후에 동유럽 국가들은 브란트가 제의한 무력 포기와 무역 및 신용에 관한 협상에 응하면서 프라하 성명서를 통해 전유럽안보회의에 관한 두 가지 의제를 상정시켰는데, 첫째, 유럽국가 간 무력사용의 포기와 유럽안보의 확인, 둘째, 유럽국가 간 정치협력의 진전을 목적으로 하는 동등한 입장에서 무역, 경제, 과학 및 기술관계의 확대 등이 그것이었다. 이와 같이 유럽안보회의의 동서교섭이 급진전되어 결정 단계로 돌입하게 되었으며, 그 명백한 증거가 베를린 문제에 대한 합의였던 것이다. 서방측 입장에서 유럽안보회의의 개최에 응할지 여부의 기준은 소련의 동기였 다. 전유럽안보회의와 관련하여 소련의 제의를 단순한 선전 행위로 보는 이들도 적지 않았기 때문에 동기의 순수성에 대한 검토가 필요했던 것이다. 그 동기 중 첫째는 중공과의 대결이라 할 수 있다. 미중 간 접근은 소련이 유럽과의 화해를 바라는 큰 원인이었다고 할 수 있다. 후방의 안전을 생각하면 중공과의 긴 대결을 위해 서 소련의 군사자원을 아시아로 옮기기 위해서는 동유럽 및 이와 접하고 있는 서유럽과의 화해가 긴요한 것이었 다. 또한 중공과의 이념분쟁면에서도 동유럽을 묶어 두어야 할 필요성이 컸다. 둘째는 전략무기 및 군사비에서 기인하는 국내 경제적 압력이다. 침체된 국내경제 및 국내 소비물자에 대한 소련 국민의 압력이 다소간 작용하 고 있었다고, 서구의 기술과 자본이 필요함을 느끼고 있었던 것이다. 1971년 8월 베를린 문제에 대한 미영불소 4개국에 의한 협상 끝 합의는 유럽에서 긴장의 근원을 제거하는 중요하고도 고무적인 첫걸음이었다.

드골(1890.11.22〜1970.11.9)

릴 출생. 독실한 가톨릭 집안에서 태어나 생시르육군사관학교를 졸업, 제1차 세계대전에 출전하여 중상을 입고 독일군에 포로가 된 적도 있다. 1922년 모 교의 교관, 이어서 원수 H.P.페탱의 부관으로 근무하였다. 제2차 세계대전 때 는 기갑사단장·국방차관으로 있었고, 프랑스가 독일에 항복하자 런던으로 망 명하여 대독항전을 주장, 자유프랑스위원회를 조직하여 페탱이 이끄는 비시 (Vichy) 정부로부터 사형을 선고받았다. 그러나 1943년 알제리에서 결성된 국 민해방위원회 위원장에 취임하여 대독(對獨)항쟁을 계속하였다.

1944년 파리에 귀환, 임시정부의 수반이 되었고, 1945〜1946년 총리·국방장 관, 1947년 프랑스국민연합(RPF)을 조직, 1951년 선거에서 제1당이 되었으나, 1953년 RPF를 해체하고 정계에서 은퇴하여 『회고록』을 집필하였다.

그러나 1958년 알제리에서 쿠데타가 일어나 제4공화정이 붕괴될 위기에 몰리 자 다시 정계에 복귀할 뜻을 밝혔다. 그 해 6월 총리가 되었고, 9월 28일 헌 법개정 국민투표에 의하여 대통령의 권한을 강화하고 의회의 권한을 약화시킨 제5공화정을 발족시켰고, 10월 그를 지지하는 신공화국연합(UNR)을 결성, 11월 총선거에서 제1당이 되고, 59년 1월 대통령에 취임하였다. 1961년 1월 알제리민족자결정책, 1962년 4월 알제리의 독립을 국민 투표로 가결하여 7년이 넘는 알제리전쟁을 평화적으로 해결하여 프랑스 경제의 가장 큰 장애를 제거하였다.

1962년 10월 대통령 직선을 국민투표에 붙여 승리를 거두어 드골체제를 일단 완성시켰다. 그 후 1963년 영국의 유럽경제공동 체(EEC)가맹에 거부권을 발동하였고, 독자적인 핵무장, 미국지휘하에 있는 북대서양조약기구(NATO)에서의 탈퇴 등 '위대한 프랑스'를 중심으로 유럽 민족주의를 부흥하기 위하여 주체적인 활동을 전개하였고, 1965년 대통령에 재선되었다.

그러나 1968년 '5월 위기'로 10년에 걸친 드골체제의 기반이 흔들려 6월 총선거에서는 드골파가 승리하였으나, 1969년 4월 지방제도와 상원의 개혁에 대한 국민투표에서 패배하여 대통령직을 사임하였다.

케네디(Kennedy, John Fitzgerald, 1917.5.29~1963.11.22)

매사추세츠주(州) 브루클린 출생. 하버드대학에서 정치학을 공부하였으며, 학위논문 「영국은 왜 잠자고 있었나 Why England Slept」(1940)는 베스트셀러가 되었다. 제2차 세계대전 중에는 해군에 복무하였는데 그가 승선한 어뢰정이 일본 구축함의 공격을 받아 격침되었으나 정장(艇長)으로서 부하를 잘 구출하여 전쟁의 영웅이 되기도 하였다. 1946년 매사추세츠주 제11구에서 하원의원으로 당선되어 정계에 투신하였으며, 1952년 같은 구에서 상원의원으로 선출되었다. 1953년 『타임 헤럴드』의 사진기자 재클린 부피에와 결혼하였으며, 1957년 『용기 있는 사람들 Profiles in Courage』로 퓰리처상을 받았다.

1958년 상원의원으로 재선되었으며, 1960년 대통령선거에서 민주당 후보로 출마, 뉴 프런티어(New Frontier)를 슬로건으로 내걸고 미국 국민의 헌신적인 협력을 호소하여 공화당 후보 R.M. 닉슨을 누르고 승리하였다. 1961년 미국 역사상 최연소이자 최초의 가톨릭 신자로서 미국의 제35대 대통령이 되었다. 케네디와 닉슨 간의 텔레비전 토론은 미국의 대통령선거운동에 새로운 장을 열어놓았으며, 대통령이 된 이후에도 웅변과 재기를 무기삼아 국민에게 호소하는 방법을 자주 이용하였으며, 또한 기자회견 등에서도 텔레비전을 유효하게 활용하였다. 그러나 내정면에서는 의회와의 관계가 원활하지 못하여 두드러진 업적을 이룩하지 못하였다.

한편 외교면에서는 쿠바미사일위기에 즈음하여 핵전쟁의 위험을 무릅쓰고 소련의 총리 N.S.흐루시초프와 대결한 결과, 미국은 쿠바를 침략하지 않을 것을 약속하는 대신에 소련은 미사일·폭격기 등을 쿠바에서 철수하고, 미국측의 사찰을 인정함으로써 소련과의 극적인 타협을 이루게 되었다. 이것을 계기로 소련과 부분적인 핵실험금지조약을 체결하였고, 미·소 간의 해빙무드가 형성되었다. 또한 중남미 여러 나라와 '진보를 위한 동맹'을 결성하였고, 평화봉사단을 창설하기도 하였다. 베트남 개입에도 신중한 태도를 취하였으며, 중국 본토와의 재수교를 재선 후의 최대 과제로 삼았으나, 1963년 11월 22일 유세지인 텍사스주 댈러스시에서 자동차 퍼레이드 중 암살자의 흉탄에 치명상을 입고 사망하였다.

닉슨(Nixon, Richard Milhous, 1913.1.9~1994.4.23)

1913년 캘리포니아주(州) 요버린더에서 출생하였다. 휘티어대학교와 듀크대학교에서 법률을 전공하고 1937년 개인법률사무소를 개설하였다. 제2차 세계대전 때는 해군 소령으로 참전하였으며, 종전 후인 1946년 캘리포니아에서 연방의회 하원의원에 공화당후보로 출마하여 당선되었다. 하원시절에는 비미활동위원회(非美活動委員會)에서 알자 히스 등의 대소협력(對蘇協力)을 고발하여 반공주의자로 이름을 떨쳤다. 1950년 캘리포니아주에서 상원의원에 당선되었고, 1952년 D.D.아이젠하워의 러닝메이트로 부통령에 당선되었으며, 1956년 재선되었다.

1960년 대통령선거에 공화당후보로 출마하였으나 민주당후보 J.F.케네디에게 패하였고, 1962년 캘리포니아의 주지사선거에서도 실패하여 한때 정계에서 물러나 변호사 생활을 하였다. 1968년 대통령선거에서 민주당의 H.험프리를 누르고 당선되었고, 1972년 재선되었다.

미국과 중국의 관계개선을 위하여 미국 대통령으로는 처음으로 중국을 방문하여 외교적 성과를 올렸고, 1969년 아시아 여러 나라에 대하여 발표한 '닉슨 독트린'은 유명하다. 그러나 '워터게이트사건(Watergate Case)'으로 말미암아 1974년 8월 대통령직을 사임함으로써 미국 사상 처음으로 임기 중에 사임한 대통령이 되었다. 1981년부터 1994년 뇌졸중으로 사망할 때까지 국제문제 관련 집필과 국제문제에 대한 뛰어난 통찰력으로 정부의 국제문제 자문에 대한 조언 등 활발한 활동을 하였다.

📖 참고 유럽안보협력회의

1. 의의

'유럽안보협력기구'(Organization for Security and Cooperation in Europe: OSCE)는 범유럽 안보레짐으로서 원래 1975년 8월 헬싱키 선언에 기초하여 미국과 캐나다를 포함한 35개국의 유럽국가들이 참여한 '유럽안보협력회의'(Conference on Security and Cooperation in Europe: CSCE)에서 출발하였다. 1989년 이래 동구권이 붕괴되면서 새로운 안보상황에 대처하기 위해 1995년 1월 OSCE로 개칭되어 미국과 캐나다를 포함한 유럽 55개국이 참여하는 다자간 안보협력체로 발전하여 유럽안보에서의 역할이 증대되고 있다.[7]

2. 배경

CSCE는 소련, 폴란드 등 동구권 국가들로부터 제기되었고, 미국 등 서방권 국가들이 받아들임으로써 형성되었다. 그 배경에는 무엇보다 동서 데탕트 및 각 진영 내부에서의 균열로 양극체제가 이완된 사정이 자리 잡고 있었다. 1962년 쿠바 미사일 위기 이후 미·소 간 화해무드가 조성되었고, 동구권에서는 소련과 중국의 분쟁으로, 서방권에서는 미국과 프랑스의 갈등으로 각 진영이 균열되고 있었다. 한편, 미·소 간 핵균형이 형성된 상황에서 우발적 핵전쟁을 회피하기 위한 전략적 고려도 있었다. 요컨대, CSCE는 1970년대 초 동서 양진영 간 관계가 일정한 균형과 안정을 이룬 후 우발적 충돌 예방 등을 통해 이를 안정적으로 관리 및 유지해 나가기 위한 차원에서 추진되었다.[8]

> **쿠바미사일위기(1962)**
>
> 1962년 10월에 일어난 냉전기 최대의 국제위기로서, 소련이 쿠바에 중거리 핵미사일을 반입한 것이 원인이 되었다. 1959년 쿠바에 카스트로(Fidel Castro Ruz) 사회주의 정권이 탄생하자 미국은 쿠바 침공 및 카스트로 정권의 전복활동과 카스트로 암살공작 등을 시도하였고, 이에 대해 소련의 흐루시초프는 카스트로의 동의를 얻어 쿠바에 중거리 핵미사일을 반입하기로 결단하여 미사일 기지 건설을 시작하였다. 그러나 미사일 기지가 완성되기 직전인 1962년 10월, 미국에 의해 기지가 발견되었고 케네디는 미사일 배치를 허용할 수 없다고 판단하여 쿠바섬의 '격리'(해상봉쇄)를 채택하고 미사일 철거를 요구하였으며, 쿠바로부터의 미사일 공격에 대해 대소 핵보복을 명언하였다. 수일간의 협상 끝에 흐루시초프는 미사일 기지의 해체와 미사일 철거를 표명했으며, 케네디는 흐루시초프에게 보낸 서한에서 '사태가 현재의 바람직한 추이를 보이는 한' 쿠바를 침공하지 않겠다고 약속하였다. 쿠바 위기로 미소관계는 역전되었으며, 양국은 다음 해 부분적 핵실험 금지조약을 체결하고, 데탕트로의 전환을 확정지었다.

3. 발전과정 – CSCE에서 OSCE로

1975년 헬싱키최종의정서를 통해 성립한 CSCE는 냉전체제가 해체된 이후 1990년대 들어서 OSCE로 그 제도화 수준을 높이고 상설조직화 하였다. CSCE의 유럽 안보와 협력을 위한 공헌을 인정한 회원국들은 1990년 11월 21일 '파리헌장'을 채택하고 조직의 기구화에 합의하고 동 회의의 기구화를 통한 본격적인 범유럽 다자안보레짐 창출을 위해 노력하였다. 1994년 12월 부다페스트 정상회담에서 OSCE를 발족시켰다. OSCE는 탈냉전과 동구권 몰락이라는 배경에서 유럽질서를 안정화시키기 위한 의도를 지니고 탄생하였다.

4. 헬싱키 의정서의 주요 내용[9]

헬싱키 의정서는 미국과 캐나다를 포함한 35개국의 전략적 이익을 수렴한 포괄적인 국가 간의 관계 사항을 담고 있는 것으로, 정치안보, 경제, 및 인권문제 등의 분야에 걸쳐 국가 간 협력의 기반이 되는 일반적 규범, 원칙, 행동규칙 등을 제시하고 있다. 동 합의서는 의제를 크게 3개의 '바스켓'(basket)으로 분리하여, 제1 바스켓은 유럽의 안보문제, 제2바스켓은 과학기술 및 경제협력 문제, 제3바스켓은 인도주의적 문제를 다루고 있다. 첫 번째 바스켓은 '참가국 간 관계를 규정하는 제원칙 선언[10]'과 '신뢰구축과 안보 및 군축의 제측면에 관한 문서[11]'로 구성되어 있다.

---

7) 송병록, OSCE의 동아시아 지역 적용가능성과 문제점, 유럽연구, 제16호, 2002, 41면.
8) 최강, 동북아 다자안보협력의 가능성과 과제, 주요국제문제분석, 외교안보연구원, 2005, 3면.
9) 송병록, 전게논문, 48면.
10) 주권평등, 무력사용 및 위협 금지, 국경불가침, 영토보존 존중, 분쟁의 평화적 해결 등의 내용을 담고 있다.
11) 국가 간 긴장의 원인을 제거하고 평화와 안전의 강화에 공헌하기 위한 군축의 필요성을 밝히는 한편, 이를 위한 초보적인 군사적 신뢰구축조치들을 규정하고 있다. 군사이동의 사전통보, 참관인 교환 등이 포함된다.

5. 성과[12]

(1) 신뢰구축[13]

1986년 스톡홀름 문서와 1990년 비엔나 문서를 통해 군사정보교환, 군사위험방지, 군사적 투명성, 영공개방 문제 등에 있어서 회원국 간 신뢰구축을 이룰 수 있게 되었다. 신뢰구축 조치들은 유럽국가 간 군사활동의 투명성을 보장함으로써 궁극적으로 상호 기습공격의 위협을 감소시켜 '위기의 안정성'(crisis stability)을 제고시키게 되었다.

(2) 군축

냉전종식과 더불어 유럽재래식무기감축협정(Conventional Armed Forces in Europe: CFE)을 1990년 11월에 체결하고 1999년 11월 이를 갱신하여 세계 최초의 군축을 위한 실현, 다자기구를 중심으로 한 군축의 성공가능성을 보여주었다.

(3) 예방외교

OSCE는 위기관리와 분쟁방지를 위한 다양한 메커니즘과 절차를 창출하여 역내의 분쟁지역 혹은 분쟁 예상지역에 사절단(Mission)을 파견하고 있다. 사절단은 파견 당사국 정부와의 긴밀한 접촉을 통하여 분쟁 당사자간의 대화를 촉진하고 분쟁의 원인과 과정에 대한 포괄적이고 공정한 정보를 획득하여 중재를 통한 분쟁확대를 억제하는 임무를 띠고 있다.

(4) 비정치군사적 안보협력 활동

소수민족문제, 인권보호문제 및 환경, 과학기술, 경제분야 등 3개 분야에 걸쳐 협력을 전개하고 있다.

6. 평가

(1) 공헌

CSCE/OSCE는 다자안보레짐으로서 첫째, 역내 국가 간 대화 및 협상의 틀을 제공하며, 둘째, 상호안보에 대한 공감대를 형성하는 학습의 장으로서 기능하며, 셋째, 역내 국가 간 정치적인 변화과정을 조정하고 통제하는 정치적인 기능을 수행하는 이외에도 안보뿐만 아니라 정치, 경제, 사회, 문화, 인권 문제를 포함하는 포괄적 지역 안보기구의 모델이 되고 있으며, 예방외교 활동의 전형을 보여 주어 탈냉전 시대에 예방외교의 좋은 모델이 되고 있다.

(2) 한계

CSCE/OSCE는 구성원 간에 복잡한 이해관계가 존재하고 다루는 의제도 다양한데다 컨센서스에 따른 의사결정 방식을 채택하고 있어서 효율적인 토론이 어려우며 분쟁이 발생했을 경우 신속하고 체계적인 대응이 어렵다는 비판을 받고 있다. 또한, 구속력과 물리적 수단을 확보하고 있지 못해 NATO 등 집단방위체제에 비해 효과적 위기 및 분쟁 관리수단이 되지 못한다는 비판도 있다.[14] 한편, CBMs에 있어서도 몇 가지 문제가 제기된다. 첫째, 조치이행에 대한 구속력이 없고, 25,000명을 초과하는 대규모 기동훈련의 경우에만 사전통보 의무가 부여되고 나머지는 해당국가의 자유재량에 맡기고 있다. 둘째, 사전통보기간도 훈련개시 21일 전으로 규정되어 있으나, 불가피한 경우 '연습개시 전 조속한 기회'로 규정하고 있어 사전예측에 취약점이 있다. 셋째, 적용지역에 있어서 소련의 거의 전역과 미국이 배제되어 있다. 넷째, 훈련 참관의 경우 관련국의 자발적인 의사에 의존할 뿐만 아니라, 훈련에 대한 구체적인 검증 절차 규정이 미비하여 실질적인 참관의 효과를 기대하기 어렵다.[15]

---

12) 이승근, 유럽 다자주의와 동북아 안보, 유럽연구, 제13호, 2001, 286면.
13) 헬싱키 의정서상의 신뢰구축 조치들을 '신뢰구축조치'(Confidence–Building Measures: CBMs)라고 하는 반면, 1986년의 스톡홀름합의에서의 신뢰구축조치들을 '신뢰 및 안보구축조치'(Confidence and Security Building Measures: CSBMs)라 한다. 스톡홀름 CSBMs 체제는 헬싱키 CBMs 체제에 비해 진전이 이루어졌는데, 적용지역의 확대, 사전통보 대상 전력 및 병력수에 대한 통보기준의 강화, 훈련 참관인 교환 규정 강화, 규제조치의 신설, 검증제도의 도입 등이 그것이다(송병록, 전게논문, 49면).
14) 박건영, 동북아 다자간 안보협력의 현실과 전망, 한국과 국제정치, 제16권 2호, 2000, 49면.
15) 송병록, 전게논문, 51면.

Ⅰ 서설: 아시아 냉전구조의 변화

아시아의 냉전구조는 1949년 성립된 중공의 공산당 정권이 소련과 이데올로기적 국가관계를 맺음으로써 형성되었다. 그 핵심은 1950년의 중소우호조약이었다. 그러나 서방측에서 핵문제로 프랑스의 이탈을 낳아 다극화가 형성되었듯이 동아시아에서는 중공과 소련의 대립이 처음에는 이념분쟁으로 시작하여 다시 국경분쟁으로 확대되고, 종국에는 국가분쟁으로 확대되어 사회주의권 분열을 야기하였다.

Ⅱ 중소분쟁의 두 측면

1. 현실적 측면

중소 간의 분쟁은 이념상의 분쟁이라는 측면과 현실적인 측면의 두 가지로 나눌 수 있다. 중국은 대약진운동 또는 인민공사라는 형식으로 공산주의 운동을 시작하였지만, 실제에 있어서 이런 정책은 실패로 돌아갔으며, 1960년 농작물 불황으로 더욱 타격을 받게 되었다. 중공은 소련의 사회주의와는 전혀 다른 사회주의 노선을 걷고 있었는데, 소련은 이러한 중공의 사회주의가 결국은 소련의 통제로부터 벗어나기 위한 것이라며 비판적인 눈으로 보고 있었다. 1958년부터 소련 공산당은 대약진운동 혹은 인민공사식의 중공에 대하여 암암리에 비판을 가하기 시작하였다. 핵기술이전문제, 산업기술 원조문제 등도 양국 간 갈등의 현실적 배경이 되었다.

2. 이념적 측면

이념상의 분쟁은 흐루시초프의 평화공존론과 관련이 있었다. 중소분쟁이 평화공존에 대한 논쟁을 중심으로 하여 진행되었기 때문이다. 20차 공산당 대회에서 소련은 평화공존 정책을 기본원칙으로 채택하였는데, 세계 핵전쟁으로 인류는 파멸을 피할 수 없으며, 사회주의는 경쟁을 통해 사회주의의 승리를 가져올 수 있다고 선언한데서 중소의 이념분쟁이 시작된다. 이에 대해 중공이 평화공존을 통하여 전쟁 없는 세계에 도달하는 것은 불가능하다고 반박한 것이다. 1960년대 들어서면서 중소 간에는 본격적인 이데올로기 논쟁을 벌어지게 된다. 중공은 소련의 평화공존이라는 전쟁부정에 대해 이를 반박하면서, 소련이 마르크스·레닌주의의 계급분석과 계급투쟁의 이론이 이미 낡은 것이라는 자의적인 논단에서 출발하여 폭력, 전쟁, 평화공존 등 일련의 문제에 마르크스·레닌주의의 기본 원리를 뒤엎으려 기도하고 있다고 공격을 한 것이다. 소련의 평화공존론은 혁명이론의 부정이라는 것이다. 이에 대해 소련은 두 개의 체제가 존재하는 상황에서 체제 간 전쟁 발발의 가능성을 제거하기 위한 방법은 상호관계 형성(평화공존) 이외에는 없고, 세계적 핵전쟁의 파국으로부터 인류를 보호한다는 것 이상의 긴요한 과제는 없다고 반박하였다. 평화공존의 현실적 적용은 레닌의 부정이 아닌 마르크스·레닌주의의 창조적 발전이라는 것이다.

Ⅲ 중국과 소련의 갈등의 주요 쟁점

1. 스탈린 격하 문제

1949년 아시아에서 중국 공산당이 중국대륙을 정치적으로 장악하였다는 것은 공산주의 혹은 전후 아시아의 냉전사에 있어서 큰 사건이었다. 1950년 모스크바에서 중소우호조약이 체결됨으로써 7억의 인구를 갖는 나라가 사회주의권에 서게 되었다. 하지만 1956년 20차 공산당 대회에서 흐루시초프가 협의 없이 스탈린 격하를 선포하자 문제가 발생하기 시작하였다. 중공은 이에 불만을 표시했는데, 모택동은 스탈린이 오류보다는 장점이 많다고 항의하였다.

2. 핵 문제

1957년 10월 모스크바에서 중소 간 핵회담이 열렸는데, 여기서 중공은 휴전 직후부터 한국에 미국의 전술핵이 도입되었기 때문에 중공의 핵무기 개발을 위한 핵모형과 기술을 소련에 요청하였다. 그러나 소련은 1959년 6월 중공에 핵기술과 모형을 제공할 수 없다고 통고하였다.

3. 중 – 인도 국경분쟁

1959년 9월에는 중공이 티베트를 장악하면서 중공과 인도 간에 국경분쟁이 일어났는데, 여기서 소련은 인도에 대대적인 차관을 제공하는 등 인도편에 섰다.

4. 소련의 중국 파견 기술자 소환

1960년 7월 소련은 중공의 기간산업을 운영하던 소련의 기술자 수천명을 돌연 소련으로 전원 소환하였다. 그 목적은 중공을 소련에 보다 순종적으로 만들면서, 동시에 군사적으로 강화되는 중공을 견제하기 위한 것이었다.

5. 미국에 대한 견해 차이

미제국주의에 대한 태도도 차이를 보였는데, 소련은 자본주의체제와 사회주의체제간 평화공존이 가능하며 전쟁을 피할 수 있다고 주장한 반면, 중국은 전쟁은 가능하며, 심지어 핵전쟁을 하더라도 중국인은 살아남을 것이라고 주장하였던 것이다.

6. 알바니아 문제

알바니아에 불만을 가지고 있던 소련은 1961년 알바니아로의 물자수송을 중단하였고, 알바니아에 파견되었던 소련의 석유기술자들을 철수시킨다고 통고하였다. 알바니아는 외교적 고립 상태에서 중공에 접근하게 되었고 중공이 이를 받아들인 것이다. 이러한 때 제22차 공산당대회가 열렸는데, 흐루시초프는 성명을 통해 스탈린 개인숭배를 공개적으로 비판하였고, 알바니아를 강하게 비난하였다. 이에 인민일보는 알바니아가 사회주의체제의 순수성을 지니고 있으며, 흐루시초프가 수정주의라며 공격하는 등 소련의 공산주의 이론을 정면으로 공격하였다. 1962년 중공과 알바니아는 기술 교환을 포함하여 상당한 액수의 경제원조를 약속하는 조약을 체결하였다.

Ⅳ 중소분쟁의 격화

1. 중국 – 인도 국경분쟁과 소련의 인도 원조

1962년 4월에 중소 간 국경에서는 군사분쟁이 발발하였고, 소련이 쿠바로부터 미사일 철수를 하자 중공은 단호하게 소련을 규탄하였다. 같은 시기에 중공이 인도 국경에서 군사작전을 재개하였는데, 소련은 인도를 외교적으로 지원할 뿐만 아니라 군사물자를 지원하기 시작하였다. 쿠바사건 비난에 대한 소련의 반응이 인도에 대한 군사원조로 나타난 것이었다. 1963년 소련주재 중공대사는 소련정부에 중공이 소련공산당에 대해 거부하는 25개항의 질의서를 제출하였는데, 여기서 사회주의 사회에서는 우월한 당이 없다는 내용이 문제되었다. 소련공산당이 주도적일 수 없다는 도전이었던 것이다. 1964년 중공이 발표한 글에서는 흐루시초프가 사이비 공산주의자이며, 흐루시초프의 공산주의는 전체적으로 부르주아 사회주의의 한 변형이라고 공격하였다. 이는 사회주의 진영의 두 거두 간 완전한 분열을 가져왔다.

2. 중공의 핵무장

중공은 군사적으로 아직 소련에 미치지 못했기 때문에, 핵개발에 몰두하였다. 결국 1964년 원자탄 실험에 성공하였고, 1967년에는 수소폭탄 실험에도 성공하였다. 초기에는 이념적 분쟁에서 출발하였던 중소분쟁은 중공이 핵능력을 갖추게 됨으로써 국가분쟁으로서의 성격을 띠기 시작하였다. 1969년 미국의 새로운 대중정책, 즉 닉슨 독트린으로 중공은 완전히 소련에 대하여 가상적국화 되어 갔다. 중공 내부에는 이데올로기 이상의 그 무엇인가 강력한 요인이 있었다고 보는데, 이것은 아마도 중국의 민족주의라고 평가할 수 있다.

3. 국경분쟁

1969년 3월에는 중소국경에서 군사분쟁이 발발하였다. 우수리강에서 양국의 정규군이 접전을 벌인 것이다. 이는 다만스키섬을 둘러싼 영토분쟁으로 확산되었고 극렬한 설전이 군사적 분쟁과 함께 오가며 중소분쟁의 극치를 이뤘다. 사회주의는 이미 하나가 아닌 것이 되었다.

제3절 닉슨 독트린

Ⅰ 닉슨 독트린의 배경

1. 아시아 민족주의에 대한 재평가

중공의 모택동세력을 과거 공산주의 정치세력으로 인식하였으나 중소분쟁을 거치면서 민족주의세력으로 인식하였다. 월남문제의 해결도 인도차이나반도를 중심으로 한 민족주의 세력과 타협하여 해결하였다. 아시아의 공산주의를 대항할 수 있는 세력은 기본적으로 아시아의 민족주의임을 간파한 미국이 아시아의 민족주의에 대해 냉전 이후 새로운 평가를 함으로써 아시아전략을 수정하게 되었다.

2. 군사전략의 변화

베트남전쟁 패배 이후 미국은 지상군 위주의 병력운용이 비효율적임을 인식하고 해군 및 공군 등 기술집약적인 군사운용 전략으로 변경하게 되었다. 아시아국가들이 해수로에 대한 의존도가 높기 때문에 미국이 수로(Sea-route)를 장악함으로써 아시아 국가들을 자국의 영향력하에 두고 통제할 수 있을 것으로 예상하였다.

3. 아시아 국제질서의 변화

1970년대까지 아시아 질서는 소련에 의한 패권질서에 가까웠다. 그러나, 중소분쟁 이후 미국은 중국과 반패권(anti-hegemony)에 합의하여 아시아 냉전체제를 근본적으로 수정하고 세력균형체제로 변경시켰다. 19세기 영국이 유럽대륙에서 프랑스와 러시아를 대립하게 하여 유럽대륙의 안정을 꾀했듯이, 미국은 중국과 소련의 대립을 통해서 아시아를 안정시키는 한편, 자국의 영향력을 강화하고자 했던 키신저의 발상이 가미된 것이었다.

Ⅱ 닉슨 독트린의 내용

닉슨 독트린은 미국의 새로운 아시아 전략을 발표한 것이었다. 미국은 태평양국가로서 아시아에 이익이 있다. 미국이 조약상의 공약을 지킬 것이나 안전보장에 대해서는 아시아의 자주성을 촉진하는 범위에서 원조한다. 미국과 동맹관계에 있거나 미국의 안보상 사활적으로 중요하다고 생각되는 국가가 핵보유국가로부터 위협을 받는 경우 방패를 제공할 것이다. 위협을 받고 있는 국가는 자위를 위해서 지상군을 공급할 1차적 책임이 있다. 닉슨 독트린에 따라 한국에서 미지상군의 철수가 단행되었다.

Ⅲ 미중 관계의 개선: 세계협조체제에 참가하는 중공

1. 중공의 고립탈피

중공은 국제사회에서 고립되어 있었다. 그런데 처음으로 중공을 승인한 것은 1964년 드골의 프랑스였다. 1965년부터 1968년까지 진행된 문화대혁명은 중공을 더욱 고립시켰으나, 이후 주은래의 현실주의, 닉슨의 현실주의, 그리고 유엔에 대한 세계여론이라는 세 가지 요인이 중공을 세계적인 고립으로부터 탈피시켰다.

2. 미중관계개선

1971년 중공이 미국의 탁구팀을 초청하는 핑퐁 외교를 함으로써 미중 간 접근이 시작되었다. 곧이어 닉슨은 중공에 대한 상당한 부분의 전략물자에 대한 금수조치를 해제한다는 발표를 하였다. 7월에는 중공이 닉슨 대통령을 초청하였다. 그러나 미중 간에는 아무런 타협점이 발견되지 못하였다. 중공은 계속 대만을 포함하는 하나의 중국이라는 사실이 인정되어야 한다고 주장하였으나, 닉슨은 대만을 포기할 수 없다는 입장을 고수했던 것이다. 그러나 중공과 유엔문제는 다른 각도로 진행되었다. 1971년 10월 대만을 추방하고 중공을 안전보장이사국으로 가입시키자는 알바니아안이 가결되었다. 미국으로서는 큰 패배였다고 할 수 있는 것이었다. 중공이 안보리라는 거부권을 행사할 수 있는 세계협조체제의 일원으로 가담하면서 세계정치의 주역의 하나로 등장한 것이다. 1972년 2월 닉슨은 중공을 방문하였다. 그는 중국이 하나의 중국임(One China)을 인정하였으며, 대만은 중국의 일부라고 인정하였다. 또한 중국의 통일문제는 중국인에게 있다는 것을 인정하였다. 하지만 1954년 이래의 미국과 대만정부 간의 방위조약은 유효하다고 천명하였다. 반패권조항이 성립하였고, 미중 간 상호불간섭 원칙을 인정하였다.

Ⅳ 일중관계의 변화

미중 간 새로운 협상과 그 타결을 일본은 닉슨 쇼크(Nixon Shock)로 받아들였다. 일본은 애초 중공을 경계하였으나, 중공 접근론자인 다나카가 수상이 되자 적극적인 대중 접근이 이루어졌다. 1972년 9월 다나카 수상은 중공을 방문하고 공동성명서를 발표하였다. 중공정부를 유일합법정부로 인정하고, 대만과의 조약이 실효성을 잃었음을 인정하였다. 두 나라 간 형식상 전쟁상태의 종결을 선언하였고, 평화우호조약을 가까운 장래에 협의하기로 하였다. 중공의 정치적이며 군사전략적인 조건과 일본의 미국에 뒤지지 않고 중공의 시장을 차지해야 한다는 이익과의 일치가 일본과 중공 간의 관계 성립을 낳게 한 것이다.

제4절 베트남전쟁

Ⅰ 서론

베트남전쟁은 넓게는 1946~1956년까지 베트남, 캄보디아, 라오스와 프랑스 간에 일어난 제1차 인도차이나전쟁과 1960~1975년까지 베트남, 캄보디아, 라오스와 미국 간에 일어난 제2차 인도차이나전쟁을 포괄하는 의미로, 좁게는 후자만을 가리키는 의미로 사용된다. 베트남전쟁은 미국의 예외주의에 대한 회의를 불러 왔으며 미국의 도덕적 패권국가로서의 정체성에 상처를 입혔다. 베트남전쟁을 파악하는 구조는 크게는 미국의 세계전략, 대소전략 그리고 베트남의 민족주의적 측면에서 파악될 수 있으며 이는 오늘날 대북문제에 있어 북한-미국 관계의 발전 양상과 비교, 남북통일 문제와 비교하여 우리에게 많은 시사점을 준다.

Ⅱ 베트남전쟁의 전개과정

1. 제1차 인도차이나전쟁

(1) 프랑스의 동아시아 제국주의

1850년대 들어서 프랑스는 자국 자본주의를 위한 식민지 시장 획득을 위해 본격적인 베트남 침략에 나선다. 1858년 프랑스와 스페인 선교사에 대한 살해사건이 잇달아 일어나자 이를 구실로 메콩강을 낀 비옥한 평야지대인 사이공을 중심으로 남부 베트남까지 진출한다. 1873년에는 통킹의 하노이성을 점령하였고, 결국 1884년 빠뜨노트르조약을 체결함으로써 프랑스의 베트남 정복은 완성되었고 이후 캄보디아와 라오스를 병합하여 인도차이나연방을 형성하기에 이른다. 프랑스는 분할지배정책을 통해 식민지 경영을 하였다. 즉, 베트남을 코친차이나(남부베트남), 안남, 통킹 등으로 분할하여 각 지역에 각기 다른 통치제도를 만들어 지배하였다. 또 적극적인 동화정책을 펼쳐 식민지를 프랑스화하고자 노력한다.

(2) 태평양전쟁과 호치민의 8월혁명

프랑스의 베트남 식민통치는 태평양전쟁의 발발로 일본의 도전을 받게 된다. 일본은 '대동아공영권'이라는 기치아래 태평양전쟁의 수행에 따른 소요되는 물자 공급 및 보급처를 확보하기 위해 프랑스를 몰아내고 베트남을 비롯한 동남아지역을 점령한다. 이후 1945년 8월 일본의 연합국에 항복으로, 일본군의 항복 선언과 연합군의 베트남 진주의 약 2주간의 권력 공백 기간이 발생하자 호치민이 이끄는 공산주의 세력은 이 기회를 틈타 '8월혁명'을 일으키고 북부 및 중부 베트남을 석권한다. 이들은 그해 9월 2일 '임시베트남 민주공화국'을 수립 선포한다.

(3) 제1차 인도차이나전쟁

제1차 인도차이나전쟁은 이러한 호치민의 세력과 베트남을 재점령하려는 프랑스와의 충돌이다. 1945년 7월 포츠담 회담은 베트남을 한국과 마찬가지로 일본군의 무장해제와 전후 행정 편의를 위해 북위 16도선 이남은 영국군이, 이북은 중국군이 점령한다는 것을 합의한다. 이에 프랑스 정부도 지체없이 인도차이나 지역에서의 지위를 회복하려고 한다. 미국은 초기에 호치민세력과 경쟁관계에 있는 바오다이 정부를 지지하였으나, 제2차 세계대전 이후 전후질서 운영에서 프랑스와 영국의 협력을 필요로 했기 때문에, 얄타회담을 통해 인도차이나에서의 프랑스 제국의 건설을 용인하였다. 영국 역시 같은 이유로 입장을 바꿔 프랑스의 식민지 재점령을 용인한다.

프랑스는 디엔비엔푸(dien Bien Phu)에서 강력한 호치민세력의 저항을 맞이하여 패배하고, 1954년 7월 21일 성립된 제네바협정을 체결하게 된다. 이 협정의 핵심은 임시로 북위 17도선을 규정하여 베트남을 남북으로 일시적으로 분단시키는 것이었다. 제네바협정은 최종선언 제7항에서 재통일을 위해 1956년 7월에 전 지역을 통한 총선서를 실시할 의무를 프랑스에게 부여한다. 그러나 프랑스 정부는 선거일을 3개월 앞두고 군대를 철수함으로써 의무를 어기고 선거를 위한 군사적/행정적 지원을 제공하지 않음으로써 총선거는 무산되고, 남북 분열은 고착화 된다.

2. 미국의 남베트남 국가건설: 케네디 대통령의 '군사고문관' 파견 결정

1954년 총선거의 무산 이후 미국이 '통일베트남건설'이라는 제네바회담의 결정을 무시하고 남베트남 국가건설을 주도한다. 미국은 1960년 남베트남에 고딘디엠을 대통령으로 하는 친미정권을 세운다. 1960년 말이 되자 남베트남에 대한 미국 원조액은 하루 100만 달러를 넘기에 이른다. 한편, 노동당을 중심으로 베트남 민족통일에 대한 요구가 거세지고, 디엠 정권에 대한 반감이 높아져 이를 위한 투쟁의 양상은 과격해진다. 메콩강 하류 델타지역에서 발생한 봉기는 1960년 12월 남베트남민족자유전선(National Liberation Front of South Vietnam: NLF)의 결성으로 이어지고, 디엠 정권(사이공 정부군)은 암살당한다. NLF의 활동이 지나치게 활성화 되자, 1961년 5월 급기야 존. F. 케네디 대통령은 대게릴라전을 치르고 있는 남베트남군에 대한 '군사고문관'을 400명을 배치하기로 결정한다. 이는 남베트남 국가건설의 기획이 이전의 경제지원 위주의 간접적인 것에서 직접적이고 군사적인 성격으로 전환됨을 의미하는 것이었다.

3. 통킹만 사건

케네디 대통령의 암살 뒤에 존슨 부통령은 대통령직을 승계하면서 자신이 대통령으로 있는 동안에는 미국이 베트남을 '잃지 않을 것'이라고 공언하며 공산세력의 봉쇄 의지를 강력히 표명한다. 이런 분위기 속에서 발생한 통킹만 사건은 1964년 베트남 동쪽 통킹만에서 일어난 북베트남 경비정과 미군 구축함의 해상 전투 사건을 가리키는 것으로 미국의 베트남 본격 개입을 야기시킨 사건이다. 미국 측에 따르면, 1964년 8월 2일 북베트남 어뢰정 3척이 통킹만에서 작전을 수행하고 있는 미구축함(매독스 호 Destroyer USS Maddox DD-731)을 향해 어뢰와 기관총으로 선제공격을 가하였다. 미구축함은 즉각 대응하여 1척을 격침하고 2척에는 타격을 가하였다. 주변에서 공동으로 작전을 수행하던 항공모함(타이콘디로거 호 USS Ticonderoga CV-14)도 가세하여 함재기들이 공세를 펼쳤고 함대 구축함(터너죠이 호 USS Turner Joy DD-951)도 공격에 가세하였다. 이에 8월 7일 미국 하원은 만장일치로 '통킹만 결의안'을 채택하여 베트남전 개입을 본격화하였다. 미국은 북베트남을 대대적으로 폭격을 시작하였고 해병대를 상륙시킨다.

4. 파리평화조약의 체결

맥나마라 국방장관은 부분적으로 존슨 대통령의 베트남전쟁 정책에 대한 불만으로 사임하는 가운데, 반전을 요구하는 미국 내 여론이 높아지고 존슨(Lyndon Johnson) 대통령이 1968년 11월에 있은 대선에서 연임에 실패한다. 새로 당선된 닉슨(Richard Nixon) 대통령은 이듬해 닉슨 독트린16)을 발표하며 미국이 베트남전에서 철수할 가능성을 내비치기도 하였다. 그러나 미국은 17도 이남지역을 사수하겠다는 의지를 재확인하고 북베트남과 대치 국면을 유지해 나갔다. 한편 1968년 5월부터 평화교섭을 위해 시작된 파리 회담은 5년간의 지리한 협상과정 끝에 1973년 파리협화협정으로 결과를 맺는다.

1973년 1월에 있은 파리평화협정에서 미국은 정전협정에 합의하고, 미군 전쟁 포로를 석방해 줄 것을 북베트남에 요구하였다. 워터게이트 사건으로 인해 닉슨 체제의 정통성이 심각한 도전을 받았고, 이에 따라 사이공 정부에 대한 미국의 지원은 약화될 수밖에 없었다. 결국 1973년 연말까지 1969년 기준으로 최고 54만 3,400명에 이르던 베트남에 주둔 미군은 전원 철수하고, 이 때 전사자수는 4만 7244명으로 집계된다. 1975년 초 북베트남은 남베트남에 대한 총 공세를 벌였고, 마침내 4월 30일 사이공이 함락되어 마지막 남은 미 정부 관리들이 현지 대사관에서 철수하고, 몇 시간 뒤 북베트남이 베트남전쟁 종료를 선언함으로써 베트남전쟁은 종료된다.

Ⅲ 베트남전쟁의 원인

1. 전후 자본주의 경제질서 체제의 확산

미국 정부는 공식적으로 베트남 개입이 공산주의의 팽창으로부터 자유진영을 보호하기 위한 봉쇄정책의 일환으로서 불가피하였다는 주장을 보인다. 이는 베트남전쟁의 개입에 대한 전통적인 입장으로 분류될 수 있는데, 이와는 다르게 수정주의자들은 안보적 고려 외에도 경제적인 요소가 베트남전쟁의 원인으로서 작용하였다고 주장한다. 수정주의자들은 베트남전쟁에 참여한 것은 시장의 확대를 지속적으로 추구해온 미국의 팽창적, 제국적 속성에서 기인한다는 입장을 취한다(Williams). 이들은 의외로 소련의 위협을 크게 인식하지 않았다고 주장하며, 미국의 전후 질서 구상은 세계 자본주의체제의 재건을 중심축으로 한 패권적 구상이었음을 주장한다. 1947년 트루먼 독트린과 마셜플랜을 천명한 이후 미국이 추구했던 것은 궁극적으로 미국중심의 세계경제에 통합될 서유럽과 일본 경제의 재건이었다. 1950년 초 미국 정부는 일본경제의 재건에 있어 인도차이나의 확보는 필수적이라는 판단을 내린 것으로 보인다고 할 수 있다. 제2차 세계대전이 유럽 열강들의 식민지 지배력을 현저히 약화시킨 것은 사실이며, 이에 따라 식민지 무역에서의 이익으로 대미 무역의 적자를 해소하던 이전의 (유럽-미국-유럽식민지 제3세계의) 삼각무역 체제는 붕괴되었다. 또, 베트남은 일본의 경제적 재건을 위한 핵심적인 배후 지역이었을 뿐만 아니라 제국으로서의 위상을 지키고자한 프랑스의 이해가 걸려있는 곳이었다.

---

16) 미국 대통령 닉슨은 1969년 7월 25일 괌(Guam)에서 그의 새로운 대아시아정책인 닉슨 독트린을 발표하고, 1970년 2월 국회에 보낸 외교교서를 통하여 닉슨 독트린을 세계에 선포하였다. 내용은 다음과 같다.
   ① 미국은 앞으로 베트남전쟁과 같은 군사적 개입을 피한다.
   ② 미국은 아시아 제국(諸國)과의 조약상 약속을 지키지만, 강대국의 핵에 의한 위협의 경우를 제외하고는 내란이나 침략에 대하여 아시아 각국이 스스로 협력하여 그에 대처하여야 할 것이다.
   ③ 미국은 '태평양 국가'로서 그 지역에서 중요한 역할을 계속하지만 직접적 · 군사적인 또는 정치적인 과잉개입은 하지 않으며 자조(自助)의 의사를 가진 아시아 제국의 자주적 행동을 측면 지원한다.
   ④ 아시아 제국에 대한 원조는 경제중심으로 바꾸며 다국적 간 방식을 강화하여 미국의 과중한 부담을 피한다.
   ⑤ 아시아 제국이 5~10년의 장래에는 상호안전보장을 위한 군사기구를 만들기를 기대한다.

인도차이나에서의 전쟁은 프랑스의 재정적 위기를 가중시켰으며, 프랑스는 독일을 축으로 하는 미국의 서유럽 정책에 대한 일종의 '비토권'을 갖고 있었다. 미국이 추구하는 독일의 재건과 통합에서는 프랑스의 동의가 필수적이었기 때문에, 미국은 프랑스에 대한 지원을 확대하며 베트남에 적극 개입하게 된다.

2. 미국의 봉쇄정책

베트남전쟁의 발생 원인의 가장 전통적인 이론은 미국의 봉쇄정책의 동기로 베트남전쟁을 설명하려는 것이다. 1947년 트루먼 독트린[17]으로 공식화된 봉쇄정책은 조지 캐넌에 의해 주창된 미국의 냉전에 대항하는 정책기조로서 소련의 팽창주의적 속성을 파악하여 미국이 일관되고, 인내심 있게 이를 막아내야 한다는 것이다. 중국본토에서 미국의 예상과는 반대로 장개석 정부가 패망하고 공산주의 정권이 수립되고(1949), 공산진영의 확산을 막으려는 한국전쟁(1953)을 치른 미국으로서는 남부 베트남이 붕괴된다면 인접한 제국의 필연적 붕괴를 의미하는 도미노 현상에 의해 공산주의의 확산이 일파만파 이루어질 것으로 우려하였다.

도미노 현상은 미국의 국무장관 J.F.덜레스가 공산진영이 확장되는 양상을 도미노(일종의 서양장기)에 비유하여 최초의 말을 쓰러뜨리면 잇달아 다른 말들이 차례로 쓰러지게 된다고 설명한 데서 유래한다. 그는 1954년 월남의 디엠 정권에 대한 당시 D. D.아이젠하워 정부의 경제원조를 정당화하기 위하여 이 말을 사용하였다. 중국·북한·월맹의 뒤를 이어 월남이 또 공산화되면 그 주변 나라들도 차례로 공산화될 것이니, 이 사태를 막기 위하여 미국은 월남의 디엠 정권을 도와야 한다고 주장하였던 것이다. 그러나 이 이론은 단순히 정부정책을 합리화하기 위하여 자의(恣意)로 만들어낸 것이 아니라 I.V.스탈린의 공산정권의 본질적 임무에서 그 근거를 발견할 수 있다. 즉 스탈린의 주장에 따르면, 혁명의 승리로 수립된 모든 공산정권은 남의 나라에 혁명을 일으키는 것이 그 본질적 임무이다. 베트남전쟁은 미국의 봉쇄정책의 일환으로 공산진영의 확산을 막기 위해 불가피한 개입이었다고 주장한다.

3. 베트남의 민족주의

미국이 베트남전쟁의 갈등 양상을 "자유주의 대 공산주의" 구조로 구성하여 베트남 개입을 정당화 시키는 데 비하여, 베트남은 베트남전쟁의 핵심적 갈등 사항은 "제국주의 대 민족주의"의 문제라고 본다. 이런 시각에서 보았을 때, 미국의 베트남 개입은 목적이야 어떠하든 베트남을 식민지화 하려던 프랑스와 마찬가지로 외부의 세력에 의한 민족 공동체에 대한제국주의적 위협이며 이를 잘 막아내고 퇴치하는 것이 민족해방을 위한 과제로 인식된다. 실제로 다수의 학자들은 월남전의 패배의 가장 큰 원인이 저변에 깔려 있는 월남군과 월맹군이 공유하는 외세 집단에 대한 거부감과 공유된 민족주의적 의식에 있다고 보고 있다.

실제로 미국의 개입이 본격적으로 군사적으로 이루어지게 된 시기가 남베트남민족자유전선(National Liberation Front of South Vietnam: NLF)의 결성으로 인해 미국의 남베트남에 친미적 국가를 건설하려는 계획의 실현이 어려워졌던 시기와 일치하는 것을 볼 때, 베트남전쟁은 외세로서의 미국의 침탈과 이를 막으려는 베트남의 민족주의적 세력 간의 갈등으로 인해 발생하였다고 볼 수 있다. 이러한 관점에서 보았을 때, 전쟁의 근본적인 원인은 제1차 인도차이나전쟁의 전후처리 과정에서, 임시로 북위 17도선을 그어 남과 북이 분열되고 프랑스의 무책임한 철수로 남북 통합 총선거가 이루어지지 않아 민족주의적 열망의 좌절되었기 때문이라고 설명할 수 있다.

---

17) 1947년 3월 미국 대통령 H.S.트루먼이 의회에서 선언한 미국외교정책에 관한 원칙이다. 그 요지는 공산주의 세력의 확대를 저지하기 위하여 자유와 독립의 유지에 노력하며, 소수자의 정부지배를 거부하는 의사를 가진 여러 나라에 대하여 군사적·경제적 원조를 제공한다는 것이었다. 이 원칙에 입각하여 당시 공산세력으로 인하여 직접적인 위협에 직면하고 있던 그리스와 터키의 반공(反共) 정부에 대하여 미국의 경제적·군사적 원조가 제공되었다. 이 원칙은 그후 미국 외교정책의 기조가 되었으며, 유럽부흥계획과 북대서양조약으로써 구체화되어 갔다.

Ⅳ 베트남전쟁의 결과와 의의

1. 베트남전쟁의 결과

베트남전쟁에 미국은 55만 3천 명의 군 병력을 파견하였고, 그 중 5만 8천 명이 사망하였다. 남베트남 군은 25만 명 이상 사망하였고 NLF군도 정확한 통계는 없지만 100만 가량이 전사한 것으로 추정된다. 전투병력을 파견한 대한민국은 약 5,000명이 전사하였고 1만 6천 명의 부상자가 발생하였다. 베트남 전체의 민간인도 200만 이상이 사망하거나 상처를 입은 것으로 집계됐다. 베트남전쟁으로 인해 라오스에는 파텟 라오(Pathet Lao)라는 공산집단이 생겨났고, 캄보디아도 1960년대 공산주의자들이 확대되는 현상이 발생하여 인도차이나 지역에는 공산주의가 확산되었다.

2. 베트남전쟁의 시사점: 미국적 예외주의(exceptionalism)의 회의

베트남전쟁의 가장 큰 역사적 의의는 패권국가로 팽창을 거듭해온 미국의 정체성의 원형인 예외주의(Exceptionalism)에 회의를 불러일으켰다는 것이다. 미국 예외주의의 관점에서는 미국은 그 탄생에서부터 자본주의와 민주주의의 근대성을 체현하고 있는 본원적으로 도덕적인 존재로서 타 국가의 모범이 되는 국가이다. 제2차 세계대전의 참전과 승리를 통해 이러한 미국의 도덕적 정체성이 더욱 확고하게 확립된다. 미국인의 집단적 인식체계에서 제2차 세계대전은, 미국의 막강한 힘과 우월한 도덕성으로 1930년대 파시즘의 위협으로부터 전 세계를 구원한 "선한 전쟁"이었다.

이와는 대조적으로 베트남전쟁에 대한 미국인의 경험은 미국의 힘과 도덕성 모두에 대한 회의의 계기가 된다. 예를 들어 1965년 8월 베트남 고원지대의 촌락을 불태우고 민간인을 죽이는 미군을 보고 한 종군 기자는 회의하게 되고, 베트콩과 미국의 교전을 직접 경험하면서 미국의 승리 또한 회의하게 된다. 이 뿐만 아니라 베트남전쟁 기간 중 미국 사회는 전쟁의 정당성을 두고 극심하게 분열되는 양상을 보여주었으며 미국의 세계적 역할의 도덕성과 미국 민주주의 자체의 성격에 대한 격렬한 대립을 보여주었다.

그러나 1970년대 후반 통일 베트남의 정치적 혼란과 캄보디아의 침공, 소련의 아프가니스탄 침공, 그리고 무엇보다 소련의 해체로 인한 냉전의 종언은 미국의 베트남 정책과 냉전 정책 전반에 정당성의 효과, 즉 미국의 도덕성과 힘에 대한 주장을 되살려 놓았다. 이러한 기세는 9·11 테러의 충격 속에서 군사적 일방주의와 결합하여 부시 행정부의 신보수주의적 외교정책 전반, 특히 아프가니스탄과 이라크에 대한 대테러전쟁의 명분으로 작용한다. 그러나 베트남은 여전히 미국인의 정신속의 일종의 트라우마로 각인되었으며 최근의 아프가니스탄과 이라크전쟁의 정당성과 관련하여 미국적 예외주의의 회의의 원형으로서 다시금 논의가 활발하게 진행되고 있다.

베트남전쟁과 미국의 예외주의에 대한 논의는 한반도의 상황에도 적용될 수 있다. 한반도 역시 남과 북으로 분열되어 있으며 북핵 위기나 지속적 도발 위협으로 한반도는 여전히 냉전적 위협으로부터 자유롭지 못하다. 베트남전쟁은 남과 북의 통일의 평화적 방법의 모색을 촉구하며 미국의 예외주의의 논의는 한반도의 유사상황 발생 시 미국의 개입여부 및 방식, 시기를 타진하는 데 있어서도 선례로써 사용될 수 있을 것이다.

제3장 | 냉전체제의 해체

제1절 고르바초프의 등장과 국제질서 변동

Ⅰ 고르바초프의 등장

1985년 3월 고르바초프 소련 공산당 서기장의 등장은 새로운 외교적인 혁명을 낳았으며, 국제정치사의 전환점을 이룬 계기가 되었다. 조지 케넌이 제2차 세계대전 직후 제시한 봉쇄정책의 핵심은 자본주의 체제를 파괴하기 위하여 국경 밖으로 폭력혁명을 수출하려는 소련 권력의 성격을 억지하기 위해서는 이를 군사적으로 봉쇄하는 길밖에 없다는 분석이었다. 이 분석의 가설은 소비에트 권력을 지속적으로 봉쇄하고 있으면 언젠가는 소련의 대내정치가 변질될 것이라는 것이었는데, 이는 1985년에 고르바초프 현상으로 현실화 되면서 그 타당성이 입증되었다고 말 할 수 있다. 소연방의 해체와 국제정치사, 나아가서 기존 국제질서의 변화는 고르바초프 현상이라는 소련의 대내체제의 변화에서 시작된 것이다.

Ⅱ 페레스트로이카(Perestroika)

1. 의미

페레스트로이카라는 '재(再)'라는 뜻의 접두어 '페레'와 '건설한다'라는 뜻의 '스트로이카'를 어원으로 하는 말로서 이는 재건, 개혁이라는 의미로 사용된다. 고르바초프 현상에서 페레스트로이카는 가장 기본적인 개념에 속한다. 하지만 고르바초프가 "페레스트로이카는 제2의 혁명이다"라고 급진적인 혁명성을 강조한데서 알 수 있듯이 페레스트로이카는 역사적인 맥락과 내용에 있어서 개혁 이상의 혁명적인 성격을 띤 것이었다. 페레스트로이카는 위로부터의 혁명의 하나였다.

2. 정치개혁

소련공산당의 정치개혁은 1985년 3월 고르바초프가 소련공산당 서기장에 취임하면서 시작되었다. 그는 페레스트로이카, 글라스노스트, 새로운 사고라는 정치 슬로건을 내걸고 전면적인 소련의 개혁을 시작하였는데, 이러한 소련의 정치개혁은 국제정치사의 전환점을 초래하는 것이었다. 정치개혁은 인사쇄신, 기구개혁, 의식개혁의 3가지 부문에서 전개되었다. 고르바초프의 본격적인 정치개혁은 1988년 5월에 개최된 제19차 전소련공산당협의회에서부터 시작되었다. 1988년까지의 개혁은 지지부진하여 인사나 행정적인 개혁에 머물고 있었다. 이 협의회에서 이루어진 가장 특징적인 개혁은 최고회의장, 즉 사실상의 소련대통령이 선출됨으로써 경제행정의 운영권이 당으로부터 행정기관으로 옮겨지면서, 점차로 당과 국가의 기능적인 분리가 시작된 것이다. 과거 소련에서 당, 체제, 이데올로기라는 것은 삼위일체의 동의어였기 때문이다. 1990년 3월 소련헌법의 개정을 통해 소련공산당의 본질적인 변질이 이루어졌다. '당의 지도적 역할'이라는 일당독재 조항이 삭제되며 복수정당제가 허용되었고, 대통령제를 제도적으로 도입하며 고르바초프 자신이 대통령에 취임하였다. 새로이 신설된 소련의 대통령은 소련공산당 서기장이나 최고회의의장의 권한을 훨씬 넘어서는 정치, 외교, 군사상의 막강한 권한을 지니고 있었다. 고르바초프는 소련의 개혁을 위하여 이러한 권한의 강화를 도모한 것이다. 1991년 8월 19일 발생한 소련군부와 국가보안위원회(KGB) 합작의 쿠데타는 소련의 정치개혁에 또 다른 전환점을 초래하였다. 쿠데타는 명분 제시의 미흡, 주요 인사의 체포 및 언론 통제의 실패, 군부 동원 및 장악의 실패 등 쿠데타 세력 자체의 문제와 페레스트로이카 추진 이후 국민들에게 확산된 자유주의사상 선호 등의 대내적 요인 및 서방의 확고한 반쿠데타 의사 표명으로 3일 만에 실패로 돌아갔다. 다시 권좌에 복귀한 고르바초프는 8월 24일 소련공산당 서기장 직을 사임하고, 당중앙위원회에 당의 해체를 권고함으로써 사실상 소련공산당의 해체를 선언하였다. 이는 국제적으로 모든 나라, 특히 중국, 북한, 베트남, 쿠바 등 사회주의국가들에게 더욱 깊은 충격을 주었다. 소련공산당의 해체는 연쇄적으로 소련의 해체로 이어져갔다. 우선 1991년 9월 6일 소련대의원회의가 발틱 3개국의 독립을 승인함으로써 소연방의 역사적인 해체과정이 시작되었다. 독립 승인 하루 전인 5일 소련임시대의원회의에서 가결된 신연방조약(New Union Treaty)은 소연방의 권한을 각 공화국에 대폭적으로 이양함으로써 보다 느슨한 국가연합으로 이행한다는 내용을 담고 있었는데 이것이 독립을 촉진시킨 것이다. 이후 연방의 해체과정에서 1991년 12월 8일 러시아공화국, 우크라이나공화국 그리고 백러시아공화국이 독립국가연합(Commonwealth of Independent States)을 결성하는 데 합의하였고, 22일에는 소연방의 11개 공화국을 구성원으로 하여 기존 연방체제를 대신하는 독립국가연합(CIS)이 서명, 발족되었다. 소연방이 공식적으로 완전히 소멸한 것이다. 그러나 독립국가연합은 국가의 성격을 지닌 것은 아니었는데, 중앙행정 또는 중앙입법기관과 같은 것이 전혀 존재하지 않았기 때문이다.

3. 시장경제 도입

페레스트로이카의 또 하나의 측면은 자본주의 시장경제를 도입하는 소련의 경제개혁이다. 1990년 3월 소련최고회의는 소유권법을 통과시킴으로써 사유재산제를 도입하였다. 이어 6월에는 토지기본법을 통과시킴으로써 개인의 토지소유를 인정하였다. 이러한 소유권법이나 토지기본법은 소련이 역사적으로 지니고 있었던 국가소유를 개인소유라는 형태로 변화시키는 기초가 되었다. 이러한 사회주의 경제의 비국유화라는 경제개혁은 새로운 시장경제의 도입을 전제로 하였으며, 이후 시장경제로의 발전을 목적으로 한 것이었다.

Ⅲ 글라스노스트(Glasnost)

1. 의미

글라스노스트라는 어휘는 러시아어로 공표, 공개라는 뜻을 지니는데, 원래 검열의 폐지 또는 언론의 자유라는 의미를 지니고 있다. 이것이 현시대에 적용되어 정보의 공개 혹은 개방이라는 의미로 사용된 것이다.

2. 배경

소련의 정보 공개와 깊은 관련을 갖는 것은 1986년 4월 말에 발생한 체르노빌 원자력 발전소 사고였다. 결과적으로 소련 사회에 큰 충격을 준 이 사건의 초기에 소련 정부는 과거와 같이 침묵을 지켰다. 2주 가량의 침묵 후 글라스노스트에 따라 소련 정부가 이를 공개하기로 결정함으로써 뒤늦게나마 충격적인 상황에 대한 대대적인 보도가 시작되었다. 체르노빌 사건에 대한 정보공개라는 글라스노스트를 계기로 하여 페레스트로이카에 대한 국민의식이 근본적으로 변하기 시작하였다.

3. 내용

글라스노스트는 국제정치 측면에서도 나타났다. 철저히 정보를 봉쇄하던 소련 정부가 국제문제에 대한 시사토론 프로그램에서 과거와는 달리 대담한 의견이나 표현 또는 외국 정치가들의 발언들도 그대로 방송하기 시작한 것이다. 사회적인 측면에서의 정보의 공개는 군사적인 측면에도 영향을 주기 시작하였다. 1987년에 이르러 그간 터부시되었던 군사정보가 공개되기 시작한 것이다. 탄도미사일의 배치가 과연 합리적인지, 군사 예산이 과연 적정한지, 군축이 필요하지 않은지 등의 논의가 등장하기 시작하였다. 고르바초프는 글라스노스트의 실천을 위해 새로운 신문법을 제정하였으며, 소련 사회의 범죄 통계를 처음으로 정확하게 일반에게 공표하였다. 이와 함께 검열의 폐지와 문예활동의 자유화를 제도화하였고, 글라스노스트의 일반화에 필수적인 여행의 자유화를 위해 법규를 제정하였다.

4. 파급효과

글라스노스트가 국내적으로 국민과의 신뢰관계를 회복하는 데에 기여하였다면, 국제정치의 측면에서는 다른 나라와의 상호관계에서 신뢰를 갖게 하는 출발점이 되었다.

Ⅳ 새로운 사고(New Thinking)와 외교전략의 변화

1. 배경

소련의 서방과의 관계는 1979년 12월 소련의 아프가니스탄 침공으로 최악의 상태로 돌입하였으며, 서방은 데탕트의 분위기를 일소하고 급격하게 다시 보수적으로 변화하기 시작하였다. 아프가니스탄 침공으로 미국은 소련의 군사력 강화와 정치적 의도에 대하여 회의를 갖기 시작한 것이다. 이와 동시에 미국의 퍼싱-Ⅱ미사일의 유럽배치와 소련 SS-20 미사일의 배치 등 미소의 핵대결 상태는 유럽을 핵전쟁의 위협으로 몰아가고 있었다. 1983년 미국 레이건 대통령에 의해 제시된 우주방위계획(Strategic Defense Initiatives)으로 미소 간의 군비확대 경쟁은 전환점에 들어서게 되었다. 사실상 고르바초프가 등장하였을 당시는 소련이 SDI에 군사적으로 대항하기 위해서는 재정적으로 약 5~6천억 달러가 필요했으며 시간적으로도 문제가 되는 결정적인 시기였다. 이러한 미소 간 핵전쟁의 위기상승이라는 전환점에서 고르바초프가 등장하면서 대외정책의 가장 기초적인 개념인 '새로운 사고'라는 정책을 제시한 것이다. 1984년 영국 의회를 방문한 고르바초프는 연설에서 "핵시대는 불가피하게 새로운 정치적 사고를 요구하고 있다"라고 언급하면서 새로운 사고라는 말을 처음으로 사용하였다. 1986년 제27차 당대회에서 채택된 당강령 속에 새로운 사고의 원리가 전우주적이며 전인류적 가치라는 관점에서의 세계관을 말하는 지구적(Global)인 문제라는 형식으로 삽입되었다.

2. 내용

(1) 냉전으로부터 상호의존으로의 변화

새로운 사고라는 개념의 첫 번째 요소는 상호의존이라는 세계관의 채택이었다. 소련은 전통적으로 국제정치의 본질은 자본주의 체제와 사회주의 체제 간의 양극적인 투쟁과정이라고 하는, 국제정치를 계급투쟁으로 파악하는 세계관을 갖고 있었다. 그러나 새로운 사고에서 이러한 양극적 세계관을 수정하여, 현실적으로 세계는 다극으로 이루어져 있으며 동시에 상호의존되어 있다는 새로운 세계관을 채택하게 된 것이다.

(2) 세계관의 수정

새로운 사고는 자본주의 체제와 사회주의 체제 간에는 종국적으로 전쟁이 불가피하다는 레닌과 스탈린의 '전쟁불가피론'을 기초로 하는 세계관을 수정하기 시작하였다. 양극 간 세계적인 투쟁이라는 세계관에서 국제정치는 다양하고 힘의 중심과 거점이 변하고 있다는 관점으로 수정된 것이다. 1986년에 고르바초프의 보좌관 야코블레프는 국제정치의 힘의 기지는 미국, 유럽, 일본으로 변하고 있다는 이론을 제시하며 양극화 이론을 크게 수정하는 이론을 제시하였다. 그는 제국주의가 하나가 아니며 세계는 다극화하고 있다는 점을 인정해야 한다고 주장하였다. 특히 그는 세계가 단순한 헤게모니의 분화가 아니며, 동시에 역으로 세계경제는 통합되는 경향을 띠고 있으며, 일체화하면서 상호의존되는 관계가 진행되고 있다고 하였다. 자본주의 체제에 속하는 세 개의 힘의 중심, 즉 미국, 유럽, 일본 간에 대립과 모순이 야기되고 있으나, 실제에 있어서는 자본, 기술 또는 국제경제적인 측면에서는 구심적인 통합이 진행되고 있다는 인식을 제시한 것이다. 세계경제가 비대칭적인 경향과 상호의존적인 성격을 동시에 띠고 있다는 것이다.

(3) 안전보장과 군사전략의 변화

고르바초프는 미소 간의 핵전략과 군사정책에 있어서, 첫째로 공동의 안전보장 혹은 상호안전이라는 개념을 도입하였다. 둘째로는 과거 미소 간의 핵전략의 기반이었던 '상호확실파괴'(Mutual Assured Destruction)에 기반하는 핵군비의 확충은 무의미하다고 주장하고, 현재의 핵전력보다는 훨씬 저차원의 핵무장을 통해서도 미소간의 안전보장을 증대시킬 수 있으며, 더욱이 이를 통해 현존하는 심리적인 긴장을 감소시킬 수 있다는 '핵의 충분성'(Nuclear Sufficiency) 이론을 도입하였다. 전반적인 '보복위협에 의한 억지'로부터 핵삭감 및 모든 측면에서의 군비삭감을 통한 군사균형을 기초로 하는 '방어적 억지'라는 개념으로 이행한 것이다. 이는 지속적으로 미국보다 핵우위를 유지하여 핵전쟁 발발시에 승리한다는 소련의 전통적인 정책으로부터의 파격적인 이탈이었고, 실제에 있어 소련의 핵전략이나 군사정책에 획기적인 전환을 가져오게 되었다.

(4) 지구적인 문제

새로운 사고에 상호의존이라는 개념과 함께 도입된 두 번째의 개념은 지구적(Global)인 문제라는 개념이다. 지구 전체가 지금 직면하고 있는 문제로 핵전쟁, 지구환경 문제, 지구생태계 문제, 제3세계의 빈곤 문제 등을 제시하면서 냉전기 이데올로기 문제나 계급투쟁이라는 관점에서 상대적으로 단순한 문제로 인식되던 것들을 지구적인 문제라는 개념으로 이끌어냈다. 1986년 제27차 당대회에서 고르바초프는 계급투쟁이라는 유물사관을 후퇴시키고, 계급적 이익을 넘어서는 전인류적 가치의 우위를 레닌 또한 말하였다고 인용하면서 지구적인 문제를 새로운 강령 속에 포함시켰다.

Ⅴ 고르바초프의 새로운 아시아 정책

1. 의의

고르바초프가 등장한 이후 초기의 새로운 대외정책 중 가장 두드러진 변화는 대아시아정책에서 나타났다. 역사적으로 소련의 외교는 항상 양극적인 측면을 지녀왔다. 극동에서 진행된 30여 년간의 중소대립에서 보듯이 중국과의 관계가 위험할 때 서유럽에 대하여는 긴장완화 정책을 전개하였던 예가 대표적이다. 반면에 브레즈네프 시기에 소련은 사실상 서유럽과도 핵의 대립을 강화하였으며 동시에 중국과도 긴장을 조성하게 되었다. 따라서 고르바초프는 서기장이 된 이후 우선적으로 미국이나 서유럽과의 본격적인 협상을 위해서 극동과의 긴장완화 정책을 시도해야만 하였다. 극동문제, 즉 중국과의 대립을 해소한 후에야 서유럽과 협상을 진행시킬 수 있었던 것이다. 따라서 중국과의 화해가 고르바초프 등장 이후 소련 외교의 첫 과제가 되었다.

2. 전아시아 포럼

1985년 5월 고르바초프는 아시아의 안전보장을 논의할 전아시아 포럼을 제창하였다. 아시아의 안전보장은 유럽의 안전보장 이상으로 우려할 문제이며, 양국간 협상, 다자간 협상, 전아시아 포럼 등 다양한 방법을 생각할 수 있다고 하였다. 그가 아시아의 안전보장 구상에서 강한 관심을 가진 것은 아시아 지역에서의 군비 제한(군축), 비핵화를 통한 비핵지대의 창설, 비군사화 등의 군비관리 문제였다. 고르바초프는 전아시아 포럼 제의를 통해 소련이 우려하고 있는 것에 대해 언급하였는데, 첫째, 아시아판 나토(NATO)의 구축 또는 일본의 나토화였다. 둘째, 극동 소비에트를 위협하는 한미일 삼각동맹의 형성이었다. 셋째, 한미일 동맹을 포함하는 동시에 캐나다, 호주, 뉴질랜드 및 아세안(ASEAN) 국가들을 구성원으로 하는 '태평양공동체'의 구상이었다. 이들 지역이 종국적으로 소련 국경에 가장 가까운 핵공격 기지가 되는 극동의 핵전진기지화를 우려한 것이다. 따라서 고르바초프의 초기 극동정책은 군비축소 문제를 강력하게 제의하면서, 이 지역에서의 긴장완화를 목적으로 한 것이었다. 이 지역에서의 긴장완화와 군비축소 문제를 명백하게 제기함으로써 소련의 극동에서의 고립을 피하고 안전을 도모하려고 한 것이다. 이것이 전아시아 포럼 제의의 발상이었다고 할 수 있다.

3. 블라디보스토크 연설

고르바초프가 본격적으로 대아시아정책을 천명한 것은 1986년 7월의 블라디보스토크 연설에서였다. 연설의 첫 항목은 아프가니스탄에서의 소련군 철수문제였는데 1986년 말까지 소련군 6개 연대를 본국으로 귀환케 하였다. 이로써 서방을 경악케 했던 소련의 아프가니스탄 침공은 7년여 만에 해결을 보게 되었다. 둘째로는 중국과의 화해문제였다. 중국과의 국경분쟁을 평화적으로 해결할 것을 선언하고, 중국과의 화해를 위해서 모든 조치를 취할 것이며 모든 차원에서 중국과 진지하게 협상할 것을 단언하였다. 세 번째 항목에서는 전반적인 각도에서 아시아에서의 미국과의 관계를 폭넓게 다루고 있는데, 미국의 참가 없이는 아시아 태평양 지역에의 협력문제를 해결할 수 없다고 전제하면서, 이 지역에서도 역시 군비경쟁의 중지와 우주경쟁의 중단을 호소하였다. 넷째는 대일정책으로, 일본과의 경제협력 의도를 밝혔다. 다섯째로는, 극동에서의 군비증강에 대하여 소련은 유럽에서 축소하는 군비를 극동으로 이동시키지 않을 것이라는 점을 명백히 하였다. 여섯째로, 아시아·태평양 지역에서의 안전보장 문제를 다루고 있는데, 유럽의 「헬싱키협정」을 모델로 하여 아시아에서의 「태평양회의」 개최를 제창하였다. 특히 처음으로 한반도 문제에 대해 언급했는데, 한반도에서의 긴장을 제거할 뿐만 아니라 한국인들의 민족문제에 진전을 가져올 가능성이 있다고 말하면서 한반도에서의 '비핵지대화선언'을 지지하고 보장한다고 천명하였다.

4. 크라스노야르스크 연설

1988년 9월 발표된 두 번째 고르바초프의 아시아연설은 극동문제, 특히 한반도 문제도 깊이 거론한 연설이었다. 여기서 고르바초프는 7개 항목을 제안하였다. 첫째, 소련은 아시아 태평양 지역에서 여하한 핵무기도 증강하거나 추가 배치하지 않을 것이며, 미국을 포함한 여타 국가도 핵무기를 증강, 배치하지 않을 것을 희망한다. 둘째, 소련은 이 지역에 더 이상 해군력을 증강시키지 않기 위하여 아시아 태평양 지역의 주요 해군국들과의 협상을 제안한다. 셋째, 소련, 중국, 일본, 북한, 남한의 해안선이 서로 접하는 지역에서의 군사대립을 완화시키는 문제에 대해 다자간협의를 할 의사가 있다. 넷째, 미국이 필리핀 군사기지에서의 철수에 동의한다면 소련은 캄란만에 대한 소련의 군사적 이권을 포기할 용의가 있다. 다섯째, 이 지역에서의 해상수송로와 항공수송로에 대한 안전을 도모하기 위해 사고발생 방지조치를 마련할 것에 대해 협의할 것을 제의한다. 여섯째, 인도양을 평화지대화하는 국제협약을 1990년 이전에 체결할 것을 제안한다. 일곱째, 아시아 태평양 지역에서의 안전보장을 논의하기 위한 협약기구의 발족을 위하여 소련, 중국, 미국 간의 협의를 개시할 것을 제의한다. 끝으로 한반도 정세가 전반적으로 호전됨에 따라 남한과의 경제교류 가능성이 열려있다고 말하면서 한국의 북방정책에 대해 처음으로 호응하였는데, 이는 향후 새로운 한반도 정책의 전개를 표명한 것이었다.

고르바초프(Gorbachyov, Mikhail Sergeyevich, 1931.3.2~)

러시아의 정치가 · 초대 대통령(재임 1990.3~1991.12.25). 카프카스산맥 북쪽의 스타브로폴 지방 프리블례에서 농부의 아들로 태어났다. 콤바인을 운전하며 5년간 농장일을 하다가 19세 때인 1950년 모스크바대학교 법과대학에 입학, 2학년 때인 1952년 공산당에 입당하여 교내의 콤소몰(공산주의청년동맹) 조직원으로 활약하였다. 5년간의 대학과정을 마치고 1955년 고향 스타브로폴로 돌아와 콤소몰 서기로 일하다가, 1968년 지구당 제1서기를 거쳐 1971년 소련공산당 중앙위원이 되었다. 1978년 농업담당 당서기로 취임한 후, L.I.브레주네프의 지원을 받아 대규모 농업투자정책을 수행하였다.

1980년 정치국원으로 선출되어 권력의 핵심권에 접근, Y.V.안드로포프가 집권하자 그의 후계자로 지목되었고, K.U.체르넨코의 집권기간 중에도 제2인자의 위치를 굳혔다. 1985년 3월 체르넨코의 사망으로 당서기장에 선출되자, 페레스트로이카(개혁)를 추진하여 소련 국내에서의 개혁과 개방뿐만 아니라, 동유럽의 민주화 개혁 등 세계질서에도 큰 변혁을 가져오게 하였다. 1988년 연방최고회의 간부회의장을 겸하고, 1990년 3월 소련 최초의 대통령에 선출되었다.

1991년 7월 마르크스-레닌주의 및 계급투쟁 포기의 소련공산당 새 강령을 마련하였다. 이와 같은 개혁의지는 1991년 8월 보수강경파에 의한 쿠데타를 유발시켜 한때 실각하였다가 쿠데타의 실패로 3일만에 복권하고, 공산당을 해체, 소련의 1970년 공산 통치사에 종막을 고하게 하였다. 그러나 B.M.옐친 등의 주도로 소비에트연방이 해체되고 독립국연합이 탄생하자 1991년 12월 25일 대통령직을 사임하였다. 1990년 노벨평화상을 수상하였으며, 1994년 씽크탱크인 사회 · 정치연구소의 의장으로 활동하였다.

제2절 1980년대 미소관계

Ⅰ 레이건 행정부의 대소정책: 우주방위계획

1980년 초 레이건 행정부가 들어서면서 보인 가장 특징적인 점은 1979년 브레즈네프의 아프가니스탄 침공으로 인한 급격한 보수화 경향이었다. 러시아의 보수적인 군사전통에서 소련이 국경 밖으로 군사적인 공격을 가한 예는 거의 없었다. 이러한 예는 1950년 한국전쟁과 1969년 중소군사분쟁 당시 나타난 소련의 군사적인 자제에서 찾아 볼 수 있다. 따라서 소련의 아프가니스탄 침공은 서방 특히 미국을 경악케 하였다. 카터 행정부는 선거공약이었던 남한으로부터의 미군 철수 및 전술핵 철수, 국방예산 삭감 등의 정책을 전환하여 국방예산을 증액하기 시작하였고, 이를 이은 레이건 행정부는 1983년에 우주방위계획(SDI)을 발표하였다. SDI는 브레즈네프 체제에서 장기간 강력하게 구축되어 온 소련의 공격무기체계인 대륙간탄도미사일을 대기권 밖에서 무력화시킨다는 목적을 지닌 것이었다. 미국은 이미 1970년대 중반부터 노동집약적인 전쟁방식으로 수행되었던 월남전에 대한 반성으로, 자본도가 높고 기술집약적인 전쟁방식으로의 대전환을 하고 있었고, 이에 따른 본격적인 미국의 대소 군사정책의 변화가 우주방위계획이었다. 소련이 이에 대항하기 위해서는 재정적으로나 시간적으로 엄청난 희생을 감수해야 했는데, 현실적으로 이는 불가능하였다. 소련은 이를 역전시킬 수 있는 국력이 없었던 것이다. 고르바초프로 하여금 소련체제를 본질적으로 재편성하여 체제적인 재구축을 시도하게 한 심층동인의 하나가 SDI였다. 결과적으로 소련이 이에 굴복한 것이다.

Ⅱ 미소관계의 대전환

부시 행정부 초기에는 소련의 변혁과 개혁에 대해 상당히 회의적이고 유보적인 입장을 취하였다. 부시 행정부는 공산주의의 변화와 위기에 대하여 신중한 평가를 하고 있었던 것이다. 그러나 고르바초프 현상은 급진전하기 시작하였고, 국제정치사라는 각도에서 미소관계는 대전환을 맞이하게 되었다.

1. 미소 간 핵군축협상의 개시

소련은 SDI와 미국이 추진하기 시작한 신형 순항미사일의 서유럽 배치에 대항하기 위하여 중거리핵무기(INF; Intermediate Nuclear Forces) 협상에서 철수하였고, 전략무기감축협상(START; Strategic Arms Reduction Talks)도 중단하였다. 하지만 고르바초프 등장 후 미소 간의 군축협상은 본격적으로 시작되었다. 1985년 미소 간 포괄적인 군축협상이 개시되었는데, 협상대상은 우주무기, 전략핵, 중거리미사일 등 세 분야였다. 그러나 레이건 행정부가 1986년 5월 제2차 전략핵무기제한협정(SALT Ⅱ; Strategic Arms Limitation Talks)의 준수를 포기한다고 선언함으로써 미소 간 군축협상은 교착상태에 들어갔다. 이후 10월 레이건과 고르바초프 간 정상회담이 개최되었으나 SDI에 관해 합의점을 찾지 못해 실패하였다. 결국 1987년 미소 간의 워싱턴 외상회담에서 중거리핵무기의 전폐에 대하여 최종적인 합의에 도달하였고, 이어 개최된 정상회담에서 이에 대한 조약에 상호 조인하게 되었다. 1988년 개최된 정상회담에서는 전략핵무기의 반감(50%)을 목적으로 하는 것에 상호 합의하였으나, 미국이 SDI에 대하여는 양보하지 않아 아무런 진전도 볼 수 없었다. 1989년 부시 행정부가 들어서면서 미국의 보수적 입장이 소련의 급격한 변화와 함께 변해 갔고, 비로소 실질적인 군축협상이 진행되었다.

2. 부시와 고르바초프 간의 전략핵무기협상

1989년 12월 냉전을 종결시키는 대전환을 이룬 미소정상회담이 몰타(Malta)에서 개최되었다. 여기서 전략무기감축협상과 유럽재래식무기협상을 1990년 내에 합의할 것에 상호 동의하였다. 1990년 3월 고르바초프가 새로운 헌법 하에서 대통령에 취임한 후 미소 간의 핵군축협상은 급속하게 진전되었다. 12월 외상회담에서 지하핵실험금지조약에 조인하였고, 최종적으로 1991년 7월의 런던 정상회담에서 전략무기감축협상에 합의하고, 이어진 모스크바 정상회담에서 전략무기감축조약에 조인하였다.

> **참고 몰타정상회담(1989년 12월)**
>
> 1989년 12월 2일과 3일 지중해의 몰타 해역 선상(船上)에서 미국 대통령 부시와 소련 서기장 고르바초프 사이에 이루어진 회담. 이 회담에서 제2차 세계대전 이후의 냉전체제를 종식하고 평화를 지향하는 새로운 세계질서를 수립한다는 역사적 선언이 이루어졌다. 이 회담에서는 구체적 합의나 협정체결을 전제로 하지 않고, 미·소 양국의 정상이 만나 향후 세계사의 향방과 현안문제들을 포괄적으로 논의하였는데, 주된 논제는 동유럽의 변혁, 미·소의 군비축소, 경제협력, 남미와 중동의 지역분쟁해소 등이었다. 먼저 동유럽의 민주화와 시장경제체제로의 이행에 대해 부시는 소련의 불간섭을 요구하였고, 고르바초프는 이들 국가의 변혁에 개입하지 않는 대신 동·서독의 통일에 대해서는 반대의사를 표명하였다. 다음으로 두 정상은 전략무기와 화학무기의 감축에 동의하고, 구체적 합의를 위해 90년 6월 워싱턴에서 정상회담을 갖기로 하였다. 경제협력에 대해 부시는 소련이 이민제한철폐법을 제정하는 즉시 무역최혜국 대우, GATT(관세 및 무역에 관한 일반협정) 참관인 자격 부여, 관세혜택 등의 경제적 지원을 약속하였다. 또한 두 정상은 NATO(북대서양조약기구)와 바르샤바조약을 점진적으로 군사기구가 아닌 정치적 기구로 그 성격을 변모시켜 나가기로 하고, 지역분쟁은 정치적으로 해결해 나가기로 합의하였다. 이 회담은 비록 여러 현안에 대해 원칙적인 의견을 교환하였을 뿐 구체적인 협의는 다음으로 미루었으나, 대결에서 협력으로 가는 새로운 세계사의 흐름을 재확인하고 새 시대 국제질서의 방향을 제시한 회담으로 평가된다.

3. 부시의 핵감축선언

본격적인 핵감축정책의 현실화는 1991년 9월 부시의 '핵감축선언'에 의해서였다. 이에는 미소간 지상배치 대륙간탄도탄(ICBM)의 전면적 제거(해상발사 대륙간탄도미사일(SLBM)은 제외), 유럽과 한국에 배치된 모든 지상 전술핵의 일방적 폐기 등의 내용이 담겼는데, 원자탄의 비밀을 공유할 수 없다는 데서 시작되었던 냉전에 종료를 고하는 역사적인 연설이 되었다. 대륙국가인 소련이 우월할 수밖에 없는 지상핵과 미사일을 완벽하게 철거하도록 제의한 반면 미소 핵게임의 핵심이었던 해양세력인 미국의 수중발사핵은 잔존시키겠다고 한 데에서 냉전체제의 종말을 잘 알 수 있다. 소련이 이념적으로는 스스로 붕괴하였다고 한다면, 군사적으로는 소련의 딜레마였던 레이건의 우주방위계획에 완전히 좌절한 것이었다.

4. 부시의 전술핵 전면철폐와 한반도 안전체계의 변화

부시의 핵감축선언은 한반도의 안전체계에도 큰 영향을 주었다. 한반도에는 한국전쟁 직후부터 미국의 전술핵이 전쟁억지력이라는 차원에서 도입되기 시작하였으며, 이는 남북한의 군사균형이라는 관점에서 한반도 안전체계의 기본적인 요인이었기 때문이다. 부시는 전면적인 전술핵 철수 선언에 남한에 배치된 전술핵도 포함한다고 함으로써 남한에 형성하였던 전쟁억지력의 완전한 철수를 결정한 것이다. 이는 한반도의 비핵화를 의미하며 곧 남북한의 대칭적인 군사대립의 성격을 재래식화하는 결과가 되는 것이었다. 이는 북한의 핵문제가 국제적인 문제로 제기되는 계기가 되었다. 북한의 핵문제는 곧 아시아 전반에 걸치는 핵확산 문제로 확대되기 때문이었다.

제3절 1980년대 중소관계

I 서설: 1980년대 이전의 중소관계

소련은 양국 간에 1957년 체결하였던 국방신기술협정을 파기함으로써 중국에 약속한 원자탄 생산기술의 제공을 거부하였다. 1959년 중국과 인도 간 국경분쟁을 계기로 하여 중소 관계는 결정적으로 악화되었고, 1969년 우수리강의 다만스키섬에서 무력충돌사건이 발생함으로써 군사분쟁으로 발전하였다. 그 이래 1989년의 중소회담에 이르기까지 양국은 30년간 적대관계를 지속해 온 것이다. 따라서 1989년 중소정상회담은 양국 간 전략적 타협이라는 문제가 어느 수준에서 이루어질 것인가, 또한 이것이 어떤 성격을 띨 것인가 하는 점이 핵심적인 문제였다. 이는 미중 관계와 직접적인 관계를 갖고 있는데, 과거 중국 지도부가 소련과의 관계악화로 인해 중국의 대외정책의 기본을 전면적으로 바꾸어 미국과의 화해정책을 전개하였기 때문이다. 주은래와 키신저 간의 외교로 표현되는 미국과 중국의 화해는 동아시아만이 아니라 세계적인 차원에서 국제정치 구조를 변모시켰던 것이고, 그 핵심은 전략적인 문제였다.

Ⅱ 중국과 소련의 정상회담

1. 소련의 입장

소련은 '새로운 형태의 관계'라는 말을 사용하여 중소회담에 임하는 기본적인 정책과 입장을 표명하였다. 소련의 로가초프 부외상은 새로운 형태의 관계가 이전에 존재하였던 현실과는 현격한 차이가 있는 현실에 기초하여 구축될 것이라고 하였고, 양국 간 장래관계는 군사, 정치동맹이 체결되었던 1950년대의 관계로 되돌아가지는 않는다는 데 대한 합의가 이루어질 것이라고 하며 새로운 양국관계의 기본적 성격을 언급하였다. 그는 그 기본원칙이 평화공존, 내정불간섭, 주권존중, 영토보전, 무력불행사, 선린과 우호로부터 출발한다고 말하였다. 또한 새로운 형태의 관계는 소련의 '새로운 사고'를 기초로 하는 외교 이념과, '신국제정치질서'에 대한 필요성을 역설하는 중국 지도부의 견해 간에 공통성이 있었다는 점에 기초하고 있다. 결국 새로운 형태의 관계의 기초에는 평화공존이라는 외교적 원리가 밑바탕에 깔려있었던 것이다. 이러한 중소 각기의 대외정책 상의 기본적인 입장은 '중소공동성명서'에 명백히 언급되어 있다. 중국은 평화 5원칙을 기초로 하는 신국제정치질서의 확립을, 소련은 국제관계에서 새로운 사고를 추진한다고 언급하고 있다.

2. 중국의 입장

중국의 신국제정치질서라는 개념이 획기적으로 두드러지게 나타난 것은 제14차 중국공산당 중앙정치국 회의에서였다. 이 회의에서 중국 당중심부는 "국제정세는 바야흐로 전환점이 되는 변화가 야기되고 있다. 전세계는 대립으로부터 대화로, 긴장으로부터 완화로 향하고 있으며, 세계평화의 옹호와 발전 촉진에 유리한 새로운 시기가 나타날 가능성이 있다"라고 대외정책 전환의 발상을 표명한 것이다. 중국은 더 나아가 정세의 변화에 적응하기 위하여 독립자주의 평화외교정책을 발전시켜야 한다고 주장하였는데, '발전'이라는 용어는 실제에 있어서 기존노선의 수정이나 최종적으로는 포기로도 이해되어 왔기 때문에, 이는 중국 대외정책의 변화를 의미하는 것이었다. 이러한 국제정세에 대한 중국 지도층의 새로운 인식과 중국공산당의 확인이 그 후 중국의 대소화해나 접근에서 중요한 전환점이 되었던 것이다.

3. 중소화해의 전제조건: 3대 장애

중국은 1982년 중국공산당 제12차 당대회에서 기본외교정책을 천명하는 가운데 중국은 여하한 대국이나 국가집단에도 의존하지 않는다는 것과 중국은 사회체제를 불문하고 모든 국가들과 평화 5원칙에 기초하여 그 관계를 형성할 것이라고 규정하였다. 또한 대소관계의 정상화와 화해를 위한 전제조건으로서 중국의 안전에 위협을 가하는 3대 장애의 해결책을 제시하였는데, ① 중소국경에 대한 소련군의 위협을 해결하기 위한 중소국경과 몽고로부터의 소련군 철수, ② 아프가니스탄에 대한 소련의 무력침공에 대한 아프가니스탄으로부터의 소련군 철수, ③ 베트남의 캄보디아 무력침공과 이에 대한 소련의 지원으로 야기된 캄보디아 문제의 해결이 그것이었다. 이러한 조건의 제시 자체가 대소접근의 발전이었던 것이다. 1985년에는 신국제정치질서 노선 하에서 보다 유연한 입장을 취하였는데, 3대 장애의 해결이라는 전제조건을 "일조일석에 제거한다는 것은 현실적이 아니다"라는 말로 약화시킨 것이다. 1986년 이래 중소관계가 새로운 단계로 돌입하면서 경제협력, 국경회담, 정치협상의 세 가지 분야에서 양국 간 관계정상화를 논의하였는데, 3대 장애는 정치협상에 포함되었다.

4. 고르바초프의 '새로운 사고'와 중소화해

소련은 이러한 중국의 유연한 대소접근에 대응하여 상호의존과 다원적 국제관계관을 핵심으로 하는 고르바초프의 새로운 사고를 기초로 새로운 대중접근정책을 시작하였는데, 그 최초의 시도는 고르바초프의 블라디보스토크 연설이었다. 이 1986년의 연설에서, 중국이 제시한 3대 장애의 제거 문제에 대해 중소 국경문제의 양보를 포함하여 몽고와 아프가니스탄으로부터 일부 병력을 철수한다는 방침을 제시한 것이다. 실제로 소련은 1989년 2월까지 아프가니스탄에서 소련군을 전면 철수시켰고, 동시에 몽고로부터의 철수계획도 제시되었다. 하지만 3대 장애 중 가장 어렵고 마지막 남은 문제는 캄보디아 문제였다.

5. 중소회담과 '프로레타리아트 국제주의'

관계정상화를 위한 중국과 소련 간의 회담에서 중요한 점은 과거와 같이 두 나라 간의 관계의 성격이 프로레타리아트 국제주의(Proletariat Internationalism)라는 관점을 취하고 있지 않다는 것이었다. 특히 중국이 주장하고 있듯이 양국관계의 정상화 원칙은 평화공존을 기초로 하여 '새로운 관계정상화'를 진행시킨다는 점이었다. 원칙적으로 사회주의 국가 간에는 형제국가라는 관점에서 프로레타리아트 국제주의라는 원칙이 적용되는 것이며, 결코 평화공존이라는 원칙이 적용되어서는 안된다. 평화공존은 상이한 체제간의 국가관계, 즉 자본주의 체제 국가와 사회주의 체제 국가 간의 관계를 규정하는데 적용되는 대외정책 원리이기 때문이다. 따라서 이번 중소회담의 성격은 본질적으로 사회주의 국가 간의 관계가 아니며, 평화공존 원칙을 기반으로 하는 전혀 다른 비사회주의적 관계라고 할 수 있는 것이었다.

Ⅲ 중소회담과 미중관계

중국은 중소회담을 앞두고 미국 함대의 상해 기항을 허용하기로 결정하였다. 즉, 고르바초프가 북경을 방문하는 것과 같은 기간에 미훈련함대가 상해의 중국 해군기지에 기항한다는 결정이었다. 이것은 중소 간의 관계정상화라는 새로운 정세 하에서도 미중관계에는 손상을 입히지 않겠다는 중국의 하나의 균형 잡힌 대비조치였다고 할 수 있다. 특히 중국은 어떠한 국가나 국가집단과도 동맹을 하지 않는다는 기본입장을 밝혀 왔는데, 이는 서방측이 우려하는 중소 간의 '전략적 타협'의 수준을 암시하는 것이었다. 중소 간에 합의하고 있는 최저의 정치적 원칙은 평화공존이라고 할 수 있으며, 평화공존은 체제를 달리하는 국가 간의 관계를 규율하는 것이므로, 결국 중소화해의 성격은 비사회주의적 성격을 띠고 있는 것이다. 1989년 2월 중국을 방문한 부시 대통령에게 등소평은 중국이 미국과의 관계에서 소련 카드를 사용하지 않을 것이라는 입장을 밝혔고, 이에 부시는 "미중관계는 확고하다. 미국의 대중국정책이 중소회담의 결과에 좌우될 일은 없다"며 단언하였다.

Ⅳ 결론: 사회주의 국가 간의 냉전의 해소와 중소화해

중국과 소련 간의 국가분쟁은 여러 가지 차원에서 특이한 분쟁이었다. 첫째, 중국과 소련 모두 사회주의권에 속하는 국가들이었다는 점이다. 따라서 적어도 이들 두 국가는 이념적으로 동일한 기반 위에서 대외정책을 실천해야 했지만, 양국은 이념적으로도 적대적인 관계를 30년간 유지해왔다. 둘째, 영토적으로 유라시아에 걸치는 소련과 아시아 대륙의 중심부를 점하는 중국 간의 군사적인 대립이라는 점이다. 셋째, 중소의 대립과 화해는 세계적인 차원에 있어서나 아시아라는 차원에서 중요한 영향을 끼칠 수 있는 것이라는 점이다. 1989년 5월 등소평과 고르바초프 간의 정상회담으로 표면화된 중국과 소련의 화해는 냉전의 해소와 같은 시기에 진행되었다. 중소화해 이후 소련은 곧 소멸하였으며, 중국은 1992년 10월 전중국 공산당대회에서 사회주의 4원칙과는 정면으로 배치되는 자본주의시장경제의 모든 특성을 살린 사회주의시장경제를 실시하기로 결정하였다. 중소화해 이후 중국이 당면한 최대의 과제는 사회주의 정치체제를 견지하면서 동시에 자본주의 경제원칙을 도입하여 사회주의체제를 시장경제로 유지한다는 딜레마를 해소하는 것이었던 것이다.

제4절 소련의 해체와 독립국가연합 창설

Ⅰ 새로운 사고와 소련의 해체

냉전체제를 종식시킨 사상적 심층동인은 소련 공산당의 해체로부터 시작하였는데, 이는 고르바초프 현상 중 '새로운 사고'와 관련되어 있었다. 새로운 사고는 상술한 바와 같이 기본적으로 상호의존의 세계관과 국제관계의 다원화라는 두 가지의 요소를 담고 있다. 새로운 사고의 대두로 국제정치는 종래 교조적인(dogmatic) 계급투쟁을 강조하고 동서 간의 대립을 강조하였던 시각으로부터 보다 유연하게 상호의존과 협조체제를 중시하는 국제적인 시각으로 변화한 것이다.

Ⅱ 소련의 해체

1. 소련공산당의 해체

1991년 8월 24일 고르바초프는 공산당 서기장직을 사임하고, 당중앙위원회에 당의 해산을 권고함으로써 사실상 공산당의 해체를 선언하였다. 소련 공산당의 해체는 역사적으로 중요한 의의를 지닌다. 첫째, 개개의 당지도자들의 거취 문제가 아닌, 레닌 이래 소련의 모든 공산당 지도자들을 선출한 모체인 당, 그 자체가 해체되었다는 점이다. 둘째, 역사상 처음으로 사회주의 정권을 창출하였던 소련 공산당이 해체됨에 따라 소련을 모범으로 하여 공산당을 중심으로 권력체제를 유지하고 있는 중국, 북한, 베트남, 그리고 쿠바에게 크나큰 충격을 주었다는 점이다.

2. 러시아공화국의 탄생과 소연방의 해체과정

1990년 5월 러시아공화국 최고회의 의장에 취임한 옐친은 입법기관의 의장에 만족하지 않고 헌법을 개정하여 대통령제를 신설한 후 선거를 거쳐 대통령에 당선되었다. 이는 실질적인 소연방 해체의 시작이었다고 할 수 있다. 1991년 8월 이래 공산당 권력은 붕괴되었고 이후 발틱3국을 필두로 하여 소연방을 구성하고 있었던 15개의 공화국이 독립하였다. 1991년 12월 70여 년간 존속하였던 소비에트사회주의공화국(CCCP)은 붕괴되어 완벽하게 소멸되었고, 이로써 전후 중요한 국제질서였던 냉전체제 또한 종말을 고하게 되었다. 소연방 소멸 후에 독립국가연합(CIS)이 형성되었다.

Ⅲ 독립국가연합의 형성

1. 독립국가연합의 성격

1991년 12월 21일 카자흐스탄에서 그루지아를 제외하고 옐친을 필두로 하는 11개의 구소연방에 속하였던 공화국 수뇌들이 모여 독립국가연합(Commonwealth of Independent States)의 결성을 선언하였다. 이로써 소련은 공식적으로 소멸되었고, 동시에 고르바초프의 페레스트로이카 시대도 종말을 고하였다. 고르바초프는 소연방 대통령으로서의 군통수권과 대통령 권한을 상실하였고 12월 26일 대통령직을 사임하였다. CIS 내에서는 광대한 영토와 막강한 경제력을 소유하고 있는 러시아가 주도적인 위치를 차지하였다. 러시아는 유엔안보리의 이사국이 되었으며 크렘린의 자산을 독점적으로 차지하였다. CIS의 가장 대표적인 특징은 각 공화국이 독자적인 주권을 행사하고 완전한 독립국으로서의 지위와 권리를 지니고 있으며, 영토와 국민에 대하여 완전히 배타적인 권력을 형성하고 있다는 점이다. CIS는 국가가 아니므로 시민권은 존재하지 않으며 국가예산 또한 없다. 다만 독립국가연합조약에서는 현행 국경에 대한 불가침을 약속하여 영토분쟁의 우려를 없앴다. 또한 국경에서 출입국 통제를 하지 않기로 하였으며, 자유로운 왕래를 허용하였다.

2. 독립국가연합과 서방과의 관계

미국의 부시 대통령은 독립국가연합의 성립에 대해 지금까지의 적이 동반자(Partner)가 되었다며 환영하였다. 1992년 6월 미국을 방문한 옐친 러시아 대통령은 미국의회 연설에서 "공산주의는 죽었다."라고 단언하였으며, "이를 다시는 러시아 땅에 부활하게 하지 않을 것이다"라고 결의를 표하였다. 냉전의 종결을 확인하는 표현을 통해 서방과의 새로운 관계를 명백히 한 것이다.

제5절 동유럽의 붕괴

I 동유럽 붕괴 요인

1. 의의

제2차 세계대전 이후 동유럽을 공산주의라는 이념과 군사력을 통해 권력적으로 장악하고 있었던 소련의 동요와 붕괴는 필연적으로 동유럽 국가들의 동요를 불러일으키게 되었다. 동유럽 사회는 사회주의 블록으로서, 정치, 경제, 사회, 군사 등 모든 분야에 걸쳐 사회주의가 침투되어 있었기 때문에 국가라는 틀을 벗어나 하나의 사회주의 체제를 형성하고 있었다. 이러한 동유럽에서 발생한 시민혁명은 새로운 국제사회로의 근본적인 변화를 재촉한 커다란 정치변동이었다. 루마니아를 제외한 동유럽 국가들의 정치변동이 대중운동을 통해 무혈혁명으로 진행되었다는 것은 현대 국제정치사에서 유례를 찾아볼 수 없는 것이었다.

2. 동유럽 붕괴의 심층동인

동유럽 사회의 붕괴를 국제정치사의 심층동인이라는 각도에서 볼 때 다음과 같은 동인을 찾을 수 있다. 첫째, 이데올로기라는 관점에서 공산주의 그 자체가 붕괴하였다는 점이다. 둘째, 소비에트 체제라는 것이 이미 그 기능을 상실하였으며 이의 연장인 동유럽의 사회주의체제는 붕괴할 수밖에 없다는 체제적 관점에서의 동인이다. 셋째, 근대적인 사회주의 경제론에 있어 레닌 이래 사회주의 경제가 시장을 무시하였다는 비판과 문제점에서 파악하는 동인이다. 넷째, 동서냉전의 기원이라는 관점에서 동인을 파악하는 것이다. 이는 봉쇄정책이라는 미국 대외정책의 기본을 심층동인으로 논하는 관점이다. 다섯째, 동유럽의 정치변동을 동구 측의 군사적이며 이데올로기상의 패배라는 외적 동인으로 보기보다는 내적 요인 속에서 파악하는 것이다. 이는 시민의 정치적, 사회적, 역사적인 성숙으로 인해 경직된 사회주의 체제를 비판하고 타파하는 것이 가능하였다는, 즉 시민혁명이라는 동유럽 국가들의 내재적인 심층동인을 통해 동유럽 혁명을 보려는 시각인 것이다.

II 동유럽 제국의 혁명

1. 동독

(1) 국민의 탈출과 동독혁명

동독의 혁명은 1989년 7월부터 시작된 동독 국민의 국경 밖으로의 탈출로 시작되었다. 이에 당황한 서독 정부는 동베를린의 서독대표부를 폐쇄하였으며 헝가리주재 서독대사관도 폐쇄하였다. 그러나 동독 국민은 하루 100명 가량의 규모로 후에 푸른 국경이라고 일컫게 된 헝가리와 오스트리아 국경을 넘기 시작하였다. 동독 국민의 대탈출(Exodus)이었던 것이다. 이는 점점 늘어나 헝가리 대사관과 체코 대사관에 밀려드는 동독 국민의 수는 9월에 절정에 다다랐다. 10월 하순까지 이미 푸른국경을 넘어 5만 명이 월경함으로써 동서독의 국경이 완전히 뚫린 셈이 되었다. 11월 9일 베를린의 벽이 무너지면서 개방되었고, 그 때까지 약 22만 5천명의 동독 국민이 탈출하였다. 이러한 탈출과 함께 동독 내에서도 정치변동이 시작되었다. 자유를 바라는 동독 국민의 의사가 동독 내에서 반체제의 결집으로 나타났다. 9월부터 소규모의 데모가 시작되었는데, 10월을 거치며 시위 참여자 수는 30만 명까지 증가하였으며, 구호는 사상, 언론, 여행의 자유로부터 권력과 독재의 포기까지로 발전하였다. 데모의 절정은 11월 4일 동베를린에서 열린 100만 명의 데모였는데, 시민들은 사회주의통일당의 권력 독점 포기를 요구하기에 이르렀다.

(2) 동독정부의 태도

동독 국민의 탈출과 시민혁명 초기에 동독정부는 이를 선동에 의한 것으로 무시하였다. 하지만 사태가 확산되자 동독정부는 개혁 압력에 대하여 부분적으로 양보를 하기 시작하였다. 국민과의 대화에는 협조하되 당지도부는 그대로 두려는 노선을 견지하였던 것이다. 하지만 11월 4일 발생한 100만 명의 데모라는 현실 앞에서 사회주의통일당은 벼랑에 서게 되었다. 당지도부가 계속 교체되면서 당을 유지하려 하였으나, 결국 11월 9일 각료 평의회가 여행의 완전 자유화를 선언하였으며, 9~10일에 걸쳐서 베를린의 벽이 개방되었다. 이는 동독 붕괴의 시작이며 독일 통일의 시발이 된 것이었다. 이와 같이 동독 혁명의 특징은 피를 흘리지 않고 조용한 혁명으로 완성된 것이라고 할 수 있다.

2. 루마니아의 혁명

동독의 혁명과는 달리 루마니아의 혁명은 비극적이었다. 루마니아는 소련 공산당과 단절된 관계를 유지하여 자주독립 노선을 취하는 한편 국내에서는 공산당 독재를 철저하게 유지하고 있었다. 1989년 후반에 시작된 동유럽의 개혁과 민주화의 흐름 속에서 12월 하순 루마니아에서도 데모가 시작되었다. 하지만 루마니아 치안부대는 이를 무력으로 진압하여 1만 명 이상의 사상자가 발생하는 대학살이 자행되었다. 이에 루마니아 국민의 반발 감정이 폭발하였고 여기에 군인이 합세하여 부카레스트에서 수십만 명이 참여하는 데모로 격화되었다. 비밀경찰을 활용하여 24년간 철저히 독재체제를 유지해온 차우체스크 정권은 결국 12월 22일 붕괴되었다.

3. 헝가리, 폴란드의 혁명

1988~89년에는 동유럽 국가들의 국민들과 엘리트 계층에서 변화의 조짐이 나타나고 있었는데, 이와 같은 경향은 특히 개혁 선진국이라고 할 수 있는 헝가리와 폴란드에서 현저하게 나타났다. 폴란드에서는 연대(Solidarite)가 부활하였고, 정치에 참여한다는 취지의 모임인 원탁회의가 1988년 조직되었다. 헝가리에서는 1988년 5월 이미 1956년부터 지속되어 온 카다르 정권에 종지부를 찍고 있었고, 이 시기에 개혁파는 그들이 기초한 결사법을 통해 이미 집회, 결사의 자유를 인정하고 있었다. 1989년에 들어서면서 소련과 이들 선진개혁국가들은 상호 개혁의 변화를 학습하면서 급속도로 개혁을 전개시켰다. 1989년 6월 헝가리에서는 도리어 당지도부가 급진적인 개혁을 단행하기 시작하였다. 역사 바로잡기 운동을 펼쳐 냉전기 헝가리의 역사를 재평가하였고, 경제개혁의 측면에서도 기업법을 통과시켰으며 외국자본 도입을 자유화하였다. 폴란드에서는 6월 선거에서 연대가 압승하여 정권에 참여하게 되었다. 결국 9월에 폴란드에서는 마조비에츠키 연대 정권을 정식으로 발족시켰고, 헝가리에서는 10월에 사회주의노동자당이 사회당으로 개칭하고 헝가리인민공화국에서 헝가리공화국으로 국명을 바꾸게 되었다. 이러한 동유럽의 정치변화에 대하여 미국의 부시 대통령은 1989년 5월 봉쇄정책의 종결을 선언하였으며 동유럽의 정치개혁을 지지하기 시작하였다.

Ⅲ 동유럽혁명의 특징

1. 시민혁명

동유럽혁명은 시민혁명의 성격을 강하게 띠었다. 다양한 시민단체들이 결합하여 전국적인 조직으로 확대되어 혁명을 전개시켜 나갔던 것이다.

2. 복수정당제

복수정당이 부활되고 활성화되었다.

3. 공산당의 붕괴

동유럽 모든 곳에서 공산당이 완전히 붕괴되었다. 동유럽 혁명 과정에서 탄생된 어느 정권도 공산당을 폐기시켰던 것이다.

4. 평화혁명

대부분이 평화혁명이었다. 소련의 동유럽군을 위시한 군 또는 치안기구나 조직이 중립을 유지하였고, 고르바초프는 브레즈네프 독트린이 이미 존재하지 않는다는 것을 지속적으로 호소하였다. 소련 외무성은 소련과 동유럽이 각자의 길을 간다는 소위 시나트라 독트린(My Way Doctrine)을 발표하기도 하였다. 소련 외교가 사실상 동유럽 국가에게 소련의 불개입 의지에 대한 신뢰감을 준 것이 평화적인 혁명을 가능케 하였다고 할 수 있다.

> ### 📑 참고 독일통일(1990)
> 통일 이전 서독은 동독의 정통성을 부인해 왔으며, 동시에 동독은 서독의 경제 지원을 받으면서도 자기 체제를 개혁하여 생존을 연장시킬 가능성을 버리고 있지 않았다. 그러나 1989년 11월 9일, 베를린 장벽이 무너진 이후, 동독 국민은 동독 내 개혁보다는 서독으로의 탈출을 선택하여 동독은 사실상 붕괴되기에 이르렀다. 서독의 콜(Helmut Kohl) 총리는 11월 28일 연방 의회에서 행한 연설에서 '조약 공동체-국가연합적 구조-연방'이라는 3단계 통일 구상을 제시함으로써 처음으로 '통일'을 구체적 정치 과제로서 거론했으며, 동독 국민의 서독 이주가 급증하자, 콜은 목표를 최단 기간 내의 통일로 바꾸어 동독의 원조 요청을 거절하고, 통화동맹과 경제공동체 교섭의 시작을 제안하였다. 이러한 교섭을 위해 우선 동독 내 자유선거가 실시되어야 했는데, 선거에 의해 '독일동맹'이 승리함으로써 동독 국민이 콜 노선을 지지하는 결과가 나타났고, 이에 따라 화폐가 통합되면서 사실상 동독의 경제는 서독 경제에 흡수되었다. 이후 8월 31일에 동·서독 간에 통일조약이 조인되어 동독이 연방에 가입하는 형태로 독일 통일이 실현되었다. 독일 통일에 대한 국제사회의 우려의 목소리도 있었으나, 미국의 부시 대통령이 독일 국민의 결단을 존중한다는 입장을 지속한 것이 큰 영향을 미쳤고, 다른 국가들도 타협점을 찾아내면서 독일의 동맹 귀속문제가 해결되고, 독일-폴란드 국경문제도 해결되었다. 그에 따라 1990년 모스크바에서 2+4(동·서독+미·영·불·소)회의가 개최되고 독일 통일에 관한 최종문서가 조인되었으며, 같은 해 10월 3일에 독일 통일이 실현되었다.

해커스공무원 학원·인강
gosi.Hackers.com

제4편
동양 및 미국외교사

제1장 | 중국외교사

📖 참고 중화주의(Sino-centrism)

1. 서론

중화주의(Sino-centrism)는 상당히 오랜 기간동안 동아시아 질서를 형성하는 주요 원리로 작용해 왔다. 중국의 자문화중심주의적 성격을 갖는 중화주의는 이에 대해 배척하는 동아시아 국가들도 있었으나, 대체로 이를 받아들여 중국과의 관계를 안정화 시켰으며, 나아가 중화주의를 국내적 통치이념으로 받아들이기도 하였다. 19세기 중후반 청이 서구 근대질서에 편입되면서 그 수명을 다했던 중화주의는 최근 중국의 부상과 함께 새롭게 재조명되고 있다. 중화주의는 하나의 질서 관념으로서만 존재하지 않고, 중국의 동아시아 전략에 이미 반영되어 중화경제권 형성으로 나타나고 있다. 중화주의가 '王化'의 '팽창주의'이념을 내포하고 있음을 고려하면 중화질서가 중화경제권을 넘어 동아시아 전체로 팽창될 가능성도 있고, 만약, 그 과정이 강압적이라면 동아시아 질서를 교란시키는 변수가 될 수도 있을 것이다.

2. 중화주의의 개념

(1) 중화주의의 의의

중화주의는 동아시아 세계에서 최초로 정치공동체 문명을 태동시켰던 한족(漢族)이 자국과 자민족의 문화를 최고의 지위와 절대적 기준에 올려 놓음으로써 주변국가들로부터 자국을 우월하게 구분짓는 문명관이자 세계관이다.중화주의의 의미는 다섯 가지 차원에서 정의할 수 있다. 첫째, 세계는 문명화된 중화세계(中華世界)와 야만적인 이적세계(夷狄世界)로 나누어진다는 화이사상을 말한다. 둘째, 한족(漢族)은 지리적으로 세계의 중심에 위치한다. 셋째, 한족은 종족적으로도 타민족이 따라올 수 없는 가장 우수한 종족이다. 넷째, 역사의 시초부터 한족이 누렸던 중화문명은 인류의 유일하고 절대적인 표준이다. 다섯째, 중화 문명은 유일하고 절대적인 표준이기 때문에 다른 이민족들 역시 그 원리와 문화를 향수해야 하며, 그 경우 타 민족도 중화의 주체가 되어 중화문명에 도달할 수 있다.

(2) 중화주의 개념의 세 차원

중화주의의 개념에는 지리적 요소, 문화적 요소, 종족적 요소가 복합되어 있다. 첫째, '중화'의 자의(字意)는 '천하세계의 중앙'이라는 뜻을 지닌 '중'과 '최고도의 문화 혹은 빛나는 상태'를 의미하는 '화'가 결합된 것이다. 따라서 '중화'란 말 그대로 '중심지의 가장 빛나는 문화'이다. 이는 중화의 개념을 지리적, 문화적 차원에서 정의하는 것이다. 둘째, '화(華)'는 '하(夏)'와 동의어이다. '최고도의 문화'를 의미하는 '화'는 중국사에서 최초로 고대 왕조문명을 탄생시킨 '하(夏)종족'과 그들의 터전인 '하(夏) 지역'을 지칭하는 용어와 동일시되는 것이다. 이는 '문명의 중심'은 '화족(華族)', 곧 '하족(夏族)'이라는 종족중심주의적이고 지역중심주의적 세계관을 뜻하는 것이다.

(3) 중화주의 개념의 역사적 변천

원래 '중앙'과 '수도'를 의미하던 '중화'는 시대적 변천에 따라 다양한 의미의 확장을 경험하였다. 서주(西周)시대에는 '주 왕실이 직접 통치하는 왕기 또는 왕도'를 의미하여 '정치적 중심지'의 의미로 사용되었다. 이후 춘추전국시대에 '중'은 오(吳), 월(越), 초(楚)등 하족이 아닌 이민족 국가, 곧 '이적국(夷狄國)'에 대한 대칭개념으로 사용되어 '중화'에 종족적 구분의식이 자리잡았다. 한편, 유교가 등장한 이후에는 '중화'는 '유교적 도덕 규범과 문화 양식을 구현한 공간'이라는 의미가 추가되어 보편적 이상형의 상징이 되었다. 나아가 '중화'는 이러한 의미의 확장 과정을 거치는 동안 유교권의 초국가적 공동체를 의미하는 위상도 확보하게 되었다.

(4) 중화주의 개념의 특징

중화주의에는 배제적 성격과 개방적 성격이 동시에 자리잡고 있다. 우선, 중화주의가 '중국'의 문화를 '보편문명'으로 상정하면서 한족 중심의 문화만을 '문명'으로 인식하고 주변의 비(非)한족문화를 '야만(野蠻)'(이(夷))로 인식하는 사유체계이므로 배제적, 차별적 성격을 띠는 것이다. 그러나, 주변국 또는 비한족이라할지라도 일정한 도덕적, 문화적 수준만 구비한다면 언제든지 '중화'로 인정되었으므로 개방적 성격도 갖는 것이다.

3. 중화주의와 서구중심주의 비교

(1) '서구'의 개념

좁은 의미의 '서구'는 근대 유럽 문명의 탄생에 결정적 역할을 한 영국과 프랑스를 핵심으로 포함하는 서구(Western Europe)를 말하지만, 오늘날에는 유럽 이주민들이 해외에 진출하여 세운 식민지 국가인 미국, 캐나다, 호주, 뉴질랜드 등을 포함하는 개념이다. 즉, 서구의 개념이 지리적 의미와 함께 문화적 의미를 띠고 있는 것이다. 따라서, 라틴아메리카는 서반구에 있으나 '서구'에 속하지 않으며, 일본이나 이스라엘은 동쪽에 있지만 '발전된 또는 서구적 생활수준'을 성취하였다는 의미에서 서구로 분류된다.

(2) '서구중심주의'의 개념

서구중심주의는 근대 들어 전 세계의 패권문명으로 등장한 서구문명이 신봉하는 세계관, 가치 및 제도를 보편적이고 우월한 것으로 받아들이는 태도를 지칭하는 것으로 세 가지 명제로 구성된다. 첫째, 근대 서구문명은 인류 역사의 발전단계 중 최고의 단계에 도달해 있다(서구우월주의). 둘째, 서구문명의 역사적 발전 경로는 서양뿐만 아니라 동양을 포함한 전인류사에 보편적으로 타당하다(보편주의). 셋째, 역사발전의 저급한 단계에 머물러 있는 비서구사회는 오직 서구 문명을 모방 또는 수용함으로써만 발전할 수 있다(서구화, 근대화).

(3) 중화주의와 서구중심주의의 공통점

① 주변국에의 수용 또는 부과 양식: 중화주의와 서구중심주의가 주변국들에게 수용되는 과정에서 비교적 수용국들의 자발적 동의에 기초하였다는 점은 공통점이다. 서구중심주의가 초기에는 비서구 국가들에게 강제적으로 부과되는 성격을 띠었지만 공식적인 식민주의 및 제국주의가 종식된 이후에는 비서구 국가들이 '근대화=서구화'라는 이름으로 서구의 '선진문물'을 받아들이는 과정에서 자발적으로 내면화된 성격이 강화되었다. 중화주의 역시 자발적 수용의 성격이 강하였다. 주변국은 중국의 무력침공을 모면하기 위해, 중국으로부터의 책봉을 통해 대내적인 통치자의 정당성을 강화하기 위해, 또한 경제적, 문화적 선진문물을 수용하기 위해 보다 적극적으로 중화주의권에 편입되기를 원하였다.

② 문화제국주의: 중화주의나 제2차 세계대전 이후의 서구중심주의는 모두 강한 문화제국주의적 성격을 공유하고 있다. 양자 모두 자국을 넘어서서 타국에 대해 '자신들의 경험과 문화가 보편화되고 그것이 규범으로 정립되는' 성격을 지닌다. 문화제국주의적 요소는 중화주의와 서구중심주의의 핵심이라고 말할 수 있다.

③ 자문화중심주의: 서구중심주의와 중화주의는 근본적으로 모든 종족집단들이 갖고 있는 '자문화중심주의'(ethnocentrism) 성격을 공통적으로 갖고 있다. 즉, 자신의 문화가 제공한 렌즈를 통해 세계를 본다는 것이다. 그리고, 물리적, 문화적 힘을 동원하여 이를 확산시키려고 하였다는 점도 공통점이다. 다만, 서구중심주의가 발전론적이고 목적론적인 역사관을 갖고 있었으나, 중화주의에서는 이러한 성격을 구비하지 않았다는 점은 차이점이다.

(4) 중화주의와 서구중심주의의 차이점

① 우월성의 근거: 중화주의와 서구중심주의는 모두 물리력의 우월성과 문화적 우월성을 바탕으로 성립하였으나, 중화주의는 문화적 요소가 훨씬 지배적이었다. 중화주의의 문화적 성격 때문에 주변국들은 중화권에의 편입을 단순히 복속의 문제를 넘어 '문명'과 '야만'의 갈림길로 인식하였다. 반면, 제국주의-식민주의 시대 비서구사회에 대한 서구의 지배는 중화주의와 비교할 때 문화적 요소보다는 물리적 요소에 의존하는 측면이 더 강하였다. 그러나 공식적 제국주의가 종식된 이후 서구중심주의는 '근대화=서구화'라는 등식을 통한 문화적 헤게모니에 의존하는 측면이 더욱 강화되었다.

② 기능: 서구중심주의는 그것이 국내적 통치계급의 통치를 정당화하는 명분이라기보다는 서구의 대외적 정복 및 팽창을 정당화하는 논리라는 점에서 대내외적으로 기능한 중화주의와는 다르다. 즉, 중화주의는 중국 이외의 동아시아 국가들에 대한 통치이념으로 작용하는 한편, 중국 또는 중화체제 편입된 동아시아 국가들의 대내적 통치이념으로도 작용하였다. 중국에서는 이민족에 의한 정복왕조가 들어서더라도 천자국이라고 자처하는 한 '화(華)'를 표방하고 천명과 왕도정치를 표방하는 중화주의에 동화되었다.

③ 국제질서관: 서구중심주의는 평등과 불평등의 이중적 국제질서관을 갖고 있으나, 중화주의는 근본적으로 유일한 중심인 중국을 상정하고 이를 정점으로 주변국가와의 위계적, 불평등적인 국제질서관을 전제하고 있다. 근대 서구는 1648년 베스트팔렌조약 이후 주권개념을 중심으로 '유럽국가들 간의 평등'한 관계를 상정하고 '국제사회'라는 관념을 발전시켰다. 유럽국가들 간 영토불가침의 원칙이 존중되었고 세력균형이 질서유지원칙으로 존중되었다. 따라서 어느 한 패권국이 같은 문명권 내의 모든 국가를 통일하여 단일한 제국으로 발전할 수 없었다. 다만, 유럽국가들은 주권평등의 원칙에 따른 평등한 국제관계를 자신들이 '야만'이라 분류했던 국가들에 대해서는 적용하지 않았다는 점에서 불평등의 질서관을 갖고 있었다고 평가할 수 있다. 한편, 중화주의적 국제질서관은 명시적으로는 각 국가들이 대내적으로 '최고'이고 대외적으로 '자주'라고 하는 주권개념이 결여되어 있었다. 따라서 중화주의의 외연적 세계질서는 중국을 중심으로 한 단일중심적 지배 및 복속이었다.

4. 중화주의의 기원과 전개

(1) 서설

중화주의는 한편으로는 보편적, 추상적 성격을 띠면서 전개되었고 다른 한편으로는 배제적, 구체적 성격을 띠면서 전개되었다. 전자를 이상주의적 '중화질서(中華秩序)' 관념으로, 군사적, 정치적 성격이 강한 후자를 '현실주의'라 하여 '사대질서(事大秩序)' 관념으로 구분하여 인식되고 있다.

(2) 현실적 중화주의

① 의의: 중화주의의 현실주의적 측면은 중국이라는 패권을 중심으로 하는 위계적 국제 질서, 즉, '중국적 세계질서'(Chinese world order)의 형성과 유지이다. 최초의 왕조국가를 건설한 하(夏)왕조와 뒤이은 은(殷), 주(周)왕조는 강력한 정치공동체를 건설하여 주변 민족들을 상대로 군사적, 문화적 정복을 단행해 나갔다. 이 과정에서 중화의 관념이 형성되었고, '중화 대 이적'의 대립구조 역시 형성되었다.

② 전개: 조공책과 기미책
- 조공책(朝貢策): 현실주의적 중화주의는 조공책과 기미책을 중심으로 중국의 대외전략에 투영되었다. 조공(朝貢)제도란 관념적으로는 '주변국가'들이 '중국'을 신으로써 섬기고 '중국'은 주변국가들을 자애로써 돌보는 '사대자소(事大字小)'의 예적 질서를 말한다. 사대자소는 현실적으로는 주변국가는 중국에게 조빙[1](朝聘)과 헌공(獻貢)[2]을 중국은 주변국가에게 보빙(報聘)[3]과 책봉(册封)[4]을 행하는 것을 의미하였다. 조공책은 현실주의적 중화주의가 적용되는 가장 전형적인 방식이자 평화시의 주요 외교 정책이었다.
- 기미책(羈縻策): 대외관계에서 중국이 상대적으로 약하거나 권위가 손상당할 우려가 있을 때에는 조공책과 다른 논리로서 '기미책'이 작동하였다. 이는 이민족 국가에 대해서도 견제의 태도를 늦추지 않고 견제하는 정책을 말한다. 기미책은 한 무제 때 흉노(匈奴)에 대한 대응 방식으로부터 유래하였다. 기미책은 조공책과 달리 주변국가나 민족을 '문명화'하지도 않고 '적대화'하지도 않는 정책을 말한다.

③ 현실주의적 중화주의의 몰락: 현실주의적 중화주의 관념은 19세기 더 강력한 서구 제국주의의 동점(東漸)으로 몰락하게 되었다.

(3) 이념적 중화주의

① 의의: 이념적 중화주의는 보편적 가치, 도덕성 여부, 문화적 수준 여부로 '중화'여부를 결정하는 관념으로서, 이념적 중화주의는 유교에 의해 체계화되었다. 이념적 중화주의는 현실적 중화주의와 달리 개방적, 보편적, 추상적 성격을 강하게 내포하고 있었다. 이념적 중화주의는 공자, 맹자, 한유, 주자 등을 거치면서 체계화되었다.

② 특징: 이념적 중화주의의 특징은 '화'와 '이'를 구분하는 기준을 도덕과 예의에서 찾는다는 점이다. 공자는 도덕의 핵심을 '인(仁)'으로 규정하고, '인'이란 '자신이 원하는 바는 남도 획득할 수 있게 하고' '자신이 싫어하는 바는 남도 싫어한다'는 사실을 체득하는 것이라고 보았다. 이념적 중화주의 관점에서는 패권적 힘을 가진 공동체라 할지라도 문화적 성격을 확보하지 못한다면 중화가 될 수 없고, 반대로, 변방출신일지라도 도덕과 예문화의 기준을 충족시킨 공동체라면 중화, 즉, 문명의 주체로 자리매김 될 수 있다.

5. 중화주의의 특성

(1) 한족의 문화적 우월성에 기초

중화주의는 기본적으로 한족의 문화적 우월성에 기초하고 있다. 물론, 현실적인 물리력, 곧 군사력과 경제력을 전혀 도외시하는 것은 아니나 어디까지나 문화적 요소가 보다 지배적이었다. 따라서 도덕성이나 문화성을 보유하고 있지 못하다면 아무리 힘이 강하더라도 '문명'이 아니라 '야만'으로 간주되었다.

(2) 강한 자발적 동화성

중화주의의 또 다른 특징은 자발적 동화성이 강하다는 것이다. 중화권의 편입 여부를 단순히 복속의 문제를 넘어 '문명'과 '야만'의 갈림길로 인식하는 한자문화권에서 이민족에 의한 정복 왕조가 들어서든, 독자적으로 존립하는 국가이든 '중화적 질서'가 '문명적 질서'로 인식되는 한 모든 정치공동체는 중화주의에 동화되지 않을 수 없었다.

(3) 문화제국주의와 자문화중심주의

자문화중심주의란 자신의 문화가 제공한 렌즈를 통해 세계를 인식하는 것을 말하는데, 중화주의 역시 자문화 중심주의적 성격을 갖는다. 또한, 자문화를 '보편문화'로 설정하고, 상대방에게 이에 동화될 것을 요청한다는 점에서 문화제국주의적 성격을 띠고 있는데, 이것이 중화주의의 핵심이다.

---

1) 조빙의 사전적 의미는 '신하가 조정에 나아가 임금을 만나는 것과 나라와 나라 사이에 서로 사신을 보내는 일'을 말한다.
2) '물건을 바치다'라는 의미
3) '답례로 외국을 방문함'을 의미
4) '왕세자, 왕세손, 왕후, 비(妃), 빈(嬪), 부마 등을 봉작(封爵)하던 일'을 의미

(4) 위계적·불평등적 국제질서관

중화주의는 기본적으로 유일한 중심인 '중국'을 상정하고 이를 정점으로 주변 국가와의 위계적이고 불평등한 국제질서관을 전제한다. 중화주의적 국제질서관에서는 주권 개념이 결여되어 있었고, 중화주의의 외연적 세계질서는 중국을 중심으로 한 단일중심적 지배와 복속이었다.

6. 결론

지금까지 한국은 전통적으로는 중화주의적 세계관에, 근대 편입이후에는 서구중심주의적 세계관에 대해 동화 일변도의 태도를 보여왔다. 이러한 태도가 선진문명을 수용하는데는 효과적이지만, 그 자체를 보편적인 것으로 내면화함으로써 결국 자기 정체성을 상실하는 문제를 초래한다. 이로써 중화주의나 서구중심주의의 한계를 비판적으로 극복하여 주체적인 세계관과 성찰에 입각한 발전을 모색할 수 있는 잠재적 능력을 상실하게 되는 것이다. 따라서, 중화주의나 서구중심주의의 부정적 유산을 청산하고 독자적인 '한국적 문명관'을 확립하기 위해서는 수용적·동화적 태도와 함께 저항적·역전적 태도도 적절히 병용해야 할 필요가 있다.

제1절 　아편전쟁

1784. 귀정법 실시
1829. 청, 외국과의 통상금지
1831.5 청, 영국상인의 광동무역을 단속하고 아편수입 엄금
1839.3 임측서, 아편 2만상자 몰수 소각
1839.7 영국, 중국의 광동에 침입
1840.6 영국, 청의 주산도를 함락. 아편전쟁 시작

1841.1.20 취안비 가조약
1842.5 영국, 청의 상해 함락
1842.8 영국과 청, 남경조약 체결
1843.10.8 청, 영국과 추가조약 체결
1843.11.15 청, 상해개방

I 서론

아편전쟁을 통해 유럽 열강들과 외교관계를 설정하기 이전까지 중국은 자국중심의 중화체제를 유지하고 있었다. 중화체제는 화이사상(중화사상)에 기초하여 중국을 최정점으로 하는 수직적 국제관계를 의미한다. 종주국과 조공[5]국으로 형성되어 종주국과 조공국은 사대자소[6]관계로, 조공국 간 관계는 교린관계로 규율되었다. 조공국의 국왕은 중국에 의해 봉해지고 국왕변경에는 중국의 승인을 요하였다. 조공국은 정기적으로 중국에 조공을 행했으며 황제는 조공회사하였다. 아편전쟁과 강화조약인 남경조약은 중화질서를 무너뜨리고 주권평등과 근대국가(nation-state)의 병존에 기초한 국제질서를 동아시아질서에 확대적용하게 되었다.

---

[5] 조공은 전근대 동아시아의 국제관계에서 중국 주변에 있는 나라들이 정기적으로 중국에 사절을 보내 예물을 바친 행위이다. 이는 일종의 정치적인 지배수단으로 볼 수 있다. 중국 주(周)나라 때 제후는 방물(方物:지역 특산물)을 휴대하고 정기적으로 천자(天子)를 배알하여 군신지의(君臣之義)와 신례행위(臣禮行爲)를 행하였다. 천자는 이를 통하여 여러 제후를 통제하고 지배하였다. 그뒤 이 제도는 한족(漢族) 중심의 중화사상을 기초로 주변 이민족을 위무·포섭하는 외교정책이 되었다.

[6] 주나라 이후 제후국들 사이에 작은 나라는 큰 나라를 섬기고(事大), 큰 나라는 작은 나라를 사랑해 주는(字小) 예가 있었다. 이러한 사대·자소는 결국 대소국간에 우의와 친선을 통한 상호공존의 교린의 예로부터 출발하고 있다. 춘추전국시대(春秋戰國時代)로 접어들자 큰 나라는 약소국에 대하여 무력적 시위로 일방적인 사대의 예를 강요하였고, 이러한 사대의 예에는 많은 헌상물을 수반하는 조빙사대(朝聘事大)가 나타났다. 계속된 전쟁으로 힘의 강약에 의한 지배, 종속관계 대신 헌상물을 전제로 한 조빙사대가 되었으며, 이러한 행위는 한(漢)나라 이후 중국과 주변국가 사이에 제도화되어 조공과 책봉이라는 독특한 동아시아의 외교형태로 나타났다. 따라서 조공·책봉관계는 약소국인 주변국에게는 자국의 안전을 위해 공식적인 교류를 통하여 중국의 침략을 둔화시키고 상호불가침의 공존관계를 수립하기 위한 전제조건이 되었다.

Ⅱ 아편전쟁

1. 원인

아편전쟁의 직접적인 발단은 아편무역이었다. 영국의 동인도회사는 인도의 면화와 면직물을 중국에 수출하고 중국으로부터 차를 수입하고 있었으나 중국이 무역흑자를 보고 있었고, 이로 인해 결제수단인 은이 유출되었다. 1784년 귀정법 실시 이후 인도의 무역적자가 더욱 증가하자 아편을 판매하기 시작하였다. 아편무역으로 중국이 무역적자를 보고 은이 유출되어 은의 가격이 상승함으로써 농민들의 조세부담이 가중되었다. 이로 인해 1826년부터 중국은 아편금수정책을 펴게 되었고 이를 이유로 영국이 중국을 침략하였다.

> **📖 참고 동인도회사**
>
> 17세기 초 영국 · 프랑스 · 네덜란드 등이 동양에 대한 독점무역권을 부여받아 동인도에 설립한 여러 회사. 쪽 · 면직물을 중심으로 한 인도무역에 주력을 쏟아온 영국 동인도회사는 1600년 설립되었으며 18세기 유럽에서의 영국과 프랑스의 항쟁에 규제되면서, 인도에서 프랑스 동인도회사(1604년 설립, 1664년 재건)와 격렬하게 다투게 되었다. 결국 플래시전투를 계기로 하여 영국 동인도회사는 인도무역을 거의 독점함과 동시에 인도의 식민지화를 추진하기 시작하였다. 그 후 사적 독점상업회사(私的獨占商業會社)인 동인도회사에 대해 영국 국내에서 비판이 일어나고, 또 경영난에 빠진 회사가 영국정부의 원조를 요청하게 되었으므로 1773년 노스규제법에 따라 본국 정부의 감독하에 놓이게 되었다. 1833년에는 무역독점권이 폐지되고, 1858년 세포이의 항쟁이 일어난 뒤에는 인도가 영국 국왕의 직접통치하에 들어가게 되어, 동인도회사는 기능이 정지되었다. 결국 동인도회사는 중상주의 시대의 전근대적 독점상업조직으로, 자본주의의 세계적 확산과 산업자본의 지배가 확립되면서 그 역할은 끝나게 되었다. 그러나 독점무역에 따른 이윤은 유럽 여러 나라에서 자본의 본원적축적(本源的蓄積)에 크게 공헌하였다. 영국 동인도회사는 1874년에 국유화되고 2년 후인 1876년에 해산한다.

2. 개전과 취안비 가조약

중국의 아편금수정책을 이유로 영국은 1840년 6월 원정군을 파병하고 광둥성 및 저우산군도 등 중국의 영토를 점령하기 시작하였다. 영국의 요구사항은 몰수된 아편의 배상, 군사비 배상, 양국 관리의 대등한 교섭이었으며, 1841년 1월 20일 취안비 가조약으로 명문화 되었다. 이 조약에서는 홍콩의 할양, 600만 달러의 배상금, 광둥무역[7]의 재개 등을 합의하였다.

Ⅲ 난징조약체제의 주요 내용

1. 개국

영국은 난징조약에서 통상권확보에 주안점을 두었다. 영국상인의 거주를 승인하고, 무역을 확고한 조약상의 권리로 인정하는 한편, 개항장의 수를 증가시켜 그 활동범위를 확대하고 무역의 자유를 심하게 저해했던 청국의 특허상제도를 폐지하였다. 개항장에는 영사를 설치하였다.

---

7) 광저우는 고대 이래 남해무역(南海貿易)의 중심지로 알려져, 당 · 송 · 원 · 명 시대에는 무역 관리를 위하여 시박사(市舶司)가 설치되었다. 유럽인의 동양진출을 계기로 1557년경부터 포르투갈인에 의한 마카오무역[澳門貿易] 이 개시되었다. 그러나 1685년 청조의 해금(海禁)이 풀려 해외무역이 허가되고 월해관(粤海關)이 광저우에 설치되어 점차 이를 대신하게 되었으며, 1757년부터 해외무역을 광저우 한 곳에만 한정시키면서 중국 유일의 무역항으로 발전하였다. 영국 동인도회사의 선박을 중심으로 유럽 여러 나라의 선박이 내항하여 중국 수출인 차(茶) · 비단 등의 대금으로 다량의 외국은(外國銀)이 흘러들어와 대성황을 이루었다. 그러나 아편전쟁 후로는 5개의 항구가 개방되어 독점적이었던 광둥무역시대는 종말을 고하였다.

2. 아편전쟁의 후속조치

홍콩을 할양했으며, 배상금은 아편 배상금 600만 달러, 공행상인 채무 300만 달러, 전쟁배상금 1,200만 달러 등 총 2,100만 달러를 1845년 말까지 지불하기로 하였다.

3. 후속조약

청국과 영국은 1843년에 오항통상장정, 세율표, 후먼채조약 등을 체결하여 난징조약을 보완하였다. 여기서는 종가오분을 원칙으로 하는 관세, 영사재판권, 최혜국대우 조항, 5개 항구에 군함 1척 정박권 등을 규정하였다.

4. 아편 문제

영국은 아편무역의 승인을 요구하였으나 난징조약에서 해결되지 못하였고, 1858년 톈진조약에서 아편무역을 공인함으로써 해결되었다. 다만, 난징조약 이후 양국 간에는 북위 32도 이남지역에서는 아편무역을 묵인하다는 비공식 양해가 성립되어 있었다.

Ⅳ 결론: 난징조약의 국제정치사적 의의

난징조약은 중국 최초의 조약으로서 중국의 개국이 실현된 조약이었다. 이후 열강들과의 외교관계 설정 조약들의 모델이 되었다. 중국은 이 조약에 의해 서구 열강들의 국제법 관계에 편입되어 종래 아무런 구속없이 자유롭게 외국인을 처우할 수 있었던 우월적 지위를 상실하였고 정치, 경제, 문화, 사회 등 모든 방면에서 장래의 불평등의 열세를 감수할 수밖에 없었다.

⬆ 아편전쟁 관계도

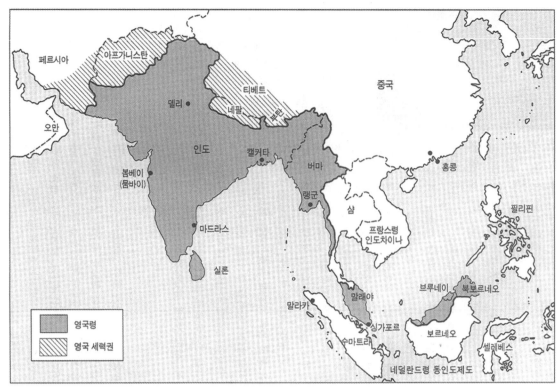

🔼 동양에서의 대영제국

제2절 중국의 국교수립

Ⅰ 왕샤조약(1844년 7월 3일)

1. 당사국의 이해관계

아편전쟁이 발발하자 미국은 함대를 파견하여 중국에 거류하는 자국민 보호임무를 수행하고 있었고, 난징조약이 체결되자 중국과 이와 유사한 조약을 체결하고자 하였다. 난징조약으로 영국이 획득한 독점적 권리가 미국에 균점되지 않는다는 점을 우려하였다. 한편, 중국은 미국과의 조약체결에 반대하는 입장이었으나 1843년 영국과 체결한 후먼채조약에 규정된 최혜국대우 조항에 의하여 구미 열강의 개국 요구를 반대할 수 없다고 판단하여 조약을 체결하였다.

2. 조약의 주요 내용

왕샤조약은 남경조약과 달리 영사에게 부여한 관세납부에 대한 감독책임을 삭제하였고, 중국 내 미국 시민의 생명과 재산을 중국정부가 보호하기로 하였으며, 아편을 취급하는 미국 국민은 보호대상에서 제외시켰다. 어느 항구에서 세금을 납부한 선박은 다른 항구에서의 세금을 면제하여 연안무역을 활성화시켰다. 외교교섭채널을 명확하게 하였다. 또한 남경조약에는 없던 조항으로서 치외법권을 명문화하였다.

Ⅱ 황푸조약

황푸조약은 1844년 10월 24일에 체결된 중국과 프랑스 간 조약이다. 왕샤조약을 모델로 하여 체결하였으며, 프랑스인 재산에 대한 불가침, 개항장에 프랑스 영사가 없는 경우 타국의 영사에게 보호를 의탁하도록 하는 규정을 새롭게 두었다. 조약의 효력기간을 12년으로 하되 이후에는 언제든지 조약의 파기, 개정을 요구할 수 있도록 하였다. 무역량이 많지 않았던 프랑스는 카톨릭 포교의 자유를 얻는데도 주력하였으며 마침내 1844년 12월 14일 포교의 자유와 중국인의 천주교 신앙의 자유가 허락되었다.

Ⅲ 텐진조약

1. 애로우호 사건과 영불의 중국침략

개국조약을 수정할 기회를 노리던 영국은 애로우호 사건을 계기로 중국을 침략하게 되었다. 영국은 외교교섭에 있어서 광동성에 주재하는 흠차대신 대신 베이징과 직접교섭을 원하였고, 기존에 선정된 개항장이 중국 내륙의 산업지역과 연결성이 낮아 효율성이 떨어지자 쑤저우나 항저우로 변경하고자 하였다. 영국은 크리미아전쟁으로 관계가 강화되어 있던 프랑스와 공동출병하였다.

> 📑 **참고 애로우호 사건**
>
> 1856년 영국 국기를 게양한 상선(商船) 애로우(Arrow)호에 청나라 관헌이 들이닥쳐 중국인 해적을 체포한 사건을 계기로 일어난 영국과 중국 간의 분쟁. 애로전쟁·제2차 아편전쟁이라고도 한다. 사건 당시 애로우호는 중국인이 소유하여 운영한 상선이었으나, 영국측은 영국 국기가 끌어내려진 일로 국기의 명예가 손상되었다는 이유로 배상금과 사과문을 요구하였고, 이것이 거부되자 광저우(廣州) 교외 시가에 불을 질렀다. 영국은 청나라가 태평천국(太平天國)에 시달리는 것을 기화로 재차 무력으로 압력을 가하여, 청나라의 양이주의(攘夷主義) 세력을 무찌르고 공사(公使)의 베이징(北京) 주재권, 양쯔강의 개방, 상인(商人)의 중국 내지(內地) 여행권 등을 중심으로 한 조약개정 요구를 실현하려 하였다.

2. 텐진조약의 주요 내용

첫째, 외국사절의 베이징 상주권과 수시 왕래권, 특권과 면제를 규율하였다. 외교사절은 군주의 대표로서 청과 동등한 관계에서 교섭함도 명백히 하였다. 둘째, 기존 항구 이외에 뉴쫭, 덩저우, 한커우, 타이완부, 단수이, 청저우, 난징 등을 추가로 개항하기로 하였다. 셋째, 아편무역이 공인되었다.

Ⅳ 베이징조약

1. 영국, 프랑스의 재침략

비준서 교환장소가 문제되어 영국, 프랑스가 재침략하였다. 텐진조약에는 서명한 날로부터 1년 이내에 베이징에서 비준서를 교환한다고 규정하였으나 중국은 외국사절의 베이징 방문을 거부하고 상해에서 비준서를 교환하도록 하였다. 이에 영국과 프랑스가 중국에 최후통첩을 수교하자 중국은 굴복하였다.

2. 베이징조약의 주요 내용

첫째, 외국사절의 베이징 상주를 재차 확인하고 즉시 실시되었다. 둘째, 중국인의 해외 노동자 이주가 합법화되었다. 셋째, 톈진이 추가로 개방되었고, 영국은 홍콩과 그 인접지역의 질서유지를 이유로 주룽을 할양받았다. 넷째, 포교권을 조약상의 권리로 인정하였다.

3. 의의

베이징조약으로써 중국의 개국은 완료되었고 구미 국제사회에 완전히 편입하게 되었다. 그러나 평등한 구성원으로서 편입된 것이 아니라 불평등한 구성원으로 가입함으로써 구미열강의 반식민지가 되었다. 중국은 총리아문을 설치하여 대외관계를 관장하게 하였다.

Ⅴ 아이훈조약(1858년 5월 28일)

1. 배경

러시아가 크리미아전쟁에 패배하자 해외진출방향에 있어서 중앙아시아와 극동지방으로 진로를 바꾸게 되었고 아무르강 유역에서 식민활동을 적극적으로 추진하기 시작하였다. 영국과 프랑스가 중국을 침략하자 러시아는 극동진출에 위협을 느껴 중국과 교섭을 서두르게 되었다.

2. 아이훈조약의 주요 내용

중국과 러시아 간 국경획정을 주요 내용으로 하였다. 아르군강 하구로부터 아무르강 하구까지의 아무르 강 좌안은 러시아 영토로 하고, 우수리강 하구까지의 아무르 강 좌안은 중국의 영토로 하였다. 또한 우수리 강과 해양간의 중간지대는 양국의 경계가 획정될때까지 공동관리하기로 하였다. 아무르, 숭가리, 우수리 등 3개 하천은 중국과 러시아 선박에만 개방하였다.

제3절 청일전쟁

1894.8.1 청과 일, 선전포고, 청일전쟁 발발
1894.9.17 일, 황해에서 청국 북양함대 주력 5척 격침
1894.10.24 야마가타 아리토모, 압록강 도하 개시
1894.11.4 청 공친왕, 영, 미, 독, 불, 러 공사에게 휴전조정
　　　　　요청
1894.11.12 주일미공사, 청의 요청으로 강화조건 일에 제시

1894.11.21 일군, 여순 점령
1895.2.1 청-일, 히로시마에서 강화회담 개최
1895.2.12 청 북양함대 사령관 정여창, 일함대에 항복
1895.4.17 청일 강화조약 조인
1895.4.23 삼국간섭
1895.5.4 일본 내각, 요동반도 포기 결정

Ⅰ 의의

갑오중일전쟁이라고 중국에서 불리는 청일전쟁은 1894년 7월 25일 양국의 함대가 경기도 서해안의 풍도 앞바다에서 충돌한 때부터 시작되어 다음 해 5월 8일 강화조약이 비준되어 효력이 발생됨으로써 종료하게 된 청일 양국 간에 있었던 최초의 근대적인·전면전쟁이었다. 일본의 계획적인 도발에 의해 초래된 청일전쟁으로 동북아 국제정치 질서에 획기적인 결과를 초래하게 되었다.

Ⅱ 청일전쟁의 원인

1. 일본의 경제공황과 관심전환

1890년에 일본은 경제공황을 경험하였다. 쌀의 흉작으로 쌀 소동이 일어났고 생사수출이 미국 국내의 공황으로 격감됨에 따라 발생한 것이었다. 일본의 경제공황으로 빈민문제가 사회문제가 되었고, 메이지 정부는 해외진출에서 해결책을 모색하였다.

2. 메이지 정부의 현실주의적 국제주의정책(정치적 설명)

청일전쟁은 메이지 유신 이래 일본의 일관된 대외팽창정책의 소산이었다. 1890년 야마가따는 일본의 대외팽창정책의 이유를 일본의 주권선과 이익선 확보에서 찾았다. 즉, 국가가 독립국가로서 생존을 유지하기 위해서는 주권선이라 명명한 국가영토를 보호해야하며, 이를 없다고 판단하였다.

> **참고 메이지유신(明治維新)**
>
> 일본 메이지 왕(明治王) 때 막번체제(幕藩體制)를 무너뜨리고 왕정복고를 이룩한 변혁과정. 이는 선진자본주의 열강이 제국주의로 이행하기 전야인 19세기 중반의 시점에서 일본 자본주의 형성의 기점이 된 과정으로 그 시기는 대체로 1853년에서 1877년 전후로 잡고 있다. 1853년 미국의 동인도함대 사령관 M.C.페리 제독이 미국 대통령의 개국(開國) 요구 국서(國書)를 가지고 일본에 왔다. 이때 유신의 싹이 텄고, 1854년 미·일 화친조약에 이어 1858년에는 미국을 비롯하여 영국·러시아·네덜란드·프랑스와 통상조약을 체결하였다. 그러나 이 조약은 칙허 없이 처리한 막부(幕府)의 독단적 처사였으므로 반막부세력(反幕府勢力)이 일어나 막부와 대립하는 격동을 겪었다. 그러다가 300여 년 동안 내려오던 막부가 1866년 패배하였고, 1867년에는 대정봉환(大政奉還)·왕정복고가 이루어졌다. 메이지 정부는 학제·징병령·지조개정(地租改正) 등 일련의 개혁을 추진하고, 부국강병의 기치하에 구미(歐美) 근대국가를 모델로, 국민의 실정을 고려하지 않는 관주도(官主導)의 일방적 자본주의 육성과 군사적 강화에 노력하여 새 시대를 열었다. 이 유신으로 일본의 근대적 통일국가가 형성되었다. 경제적으로는 자본주의가 성립하였고, 정치적으로는 입헌정치가 개시되었으며, 사회·문화적으로는 근대화가 추진되었다. 또, 국제적으로는 제국주의 국가가 되어 천황제적 절대주의를 국가구조의 전분야에 실현시키게 되었다.

3. 일본의 제국주의 정책(경제적 설명)

청일전쟁은 일본과 중국의 조선에서의 경제적 경쟁관계를 배경으로 발생하였다. 일본에게 있어서 조선은 자국 상품의 수출시장과 식량, 금, 원료 등의 원료공급지로서 중요한 지역이었다. 특히 메이지 유신이래 금본위제를 채택하고 있었던 일본은 일본이 수입한 금의 총량의 68%를 조선에서 수입하고 있었다. 1890년대에 수출과 수입에 있어서 중국과 일본의 경쟁이 치열해 졌고 일본은 안정적이고 독점적인 시장의 확보를 위해 청일전쟁을 도발하였다.

4. 검토

요컨대, 청일전쟁의 근본적인 원인은 메이지 천황국가의 대외침략적인 성격에서 유래되는 것으로서 원료공급지인 조선에서 우월한 지위를 확보하려는 정책의 결과였다. 청나라에 의해 밀려난 조선과의 무역을 만회하기 위해서는 무엇보다 정치, 군사적인 수단에 의존하지 않을 수 없었으며 1890년에 들어서면서 그런 수단을 동원할 국제적인 여건이 마련됨에 따라 전쟁을 도발한 것이다.

Ⅲ 청일전쟁의 전개과정과 강화조약

1. 동학혁명과 청일양군의 파병

1894년 2월 15일 고부민란을 시점으로 동학혁명이 발발하였고 혁명군이 5월 31일 전주성을 함락시키자 조선정부는 청나라에 지원병을 요청하였다. 청은 1885년의 텐진조약에 의거하여 일본정부에 군대파견을 통지하였고 이에 일본도 군대를 파견하였다.

2. 일본의 내정간섭과 개전구실 모색

청일전쟁을 이미 결정한 일본은 조선에 대한 공동내정간섭을 제의하고 이를 거부하는 경우 단독간섭함으로써 개전구실을 찾고자 하였다. 조선이 내정개혁안을 거부하자 일본은 조선에 최후통첩을 수교하고 왕궁을 점령하여 조선군대의 무장해제와 대원군 정권을 수립하였다. 이로인해 청일 양국 간 전쟁이 개시되었다.

3. 일본의 승전과 열강의 개입

조선의 육전과 해전에서 승리한 일본은 주력부대를 요동반도로 이동시켜 중국 본토에 진격하였다. 이로 인해 중국에 제국주의 정책을 펴고 있던 영국, 미국, 독일, 러시아, 프랑스 등이 개입하게 되었다. 영국, 러시아, 미국이 중개에 나섰으나 일본과 청의 거절로 해결되지 못하였다. 청은 자국 영토가 계속해서 정복되자 결국 리홍장을 전권대표로 하여 강화회담에 착수하였다.

4. 청일 강화조약의 주요 내용(하관조약. 1895년 4월 17일)

첫째, 청은 조선의 독립을 확인하고 조공전례를 폐지한다. 둘째, 랴오둥 반도, 타이완, 펑후열도를 일본에 할양한다. 셋째, 군비배상금 2억량을 7년간에 걸쳐 지불한다. 넷째, 구미 열강의 조약과 같이 최혜국대우를 받는 새로운 통상조약을 체결한다. 다섯째, 사스, 충칭, 쑤저우, 항저우 등을 개항장으로 한다. 여섯째, 충칭까지 이르는 양쯔강 항행권, 쑤저우, 항저우에 이르는 항행권 인정한다. 일곱째, 개항장에서 일본인이 제조업을 경영할 권리를 인정한다. 여덟째, 웨이하이웨이[8]를 보장점령한다.

---

8) 산둥 반도의 북쪽 끝에 있는 항구도시이다. 명대(明代) 초에 왜구를 방어하기 위하여 이곳에 위소(衛所)를 설치했기 때문에 웨이하이웨이라고 하였으며, 청대(淸代)에 위소를 폐지한 후에도 이 명칭이 계속 쓰였다. 랴오둥(遼東) 반도의 뤼순(旅順)과 마주보는 보하이(渤海)만 입구의 요지에 위치한다. 3면이 산으로 둘러싸이고 전면(前面)에 류궁섬(劉公島)이 천연의 방파제를 이루며, 수심 12m의 부동항이다. 일찍이 청나라 베이양함대(北洋艦隊)의 근거지였으나 1895년 청·일전쟁 때 일본군이 점령하였다. 전후 3국 간섭의 보상으로 독일이 자오저우만(膠州灣)을, 러시아가 뤼순·다롄(大連)을 조차(租借)한 데 자극받아, 영국은 세력균형을 유지하기 위하여 청나라에 웨이하이웨이의 조차를 강청하였다. 그 결과 1898년 영국은 류궁섬을 포함한 전 항만을 25년간의 기한으로 조차하여 영국 동양함대의 기지로 삼았고 그 일부를 자유항으로서 개방하였다. 제2차 세계대전 때에는 또다시 일본군에게 점령되었다.

Ⅳ 청일전쟁의 영향

1. 3국간섭

청일강화조건에 대해 독일, 러시아, 프랑스 3국이 개입하여 강화조건을 변경함으로써 일본의 중국대륙진출을 저지한 사건을 3국간섭이라 한다. 3국간섭으로 러일관계가 악화되었고, 청과 조선에서는 열강들의 이권쟁패전이 치열하게 전개되었다.

2. 열강의 중국진출

청일전쟁에서 패한 중국은 러시아와 동맹조약을 체결하였다. 이는 일본의 침략에 대한 방어동맹적 성격을 띠게 되었다. 3국간섭을 계기로 열강들은 중국의 연안지역을 조차하거나 그들의 영향권을 설정하기 시작하였다. 독일은 자오저우만[9]을 조차하였고 러시아는 뤼순을 점령하였다. 러시아가 랴오둥 반도에 진출하자 영국은 랴오둥 반도 맞은편 웨이하이웨이에 진출하였다. 프랑스는 광저우를 99년간 조차하여 요새를 건설하였다.

3. 열강의 조선진출

청일전쟁으로 일본이 승리하였으나 3국간섭으로 일본이 후퇴하자 조선에서는 친일파가 물러나고 친러파 내각이 출범하였고 러일간 영향력 강화를 위한 경쟁이 치열하게 전개되었다. 러일은 베버-고무라 협정, 로젠-니시협정을 통해 일본에게는 경제적 우위를, 러시아에게는 정치, 군사적 우위를 인정하는 세력균형협정을 체결하여 양자관계를 안정시켰다.

Ⅴ 청일전쟁의 국제정치사적 의의

청일전쟁은 동북아 국제정치 질서에 일대변혁을 초래하였다. 청은 열강에 의해 정치적으로 분할되고 경제적으로는 침투의 대상이 되었다. 만주와 조선은 러시아와 일본의 각축장이 되어 러일전쟁을 예고하였다. 영국은 러시아 견제세력으로서 일본을 확고하게 지목하게 되어 동북아는 열강의 권력정치의 투쟁장이 되었다.

참고 세력전이이론과 청일전쟁

1. 의의

전쟁은 정치적 행위이므로, 전쟁 당시의 주요 인물이나 개별정책 등 체제내적 요인뿐만 아니라 체제수준 분석도 병행되어야 한다. 체제수준에서의 분석은 전쟁의 촉발요인을 설명하는데는 한계가 있으나 전쟁의 구조적, 환경적 요인을 설명해 줄 수 있다. 청일전쟁은 동북아의 패권국인 중국에 대한 일본의 도전으로 비롯된 전쟁으로 볼 수 있다.

2. 세력전이이론

세력전이모형은 국력관계의 다이내믹한 변화를 관심의 대상으로 하여 갑작스러운 국력 배분 양태의 변화가 국가 간 전쟁을 발생시키는 주요 요인이라고 설명한다. 모든 국제체제는 상대적 국력에 근거한 위계적 질서를 가지게 되고, 체계의 주도국가와 거기에 도전하는 또 다른 강대국 간의 관계가 어떤 양태를 띠느냐가 강대국 간 전쟁에 영향을 준다. 주도국가가 도전세력을 충분히 제압할만한 힘을 가지고 있을 경우 기존의 위계질서가 재편될 가능성은 낮으나 주도국가의 세력이 도전을 제압할 만큼 충분하지 않은 경우 다른 강대국들은 기존 질서를 재편하고자 한다. 특히 상대적 국력의 전환이 매우 빠른 속도로 이루어지는 경우 강대국 간 갈등을 평화적으로 조정하기 위한 시간이 부족해지고, 도전국은 기존 질서를 타파하려는 유혹을 더욱 강하게 가지게 된다. 세력전이 상황에서 기존 강국이 예방전쟁을 시도할 수도 있다. 다만, 전쟁을 먼저 도발하는가의 문제는 국가의 문제가 아니라 지도자의 성향이 위험회피적인지 위험선호적인지에 달려있다는 주장이 있다.

---

9) 중국 산둥(山東) 반도 남쪽 연안, 황해로 이어진 만. 1898년 독일과 청(淸)나라 사이에 체결된 조약에 따라 독일에 99년 동안의 조차권이 부여되었다. 그 후 독일은 이곳에 동양 함대의 기지를 설치하고 배후지에는 자오지(膠濟)철도를 부설하였으며 어촌인 칭다오(靑島)를 근대적인 도시로 발전시켰다. 1914년 제1차 세계대전 중에는 일본군에게 점령되었으나 1922년 중국에 반환되었다.

3. 청일전쟁과 세력전이 모형

(1) 청일전쟁 이전의 세력분포

19세기 동북아 지역체계의 핵심세력은 중국과 일본이었다. 중국은 수세기동안 동북아 지역의 패자로 군림하였다. 일본은 한국보다는 강력한 국력을 가졌었고, 간헐적으로 중국에 도전하기도 하였으나 중국의 패권에 도전할만한 충분한 힘을 갖지는 못하였다.

(2) 중일 간 경제력 격차의 변화

아편전쟁 이후 서구세력과의 일련의 전쟁에서 패한 중국의 경제력은 상대적으로 쇠퇴하기 시작한 반면, 일본은 1858년 미국과 통상조약을 체결하고 1868년 메이지 유신을 통해 서구 문물을 적극적으로 받아들이면서 근대화를 시작하여 국력이 빠르게 상승하였다. 일본의 국력은 1880년대 이후 급속도로 증가하는 반면, 중국의 국력신장은 일본에 비해 현저하게 낮거나 후퇴하기도 하였다. 1800년 이후 세계 제조업 생산가치에서 중국과 일본이 차지하는 비율의 차이도 급격하게 줄었는데, 일본의 생산량은 꾸준히 증가한 반면, 중국의 생산량은 19세기 중반 이후 급격하게 감소하였다.

(3) 중일간 군사력의 격차 변화

① 일본: 일본의 군사력의 확대는 1870년 후반부터 본격적으로 이뤄졌다. 1893년까지 전시 동원가능한 병력은 약 23만명이었고, 청일전쟁직전에 현대식 군함은 총 5만7천톤으로 28척이었고 어뢰정은 24척이었다. 군사비는 1880년대 초반 일본정부 세출의 20%미만이었으나 1890년에는 전체정부예산의 30%이상이었다. 메이지 시대 정책결정자들은 신무기 기술개발에 민간기업의 참여를 독려하여 군수산업이 다른 산업부문의 성장을 이끌도록 유도하였다.

② 중국: 19세기 말 중국의 상대적 군사력은 현저하게 약화되었다. 중국은 서북의 내륙지방을 전략적으로 중시하여 해군력 강화에는 미온적이었다. 19세기 후반 군함의 총톤수는 6만5천톤으로 일본을 앞섰으나 성능면에서는 뒤졌으며 실제 일본 해군을 상대해야 하는 북양해군의 경우 3만5천톤에 불과하였다. 육군의 경우 이홍장 휘하의 북양육군은 3만명에 불과하였다.

(4) 세력전이전쟁의 발발

중국과 일본의 국력 차이는 1880년대 이후 급속하게 줄어들어 일본이 중국을 대신할 강자로 등장할 가능성이 커졌다. 세력전이의 조건이 성립된 것이다. 1894년 조선에서의 상황은 그러한 충돌이 실제로 발생하도록 촉발한 것이었다. 주도국가인 청이 전쟁이전부터 현상유지를 위한 의지와 능력을 충분하게 보여주고 있지 못한 상황에서 도전국인 일본은 주도국가와의 대결에서 이득이 점점 커질 것으로 예상하고 전쟁을 먼저 도발한 것이라 분석할 수 있다.

제4절 | 삼국간섭

I 의의

삼국간섭이란 청일전쟁 이후 일본이 요동반도를 조차하여 중국 대륙에 적극적으로 진출할 수 있는 토대를 마련하자, 중국에서 세력권을 형성하려고 하던 유럽 열강들이 개입하여 일본의 중국 대륙 진출을 좌절시킨 사건을 의미한다. 삼국간섭은 러시아가 주도하였으며, 독일과 프랑스가 동맹관계와 이해관계를 좇아 가담하였다. 삼국간섭은 청일전쟁 이후 동북아 국제질서를 형성하는데 중요한 영향을 준 사건이었다.

Ⅱ 열강들의 이해관계

1. 러시아

일본의 강화조건에 가장 민감한 반응을 보였는바, 이는 시베리아 횡단철도[10])가 곧 준공될 상태에 있었고 이를 계기로 러시아는 동북아에 진출할 기대를 갖고 있었으나 일본의 랴오둥 반도 할양은 이러한 기대에 반하는 것이었다. 러시아는 랴오둥 반도의 할양이 중국과 일본 간의 우호관계를 저해하고 동양의 평화를 위태롭게 한다는 명분으로 열강의 공동개입을 제의하였다.

2. 독일

독일의 대중국정책의 기본노선은 '현상유지'에 있었다. 일본의 중국에 대한 과다한 요구로 인한 중국의 분할은 현상유지에 반하는 것이었다. 독일의 중국전문가 브란트는 강화조건이 받아들여지는 경우 중국이 일본에 경제적으로 예속되어 결국 독일의 이익을 침해할 것이라고 우려하였다. 또한 러시아와 공조체제를 형성함으로써 독러관계를 강화하는 한편 프랑스를 다시 고립시킬 수 있으리라 기대하였다. 중국내 독일 조차지 획득에 대한 기대도 있었다.

3. 프랑스

프랑스는 당시 러시아와 동맹관계에 있었기 때문에 러시아와 공조체제를 유지하기 위해 러시아의 제안을 받아들였다. 한편, 독러관계가 강화되는 것도 좌시할 수 없기 때문에 러시와 공동보조를 취하였다.

4. 영국

영국은 끝까지 일본을 지지하였다. 러시아와 세계적인 대립관계에 있던 영국은 동북아에서 러시아를 견제하기 위해 동맹을 필요로 했으며, 청일전쟁으로 군사력이 입증된 일본이 적합한 상대라고 생각했기 때문이다. 영국은 청에게 강화조건에 응할 것을 종용하기도 하였다.

Ⅲ 삼국간섭의 내용과 일본의 수용

1. 간섭내용

3국간섭을 주도한 러시아는 청 제국 북쪽 지방에서 전전의 현상유지(*status quo ante bellum*)의 회복을 위해 일본이 남만주를 점령하지 않도록 권고하기로 하였다. 또한 일본이 남만주에서 철수하는 것이 러시아의 이익에 필요한 것이라는 점도 통고하기로 하였다. 만약 일본이 3국의 권고를 받아들이지 않는 경우 필요한 조치, 즉 무력간섭을 하기로 하였다. 러시아, 독일 프랑스 3국이 간섭에 참여하였다.

---

10) 러시아 서(西)시베리아 지방의 첼랴빈스크에서 블라디보스토크까지를 연결하는 대륙횡단철도. 정식으로는 '대시베리아철도' 또는 '시베리아횡단철도'라고 한다. 이 철도는 1850년대 극동지방의 군사적 의의(意義)의 증대, 시베리아 식민, 대(對)중국무역 등을 목적으로 계획되었다.

2. 일본의 수용

일본은 일단 3국의 권고를 따를 것을 결정한 다음 비준일인 5월 8일 까지 3국의 재고를 요청하기로 하였다. 만약 거절하는 경우 영국, 미국, 이탈리아에게 지원을 요청하기로 하였다. 3국은 재고를 즉각 거부하였고, 러시아와 갈등을 원하지 않았던 영국과 미국은 중립을 천명하였다. 결국, 일본은 3국의 제안을 받아들여 일본은 랴오둥 반도의 점령을 영구히 포기한다는 전문을 3국에 보냄으로써 3국간섭은 일단락 되었다.

Ⅳ 삼국간섭의 영향

1. 청 – 러 비밀조약(1896년 6월 3일)

(1) 당사국의 이해관계

이이제이책을 고수하며 동맹을 체결하지 않는 노선을 지속해 온 중국도 청일전쟁에서 패한 후 동맹의 필요성을 절감하고 러시아에 접근하기 시작하였다. 러시아는 동청철도[11]부설권을 획득하고자 하였으나 청이 반대하자 철도를 통해 러시아 군을 신속하게 이동시켜 지원할 수 있다는 논리로 설득하였다.

(2) 주요 내용

양국간 비밀동맹의 내용은 첫째, 일본이 극동의 러시아, 청, 조선을 침략하는 경우 상호원조한다. 둘째, 단독강화하지 않는다. 셋째, 전쟁 중 청은 모든 항만을 러시아 군함에게 개방한다. 넷째, 청은 러시아가 헤이룽장 성, 지린성을 횡단하여 블라디보스톡에 이르는 철도를 건설하는 것에 동의한다. 다섯째, 러시아는 전시, 평시를 불문하고 철도를 이용할 수 있다. 동청철도는 1904년 말에 완공되었고 1952년 10월 중국에 반환되었다.

(3) 의의

청은 일본에 침략에 대응할 수 있는 동맹국을 갖게 되었고 러시아는 동청철도 부설권을 획득하게 되어 러시아의 적극적인 만주진출을 가능하게 하였다. 일본에 대한 군사동맹으로서의 실질적 의의는 1897년 말 러시아가 뤼순을 점령함으로써 사실상 종료되었다고 볼 수 있다.

2. 열강의 조차지 획득경쟁

3국 간섭으로 청은 랴오둥 반도를 보존할 수 있었으나, 이를 계기로 열강들은 중국의 연안지역을 조차하거나 영향권을 설정하기 위한 '불할양선언'에 돌입하게 되었다. 독일은 자오저우만을 조차하였고 러시아는 뤼순을 점령하였다. 러시아가 랴오둥 반도에 진출하자 영국은 랴오둥 반도 맞은편 웨이하이웨이에 진출하였다. 프랑스는 광저우를 99년간 조차하여 요새를 건설하였다.

---

11) 중국 둥베이(東北:滿洲) 지방에 있는 철도. 길이 2,430km. 만저우리(滿洲里)에서 하얼빈(哈爾濱)을 지나서 쑤이펀허(綏芬河:東寧)까지의 본선과, 하얼빈에서 창춘(長春)을 경유하여 다롄(大連)까지의 남부선(南部線)이 있다. 일본의 만주 점령 당시는 동청철도(東淸鐵道)·동지철도(東支鐵道)라고 하였다. 원래 러시아가 부설한 것이었으나 만주사변(滿洲事變) 후 1억 7000만 엔(圓)에 일본에게 양도했으며, 제2차 세계대전 후에는 소련이 중국에 무상으로 양도하였다.

3. 열강의 경제적 진출

청일전쟁의 전비조달 및 배상금 마련을 위해 청은 해관수입을 담보로 영국, 독일, 프랑스로부터 차관을 도입하게 됨으로써 열강들에게 경제적으로 예속되었다. 한편, 철도는 중국 내륙지방을 대도시나 항구와 연결시켜 주는 수단이었으므로 열강은 경쟁적으로 철도를 부설하고자 하였다. 러시아는 동청철도, 독일은 산둥성 철도, 프랑스는 베트남 철도를 윈난에 연결하는 부설권, 영국은 미얀마철도를 윈난 예정선과 연결시키는 부설권을 획득하였다. 영국과 러시아는 철도의 세력권을 확정하는 협정을 체결하기도 하였다.

Ⅴ 국제정치사적 의의

삼국간섭은 유럽의 제국주의 세력들이 동북아의 새로운 제국주의 세력 일본을 패퇴시킨 역사적 사건이었다. 러시아에게 적극적으로 대응할 힘이 없었던 일본이 물러서긴 하였으나, 일본은 대러 복수전을 준비하기 시작하였다. 조선에서 영향력을 강화시킨 일본은 만주를 세력범위로 확정하지 못하는 경우 자신들이 이익선이라고 생각하는 조선에서도 러시아에 대항할 수 없을 것이라는 우려를 갖고 있었다. 일본의 대외전략에 있어서 삼국간섭은 대러전쟁의 불가피성에 대해 다시 확인하는 계기가 되었다고 볼 수 있다.

> ### 📑 참고 청일전쟁을 전후한 영국의 대조선정책
>
> #### 1. 서론
> 개항을 전후한 시기에 우리에게 가장 많은 영향력을 행사한 제국주의세력이라면 미국과 영국을 먼저 꼽을 수 있다. 영국은 한영수호조약(1883년, Parkes조약) 이후 2년도 못되어서 우리의 주권을 전적으로 무시하는 거문도 점령사건을 일으키게 되는데, 이 사건이야말로 제국주의 세력의 침략적 속성을 잘 드러내며 이후 한반도 역사 전개에 부정적으로 작용한다. 영국의 대한정책이란 사실 그들의 대 동아시아 정책의 일환이었다. 거문도사건 이후 청일 개전 때까지의 영국의 동아시아 정책은 영국과 러·청·일본 등과의 관계 설정여하에 따라 변화해왔다. 당시 영국은 러시아의 대한 위협을 막기 위해서 청, 일 모두를 러시아 방어에 이용하려 했기 때문에 청일 간 싸움을 끝까지 막으려 하였다. 그러나 청일전쟁에서 청이 불리해지자 영국의 동아시아 정책은 자연 일본을 중심으로 바뀌게 되었다.
>
> #### 2. 청일 전쟁 이전의 영국의 동아시아 정책과 조선
> 영·러 간의 초 지역적 대립으로 나타났던 거문도사건은 청의 중재와 러시아의 조선영토 불가침 약속으로 해결되었다. 영국의 거문도 점령은 러시아에게 그들의 해군이 지니고 있는 전략적 취약점을 분명히 보여준 사건이었다. 그러므로 러시아는 동아시아령을 해군력이 아닌 육군력으로 방어하기로 하여 시베리아철도 건설계획을 추진하였다. 러시아의 시베리아철도 건설이 완성되면 일본이나 청은 큰 위협을 받게 되었다. 따라서 일본은 러시아와의 전쟁이 불가피하다고 보았으며, 그 전에 청과의 전쟁을 먼저 치르지 않으면 안 될 필요성을 느끼고 있었다.
>
> 이런 상황에서 때마침 조선에서 동학농민혁명이 발생하였고 대청 전쟁의 명분을 찾던 일본은 이를 계기삼아 청과의 전쟁을 본격화하기 시작하였다. 일본은 동학농민혁명 당시에 신중한 태도를 보였는데, 이는 청과의 전쟁보다 예상되는 타 열강과의 전쟁을 더욱 두려워했기 때문이다.
>
> 이때 영국은 청과의 전쟁을 목전에 둔 일본에 대해 어떻게 대처하고자 했을까. 영국의 대일외교는 두 방향으로 진행되었다.
> ① 청일이 개전하는 경우에는 러시아가 이 기회를 틈타 개입, 어부지리를 얻게 될 것이기 때문에 전쟁은 반드시 방지되어야만 한다는 사실을 일본에게 설득하는 일이다.
> ② 전쟁방지를 위한 방법으로서 이를 위해서 일본이 청과의 동시 철병안을 받아들여야만 하는데 그들은 이를 열강과 공동 개입함으로써 실현시키자는 것이었다.
>
> 그러나 이 두 가지 방안은 모두 실패로 끝났다. 영국은 일본이 청일전쟁을 개전하는 것을 막을 수 있었지만, 러·불 동맹군의 위력을 더 위협적으로 느꼈기 때문에 개전을 방관할 수밖에 없었다. 영국이 단독개입을 자중할 수밖에 없었던 이유는 러·불의 연합해군력이 영국의 아시아 해군력을 능가하는 것이어서 만일 일이 잘못될 경우 영국으로서는 아직까지 아시아에서 누려왔던 제해권마저 상실할 위험에 직면했기 때문이다.

3. 청일전쟁과 영국의 친일 정책

일본의 청에 대한 선전포고로 전쟁방지를 위해 기울인 영국의 노력이 무위로 끝난 후 일본의 우세한 군세는 이후 영국의 동아시아정책을 크게 바꾸어 놓았다. 신흥일본이 노쇄한 대국 청을 이기리라고는 열강제국들도 상상을 못했지만 평양과 압록강에서의 일본의 대승은 당시의 예상을 뒤엎은 획기적인 사건이었다. 일본이 승승장구하며 한반도만이 아니라 대륙을 넘보자 영국은 이에 대한 대비책을 강구하지 않을 수 없었다. 일본의 행위가 결국은 러시아를 자극하게 되고 러시아가 이를 한반도 침략의 호기로 이용하게 될 것을 우려하였다. 따라서 영국은 열강과의 공동개입을 통해서라도 이러한 사태를 막고자 하였다.

사실 영국이 이처럼 열강과의 공동개입을 통한 강화를 제의하고 나선 것은 그들의 대한정책이 이 시기에 와서 중대한 전환점을 맞고 있다는 점에서 주목을 끌 만하다. 영국은 무력한 청을 대신해 러시아 견제를 위한 차선책을 강구할 수밖에 없었다. 그것은 곧 조선을 청이 아니라 열강 모두에게 종속시켜 그들의 힘으로 러시아를 견제코자 했던 것이다.

그러나 조선을 열강의 공동 담보 하에 두려고 했던 영국의 대한방침도 구미열강과 일본의 반대에 부딪쳐 좌절되었다. 따라서 영국이 이제 청 대신에 러시아의 남침을 막아줄 수 있는 신흥세력으로 고려한 나라는 일본이었다. 1894년 말경에는 영국정부는 친일쪽으로 기울어지고 있었다. 이같은 영국정부의 대일접근은 종전을 위한 강화회의를 전후하여 보다 선명해졌다. 청의 허약함이 드러난 상황에서 영국이 동아시아에 있어서의 일본의 종래의 지위를 유지할 수 있는 방법은 이 길 밖에 없었을지 모른다. 따라서 영국정부의 이와 같은 처사는 결국 청의 감정을 해치게 되고 마침내 청은 러시아 쪽으로 접근할 수밖에 없게 되어, 청의 문호가 러시아에게 전면 개방되는 형편에까지 이르게 되었다.

4. 1898년 전후의 영국의 대한 정책

(1) 청일전쟁 이후

청일전쟁은 청의 패전으로 끝나서 이제 동아시아에는 영일과 청·러의 대립이라는 양대 진영이 성립되고 미국은 전자 편에, 프랑스는 러불동맹에 따라 후자 편에 각각 동조하게 되었다. 청·일 간에 하관조약(1895.4.17)이 체결되고 일본의 우세를 보장한 강화조건이 알려지면서 러시아를 위시한 열강들에 의한 '삼국간섭'이 단행되었다. 이 같은 간섭 3국의 공동 보조야말로 동아시아에 대한 이들 열강의 최초의 확고한 정책 표명이었다.

실로 이 간섭이야말로 동학농민혁명을 틈타 도발했던 일본의 전쟁을 열강이 보다 높은 차원에서 다시 이용한 표본이었다. 이에 일본은 난국 타개의 방법을 찾았으나 고립된 일본은 그들에게 가장 우호적이라고 생각했던 영국에로의 접근을 적극적으로 시도하게 되었다.

그러나 영국은 일본의 기대처럼 적극적이지 않았다. 영국의 냉담한 태도에 실망한 일본은 마침내 적성국가인 러시아와 타협을 시도해야하였다. 그렇기 때문에 경역협정이라고 불리는 '웨베르-소촌각서'나 '모스크바 의정서'라고 불리는 보다 고위급 회담인 '로바노프-야마가타 의정서'는 모두가 아관파천 시기에 일본이 러시아의 절대우세를 인정한 바탕 위에서 자구책으로 맺어진 러일 타협의 산물이었다. 또한 미국의 친러적 성향은 일본에 불리하게 작용하였다.

(2) 영국의 정책

러·독·불 3국의 조차지 경쟁이 불거지게 되고 이러한 열강간의 새로운 세력판도가 정립되어지는 1898년을 전후한 이 시기야말로 열강의 동아시아 정책이 크게 전환되는 일대 전기였다고도 볼 수 있다. 그러면 이렇듯 제국주의 정책의 일대 전환기였던 1898년을 전후로 해서 영국의 동아시아 정책은 어떻게 구체화 되어가며, 그것이 조선에 미친 영향은 어떠했을까? 동아시아에서 러시아와 대립하고 있는 영국으로서는 프랑스와도 아프리카에서 식민지 획득을 둘러싸고 대립관계에 있어 러불동맹 진영과는 어차피 접근할 수가 없는 사정이었다. 여기서 영국은 1898년을 기하여 대독접근과 아울러 대미·대일 접근을 서두르게 되었던 것이다.

먼저 영국이 접근을 꾀하며 아시아에서의 자국의 방파제로 이용코자 했던 국가는 독일이었다. 독일은 그렇게 이해관계가 크지 않았기 때문에 영국의 제안을 거절하였고, 이에 영국은 미국에 접근을 시도하였다. 전통적으로 미국은 불개입주의 원칙을 고수해왔지만 이 무렵에 와서는 미국도 만주진출을 꾀하고 있었고 러시아의 위협을 느끼지 않을 수가 없었다. 또 미국의 대중국 이해도 영국 다음으로는 크기 때문에 그들의 대미 접근은 가능할 것으로 보았다.

그런데 그 당시 영국은 중국의 문호개방에 있어서 자기네들의 권익범위였던 양자강 유역은 제외하고 그 밖의 지역에서는 개방이 가능하도록 해야 한다는 원칙을 세워두고 있었는데 반해, 미국은 양자강을 포함한 전 중국의 문호개방을 주장하고 있었다. 이렇듯 양의의 주장이 큰 차이가 있었기 때문에 결국 영국의 대미접근은 실패로 끝나고 말았던 것이다.

그러나 미국은 필리핀 점령을 감행하게 되고 러시아와 대립하는 형국이 되자 영국과의 관계개선의 기회가 주어지게 되었다. 러시아의 만주에 대한 위협이야말로 종래 동아시아 정책을 둘러싸고 서로 노선을 달리해온 미국을 영국에 접근시켜 놓았던 좋은 계기가 된 것이다. 전통적 불개입주의를 포기하고 아시아 지역에 적극적으로 진출하게 되는 이 같은 미국의 태도변화는 독립주의 청산이 불가피하다고 판단되어 일본과의 동맹마저 구상하고 있던 영국에게는 대미관계를 호전시킬 수 있는 더할 수 없는 호기가 아닐 수 없었다.

(3) 이후의 정세

따라서 동아시아 정책에 있어 보조를 맞추게 된 영국과 미국은 러시아의 남침을 저지하는 효과적인 방법으로서 일본을 지원키로 다시 방향을 잡았던 것이다. 그리하여 미국과 영국이 공동으로 러시아의 견제를 위해 대일지원으로 그들의 동아시아 정책의 초점을 맞추게 되는 1898년 이후에는 이제 일본도 이 지역에서 외교적 열세를 벗어날 수 있게 되었다. 그리고 이 같은 상황은 한반도에서도 그대로 적용되어 러시아가 우세한 가운데 전개되고 있던 러일의 대립이 1898년 이후에는 반대로 일본이 우세한 상황에서의 러일의 대립으로 바뀌게 되었던 것이다. 이와 같은 러일의 대립은 결국은 전쟁으로까지 비화될 수밖에 없었고 러일전쟁에서의 일본의 승리는 한국의 운명을 일본의 수중에 넣어주는 결과를 초래케 했던 것이다. 그러한 결과의 초래에 미국과 영국의 영향이 얼마나 지대하였는가는 재론이 필요치 않다.

5. 결론

위에서 본바와 같이 영국의 동아시아정책 및 대한정책은 청일전쟁을 겪고 난 후, 특히 1898년 이후부터는 그 이전과 달리 크게 변화해갔다. 영국은 청일전쟁 이전에는 본래 대청 지원을 통해 러시아의 남하를 방지하고자 했었다. 그렇기 때문에 한영 수교 이래의 영국의 일관된 대청 지원은 한국을 청의 종속국으로 머물게 하는 데 크게 기여했던 것도 사실이었다. 그러나 1898년 일본이 강성해지면서 전쟁의 위험이 높아지자 영국은 러시아의 대한위협을 막는데 청뿐만 아니라 청일 두 나라를 공동으로 묶어 이용하려고 하였다. 이로 인해 영국은 청일 양국끼리의 싸움을 어떻게 해서든지 막으려 하였고 여러 가지 외교적 노력을 했지만 결국 실패하고 전쟁은 발발하였다.

청일 간의 전쟁이 일본의 승리로 끝나게 되자 이제 영국의 동아시아 정책은 대러 방어를 위해서 친일 정책으로 전환되고 여기에 반발했던 청은 러시아 쪽으로 기울게 되었다. 더구나 삼국간섭 이후에 독·프·러가 중국의 영토분할에 착수하고 미국이 필리핀을 점령하면서부터 동아시아에서 열강 간의 이해의 대립이 첨예화하고 외교적 갈등도 증폭되어 갔다. 따라서 청일 전쟁에서 러일전쟁에 이르는 약 10년간은 제국주의적 침략이 최고조에 달한 시기였고 열강의 침략무대가 바로 동아시아를 중심으로 전개된 시기였다고 봐도 좋을 것이다.

열강의 동아시아정책에 있어서 일대 전기를 가져오게 했던 1898년은 그 이전과 이후의 시기를 성격상 다르게 갈라놓았다. 앞의 시기(1894~1898)에서는 동아시아가 유럽 열강에게 상업상·이권상의 문제로서 떠올랐다면 뒤의 시기(1898~1904)에는 식민지 분할의 본격적인 대상으로서 떠오르게 됨으로써 동아시아에서 제국주의 체계가 본격적으로 자리 잡게 되었다. 또한 전반기에는 삼국간섭에 의해서 러시아가 우세한 국제관계를 이루어나감으로써 일본의 세력 범위로 여겨졌던 한국이 주로 러·일의 외교적 쟁점이 된 시기였다. 이에 비해 후반기에는 영일동맹을 비롯한 국제관계의 변화를 통하여 일본의 우세로 역전된 가운데 러시아의 세력범위였던 만주가 그들의 문제의 초점이 되었던 시기였다.

특히 1900년 의화단의 난을 계기로 한 러시아의 만주 점령 이후의 정황변화는 영일 양국의 보다 강화된 제휴를 가능케 하여 결국 1902년 영일동맹의 체결(1월 30일)에 이르러 영국의 전통 깊은 '명예로운 고립'정책은 마침내 청산되게 되었다. 그리고 영일동맹의 체결로 영국은 러시아의 남하를 막기 위한 방파제로서 일본을 이용할 수 있게 되었고 그 대가로서 일본에게 한국침략의 길을 열어 주었다. 일본에게 있어서 영일동맹의 체결이야말로 그들의 대러 전쟁에 대한 백만 원군이나 다름없었다.

제2장 │ 일본외교사

1853.6 미국사절 페리제독, 일본 입항
1854.3 미일화친조약 체결
1855.12 일본, 네덜란드와 화친조약 체결

1856.7 미국 총영사 해리스 도착
1858.6 미일수호통상조약 체결
1859.5 일본, 가나가와, 나가사키 개항

I 서론: 일본의 개국 환경

도쿠가와 막부[12]에 의해 250년간 유지되어 왔던 봉건체제는 19세기 중엽에 이르러 내부 붕괴의 위기를 맞고 있었다. 그동안 일본은 엄격한 쇄국체제를 유지하면서 평온한 시절을 보내왔다. 이는 섬나라라는 지리적 조건으로 서구의 해군력 밖에 있었고, 19세기 중엽까지 서구의 관심은 유럽 대륙 내의 세력관계 형성에 있었으며 이후 동양에 진출함에 있어서도 중국 경략에 집중하고 있었기 때문이다.

그러나 19세기 중엽 봉건체제는 사치풍조, 재정문란, 대명제후세력의 증대 등 내부적 위기에 직면하였고, 1853년경 막부계급은 학문탐구를 통해 새로운 정치질서를 모색하기 시작하였다. 이러한 국내적 배경하에서 외국함선의 도래는 일본 개국의 결정적 계기가 되었다.

> **📑 참고 막부(幕府)**
>
> 12세기에서 19세기까지 쇼군을 중심으로 한 일본의 무사 정권을 지칭하는 말이다. 초기에는 군사 지휘 본부라는 의미였으나 군사령관인 쇼군이 실질적인 국가의 통치자가 되고 그의 본부가 정치, 행정, 경제권을 장악하게 되면서 정부라는 뜻으로도 쓰이기 시작하였다. 19세기 후반 메이지 유신으로 인해 사라졌다. 일본의 역사에는 크게 세 개의 막부(가마쿠라 막부, 무로마치 막부, 도쿠가와 막부)가 있었다. 막부(幕府)라는 단어를 한자어로 풀이하면 '장군의 진영'이란 뜻이다. 과거 중국에서 영토 정벌 등의 이유로 왕을 대신해 외부로 나간 군대 지휘관들이 야외에 임시 천막을 치고 군사 작전을 지휘한데서 유래된 말이다. 하지만 일본에서 막부는 무인(武人) 가문의 통치를 상징하는 좀 더 정치적인 의미를 지닌다. 처음에는 '본부' 정도의 뜻이었으나 지휘본부가 그대로 정치적인 권력을 갖게 되면서 '정부'라는 뜻으로까지 쓰이게 된 것이다.
>
> 현재 우리나라에서는 12세기부터 19세기까지 쇼군(Shogun)을 중심으로 한 일본의 군부 정권을 지칭하는 말로 주로 사용하고 있다. 일본에서는 막부를 바쿠후(bakufu, ばくふ)라 발음하는데 오늘날 일부 역사학자들은 막부가 과거 일본에서 가졌던 정치적 역사적 의미를 살려 '바쿠후'란 단어를 대신 사용하기도 한다.

---

12) 도쿠가와 이에야스(德川家康)가 천하통일을 이루고 에도(江戸: 현 도쿄)에 수립한 일본의 부케정권(武家政權: 1603~1867). 지배체제는 가마쿠라(鎌倉)·무로마치(室町)막부에 비하여 강력하였으며 전국의 통치권을 장악. 구게(公家)·지샤(寺社) 세력을 통제하고 각처에 할거하는 다이묘(大名)들을 신속(臣屬)시켜 '막번체제(幕藩體制)'라는 집권적 지배체제를 확립하였다. 막부의 직제는 다이로(大老)라는 최고직 1명을 비상근(非常勤)으로 두고, 그 밑의 로추(老中) 4,5명이 정무를 총괄하고 와카도시요리(若年寄)는 로추를 보좌하는 한편 하타모토(旗本:만 석 이하의 직속 무사)를 감독하였다. 관리는 반가타(番方:武官)와 야쿠가타(役方:文官)로 구분되었으며, 17세기 이후는 쇼군(將軍) 직속의 소바요닌(側用人)을 두어 이들이 세력을 휘둘렀다.

일본에서 쇼군을 우두머리로 한 정권인 막부가 등장하게 된 역사적인 배경은 다음과 같다. 4세기 야마토(大和, Yamato) 정권이 세웠던 율령체계는 8세기 말 헤이안 시대(平安時代, Heian period)에 들어서면서 서서히 붕괴되기 시작하였다. 국유지는 점차 귀족들의 사유지가 되어갔고 법과 질서는 혼란스러워졌다. 이로 인해 각 지방에서는 치안을 이유로 다이묘(大名, daimyo)를 비롯한 무사계급이 성장하였으며 군사에 대한 권한을 가지고 있던 쇼군의 지위가 매우 높아졌다. 12세기 후반 결국 쇼군은 국가의 실질 통치자로 나서게 되었다.

일본 역사에서 등장한 막부는 크게 셋으로 나눌 수 있다. 첫 번째 막부는 1192년 쇼군 미나모토 요리토모(Minamoto Yoritomo, 1147~1199, 통치1192~1199)에 의해 세워졌다. 그가 세운 정권은 그의 본부가 위치했던 가마쿠라(鎌倉, Kamakura)의 지명을 따라 가마쿠라 막부(鎌倉幕府, Kamakura shogunate)로 불린다. 군사 사령 본부로 시작한 막부는 점차 국가의 군사, 행정, 조세, 법체계를 비롯한 전 영역에 지배적인 권한을 행사하였다. 12세기 말 가마쿠라 막부가 무너진 이후 막부라는 군부정치체제는 계속해서 이어졌다. 1338년 일본 역사상 두 번째 막부인 무로마치 막부(室町幕府, Muromachi shogunate, 아시카가 막부)가 등장하였다. 16세기 무로마치 막부는 쇼군 옹립을 둘러싼 갈등과 전쟁, 다이묘들에 대한 통제력을 상실해감에 따라 점차 쇠락의 길을 걸었다.

1603년 일본의 마지막 막부인 도쿠가와 막부(德川, Tokugawashogunate, 에도 막부)가 등장하였다. 도쿠가와 이에야스(Tokugawa Ieyasu, 1543~1616, 통치 1603~1605)에 의해서 세워진 이 막부는 19세기까지 일본을 통치하였다. 하지만 막부는 19세기 중반 서양세력의 개혁요구에 맞닥뜨려 제대로 대처하지 못해 다이묘와 민중들의 불만을 샀고 이로 인해 1867년 대정봉환(大政奉還)을 통해 통치권을 천황에게 넘겼다. 비록 막부는 무너지고 기존 제도들이 상당부분 폐지되기 시작했으나 과거 도쿠가와 막부가 형성했던 중앙집권적 통치체제의 일부는 1868년 세워진 메이지(明治, Meiji) 정부에도 큰 영향을 끼쳤다.

Ⅱ 일본과 미국의 이해관계

1. 미국

미국은 1848년 멕시코와의 전쟁을 통해 캘리포니아를 병합한 이래 태평양에 진출하였고 포경업이 급성장하였다. 1820년 이래 여러 차례 미국 선박이 북태평양에서 난파되어 일본에 표착하였고 이들에 대해 보호할 필요가 있었다. 또한 1844년 국교를 수립한 청과 무역에 종사하기 위해서는 중간기착지로서 일본이 필요하였다.

2. 일본

청이 아편전쟁을 통해 강제로 개국되자 일본은 전쟁을 피하기 위해 기존의 쇄국정책을 완화할 필요가 있다고 판단하였다. 또한 약 200여년간 일본과의 무역을 독점해 왔던 화란의 국왕이 특사를 파견하여 전쟁과 영토할양을 강요당한 중국의 전철을 밟지 않기 위해서는 우의에 입각해 개국해야 한다고 권고하였다.

Ⅲ 일본의 개국과 국제관계 형성

1. 페리의 방일

미국은 유럽열강들이 유럽내에서의 터키제국의 이권쟁탈을 위한 크리미아전쟁에, 아시아에서는 중국에서의 이권쟁탈에 전념하고 있는 틈을 노려 태평양항로의 개발과 일본과의 관계 설정에 돌입하였다. 이를 위해 미국은 1852년 11월 24일 페리제독을 일본에 파견하였다.

2. 일본내의 개국논쟁

페리의 개국제의에 대해 막부는 개국론과 쇄국론으로 분열되었다. 다수를 점했던 쇄국론자들은 결국 일본이 정복의 대상이 될 것이고, 무역을 통한 사치품의 수입은 일본의 금은을 유출시켜 일본의 국익을 저해할 것이라 생각하였다. 한편, 개국론자들은 전쟁에 의한 무력 개국을 피해야 하고 외국과의 교역을 통해 기술을 수입하자고 주장하였다.

3. 미일 화친조약의 체결(1854년)

중미 간 망하조약을 표본으로 체결되었다. 주요 내용은 첫째, 시모다, 하코네항을 개방하고 식량, 석탄등을 공급한다. 둘째, 최혜국대우를 부여한다. 셋째, 일본 연안에 미국 선박이 표류 또는 난파하는 경우 일본은 선박을 구조하고 선원들을 미국 국민에게 인도한다. 넷째, 일본의 지속적인 반대로 통상이나 영사규정은 배제되었다.

4. 미일 통상관계 설정(1858년 7월 29일, 미일수호통상조약)

(1) 배경

가나가와조약은 무역관계 설정을 배제하였고, 조약체결 이후의 미일관계도 미국 관원이 추방되는 등 불안정한 관계를 보이고 있었다. 양자관계를 안정시키고, 통상관계를 설정하기 위해 미국은 1856년 해리스를 총영사로 일본에 파견하였다. 해리스의 설득과 협박, 그리고 영청, 불청 간 텐진조약을 배경으로 미일수호통상조약이 체결되었다.

(2) 주요 내용

첫째, 수도에 외교대표를 파견하고 개항장에는 영사를 주재토록 한다. 둘째, 일본이 유럽 국가와 분쟁하는 경우 일본정부의 요청에 따라 미국대통령이 중재할 수 있다. 셋째, 가나가와, 나가사키, 니가타, 효고를 개항한다. 넷째, 양국 국민은 자유롭게 물품거래를 할 수 있으나 아편 수입은 금지한다. 다섯째, 일본은 수입상품에 관세를 부과할 수 있다. 여섯째, 미국국민은 개항장에서 사방 40km내에서 여행할 수 있으나 상거래는 할 수 없다. 일곱째, 영사재판권을 인정한다. 여덟째, 일본내 미국인의 신앙의 자유와 예배당 건설의 자유를 인정한다.

5. 영국, 러시아, 홀란드와의 화친조약

가나가와조약 체결 이후 다른 유럽 국가와도 개국조약이 체결되었다. 조약의 내용은 가나가와조약을 모방하였다. 영국의 경우 크리미아전쟁으로 교전중이던 러시아가 일본의 항구를 이용하는 것에 대한 우려를 배경으로 하였다. 러시아와 조약에서는 영사재판권이 규정되었다. 홀란드와 정식 국교를 수립한 일본은 홀란드인에게 집단거주지인 데지마로부터 희망지역으로 여행할 수 있는 자유가 보장되었다. 화친조약의 체결로 일본은 200여년간 유지해온 쇄국정책을 폐기하였다.

6. 홀란드, 러시아, 영국, 프랑스와의 수호통상조약

(1) 배경 및 내용

미일수호통상조약 체결 이후 일본과 수교한 다른 나라들도 통상조약 체결을 요구하였다. 이들 조약들은 불평등 조약의 3대요소인 일방적인 영사재판권, 협정세율, 최혜국대우조항을 모두 담고 있었다. 영국의 경우 주요수출품인 면제품과 양모가 5%의 저율관세로 수입되도록 하여 경제적 팽창정책이 반영되었다.

(2) 의의

개국으로 인해 불평등조약이 체결되자 일본에서는 양이론이 크게 영향력을 얻게 되었고 국내정파 간 갈등이 재개되었다. 양이론은 존황론과 연결되었고, 개국론은 막부지지론과 결부되었다.

Ⅳ 일본의 개국과 중국의 개국의 비교

1. 공통점

일본과 중국은 개국당시의 상황에 있어서 유사한 점이 많다. 첫째, 양국은 한 개의 개항장을 통해 집중된 무역제도를 유지하였다. 중국은 광동무역을, 일본은 나가사키 무역형태를 띠고 있었다. 이는 양국 모두 철저한 쇄국정책을 유지했음을 의미한다. 둘째, 일본은 외국표류 선원을 남만이라 하여 학대하였고 중국도 외국인을 경멸하고 선교사를 박해, 추방하였다. 셋째, 양국은 국제법에 대한 지식이 없었으므로 불평등조약을 무비판적으로 수용하였다.

2. 차이점

(1) 개국주체 및 방법

중국의 개국은 전쟁을 통한 강제적인 개국이었으나 일본은 포탄없는 평화적인 방식에 의한 개국이었다. 중국의 개국은 전통적인 식민세력이었던 영국과 프랑스에 의한 개국이었으나 일본의 개국은 반식민주의투쟁을 벌여온 이상주의적 신흥공화국인 미국에 의한 개국이었다.

(2) 국내적 지배계급의 차이

일본은 무사계급이 지배세력이었고 이들의 진취적 성향이 개국과정과 이후 근대화과정을 지배하였다. 무사계급은 존황정신으로 무장하고 조정회복운동의 선구자적인 입장에서 개혁운동의 주도권을 잡았다. 반면, 중국의 경우 유교의 열광적 옹호계급인 신사계급이 지배하였다. 대외정치나 경제문제는 천시했던 유학자들의 가치관과 이에 영합한 청조정의 속성으로 개국과정도 무력을 수반할 수밖에 없었고, 개국이후에도 개국의 긍정적 측면을 활용하여 근대화시킬 기회를 상실하고 열강들의 준식민지로 전락해 갈 수밖에 없었다.

(3) 중일 간의 지리적 차이

광활한 영토를 지니고 자급자족이 가능했던 중국과 영토의 협착성 속에서 해외확장의 필요성을 절실히 느꼈던 일본은 개국에 대한 관심의 정도에 차이가 있을 수밖에 없었다.

(4) 개국전 국제정세에 대한 정보

일본은 화란인들에 의해 세계정세를 이해할 수 정보를 접할 수 있었다. 화란인들에 의한 일본 개국의 권고는 개국을 위한 예비적 노력으로 급격히 닥친 외래문물로부터의 충격을 감소시켜 주는데 중대한 역할을 하였다.

Ⅴ 결론: 동북아 국제정치사에 미친 영향

일본의 개국으로 일본은 동북아시아에서 중국과 러시아을 제압하고 패권국으로 성장할 수 있는 토대를 구축하게 되었다. 일본은 문치주의에 빠져 개국 이후에도 적극적인 근대화정책을 실시하지 못한 중국과 달리 1867년 명치유신을 단행하고 일본의 정치, 경제, 문화제도의 개혁을 단행하였다. 한편, 국제법을 적극적으로 수용하여 국제관계를 정립해 나갔고, 무역, 유학생 파견, 군함의 수입 등 부국강병의 기틀을 다져나갔다. 일본의 개국과 이후 국제정세에 대한 이해와 적응, 제국주의의 기반인 군사력의 확충, 국내정치적 개혁은 일본이 동북아에서 급격히 성장하고, 이후 영국의 동맹세력이 되어 세계적인 열강으로 성장하는데 중요한 기틀을 마련해 주었다고 볼 수 있다.

📑 **참고 일본의 동아시아 침략사**

동양외교사의 흐름 – 일본의 동아시아 침략사의 관점

1. 동서양 국제관계 형성

1831.5 청, 아편수입금지	1858.6 텐진조약
1840.6 영, 중국 침략. 아편전쟁 시작	1858.6 미일수호통상조약
1842.8 난징조약	1860.10 베이징조약
1844.7.3 왕샤조약	1867. 일, 막부체제 붕괴와 왕정복고
1853.6 미국 페리제독 일본 입항	1875.1.19 조선, 일본의 세계 접수 거절
1854. 가나가와조약	1875.8.20 운요호 사건
1856. 애로우호 사건	1876.2.2 조일수호조규
1858.5.28 아이훈조약	1882.5.22 조미수호조약

2. 일본의 조선 침략사

1882.6.5 임오군란	1896.5.14 베버–고무라 각서
1882.8.23 조중상민수륙무역장정	1896.6.9 로바노프–야마가따협정
184.10.17 갑신정변	1898.4.25 로젠–니시협정
1885.3.1 거문도사건	1899.3 의화단 사건
1885.4.18 텐진조약	1902.1 러, 시베리아 철도 개통
1894.8.1 청일전쟁	1902.1.30 영일동맹
1895.4.17 시모노세키조약	1904.2.8 러일전쟁
1895.4.23 삼국간섭	1904.4.8 영불협상
1895.5.4 일, 요동반도 포기 결정	1905.7.29 가쓰라–태프트협정
1895.8.20 을미사변	1905.9.5 포츠머스조약
1896.2.11 아관파천	

3. 일본의 동아시아 침략사

1905.8.12 제2차 영일동맹	1931.9.18 만주사변
1907.7 제1차 러일협상	1933.2.4 LN, 일본군의 만주 퇴각 요구안 가결
1907.8.1 영러협상	1933.3.27 일, LN탈퇴
1908.11.30 루트–다까히라협정	1933.5.31 탕구 휴전협정
1910.7.4 제2차 러일협상	1934.12.3 일, 워싱턴조약 폐기
1911. 제3차 영일동맹	1936.12.12 서안사건
1912.7.8 제3차 러일협상	1937.7.7 노구교 사건
1914.7.28 오, 세르비아에 선전포고(제1차 세계대전)	1937.7.28 일, 베이징 점령
1914.8.23 일, 대독선전포고	1937.9.12 LN, 일본 비난 결의
1915.5.7 일본, 중국에 21개조 요구	1937.11.3 브뤼셀회의
1916.7.3 제4차 러일협상	1938.7.1 미, 도의적 대일금수
1917.11.2 이시이–랜싱협정	1938.7.11 일–소 충돌
1921.11.12 워싱턴회의	1938.8.10 일–소 정전협정

1938.11 일, 동아신질서구상 발표	1941.8.1 미, 일본에 석유 수출 금지
1940.7.26 대동아신질서 구상 발표	1941.10.18 도조내각 성립
1940.7.26 미, 미일통상조약 폐기	1941.11.26 헐 노트
1940.9.23 일, 북부 프랑스령 인도차이나 진주	1941.12.8 일, 진주만 기습 공격. 태평양전쟁
1940.9.27 일독이 삼국동맹	1941.12.8 미영, 대일 선전포고
1941.4.13 일소중립조약	1942.2.1 일, 마닐라 점령
1941.6.22 독소 개전	1942.6.5 미드웨이 해전
1941.7.2 고노에 내각 결정(대소개전 보류, 남방에서 미	1943.11 카이로회담
국·영국과 전쟁 불사)	1945.2 얄타회담
1941.7.26 일−불인(인도네시아) 공동 방위협정	1945.8.15 일, 무조건 항복

📖 참고 일본의 외교이념

1. 서론

메이지 유신 직후 일본은 부국강병을 이룩해 국제사회에서 서구열강들과 동등한 지위를 획득하는 것을 당대의 가장 시급한 국가목표로 삼았다. 이를 위해 구미열강들과 협조하기도 하고 충돌하기도 하였다. 국내적으로는 서구열강과 협조할 것인지 대항할 것인지를 놓고 치열한 논쟁을 벌였다. 이러한 논쟁은 국제주의 노선과 아시아주의 노선의 대립으로 나타났다. 국제주의란 구미열강들과의 협조를 통해 주요한 정치군사적, 경제적 이익을 달성하고자 한 시각을 의미하며, 아시아주의란 구미열강들에 대항해 아시아에서의 일본 자신의 특수한 지위와 권익을 확대해 나가고자 하는 시각을 말한다. 외교이념 논쟁은 오늘날 오자와 이치로의 보통국가론, 미야자와 기이치의 민간대국론, 이시하라 신타로의 배타적 아시아주의론으로 연결되어 지속되고 있으므로 전전의 외교이념 논쟁의 이해를 통해 21세기 일본외교의 방향을 예측할 수 있다.

2. 국제주의와 아시아주의 외교이념에 대한 정의

(1) 국제주의

일본이 서양의 문명과 문물을 받아들임과 동시에, 구미국가들과의 협조와 정치적 이해를 통해 국가목표와 국가이익을 달성하고자 하는 것이다. 메이지 지도자들은 홉스적 세계관으로 국제정치를 이해하였으며 일본이 가능한 한 빨리 서구국가들의 문물을 배워 대등한 국력을 배양해야만 힘의 논리에 의해 철저히 지배되는 냉혹한 현실 속에서 국가의 독립과 자주성을 이룰 수 있다고 생각하였다.

① 현실주의적 국제주의: 일본이 국력을 강화함과 동시에 서구열강들의 협조와 정치적 이해를 바탕으로 아시아에서 자신의 영토적, 경제적 이익을 획득해 나가고자 하는 시각으로, 이와쿠라 도모미, 이토 히로부미에 의해 주도되었다.

② 자유주의적 국제주의: 일본이 아시아에서 군사력에 의존한 영토적 팽창을 통해 권익을 추구하기보다 서구 열강들과, 중국과의 협상과 협력을 통해 경제적 이익들을 우선적으로 추구해야 한다는 시각이다. 1920년대 시데하라 기주로 외상의 경제중심외교론이 대표적이다.

(2) 아시아주의

① 일본맹주론: 구미열강에 대항하기 위해 신속히 아시아를 일본의 지배하에 둔다. 1873년 정한론을 주장한 사이고 다카모리, 이타가키 다이스케 등에 의해 제기되었고, 1930년대에는 일본 군부에 의해 주도되었다. 흑룡회, 현양사와 같은 민간 우익단체들도 일본맹주론의 핵심적인 옹호자들이었다. 현실주의적 아시아주의로 분류할 수 있다.

② 아시아연대론: 구미열강에 대항하기 위해 아시아와의 연대와 협력을 강화한다. 자유민권운동을 이끌었던 민권파, 즉 재야정치인, 지식인들에 의해 제기되었다. 고노 히로나카, 우에키 에모리, 나카에 초민, 오이겐다로등이 대표적이며, 자유주의적 아시아주의노선으로 볼 수 있다.

③ 대동아공영권: 일본맹주론과 아시아연대론을 포괄하는 대아시아주의 외교이념이다. 일본의 팽창주의적 아시아주의와 대일본주의라는 국가주의 사상이 결합하여 나타났으며 아시아대륙의 침략을 위한 이념적 기초 제공하였다.

3. 전전 일본 외교 이념의 형성과 전개(1868~1945)

(1) 외교이념의 등장과 대립

① 메이지 지도자들의 대서양관 및 대외전략: 메이지 유신 직후 아시아주의와 국제주의가 등장하였다. 메이지 지도자들의 대서양관은 이중적이었는데, 한편으론 위협의 대상이자 한편으론 경외의 대상이었다. 서양에 대해 위협과 경외라는 이중적 이미지를 가졌던 메이지정부 지도자들은 매우 현실주의적이면서도 서구열강들과의 협력을 강조하는 국제주의적 이념을 바탕으로 외교정책을 수행해 나갔다. 이러한 외교 이념하에서 불평등조약 개정을 위한 외교를 전개해 나갔다. 메이지유신지도자들은 근대국가체제 확립과 경제적 근대화를 달성하기 위해서는 아시아의 후진성에서 벗어나 '입구(入歐)' 즉 일본이 서구적 근대화를 이룩하는 것 외에는 다른 방법이 없다는 생각이 지배적이었다(脫亞入歐論).

② 메이지 지도자들의 대아시아관 및 아시아주의 이념: 대체로 아시아를 지배의 대상으로 생각하였는데, 이는 서양에 대항하기 위함이었다. 메이지 정부 초기 아시아주의 외교이념은 주로 당시 제야세력이었던 민권론자들에 의해 주도되었다. 아시아민족이 진실로 평등한 입장에서 연대하면서 구미열강에 대항할 것을 주장하였다. 다만, 아시아연대론은 아시아 국가들에 대한 일본의 우월의식을 바탕으로 한 강권적인 아시아관을 보여주고 있었다. 아시아주의자들은 서양에 대항해 동양의 단결을 강조한 점에서 정부의 국제주의적 외교정책과 정면으로 대립하였다.

(2) 메이지정부(1890년대~1905, 현실주의 외교정책과 국제주의 외교이념)
① 국제정세: 근대화를 어느 정도 달성하였다고 생각한 일본정부는 주변 아시아 지역에 대한 지배권 확보 문제가 현실적인 외교과제로 부상하였다. 당시 서구 제국주의 열강들이 동남아와 중국에서 동아시아로 본격적으로 진출하고 있었고, 강력한 군사력을 바탕으로 영토확보, 해외시장개척, 이권획득, 군사요충지 확보 등 적극적인 제국주의 정책을 구사하고 있었다. 따라서, 메이지 정부는 서구열강들의 제국주의적 팽창에 대응해 아시아지역에서 자신의 지위와 영향력을 확보하는 것을 외교적 급선무로 삼게 되었다.
② 주권선과 이익선: 야마가타 아리토모 수상에 의해 제시된 개념이다. 주권선이란 국경을 의미하고, 이익선이란 주권선의 안위에 깊은 관계를 가진 지역을 의미한다. 일국의 독립을 위해서는 이익선을 보호해야 한다고 주장하였다. 당시 이익선은 조선이었고 청과 전쟁이 불가피하였다. 이익선의 확보는 청일전쟁 전후부터 러일전쟁까지 일본의 핵심적인 외교목표가 되었다.
③ 국제주의 노선: 정부 지도자들은 일본이 열강의 일원이 되어 국제정치의 권력정치에 적극적으로 참여하는 것이 곧 국익을 지켜 나가는 것으로 생각하였다. 그러나 이 당시 일본은 구미열강들과의 외교적 마찰을 최대한 줄이면서 가능한 이들과 정치적 협조관계를 맺어 일본의 세력권을 인정받고자 하였다. 조선반도에서 일본의 독점적 지배권을 인정받기 위한 외교적 노력을 전개하였다. 1902년 영일동맹, 1905년 카츠라-태프트 밀약이 대표적 사례라 할 수 있다.
④ 민간의 아시아주의자들: 일본정부가 서구열강과 협조하여 중국에 대한 이권과 영향력 확보를 지향하는 점에 대해 강도 높게 비판하였다. 민권파의 동아동문회는 일본이 솔선해서 청일 양국 간 제휴를 모색하여 서구열강에 대항하면서 아시아의 평화를 수립하여야 한다고 하는 '청일제휴론'을 주장하였다. 반면, 민간우익단체인 흑룡회는 일본이 서구열강들의 눈치를 보지 말고 적극적으로 행동하여 중국에서 주도적인 지위를 확립해야 한다는 일본맹주론을 주장하였다. 1880년대부터 아시아주의적 주장들은 '대일본주의'라는 국가주의적 사고와 동전의 양면과 같은 관계를 가지기 시작하였다. 특히 청일전쟁이후 승리감에 도취되어 있었던 일본사회에서는 일본 국력 신장에 대한 자신감의 발로로서 대일본주의의 사상과 일본맹주론의 주장이 결합되어 나타났다. 대일본주의적 발상에 기초하여 일본은 아시아문명을 뛰어넘는 일본적 가치와 주의, 행동양식을 과장하고 미화해, 그것을 외부로 확대하여 이웃 아시아 국가들에게 강요하고자 하였다.

(3) 아시아주의의 대두와 일본의 제국주의 외교(1905~1910)
① 아시아주의 의의: 러일전쟁 이후 본격적으로 중국 본토를 공략하기 시작하였다. 일본은 러일전쟁으로 서구열강과 같은 강대국 반열에 오르고 자신감이 강화되어 일본과 서구 열강들의 이익관계가 아시아에서 본격적으로 충돌하기 시작하였다. 국제정세와 국제주의 외교이념 간 모순이 발생하기 시작한 것이었다. 이런 모순을 놓고 일본 정부 내에서는 아시아대륙에서의 일본의 지위와 이권을 본격적으로 확장하자는 주장들이 대두되었고, 이는 육군에 의해 '만주경영'구상으로 구체화되었다. 일본이 섬나라의 위치를 벗어나 대륙국가로 발전하기 위해서는 남만주와 중국의 다른 지역에서도 일본의 세력을 확장해야 한다고 주장한 것이었다.
② 아시아주의 전략의 전개: 일차대전이 발발하자 독일에 선전포고를 하고 산동성에 있는 독일의 조차지를 점령하는 한편, 적도 북방의 독일령 태평양 군도를 모두 점령하였다. 또한 1914년에는 중국에 대해 산동성, 남만주, 한예핑 탄광 등에 대한 일본의 독점적 지위와 이권을 포함하는 21개조 요구를 중국에 제시하였다.
③ 1910년대 국제주의 외교이념과 아시아주의 외교이념의 대립: 외무성을 중심으로 한 국제주의자들은 서양 국가들과의 이해와 제휴를 통해 중국과 그 밖의 지역에서 일본의 권익을 지켜나가려는 국제협조적 외교노선을 견지하고 있었으나, 군부는 동양과 서양은 근본적으로 대립할 수밖에 없다는 인식하에 대륙진출론과 아시아주의를 주장하여 양 노선 간 대립이 격화되고 있었다.

(4) 국제주의 외교의 부활과 한계(1920년대)
① 국내외정세: 국제적으로는 '평화와 협조'의 분위기가 조성되었고, 일본 국내적으로는 '다이쇼 데모크라시'가 고양된 시기였다. 이에 대외팽창주의적인 아시아주의적 주장들에 대한 비판적인 목소리가 한층 더 힘을 얻게 되었다. 반면, 아시아연대론자의 주장이 힘을 얻고 있었다.
② 국제주의 외교노선: 이러한 국내외 정세하에서 일본은 서구열강들과의 협조를 강조하는 국제주의 노선으로 회귀하였다. 일본과 서구열강, 일본과 중국 사이에 현안이 많았고, 일본이 제1차 세계대전 당시 중국에서 획득한 영토와 이권을 둘러싸고 미국, 영국과 외교마찰이 발생하였다. 한편, 태평양에서는 미일 간 극심한 해군 군비경쟁이 벌어지고 있었다. 이에 워싱턴회의가 개최되었고, 워싱턴이후 일본의 외교는 미국, 영국과 협조관계를 유지해서 일본의 모든 국력을 경제발전에 집중시키고자 하는 '경제중심적 사고'가 지배하기 시작하였다.

③ 국제주의 외교노선의 한계: 군부는 미국과 소련을 가상적으로 삼고 있었고, 국제협조노선에 대해 연약외교로 강하게 비판하였다. 일본의 안보는 영미와의 협조나 경제적 상호의존성에 의해 유지되는 것이 아니라, 일본이 독자적으로 국내외적 개혁을 단행하여 일본 주도로 만몽지역을 포함하는 자급자족체제를 갖추어야 가능하다고 주장하였다.

④ 세계대공황의 영향: 대공황의 여파로 모든 국가들이 강력한 보호주의 무역정책을 실시함에 따라 경제외교의 정당성이 소멸되었다. 1931년 만주사변을 계기로 해서 만몽지배를 주장한 군부가 득세함에 따라, 국제협조를 바탕으로 한 국제주의 외교는 완전히 붕괴되고, '새로운 아시아'를 건설하기 위한 일본 군국주의의 움직임이 본격화되었다.

(5) 대아시아주의의 등장과 태평양전쟁(1931~1945)

① 군부의 인식과 대아시아주의: 만주사변 이후 일본은 본격적으로 군국주의 노선을 채택하고 군부의 대륙진출론이 일본외교를 지배하였다. 군부의 인식을 대변했던 이시하라 간지는 "세계는 결국 서양을 대표하는 미국과 동양을 대표하는 일본과의 쟁패전에 의해 결정된다"라는 최종전쟁론을 주장하였다. 세계최종전에 대비하기 위해 일본은 만몽을 지배하여 국방의 안정을 도모해야 한다고 주장하였다.

② 민간의 입장: 군부의 주장에 대해 민간 우익세력들도 널리 지지하였다. 팽창주의적 사고와 함께 패도의 서양문명을 초월하고 대체할 수 있는 새로운 아시아문명 창조라는 대아시아주의적 이상을 추구한 것이었다.

③ 국내적 조건: 대공황발생 이후 일본에도 최대의 경제위기가 닥쳤다. 경제위기는 극도의 사회불안을 야기하여 군부를 위시한 민간 우익세력들의 국가주의와 대일본주의적 주장들이 무능하고 부패했던 정부와 기존의 정당정치에 대해 극도의 환멸을 느끼고 있었던 일반 국민들에게 호소력을 지니게 되는 배경이 되었다. 군부쿠데타도 발생하는 등 내정이 불안정하였으며, 군부의 독주를 막을 수 있는 언론이나 국민여론도 부재하였다. 일반국민들이 선거를 통해 정치에 참여하는 것은 극단적으로 제한되어 있었다.

④ 1930년대 초반 국제환경: 소련은 볼세비키혁명 이후 국내 산업화와 내정문제를 우선시하고 있었기 때문에 중국에서 일본군과의 충돌하는 것을 회피하였다. 영국도 동아시아정책에 있어서 주로 경제문제를 중심으로 하였고, 일본과의 분쟁에 말려들기를 원치 않았다. 미국은 처음에는 일본의 침략을 비난하고 국제연맹을 통한 제재를 생각하였지만, 일본을 상대로 하여 싸울 정도로 극동문제를 절실하게 생각하지는 않았다. 즉, 각국들은 내정 문제에 관심이 집중되어 있었기 때문에 적극적으로 동아시아에 개입하여 일본의 아시아대륙 침략을 견제하지는 않았다.

⑤ 1933년 LN 탈퇴: 만주국의 불승인을 문제 삼아 일본은 LN을 탈퇴하였다. 타국이 중국에서 일본의 특수한 지위와 이권을 인정해 주지 않을 경우, 일본은 독자적 길을 찾겠다는 것을 대외적으로 천명한 것이었다. 대아시아주의노선이 외교정책에 현실적으로 적용되기 시작한 것으로 볼 수 있다.

⑥ 1937년 중일전쟁과 미국: 중일전쟁 이후 미국은 동아시아 문제에 적극 개입하여 일본의 침략행위에 대한 제재수단을 강구하기 시작하였다. 미국과의 관계가 악화될수록 일본은 동남아시아 지역에 대한 관심이 높아졌다. 이는 만몽지배를 통한 자원과 영토의 확보라는 자급자족의 목표는 여전히 달성되지 못한 가운데, 면화, 철, 석유, 구리등과 같은 주요 원자재 대부분은 미국, 그리고 영국과 네덜란드의 동남아 식민지로부터 수입되고 있었기 때문이다. 그러나, 역설적으로 이러한 일본의 동남아시아에 대한 관심이 고조될수록, 다시 미국, 그리고 서구열강들과의 충돌가능성도 그만큼 높아지고 있었다.

⑦ 일본의 동아시아 신질서 구상과 대동아공영권 구상: 일본의 동아시아 신질서 구상은 일본이 중심이 되어 동아시아에서 서양세력을 몰아내고 동아시아에서 새로운 국제질서를 건설하겠다는 의지를 명확하게 나타내고 있었다. 대동아공영권 구상은 1938년 동아신질서의 일본, 만주, 중국 3국의 지역통합 개념에다 동남아와 인도까지 포함하는 보다 확대된 아시아 지역통합 개념이다. 대동아공영권구상은 미국이 일본을 압박하기 위해 중국에 대한 경제적 지원을 강화하고, 일본에 대한 수출금지품목 리스트를 확대해 나가자 동남아 자원 확보가 불가피하다는 판단에서 나온 것이다. 대동아 공영권구상하에서 일본은 남진정책을 실시하여 프랑스령 인도차이나까지 점령하게 되었고 미국은 일본의 자산을 동결하고, 석유와 군수물자 수출을 금지하였다. 아직 네덜란드령 인도차이나의 석유와 고무가 확보되지 않은 시점에서 미국의 대일본 석유 금수조치가 단행되자, 일본은 더욱 더 남방공략을 강화하여 미국의 대아시아정책과 일본의 대아시아정책은 도저히 양립할 수 없는 상태에까지 도달하였다.

4. 결론 – 21세기 일본외교의 방향성에 대한 함의

(1) 메이지 유신 이래 일본 외교의 요약

① 메이지 정부 초~1920년대: 일본의 국력이 아직 구미국가들보다 열등하기 때문에 국력을 향상시켜 이들을 따라 잡아 동등한 일원이 되어야 한다는 인식하에 구미열강들과의 협력을 통해 국가목표와 국가이익을 달성하고자 하는 국제주의 외교이념을 지배적으로 가지고 있었고, 이러한 국제주의적 외교이념들은 당시 일본 외교에 충실하게 반영되었다.

② 1930~태평양전쟁: 일본의 국력이 구미국가들과 어느 정도 대등하게 되었고, 일본의 국익달성을 위해서 이들과의 경쟁과 대립이 불가피하다고 생각하게 되었다. 이러한 인식하에 구미국가들에 대항해 아시아지역에서의 일본의 배타적인 지배권 혹은 영향력 확보를 통해 국가목표와 국가이익을 추구하고자 하는 아시아주의 외교이념이 지배적으로 등장하였다.

(2) 탈냉전기 일본 외교이념 논쟁

보통국가론, 민간대국론, 배타적 아시아주의, 동아시아경제협력주의가 대립하고 있다. 보통국가론은 나카소네 야스히로가 주로 주장하는 것으로서 군사력 강화와 이를 통한 국제공헌 및 대미협조를 강조하는 현실주의적 국제주의 노선이다. 민간대국론은 군사력보다는 국제협조를 통한 경제력 발전을 강조하는 자유주의적 국제주의 외교이념으로서 경제중심 외교노선이라 볼 수 있다. 한편, 배타적 아시아주의는 미국을 배척할 뿐 아니라 다른 아시아국가들을 폄하하는 현실주의적 아시아주의로 볼 수 있으며, 동아시아경제협력주의는 자유주의적 아시아주의로서 일본이 아시아에서 독자적인 경제협력체 건설을 통해 일본과 아시아국가들의 공동번영을 추구하자는 것이다.

(3) 현 일본정부의 입장과 전망

현 일본정부의 외교이념은 현실주의적 국제주의 성격을 보여주고 있다. 테러지원특별법, 유사관련3법, 이라크부흥지원특별법을 제정하여 적극적으로 군사력을 증강하고 자위대의 국제적 역할을 확대하고 있다. 평화헌법 제 9조의 개정움직임을 보여주고 있는 한편, 긴밀한 대미협조를 강조하고 자신의 국제적 위상에 걸맞은 군사력 강화를 시도하고 있다. 이러한 현실주의적 국제주의 노선이 팽창주의적 군국주의로 회귀할 가능성은 적다고 본다. 성숙한 다원주의적 민주주의 정치체제가 발전됨으로써 특정 정치세력의 주장이나 외교이념이 일방적으로 일본사회 전체를 규정하거나 지배할 수는 없기 때문이다.

제2절　영일동맹

Ⅰ 배경

1. 영국의 상대적 쇠퇴

19세기 후반 이래 유럽열강들, 특히 독일의 군사력이 증가하면서 영국의 상대적 국력은 쇠퇴하기 시작하였다. 영국은 독일과 해군군축을 추진했으나 독일의 소극적 태도로 무산되었다. 한편, 독일, 러시아, 프랑스, 이탈리아 등 후발 제국주의 국가들이 아시아, 아프리카 진출에 적극성을 보이면서 기존의 영국의 식민지에서 갈등이 고조되었다. 이에 따라 영국은 기존의 영광스런 고립정책에서 벗어나 동맹국을 모색하게 되었다.

2. 러시아의 만주점령

의화단 사건으로 전함을 파병한 러시아는 만주 의화단의 진압을 구실로 만주를 점령하였다. 러시아의 만주점령은 영국과 일본에 동시에 위협이었다. 영국의 경우 동북아를 프랑스와 동맹을 맺은 러시아가 지배하는 경우 중국에서의 경제적 이익이나 인도에서의 식민지 경략에 제약을 받을 수 있었다. 일본은 러시아가 만주를 지배하는 경우 조선에서의 지배권마저 약화될 것을 우려하였다.

> **📖 참고 의화단 운동**
>
> 청조(淸朝) 말기인 1900년 중국 화베이(華北) 일대에서 일어난 배외적(排外的) 농민투쟁. 북청사변(北淸事變), 단비(團匪)의 난, 권비(拳匪)의 난이라고도 한다. 산둥성(山東省) 부근에는 청나라 중기부터 백련교(白蓮敎)의 한 분파인 의화권(義和拳)이라는 비밀결사가 있어 한국의 태권도와 같은 권술(拳術)을 전수하고, 주문(呪文)을 외면 신통력이 생겨 칼이나 철포에도 상처를 입지 않는다고 믿었다. 1894년의 청일전쟁 후 열강(列强)의 침략은 중국을 분할의 위기에 몰고, 또한 값싼 상품의 유입 등으로 농민의 경제생활은 파괴되었다. 특히 특권을 지닌 그리스도교의 포교는 중국인의 반감을 사 배외적인 기운이 높아갔다. 의화권은 그리스도교회를 불태우고 그 신도들을 살해하는 반(反)그리스도교 운동이 진행되는 가운데 파산한 많은 농민들과 함께 급속하게 발전하였다.

한편 열강의 침략은 지배층 안에도 수구파(守舊派)와 양무파(洋務派)라는 대립집단을 파생하게 하였다. 수구파는 종래의 지배자이던 서태후(西太后) 등의 만주인(滿洲人) 귀족층이 중심이고, 양무파는 열강에 의존해서 새로이 힘을 뻗어온 이홍장(李鴻章) 등 한인(漢人)의 고위 관료가 중심이었다. 수구파는 의화권을 탄압하기 어려운 것을 알고 역(逆)으로 이를 이용해서 열강이나 양무파에 대항하려 하여 의화권을 의화단으로 개칭, 이를 반합법화(半合法化)하였다. 의화권도 '청조(淸朝)를 받들고 외국을 멸망시킨다(扶淸滅洋)'는 기치를 내걸고 배외(排外)를 주요 투쟁목적으로 하였다. 그러나 1899년 말에 양무파의 위안스카이(袁世凱)가 산둥순무(山東巡務)에 취임하면서 의화단을 탄압하였기 때문에 이들은 허베이성(河北省)에 유입하게 되었고 대운하(大運河)·경한철도(京漢鐵道) 연선(沿線) 일대에 퍼지게 되었다. 이들은 다시 순식간에 화베이(華北)의 모든 성(省), 동북지방·몽골·쓰촨(四川)으로 확산하여 외국인이나 교회를 습격하고 철도·전신을 파괴하고, 석유 램프·성냥 등 외국제품을 불태웠다. 청나라 조정의 태도는 시종 동요하였으나 수구파의 지도 아래 의화단 이용책을 취하여 1900년 6월 열강에 선전을 포고하였다.

베이징(北京)에까지 침입한 의화단은 관군(官軍)과 함께 열강의 공사관을 공격하고 베이징이나 텐진(天津)에서는 의화단원이 거리에 넘쳐 그 세력은 절정에 이르렀다. 근교(近郊)의 농촌에서 베이징에 집결한 의화단원은 10대의 소년이 많았으며 빨강·노란색의 천을 몸에 감고 팔괘(八卦)로 대오(隊伍)를 나누었다. 이들에게는 전체적인 지도자는 없고 동리마다 권단(拳壇)을 설치, 이 단이 의화단의 한 단위였으며, 대사형(大師兄)이라고 불리던 지도자가 단의 책임자였고 10대의 소녀들도 홍등조(紅燈照)라는 조직을 만들었다. 영국·러시아·독일·프랑스·미국·이탈리아·오스트리아·일본 등 8개국은 연합군을 형성하고 대고포대(大沽砲臺)와 텐진에서 관군과 의화단을 격파, 8월에는 베이징에 입성하여 농성 55일에 접어든 여러 나라의 공사관원들을 구출하였다. 서태후와 광서제(光緖帝)는 시안(西安)에 피신하고 실각한 수구파에 대신해서 실권을 쥔 양무파는 연합군에 협력하여 의화단 잔당을 학살하였다. 1901년 베이징의정서(北京議定書:辛丑條約)가 성립되자 중국의 식민지화는 한층 깊어지고 이후 중국은 방대한 단비배상금(團匪賠償金)의 지불에 오랫동안 괴로움을 겪게 되었다.

Ⅱ 영일동맹에 대한 주요 국가의 입장

1. 영국

영국이 '영광된 고립'에서 벗어나 동맹을 모색한 이유는 우선, 영국의 대중국정책은 중국시장 개방으로서 이러한 정책의 기반을 강화시킬 필요가 있었기 때문이다. 둘째, 러시아의 남하정책은 인도의 존립을 위태롭게 만들 위험이 있었다. 당시 영국은 보어전쟁에 개입하고 있었으므로 러시아의 남하정책에 적극적으로 대응할 여력이 없었다. 셋째, 러시아의 남하정책에 영국이 단독으로 대응할 수 없었다. 프랑스는 러시아의 동맹국이었고, 미국은 적극적 개입의사가 없었으며, 독일은 영국과의 동맹을 기피했으므로 영국으로서는 동맹선택의 여지가 없었다.

2. 일본

러시아의 만주점령이 적극화되자 일본 국내정치권은 러일협상과 영일동맹의 선택의 기로에 서게 되었다. 영일동맹론은 러시아에 군사대응을 의미하였다. 러입협상론은 만한교환론에 기초하여 조선에서 일본의 특권적 위치를 러시아가 승인하는 대신, 일본은 만주에 있어서 러시아의 자유로운 경영을 승인하자고 주장하였다. 영일동맹론은 삼국간섭 시 일본이 러시아에 당한 수모를 복수해야 하고, 영국은 삼국간섭에 불참국가였으며, 같은 해군국이라는 점을 논리적 근거로 삼았다. 일본은 러일협상과 영일동맹을 동시에 추진하였으나, 러시아가 마산포에 군사기지를 구축하는 등 조선에 대한 진출이 노골화되자 영일동맹을 적극 추진하였다.

3. 독일

독일은 러일전쟁이 불가피하다고 보고 독일이 영국 또는 일본과 동맹을 맺기 보다는 영일 간 양자동맹을 적극 권고하였다. 이는 러일 간 긴장도를 높임으로써 러시아의 관심을 아시아에 고정시켜 둘 수 있고, 아시아에서 러시아의 세력을 견제함으로써 유럽세력정치에서 독일이 우려하는 러불동맹을 약화시키고 프랑스의 고립을 초래할 수 있다는 판단에 기초한 것이었다. 또한 영독협상 결렬 이후 영국이 러불동맹에 접근하는 것을 우려한 독일은 영일동맹이 체결되는 경우 영국과 러불동맹의 대립으로 영국이 러불동맹에 접근하는 것을 막을 수 있다고 생각하였다.

Ⅲ 제1차 영일동맹조약의 주요 내용

1. 이익범위 조정

양국은 중국과 조선의 독립 및 영토보전 및 중국과 조선에서 영일의 상공업상의 기회균등을 약속하는 한편, 영국의 중국에 대한, 일본의 중국 및 조선에서의 특수이익을 제3국에 대하여 보호하기 위해 필요한 조치를 강구하기로 합의하였다.

2. 방어동맹

체약국의 일방이 제3국과 전쟁을 하는 경우 타방은 중립을 지키고 다른 국가들이 체약국 일방의 적국에 가담하는 것을 저지한다. 그러나, 체약국과 제3국 간 전쟁에 제4국이 참전하는 경우 체약국의 타방은 참전하여 그 일방을 원조하고 공동으로 전쟁을 수행하며 상호 합의하여 평화를 체결한다. 즉, 일본이 러시아와 전쟁을 하는 경우 영국은 중립을 지키나, 프랑스가 러시아를 원조하는 경우 영국은 일본을 원조함을 의미한다.

3. 해군협력

양국해군은 평시(平時)에 서로 협력하며 상대국 항구에 입항하여 석탄탑재등의 시설을 서로 이용한다. 극동에서 제3국에 비해 우월한 해군력을 계속 유지하기 위해 노력한다.

4. 적용범위

영국은 영일동맹조약의 적용범위를 인도까지 확장시키기를 원했으나 일본의 반대로 극동에 한정하기로 하였다. 적용범위 확대는 제2차 영일동맹에서 합의되었다.

Ⅳ 영일동맹의 역사적 전개

1. 제2차 영일동맹(1905년)

(1) 배경

영국은 러시아가 아시아세력으로 남고자 하는 경우 인도에서 영러 간 분쟁이 있을 수 있다고 보고 영일동맹의 범위를 인도에까지 확대하고자 하였고, 일본은 러시아의 복수전에 대비해서 동맹을 유지하고자 하였다. 또한 일본이 조선에서 취득한 특권적 조치들을 영국으로부터 승인받고자 하였다.

(2) 제2차 영일동맹의 내용

첫째, 영일동맹조약의 적용범위를 인도에까지 확장하였다. 둘째, 중국의 독립, 영토보전, 기회균등만을 규정하여 일본은 조선에서 완전한 행동의 자유를 보장받았다. 셋째, 체약국이 일국과 교전하더라도 원조의 무를 지게 함으로써 공수동맹의 성격을 강화하였다.

(3) 의의

영국은 러시아의 남하정책에 따른 인도에의 침입을 견제할 수 있게 되었고, 일본은 전후 회복에 필요한 자금을 영국으로부터 빌리는 데 성공했으며 일본은 그 대부분을 남만 철도건설과 경영에 투자하였다.

2. 제3차 영일동맹(1911년)

(1) 배경

영일동맹의 존재가치가 저하되었는데 이는 첫째, 영러협상과 러일협상의 성립으로 러시아를 가상적으로 할 필요가 약해졌고, 둘째, 러일전쟁 후 일본의 산업화로 일본은 적극적으로 중국에 진출하고자 하였고 이로서 문호개방과 기회균등을 기본노선으로 하는 영국과 갈등이 고조되었다. 또한 1906년 이래 미일관계가 미일문제와 만주철도문제로 냉각되자 미일개전 시 일본의 동맹국으로서 연루되는 것에 대해 영국이 우려하기 시작하였다.

(2) 영국 및 일본의 입장

영국은 일본과 동맹을 유지할 필요는 있다고 판단했는데, 영독관계가 악화되는 가운데 영일동맹이 파기되면 일본이 독일에 접근하는 것을 우려하였다. 일본은 아시아에서 일본의 이익신장이나 대륙진출에서 러시아 견제를 위해서 여전히 영일동맹에 기초한 전략을 전개하고자 하였다.

(3) 주요 내용

미국과 일본이 전쟁을 하고 여기에 영국이 개입되는 것을 방지하기 위하여 동맹국의 일방과 중재재판조약을 체결한 국가에 대해서는 본 동맹조약의 적용을 배제하였다. 즉, 일본과 미국이 전쟁하는 경우 영국은 일본을 지원할 의무가 없다는 것이다.

Ⅴ 영일동맹의 국제정치사적 의의

영일동맹은 1902년 체결되고 두 차례에 걸쳐 갱신된 다음 1921년 12월 워싱턴회담의 결과 4개국조약이 체결됨으로서 공식 종료되었다. 제2차 영일동맹 이후 프랑스-일본협약, 러시아-일본협약, 영국-러시아 협상 및 미국-일본 갈등의 영향으로 영일동맹의 의의는 계속해서 감소하였다. 영일동맹은 동서양 강대국 간 최초의 합의로서 우선, 일본은 강대국인 영국과 동맹을 체결함으로써 조선에 대한 그들의 특수이익을 강화시킬 수 있었고 러시아의 남하정책을 견제할 수 있었다. 2년 후 러일전쟁에서 프랑스 개입을 저지함으로써 일본이 전쟁에서 승리하게 된 하나의 요인이 되었다. 둘째, 반러적 성격을 지닌 영일동맹은 러일전쟁 후 두차례에 걸쳐 개정되면서 점차 반독일적 성격으로 변화되었다. 이는 독일의 극동에 대한 제국주의가 일본 및 영국의 이익과 상충하기 시작했기 때문이다.

1898.3.19 일본외상, 러에 만한교섭 통고	1904.2.8 일본, 여순항 밖에서 러 함대 공격
1898.3.27 러, 대련과 여순항 조차권과 남만철도부설권 획득	1904.2.10 일본, 러에 선전포고
1898.4.25 니시-로젠협정	1904.2.12 청, 러일전쟁에 중립 선언
1899.3 산동에서 의화단 봉기	1904.4.8 영불협상 조인
1900.11.9 러, 하얼빈-여순 간 철도부설권 획득	1905.5.27 일본, 동해에서 러의 발트함대 격파
1902.1 러, 시베리아 철도 개통	1905.7.29 태프트-가쓰라협정
1903.8.12 러시아, 여순에 극동총독부 설치	1905 9.5 포츠머스 강화조약

Ⅰ 의의

러일전쟁은 만주와 조선 등 동북아지역의 패권을 둘러싼 러시아와 일본의 전쟁을 의미한다. 러일전쟁은 동북아에서 패권전이전쟁의 성격을 띠었는바, 일본은 근대화와 군비증강에 기초하여 기존 패권국인 러시아와 국력격차를 좁히는 한편, 만주문제를 놓고 양자 간 불만족도가 높아지고 있었다. 러일협상이 결렬되자 일본은 러시아에 도전하여 패퇴시킴으로써 동북아의 신흥패권국으로 부상하게 되었다.

Ⅱ 배경

1. 의화단 사건

의화단 사건이란 1898년에서 1900년에 걸쳐 산둥, 즈리, 허난, 산시 등지에서 일어난 배외운동으로 1900년 6월~8월 사이 베이징의 각국 공사관을 포위공격한 사건을 의미한다. 의화단 사건은 배외지향성, 외국공관에 대한 공격, 서태후의 원조, 조차지에 대한 습격 등으로 국제문제였으며, 열강은 군대를 파견하게 되었다. 일본은 8000명을, 러시아는 4500명을 파견하였으며, 이로 인해 러시아와 일본이 충돌할 가능성이 있었다.

2. 러시아의 만주점령

러시아는 의화단 운동이 만주에까지 파급되고 남만주 철도[13]의 일부가 파괴되자 질서유지를 위해 군대를 파견하였고 의화단 사건이 진압된 이후에도 군대를 계속 주둔시켰을 뿐 아니라 만주에 주둔군의 수를 증가시켰다. 영일동맹 체결 이후 러시아 국내에서 위테, 람스도르프 등 온건파가 집권하여 중국 간 철병합의를 체결하기도 하였으나 베조브라조프 등 강경파가 집권하면서 철병이 중지되었다.

---

13) 항구도시 뤼순(旅順)·뤼다(旅大)와 중국 동부를 잇는 철도. 러일전쟁 이후부터 약 40년 동안 일본이 중국 둥베이(東北)지방의 침략을 목적으로 한 중핵적(中核的) 사업으로 경영한 철도이다. 원래는 러시아가 1898년의 랴오둥반도(遼東半島) 조차조약(租借條約)에 의해서 취득한 부설권에 따라 둥칭철도(東淸鐵道)의 지선으로 건설하였으며, 1901년에 개통되었다. 러·일 전쟁 후 포츠머스조약에서 창춘(長春)·뤼다(旅大) 간의 권익을 양도받은 일본은 1906년 12월 7일에 남만주철도주식회사(약칭 滿鐵)를 설립하여, 광대한 철도 부속지를 포함하는 만주 침략의 국책회사(國策會社)로서 운영하였다. 만주사변 전에는 장쉐량(張學良)의 항일정책으로 만철병행선(滿鐵竝行線)의 건설사업이 추진되었으나, 만주국(滿洲國)의 성립과 함께 이 배일철도(排日鐵道)도 만철에 흡수되고, 다시 1935년 일본·소련 간에 동지철도(東支鐵道:북만철도)의 매매협정이 체결되었기 때문에 노선(路線)은 둥베이 전역에 확대되었다. 제2차 세계대전 후 그 운영권이 중국에 넘어갔다

3. 러일교섭의 실패

1903년 8월부터 1904년 1월까지 러일교섭이 전개되었으나 성과가 없었다. 일본은 만한교환론에 기초하여 조선을 자국의 보호령으로 하고 만주에서 러시아의 우월권은 인정하되 기회균등의 원칙을 주장하였다. 반면, 러시아는 만주에서의 배타적인 권리와 함께 조선 북부지역에 중립지역을 설정할 것을 요구하였다. 또 조선에서 일본의 정치, 경제적인 우월권은 인정하되 군사적인 우월권은 인정하지 않는다는 입장이었다.

4. 일본의 현실주의적 국제주의 노선

메이지 유신 이래 일본의 대외정책노선은 이른바 '현실주의적 국제주의 노선'이었다. 이는 일본의 일방적 이익을 위한 대륙정책을 실현함에 있어서 군사력과 강대국의 협조에 바탕을 두어야 한다는 전략을 의미한다. 즉, 메이지 유신 이래 일본의 정책은 조선과 만주를 자신의 세력권으로 설정하는 것이었다. 이러한 팽창정책이 러시아에 의해 제지당하자, 영국, 미국 등의 지원하에 전쟁을 통해 러시아을 제압한 것이다.

5. 영일동맹

러일전쟁에서 프랑스가 러시아를 원조하여 개입하는 경우 일본은 전쟁을 도발할 수 없었을 지도 모른다. 그러나, 영일동맹을 체결하여 프랑스가 러시아를 원조할 가능성을 봉쇄함으로써 일본은 독자적으로 전쟁을 개시할 수 있었다.

Ⅲ 열강의 입장

1. 영국

미국과 함께 영국은 일본을 적극 지원하였다. 영국은 프랑스의 공동간섭제의나 러시아의 간여요청을 거절하였다. 또한 개전 후 엄정중립을 선언하였으나, 일본을 위해 전비를 조달해 주고, 제3국이 러시아에 원조를 제공하는 것을 저지하였다. 그 밖에도 영국은 러시아 함대에 대한 석탄공급을 거절함으로써 러시아 함대가 극동에 신속히 투입되는 것을 저지해 주었다.

2. 미국

미국은 일본에 우호적이었는데, 이는 러일교섭에서 일본이 제시한 중국의 영토보전이나 기회균등주의가 미국의 문호개방정책과 일치했기 때문이었다. 전쟁이 일어나자 미국은 중립을 선언하였다.

3. 프랑스

프랑스는 러시아와 동맹관계에 있었으나 델카세의 기본노선은 친영적이었다. 러시아를 지원하는 것은 영국과의 전쟁을 하는 것을 의미하기 때문에 러시아를 지원할 수는 없었다. 따라서 프랑스는 러일 간 문제가 평화적으로 해결되길 원하였다.

4. 독일

독일은 러시아의 동북아 진출을 적극 권장하고 있었는데, 이는 러시아의 관심을 아시아로 돌림으로써 자신의 동부 국경의 안정을 꾀할 수 있다고 생각했기 때문이다.

Ⅳ 러일전쟁의 전개와 강화조약

1. 개전

러일교섭에서 일본의 만한교환론이 받아들여지지 않자 회담은 교착상태에 빠지게 되었다. 일본은 만한교환론이 최후 주장임을 러시아 전권인 로젠에게 전달하였다. 이후 일본은 러시아의 반응을 기다리지 않고 1904년 2월 전쟁을 개시하였다.

2. 전황

전황은 일본의 일방적 승리로 전개되었다. 일본 해군은 뤼순 항 봉쇄에 성공하여 5월에 랴오둥 반도 상륙을 시작하였고, 조선으로부터 북진한 부대는 압록강을 건너 만주까지 진격하였다. 9월에는 랴오양을 점령하였다. 장기전을 치룰 여력이 없었던 일본은 쓰시마 해전에서 발틱함대를 격파한 이후 미국에게 강화중재를 의뢰하였다.

3. 강화교섭

강화교섭에서 한국에서 일본의 우월권, 러시아의 만주철병 등은 쉽게 합의되었으나, 사할린할양, 배상금지불 문제, 중립국에 억류된 러시아 군함 인도문제, 극동에서 러시아 해군활동 제한문제 등이 쟁점이 되었다.

4. 강화조약의 성립(1905년 9월 5일)

강화조약의 주요 내용은 첫째, 러시아는 일본이 조선에서 정치, 군사, 경제적 우월권이 있음을 승인하고 조선의 지도, 감독에 필요한 조치를 취할 수 있음을 승인한다. 둘째, 러시아는 만주로부터 철병하고 중국의 영토보전 및 문호개방을 승인한다. 셋째, 러시아 정부는 중국 정부의 승인하에 랴오둥 반도 조차권, 창춘-뤼순간 철도 및 그 지선을 일본에 양도한다. 넷째, 북위 50도 이남의 사할린과 부속도서를 일본에 할양한다.

Ⅴ 러일전쟁의 국제정치사적 의의

우선, 러일전쟁에서 일본이 승리함으로써 조선에서 독점적 지배권을 확립하고 열강의 승인을 얻게 되었다. 그러나, 러일전쟁은 일본을 대국주의와 팽창주의로 들어서게 함으로써 문호개방과 현상유지를 기본노선으로 하는 미국과 갈등을 겪게 되었다. 둘째, 조선은 러일전쟁으로 일본의 보호국이 되고 결국은 종속국(식민지)로 전락하게 되었다. 일본은 1905년 11월 17일 을사보호조약을 통해 보호권을 획득하였고, 1910년 8월 29일 한일병합조약을 체결하였다. 셋째, 러일전쟁의 영향으로 1907년 영러협상이 성립되었다. 전쟁에서 패한 러시아는 발칸이나 중앙아시아 지역으로 팽창정책을 펴고자 하였으며, 이를 위해 극동 및 아프가니스탄에서 영국과 이해관계를 조정해야 했기 때문이다. 넷째, 러일전쟁은 제1차 세계대전으로 가는 세력관계의 형성을 촉진시키게 되었다. 프랑스, 러시아 동맹에 영국이 접근하여 독일을 포위하는 형세를 취하게 되었고 일본은 만주진출을 본격적으로 추진하여 러시아를 발칸반도로 축출했기 때문이다.

제4절　러일전쟁 이후 일본의 협상체제

Ⅰ 배경

러일전쟁에서 승리한 일본은 조선과 만주에 대한 자국의 지배권을 정당화하기 위한 일련의 협상체계를 형성하게 되었다. 영일동맹을 갱신하고, 미국과 세력권 조정과 함께 이민문제등 현안을 조정하였다. 프랑스와는 상호원조체제를 성립시켰으며, 러시아와는 3차에 걸친 협상을 통해 만주와 몽고지역에서 세력권을 조정하였다.

Ⅱ 미일협상

1. 배경

일본이 러일전쟁에서 승리하면서 미국내에서는 일본에 대한 경각심이 높아졌다. 한편, 의화단 사건의 여파로 미국은 중국인등 외국인에 대한 반감이 고조되어 미국내에서 외국인의 구직과 유학을 배척하고자 하는 움직임이 강하게 일었다. 이로 인해 미일 양자관계가 악화될 가능성이 있었고 이에 대비하기 위해 영국에 협조를 요청하였으나 영일동맹등의 제약으로 거절하였고 이후 미국은 일본과의 협상을 모색하게 되었다.

2. 태프트 – 가쓰라합의 각서(1905년 7월 27일)

일본이 청일전쟁과 러일전쟁에서 승리하자 미국은 자국이 점령하고 있던 필리핀의 안전에 대해 염려하기 시작하였다. 따라서 미국은 일본이 조선을 영유하는 것을 조건으로 필리핀에 대한 미국의 지배권을 승인받고자 하였고 양국간 교환각서로 합의되었다. 미국은 동년 11월 24일 서울주재 미국공사관을 폐쇄함으로써 일본의 완전한 조선지배를 최초로 승인해 주었다.

3. 미일협상(1908년 11월 30일. 루트 – 다까히라협정)

미국함대의 일본 기항을 계기로 미일 간 우호관계가 되살아났고 양국 간 현안을 타결하기 이해 미일협상이 성립되었다. 태평양에서의 현상유지와 중국에서 상공업상의 기회균등과, 중국의 독립, 영토보전 및 상공업상의 기회균등주의에 입각한 열국의 공통이익을 보호한다. 이것이 침해되는 경우 상호간의 필요조치를 위하여 의견을 교환한다.

4. 의의

미일협상을 통해 일본은 미국이 계속 의구심을 지니는 필리핀과 하와이에 대한 일본의 영토적 야심에 대한 오해를 해소하였고, 태평양에서의 현상유지를 약속함으로써 태프트-카쓰라합의의 내용을 재확인하였다. 한편, 중국이 일본을 견제하기 위해 미국과 협조할 수 있는 가능성을 봉쇄하였다.

Ⅲ 프랑스 – 일본협상(1907년 6월)

1. 배경

1907년 영러협상의 성립으로 삼국협상이 완성되자 프랑스는 영일동맹으로 협상측에 참여하고 있는 일본과도 협상을 추구하기 시작하였다. 일본과 협상 성립의 직접적인 계기는 일본에게 3억프랑의 기채를 프랑스가 허락한 것이었다.

2. 불일협상의 주요내용 및 의의

우선, 중국에 대한 독립과 영토보전 및 기회균등원칙을 승인한다. 둘째, 프랑스는 러일전쟁의 결과 일본이 획득한 조선 및 만주에서의 특수권익을 승인하는 대신 일본은 프랑스가 인도차이나에서 획득한 영토권을 존중한다. 셋째, 프랑스는 광동, 광서, 운남을 세력범위로 하고, 일본은 복건, 만주, 몽고에서 특수이익을 지닌다. 불일협상성립으로 독일의 고립과 포위망이 강화되고 독일은 군비증강에 더욱 박차를 가하게 되었다.

Ⅳ 러일협상

1. 배경

러일전쟁에서 패한 러시아는 기존의 대독접근노선을 변경하여 영국에 접근하는 정책을 펴기 시작하였다. 러시아의 남하정책방향이 발칸과 중동지역으로 변경되었는데, 바그다드와 페르시아만을 연결하는 바그다드 철도부설권을 쥐고 있는 독일의 이해와 상충되기 때문이었다. 러시아는 영국 및 일본의 지원을 얻기 위해 러일협상을 성립시켰다. 일본의 경우 포츠머스조약 이후의 한반도의 현상변경에 대해 러시아로부터 인정을 받고자 하였다.

2. 제1차 러일협상(1907년 7월)

불일협상의 성립으로 촉진된 러일협상은 양국 간의 상호 영토보존, 제조약의 존중, 중국의 독립 및 영토보전과 기회균등을 규정하였다. 또한 한국, 외몽고, 만주에서 양국의 세력범위를 확정하였다. 러일협상은 러불협상과 영일동맹을 묶는 기능을 함으로써 영국과 러시아의 접근의 계기가 되었다.

3. 제2차 러일협상(1910년 7월 4일)

제1차 러일협상을 통해 양국이 만주에서 지니게 된 특권이 계속 도전을 받았으며 특히 문호개방과 기회균등주의에 따른 철도이권이 도전을 받았다. 미국은 일본의 재정궁핍을 이유로 만주철도를 미일이 공동관리하는 방안을 제기하기도 하였다. 이러한 배경에서 러일회담이 전개되어 제2차 러일협상이 성립되었다. 만주에서의 현상유지, 양국세력범위의 확정, 양국의 부정경쟁회피 및 상호원조를 약속하였다. 일본은 만주에 대한 행동의 자유를 승인받았고, 양국은 만주에서의 특수이익을 상호 승인하였다.

4. 제3차 러일협상(1912년 7월 8일)

(1) 배경

제2차 러일협상 이후에도 미국은 독일, 프랑스, 영국과 함께 만주산업발전을 위한 차관제공 등을 주도함으로써 러일의 특수이익을 위협하였다. 한편, 신해혁명은 배외운동으로 연결되고 외몽고가 독립함에 따라 러일간 내몽고에 있어서 세력범위를 획정할 필요가 있었다.

(2) 내용

내몽고에서 러일 간 세력권획정을 주로 다루고 있다. 내몽고의 세력권 분할에 있어서 우선 남북만주의 경계선을 그대로 서쪽으로 연장하는 선으로 한다. 둘째, 외몽고에 근접한 북방은 북경을 통과하는 남북의 경도선에 따라 분할한다.

Ⅴ 결론: 국제정치사적 의의

러일전쟁 이후 일본이 수립한 협상체제를 통해 일본은 동아시아의 최강대국으로 군림하게 되었을 뿐만 아니라 유럽 열강들로부터도 그 최강국의 지위를 승인받게 되었다. 한편, 일본이 동북아의 최강국으로 부상함에 따라 중국에 대해 문호개방과 기회균등 및 영토보존을 대외전략의 핵심축으로 삼고 이를 지키는 것을 사활적 이익으로 간주하고 있던 미국과의 경쟁이 본격적으로 시작된다는 의미도 담고 있었다고 볼 수 있다.

제5절 만주사변

1927.4.12 장제스, 상하이에서 반공쿠데타 감행	1931.10.13 LN 이사회, 일본에 기한부 철병권고안 가결
1927.4.18 장제스, 난징에 국민정부 수립	1933.1.15 미국, 만주국 불승인을 국가들에 통고
1927.5.28 일본정부, 제1차 산동출병	1933.2.24 LN, 일본군의 만주철퇴안 가결
1928.5.3 일본군, 산둥성 지난에서 국민정부군과 충돌	1933.3.27 일본, LN 탈퇴
(지난사건)	1933.5.31 관동군과 중국, 탕구 정전협정 조인
1931.9.18 일본관동군, 만주사변	1934.3.1 만주국, 제정실시. 푸이가 황제가 됨
1931.9.19 중국, LN에 류타우거우사건보고	1934.12.3 일본각의, 워싱턴조약 단독 폐기 결정

Ⅰ 원인

1. 일본의 만주점령정책

러일전쟁 이후 남만주지역에 대한 지배권을 획득한 일본은 적극적으로 만주에 대한 점령정책을 실시해 나갔다. 일본은 포츠머스조약에 의해 철도수비대의 주둔권을 인정받음으로써 일본군이 만주에 주둔하게 되었다. 1919년 창설된 관동군은 만몽을 지배하고 소련에 대항하는 것을 목적으로 하였다. 관동군의 지휘관인 이시하라는 일본의 국내불안을 해소하고, 인구, 식량, 자원 등의 문제를 해결하며 중국내 배일운동을 종식시키기 위해서는 만몽을 점유하는 길밖에 없다고 판단하고 있었다.

📖 참고 관동군

일본의 중국침략 첨병으로 제2차 세계대전 말까지 만주(滿洲)에 주둔했던 일본 육군부대의 총칭. 러일전쟁에서 승리한 일본은 1905년 러시아와 맺은 포츠머스조약에서 군 주둔권을 승인받고, 러시아의 조차지(租借地)인 랴오둥반도(遼東半島)를 인수하여 관동주(關東州)를 만들고 관동도독부를 두었다. 관동주와 남만주 철도의 경비를 위해 병력을 주둔시킨 것이 관동군의 시초이다.

1919년 도독부가 폐지되고 그 밑에 있던 육군부가 독립하여 일본왕 직속의 관동군사령부가 되었다. 뤼순(旅順)에 관동군사령부를 설치하고, 일본 본토에서 교대로 파견되는 1개 사단·만주독립수비대·뤼순요새사령부·관동헌병대를 그 아래에 두었다. 관동군은 랴오둥 반도 및 철도 연변을 지키게 되었고 일본의 대륙진출의 교두보로서 전략적으로 큰 비중을 차지하였다. 일본왕의 직속이 된 관동군사령부는 중국을 침략하고, 소련을 가상 적국으로 하는 일본의 국방방침에서 전위부대가 되어 있었다.

1928년 장쭤린(張作霖)의 폭살사건을 일으키고 1931년 만주사변과 1932년 만주국의 건설을 주도하였다. 1931년에 사령부를 펑텐(奉天)으로 옮겼고 또 이듬해 신징(新京:지금의 長春)으로 옮기고 관동군사령관이 주만(駐滿) 특명전권대사·관동장관(關東長官)을 겸하여 군(軍)·정(政)의 실권을 장악, 실질적으로 만주를 지배하였다.

관동군의 병력도 대륙침략정책의 확대와 대 중국전(對中國戰)·대 소전(對蘇戰)에 대비하여 계속 증강되어 1933년 10만 명이었던 병력이 1941년에는 70만 명으로 늘어났다. 관동군은 소련에 대해서 장고봉사건(張鼓峰事件: 1938), 노몬한사건(Nomonhan 事件: 1939) 등 군사도발을 계속하였고, 독소개전 때에는 관동군 특별연습을 행하여 군사적 위협을 가하였다. 그리고 이 시기에 동북지방의 중국과 한국인의 항일무장세력의 암살에도 열중하였다.

1943년 제2차 세계대전 중 전세가 악화되자 대소방침을 전환, 이른바 '북방정밀책(北方靜謐策)'을 취함으로써 관동군의 주력을 일본 본토 및 남방으로 이동시켜 세력이 약화되었다. 1945년 8월 9일 대일 선전포고를 한 소련군의 참전으로 급속히 붕괴되었으며 8월 19일 관동군 사령관의 무조건 항복으로 없어졌다.

2. 국권회복운동과 국민당의 혁명외교

1923년 워싱턴회담 이후 중국내에서는 국권회복운동이 강력하게 전개되고 있었고, 그 주요 대상은 일본이 지배하고 있는 만주지역이었다. 국민정부와 제휴하여 만주를 통치하게 된 장쉐량14)은 배일열기에 편승하여 혁명외교를 시도하고자 하였다. 즉 모든 불평등조약을 폐기하고 외국이 보유한 모든 이권을 회수하겠다는 것으로 이 외교노선이 시행되는 경우 일본의 랴오둥 반도의 조차지, 남만철도의 권익이 침해될 우려가 있었다.

Ⅱ 만주사변의 전개과정

1. 류타오사건(1931년 9월 18일)

관동군은 도발 명분을 만들기 위해 류타오에서 만철노선을 폭파하고 그것이 중국군의 행위라고 선언하였다. 일본군은 이 사건을 계기로 펑텐성, 안동, 펑황성, 잉커우 등 만주철도 연변의 주요 도시들을 점령하였다.

---

14) 랴오닝성(遼寧省) 하이청현(海城縣) 출생이며, 둥베이(東北)의 군벌 장쭤린(張作霖)의 장남이다. 1928년 아버지가 폭사당한 후, 장제스(蔣介石)의 국민정부를 지지하고 일본의 '만철선(滿鐵線)'에 병행하는 철도를 기획하여 대항하였다. 1935년 구둥베이군(舊東北軍)을 이끌고 서북초비(西北剿匪:공산당을 무너뜨림) 부사령관으로 시안(西安)에 있으면서 중공 근거지를 포위했으나, 1936년 12월 때마침 독전(督戰)하러 온 장제스를 감금(시안사건)하고 내전정지(內戰停止)·일치항일(一致抗日)을 간청하여 항일민족통일전선 결성(제2차 국공합작)의 계기를 만들었다. 이 사건으로 지휘권이 박탈되고 10년의 금고형에 처해졌다. 제2차 세계대전 후 1949년 국민정부와 함께 타이완으로 옮겨와 연금생활을 하였으나 1990년 6월 1일 생일을 기해 연금이 풀어졌다. 1993년 12월 15일 고령임을 감안해 44년만에 대만을 떠나 미국으로 가도록 허용되어, 1995년부터 하와이에서 살다가 2001년 10월 노환으로 사망하였다.

2. 제1차 상해 사변과 만주국의 성립(1932년)

관동군의 만몽점유계획은 일본 정부와 중앙 군부의 반대로 만몽자주국가건설로 방향이 수정되었다. 관동군은 만주를 중국으로부터 분리시키기 위해 만주 전역에서 자치운동을 전개시켜 나갔다. 관동군의 진저우와 산하이관 점령이후 열강의 이목이 집중되자 상해사변을 조작하였다. 한편, 상해사변이 전개되는 와중에 관동군은 1932년 3월 1일 만주국을 창설하여 선통제를 수령으로 옹립하였다. 일본은 만주국을 정식으로 승인하였다.

> **📖 참고 상해사변**
>
> 1932년과 1937년의 두 차례에 걸쳐 상하이에서 발생한 중국·일본 간의 무력충돌사건. 제1차 사변은 1931년 9월 만주사변이 일어나자 중국대륙에 항일운동이 확대되었으며, 특히 상하이의 정세는 급속도로 악화되었다. 1932년 1월 29일 조계(租界)를 경비하던 일본 해군육전대(海軍陸戰隊)와 중국 제19로군(路軍) 사이에 전투가 벌어지자, 일본은 2월 중순에 3개 사단의 육군을 파병하여, 3월 중순 중국군을 상하이 부근에서 퇴각시켰다. 그 동안 당사국과 상하이에 이해관계를 가진 영국·미국·프랑스·이탈리아 대표들이 정전 협의를 추진하였으나 조인 예정일인 4월 29일에, 한국의 윤봉길 의사의 폭탄사건이 일어나 일본의 파견군사령관이 사망함으로써, 협상은 난항을 거듭한 끝에, 5월 5일 정전협정이 성립되었다. 이 사건은 일본이 내외(內外)의 주의를 만주국 건국공작에서 벗어나게 하려고 일부러 도발한 책략이었다. 제2차 사변은 1937년 7월 화베이(華北)에서 중국·일본간에 동란이 발발하자 전화(戰火)는 상하이로 확대하였다. 8월 13일 일본군 육전대가 압도적으로 우세한 중국군의 포위공격을 받았으며, 이에 일본 육군이 파견됨으로써 전화는 난징(南京)·우한(武漢) 등 중국 전토로 확대, 중일전쟁이라는 전면전의 계기가 되었다.

3. 일본의 국제연맹 탈퇴(1933년 3월 27일)

국제연맹에 의해 리튼보고서가 채택되자 일본은 국제연맹의 탈퇴를 선언하여 반국제협력노선을 추진하게 된다.

4. 탕구휴전협정(1933년 5월)

국제연맹 탈퇴 후 일본은 러허작전을 계속하여 4월에는 베이징, 톈진 지역까지 진출하였으나 화베이지방에 진격할 수 있는 입장이 아니었고 국민당정부도 일본과 전면적인 전쟁을 수행할 여력이 없었다. 5월말 탕구 휴전협정이 성립되어 일본군은 만리장성의 선으로 철수하고 이남지역에 방대한 중립지역을 설정하였다. 이로써 만주국의 서남국경이 확정되어 만주사변은 일단락되었다.

Ⅲ 국가 및 국제연맹의 대응[15]

1. 중국

중국정부는 일본정부와의 직접교섭을 완강히 거부하고 국제연맹 가입국으로서 만주문제를 연맹에 부탁하였다. 중국정부는 일본군의 철퇴를 요구하고 중국지방관헌 및 경찰력의 회복에 따라 철도부속지 외의 일본 국민의 생명과 재산의 안전에 대해 책임을 질 것이라고 밝혔다.

2. 일본

일본정부는 일본 국민의 생명과 재산의 안전이 효과적으로 확보되는 경우 일본 군대는 철도부속지에서 가능한 한 신속히 철수하되, 만주에 있어서의 긴장상태와 무질서에 비추어 철병 완료의 확실한 일자를 정할 수 없다고 주장하였다. 한편, 일본은 중일직접교섭을 주장하며 국제연맹결의가 성립되는 것을 저지하고자 하였다.

---

15) 김경창, 전게서, 747면–759면.

3. 영국

영국은 여러 가지 이유로 일본에 대해 강경정책을 구사하지 않았다. 우선, 국내정치, 경제적으로 긴장상태에 있었기 때문이다. 노동당내각의 붕괴와 거국내각 성립, 군대반란, 금본위제 폐기등 내정위기가 지속되었다. 한편, 일본이 만주에서 붕괴되는 경우 소련이 만주, 내몽고, 중국을 지배하게 될 것이고, 일본은 영국이 보다 중대한 이익을 갖는 동남아에 주의를 돌리게 될 것을 우려하였다. 영국은 결국 미국의 불승인주의나 경제제재 제의에 공동보조를 취하지 않았다.

4. 미국

미국은 국제연맹으로 하여금 일본에 대한 대응책을 마련하도록 하는 한편, 독자적으로도 일본에 대한 강경책으로 대응하였다. 미국은 국제연맹에 대해 경제제재를 요청하는 한편, 만주국에 대한 불승인주의를 선언하였다. 즉, 중일 양국 간에 체결되는 조약이 중국에서 미국 또는 미국시민의 이익을 침해하는 경우 이를 승인할 수 없다. 또한 미국, 중국, 일본이 당사국으로 포함되어 있는 1928년 부전조약에 위반하는 수단으로써 초래되는 어떠한 사태, 조약, 협정도 승인하지 않는다. 상해사변 이후 1932년 1월 31일 미국은 영국과 함께 군함을 파견하여 일본을 견제하였다. 한편, 일본의 행동이 워싱턴회의에서 체결된 9개국 조약의 위반이라고 항의하면서 미국도 해군군비제한규정을 파기할 수 있다고 위협하였다.

5. 국제연맹

중국에 의해 만주문제는 1931년 9월 19일 국제연맹에 부탁되어 이사회는 일본군의 신속한 철수와 중일양국 관계의 악화를 방지하기 위한 모든 조치의 실시를 권고하였다. 한편 일본의 제안에 따라 리튼을 위원장으로 하는 조사단을 파견하였다. 1932년 10월 공표된 보고서에서는 일본군의 행동이 자위의 범위를 넘은 것이며, 만주에 수립된 만주의 새로운 정권은 현행 국제조약의 근본 원칙에 합치하지 않으며 중국의 이익에 위배되고 일본의 이익에도 위배된다고 확인하였다. 국제연맹 총회는 리튼보고서를 채택했으나, 일본은 국제연맹 탈퇴로 대응하였다.

Ⅳ 만주사변의 국제정치사적 의의

만주사변은 일본의 만주지배에 대한 의도를 국제사회에 명확하게 드러내는 계기가 되었고, 국제연맹의 권위를 붕괴시키고 집단안전보장체제의 원칙을 파괴함으로써 베르사유체제를 붕괴시키는 첫 번째 계기가 되었다. 국제연맹의 무력성으로 이탈리아와 독일 등 현상타파세력들의 현상타파의지를 강화시켜 주었다. 한편, 일본의 만주지배는 워싱턴체제에 대한 중대한 도전이었으므로, 실질적으로 체제유지를 담당하고 있었던 미국과의 갈등이 고조되었다. 일본의 만주지배에 대해 미국이 강력하게 대응함으로써 일본은 군사력을 통해 미국의 영향력을 배제하려는 의도를 갖게 되었다. 요컨대, 일본의 만주사변은 1920년대 형성된 안보기제들이 현상타파세력에 의해 붕괴되기 시작함으로써 제2차 세계대전의 전조였다는 점에서 역사적 의의가 있다.

참고 남만주철도

1. 철도와 제국주의

제국주의 침략에 있어서 과학기술은 주요한 수단이다. 과학과 기술의 발달이 없이는 침략세력의 의도가 효과적으로 관철될 수 없기 때문이다. 유럽의 제국주의는 19세기 중엽 증기선의 발명 및 교통과 통신망의 개발이 있은 후에야 실현될 수 있었다. 제국주의는 무엇보다 힘에 의한 점령이었고 유럽의 우세한 무기와 과학기술이 결정적인 역할을 하였다. 19세기 초반 철도가 도입된 이후 제국주의 본국에게는 근대의 축복이었으나, 피제국주의국가에게는 제도적 폭력의 서막이었으며, 제국주의 국가의 자본, 상품, 군대, 이민을 침투시키는 한편, 그곳으로부터 원료와 식량을 수탈하는 역할을 담당하는 경우가 많았다. 일제침략기 한국과 중국의 철도는 한국역사와 중국역사의 내재적 발전을 왜곡하고 그들의 주체적 성장을 억압하는 한편, 제국주의적 문명화 작용을 통해 한국과 중국의 사회경제를 침략과 수탈에 적합하도록 변모시킨 핵심적인 교통운수기관이었다.

2. 러시아의 동청철도와 남만주지선

(1) 러시아의 경제제국주의와 철도건설

1890년대 초 러시아는 유라시아를 횡단하는 철도, 즉 서쪽 모스크바에서 동쪽 블라디보스톡에 이르는 시베리아횡단철도(TSR)부설을 시작하였다. 19세기말 러시아의 산업화정책을 주도한 재무상 비떼(Bitte)는 군사적 수단에 의존한 전통적 팽창정책에서 벗어나 철도와 자본수출을 통한 시장의 확보에 중점을 두는 '경제적 제국주의'를 추진하였는데, '만주로의 평화로운 침투정책'으로 표현되는 대만주정책의 중심축을 이루고 있었던 것이 동청철도였으며 시리아횡단철도 부설사업의 연장선상에 있었다.

(2) 동청철도 건설

동청철도는 시베리아철도의 만주통과 구간이다. 러시아는 중국 동북의 흑룡강성과 길림성을 지나는 노선개발을 통하여 시베리아 철도의 길이를 650km정도 단축시키고자 하였다. 삼국간섭 이후 러시아의 청에 대한 입지가 강화되자 이를 시도한 것이었다. 러시아는 1896년 러청밀약을 통해 동청철도부설권을 확보하였다. 동청철도는 명분상 러청방어동맹을 지원하기 위한 보급로로서 설치하기로 한 것이었으나 실제로 러시아는 이 철도를 통하여 전시 및 평시에 군대의 수송과 보급을 위해 자유로이 이용할 권리를 확보하고 있었다. 1896년 8월 부설을 시작하여 1901년부터 운행을 시작하였다. 러시아는 철도부설로 철도연변의 넓은 토지를 얻었을 뿐만 아니라 행정관리권, 경찰권, 군대주둔권등을 얻었다. 한편, 이 철도를 통하여 중국과 러시아를 왕래하는 화물은 모두 1/3 감세의 혜택을 얻게 되어 러시아는 중국 동북3성의 시장을 독점할 수 있는 유리한 조건을 확보하게 되었고, 동북3성의 북부지역(북만주)은 러시아의 세력범위에 속하게 되었다.

(3) 동청철도의 남만주지선 건설

비떼는 동청철도 부설을 통해 만주뿐 아니라 중국 전역에 침투하려는 구상을 하고 있었으므로 동청철도 건설 이후 남만주지선 건설을 추진하게 되었다. 1897년 독일의 교주만 조차사건과 1900년 의화단 사건을 계기로 이를 구체화할 수 있었다. 중국에서 뒤늦게 조계와 군사기지 건설을 추진하던 독일은 1898년 교주만을 99년간 조차하고 철도부설권을 획득하여 산동성 내에서 우위권을 확보하였다. 이에 러시아는 중국방위구실로 중국을 위협하여 1898년 '여순 대련만 조차조약'을 체결하였다. 이로써 여순과 대련 및 요동반도를 25년간 조차받고 동청철도를 여순과 대련까지 연장하여 부설할 수 있는 권리를 획득하였다. 한편, 1900년 6월 의화단란이 만주로 확산되어가자 러시아는 동청철도 주변지역을 방어한다는 구실로 러시아 군대를 만주에 투입하였고 10월 만주를 사실상 점령하였다.

3. 러일전쟁과 일본의 만주진출

(1) 러일전쟁과 포츠머스조약

러시아의 만주점령은 동북아의 세력균형을 일거에 무너뜨리는 사건이었고 조선이라는 일본의 세력범위를 직접 위협하게 되었다. 이것이 러일전쟁의 직접적인 계기가 되었다. 1905년 체결된 포츠머스강화조약에서 일본은 러시아로부터 요동반도 남단, 여순항, 대련항 및 주변지역의 조차권을 넘겨받고 또한 장춘으로부터 여순까지의 동청철도 남만지선을 양도받았으며 아울러 철로연변 부속지의 권익도 획득하였다. 그리고 만주철도를 경제적 목적에만 사용하고 전략적 목적으로는 사용하지 않기로 합의하였다.

(2) 일본의 만주진출

일본은 여순, 대련등의 조차지를 관동주로 만들어 육군장관을 도독으로 하는 관동도독부를 설립하였다. 관동주와 남만주 철도의 경비를 위해 병력을 주둔시킨 것이 관동군의 시초인데, 관동군은 일본의 대륙진출의 교두보로서 전략적으로 큰 비중을 차지하였다.

(3) 러일협약(1907년)

러일협정은 공개적으로는 중국의 영토보전을 보장하고 있었으나, 비밀협정에서는 러일 간에 만주를 분할하여 북만주는 러시아가, 남만주는 일본이 차지하기로 약속하였다. 이로써 러일전쟁이후 장춘지역을 경계로 러시아와 일본의 만주 세력권 분할이 매듭지어졌고, 중국내에서 명확한 세력범위를 갖지 못하던 일본은 세력범위를 형성하게 되었다.

4. 일본의 만주경략과 남만주철도주식회사

(1) 설립과 구조 및 운영

고토 신페이와 고다마 겐타로는 일본의 조차지는 관동도독부를 통해 관리하고 만주지역은 철도를 수단으로 하여 식민지화하기로 결정하였다. 남만주를 획득한 일본은 1907년 2월 27일 남만주철도주식회사를 설립하였다. 이 회사는 공식적으로는 국가기관이 아니었고 사법상의 회사였기 때문에 이러한 만철의 조직과 구조는 만주에서 일본의 제국주의적 이익을 추구하는 과정에서 장점으로 작용하였다. 만철은 만주에서 정치,경제, 문화에 걸친 전면적인 침략정책 수행의 근간이 되는 수단이었으며, 일본은 만철을 통하여 만주에서의 경제개발에 있어서 주도권을 잡을 수 있었다.

(2) 배타적 독점노선의 확장

일본의 현실적 관심사는 철도를 통한 만주로의 완전한 침투였기 때문에 일본은 포츠머스조약에서 규정된 틀을 벗어나는 만철의 확대를 추진하였다. 즉, 만철 설립 이후 재투자를 통하여 지속적으로 만철지선의 확장작업을 계속해 왔으며 이는 다시 만철과 일본의 만주에서의 정치적, 경제적 세력확장에 기여하였다. 한편, 일본은 국제적으로 여러 번 시도되었던 만철병행노선 부설계획을 엄격히 통제, 차단해 나감으로써 만철을 중심으로 한 만주에서의 독점적 세력범위를 유지해 나갔다. 1909년 11월 미국 국무장관 녹스(Philander C.Knox)가 '만주제철도중립화방안'을 제안하자 러일은 반대하였고 오히려 러일은 제2차 러일협약을 체결하여 만주, 몽고, 조선에서의 이권을 보존하기 위한 공동조치를 취하고 여타 국가의 개입을 허락하지 않기로 합의하였다.

(3) 한만철도일원화론(1917~1925)

만철설립당시부터 한만철도일원화론이 존재하였던바, 이는 만주와 한반도의 철도를 만철의 지배하에 두고 일원화하려는 계획이었다. 조선에서 경부철도와 경의철도의 일원적 지배를 완료한 일본은 한 걸음 더 나아가 한국철도와 만주철도의 일체화를 꾀한 것이었다. 제1차 세계대전기까지는 한국철도와 만주철도를 하나의 경영조직에 통합하지는 않고 운행면에서 밀착시키려는 정책을 추진하였으나, 조선총독 테라우찌가 부임한 이후 한만철도일원화를 추진하여 1917년 8월 1일부터 만철이 한국철도를 경영하게 되었다. 일본정부가 한국철도와 만주철도를 일원적으로 관리하고자 한 것은 국가적 차원에서 만주침략을 원활하게 만들기 위함이었다. 만철의 위탁경영은 1915년 3월 31일 해제되었다.

(4) 만주사변 이후의 남만주철도

1931년 일본은 만주사변을 일으키고 괴뢰국인 만주국을 수립하였다. 만주를 분리독립시키려는 계획이었다. 만주가 1931년까지 일본의 세력범위였고 일본은 중국에서의 지배권을 다투는 열강의 하나였다면, 만주사변 이후 만주국은 대륙의 새로운 지배자로 떠오르는 일본의 교두보가 되었다. 만주국은 만철과 계약을 통해 만주에 존재하던 모든 철도를 만철이 관리하도록 하였다. 이는 만주국이 일본의 괴뢰국임을 증명해 주는 것이었다.

(5) 남만주철도의 정치적 의미

만철의 정치적 의미는 무엇보다 만주가 만철의 운영자인 일본제국의 이익을 위해 개방되었다는 점이다. 만철의 설립과 운영을 통해 일본은 한반도 크기의 6배에 달하는 거대한 지역이고, 각종 지하자원과 풍부한 원료를 갖고 있고 지정학적으로도 대륙에서 중요한 위치에 있는 만주를 통제하고 자신의 세력권으로 만들 수 있게 되었다. 그 과정에서 만철은 사법인이었으므로 일본에 의한 만주지배라는 점을 희석시켜 열강간 직접적인 마찰을 피할 수 있었다. 한편, 만철은 중국의 관헌으로부터 어떠한 방해도 받지 않으면서 그들의 연구와 조사를 수행할 수 있었으며, 이로써 수집한 방대한 자료들을 토대로 일본은 만주에 대한 지배권을 강화시켜 갈 수 있었다.

1936.5.5 중국 홍군, 국민정부에 정전강화일치항일을 통보
1936.12.12 장제스, 시안에서 장쉐량 등에 의해 감금됨
    (시안사건)
1937.2.15 중국 국민당, 국공합작 동조
1937.7.7 루거우차오에서 중일 양군 충돌
1937.7.17 장제스, 루산에서 저우언라이와 회담.
    대일항전 준비의 담화 발표

1937.7.28 일본군, 베이징 점령
1937.8.15 일정부, 난징정부에 대한 전면전쟁 개시
1937.8.21 중소불가침조약 조인
1937.9.22 국민당, 국공합작선언서 공표
1937.11.20 장제스, 충칭 천도 선언
1937.12.13 일본군, 난징점령. 난징대학살(약30만명)

I 중일전쟁 전의 국내외 정세

1. 서안사건

서안사건이란 동북군의 장쉐량, 서북군의 양후청 등이 내전정지, 일치항일을 주장하여 공산당 토벌을 먼저 주장한 장제스를 시안에서 체포하여 구금한 사건을 말한다. 이 사건은 중국 공산당의 저우언라이의 조정으로 해결되었는데 이를 계기로 중국에서는 항일 민족통일 전선이 형성되었다.

2. 일독방공협정 체결(1936년 11월 5일)

국제연맹을 탈퇴하여 국제적으로 고립되어 있던 일본과 독일은 1935년 제7회 코민테른대회가 일본, 독일 등 제국주의 세력의 세계분할야망에 대해 대항할 것을 결의하자 상호 접근하게 되었다. 방공협정은 코민테른의 활동에 대해 공동대응을 약속하는 한편, 체약국의 일방이 소련으로부터 도발하지 않는 공격을 받는 경우 공통의 이익옹호를 위해 취할 조치에 대하여 협의하기로 하였다. 또한 체약국은 상호동의없이 방공협정의 정신과 양립하지 않는 일체의 조약을 소련과 체결하지 않을 것도 약속하였다. 방공협정은 일본의 대륙진출을 적극화하는 계기가 되어 중일전쟁의 간접적 원인이 되었다.

3. 일본의 화북진출

1933년 탕구정전협정 체결로 만주사변이 종결된 이후에도 일본의 중국침략은 계속되고 있었다. 특히 하북, 산동, 산서, 서안등 화북지역에 영향력을 확장하여 이 지역을 자치지역으로 독립시키고자 하였다. 1935년말 화북 분리공작이 성공하여 괴뢰정권이 수립되자 대규모 반일운동이 전개되었다.

II 중일전쟁의 전개과정

1. 노구교사건(1937년 7월 7일)

노구교사건은 베이징 서남 교외에 있는 노구교에서 소련을 가상 적국으로 야간 연습을 하던 일본군이 중국군과 충돌한 사건을 의미한다. 애초에 일본과 중국은 국지적으로 해결할 생각이었으나 양자 교섭이 교착상태에 빠지면서 일본은 중국문제를 일거에 해결하기 위해, 중국은 실지회복과 일본 축출을 위해 전면전을 계획하게 되었다.

2. 랑방사건(1937년 7월 25일)

일시적으로 중지되었던 북경전투는 랑방사건으로 일본이 최후통첩을 발하게 됨으로써 재개되고 중일전면전쟁이 개시되었다. 랑방사건은 랑방역 부근의 전신선 고장을 수리하기 위해 파견된 일본군이 중국군과 충돌한 사건이다.

3. 국제연맹에 회부(1937년 9월 12일)

중국정부는 일본의 침략이 연맹규약, 부전조약, 9개국조약에 위반이라 주장하며 국제연맹에 부탁하였다. 국제연맹의 극동위원회는 일본 공군에 의한 중국의 무방어도시의 공중폭격은 불법이라고 결의하였다. 총회도 일본의 행동은 자위권으로 정당화 되지 않고 중국이 언급한 조약들을 위반한 것임을 의결하였다. 총회는 또한 9개국조약 당사국들의 국제회의를 개최할 것을 권고하였다.

4. 브뤼셀회의(1937년 11월 3일)

국제연맹 총회의 권고에 따라 브뤼셀에서 9개국조약 당사국회의가 개최되었다. 당사국들은 선언을 통해 일본의 조약상 의무를 재확인하고 일본은 무력으로써 중국의 정책을 변경시킬 법률상의 근거를 갖지 않으며 중일 양국간의 직접교섭으로는 정의에 적합한 합리적인 해결을 모색할 수 없다고 주장하였다.

5. 일본의 점령지역 확대와 동아 신질서 구상 발표(1938년 11월)

독일의 주선이 실패로 끝나고 일본은 중국군을 격파하면서 중국영토를 지속적으로 점령해 나갔다. 이 과정에서 일본은 중국전역에 대한 점령을 노골적으로 드러낸 '동아의 신질서'구상, 즉 제2차 근위성명을 발표하여 중일관계는 돌이킬 수 없을 정도로 악화되었다. 동아신질서는 일본을 중심축으로 하여 일본, 만주국, 중국 3국이 하나의 경제적, 정치적 통합체를 구성하자는 것으로서 항일전선을 붕괴시키고, 일본이 중국을 배타적으로 지배하려는 구상이었다. 동아신질서구상은 동아시아전체를 일본이 세력범위로 하는 '대동아공영권'으로 확장되었다.

Ⅲ 주요 국가의 입장

1. 독일

중일전쟁의 발발은 독일의 입장을 곤란하게 만들었다. 일본은 방공협정의 동지이긴 하나 과거 수년간 독일은 중국과 정치, 경제관계를 강화시켜 왔기 때문이었다. 즉, 군사고문단을 파견하여 중국군을 지도, 육성해 주었고, 독일의 투자와 무역은 지속적으로 증가하고 있었으며, 정치적으로도 독일이 영토적 야심을 추구하지 않음으로써 우호관계가 강화되고 있었다. 따라서 독일은 중일전쟁이 발발하자 중립을 선언하면서도 독일장교들을 중국에 체류시키고 전투에서 패배한 중국군의 재건을 지원해 주었다. 한편, 독일은 분쟁의 조기종결을 희망하여 중일간 평화를 주선하고자 하였으나 일본의 무리한 요구로 실패하였다.

2. 미국

중일전쟁이 발발하자 미국은 분쟁이 평화적으로 해결되기를 바라면서 영국의 공동개입제의를 거절하였다. 국무장관 헐은 그 이유는 첫째, 공동개입은 일본군부의 입장을 강화시킬 우려가 있고, 둘째, 개입은 영미양국이 아니라 극동에 이익을 갖는 모든 나라가 동참해야 한다. 셋째, 영국과의 공동개입은 미국내 고립주의자의 반대를 초래할 수 있다. 그러나, 일본의 중국점령과 괴뢰정권 수립이 가속화되고 신동아질서 건설을 추진하자 일본에 강력하게 항의하는 한편, 중경정권(장개석)을 정당정부로 인정하고 항일전을 지원하기 시작하였다.

3. 소련

중소양국은 1927년 이래 국교단절상태에 있었으나 만주사변으로 양국은 서로 일본의 군사적 압력을 크게 느끼게 되어 1932년 국교가 재개되었으나, 소련이 만주국에 우호적인 조치들을 취함으로써 양자관계는 더 이상 진전되지 못하고 있었다. 1937년 노구교사건은 양자관계를 급진전 시키는 계기가 되었고 마침내 불가침조약이 체결되었다. 주요 내용은 상호침략을 하지 않을 것과, 체약국의 일방이 제3국으로부터 침략을 받는 경우 다른 쪽은 직접, 간접을 불문하고 그 분쟁의 전 기간을 통하여 침략국에 원조하지 않고, 침략국을 유리하게 하는 어떠한 행동도 취하지 않는다. 이 조약 체결 이후 소련은 중국의 공군을 강화시키기 위한 군사원조와 소련이 공급하는 물자를 구입하는데 필요한 재정을 지원해 주었다.

Ⅳ 국제정치사적 의의

중일전쟁은 일본의 중국에서의 이익범위가 만주에 국한된 것이 아니라, 결국 중국 전역을 대상으로 하고 있음을 보여준 사건이었다. 유럽국가들의 유화정책, 독일, 이탈리아 등 방공협정국가들의 지원, 미국의 고립주의 불간섭노선의 산물이었다. 그러나, 중일전쟁은 한편으로는 중국내 파당들의 항일일치전선을 형성시키는 계기가 되었고, 다른 한편으론 일본의 현상타파정책에 대해 유럽국가 및 미국이 자각함으로써 일본에 대항하기 시작하는 계기가 되었다. 유럽에서 히틀러가 주데텐 이외의 체코 영토를 병합함으로써 유럽국가들의 유화정책을 폐기하게 하였다면, 극동에서는 일본이 중국전역에 대한 병합기도와 동아신질서구상을 밝힘으로써 관련국들 및 미국의 유화정책 및 불간섭정책을 폐기하게 하였다고 볼 수 있다.

장쉐량(張學良(장학량), 1898.6.4~2001.10.14)

중국의 군인·정치가. 랴오닝성(遼寧省) 하이청현(海城縣) 출생이며, 둥베이(東北)의 군벌 장쭤린(張作霖)의 장남이다. 1928년 아버지가 폭사당한 후, 장제스(蔣介石)의 국민정부를 지지하고 일본의 '만철선(滿鐵線)'에 병행하는 철도를 기획하여 대항하였다. 1935년 구둥베이군(舊東北軍)을 이끌고 서북초비(西北剿匪:공산당을 무너뜨림) 부사령관으로 시안(西安)에 있으면서 중공근거지를 포위했으나, 1936년 12월 때마침 독전(督戰)차 온 장제스를 감금(시안사건)하고 내전정지(內戰停止)·일치항일(一致抗日)을 간청하여 항일민족통일전선 결성(제2차 국공합작)의 계기를 만들었다. 이 사건으로 지휘권이 박탈되고 10년의 금고형에 처해졌다. 제2차 세계대전 후 1949년 국민정부와 함께 타이완으로 옮겨와 연금생활을 하였으나 1990년 6월 1일 생일을 기해 연금이 풀어졌다. 1993년 12월 15일 고령임을 감안해 44년만에 대만을 떠나 미국으로 가도록 허용되어, 1995년부터 하와이에서 살다가 2001년 10월 노환으로 사망하였다.

장제스(蔣介石(장개석), 1887.10.31~1975.4.5)

본명 중정(中正). 저장성(浙江省) 펑화현(奉化縣)에서 출생하였다. 1906년 바오딩(保定)군관학교에 입학하고 다음해 일본에 유학하였다. 그 무렵 중국혁명동맹회에 가입하고 1911년 신해혁명에 참가하였다. 1918년 쑨원(孫文)의 휘하에 들어가 주로 군사면에서 활약하고 1923년 소련을 방문, 적군(赤軍)에 대해 연구하였다. 1924년 황푸군관학교 교장, 1926년 국민혁명군 총사령에 취임하여 북벌을 개시하였다. 1927년 상하이쿠데타를 일으켜 공산당을 탄압하였으며 1928년 베이징(北京)을 점령하였다. 난징(南京) 국민정부 주석과 육·해·공군 총사령이 되어 당과 정부의 지배권을 확립하였으며, 한편으로는 광둥(廣東)·광시(廣西)의 군벌들과 펑위샹(馮玉祥)·옌시산(閻錫山) 등 지방군벌을 누르고, 1930년부터는 5회에 걸쳐 대규모 중국공산당 포위전을 수행하였다. 또한 만주사변 후 일본의 침공에 대해서는 '우선 내정을 안정시키고 후에 외적을 물리친다'는 방침을 세워 군벌을 이용, 오로지 국내통일을 추진하였다. 그러나 '내전정지(內戰停止) 일치항일(一致抗日)'을 외치는 여론이 높아진 가운데 1936년 독전(督戰)을 위하여 시안(西安)에 갔다가 장쉐량(張學良) 군대에 감금을 당하는 사건이 일어났으며, 그 결과 1937년 국공(國共)합작으로 육·해·공군 총사령관의 책임을 맡고 전면적인 항일전을 개시하였다. 항일전쟁 중에는 국민정부 주석, 국민당 총재, 군사위원회 주석, 육·해·공군 대원수 등의 요직을 겸직하여 최고권력자로 군림하였다. 제2차 세계대전 후 1946년 다시 중국공산당과 결별하고 내전을 개시하였다. 처음에는 우세하였으나 1949년 12월 완전히 패퇴하여 본토로부터 타이완(臺灣)으로 정부를 옮겨 미국과의 유대를 더욱 강화하고, '자유중국' '대륙반공'을 제창하며 중화민국 총통과 국민당 총재로서 타이완을 지배하였다. 저서에 『장중정전집(蔣中正全集)』(상·하권)『장총통언론휘편(蔣總統言論彙編)』(24권) 등이 있다. 1953년 대한민국 정부로부터 대한민국의 독립을 지원한 공로가 인정되어 건국훈장 대한민국장을 받았다.

제7절 태평양전쟁

1937.7.7 루거우차오사건과 중일전쟁 발발
1937.12.13 일본군, 난징점령
1938.7.1 미국, 도의적 대일금수
1938.7.11 장구펑에서 일본과 소련 충돌
1938.8.10 일소 정전협정
1940.7.26 일본각의, 대동아신질서 건설 결정
1940.9.23 일본군, 북부 프랑스령 인도차이나 진주
1941.4.13 일소 불가침조약 조인
1941.12.8 일본군, 하와이 진주만 공습 개시

1941.12.8 미국과 영국, 대일 선전포고
1942.1 일본, 마닐라 점령
1942.6.5 미드웨이 해전
1943.2.1 일본군, 과달카날섬에서 철퇴 개시
1945.2.4 미국군, 오키나와 상륙
1945.8.8 소련, 대일본 선전포고
1945.8.9 미국, 나가사키에 원폭 투하
1945.8.14 일본, 무조건 항복

I 태평양전쟁 전의 국제 정세

1. 중일전쟁

1937년 노구교사건과 랑방사건을 계기로 중일전쟁이 발발하였다. 일본은 만주, 몽고, 및 화북지방 더 나아가서 중국전역을 자신의 세력권으로 만들고자 하였고, 중국은 배일민족주의를 기초로 일본을 중국에서 축출하고자 한 것이었다. 태평양전쟁은 중일전쟁을 지속하기 위한 전략물자를 미국이 통제하자 일본이 연합국의 아시아 식민지에 남방정책을 실시하고, 이것이 미국의 이해관계를 침해하면서 발생하게 되었다.

2. 제2차 세계대전

1939년 9월 히틀러의 폴란드 침공으로 발발한 제 2차 세계대전에서, 대전초기 히틀러는 폴란드, 벨기에, 네델란드, 프랑스를 정복하고 있었다. 독일의 승전에 따라 동맹국이었던 일본은 패전국들의 아시아 식민지에 팽창정책을 시도하게 되었다.

3. 일본의 남방정책

미국이 미일통상조약을 일방적으로 파기하자 군수품조달에 불안을 느낀 일본이 중국과의 장기전에 대비하기 위해 남방자원을 획득하고자 네델란드, 프랑스 등의 아시아 식민지에 접근하기 시작하였다. 네덜란드령 인디아(인도네시아), 프랑스령 인도차이나가 대상 지역이었다. 일본은 네델란드와 프랑스에 대해 식민지역의 군수물자나 원료를 중국에 수출하지 말 것을 요구하는 한편, 지정물자와 지정량을 일본에 수출할 것을 요구하였다.

4. 일독이의 삼국동맹(1940년 9월 27일)

일본은 중국문제해결을 위해 독일 및 이탈리아와 동맹을 체결하고자 하였다. 주저하던 독일은 미국이 참전할 움직임이 일자 일본으로 하여금 미국을 견제하도록 하기 위해 동맹체결에 동의하였다. 일본은 독일, 이탈리아가 유럽의 신질서를 주도하는 것을 인정하고, 독일과 이탈리아는 일본의 대동아 신질서 구성의 주도를 인정하였다. 3국 중 1국이 현재 유럽전쟁이나 중일전쟁에 가담하고 있지 않은 국가로부터 공격을 받는 경우 모든 수단을 동원해서 원조한다. 일본은 3국동맹 조약으로 미국을 견제할 수 있다고 생각했으나 오히려 미국을 자극하게 되었다.

5. 일소중립조약(1941년 4월 13일)

독일은 소련을 3국동맹에 가입시켜 4국동맹을 결성하려 교섭하였으나 실패하였다. 히틀러는 소련과 협력거부를 선언하는 한편, 일본과 소련의 관계정상화에도 반대하였다. 이에 일본은 독일과 소련의 무력충돌시 자국이 개입되는 것을 우려하여 중립조약을 제의하였다. 소련도 독일과의 전쟁시 양면전을 피하기 위하여 중립조약에 동의하였다. 양국중 1국이 제3국과 전쟁을 하는 경우 타국은 중립을 지킨다는 내용이었다. 3국동맹, 일소불가침조약은 일본이 강경책을 채택하는 하나의 배경이 되었다.

Ⅱ 태평양전쟁 전의 미일관계

1. 중일전쟁과 미일관계

중일전쟁에 대한 미국의 입장은 유화정책에 가까웠다. 일본이 9개국조약을 위반하였다는 성명을 내었으나, 구체적인 조치는 취하지 않았으며, 영국의 공동간섭제의에 대해서도 거절하였다. 미국의 대일유화정책의 이유는 중국이 독립하는 경우 자국과 교역관계가 악화될 것을 우려하였고, 중국을 적당히 분할함으로써 일본의 관심을 소련쪽으로 돌리기 위함이었다. 미국의 유화정책은 일본이 전쟁을 확대시킬 수 있는 빌미를 제공해 주었다.

2. 미일통상조약폐기

일본의 중국 침략이 계속됨에 따라 미국 의회는 대일금수조치를 취하자는 강경파의 입지가 강화되었으나, 유화정책의 분위기 속에서 공화당의 미일통상조약폐기가 대통령의 지지로 승인되었다. 1940년 7월 26일 동조약의 폐기를 일본에 통고하였다.

3. 일본의 남진과 미국의 입장

미일통상조약의 파기에도 불구하고, 일본은 전략물자를 계속 수입할 수 있었다. 그러나, 통상관계 지속에 대해 불안을 느낀 일본은 미국과 직접대결하기보다는 남방진출에 박차를 가하기 시작하였다. 장개석정권과의 화평공작에 실패한 이후 장기전에 돌입하기 위한 군수품을 조달해야 했기 때문이었다. 유럽전선에서의 독일에 유리한 전세의 전개로 남방정책은 더 적극성을 띄게 되었다. 일본은 네덜란드와의 통상조약을 폐기하고 네덜란드령 인도(인도네시아)에서 일본의 특권을 주장하였다. 이에 대해 일본의 행동을 비난하면서도 일본에게 침략의 구실을 주어서는 안된다는 이유로 미국은 구체적인 조치는 취하지 않았다. 일본의 남방진출은 더욱 적극화되어 1940년 6월 29일 대동아신질서 구상을 제시하는 한편, 프랑스령 인도차이나에 개입을 강화시켰다.

4. 대일금수조치

독일에 항전을 결정한 영국은 일본의 침략을 막기 위해서는 일본에 전면적 금수조치를 취하거나, 극동에서 일본의 요구를 수락하여 일본을 미영에 접근시켜야 한다고 보고, 미국에 이를 제안하였다. 미국은 강경, 유화의 양자택일을 거부하고 동남아의 영불식민지를 먼로선언의 적용범위로 설정하는 한편, 국방강화법을 적용하여 몇 가지 품목을 수출허가제로 지정하였다. 그러나, 금수가 아닌 허가제였고, 석유는 금수되지 않았다. 미국의 계속되는 유화정책으로 일본은 1940년 9월 23일 프랑스령 인도차이나에 진주하게 되었다.

5. 삼국동맹체결과 미국

1940년 9월 27일 독일, 이탈리아, 일본 3국은 미국을 가상적으로 하는 삼국동맹을 체결하였다. 독일은 영국의 계속된 저항이 미국의 원조때문이라고 보고 일본이 미국을 견제하여 참전을 저지시키면 결정적으로 승리할 수 있을 것으로 생각하였다. 미국은 일본에 대한 유화정책을 지속하는 한편, 영국의 승리를 위해 적극적 지원을 할 것임을 선언하였다.

6. 미일교섭

(1) 교섭배경

일본의 남진으로 미일관계가 악화되었으나 미국은 끝까지 충돌을 회피하고 외교적 해결을 추구하였다. 일본도 궁극적인 침략목표는 소련이고, 그 수단으로서 남방자원을 확보하려는 것이므로 가능한 한 미국과의 무력충돌을 야기하고 싶지 않았다.

(2) 미일양해안

미일교섭의 기초는 민간차원에서 작성한 7개항의 양해안이었다. 분쟁의 평화적 해결, 3국동맹의 방어적 성격인정, 미국의 유럽 전쟁 불참, 중국의 독립과 중국 철수, 중국에의 일본의 대량이민자제, 만주국 승인, 태평양에서 상대방을 위협할 병력의 배치 자제, 남태평양에 일본의 평화적 진출과 자원획득에 대한 미국의 지원, 필리핀의 독립 보장 등을 주요 내용으로 하였다.

(3) 독소개전과 미일교섭

1941년 6월 22일, 독소개전 이후 고노에내각은 7월 2일 '정세의 추이에 따른 제국국책요강'을 결정하였다. 즉각적인 대소개전은 보류하고 전쟁준비를 하며, 독소전쟁의 추이가 일본에게 유리하게 진전되면 북방에 무력을 사용한다. 남방방면에 대해서는 목적달성을 위해 대영미전을 불사한다. 일본의 결정을 탐지한 미국의 대일태도가 경색되었으나, 독일의 패전을 위해서는 일본이 독일을 지원하여 참전하는 것을 막아야 했으므로 교섭을 결렬시키지는 않았다.

(4) 제3차 고노에(근위)내각과 미일교섭

제3차 고노에내각은 미일교섭을 성사시킬 목적으로 성립되었으나, 군부가 주도한 일-불인공동방위협정이 7월 26일 성립됨으로써 미일교섭은 파국을 맞게 되었다. 이 협정이 발표되자 미국과 영국은 즉시 일본자산을 동결하고 필리핀 군을 미국 지휘하에 넣고 중국에는 미국의 군사고문단이 파견되었다. 8월 1일, 미국은 일본에 대해 면과 식량을 제외하고는 석유를 포함한 모든 수출을 금지하였다. 석유수출금지는 일본해군에게 결정적인 타격을 주는 조치였다. 일본은 양국 정상회담을 제의했으나 미국은 거절하였다.

Ⅲ 태평양전쟁의 전개 과정

1. 도조내각의 성립과 개전결의

제3차 고노에내각이 총사직한 이후 10월 18일 도조내각이 성립되었다. 교섭지속, 즉시 개전, 교섭속행과 전쟁준비의 동시진행의 대미노선의 제시되었으나 교섭을 속행하여 타결에 진력하는 동시에 전쟁결의하에 작전을 준비한다는 안을 채택하였다.

2. 헐노트와 미일국교단절

일본이 교섭기한으로 못박은 11월 25일이 지나자 헐은 일본대사에게 각서를 수교하였다. 요점은 모든 사태를 만주사변 발생 전의 상태로 환원하라는 것으로, 중국과 프랑스령 인도차이나로부터 모든 육해공군과 경찰력이 철퇴하고, 중국에서 중경정부 이외의 일체의 정부(만주국정부, 남경정권포함)를 부인하고, 3국동맹의 실질적인 폐기를 요구하였다. 일본은 이를 최후통첩으로 받아들여 개전을 결정하고 개전시기를 12월 8일로 정하였다.

3. 진주만 기습공격과 전황 및 일본의 항복

일본은 1941년 12월 8일 오전 3시 25분에 진주만 기습공격을 감행하였고, 일본, 이탈리아, 독일과 미국, 영국, 네덜란드 등에 의한 상호 선전포고가 있었다. 전쟁초기 일본은 영미 함대를 격파하며 동남아 거의 전역을 점령하였다. 그러나 1942년 5월과 6월 미국이 해전에서 승리한 이후 빠른 속도로 일본군을 격파하였다. 1945년 4월 미군이 오키나와에 상륙하여 일본군을 섬멸하고 본토진격을 기다리고 있었다. 8월 6일에 히로시마, 9일에 나가사키에 원폭이 투하되었고 소련이 참전함으로써 일본은 항복하였다.

Ⅳ 전시외교와 일본의 전후처리문제

1. 카이로회담(1943년 11월)

미국, 영국, 중국의 삼국 수뇌회담으로서 일본의 전후처리문제가 집중 논의되었다. 일본이 1914년의 제1차 세계대전 개시 이후 태평양에서 탈취·점령한 모든 도서를 박탈하고, 만주, 대만, 팽호도와 같이 일본이 중국에서 탈취한 모든 영토를 중국에 반환한다. 또한 일본은 폭력과 탐욕으로 약취한 기타 모든 영토로부터 구축된다. 3국은 한국민의 노예상태에 유의하고 멀지않아(in due course) 한국이 자유이고 독립으로 되어야 한다는 것을 결의하였다(are determined that Korea shall become free and independent).

2. 얄타회담(1945년 2월)

미국이 극동에서 일본군에 고전하고 있는 상황에서 루스벨트는 극동전투에 소련을 참전시키는 주력하였다. 국제연합의 창설, 독일의 분할점령, 폴란드 국경획정, 소련의 대일전 참전 등이 결정되었다. 비밀합의를 통해 소련은 대일전 참전의 댓가를 약속받았다. 1904년 일본에 양여한 권리, 즉 남부사할린과 그 인접도서를 되찾고 다롄을 국제화하고 이 지역에서 소련의 우월한 이익을 보호한다. 뤼순항은 소련에 조차하고 동청철도와 남만철도는 장차 설립될 소련, 중국 합작회사가 관리한다. 쿠릴열도를 소련에 할양한다.

Ⅴ 태평양전쟁의 국제정치사적 의의

태평양전쟁은 만주사변 이후, 더 길게는 메이지정부 수립 이후의 현실주의적 대륙정책 채택 이후 지속되어온 일본의 제국주의의 마지막 전쟁이었다. 워싱턴체제 성립으로 대륙정책이 좌절된 이후 일본은 만주사변, 만주국 수립, 중일전쟁 도발을 통해 중국을 자신의 영향력하에 두고자 하였으나, 미국과 일전 없이는 불가능한 일이었다. 일본의 제국주의와 현상타파정책은 태평양전쟁의 패배로 결정적으로 좌절되었다.

고노에(1891.10.12~1945.12.16)

1891년 10월 12일 도쿄(東京)에서 출생하였다. 1917년 교토대학교 법과를 졸업한 후 내무성(內務省)에 들어갔다. 1920년 귀족원(貴族院) 의원이 되었고 13년 귀족원 의장이 되었다. 1937년 하야시 센주로(林銑十郎) 내각의 뒤를 이어 새 내각을 조직하였다. 정당정치를 존중하였으나 군부가 일으킨 중일전쟁에 끌려들어가고 말았으며, 몇 차례나 중국과의 화평(和平)을 시도하였으나 군부의 반대에 부딪쳐 전쟁이 확대일로를 걷게 되자 총리직을 사임하였다. 1940년 7월 다시 내각을 조직하였으나 정당은 해산되고, 대정익찬회(大政翼贊會)가 결성되어 전시체제는 한층 강화되었다. 1941년 10월 대미(對美) 강경론자인 외무장관 마쓰오카 요스케(松岡洋右)를 경질하고 제3차 내각을 조직하였으나, 희망을 버리지 않았던 대미교섭은 군부의 독주(獨走)로 말미암아 더욱 절망적인 상황에 이르자 총리직을 사임하였다.

도조(1884.12.30~1948.12.23)

도쿄(東京) 출생. 육군대학을 졸업한 후 관동군 헌병사령관, 관동군 참모장, 육군차관 등을 역임하였다. 1940년 제2차 고노에(近衛) 내각의 육군대신이 되어 중국침략 확대를 주장하고, 1941년 제3차 고노에 내각을 개전론(開戰論)으로 무너뜨렸다. 같은 해 10월 후계내각을 조각(組閣)하여 육군·내무대신도 겸임하고, 12월 8일 하와이의 새벽 진주만(眞珠灣)에 있는 미국함대기지를 기습 공격함으로써 제2차 세계대전을 일으켰다. 개전(開戰) 후 독재를 강화하여, 1943년 문부(文部)·상공·군수(軍需) 장관도 겸임하고, 한국에서는 징병제와 학도병 지원제를 실시하였으며, 1944년에는 참모총장까지 겸임하였다. 그러나 전황이 전면적 파국으로 빠져들자, 1944년 7월 총사퇴하였다. 종전(終戰) 후 자살을 기도하였으나 미수에 그치고, A급 전쟁범죄자로 극동국제군사재판에 회부되어 1948년 교수형에 처해졌다.

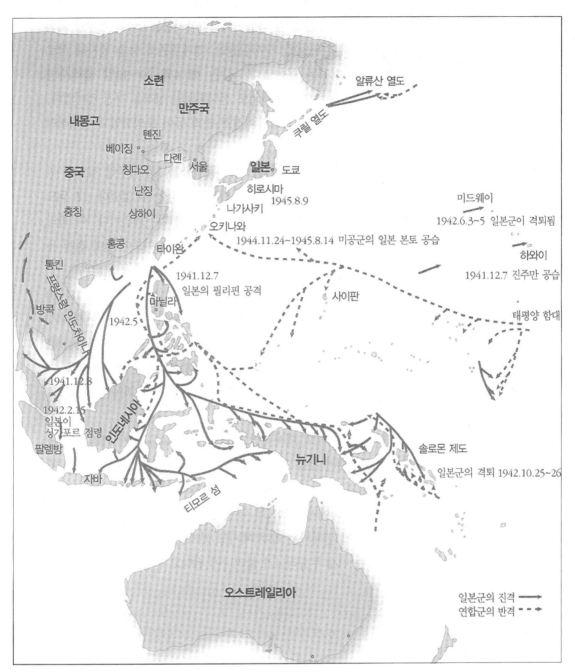

소련

만주국

내몽고

톈진

베이징

다롄

서울

일본 도쿄

알류샨 열도

쿠릴 열도

중국

칭다오

난징

상하이

충칭

홍콩

타이완

히로시마

나가사키

1945.8.9

오키나와

1944.11.24~1945.8.14 미공군의 일본 본토 공습

미드웨이

1942.6.3~5 일본군이 격퇴됨

1941.12.7

일본의 필리핀 공격

하와이

1941.12.7 진주만 공습

통킨

프랑스령 인도차이나

방콕

마닐라

1942.5

사이판

태평양 함대

1941.12.8

인도네시아

1942.2.15

일본이

싱가포르 점령

팔렘방

자바

티모르 섬

뉴기니

솔로몬 제도

일본군의 격퇴 1942.10.25~26

오스트레일리아

일본군의 진격 ⟶

연합군의 반격 ⇢

● 태평양전쟁

제3장 | 조선외교사

1872.5.15 일외무성 관리, 서계 접수 거절당하고 철수
1873.11.5 고종, 親政 선포(대원군 실각)
1874.6.25 일본 정한론에 긴장. 각 군영 엄중경계 지시
1874.7.3 고종, 일본과의 국교단절 책임으로 김세호 등 파면
1875.1.19 모리야마 시게루, 새 서계 가지고 동래부 도착.
　　　　　 서계 거절
1875.4.21 일본군함 운요호 등 3척 부산 입항
1875.8.20 운요호 사건
1876.2.2 조일수호조규 조인

1876.7.6 조일수호조규부록 및 조일무역장정 조인
1880.3.26 미국 해군제독 슈펠트 부산 입항
1880.5.3 일본정부, 미국과의 통상을 예부에 권고
1880.8.28 수신사 김홍집, 조선책략 올림
1882.4.6 조미수호통상조약 조인
1882.4.21 조영수호통상조약 조인
1882.5.15 조독수호통상조약 조인
1884.윤5.4 조이수호통상조약 조인
1884.윤5.15 조러수호통상조약 조인

Ⅰ 조선의 개국을 전후한 국내외정세

1. 일본의 개국

1854년 미국과 가나가와조약 체결로 문호를 개방한 일본은 메이지유신 이후 적극적인 대외 개혁 및 개방정책을 실시해 나갔다. 서양함선을 건조 하였고, 홀란드의 해군을 초빙하여 군사력을 증강시켰으며 서양학문 연구와 외국문화수용에도 적극적이었다.

2. 병인양요와 신미양요

조선이 쇄국정책을 고수하는 가운데, 프랑스와 미국 등 구미제국주의국가들은 조선의 문호를 개방하기 위해 함포시위를 벌였다. 우선 프랑스는 천주교도 탄압을 이유로 1866년 강화도를 침략하였다. 조선군의 저항에 밀려 퇴각했으나 천주교탄압과 쇄국정책이 더욱 강화되었다. 한편, 미국은 제너럴셔먼호 사건에 대해 보복하고 조선과 국교를 수립하기 위해 1871년 강화도에 해군을 파견하여 약탈을 자행한 신미양요를 일으켰다. 조선의 배외정책이 강화됨으로써 조선은 세계정세로부터 더욱 격리되었다.

3. 대원군의 쇄국정책

조선은 유교문화권하에서의 교류 이외에 서구제국주의 세력과 국교수립은 거부하는 정책을 지속하고 있었다. 이러한 정책이 가능했던 이유는 첫째, 지리적으로 변경에 처해 있어 서구 열강에게 조선과의 교섭을 추진하려는 긴절한 필요를 느끼게 하지 못했기 때문이다. 미국만이 태평양을 거쳐 상해 지방으로 진출할 때 조선의 지리적인 위치가 중요하게 대두될 수 있어 조선과의 조약체결에 관심을 갖고 있었다. 둘째, 조선내부에서 서양세력과의 교섭을 반대하는 세력이 청일에 비해 한층 격렬하였다.

Ⅱ 조일수교

1. 메이지 초기의 한일관계

메이지 초기 일본외교는 쓰시마 번이 계속 담당했으나, 쓰시마 번은 조선과의 직접무역을 통해 이익을 얻고 있었으므로 메이지정부와 조선의 직접적인 관계 수립을 바라지 않았다. 따라서 국교관계가 진전되지 않았다. 1869년 외교업무를 중앙에 집중시킨 일본은 다시 조선과 직접적인 수교를 원했으나 대원군의 반대로 무산되었다. 1873년 대원군이 물러나자 함포외교를 통한 국교수립을 모의하게 되었다.

2. 강화도사건(1875년 9월)

모리야마와 히로즈의 제의에 따라 1875년 5월 일본은 군함 운요호를 부산에 파견하여 무력시위를 하고 돌아갔다. 그해 9월 다시 운요호가 강화도에 나타나 강화도 연안을 탐색하자 조선은 선제 포격을 가하였고 조일 간 교전이 발생하였다. 이를 운요호 사건이라 한다. 일본의 계획적 도발인 이 사건을 통해 일본은 조선과의 국교문제를 매듭짓고자 하였다.

3. 종주권에 대한 청일담판

조선과의 국교수립에 있어서 청의 간섭을 배제하기 위해 일본은 청과 직접교섭을 선택하였다. 리홍장은 조선의 내정에 대해서 직접간여하지 않지만, 종주국으로 도덕적 책임을 지고 있다는 입장을 밝혔다. 한편, 리홍장은 일본과의 갈등을 피하기 위해 조선에 대해 일본의 요구를 수락하도록 권고할 것이며, 조선이 이를 거부하는 경우 이후 사태에 대해서는 개입하지 않을 것임을 천명하였다.

4. 조일수호조규의 체결(1876년 2월 27일)

전문과 12개조로 구성된 조일수호조규는 조선의 자주국, 사절의 파견, 일본인의 개항장내의 왕래, 통상, 가옥 건조 및 임차, 조선의 2개항의 개항, 해안측량, 영사파견, 자유무역, 영사재판, 6개월내 통상장정의 체결 등의 내용을 담고 있었다.

📖 참고 조일수호조규

제1조【조선의 자주】 조선국은 자주지방으로서 일본국과 평등한 권리를 보유한다.

제2조【사절의 파견】 일본국정부는 지금부터 15개월 후에 수시로 사신을 조선국 경성에 파견하여 예조판서와 친접하여 교제의 사무를 상의할 수 있다. 이 사신의 주류기간의 장단은 모두 시의에 따른다. 조선 정부도 역시 수시로 사신을 일본국 도쿄에 파견하여 외무경과 친접하여 교제의 사무를 상의할 수 있으며 이 사신의 주류기간의 장단도 역시 시의에 따른다.

제3조【공문 사용 언어】 장차 양국의 왕래공문에 있어 일본은 자기 나라의 국문을 쓰되 지금부터 10년간은 한문 역본 한 통을 따로 갖추고 조선은 진문(眞文)을 사용한다.

제4조【개항장 내에서 일본인의 왕래, 통상, 가옥건조 및 임차】 조선국 부산의 초량항에는 일본공관이 있어 오랫동안 양국인의 통상지였다. 금후에는 종전의 관례와 세견선 등에 관한 일을 혁제하여 새로 세운 조관을 기준으로 하여 무역사무를 처리한다. 또한 조선 정부는 제5조에서 별도로 정하는 두 항구를 개항하여 일본 국민의 왕래, 통상을 허가한다. 이들 항구 내의 지면을 임차하여 가옥을 조영하거나 이곳에 있는 조선 사람들의 가옥에 교우함은 그 편리한 방법대로 한다.

제5조【개항장】 경기, 충청, 전라, 경상, 함경 등 5도의 연해 중 통상에 편리한 항구 두 곳을 택하여 지명을 지정한다. 항구를 개항하는 시기는 조선력 병자년 2월, 일본력 메이지 9년 2월부터 기산하여 20개월 이내로 한다.

제6조【조난, 표류】 일본국 선박이 태풍 또는 연료, 식품의 결여 등 불가항력의 경우 개항장 이외의 지역에 기항할 수 있으며 또 표류 선원을 보호하여 송환한다.

제7조 【해안측량】 조선국 연해의 섬과 암초는 종전에 심검을 거치지 않아 극히 위험하다. 일본국의 항해자가 자유로이 해안을 측량하도록 허가하고 그 위치의 심천을 소상하게 밝혀 도지를 편제하여 양국의 선객들이 위험을 피하고 안전을 도모할 수 있게 한다.

제8조 【영사파견】 장차 일본국 정부는 조선국이 지정한 각 항구에 일본국의 상민을 관리할 관리를 수시로 둘 수 있다. 양국이 교섭할 안건이 있을 때에는 이 관원은 지방장관과 판리(辦理)한다.

제9조 【자유무역】 양국은 이미 통호하였으나 피차 인민은 각자 임의로 무역한다. 양국 관리는 조금도 이에 간예하지 못하며 또 제한, 금지하지 못한다. 만약 양국의 상민이 기만하여 속여 팔거나 빌린 것을 보상하지 않을 때에는 양국 관리는 그 상민을 엄히 체포하여 그 빚진 것을 갚도록 한다. 다만 양국 정부는 이를 대신 갚을 수는 없다.

제10조 【영사재판】 일본국 인민이 조선국 지정의 각 항구에 재류 중 죄를 범한 것이 조선국 인민에 관계되는 사건을 일으켰을 때에는 이를 모두 일본 관원이 심단한다. 조선국 인민이 죄를 범하고 그것이 일본국 인민에 관계되는 경우에는 모두 조선관원이 사판한다.

제11조 【부록과 통상장정의 체결】 양국인 이미 통호하였으므로 따로 통상장정을 설정하여 양국 상민의 편의를 도모한다. 또한 지금 합의를 본 이 조관의 각 항 가운데 좀 더 세목을 결정하여 보완할 필요가 있거나 참고로 할 조건들은 앞으로 6개월 이내에 양국이 각각 위원을 임명하여 조선국 경성 혹은 강화부에 파견하여 상의, 결정토록 한다.

Ⅲ 조미수교

1. 조미수교에 대한 조선의 입장

당시 개화파들 사이에서는 황준헌의 조선책략이 널리 수용되어 있었다. 조선책략의 핵심은 친청, 결일, 연미하여 방아하여야 한다는 것이었다. 개화파의 주장을 고종이 받아들여 미국과의 조약체결에 적극적인 입장을 보였다.

📖 참고 조선책략

청국인 황준헌(黃遵憲)이 러시아의 남하정책에 대비하기 위해 조선, 일본, 청국 등 동양 3국의 외교정책에 대해 서술한 책. 1876년 한일수호조규를 맺고 일본에 개항한 조선은 그해 5월 제1차 수신사로 김기수를 파견한데, 이어 1880년 5월 28일(양력 7월 5일)에는 제2차 수신사로 예조참의 김홍집(金弘集)을 일본에 파견하였다. 김홍집은 일본에 약 1개월간 머무는 동안 국제 정세 탐문 및 국제법과 관련하여 활동을 전개했는데, 그는 특히 청국 공관을 왕래하면서 주일 청국공사 하여장(何如璋), 참사관 황준헌(黃遵憲) 등과 외교정책에 관해 의견을 교환하고, 귀국하는 길에 황준헌이 지은 『사의조선책략 私擬朝鮮策略』을 얻어와 고종에게 바쳤다. 이 책은 러시아를 방어하기 위한 조선의 외교정책이 핵심 내용이다. 즉, 황준헌은 러시아가 이리처럼 탐욕하여 유럽에서 아시아까지 정벌에 힘써온 지 300여년 만에 드디어 조선까지 탐낸다고 하면서, 조선이 이를 방어하기 위한 책략은 친중국(親中國), 결일본(結日本), 연미국(聯美國)하여 자체의 자강을 도모해야 한다고 주장하였다. 황준헌은 중국과 친해야 하는 이유로 중국이 물질이나 형국에서 러시아를 능가하고, 조선은 천여 년 동안 중국의 번방(藩邦)으로 지내왔기 때문에 양국이 더욱 우호를 증대한다면 러시아가 중국이 무서워서도 감히 조선을 넘보지 못한다는 것이다. 다음으로 일본은 조선이 중국 이외에 가장 가까운 나라이고, 과거부터 통교해 온 유일한 국가라고 설명한 후 조선과 일본 중 어느 한쪽이 땅을 잃으면 서로 온전하게 유지하지 못하는 보거상의(輔車相依)의 형세이기 때문에 서로 결합해야 한다는 것이다. 미국의 경우에는 비록 조선과는 멀리 떨어져 있지만 남의 토지나 인민을 탐내지 않고, 남의 나라 정사에도 간여하지 않는 민주국가로서 오히려 약소국을 돕고자 하니 미국을 끌어들여 우방으로 해두면 화를 면할 것이라고 하였다. 이와 같은 친중국, 결일본, 연미국의 외교정책은 서구의 침략으로부터 무사할 때에 공평한 조약을 맺는 것이 이득이 되는 것이며, 중동과 같이 위세에 눌려 조약을 맺게 되면 자주권과 이익을 탈취 당하게 되니 서둘러야 된다는 것도 강조하였다. 『조선책략』은 황준헌이 쓴 작은 책자에 불과하지만 그것이 조선에 유입된 후 조선 조야의 반향은 상당히 컸다. 정부에서는 찬반 논의가 격렬하게 전개되었고, 재야에서는 보수 유생들을 중심으로 거국적인 위정척사운동이 일어났다. 1880년 11월 7일 유원식(劉元植)의 척사상소를 비롯하여 1881년 2월에는 이만손(李晩孫)을 소두(疏頭)로 한 영남만인소(嶺南萬人疏)는 전국의 척사 풍조를 자극하여 신사(辛巳) 척사상소운동을 선도하였다. 그럼에도 불구하고 이 책은 당시 고종을 비롯한 집권층에게는 큰 영향을 주어 1880년대 이후 정부가 주도적으로 개방정책의 추진 및 서구문물을 수용하도록 하는 계기를 마련하였다.

2. 조미수교에 대한 미국의 입장

미국은 조선의 정치적, 경제적 이익은 중요하게 생각하지 않았다. 다만, 조선 연안에 난파된 미국 선박과 선원의 구조를 위해 조선이 필요하였고, 또 한편으로는 조선이 중국과 일본에 근접하고 있어서 조선의 항구들이 미국의 무역과 해군 함정에 개방되는 것은 바람직스럽다고 생각하고 있었다.

3. 조미수교에 대한 청의 입장

일본의 조선진출이 가속화되자, 청은 조선과 구미열강이 조약을 체결케 하여 일본 단독으로 조선을 지배하는 것을 저지시킨다는 전략을 수립하였다. 리홍장은 이유원을 통해 문호개방의 필요성을 설득하고, 일본과 러시아의 위협에 대응하기 위해서는 서양 열강과 조약을 체결하여 이이제이 책을 강구해야 한다고 역설하였다.

4. 리홍장 – 슈펠트의 텐진회담

1880년 8월 회담에서 슈펠트는 조선과의 조약체결에 리홍장의 지원을 요청하였고, 리홍장은 영향력을 행사할 것이라고 약속하였다. 그러나 1881년 7월의 두 번째 회담에서는 리홍장이 적극적인 태도를 보이지 않았는데, 이는 러시아와의 이리분쟁해결로 전쟁위험이 없어졌기 때문이었다. 1882년 3월의 제 3차 회담에서 리홍장과 슈펠트 간에 조약에 대한 실질적인 토의가 진행되었다.

5. 조미수호조약체결(1882년 5월 22일)

조약의 내용은 첫째, 체약국이 제3국과 분쟁이 발생하는 경우 서로 알린 후에 선처하도록 주선한다. 둘째, 외교사절 및 영사의 파견. 셋째, 영사재판권을 규정하되 조선이 법률을 개정하는 경우 다시 심의하여 철회할 수 있다. 넷째, 관세율의 경우 생필품은 종가 10%, 사치품은 30%, 조선의 수출품은 모두 종가 5%로 규정하였다.

Ⅳ 국제정치사적 의의

조선은 최초의 근대적 조약을 일본과 체결하였다. 근대적인 조약을 일본과 체결하였다는 사실자체가 청의 조선에 대한 종주권을 공식적으로 부인하는 것이었다. 근대적 국제관계를 수립함에 있어서 조선은 오랜 기간 쇄국정책을 실시함으로써 국제정세나 국제법을 제대로 이해하지 못한 가운데 강요에 의해서 수립된 한계가 있었다. 조선이 유교권의 변경에 있던 일본에게 조약체결을 허용함으로써 조선은 이중적 질곡에 빠지게 되었다. 즉, 조선은 장차 구미열강과 불평등 관계를 맺음과 동시에 유교권 주변에 처하였던 일본의 침투를 동시에 감수해만 하였다. 조선이 국제사회에 들어가게 되는 첫 출발이 일본과의 불평등 조약으로 이뤄진 것은 역사적인 불행이었다.

> **📖 참고** 개항전 조 – 일관계
>
> 1. 소극적 교린관계(1864~1867)
>   (1) 당시 중국–조선 관계
>   한반도와 중국의 전통적인 외교관계는 '사대자소'의 관계였다. 즉, 소국은 대국을 섬기고 대국은 소국을 사랑하는 관계라는 것이다. 사대자소의 관계는 내용적으로는 '조공'과 '책봉'의 외교관계로 발현되어 유지되었다. 조선조에는 대대로 '중화'관념과 '사대관념'을 유지해 왔으나, 명청교체기에 조선은 청에 대해 문화적 관념인 '중화'는 기각시키고 형식적이고 정치적·군사적 논리인 '사대'관계만 유지해 왔다.

제4편

(2) 조일관계: 소극적 교린관계

전통적으로 조선은 일본과 소극적인 교린관계를 유지해 왔다. 이는 현실적인 면에서 일본과의 접촉을 최소화 하는 것을 말한다. 대원군 집권시기에도 이러한 소극적 교린관계 원칙이 유지되어 일본과는 직접통교하기 보다는 대마도주를 통해 간접적으로 교섭하는 방식을 취하였다. 조선은 일본과 정식으로 외교관계를 수립하지 않고 부산과 동래에 왜관을 설치하여 상호 의사전달을 하였다. 그러나, 명치유신이 단행된 1868년을 전후로 하여 양국은 이 관계마저 단절되어 일본에서는 정한론(征韓論)이, 조선에서는 척왜론(斥倭論)이 전개되었다.

2. 정한론과 척왜론의 대립(1867~1873)

(1) 의의

소극적 교린관계로 유지되어 오던 조일관계는 1867년에 들어서면서 악화되기 시작하였다. 이것은 일본 내부의 변화와 그에 따른 새로운 대외정책, 그동안 일본 내에서 진행된 조선에 대한 침략설이 국내에 알려지면서 부터였다. 양자관계가 악화된 근본적인 이유는 일본이 명치유신 이후 근대적 외교관계를 수립하고자 하였으나, 이에 대해 조선이 전통적 질서하의 외교관계 유지를 고수하였기 때문이었다.

(2) 조일관계 악화 및 단절

조일관계는 일본의 조선 침략설이 조선에 유포된 이후 악화되기 시작하였고, 메이지 유신 이후 정체를 변혁한 메이지 정부가 조일관계의 근본적 변화를 시도하면서 단절되었다. 일본은 대마도주를 통한 간접적 통교, 왜관을 통한 교섭과 통신, 중국에 대한 사대자소의 관계 등에 대한 근본적 변화를 시도하였다. 즉, 대마도주를 외무성의 관리로 격하시키는 한편, 왜관이 아니라 직접 조선 국왕과 교섭을 하길 원하였다. 또한, 근대국제법 질서하에서의 주권평등원칙에 기초하여 중국과 일본을 동등한 지위로 그 위상을 설정하였다. 이러한 점이 일본이 조선에 보낸 서계(書契)에 반영되어 있었고, 조선은 기존의 일본과의 관계 및 중국과의 관계를 변경하지 않고자 하였다. 결국 조선은 일본과 절교(絕交)의 뜻을 선포하였고, 일본 내에서는 정한론이 득세하였다.

(3) 정한론

정한론은 막부시대 말기부터 일본의 지식인층을 중심으로 유포되고 있던 사상으로서 '일본은 조선 및 중국과 수교동맹을 맺어 유럽을 막되, 만약, 조선과 중국이 수교동맹을 거절하면 이들을 정복해야 한다'는 논리를 말한다. 메이지 정부는 1869년 정한론을 보다 구체적 정책으로 추진하였으나, 국내적으로 농민들의 소요사태가 발생하여 실제로 추진되지는 않았다. 그러나 이러한 일본내 움직임은 1870년에는 일본 외무성의 대조선정책의 기조로 정착하였다.

(4) 척왜론

서계사건을 중심으로 조선과 일본의 갈등이 고조되면서 조선에서는 일본을 서양오랑캐 즉, 양이(洋夷)와 동일시하는 관념이 형성되었고, 척양(斥洋)과 마찬가지로 척왜(斥倭)의 입장이 채택되었다.

3. 고종의 일본관의 변화

(1) 일본관의 변화

대원군의 대외정책이 '척사', '척양'으로 일관되는 동안 국왕으로서 최고통치권자의 위치에 있던 고종의 정치관에 변화가 오고 있었다. 이러한 변화는 특히 고종 9년인 1872년부터 보이기 시작하였다. 고종은 동북아질서가 중화질서에서 벗어나 근대적 질서를 형성해 나가고 있다는 점, 청과 일이 서양세력이 자유롭게 통교하나 조선은 그러하지 못하고 있다는 고립감 등을 인식하기 시작하였다. 또한, 관념적 소중화의식에서 벗어나 서양세력들의 현실적 실체를 역시 인식하기 시작하였다.

(2) 일본관 변화의 역사적 의미

고종의 대외관의 변화의 의미는 고종 친정(親政) 후 바로 전개되는 개항정책이 기존에 알려진 것처럼 일본의 강압에 의한 것만이 아니라 고종 내부의 심경에서도 주체적 변화가 일어나고 있었고, 따라서 주체적 개방의 측면도 갖고 있다는 것이다.

4. 시사점

개항전 조일관계가 전개되던 시기는 한국사 중 그 어떤 시기보다 대외관계가 중요한 시기였다. 이 시기 서구를 비롯한 외세의 도전은 이전까지 조선 왕조가 경험한 외세의 도전과는 그 본질이 달랐으며, 그것도 어느 한 국부적인 면에서의 도전이 아니라 총체적인 도전이었다. 따라서 대응양식도 달라야 하였다. 그러나 당시 대원군은 대외정책의 대강을 척사, 척양의 기치 아래 외국과의 관계를 단절하고 전통적인 대외관계인 '사대'와 '교린'만을 소극적으로 유지하는 방식으로 대응하였다. 결국 명치유신 이후 조선은 일본의 국체변통을 인정하지 않고 일본은 조선과 종전식의 양국관계를 원하지 않는 상호 태도 불일치로 인하여 양국은 각각 '척왜'와 '정한'의 태도를 취하게 되었다. 그러나, 조선은 일본의 '정한'에 대한 정황을 전혀 인지하지 못하고 강화도에서 굴욕적인 불평등 조약을 체결하게 되었다.

참고 정한론

1. 정한론의 국제관계사적 배경

(1) 한일 간의 전통적 교린외교관계(1607~1867): 일본형 화이의 세계

① 한중일의 초기 접촉 및 일본형 화이의 세계관: 조선은 왕조수립 초기부터 일본에 대해 선린외교를 견지하면서, 왜구의 단속을 일본정부에 요청하기 위해 수호를 위한 교섭의 길을 터 놓았다. 임진왜란으로 잠시 국교가 중단되었으나 도쿠가와막부 성립(1603년) 후 일본과 조선과의 교린외교는 쓰시마도주 소오씨의 노력에 의해 1607년에 회복되었다. 한편 막부는 나가사키항에서의 중국선 및 네덜란드선과의 무역을 통해 대외접촉을 계속하였다. 도쿠가와 정권은 대외적으로 통신의 나라(외교관계가 있는 나라)와 통상의 나라(무역선이 도래하는 나라)로 구분하는 체제를 만들었다. 막부에서 교류를 용인한 나라는 4개국으로서 조선과 류쿠를 통신의 나라로, 중국과 네덜란드는 통상의 나라로 하고 다른 나라와는 일체 교섭을 하지 않았으며 일본인이 외국인과 접촉하는 것조차도 엄격히 금지하는 쇄국체제였다.

② 조선왕조 대왜 교린외교의 전통적 특징: 조일 간의 교린외교시대에 있어서 양국은 쇄국정책으로 배외사상에 젖어있으면서도 교린 외교를 고수함으로써 평화를 유지코자 하였다. 따라서 이를 유지하기 위해 규정된 여러 가지 제도를 서장, 서격이라고 하는데 이는 조일간의 교통을 통제하는 것을 목적으로 하였다. 중요한 제도로서 수도서 제도, 서계제도등이 있었다. 막부는 조선통신사를 중시했는바, 이는 조선과의 우호왕래에 의한 평화의 회복과 유지에 대한 필요성이 있었으며, 문화의 도입에 대한 기대가 있었기 때문이었다. 도쿠가와 정권으로서는 대내적으로 민중들에게 권위를 과시하는 기회로, 대외적으로 조선을 통해서 동아시아 국제정세를 관찰하고 이와 더불어 동아시아의 국제적 연결을 도모하려는 의도가 숨어 있었다.

그러나, 구미의 국가들이 점차 아시아지역에 진출함에 따라 새로운 국제정세하에서 러시아, 미국등과의 접촉에 의해 도쿠가와 정권의 외교체제는 중대한 전환기를 맞이하게 되었다. 해금정책을 버리고 항구를 개방하는 조약을 체결하여 구미제국이 형성한 이질적인 근대 국제사회에 참가하게 되었다. 다만, 국제정세의 변화에도 불구하고 도쿠가와 정권은 19세기 중엽까지도 조선과의 전통적인 교린외교를 계속하고 있었다.

(2) 열강의 대일개항정책(1854~1868)

① 일본의 대열강 쇄국정책: 일본시장은 중국과 달리 중요성이 크지 않았으나 미국의 고래잡이 선원들의 보호가 필요했으며, 모래가 많은 해안은 우선 중국 해로상에 있어서 기항지를 제공해 줄 수 있었다. 서구제국 중 태평양 양대세력인 미국과 러시아가 일본에 적극적인 관심을 보였다. 막부정권은 1846년 미국특사가 파견되었을때도 쇄국정책을 고수하기로 하였으므로, 미국과 러시아는 무력을 사용해서 개국정책을 강요할 수밖에 없었다.

② 일, 미화친조약 체결 및 대열강 문호개방: 1854년 페리제독이 미일교섭을 진행했으나 일본은 다수의 쇄국론파와 소수의 개국론파사이에 국론이 분열되어 지연되자 미국은 함대를 나마무키 근처에 집결시켜 함포를 발사하여 위협하여 1854년 3월 30일 가나가와조약을 체결하였다. 한편, 1858년 7월 29일에는 미일통상조약 체결되어 미국인에게 나가사키항을 개항하고 그들이 개항장에서의 상주와 일본정부가 징수할 관세를 규정하였다. 미국에 이어 영국, 러시아, 네덜란드, 프랑스, 포르투갈과 유사한 조약을 체결하고 각국은 에도에 공사를 임명하여 상주시킴으로써 막부정부의 장구한 쇄국정책은 포기되었다.

③ 쇄국파(천황), 개방파(막부) 간의 분쟁과 혁명: 천황은 막부가 황실의 동의없이 조약을 체결한 것을 비난하고 비준을 연기하는 전략을 썼으나, 영국이 다시 한 번 함포외교를 감행하여 비준이 완료되었다. 이후 일본에서는 '존황운동'이 일어나 천황의 권한을 복구시키고자 하였다. 쇄국파와 개방파 간 내란이 발생하고, 막부가 패배함으로써 쇼군제도가 폐기되었다. 1868년 왕정복고가 이뤄지고 명치 신정부가 수립되었고 명치정부는 개방정책 변경의 불가함을 인정하고 개방정책을 지속하였다.

2. 일본 침략주의 사상의 성장과 정한론(1823~1868)

(1) 침략주의의 원류: 정한론의 대두

① 침략사상의 원류: 하야시 시헤이, 요시다 쇼인등에 의해 형성되었다. 미, 영과는 화친정책을 쓰는 한편, 조선, 만주, 중국 등 다루기 쉬운 국가들에 대해서는 침략주의 노선을 견지하였다. 또한 중국을 정벌하기 위해서는 먼저 조선을 정벌해야 한다는 논리가 지배적이었다. 한편, 조선, 일본, 청국의 3국이 합종동맹하여 서양제국에 대항하자는 논리도 제기되었다. 조선을 외국 오랑캐의 안식처로 오해한 점도 정한론의 이유가 되었다. 신국사상은 정한론의 이념적 배경을 형성하였는바, 신국사상은 그 정서적 배경으로 작용되어 일본이 파시즘화함에 따라 침략전쟁을 정통화하는 논리로 발전하였고, 나치독일의 사상적 영향도 받아 이른바 대동아공영권의 맹주라는 선민사상으로까지 발전하였다.

② 조선의 국제적 사건에 대한 일본의 태도: 대원군 집정기 조선 해안의 빈번한 서양선박출현, 오페르트 도굴사건, 제너럴 셔먼호 사건등으로 긴장이 고조되고, 쇄국정책이 강화되었다. 신미양요와 병인양요의 승리 이후 조선정부는 교린외교의 전통에 따라 이 사건의 경위를 중국과 일본에 알리면서 전승을 과시하였고 특히 일본에게는 상세히 통보하면서 양이에 대한 안보적 보국호술책의 강구를 충고하고 걱정해 주었다. 이에 대해 도쿠가와 막부는 국제적 위상 강화를 위해 일본이 조선의 미불과의 갈등을 중재할 것을 요청하였으나 대원군은 거부하였다. 이에 대해 일본인 사이에서는 일본의 조선침공설과 일본부속설을 골자로 하는 정한론이 유포되고 있었고, 일본정부도 이에 동조하는 듯한 태도를 보였다. 이에 대원군은 1866년의 여러 국제적 사건들과 한불전쟁을 치르면서 화이사상에 기초한 종래의 쇄국정책을 더욱 강화하면서 일본이 서양과 교류함으로써 오랑캐와 일체가 되었다고 간주하고 일본을 경계하게 되었다. 조선정벌론(정한론)은 명치유신 후의 국내적 혼란으로 다시 재생, 발전하게 되어 대조선 외교교섭 과정에서 정한론으로 노골화하였다.

(2) 명치신정부의 대조선 외교정책: 정한론의 절정과 후퇴
① 제1기(1868~1870): 서계문제와 한일 간 새로운 외교분쟁. 당시 일본내에서는 명치천황의 재집권과 함께 조선과의 외교관계를 재편하려는 노력이 있었다. 이 과정에서 서계문제가 발생하고, 양국 간 외교분쟁으로 비화된다. 조선은 서계의 격식이 종전의 교린관계를 사대관계로 바꾸려는 시도로 보고 일본과의 교섭을 거절하였다. 조선의 위신을 손상시킨다고 판단했기 때문이다. 또한 기존에는 대마도번을 통해 교섭했으나, 일본 외무성이 직접 교섭에 나서자 이것도 전례와 다름을 이유로 외무성과의 교섭도 거절하였다. 이에 일본내에서는 정한여론이 급격히 고조되었고, 조선의 지리정보에 대해 정탐을 시작하였다. 일본외무부는 '일본은 절해의 고도이므로 국위를 확장하기 위해서는 조선을 정복함이 황국보전의 기초가 되고 앞으로 만국을 경로하는 진취의 기본이 된다. 만일 타에 선점을 당하면 큰일이다. 그런데 근년 각국이 이 나라를 탐지하고자 엿보고 있으며 러시아는 만주 동북을 잠식, 그 세력이 왕왕 조선을 삼키고자 한다. 이는 황국으로서 일각도 경솔하게 보아서는 안 되므로 타국이 정복하기 전에 서둘러야 한다.'는 인식을 갖고 있었다.
② 제2기(1871~1873): 정한론의 적극화. 중앙집권체제를 완성하고, 정한론으로 인한 정치적 분쟁의 시기이다. 일본은 다시 대한 외교사절단을 파견하였으나 고압적인 태도와 이른바 '왜관난출'사건으로 양국관계의 긴장만 고조시키고 교섭에 실패한다. 왜관난출사건이란 일본사절들이 안동준과의 교섭과정에서 그의 애매모호한 답변태도 때문에 직접 동래, 부산의 양사와 면담코자 왜관을 탈출, 동래부행을 감행한 사건이다.
③ 정한론의 정책화(1873년): 1873년 일본 외무성은 부산에 있는 왜관에 외무성 관리를 직접 파견하여 왜관을 관리하게 하였다. 왜관에서 동경상인이 대마도 상인의 명의를 빌어 무역을 하려하자 이를 이유로 조선정부는 왜관에 대해 수색, 검사하고 출입을 감시하게 하는 한편 무역자체를 금하고자 하였다. 이에 일본은 동래부 관헌에 의한 전령서의 내용을 문제삼아 일본내의 정한론을 더욱 고취시키는 책략을 구사한다. 대원군이 일본과의 외교관계 단절을 통보하자 일본내에서는 정한론자의 입장이 강화되었고 정한론이 일본의 정식 정책안으로 제출되게 된다. 그러나 일본 내에서 이와쿠라, 오오쿠보, 기도등 내치파(내정정비, 부국강병)가 강력히 반발하게 되면서 정한파와 내치파의 대립하였다. 정한파의 의도는 봉건체제의 붕괴로 곤궁에 빠진 토족, 무사계급의 구제가 목적이었으며 내치파는 명치유신의 목적인 중앙집권적 절대주의체제의 확립이 급선무였다. 양파당간 조선에의 사절파견여부를 놓고 대립하였으나 내치파가 승리를 거두게 되어 무기한 연기되고 정한론은 좌절되었다. 그러나 양파당간 정한의 필요성에 관한 본질적인 차이는 없었으며, 내치파가 그들의 반대파인 정한파가 정한의 공을 세우려는 것을 저지한 것에 지나지 않는다.

(3) 정한론 후퇴 이후의 파급: 정한론, 정태(대만), 정한정책
① 제3기(1874~1876): 조선 국왕친권정부의 등장과 명치정부의 대한 강경정책-포함개국외교. 명치정부의 대조선정책은 그들의 국내사정과 관련되어 있었다. 1873년 견한사절론의 결렬과 사이코등의 사직으로 정한실행이 중단되었으나 해군성 내의 육군대장인 사이코파에 속하는 사쓰마파 군인들 중에는 이에 승복하지 않고 계속 정한론을 주장하면서 때가 오면 조선문제의 해결을 위해 계획하는 자들이 있었다. 한편 일본의 패번치현와 국민징집령으로 약 60만명의 무사계급이 갑자기 실직하게 되자, 명치정부로서는 이들의 불만을 대외적으로 발산시킬 필요가 있었으므로 1874년 타이완 정벌을 감행하였다.
한편, 조선에서는 대원군 정권이 붕괴되고 고종이 집권하자 대일 외교정책에 전환조짐이 있었다. 대일교섭이 재개되었으나, 일본의 고압적인 태도가 지속되었다. 교섭이 교착되자 모리야마는 본국정부에 군함파견을 요청하고 1875년 5월 25일 운요오호 등 일본 군함 세 척이 부산항에 입항하여 정한론이 실행에 옮겨졌다. 1875년 9월 20일 운양호는 강화해협에 예고없이 나타났으며 조선군과 교전함으로써 운요오호 사건이 발생하였다. 1876년 2월 27일 일본의 상식을 초월한 협박과 위협 가운데 12개조의 조일수호조규가 체결되었다.

② 정한론의 발전: 탈아론, 대동합방론
- 탈아론: 1885년 후쿠자와 유기치가 제시하였다. 후쿠자와는 임오군란 이전에는 조선, 중국의 문명화를 동양의 맹주인 일본이 원조함으로써 함께 서구열강의 침략에 대항해야 한다는 소위 동양맹주론(아시아연대론)을 주장하고 있었으나, 이는 임오군란으로 동요되고 갑신정변을 전후하면서 탈아입구론으로 변화하였다. 탈아입구론이란 아시아를 버리고 유럽으로 들어가자는 정책기조를 의미하며 당시 메이지정부의 대외정책 노선과 일맥상통한다. 아시아연대론과 탈아입구론은 공통적으로 아시아에서 일본의 문명지도국의 지위를 전제한 논의였다.
- 대동합방론: 1893년 다루이 도키치가 제시하였다. 일본과 조선이 대등하게 합방하여 대동국을 만들고 나아가 청과 동맹하여 서구 열강의 침략에 대항하자는 것으로, 대동합방론은 근대주의 영향을 받은 논의로 조선멸시관의 배경이 되었다. 즉, 조선사회에 대한 근대주의적 입장에서 나온 정체론적 인식은 결국 한국병합을 합리화시키는 하나의 근거로 되었다.

리훙장(1823.2.15~1901.11.7)

자 소전(少荃). 호 의수(儀叟). 안후이성(安徽省) 출생. 증국번(曾國藩)에게 배우고, 그 막료로서 '태평천국(太平天國)의 난' 중에 장쑤순무(江蘇巡撫)로 발탁되어 회군(淮軍)을 거느리고 상하이(上海)를 방위하는 등 그 진압에 중심적 역할을 하였다. 그 후 회군을 배경으로 영국·러시아 등의 지지를 받으면서 군사공업을 비롯한 각종 근대공업의 건설을 추진하고, 자파(自派)관료, 즉 양무파(洋務派) 관료의 지배하에 두었다. 안으로는 화북(華北)의 농민반란진압을 위하여 활약하고 청말의 주요 외교문제를 거의 혼자서 장악하였는데, 이이제이(以夷制夷:오랑캐로써 오랑캐를 다스린다)라는 전통적 수단에 의하여 열강들을 서로 견제시키면서, 한편으로는 일관적인 양보·타협정책을 취하였다. 청·일전쟁에 패하여 그의 권력기반이었던 북양해군(北洋海軍)과 회군을 잃고, 전권대사로서 시모노세키조약(下關條約)(1895)에 조인하였다. 1896년 청·러밀약, 1900년 베이징조약(北京條約:의화단(義和團)사건 진압 후 열강과 맺은 조약) 등에서 외교적 수완을 발휘하고, 쇠퇴해 가는 청나라 국력강화정책으로서 근대공업의 진흥을 위하여 노력하였다. 이보다 앞서 1882년 조선에 위안스카이(袁世凱)를 파견하여 일본의 진출을 견제하게 하고, 묄렌도르프·데니 등 외국인 고문을 보내는 등 조선의 내정과 외교에 깊이 관여하였다.

흥선대원군(興宣大院君, 1820~1898)

이름 이하응(李昰應). 자 시백(時伯). 호 석파(石坡). 시호 헌의(獻懿). 영조의 5대손(五代孫)이며 고종의 아버지이다. 1843년(헌종 9) 흥선군(興宣君)에 봉해지고, 1846년 수릉천장도감(綏陵遷葬都監)의 대존관(代尊官)이 된 후 종친부 유사당상(宗親府有司堂上)·도총관(都摠管) 등 한직(閑職)을 지내면서 안동김씨(安東金氏)의 세도정치(勢道政治) 밑에서 불우한 생활을 하였다.

왕족에 대한 안동김씨의 감시가 심하자 보신책(保身策)으로 불량배와 어울려, 파락호(破落戶)로서 궁도령(宮道令)이라는 비칭(卑稱)으로까지 불리며 안동김씨의 감시를 피하는 한편, 철종이 후사(後嗣)가 없이 병약해지자 조대비(趙大妃)에 접근하여 둘째 아들 명복(命福:고종의 兒名)을 후계자로 삼을 것을 허락받았다.

1863년(철종 14) 철종이 죽고 조대비(趙大妃)에 의해 고종이 즉위하자 대원군에 봉해지고 어린 고종의 섭정이 되었다. 대권을 잡자 안동김씨의 주류(主流)를 숙청하고 당파를 초월하여 인재를 등용하였으며, 부패관리를 적발하여 파직시켰다. 47개 서원(書院)을 제외한 전국의 모든 서원을 철폐하고, 국가재정의 낭비와 당쟁의 요인을 없앴으며, 《육전조례(六典條例)》《대전회통(大典會通)》등을 간행하여 법률제도를 확립함으로써 중앙집권적인 정치 기강을 수립하였다.

비변사(備邊司)를 폐지하고 의정부(議政府)와 삼군부(三軍府)를 두어 행정권과 군사권을 분리시켰으며, 관복(官服)과 서민들의 의복제도를 개량하고 사치와 낭비를 억제하는 한편, 세제(稅制)를 개혁하여 귀족과 상민(常民)의 차별 없이 세금을 징수했으며, 조세(租稅)의 운반과정에서 조작되는 지방관들의 부정을 뿌리뽑기 위해 사창(社倉)을 세움으로써 백성들의 부담을 덜어 국민들의 생활이 다소 안정되고 국고(國庫)도 충실해졌다.

반면, 경복궁(景福宮)을 중건(重建)하면서 원납전(願納錢)을 발행하여 백성의 생활고가 가중되었으며, 1866년(고종 3) 병인양요에 이어 1871년 신미양요를 일으키고 천주교도에 대한 무자비한 박해를 가하는 등 쇄국정치를 고집함으로써, 국제관계가 악화되고 외래문명의 흡수가 늦어지게 되었다. 또한, 섭정 10년 동안 반대세력이 형성되어, 며느리인 명성황후가 반대파를 포섭하고 고종이 친정(親政)을 계획하게 되자, 1873년 그의 실정(失政)에 대한 최익현(崔益鉉)의 탄핵을 받았다. 이에 고종이 친정을 선포하자 운현궁(雲峴宮)으로 은퇴하였다.

1882년 임오군란(壬午軍亂)으로 다시 정권을 잡고 난의 뒷수습에 힘썼으나, 명성황후의 책동으로 청(淸)나라 군사가 출동하고 텐진[天津]에 연행되어 바오딩부[保定府]에 4년간 유폐되었다. 1885년 귀국하여 운현궁에 칩거하면서 재기의 기회를 노리던 중 1887년 청나라의 위안스카이[袁世凱]와 결탁하여 고종을 폐위시키고 장남 재면(載冕)을 옹립하여 재집권하려다가 실패하였다.

1894년 동학농민운동으로 청일전쟁(淸日戰爭)이 일어나자 일본에 의해 영립되어 친청파(親淸派)인 사대당(事大黨)을 축출하고 갑오개혁이 시작되었으나, 집정(執政)이 어렵게 되자 청나라와 통모(通謀)하다가 쫓겨났다. 청일전쟁에서 승리한 일본의 세력이 강성해졌으나, 3국(독일 · 프랑스 · 러시아)의 간섭으로 친러파가 등장하여 민씨 일파가 득세하자, 1895년 일본의 책략으로 다시 정권을 장악하였다. 이때 명성황후가 일본인에게 시해되어 일본 공사 미우라고로[三浦梧樓]가 본국으로 소환된 후 정권을 내놓고 은퇴하였다. 1907년(광무 11) 대원왕(大院王)에 추봉(追封)되었다.

제2절 임오군란

1881.4.23 별기군 창설, 호리모토 교관 초청　　　1882.6.27 마건충 인천 입항, 하나부사 요시모토 인천 입항
1882.6.5 임오군란　　　　　　　　　　　　　　1882.7.17 조선과 일본, 제물포조약과 수호조규속약 조인
1882.6.9 난군, 민겸호 집 파괴, 일본공사관 습격　1882.8.23 조중상민수륙무역장정 체결
1882.6.19 김윤식, 청에 파병 요청

I 임오군란의 배경

1. 조선의 경제적 상황

조일수호조규가 체결된 이후 조선에 대한 외국 자본주의의 침입으로 조선의 사회생활에 중대한 변화를 야기하였다. 자급자족경제는 선진자본주의의 대량생산 및 판매로 붕괴되고 농민은 파산하게 되었다. 또한 곡물 및 농산물 무역으로 농산물 가격이 급등하게 되었다. 이로 인해 지배층과 일본인에 대한 불만이 높아져 가고 있었다.

2. 조선의 정치적 상황

개화파와 수구파로 양분된 조정은 수호조규체결 이후 민비와 결탁한 개화파가 주도하게 되었다. 1881년 1월 고종은 통리기무아문을 설치하여 외교관계를 전담하게 하고, 대원군이 설치한 삼군부를 폐지하는 한편, 개화파 인물을 중용하였다.

3. 조선의 군제개혁

조선정부는 일본의 지원을 받아 군제개혁과 군비증강을 도모하였다. 양반자제들을 모아 별기군을 신설하였고, 5영을 폐지하는 대신 무위영, 장어영의 2영을 설치하였다.

Ⅱ 임오군란의 전개과정

1. 군인들의 반란

군제개혁에 따라 도태될 운명에 처해 있던 구식 군대는 일본식의 신군제를 원망하였고 장기간 군량미가 지급되지 않자 수구파의 거두 대원군의 선동 교사로 봉기하게 되었다. 병사들은 민겸호의 집을 습격하고 민겸호를 살해하였으며 중신들의 집과 일본공사관을 습격하였다. 하나부사 공사 일행은 간신히 인천으로 도주하였다.

2. 대원군의 집권

대원군의 사주를 받은 군인들이 창덕궁으로 난입하자 고종은 대원군에게 전권을 위임하여 난을 진압할 것을 위탁함으로써 대원군이 권력을 잡게 되었다. 대원군은 군졸의 요청에 따라 군제를 다시 개혁하여 양영과 별기군을 폐지하고 훈련도감 등 5영을 다시 설치하였다. 통리기무아문도 폐지하고 삼군부를 다시 설치하여 군국기무에 관한 사항을 관장하게 하였다. 군량지급에 대한 약속을 성실히 이행함으로써 반란은 진정국면으로 접어들었다.

3. 일본의 개입

일본은 마침 국내에서 일고 있던 자유민권운동을 탄압하고 국내정치적 불만을 해외로 돌리기 위해 조선에 대해 급진적 요구사항을 제시하였다. 조선정부의 문서에 의한 사죄, 피해자 유족에 대한 위자료 지급, 범인의 체포와 처벌, 거제도나 울릉도의 할양, 인천의 보장점령 등을 요구하였다.

4. 청의 개입

청은 조선의 요청에 따라 우장칭이 이끄는 3000명의 대군을 조선에 투입하였다. 청의 대병력이 진군하자 군란에 앞장섰던 군인들은 아무런 저항없이 해산하였다. 한편, 청은 대원군을 나포, 청으로 압송하고자 하였다. 대원군은 청의 황제가 임명한 사람이 아니므로 조선의 국정을 치리해서는 안된다는 논리에 기초하였다. 대원군은 청국 군사의 호위하에 텐진으로 압송되었다.

Ⅲ 임오군란의 영향

1. 제물포조약과 수호조규 속약

제물포조약은 조선은 일본에 진사사절(陳謝使節)을 파견하여 사죄할 것, 살해된 일본인에 대해 5만원의 배상금을 지급할 것, 일본정부에 50만원의 보상금을 매년 10만원씩 5년에 걸쳐 지급할 것, 일본공사관을 경호하기 위해 일본군의 주둔 등을 규정하였다. 한편 수호조교 속약을 체결하여 일본외교관, 영사들의 내지 여행, 인천, 원산, 부산에서 일본인의 자유왕래지역을 50리로 확장하였다.

2. 조중상민수륙무역장정

조선은 기존의 국경무역방식에 정부의 개입이 심하여 밀무역이 성행한 것에 대해 대응하고자 하였고, 청은 일본의 상권이 조선에서 확장되는 것에 대해 일본 세력을 견제하고 통상의 이익을 얻기 위해서 조중상민수륙무역장정을 체결하게 되었다. 청은 조선이 청의 종속국이라는 점을 주지시키는 데 주력하였다. 전문에서 조선은 중국의 속방이라는 것을 명시하고 동 조약이 속방 조선의 이익을 도모하고 보호하기 위한 것이므로 다른 나라가 무역장정상의 이득을 균점할 수 없다고 밝혔다. 개항장에서 청의 치외법권을 인정하였다. 양국 상선의 상호 자유 출입을 규정하였다.

3. 청의 영향력 강화

임오군란이 청국 군대의 개입으로 진압되자 조청 간 종속관계가 심화되었다. 기왕의 종속관계는 전통적인 유교권 질서의 예에 입각한 주종관계인 데 반하여, 임오군란 이후 청은 조선에 대해 근대국제법 질서상의 종속국의 위치를 강요하였다. 조청상민수륙무역장정에서 이러한 종속관계를 명문화하였다.

Ⅳ 임오군란의 국제정치사적 의의

임오군란은 국내적으로는 개화파와 수구파의 대립이 표면화된 것이었으나, 국제적으로는 한반도에 대한 세력권 다툼을 벌이고 있었던 청과 일의 대립이었다. 강화도조약으로 청의 한국에 대한 종주권을 부인하고 경제적 진출을 강화시켜 오던 일본은 임오군란으로 그 상대적 영향력이 약화되었다. 한편, 국내적으로는 개화파의 입지도 약화되어, 갑신정변의 간접적인 원인이 되었다고 볼 수 있다.

제3절 갑신정변

1883.6 김옥균, 차관교섭차 도일
1884.3.27 우정총국 창설
1884.10.17 김옥균 등 개화당, 갑신정변
1884.10.18 개화당, 14개조 혁신정책 반포
1884.10.19 청일 양국 군대, 창덕궁에서 충돌

1884.10.20 군민, 청병과 일본공사관 병영 습격
1884.10.21 새내각 조직. 개혁조치 환원
1884.10.24 김옥균 등, 일본공사와 함께 일본에 망명
1884.11.24 한성조약 체결
1885.4.18 텐진조약 체결

Ⅰ 의의

갑신정변은 자주적인 근대국가 형성을 위한 최초의 정치운동이란 점에서 한국사에서의 큰 의의가 있다. 전통적인 유교 국제정치 질서의 붕괴에도 불구하고 청국과의 관계를 다시 근대국제법 질서에서 말하는 주종관계로 설정하려는 보수, 반동세력을 척결하고 구미 국제정치 질서의 세계적인 팽창에 자주적으로 대처하려는 정치운동이었다. 한편, 조선에서 청의 영향력이 다시 증가함으로써 청일관계가 긴장되는 계기가 되기도 하였다.

Ⅱ 갑신정변 전후의 국내외정세

1. 임오군란

민비와 온건개화파의 개혁정책과 이로 인한 내정궁핍, 신식군대에 대한 구식군대의 차별 등이 발단이 되어 발생한 임오군란이 청국 군대의 개입으로 평정되었고, 이로 인해 조선조정에서는 친청세력의 영향력이 강화되었다.

2. 국내정치적 상황

임오군란 이후 국내정치는 청이 파견한 고문과 친청세력에 의해 지배되고 있었다. 병권과 재정권을 박탈당한 개화파는 정치개혁을 위해 외국으로부터 차관이나 정치적 지원을 구하게 되었다. 이로 인해 김옥균의 차관운동과 다변화외교가 추진되었다. 다변화외교의 목표는 청의 지배로부터 자주독립을 쟁취하고자 함이었다.

3. 일본의 대조선정책

임오군란 이후 일본은 조선에 대한 불간섭정책으로 정책노선을 변화시켰다. 우선, 개화파 인사들의 세력이 미미하여 이들을 지원하여 조선정치에 개입하는 것은 일본의 국가이익에 도움이 되지 않는다고 판단했으며, 또한 현재 일본과 중국의 상대적 국력을 비교할 때 중국과 대결하지 않는 것이 바람직하다고 생각했기 때문이었다. 일본의 대조선 정책의 급반전은 개화파의 갑신정변 실패에 한 요인이 되었다.

Ⅲ 갑신정변의 전개와 영향

1. 개화파의 정변 계획

개화파 인사의 몰락이 가속화되는 한편, 청불전쟁에서 청이 패배하고 서울에 주둔하고 있던 청의 병력이 퇴각하자 개화파들은 정치적 변혁을 도모하였다. 그들은 사대당 중신들을 암살하고 민씨일당을 제거함으로써 정권을 탈환하고자 하였다.

2. 정변의 실행

김옥균 등은 1884년 12월 4일 우정국 개국 축하만찬회를 거사일로 잡았다. 일본의 지원에 힘입어 사대당인사들인 윤태준, 이조연, 민영목, 민태호, 조영하등을 살해하였다. 한편, 국왕에게 정부의 개조와 신정권 수립을 진언하여 독립당 내각을 조직하였다.

3. 개혁정책

독립당 인사들은 12월 4일 14개조의 개혁안을 발표하였다. 대원군의 귀국과 청조 종속관계에 기인하는 사대의 전례를 폐지할 것을 주장하였다. 독립당이 대원군의 귀국을 주장한 것은 대원군의 쇄국적인 정치이념이나 수단에 동조해서가 아니라 청이 종주국이라고 해서 국왕의 생부를 불법납치한 것에 대한 반항의 표시였다.

4. 정변의 좌절

무력개입으로 청일교전이 발생하는 것을 우려한 청은 개입을 자제하려고 했으나, 종주국의 위신을 고려하여 무력개입을 결정하였다. 일군과 독립당과 청군의 교전이 발생하였으나, 청군의 군사력이 더 강하였다. 독립당은 국왕을 인천으로 이어시킨 다음 일본의 원조를 받아 재거사할 것을 주장했으나 일본의 다케조공사는 거절하였다. 국왕은 다시 청병측으로 넘어갔고 독립당은 일본공사관으로 피신하였다.

Ⅳ 갑신정변의 사후처리

1. 한성조약(1884년 11월 24일)

조선과 일본 간의 사후처리 조약으로서 조선은 국서로써 일본에 사죄하기로 하여 조선의 책임을 간접적으로 인정하였다. 둘째, 일본인 사망자에 대해 보상하고, 손실된 일본공사관 건축비로 2만 원을 지불하고, 반일폭도들을 처벌하기로 하였다.

2. 텐진조약(1885년 4월 18일)

청일교전으로 발생한 문제를 다룬 조약으로 청일의 조선문제 해결방향을 제시하고 있다. 첫째, 3개월 이내에 양국 군대는 조선에서 철수한다. 둘째, 앞으로 양국은 조선군대 훈련을 위한 군사고문을 파견하지 않는다. 셋째, 장차 조선에서 중대한 사건이나 변란이 발생하여 양국 또는 일국이 조선에 출병할 경우에는 서로 문서로써 알리고 사태가 수습되면 곧 철군한다.

Ⅴ 갑신정변의 국제정치사적 함의

갑신정변 이후 청의 조선지배는 더욱 강화되었고 조선정부는 이로부터 벗어나기 위해 러시아에 접근하기 시작하였다. 한편, 갑신정변 이후 조선에서 일본 세력은 거의 소멸하게 되었다. 당시 일본은 안으로는 여러 당파 간의 파쟁이 있었고 밖으로는 조약개정문제에 주력하게 되어 조선진출을 당분간 포기하게 되었다. 임오군란 이후의 소극적인 정책보다 더 후퇴하게 된 것이었다.

김옥균(金玉均, 1851~1894)

본관 안동(安東). 자 백온(伯溫). 호 고균(古筠)·고우(古愚). 시호 충달(忠達). 갑신정변(甲申政變)을 주도하였다. 6세 때 김병기(金炳基)의 양자로 들어가 1872년(고종 9) 알성문과에 장원으로 급제하여, 교리(校理)·정언(正言) 등을 역임하면서 관료로서 출세의 길이 열렸다. 그러나 박규수(朴珪壽)·유대치(劉大致)·오경석(吳慶錫) 등의 영향으로 개화사상을 가지게 되었으며, 특히 1881년(고종 18)에 일본을 시찰하고, 다음해 다시 수신사(修信使) 박영효(朴泳孝) 일행의 고문으로 일본을 다녀온 후에는 일본의 힘을 빌려 국가제도의 개혁을 꾀할 결심을 굳혔다.

서재필(徐載弼) 등 청년들을 일본에 유학시키고, 박영효·서광범(徐光範)·홍영식(洪英植)과 함께 국가의 개혁방안을 토론하다가, 1884년(고종 21) 다시 일본으로 건너가 일본 정부측에 군인양성을 위한 300만 원의 차관을 교섭하였으나 실패하였다.

당시 청나라 세력을 배경으로 하는 민씨(閔氏) 일파의 세도정치가 지나치게 수구적(守舊的)인 데 불만을 품고 국제정세와 보조를 맞추기 위해서는 개혁을 단행해야 하며, 그러기 위해서는 수구파의 제거가 불가피하다고 보고, 신축한 우정국(郵政局) 청사의 낙성연을 계기로 거사를 감행하여 한규직(韓圭稷) 등 수구파를 제거하고 정변을 일으켰다. 이튿날 조직된 새 내각의 호조참판으로 국가재정의 실권을 잡았으나 갑신정변이 삼일천하로 끝나자 일본으로 망명, 10년간 일본 각지를 방랑한 후 1894년(고종 31) 상하이(上海)로 건너갔다가 자객 홍종우(洪鍾宇)에게 살해되었다.

갑신정변은 민중이 직접 일으킨 것이 아닌 소수의 지성인들의 거사였다는 점에서 임오군란(壬午軍亂)과 구분되고, 일제에 대한 직접적인 항거가 아닌 기층질서에 대한 개혁의지였다는 점에서 동학농민운동과도 구분된다. 또 왕조의 제도적 개혁을 뛰어넘어 왕조질서 그 자체의 변화를 시도하였다는 점에서 갑오개혁(甲午改革)과도 구분된다.

갑신정변에 투영된 김옥균의 사상 속에는 문벌의 폐지, 인민평등 등 근대사상을 기초로 하여 낡은 왕정사(王政史) 그 자체에 어떤 궁극적 해답을 주려는 혁명적 의도가 들어 있었다. 1895년(고종 32)에 법부대신 서광범(徐光範)과 총리대신 김홍집(金弘集)의 상소로 반역죄가 용서되고, 1910년(융희 4)에 규장각 대제학에 추증되었다. 저서에 『기화근사(箕和近事)』, 『치도약론(治道略論)』, 『갑신일록(甲申日錄: 手記)』 등이 있다.

제4절 거문도사건

I 의의

거문도사건(1885년 4월 17일~1887년 2월 27일)이란 전세계적으로 각축을 벌이고 있던 러시아의 남하정책에 대비하여 영국이 조선의 거문도를 불법점령한 사건을 말한다. 강화도조약의 체결로 구미 제국주의 세력에게 문호를 개방한 조선은 본격적으로 구미열강들의 각축장이 되고 있었다. 거문도사건은 국제체제에서 약소국인 조선의 위치를 상징적으로 보여주었던 사건이라 할 수 있다.

II 배경

1. 영러의 대립

나폴레옹전쟁 이후 유럽 대륙의 새로운 패권세력으로 등장한 러시아는 1907년 영러협상으로 세력범위가 조정되기까지 세계 전역에서 패권경쟁을 하였다. 19세기 후반 아프가니스탄도 양국의 이해관계가 대립되는 지역이었다. 러시아는 인접지인 아프가니스탄에 영향력 확장을 기도하였고, 영국은 아프가니스탄이 러시아의 지배하에 들어가는 경우 인도식민지가 위협받을 것을 우려하였으므로 양자 간 이해관계조정이 어려운 문제였다.

2. 조선의 친러정책

임오군란과 갑신정변을 경험한 조선은 청, 일 양국의 침략적 성격을 인식하고 대러 접근정책을 펴기 시작하였다. 러시아는 청과 일본 모두와 경쟁하는 국가였기 때문에 공동이해관계가 있었다. 1884년 7월 7일 조러수호통상조약이 체결된 이후 조선에 대한 러시아의 야심이 커졌고, 갑신정변 이후 묄렌도르프가 러시아에 조선의 보호를 요청했던 한아밀약사건이 발생하였다. 영국은 조선에서 러시아의 영향력이 커지는 것에 대항하기 위해 거문도점령을 획책하게 되었다.

Ⅲ 주요 국가들의 입장

1. 영국

영국은 러시아가 거문도나 조선의 다른 지역을 점령할 계획을 갖고 있기 때문에 사전에 이를 봉쇄하기 위함이라고 하면서, 일시적 점령이며 영구점령 할 의도가 없음을 밝혔다. 한편, 조선이 조선주재 외국사절에게 영국의 불법 점령 사실을 알리고 입장 표명을 요청하자, 양자관계로 해결할 문제를 국제문제화 시킨 것에 대해 조선에 엄중 항의하기도 하였다.

2. 조선

조선은 국제공법에 기초하여 조선의 영토주권을 불법적으로 침해하였음을 영국에 대해 강력하게 항의하며 거문도로부터 즉시 퇴각을 요청하였다. 퇴각하지 않는 경우 조선과 국교를 수립하고 있는 국가들에게 통첩하고 공론에 호소할 것임을 분명히 하였다. 영국이 저탄소를 획득하기 위함이었다고 주장한 것에 대해서도 조영수호통상조약 제 8조의 규정을 인용하여 개항장이외의 저탄소는 인정할 수 없다고 반박하였다.

3. 일본

일본은 영국의 거문도 불법 점령이 조선의 국권과 관련된 중대한 문제임을 환기시키면서 조약당사국에 대한 평등한 대우를 이유로 영국의 불법점령을 승인하지 말 것을 권고하였다. 즉, 조선이 영국 뿐 아니라 러시아와도 우호조약을 맺고 있는 상황에서 영국에만 조선의 전략적 요새의 점령을 인정해 주는 것은 러시아를 부당하게 대우하는 것이라는 의미이다.

4. 청

청의 입장은 이중적이었다. 즉, 명시적으로는 영국이 어떤 주장을 펴더라도 결코 거문도에 대한 영구점령이나 조차, 매각하지 말 것을 권고하였으나, 실제적인 의도는 영국의 거문도 점령을 이용하여 러시아 세력의 남하를 견제하는데 있었다. 영국의 거문도 점령으로 청이나 조선에 피해가 있는 것은 아니었으므로 이이제이책의 하나로서 조선에 대한 러시아의 야심을 단념시킨 다음 영국의 거문도 철퇴를 실현시키고자 하였다.

5. 러시아

러시아는 영국의 거문도 점령으로 큰 타격을 받게 되었으나 직접적으로 영국과 다투는 것은 국익이 아님을 인식하고 청을 조정하여 영국의 행동을 힐책하게 하는 한편, 조선정부로 하여금 영국에 엄중 항의케 함으로써 거문도로부터 영국을 철수시키고자 하였다.

6. 미국

미국은 영국의 행동을 변명하고자 하였다. 즉, 영국은 거문도를 영구히 소유 또는 차용할 의사가 없으므로 안심해도 좋을 것이며, 영국은 자위상 부득불 점거한 것으로서 우호관계를 해치는 행동이 아니라고 하였다. 따라서 조선은 공격적 입장을 취하기 전에 영국의 점령이유 및 영구점령의사를 확인해 보는 것이 좋을 것이라고 조언하였다.

Ⅳ 거문도사건의 전개

1. 영국의 거문도 점령

1885년 4월 14일 영국정부로부터 거문도 점령의 훈령을 받은 중국 파견함대사령관 해군중장 도우웰(Sir William M.Dowell)은 아가멤논, 페가서스, 파이어브랜드 등 3개함을 이끌고 4월 23일 거문도를 점령하였다.

2. 영청협상

거문도사건 진행 도중 러시아와의 아프가니스탄 국경분쟁이 일단락되었고, 또한 만약 영국이 거문도에서 퇴각하지 않는 경우 러시아도 조선의 특정지역을 점령할 것이라는 강경한 입장을 청을 통해 전달하자 영국은 청과 교섭을 통해 퇴각하고자 하였다. 영국은 청이 만약 러시아가 장래 거문도를 점령하지 않는다는 것을 보증한다면 환부하겠다는 입장을 밝혔다.

3. 러청협상

러청협상에서 러시아는 영국이 거문도에서 철퇴한다면 러시아는 어떠한 사정이 있더라도 결코 조선의 영토를 점령하지 않겠다는 입장을 표명하였다. 양자 간 협상에서 쟁점이 된 것은 점령하지 않겠다라는 약속을 문서화하는 것과, 어떤 형식의 문서로 보장할 것인가의 문제였다. 조문형식의 보장에 합의하였으나, 내용에 대한 이견으로 문서로 성립되지 못하였다. 다만, 러시아정부가 조선 영토를 영구히 침략하거나 점령하지 않겠다는 취지의 성명을 발표함으로써 러청협상은 매듭지어졌다.

4. 영국의 퇴각

청은 러청교섭을 통해 영국이 거문도에서 철퇴하면 러시아는 어떠한 사정이 있더라도 결코 조선영토를 침범하지 않겠다는 서약을 했음을 영국에 통고하고 영국의 거문도 철퇴를 촉구하였다. 영국은 러시아가 그 보증을 충실히 이행하도록 하는 책임을 청이 지게 하고 만약 청이 이 약속을 이행하지 못할 때에는 약속불이행의 책임을 청에게 묻겠다고 하였다. 영국은 1886년 11월 24일 거문도 철퇴를 청국에 통고하였고 12월 23일에는 조선에 통고하였다. 영국군함은 1887년 2월 27일 완전 퇴각하였다.

Ⅴ 국제정치사적 함의

거문도사건이 청의 중개와 영러 간의 타협으로 전쟁없이 타결되었으나, 조선으로서는 제국주의 열강들의 세력다툼의 희생물이 되어 조선반도가 열강들의 전쟁터가 될 수 있는 일촉즉발의 위기였다. 약탈적 국제질서에 강제로 편입된 조선은 절대적 약소국으로서의 한계로 인해 제국주의적 수탈의 대상이 될 수밖에 없었고, 제국주의 열강들의 전쟁의 장이 될 수밖에 없었다. 영러 간 대립이 조선반도에서 재생산될 위기는 넘겼으나, 이후 청일 간, 러일 간 전쟁의 희생물이 되었다. 한편, 청은 조선의 종주국으로서 대신 활동하여 외교적인 성공을 거두었다. 처음에는 영국의 점령을 승인하면서 러시아 측의 항의를 구실로 영국을 철퇴시켰다. 또한 러시아로 하여금 조선영토를 점령하지 않겠다는 서약을 받아냈으며, 영러 양국으로 하여금 사실상 조선이 중국의 속국이라는 것을 증명시켰다.

1894.8.1 청일전쟁 발발
1895.4.17 시모노세키조약 조인
1895.4.23 삼국간섭
1895.5.4 일본각의, 요동반도 포기 결정
1895.8.20 을미사변
1896.2.11 아관파천과 친러내각 성립
1896.5.14 베버-고무라 각서 체결
1896.5.20 민영환, 러외상 로바노프와 회담
1896.6.3 러청밀약

1897.2.20 고종, 경운궁으로 환궁
1897.10.11 황제즉위식과 대한제국으로 국호변경
1897.10 러시아, 절영도 조차 시도 좌절
1898.2.25 외부, 부산 절영도조차를 러에 허가
1898.3.19 일본외상, 러에 만한교섭 통고
1898.4.25 니시-로젠협정
1902.1 러, 시베리아철도 개통
1904.2.8 러일전쟁
1905.9.5 포츠머스 강화조약 조인

I 청일전쟁 이후 국내외정세

1. 삼국간섭

삼국간섭이란 청일전쟁으로 일본이 요동을 할양받아 만주진출이 본격화될 조짐을 보이자, 러시아의 주도로 독일과 프랑스가 공동간섭하여 이를 좌절시킨 사건을 의미한다. 러시아의 국제정치적 영향력이 강화되었고, 조선에서 친러파세력이 증가하는 배경이 되었다.

2. 친러내각성립

일본이 3국 간섭에 굴복하고 후퇴하게 되자 조선의 국내정치에도 결정적인 영향을 미치게 되었다. 민씨 일파들은 친일파를 물리치고 친러파 내각을 출범시키는 한편, 일본인 교관에 의해 훈련된 훈련대를 해산시켰다.

II 조일관계

1. 일본차관유입

청일전쟁 이후 정치적 성격의 차관이 조선 내에 유입되었다. 일본은 조선에 대한 지배력을 강화하기 위해 해관수입 및 조세수입을 담보로 1895년 3월 30일 300만원의 차관을 제공하였다. 300만원은 당시 조선 연간 정부수입의 2/3에 해당하는 거액이었으며 상환이 순조롭지 못한 경우 일본에 정치, 경제적으로 예속될 수 있었다.

2. 명성황후 시해사건

삼국간섭과 러시아의 영향력 증가로 조선에 친러파 내각이 성립되자, 일본은 친러파의 근원이라 생각하고 있었던 명성황후 시해를 음모하였다. 1895년 10월 7일 미우라 고오로 조선공사와 수비대 및 낭인에 의해 명성황후가 시해되었다. 이후 조선에서는 항일운동이 크게 일어났고 일본은 대조선 영향력은 더욱 약화되었다.

Ⅲ 조러관계

1. 친러내각성립

고조되고 있었던 러시아의 영향력을 이용하여 청과 일본이 간섭을 배제하기 위해 민씨 일파를 중심으로 친러내각이 성립되었다. 1895년 명성황후 시해사건 이후 조선의 러시아 접근은 더욱 더 강화되었고 아관파천이 단행되었다.

2. 아관파천(1896년 2월 11일~1897년 2월 20일)

아관파천이란 조선의 국왕 고종이 러시아 공사관으로 이어하여 조선의 국정을 수행한 사건을 말한다. 1896년 1월부터 조선은 러시아의 보호를 요청하기 시작하였고 서울 주재 러시아 공사들은 조선에 군대를 파견해 줄 것을 요청하였다. 고종의 러시아공사관 이어요청에 따라 11일 러시아 공사관으로 옮겼다. 러시아의 대조선 영향력이 급격히 증가하였다.

3. 조선의 대러요구사항

니콜라스 2세의 대관식에 참석한 민영환은 조러특수관계에 기초하여 러시아에 대한 구체적인 요구사항을 전달하였다. 러시아의 시베리아 전선과 조선 전선과의 연결, 조선의 군대등의 조직을 위한 러시아 교관과 전문가 파견, 조선 국왕 개인고문, 정치, 행정 고문의 파견, 광산기술자 파견, 러시아 군인에 의한 고종의 보호 및 친위대 조직, 300만원의 차관공여 등을 요청하였다.

4. 러시아의 회답

조선 국왕은 러시아 공관에 체류하는 동안 러시아 군대에 의해 호위한다. 국왕의 환궁시 국왕의 안전에 대해 정신적 보장을 맡는다. 러시아 군대는 계속 주둔한다. 고문관을 파견한다. 차관문제는 조선의 경제상황에 따라 고려한다. 전신선 연결에 동의하고 필요한 원조를 제공한다.

5. 회답항목의 이행

러시아는 차관제공여부를 검토하기 위해 포코틸로프를 조선에 파견하였으나 브라운의 반대로 차관은 실현되지 못하였다. 또한 러시아 장교를 파견하여 러시아식으로 조선군대의 훈련을 시작하였고 조선군대를 러시아 군대에 예속시키려는 계획을 마련하였으나 일본의 끈질긴 반대로 실현되지 않았다.

Ⅳ 러일관계

1. 쟁점

삼국간섭으로 조선에서 상대적 영향력이 쇠퇴한 일본은 러시아와 타협을 통해 조선에서 최소한의 이익을 확보하고자 하였다. 한편, 러시아도 조선에서 다양한 이권을 강탈했으나, 광산채굴권, 벌목권등에 있어서 일본과의 충돌이 불가피하게 되었다. 러시아로서는 영국, 미국의 지원을 받고 있는 일본과의 직접충돌을 피하기 위해 협상을 통해 양자관계를 안정시키고자 하였다.

2. 베버 – 고무라협정(1896년 5월 14일)

(1) 내용

주한 일본공사 고무라와 베버 간에 체결된 협정으로서 아관파천 이후의 양자관계를 조정한 것이다. 고종의 환궁을 충고한다. 서울-부산 간의 일본 전신선을 보호하기 위해 200명을 초과하지 않는 범위 내에서 일본 헌병을 주둔시킨다. 서울과 개항장의 일본거류민을 보호하기 위해 서울에 2개중대, 부산과 원산에 각각 1개 중대의 일본군을 주둔시킨다. 1개 중대의 병력은 200명으로 한다. 러시아도 러시아 공사관과 영사관의 보호를 위하여 일본군 병력을 초과하지 않는 범위내에서 각 지역에 위병을 주둔시킬 수 있다.

(2) 의의

이 협정은 러시아가 차지한 승리를 명확하게 한 것에 불과하였다. 즉, 아관파천으로 인한 현상을 일본이 인정한 것이며, 군대주둔에 있어 일본군의 주둔을 승인한 것처럼 표현되고 있으나 실제로는 조선을 점령하고 있는 모든 일본 병력의 철퇴를 의미하였고 러시아로서는 새롭게 군대주둔권을 획득한 것이었다.[16]

3. 로바노프 – 야마가따협정(1896년 6월 9일)

(1) 내용

베버-고무라협정이 신임장 제정전에 이뤄진 것이었으므로 이를 정식화시킨 것이 로바노프-야마가따협정이다. 공개협정은 조선의 재정문제에 대해 공동으로 구제, 권고, 원조한다. 조선 내의 질서유지를 위해 조선의 자력으로 군대, 경찰을 창설, 유지시킨다. 일본은 현재 점유하고 있는 전신선을 계속 관리하며 러시아는 서울에서 그 국경에 이르는 전신선의 가설권을 보유한다. 이상의 문제에 대하여 장차 상의할 필요가 있는 경우에는 양국정부는 우호적으로 협의한다. 비밀협정은 현재 병력 이상의 병력이 필요하여 파견하는 경우 양국 군대의 충돌을 방지하기 위해 양국 군대간 완충지대를 마련하고 각 군대의 용병지역을 획정한다. 조선국민에 의한 군대가 조직되기 전까지는 양국이 동수의 군대를 주둔시킨다.

(2) 의의

야마가따의 당초의도는 북위 38도선을 기준으로 조선을 분할하여 남쪽은 자신의 세력권, 북쪽은 러시아의 세력범위로 획정하고자 하였다. 그러나 이는 러시아의 반대로 무산되었는바, 러시아는 장차 조선을 모두 지배하고자하였는데 남쪽을 일본에 내어주게 되는 경우 전략적으로 러시아의 행동을 제한한다고 보았기 때문이다. 이 협정으로서 조선의 보전 및 독립의 원칙이 합의됨으로써 러일 양국의 이해관계를 균등하게 조정하였다.[17]

4. 로젠 – 니시협정

(1) 배경

로바노프-야마가따협정 체결 이후 러시아는 뤼순, 다롄을 조차하고 만주에 크게 진출하게 되었다. 한편, 한러협약에 따라 재정고문과 군사고문을 파견하였으나, 독립협회를 중심으로한 한국의 반발 및 일본의 반대로 별다른 성과가 없었다. 이에 러시아는 만주경략에 집중하기로 하는 대신 조선에서 일본과 적절한 타협을 보고자 하였다.

---

16) 김경창, 동양외교사, 449면.
17) 김경창, 동양외교사, 450면.

(2) 당사국의 입장

러시아는 양국이 한국의 독립을 보장하고 한국의 내정에 대한 일체의 직접 간섭을 하지 않기로 하고, 여순과 대련에서의 러시아의 이익을 일본이 승인할 것을 요구하였다. 한편, 일본은 만한교환론에 기초하여 일본은 조선에서 러시아에 우월한 지위를 보장하고, 양국 간 충돌을 피하기 위해 쌍방 간 세력범위를 설정해 놓을 필요가 있다고 주장하였다. 이에 대해 러시아는 접경지역인 한국에 대한 모든 이해관계의 포기를 의미하는 만한교환론은 받아들일 수 없다는 입장이었다.

(3) 합의사항

첫째, 양국정부는 한국의 주권 및 완전한 독립을 확인하고 일체 내정에 간섭하지 않는다. 둘째, 조선이 권고와 조력을 양국 중 어느 국가에 요청하는 경우 서로 협상하여 처리한다. 셋째, 러시아는 조선에 있어서의 일본의 상업, 공업의 기업이 크게 발달한 사실과 일본 거류민들이 많다는 사실을 인정하며 조선, 일본 양국간의 상업상, 공업상 관계가 발전되는 것을 방해하지 않는다.

(4) 의의

을미사변 이후 일본은 국제적인 비난과 공격을 받고 한국에서 후퇴하지 않을 수 없었으나 러일협약의 체결로 한국에 대한 러일 양국의 관계가 잠정적이나마 타협을 보게 되고 일본이 다시 한국에 진출하게 되어 경제적인 면에서 청일전쟁 이전의 우위를 완전히 회복할 수 있게 되었다. 반면, 러시아의 대한정책은 변경되어 종래의 적극정책을 포기하고 그 힘을 만주방면의 경영에 주력하게 되었다.[18]

Ⅴ 국제정치사적 함의

청일전쟁을 통해 조선에서 청의 정치적, 경제적 영향력은 쇠퇴하였으나, 새로운 행위자인 러시아가 한반도의 국제정치의 중요한 이해관계국으로 등장하였다. 경제력과 군사력에 있어서 러시아의 상대가 되지 못했던 일본은 패륜적 행위에 의해 조선에 대한 영향력 확장을 기도하였으나, 국제적 비난만 불러온 채 성공하지 못하였다. 이에 일본은 일단 러시아의 영향력을 인정하기에 이르렀다. 그러나, 러시아가 삼국간섭의 공헌으로 만주지역을 얻게 되고 만주경략에 집중하게 되자, 일본은 재차 한반도에 영향력을 증가시킬 수 있는 기회를 얻게 되었다. 러일 간 세력조정협정은 양자간의 한반도에서의 이해관계를 조정하여 양자관계를 안정시켰으나 이는 잠정적이었을 뿐이었다. 이후, 일본이 조선 전체에 대한 정치, 군사, 경제적 지배권을 갖고자 함으로써 양자관계는 다시 갈등관계로 치닫고 결국 러일전쟁으로까지 연결되었다.

---

18) 김경창, 동양외교사, 459면.

제4장 │ 미국외교사

제1절 미국의 외교이념

Ⅰ 고립주의

1. 의의

미국외교사에서 고립주의라 함은 비동맹정책과 불개입정책을 의미한다. 즉, 유럽 열강과의 동맹을 피함으로써 자신의 행동에 구속을 받지 않겠다는 것이고, 유럽의 복잡한 국제정치에 관여하지 않는 정책을 말한다. 이는 유럽과 정치적 격리를 통해 구세계의 부패하고 타락한 분쟁에 말려들지 않고 자유롭고 풍요로운 신세계의 생활을 유지하는 한편, 신생독립 미국의 안전을 도모하기 위함이었다. 미국의 고립주의 전통은 제2차 세계대전이 끝날 때까지 지속적인 미국외교의 전통이었다.

2. 고립주의의 배경

미국외교에서 고립주의는 1688년~1763년 동안 영, 불의 제국주의적 경쟁하에 놓여있던 미국이 겪은 식민지적 경험에서 유래한 것이었다. 이 기간동안 미국은 전쟁과 평화에 대한 중대한 문제에서 발언권이 없었고, 유럽 강국들의 전쟁의 틈새에서 고통받았음에도 전리품 분배에서는 소외되곤 하였다. 고립주의의 근본적인 배경은 유럽 강대국들에 대한 두려움이었다.

3. 고립주의의 양면성

고립주의의 한 측면인 불개입주의는 유럽에는 적용되었으나, 다른 지역에서는 적용되지 않았다. 유럽 이외의 지역에서는 자의적인 개입정책을 구사하여 미주대륙에의 영향력 확장, 일본의 개국의 주도, 19세기 말 중국과 한국을 상대로 한 적극적인 대외정책을 전개하였다.

Ⅱ 먼로주의

1. 의의

먼로주의는 고립주의 전통을 유지한 가운데, 미주대륙에서 미국의 특수이익을 강력하게 천명한 외교노선이었다. 먼로는 유럽과 미국은 서로 다른 운명을 향한 세계라 전제하면서 미주대륙과 유럽은 서로 다른 고유한 이익을 가지고 있음을 선언하고 미주대륙에서의 유럽의 식민지 정책에 정면으로 반대한 것이었다.

2. 배경

나폴레옹 몰락 이후, 1823년 유럽 강국들은 중남미에서 스페인의 식민지 지배를 복원하기 위해, 이 지역에서 벌어지고 있는 신생 국가들의 독립을 저지하려는 태세를 갖추고 있었다. 이에 대해 미국이 대항한 것이었다.

유럽국가들은 미국의 선언에 대해 지지하지 않았으나 미주대륙이 아프리카에 비해 국익에 있어 우선순위가 뒤처져 있던 지역이었고, 지리적 격리로 인해 간섭할 수 없었다. 한편, 간섭이 가능한 해군력을 가진 영국이 미국을 지지하는 것도 미국의 과감한 선언을 가능하게 해 주었다.

3. 미주대륙에서의 먼로주의의 전개

미주대륙에의 간섭을 의미했던 먼로주의외교는 제국주의적 형태를 띠고 있었다. 1890년대에 들어 스페인 지배에 반대하는 쿠바혁명과 필리핀혁명을 지지해 준 대신 동 지역을 지배하였다. 1903년 파나마운하 일대를 영구 조차하여 카리브해 전역을 미국의 사실상의 세력권으로 만들었다. 1920년대 들어서는 미국의 강압적 정책에 라틴 아메리카 국가들이 강하게 반발하자 후버 대통령은 '선린정책'(Good Neighbor Policy)으로 전환하여 간섭 대신 라틴제국들과 우호관계를 강화하는 데 주력하였다.

Ⅲ 문호개방정책

1. 의의

문호개방정책은 정치적 비식민주의와 경제적 팽창주의를 포함한 외교노선이었다. 즉, 대상국가의 영토적, 행정적 원형은 유지하면서 무역과 투자의 기회균등을 요구하는 것을 의미한다. 문호개방정책은 중국을 둘러싼 국제정치에 개입하면서 열강의 세력관계에 대한 미국의 외교적 대응전략이었다.

2. 배경

미국의 문호개방정책은 1898년 미국-스페인전쟁[19] 이후의 노선변화에서 나온 것이었다. 미서전쟁 중 미국은 하와이를 병합하고, 전쟁후에는 쿠바, 필리핀, 괌 등 새 영토를 얻었으며 이를 바탕으로 중국에 개입한 것이었다.

3. 문호개방정책의 전개

1899년 9월 6일 국무장관 헤이는 미국의 기업인들은 외국 열강이 보유하는 세력범위를 포함한 중국 전역에서 통상, 항해의 완전하고 평등한 대우를 향유한다고 선언하였고, 1900년 7월 3일 2차 선언에서는 다른 나라들이 중국에서 식민지제도를 펴는 것을 저지한다는 내용을 선언하였다. 문호개방정책에 기초하여 미국은 일본의 만주침탈과 만주국 수립에 대해 불승인정책(스팀슨 독트린)으로 대응하였다. 한편, 문호개방정책에 기초한 일본의 중국진출저지로 인해 결국 태평양전쟁의 발단이 되기도 하였다.

---

19) 쿠바섬의 이해관계를 둘러싸고 미국과 스페인 사이에 일어났던 전쟁. 1895년 쿠바인의 스페인 본국에 대한 반란으로부터 비롯되었다. 이 반란은 스페인 본국의 쿠바인에 대한 압정(壓政)과, 설탕에 대한 관세에 따른 경제적 불황이 그 직접 원인이었다. 스페인과 미국 사이에는 직접 전쟁을 유발할만한 중요한 사건은 일어나지 않고 있었으나, 스페인의 쿠바인에 대한 태도에 대해서는 그것이 학대라든지, 압정이라는 식으로 신문에 보도되어, 미국인으로 하여금 스페인에 악감정을 가지게 하는 결과가 되었다. 의회가 결의하였음에도 불구하고 클리블랜드 대통령은 불간섭 방침을 견지하였으나, 매킨리는 1896년에 실시되는 대통령선거의 공약으로서 쿠바의 독립을 내세웠다. 1898년 2월 스페인 공사(公使)데 로메가 매킨리를 비난하는 사신(私信)이 허스트계(系)의 신문에 폭로된 일과 쿠바에 있는 미국인의 생명·재산을 보호하기 위해 파견된 군함 메인호가 아바나항(港)에서 격침된 사건으로 해서 여론은 급격히 전쟁으로 기울어졌다. 이에 따라 4월 11일 대통령은 대(對)스페인 개전요청(開戰要請) 교서를 의회에 보내고, 20일 의회가 선전포고를 함으로써 양국은 전쟁상태에 들어갔다. 미국군은 마닐라만(灣)·산티아고 등 여러 곳에서 승리를 거두어 전쟁은 불과 수개월 만에 끝났다. 전쟁결과 12월 10일에는 파리조약이 체결되어 쿠바는 독립하고, 푸에르토리코·괌·필리핀은 미국 영토가 되었다

Ⅳ 국제주의

1. 의의

국제주의라 함은 제1차 세계대전 이후의 새로운 국제질서를 형성하고 유지함에 있어서 미국이 적극적인 역할을 맡아야 한다는 외교노선을 의미한다. 국제주의는 기존의 고립주의를 폐기하는 것이었으나, 미국적 가치에 대한 신념과 좋은 미국과 나쁜 유럽이라는 상대적 인식은 공통점이었다. 고립주의가 구세계로부터 고립하여 좋은 미국을 보유하는 것이라면, 국제주의는 신세계의 좋은 미국적 가치와 원칙을 구세계에 적용하여 구세계를 개혁하는 것이었다.

2. 배경

미국의 국제주의 노선은 제1차 세계대전을 배경으로 한다. 제1차 세계대전 개전 이후 1917년 1월까지 엄정중립을 지키던 미국은 독일의 무제한 잠수함작전으로 미국의 통상이익이 침해되자 중립정책을 폐기하고 참전하게 되었다.

3. 국제주의와 고립주의의 대립

국제연맹이 성립하던 시기 윌슨의 국제주의 노선에 대한 강력한 열망에도 불구하고 국제기구에 대한 회의적이면서 유럽정치에 대한 개입반대를 주장한 전통적 고립주의자들이 여론의 지지를 받게 되어 미국은 1920, 1930년대 내내 고립주의로 회귀하였다. 중립법의 제정은 전쟁 불개입에 대한 미국인의 열망을 담은 것이었다. 그러나, 제2차 세계대전을 계기로 미국인들은 고립주의가 평화를 유지하는 방법이 아니라는 것을 자각하고, 국제주의 노선을 본격적으로 채택하게 되었다.

Ⅴ 냉전과 미국외교

1. 봉쇄정책과 냉전

얄타체제를 구상하던 시기 루스벨트는 영국 및 소련과 지도체제를 구축하고자 하였으나, 소련이 동유럽권에서 영향권 형성을 기도하자 소련의 세력 확장에 대해 힘으로 대항하는 것으로 노선을 변경하였고, 이로 인해 동서 냉전이 시작되었다.

2. 트루먼 독트린

공식적인 냉전의 개시를 선언한 것으로서 영국이 그리스와 터키에 대한 원조를 중단하여 공산화 위협이 있게 되자 트루먼은 원조를 결정하고 이에 대한 국민의 지지를 구하고자 하였다. 트루먼은 세계 여러 곳에서 발생하고 있는 미소 간의 대립이나 분쟁은 개방된 자유주의 체제와 소수 독재에 의한 전체주의 체제라는 두 가지 생활양식의 선택을 위한 투쟁이라고 공언하였다. 먼로독트린이 지역적으로 구분된 두 세계를 전제한 반면, 트루먼 독트린은 이념적으로 구별된 두 세계를 전제한 것이었다.

3. 봉쇄정책과 국제주의

소련의 팽창에 대항하는 봉쇄정책은 소련의 팽창 대상이 되는 국가에 대한 개입주의적 국제주의 노선을 의미하였다. 미국은 세계 도처에서 침략적 공산세력을 막는다는 명분하에 정치적, 군사적 개입을 단행하였다. 베트남전쟁, 도미니카공화국 개입, 칠레의 아옌데정권 붕괴 등 수많은 내정간섭이 봉쇄정책의 결과로 집행되었다. 국제주의 노선은 냉전체제가 해체된 이후에도 지속되고 있다. 다만, 개입의 목표가 냉전기에는 공산주의 이념의 확산에 반대하는 것이었다면, 현재는 민주주의와 인권의 확산으로 변경되었을 뿐이고 힘에 기초한다는 점과 민족자결주의를 거부한다는 점에서는 같다.

제2절 먼로 독트린

Ⅰ 의의

1823년 12월 3일 미국 대통령 먼로[20](J.Monroe)가 의회에 제출한 연두교서에서 밝힌 몇 가지 원칙을 먼로주의라고 부른다. 먼로주의는 미국의 외교이념으로서의 '미국 예외주의'(American Exceptionalism)가 고립주의 형태로 발현된 것이었다. 먼로주의는 남미제국의 독립에 유럽국가들이 개입하지 못하도록 함으로써 라틴아메리카를 자신의 세력권하에 두려는 현실주의적 외교로 평가할 수 있다.

Ⅱ 배경

1. 역사적 측면

건국 이래 미국은 '고립주의' 노선을 지속해 오고 있었다. 미국에 있어서 고립주의는 유럽세력들과 정치, 군사적 동맹관계를 맺지 않고, 유럽정치에 미국이 연루되지 않는 것을 의미하였다. 1796년 9월 17일 초대 대통령 워싱턴의 고별연설에도 나타났으며, 3대 대통령 토마스 제퍼슨에 의해서도 표명되었다. 아담스 대통령도 "모든 나라와 평화·상업·교류·우호를 유지해야 하나, 누구와도 동맹은 피한다."라고 하여 역시 고립주의 노선을 강조하였다. 먼로주의는 이러한 고립주의 전통을 먼로 대통령이 계승한 것이다.

---

20) 먼로(Monroe, James, 1758.4.28~1831.7.4) 버지니아주(州) 웨스트모어랜드 출생. 윌리엄앤드메리대학교 재학 중 미국독립혁명전쟁에 참전하였고, 버지니아 주의회 의원, 연합의회 의원, 상원의원, 프랑스 주재 공사, 버지니아 주지사를 거쳐서, 1803년 루이지애나 구입 교섭을 위해 프랑스에 특파. 이어 런던에 건너가 대통령 T.제퍼슨의 중립정책유지를 위해 노력하였다. 1811년 다시 버지니아 주지사를 역임한 후, J.매디슨 행정부 국무장관이 된 후 1816년과 1820년 두 차례 대통령에 당선되었다. 대통령 재임시 내정면에서는 지역 간의 화해에 노력하였고, 외교면에서는 에스파냐로부터 플로리다를 매수하여 미주리협정을 맺었고, 캐나다와의 국경 확정에 성공하였다. 그리고 1823년 먼로주의를 선포하여 미국 외교의 기본정책으로 삼음으로써 유럽 제국의 신대륙에 대한 간섭을 저지하였다. 임기 만료 후 1826년 버지니아대학교 이사장으로 추대되었고, 1829년 주헌법개정회의에 참여하였다.

2. 사상적 측면

미국 외교의 근저에는 '미국 예외주의'라는 이념이 내재되어 있다. 미국 예외주의는 자국의 국력이나 국제정세에 따라 때로는 고립주의로 때로는 국제주의로 표출되기도 하였다. 미국 예외주의는 유럽대륙으로부터 격리라는 지리적 요인과, 신에 의해 선택되었다는 선민의식, 유럽의 부패한 절대왕정과는 다른 정치제도의 선택 등을 배경으로 하는 미국 제일주의이념을 말한다. 먼로주의의 이면에는 유럽의 혼란한 정세로부터 미국적 가치를 보호하고자 하는 열망이 내재되어 있다고 볼 수 있다.

3. 현실적 측면

스페인의 식민지였던 남미대륙은 19세기 초 독립을 선언하고 있었고, 미국은 독립에 대해 심정적으로 지지하고 있었다. 스페인혁명으로 유럽열강은 프랑스와 신성동맹국의 간섭주의와 영국의 불간섭주의가 대립하였고, 결국 프랑스에 의한 간섭이 베로나 회의에서 결정되었다. 프랑스와 러시아는 이를 계기로 남미대륙 제국의 독립에도 간섭하려는 움직임을 보였고, 이에 대해 미국이 영국과 공동이해를 갖고서 간섭을 반대하기 위해 먼로선언이 나왔다.

Ⅲ 먼로주의의 내용

1. 불간섭의 원칙(Principle of Non-Intervention)

유럽 동맹체제의 정치조직은 미국의 정치조직과 본질적으로 차이가 있기 때문에, 유럽의 정치체제를 미 대륙에 적용하려는 그 어떤 시도도 미합중국의 평화와 안전을 위협하는 것으로 간주한다고 선언하였다. 또한 이미 독립한 나라에 대하여 이를 억압하고 통제할 목적으로 유럽제국이 간섭하는 것은 미합중국에 대해 비우호적인 태도로 간주한다고 선언하였다.

2. 고립의 원칙(Principle of Isolation)

미합중국은 유럽제국 문제에 관한 유럽전쟁에 참가한 일이 없으며, 참가하는 것은 미국에게 적절한 정책이 아니라고 선언하였다. 이를 '격리의 원칙'이라고도 한다.

3. 비식민화의 원칙(Principle of Non-Colonialism)

이미 취득하였거나 유지되고 있는 남북미대륙의 자유롭고 독립적인 지위는 유럽제국들이 이를 보장하고 식민지영토로 생각해서는 안 되며, 이는 미합중국의 권리와 이익이다. 다만 이 원칙은 미래의 새로운 식민지화를 반대한다는 것으로서 유럽제국이 현재 갖고 있는 식민지나 속국에 대해서는 적용되지 않는다고 하였다.

Ⅳ 평가

먼로주의의 선언은 사실상 영국의 엄호하에 선포된 것으로 평가할 수 있다. 먼로주의를 통해 프랑스나 신성동맹국들의 남미개입을 봉쇄할 수 있었으므로 미국과 함께 영국 외교의 승리라 볼 수 있다. 미국으로서는 먼로선언을 통해 유럽국가들의 남미 무력개입을 봉쇄함으로써 19세기 중엽 이후 라틴아메리카대륙에 대한 팽창정책을 실시할 수 있었다. 한편, 유럽협조체제 측면에서 볼 때 먼로주의는 간섭주의 대 불간섭주의의 대립에서 영국이라는 불간섭주의 국가의 승리였고, 이로 인해 유럽협조체가 회의외교 이후 다시 균열되는 계기가 되기도 하였다.

제3절　미서전쟁과 미국의 제국주의

Ⅰ 서론

건국이래 미국은 대내적으로 영토적 팽창을 지속해 왔으나, 대외적으로는 고립주의정책을 유지해 오고 있었다. 이는 미국예외주의라는 외교이념에 기초한 것이기도 하였으나, 무엇보다 팽창정책을 전개함에 있어서 유럽국가들이 개입하는 것을 방지하고자 하는 현실적인 요청에 근거한 것이었다. 19세기 초중반을 거쳐 미국의 영토적 팽창은 대부분 완료되었고, 남북전쟁을 거쳐 내정도 비교적 안정되기 시작하자, 미국은 맥킨리와 시오도어 루스벨트를 중심으로 제국주의 노선을 추진하기 시작하였다. 미국의 제국주의는 해외식민지를 획득하려는 의도를 갖지 않았다는 점에서 기존의 제국주의 세력과는 차이가 있었으나, 대상국가들의 민족주의를 철저하게 유린하였다는 점에서는 차이가 없었다. 미국의 제국주의의 첫발은 미주대륙에서 시작되었다.

Ⅱ 미국 – 스페인전쟁과 미국의 팽창

1. 쿠바독립전쟁과 미국

스페인의 식민지였던 쿠바는 쿠바혁명당의 영도하에 독립투쟁을 전개해 나갔고 스페인은 이에 대응해 반란군의 근거지를 없앤다는 명분으로 쿠바인들을 특정지역으로 이주시키는 한편, 수십만명의 쿠바인들을 사망하게 하였다. 쿠바에 대한 미국의 정책은 독립전쟁을 반대함과 동시에 쿠바에 자치권 허용을 촉구하는 이중정책이었다. 자치권 허용에 스페인이 반대하였으나 쿠바와 평화로운 통상관계 유지를 더 중시했던 클리블랜드 대통령은 그 이상의 조치는 취하지 않았었다.

2. 미국 - 스페인전쟁

(1) 미 - 스페인 관계 악화

1896년 대선에서 공화당의 맥킨리(William Mckinley) 대통령이 당선된 이후에도 클리블랜드의 이중정책이 지속되고 미서관계도 안정적이었으나, 메인호 폭파사건 이후 개전론이 득세하였다. 쿠바에 정박 중이던 미국전함이 폭파된 사건으로써 스페인이 개입하였다는 단서는 없었으나 쿠바문제의 조속한 해결에 대한 국민적 공감대가 형성되어 미국은 무력개입으로 정책을 전환하게 되었다.

(2) 전쟁의 원인

미서전쟁의 원인은 다양하게 제기되고 있다. 식민치하에서 생존권을 위협받고 있는 쿠바국민에 대한 인간애적 관심, 미국 재산과 통상의 보호, 전쟁을 통한 새로운 시장확보와 영토획득 등이 원인이라고 평가되고 있다. 한편, 미국인의 유럽에 대한 상대적 우월감도 작용하였다.

(3) 개전과 결과

전쟁은 미국 측의 승리로 돌아갔다. 미국은 산티아고와 푸에르토리코를 점령하였다. 한편, 듀이 제독의 아시아함대는 마닐라로 이동하여 스페인 함대를 궤멸시켰다. 맥킨리는 미국 함대의 안전과 중간기착지를 얻기 위해 하와이를 공식 합병하였다.

3. 제국주의 옹호론

미서전쟁의 강화조약 체결로 미국은 필리핀 전체와 푸에르토리코를 획득하고 쿠바를 독립시켰다. 미서전쟁이후 미국에서는 제국주의 찬반론이 강력하게 대립하였다. 제국주의반대론자들은 평화적인 무역증대의 중요성, 국내적 팽창에 머무를 것, 국내문제 해결에 주력할 것 등을 논리적 기초로 제시하였다. 반면, 맥킨리 등 제국주의 찬성론자들은 인종적 우월감에서 오는 '백인의 의무'(White Man's Burden)와 '사회적 다윈주의'(Social Darwinism)를 강조하며 풍부한 중국시장을 겨냥한 미국의 통상이익과 전략적 기지 확보를 위한 군사적 고려를 강조하였다. 필리핀 반군의 미군 공격사건으로 제국주의 옹호론의 입지가 탄탄해졌고 미국의 제국주의에 대한 의회의 인준이 완료되었다.

Ⅲ 필리핀 반란과 중국의 문호개방

1. 필리핀 반란

파리조약으로 미국이 필리핀을 점령하게 되자, 필리핀 내에서는 아퀴날도(Emilio Aquinaldo)가 지휘하는 반군의 저항이 시작되었고, 1899년 공화국 수립을 선포하였다. 이에 미군은 유혈투쟁을 전개하여 반란을 평정하였다. 미국은 자치를 허용하고 교육과 사회개혁에 투자하는 당근정책을 통해 필리핀인의 적개심을 누그러뜨려 안정을 취하였다. 필리핀의 독립은 제2차 세계대전 이후 달성되었다.

2. 중국의 문호개방

미국의 필리핀 점령을 중국, 조선, 인도차이나 등 아시아 시장에 진출할 교두보로 생각하였다. 미국은 중국에 이미 진출한 열강들에 대하여 뒤늦게나마 동등한 무역의 기회보장을 요구하는 문호개방각서를 발표하였다. 내용은 동등한 관세협정의 보장과 철도, 항만 사용료의 차별금지 및 타 국가에 대한 무역권의 간섭배제 등이었다. 의화단 사건 이후의 제2차 문호개방선언에서는 중국의 행정보존을 추가하였고, 상공업상의 기회균등의 범위를 중국 전역으로 확대시켰다.

Ⅳ 라틴아메리카와 미국의 제국주의 정책

1. 루스벨트의 대외정책

미서전쟁을 승리로 장식한 미국은 루스벨트[21] 집권 이래 적극적인 제국주의정책을 전개하기 시작하였다. 루스벨트의 대외전략은 당시의 사회진화론, 백인우월주의, 해군전략가인 알프레드 마한(Alfred Mahan)의 해양력설의 영향을 받은 것이었다. 불안정한 국제정세가 미국의 이익을 위협할 것이므로 미국은 세계적인 차원에서 질서를 확립시킬 수 있는 영향력을 가져야 한다고 역설하였다.

2. 파나마

아시아 태평양 지역에 중대한 이해관계를 갖게 된 미국은 대서양과 태평양을 잇는 운하의 건설에 관심을 갖게 되었으며, 미서전쟁과정 중 핵심의제로 등장하였다. 1898년 영국과 헤이-폰스포트조약(Hay-Paunceforte)을 통해 단독사업을 추진키로 하고, 파나마 운하지역을 영유하고 있던 콜롬비아와 협상을 시도하였다. 협상이 결렬되자 파나마 독립혁명을 지원하고 이후 조약이 성립되었다. 파나마 운하는 1914년 완공되었고, 미국은 이 지역에 대한 지배권을 획득하였다.

3. 쿠바

쿠바를 스페인으로부터 독립시킨 미국은 쿠바에서 질서가 회복되면 완전한 자유와 독립을 허용할 것이라는 맥킨리 대통령의 약속과 달리 쿠바를 자국의 보호령으로 하였다. 이는 쿠바의 내정이 불안정해지는 경우 쿠바 내에 있는 미국인 재산과 통상에 막대한 영향을 줄 것으로 판단했기 때문이었다. 1903년 관타나모에 해군기지를 건설하여 군사 개입을 용이하게 하는 한편, 상호원조조약을 체결하여 쿠바경제를 미국에 예속시키고자 하였다.

4. 베네주엘라

독일과 영국은 베네주엘라에 대한 차관에 대해 독재자 치프리아노 카스트로(Cipriano Castro)가 채무상환을 거절하자, 독일과 영국은 루스벨트의 묵인하에 군사개입을 단행하였으나, 미국 언론과 의회의 강력한 비판을 받게 되었다. 이에 따라 미국은 정책을 변경하여 해군을 파견하는 한편, 1823년의 먼로주의 승계를 강조하였다. 미국은 이 지역에서 통상의 자유를 수호할 것이며 어떠한 외세의 영토적 침략이나 방해도 응징할 것임을 천명하고, 이 지역의 어떤 국가가 유럽의 국가들과 연합하여 이 지역의 질서를 파괴시킨다면 미국이 좌시하지 않겠다는 태도를 분명하게 하였다.

---

21) 루스벨트(Roosevelt, Theodore, 1858.10.27~1919.1.6). 미국의 제26대 대통령(재임 1901~1909). 1858년 10월 27일 뉴욕주(州) 뉴욕에서 출생하였다. 부유한 가정에서 태어나 하버드대학교를 졸업하고, 23세 때 뉴욕 주의회 의원으로 선출되었다. 진실과 공정을 존중한 공화당원이었으며 정치적 부패를 강력히 비난하여 당수와 맞서 혁신파를 주도하고 정화운동에 앞장섰다. 1884년 일시 정계를 물러나 서부지역의 목장에서 집필을 하다가, 1889~1894년 관리제도 개혁위원회 위원을 지냈고, 이어 뉴욕시(市)의 경찰총장으로 임명되어 정계의 숙정에 노력하였다. 1896년 해군차관보가 되어 해군강화에 공헌하였으며, 미국-스페인전쟁이 발발하였을 때 관직을 사임하고 의용군을 조직하여 쿠바에 출정하여 일약 국민적 영웅이 되었다. 대전(大戰) 후, 뉴욕 주지사에 당선되었고, 1900년 대통령 W.매킨리 밑에서 부통령으로 있다가 매킨리의 암살로 1901년 9월 제26대 대통령으로 취임하고, 1904년 재선되었다. 대통령 재임시 내정면에서는 혁신주의를 내걸고 트러스트 규제, 철도통제, 노동자 보호입법, 자원보존 등에 공헌하였으며, 외교면에서는 먼로주의의 확대 해석에 의하여 베네수엘라 문제, 카리브해 문제, 파나마운하 건설 등 강력한 외교를 추진하였다. 또 러일전쟁의 조정, 모로코 문제 중재 등에도 적극 힘써, 1907년 노벨평화상을 받았다. 1910년 정계로 복귀하여 1912년 제3당인 진보당을 조직하고 국가권력에 의한 국민의 복지향상을 지향한 '새로운 국민주의'에 입각한 정강을 내걸고 대통령선거에 출마하였으나, '새로운 자유'를 주창하여 출마한 민주당의 T.W.윌슨에게 패하였다.

5. 도미니카

도미니카 공화국도 채무문제로 유럽국가의 개입이 우려되자 루스벨트는 세관을 접수하였으나 도미니카 공화국 민중들의 강력한 반발에 직면하였다. 미국은 중남미 지역의 안정을 위해 지속적으로 개입하였고 혁명이 발생할때마다 해군을 파견하여 정치, 경제적 개혁을 촉구하였다. 제1차 세계대전 이후 미국은 도미니카공화국에 대한 공식적인 군사통치를 선언하였고 1922년까지 점령하였다.

6. 아이티와 니카라과

금융권을 지배하고 있었던 프랑스와 독일의 아이티 개입을 우려하여 윌슨행정부는 역시 세관과 재정권을 장악하였다. 아이티인들의 저항을 진압하기 위해 아이티를 공격하기도 하였다. 미국은 1934년까지 아이티 정부를 조정 및 통제하였다. 한편, 니카라과는 미국의 영향력으로부터 벗어나고자 독일과 관계를 강화하고자 하였으나, 미국의 반대로 무산되었고 미국은 군사개입을 위협하여 세관업무를 통제하고 자본을 공여하였다. 아돌포 디아즈(Adolfo Diaz)를 지도자로 세워 친미정권을 수립하였다. 1916년 2월 브라이언-차모로(Bryan-Chamorro)조약을 체결하여 포네사 해협지역의 유럽세력을 축출하였다. 니카라과는 표면적으로는 독립국가였지만 실질적으로는 1933년까지 미국의 보호국으로 존재하였다.

7. 멕시코

미국은 멕시코에 대한 달러외교와 경제적 팽창의 결과 멕시코 재산의 4할이상을 보유하였고 미국인에 의한 석유개발의 결과 멕시코는 세계3위의 산유국으로 부상하였다. 미국에 종속된 경제구조로 인해 멕시코의 혁명가들은 강력한 반미주의 운동을 전개하였고, 미국은 이에 대응하여 친미정권을 수립하고 군사, 경제적으로 원조하였다. 반미주의자의 집권에 대해서는 불승인정책과 군사개입을 단행하고자 하였으나, 미국인 재산보호 및 독일과의 관계를 고려하여 즉각 단행되지는 못하였다. 제1차 세계대전이 시작되고 독일이 무제한 잠수함작전으로 미국의 통상에 지장을 초래하는 한편, 짐머만 전보사건을 통해 독일이 멕시코와 동맹을 교섭하자, 미국은 제1차 세계대전에 참전을 결정하고 멕시코의 중립을 유도하기 위해 멕시코 정부를 전면적으로 승인하였다.

Ⅴ 결론

남북전쟁을 통해 대내적 문제를 해결한 미국은 19세기 후반에 이르러 적극적인 제국주의 정책을 전개해 나갔다. 사상적으로는 미국 예외주의와 사회다윈주의(사회진화론)의 영향으로 아시아인과 중남미인들에 대한 우월주의에 기초하여 앵글로 색슨족이 인류사회 발전에 기여할 수 있는 뛰어난 능력이 있다고 믿었다. 대외전략기조면에서는 '먼로주의'를 승계하여 남미지역에 있어서의 유럽의 이익을 배제하고 남미지역에서 독점적 이익을 추구하였다. 한편, 아시아 지역에서는 문호개방정책을 통해 개입하되, 미국의 사활적 이익이 있는 지역은 아니었으므로, 기존의 제국주의 세력과의 갈등은 회피하고자 하였고, 다만 미국인의 상공업상의 기회균등의 보장을 요구하였다. 미국은 제국주의 정책을 위해 해군 군비증강에 박차를 가하는 한편, 금융자본과 산업자본을 대상국에 투하하여 경제적 종속을 꾀하는 이른바 '달러외교'를 전개하였다. 제국주의 초기(1900~1914년) 미국의 정책은 타국가의 민족주의를 무시함으로써 비판을 받았고, 도덕적 한계를 노정하게 되었다.

제4절 문호개방정책

I 의의

문호개방정책이란 19세기 말 미국의 대중국정책 또는 대동아시아 정책기조로 제시된 것으로서 중국영토를 열강들이 분할하지 않고, 중국의 모든 영역에서 상공업상의 기회균등을 보장하는 것을 의미하였다. 북미대륙 팽창을 통해 국가건설(state-building)을 완료하고, 남미대륙에의 팽창을 마친 미국이 동아시아에서 본격적인 제국주의 세력으로 등장하게 된 계기가 문호개방선언이었다.

II 배경

1. 미국의 제국주의 정책

1898년에 하와이와 필리핀을 병합하여 새로이 태평양세력으로 부상한 미국은 동양에의 진출을 모색하기 시작하였다. 1867년 제정러시아로부터 알래스카를 매수하여 미주대륙의 북방을 정리하고, 1899년에는 스페인과의 전쟁을 통해 사모아섬을 획득하였다. 쿠바를 보호령으로 만들었고, 푸레르토리코와 괌을 영유하게 된 미국에게 그의 산업발전을 위해서는 인구 4억의 중국시장 확보가 사활적 이익으로 인식되고 있었다.

2. 청일전쟁과 중국분할

청일전쟁과 삼국간섭으로 유럽열강들 간에 중국에서 조차지 획득경쟁이 발생하였다. 즉, 배타적 세력권을 형성하고 그 지역 내에서 다른 국가의 이익은 전면적으로 배척되는 시스템이 형성된 것이다. 이러한 조차지나 세력권 설정은 전통적인 영국의 중국정책과 배치되는 것이었다. 자유로운 무역경쟁에 의해 더 많은 이익을 얻을 수 있기 때문이었다. 영국의 자유무역주의는 뒤늦게 동북아 국제정치에 개입한 미국의 이익과 합치되어 문호개방선언이 나오게 되었다.

III 제1차 문호개방선언(1899년 9월 30일)

1. 제1차 문호개방선언의 원칙

제1차 문호개방선언은 크게 세 개의 원칙 위에 서 있었다. 첫째, 금후 중국에서 개별국가가 지닌 특권은 타국의 무역을 저해하는 도구로 사용되지 않을 것을 일정불변의 정책으로 삼는다. 둘째, 세계무역에 개방된 중국시장에 있어서의 현상을 개선하고 기회를 균등히 해야 한다. 셋째, 중국의 영토보전을 존중함으로써 국제분쟁을 방지한다.

2. 문호개방원칙의 보장방안

중국에 이미 설정된 이익범위나 조차지, 조약항에서의 기득권익에 대해서는 불간섭한다. 또한 모든 항구에서 중국의 관세를 적용하고 이의 징수는 중국 정부에 의해 행한다. 각 국은 자국선박에 부과하는 이상의 항만세의 징수를 금지시킴으로써 모든 외국선박에 대해서 자국민과 같은 대우를 한다.

3. 각국의 반응

이탈리아는 무조건 승인하였으나, 타국들은 상호주의원칙에 기초하여 타국이 승인하는 경우 승인하겠다는 입장을 취하였다. 러시아는 특히 자국이 조차한 대련항의 자유화를 선언하면서도 관세에 대해서는 기존입장을 고수하였으나 타국의 압력으로 미국의 선언을 승인하였다.

4. 특징

제1차 문호개방선언의 특징은 첫째, 미국의 일방적인 선언으로서 국제법적 효력을 갖는 것은 아니었다. 다만, 신흥강대국인 미국의 동아시아 정책기조를 밝힌 것으로써 다른 국가들이 가볍게 무시할 성질은 아니었다. 둘째, 문호개방주의는 중국에 관해서 선언된 것이긴 하나 중국에 대해서 선언된 것은 아니었다. 즉, 헤이의 통첩은 영국, 독일, 러시아, 프랑스, 일본, 이탈리아 6개국에게 보내졌고 중국에는 보내지지 않았다. 따라서 중국의 개국과는 무관하며 중국에 관한 열강 간의 정책협조원칙 이상의 의미는 없었다. 셋째, 이 선언은 결코 미국이 당시 열국이 중국에 설정한 세력범위를 전복시키거나 이에 도전하려는 주장은 아니었다. 아시아 정치나 중국에서의 이권쟁탈전에 비교적 늦게 참여하기 시작한 미국으로서는 그들의 중국에서의 상공업상의 기회균등이 주목적이었다.

Ⅳ 제2차 문호개방선언(1900년 7월 3일)

1. 내용

"미국은 중국의 영원한 안녕과 평화를 유지시키고 중국의 영토 및 행정을 보전하고 조약 및 국제법에 따라 열강에 대하여 보증한 권리를 보장하고 중국 각지에서 세계 각국의 균등하고 공정한 통상정책을 보호하기 위한 해결책을 요구한다."

2. 제1차 문호개방선언과의 차이점

첫째, '행정보전'의 내용을 담고 있는바, 이는 의화단사건으로 인한 행정질서의 혼란을 배경으로 한다. 둘째, 각 국의 조차지나 개항장에서의 동등대우를 요구했던 1차선언과 달리 2차선언은 그 내용을 확대하여 중국 각지에서의 평등대우를 요구함으로써 적용지역을 확대시켰다.

Ⅴ 평가

문호개방선언은 19세기 말 미국의 대중국 외교노선을 제시한 것임과 동시에 미국이 동아시아에서 본격적인 제국주의자로 등장하는 서막에 해당하였다. 제1차 세계대전 이전까지 미국은 국제체제에서 자신의 상대적 힘에 대해 열세라고 인식하고 있었으므로 기존 세력권이나 정치·경제적 이익을 인정하는 소극적 개입주의를 보여주었으나, 제1차 세계대전 이후 지도국으로 부상하면서 좀 더 적극적인 개입정책으로 전환하였다. 중국의 영토보존과 행정보존을 바탕으로 자신의 상공업상의 이익을 추구했던 문호개방정책은 중국과 미국의 이익에는 도움이 되었으나, 아시아의 다른 제국주의국가인 일본의 이익과 충돌하였고, 결국은 중일전쟁과 태평양전쟁으로 연결되었다고 볼 수 있다.

I 서론

제1차 세계대전 이후 미국은 중립을 선포하였으나, 미국의 경제적 상황, 월슨의 친영국적 성향, 영국의 대륙봉쇄정책과 독일의 무제한 잠수함 사건 등으로 1917년 제1차 세계대전에 참전하게 되었다. 미국의 현실적 이해관계에 기초하여 참전한 전쟁이었으나, 미국은 전후처리에 있어서 이상주의적 노선을 독선적으로 고집함으로써 타 연합국들과 국내 공화당 및 여론의 지지를 상실하게 되어 전후의 국제질서는 미국의 영향력 밖에서 움직이게 되었다.

II 제1차 세계대전 이전의 미국외교: 중립외교

1. 제1차 세계대전에 대한 미국의 기본입장

전쟁발발 이후 미국의 여론은 중립이 지배적이었으며, 월슨도 이를 받아들여 중립을 선언하였다. 유럽과 미국 사이에 대서양이 존재하는 지정학적 요인도 미국이 중립을 취하는데 하나의 배경이 되었다. 한편, 독일계 국민들, 영국계 국민들 그리고 친영적 국민 여론의 분열을 방지하기 위해서도 중립선언이 불가피하였다.

2. 중립외교의 딜레마

미국은 명시적으로는 중립을 선언하고 있었으나, 중립외교는 월슨의 친영주의, 미국의 경제적 이익과 배치되었다. 월슨의 성향은 친영반독적이었고, 그의 내각은 외교고문 하우스와 국무장관 랜싱 등 친영주의자들이 지배하고 있었다. 중립을 엄격하게 고수하는 것은 오랜 경제적 침체로부터 벗어날 수 있는 기회를 스스로 포기하는 것이었으므로 미국은 연합국들에게 전쟁물자를 공급해 주고 있었고, 이에 대해 독일의 항의에 직면하였다. 한편, 전쟁물자 조달비용도 차관을 통해 공여해 주었다. 독일이 무제한 잠수함 작전을 수행한 것도 이에서 비롯된 것이었다.

3. 잠수함전과 미국의 입장

영국은 금수품과 해상봉쇄를 통해 독일을 압박하는 한편, 영국의 상선들을 무장시키고 군함을 상선으로 가장해 잠수함을 유인해 공격하는 전략을 전개하였다. 이에 대해 독일은 잠수함 작전을 강화하고 상선으로 가장한 군함의 공격을 피하기 위해 영국 주위를 전쟁지역으로 선포하고 침입하는 모든 적국 및 중립국 선박을 공격하겠다는 입장을 선언하였다. 독일의 공격으로 미국인이 사망하기도 하였으나, 미국은 전쟁개입을 꺼려하여 소극적으로 대응하였다.

4. 루시태니아호 사건과 미국

루시태니아호는 영국선적의 사선박으로서 영국정부의 전략에 따라 무장을 하고 있었는데, 독일 해군 잠수함의 공격을 받고 1915년 5월 7일 격침되었다. 이 사건으로 미국인 128명이 사망하였다. 월슨은 이른바 '루시태니아 각서'를 독일에 보내 잠수함 작전을 즉각 중지할 것을 요청하였다. 독일이 미국에 유감을 표하고 배상금을 지불함으로써 사건은 매듭지어졌다. 그러나 이 사건으로 월슨이 친영반독적 태도가 더욱 강화되었고, 미국 국내에서도 반독적 여론이 고조되어 미국이 참전한 간접적 원인이 되었다.

Ⅲ 제1차 세계대전의 참전

1. 고어 – 맥레모어 결의안

브라이언 등 미국의 참전을 바라지 않았던 사람들은 미국인들이 전쟁 당사국의 선박을 이용해서 여행을 하는 것을 제한하고자 하였다. 민주당 하원의원 제프-맥레모어(Jeff McLemore)와 상원의원 토마스 고어(Thomas P. Gore)에 의해 이 같은 내용을 담은 결의안을 제출했으나 월슨의 반대로 무산되었다. 월슨은 미국인들이 전쟁 당사국의 선박을 통해 여행하는 것을 금지하는 것은 국가적 치욕이며 국제법상의 정당한 권리를 파기하는 것이라고 주장하였다. 월슨의 대독강경책의 산물이었고, 미국의 참전을 막을 수 있는 기회였다.

2. 무제한 잠수함 작전과 대독 외교관계 단절(1917년 2월)

1917년 1월 31일 독일은 독일의 잠수함들이 사전 경고 없이 영국 근해에서 발견되는 중립국과 적국의 모든 선박들을 격침시킬 것이라고 발표하였다. 미국이 전시체제로 전환하기 전에 영국과 프랑스를 패배시키려는 전략이었다. 이에 대해 미국은 1917년 2월 3일 독일과 외교관계를 단절하였다. 다만, 월슨은 독일과의 전쟁은 원하지 않았으므로 강력한 항의를 제기하는 데 그쳤고, 무제한 잠수함 작전으로 미국의 금수품 운반선은 막대한 피해를 보게 되었다.

3. 짐머만 전보 사건(1917년 2월)

독일외무장관 아서 짐머만(Arthur Zimmermann)이 멕시코에 보낸 전문이 영국에 의해 해독되어 주영국 미대사인 페이지에게 전달되었다. 내용은 독일이 멕시코에 군사동맹을 제안하고, 대가로 멕시코가 1848년에 미국에게 빼앗긴 텍사스, 뉴멕시코, 아리조나 지역의 재정복을 도와주겠다는 것이었다. 멕시코가 독일의 제안을 받아들이지는 않았으나, 무제한 잠수함 작전이 미국의 경제적 이익을 침해하였다면, 짐머만 전보사건은 미국의 안보이익을 위협하는 것이었다.

4. 미국의 대독 선전포고(1917년 4월)

월슨은 의회에 전쟁선포를 요구하였고 상하양원에서 압도적인 지지로 승인되었다. 잠수함작전이 직접적인 이유였으나, 보다 근본적으로는 미국적 이미지와 이상으로 전세계를 재창조하고자 하는 월슨의 열망 때문에 참전하게 되었다. 한편, 월슨을 비판하는 사람들은 독일의 잠수함 작전이 중립국인 미국의 반독 비우호적인 행위들로 인해 불가피한 측면이 있었음을 지적하였다. 미국은 1917년 5월 선택복무법을 제정하여 병력을 동원하였으며, 1918년 11월 휴전될 때 까지 200만 명의 병사를 파견하였다. 미군과 강력한 군수물자의 투입으로 제1차 세계대전을 승리로 이끌었다.

Ⅳ 제1차 세계대전의 전후처리와 미국의 외교

1. 월슨의 전후 평화체제 구상

1918년 1월 8일 월슨은 의회에서 발표한 14개조 연설을 통해 '승리 없는 평화'라는 원칙을 제시하였다. 비밀외교의 금지, 공해상에서의 항해의 자유, 동등한 교역 기회와 관세의 제거, 군비축소, 제국주의 종식, 민족자결주의, 국제연맹의 창설 등을 내용으로 하였다. 연합국들은 승전을 통한 전리품에 미국이 반대하는 것으로 인식하고 14개 조항에 반대하였으나, 월슨의 연합국의 전쟁목적을 폭로하겠다는 위협과 연합국에 대한 고의적인 선적량 감소로 인한 경제위기에 굴복하여 14개 조항에 기초한 강화회담 전개에 동의하였다.

2. 파리평화회담

윌슨이 제1차 세계대전을 민주당의 상원선거 전략으로 활용하자 공화당은 반대하였고, 1918년 10월 상원선거에서 공화당이 다수당을 차지하게 되었다. 윌슨은 파리평화회담대표를 민주당인사들로만 구성함으로써 공화당의 반감을 고조시켰다. 파리회담에서는 전후 독일처리문제, 패전국의 식민지 문제, 전쟁배상문제, 국제연맹 창설문제가 주요 의제였다. 윌슨의 의도와 달리 패전국들의 식민지는 위임통치가 결정되어 민족자결주의가 무시되었다.

3. 미국 국내정치의 균열과 평화조약 부결

파리평화회담 결과에 대해 공화당을 중심으로 국제연맹의 제반 조항에 대해 유보하고자하는 움직임이 강하게 일었다. 국제연맹의 제 규정들이 국제문제에 있어서 독자적으로 행동할 수 있는 미국의 재량권을 제한할 우려가 있다고 보았기 때문이다. 이에 대해 윌슨은 유보에 강력하게 반대하였으나, 상원은 유보조항을 지닌 평화조약의 비준을 부결시켰다. 1920년 대선에서 공화당의 하딩이 당선되었고, 국제연맹에 대한 미국의 입장을 명확히 하였다. 미국이 국제연맹에 불참하게 된 이유는 당리당략적 논쟁, 개인적인 불화, 협상과정에 개입하지 못하게 된 상원의 불만, 전후경제로 전환하는 과정에서 나타난 대중의 무관심 때문이었다.

Ⅴ 결론

미국은 윌슨의 자유주의적 국제주의 노선을 이어가지 않았다. 윌슨주의는 대중의 인기를 받았으나 일시적이었다. 윌슨의 평화주의적 염원은 폐기되었다. 결국 제1차 세계대전은 많은 문제들을 해결했지만, 동시에 많은 문제들을 야기하였다. 다만, 전후 미국은 세계최강대국으로 등장해 있었다. 1920년까지 미국은 전세계 석탄 생산량의 약 40%, 선철 생산량의 약 50%를 생산하였으며, 채무국에서 채권국으로 변모하였다.

제6절　1920년대 미국의 대외정책

Ⅰ 허버트 후버와 1920년대 미국 외교

1. 1920년대 미국 외교의 특징

1920년대 미국 외교정책 과정의 중요한 특징은 대통령의 약한 지도력, 의회와 행정부의 힘 겨루기, 외교 분야의 전문성 증가 등이었다. 윌슨의 실패의 영향으로 하딩, 쿨리지 대통령은 국제문제에 개입을 꺼려하였다. 한편, 미국 외교를 주도한 국무부는 미국의 국력이 허락하는 한도 내에서 자국의 유리한 국제적 위치를 이용하여 적극적인 외교정책을 추진했으나, 무력에 의해서가 아니라 국제법에 의한 'Pax Americana'를 추구하였다.

2. 전쟁채무문제

전후 유럽의 대미부채는 100억 달러 이상이었고, 독일의 전비 배상 부채는 330억 달러에 달해 당시 경제 상황으로는 지불가능성이 거의 없었으므로 유럽은 전쟁부채를 정치적 성격으로 인식하면서 미국에 전쟁부채 면제를 요구하였다. 미국은 독일을 경제적으로 재건해 주기 위해 도스안(Daws Plan)과 영안[22](Young Plan)을 계획하였으나 성공하지 못 하였다.

3. 켈로그 - 브리앙 협정

1920년대 미국에서 일어났던 이상주의적이고 때로는 고립주의적인 평화운동의 성과로 1928년 켈로그-브리앙 협정(Kellogg-Briand Pact)이 체결되었다. 독일의 재흥에 의한 프랑스 안보불안을 위해 프랑스가 미국에 양자협정으로서 제안한 것이었으나, 켈로그 국무장관에 의해 다자적 부전조약으로 수정되었다. 이 협정은 자동 군사개입조항과 같은 구속적 의무를 담고 있지 않았으므로 상원에서 압도적인 지지로 통과되었다.

Ⅱ 아시아 위기와 미국의 소극적 대응

1. 만주위기

1931년 9월 18일 만주 봉천 근처에서 폭발사건이 일어나 남만주 철도가 파괴되었으며 일본은 이 사건을 중국군이 일으킨 것으로 조작하고 중국군을 공격하는 한편 만주 철도 전역에서 군사행동을 개시하였다. 만주는 소련과 공산주의에 대항하는 방어의 거점이었고, 만주에는 철광, 석탄, 목재, 콩 등의 지하자원과 원료가 풍부하여 원료를 수입에 의존하는 일본으로서는 결사적으로 필요한 지역이었다. 이로 인해 일본 해외투자의 절반 이상이 만주에 집중되어 있었다. 만주가 일본에게 사활적 이익인 이유였다.

2. 스팀슨의 대일 외교정책 기조

아시아에서 군사력을 보유하고 있지 않았던 미국은 이 사건이 문호개방원칙에 반하는 것임에도 불구하고, 개입하지 않고자 하였다. 미국의 대일외교의 기초는 첫째, 일본에 대한 효과적인 해군의 행동이 워싱턴 해군조약에 의해 제한된다. 둘째, 일본을 제재하는 경우 일본이 중국해상을 봉쇄할 것이고, 이로써 중국 및 일본과의 무역이 전면 중단되어 경제공황을 심화시킬 수 있다. 셋째, 1932년은 미국 대통령 선거이므로 강력한 외교정책을 채택할 수 없다는 것이었다. 따라서 미국은 대일 유화정책을 노선으로 선택하였다. 영국, 프랑스가 이 문제에 개입하기를 꺼려하는 것도 유화정책의 배경이 되었다.

---

22) 1929년 6월 7일 독일의 제1차 세계대전 배상문제의 완전하고 최종적인 해결안으로서 제출된 보고서. 이 명칭은 그 위원회의 위원장 O.D.영의 이름을 딴 것이다. 이 안은 독일이 지불할 수 있는 능력의 범위 내에서 연금지불방식으로 배상금을 각국에 지불하도록 한 것이며, 배상사무기관으로서 국제결제은행의 창설을 규정하였다. 1930년 1월 헤이그 회의에서 정식으로 성립되었으나 미국의 주식 대폭락으로 시작된 대공황(大恐慌)이 세계적 규모의 공황으로 확대됨에 따라 독일은 지불이 불가능하게 되었다.

3. 스팀슨 독트린

스팀슨은 일본에 대한 경제제재를 제안했으나 후버대통령은 받아들이지 않았다. 스팀슨은 일본이 미국의 석유에 의존되어 있고, 미국이 일본의 수출품의 40%를 수입하고, 미국은 일본에게 세 번째로 큰 수출국이라는 점을 고려하여 경제제재가 효과적이라 판단했으나, 후버대통령은 일본과 전쟁위험을 회피하고자 하였다. 이로인해 불승인 정책이 채택되었다. 미국은 미국의 조약상의 권리를 해하거나, 문호개방정책을 위반하거나, 켈로그-브리앙조약에 위반되는 중국에서의 현상타파행동은 승인하지 않을 것이라는 내용이었다. 스팀슨 독트린은 일본의 행동을 제압하지 못하였다. 일본은 1932년 2월 만주국을 수립하고 9월에 승인한 다음, 리튼위원회가 일본의 연맹규약위반을 지적하자 1933년 국제연맹을 탈퇴하였다.

4. 의의

만주위기에 대한 미국의 소극적 대응은, 미국의 무력이 아시아에서 발생하는 문제들을 관리할 수 있을 만큼 충분하지 못하다는 사실을 증명한 것이었다. 태평양에서 일본은 미국보다 강했으므로 미국은 국력의 한계를 인정하고, 일방적인 행동을 취하지 않았던 것이다.

Ⅲ 루스벨트와 소련 승인 문제

1. 20년대 미국의 대소정책

윌슨 이래 미국은 소련 불승인정책을 고수하고 있었다. 소련 승인을 거부한 이유는 첫째, 미국인들의 재산을 몰수하고 보상하지 않았고, 둘째, 과거 정권이 진 부채를 승계하려 하지 않았으며, 셋째, 소련이 미국 내의 공산주의자들을 후원하여 미국의 체제전복을 선동하였고, 넷째, 소련 내의 외국인을 부당하게 대우하고 종교적 자유를 박탈하였기 때문이었다.

2. 루스벨트의 대소정책 전환의 배경

국제적으로는 영국, 프랑스 등 유럽 국가들이 소련을 승인하면서 소련을 압박하려는 공동의 의지가 약화되었고, 극동에서 일본의 팽창주의가 만주와 시베리아를 압박하면서 중국과 소련의 안보를 점차 위협하고 있었다. 국내적으로도 1929년의 대공황으로부터 벗어나 경제를 회복하기 위해서는 소련 시장을 확보해야 하였고, 이를 위해서는 미국정부의 소련 승인이 필요하다는 요구가 기업가들로부터 강하게 제기되고 있었다.

3. 미소교섭과 미국의 소련 승인

1933년 10월부터 미소 간 교섭이 시작되었으나, 양국 간 부채문제와 종교의 자유 인정문제, 협상과 승인의 우선순위문제로 난항을 겪었다. 특히 소련은 짜르 정부와 볼세비키 정부의 동일성을 부인하고 채무불승계를 주장하였고, 협상 이전에 먼저 승인을 요구하였다. 11월 17일 미소협정이 체결되었다. 양국 외교관계 정상화, 미국내에서 소련의 선동중단, 소련에서 미국인들의 종교의 자유와 법적 권리의 보장, 향후 협상을 통한 부채해결, 대소차관협상 등을 내용으로 하였다.

4. 승인 이후의 미소관계

소련승인 이후 미소관계에 대한 낙관적 전망이 많았으나 1933년의 소련 승인은 아시아의 위기와 대공황으로 악화된 국제무역의 문제를 타개하려는 미봉책에 불과하였다. 양국은 독자적 외교정책을 추구하였고, 따라서 일본같은 군국주의적 팽창을 저지하는 국제협력체제를 구축하는 데 지장을 초래하였다. 또한 교역관계도 기대한 만큼 신장되지 않았으며, 부채문제의 미해결로 차관과 신용대부문제도 진전이 없었다. 1935년 코민테른대회에서 미국 공산주의자들이 미국을 비판하는 발언을 함에 따라 양자관계는 더욱 악화되었고, 1935년부터 단행된 스탈린의 대규모 숙청, 1939년 8월의 독소불가침조약은 미국의 소련에 대한 분노를 유발하여 양자관계를 불신관계로 바뀌게 만들었다.

Ⅳ 미국의 독자적 국제주의 외교

1. 루스벨트의 외교노선

루스벨트의 외교노선에 대해서는 고립주의라는 주장과 '독자적 국제주의'(independent internationalism)라는 주장이 대립하고 있으나, 루스벨트의 노선은 양자의 성격을 모두 지니고 있었다. 고립주의란 전쟁에 대한 혐오감, 외국에 대한 군사적 개입의 제한, 국제관계에서 행동의 자유를 핵심요소로 하는바, 루스벨트는 이러한 사고와 행동을 보여주었다. 한편, 루스벨트는 시어도어 루스벨트의 '거장정책'(big stick policy)과 윌슨의 자유주의적 국제주의를 지지하였다. 미국은 자신의 힘에 대한 정확한 인식에 기초하여 국제문제에 선별적으로 분리대응하였다. 즉, 아시아와 같이 미국의 힘이 부족한 곳에서는 소극적으로, 라틴아메리카와 같이 미국이 힘을 보유한 곳에서는 적극적으로 개입하였다.

2. 대공황과 미국의 대외경제 정책

대공황이 발생하자 대부분의 국가들은 경제적 민족주의의 지배를 받아 고관세와 수입제한조치를 통해 자국 시장을 보호하고자 하였다. 국제교역 및 금융거래는 급격하게 축소되었다. 1933년 집권한 프랭클린 루스벨트도 초기에는 뉴딜정책(New Deal Policy)을 실시하면서 보호주의정책을 사용했으나, 국무장관 헐의 조언에 따라 관세를 낮추고 대외무역을 증대시키기 시작하였다. 1934년의 상호무역협정안은 대통령에게 일방적 관세인하권을 부여하는 한편, 최혜국대우원칙을 규정하였다. 상호무역 프로그램은 즉각적인 결과를 가져오지는 않았으나, 세계 무역의 악화를 완화시키고 보다 자유로운 상업적 교류를 향한 발판을 마련하였다.

3. 군축외교

미국은 1930년대 여러 차례의 군축회담에 참여하였는바, 이는 미국의 대외노선이 독자적 국제주의에 기초하고 있음을 보여주었다. 자국의 이익을 실현하기 위해서는 국제문제나 국제협상에 적극적으로 임했으나, 공조체제를 취하기보다는 독자노선을 추구하였다. 미국은 주로 해군군축문제에 집중했으나, 1930년의 런던회담을 제외하고는 구체적인 성과를 얻지 못하였다. 이는 미국 자신의 해군력을 증강하는 한편, 타 강대국들의 해군군축을 유도하려고 했기 때문이었다.

제7절 워싱턴체제

Ⅰ 의의

워싱턴체제란 미국의 하딩 대통령의 주재하에 1921년 11월 12일부터 1922년 2월 6일까지 미국, 일본, 영국, 이탈리아, 프랑스, 중국, 벨기에, 네덜란드, 포르투갈 간에 열린 워싱턴회의의 결과로 형성된 동아시아 질서를 의미한다. 유럽중심의 베르사유체제에서 탈락하여 국제연맹의 회원국으로의 참여에 실패한 미국으로서는 국력에 비해 국제사회에서의 영향력은 낮을 수밖에 없었다. 미국 공화당정부는 국제연맹에의 불참에서 오는 영향력의 열세를 만회하고 미국 중심의 태평양질서의 수립을 위해 워싱턴회의를 개최하게 되었다.

Ⅱ 워싱턴회의의 배경

1. 일본의 중국진출 적극화

제1차 세계대전에 참전하면서 일본은 중국에 대해 광범한 요구를 담은 21개조를 제시하여 중국에는 협박으로, 열강에 대해서는 지중해에 일본함대 파견을 조건으로 승인을 받았다. 그러나, 이 문제는 파리평화회의에서 해결을 보지 못한 채 남아 있었고, 이때 중국에서는 강력한 국권회수운동이 일고 있어서 이 문제에 대해 최종적인 해결을 지어야만 하였다.

2. 미일관계 악화

미국이 워싱턴회의를 개최하게 된 결정적인 계기는 악화일로에 있던 미일관계 때문이었다. 미일 양국은 일본의 적극적인 중국 진출문제, 얍섬[23])의 관리방식문제, 일본인의 미국이민금지문제 등으로 전쟁가능성마저 거론되고 있었다. 한편 미일은 태평양에서 격렬한 해군 확장경쟁을 벌이고 있었는바, 미국은 1916년 'navy second to none'이란 슬로건하에 1921년까지 세계최강의 해군건설을 목표로 추진하고 있었고, 일본도 '8.8함대' 건조계획을 추진하고 있었다. 그러나 세계적인 전후 불황으로 미국상원은 보라결의를 통해 군축회담을 요구하게 되었다.

3. 미국중심 동아질서 형성 시도

미국은 자국의 참전으로 제1차 세계대전을 결정적인 승리로 이끌었고, 기존 패권국이었던 영국과, 패권경쟁국이었던 러시아와 독일이 약화되면서 명실상부하게 세계최강대국이 되었다. 그러나, 미국의 국제주의 노선에 대한 국내정치적 지지획득 실패로 국제연맹가입에 실패함으로써 세계적인 지도력을 발휘하는데 제약을 받게 되었다. 미국은 베르사유체제하에서 영향력 강화 실패를 워싱턴체제를 자국중심질서로 창설함으로써 영향력 강화를 꾀하게 되었다. 미국으로서는 태평양에서 미국에 대한 도전국은 일본이었으므로, 워싱턴회담을 통해 일본을 약화시키는데 주력하였다.

---

23) 서태평양 캐롤라인제도의 서부에 있는 섬. 면적 100.2km². 인구 약 7천(1985). 최고점은 173m. 미크로네시아연방에 속하며, 서로 이웃해 있는 가길토밀·마프·루뭉의 큰 섬과 10개의 작은 섬 등으로 야프군도를 이룬다. 섬은 산호초로 둘러싸여 있고 산이 많다. 1791년 발견되었으며, 제2차 세계대전 전부터 태평양횡단 해저전선의 중계지로서 알려져 있었다. 주민은 카나카족에 속하는 야프인인데, 18세기에는 4만 명이었으나 그 후 계속 줄어들고 있다. 토지가 비옥하여 각종 열대성 과일과 채소가 산출되며, 주요 수출품은 코프라이다. 예로부터 부(富)의 상징으로서 석화(石貨)가 귀중하게 여겨졌으며, 고대의 석조유적이 많다.

Ⅲ 워싱턴회의의 의제와 주요국의 입장

1. 해군군축문제

미국, 영국, 일본, 이탈리아, 프랑스 등 태평양에서의 강대국들 간 해군군축문제에서는 해군군축의 적용대상 범위문제와 국가들 간 보유군함의 비율을 조정하는 것이 주요 쟁점이 되었다. 즉, 주력함만을 대상으로 할 것인지, 보조함도 협상대상에 포함시킬 것인지의 문제와, 특히 미국과 일본의 해군력의 적정비율문제를 놓고 양국이 첨예하게 대립하였다.

2. 영일동맹문제[24]

영일동맹의 존속문제가 쟁점이 된 이유는 독일과 러시아의 위협이 소멸하였기 때문이었다. 미국은 영일동맹 때문에 영미의 공조체제 형성이 어렵다고 보고 영일동맹의 폐기를 원했으나, 영국과 일본은 효용가치 저하에도 불구하고 유지하고자 하였다. 일본은 고립을 방지하고 국제적 지위를 유지하고자 하였다. 한편, 영국으로서는 일본억제를 위한 외교채널로서 영일동맹의 가치를 높이 평가하고 있었는바, 만약 동맹을 파기할 경우 일본이 태평양에 있어서 영국의 식민지 및 자치령에 대한 위협이 될 것으로 생각하였다.

3. 중국문제

제1차 세계대전 이후 중국내부에서는 민족주의적 실지회복주의가 강하게 일어나고 있었다. 이로 인해 중국에서 각 열강들의 이해관계를 조정하는 문제가 중요하게 다루어졌다. 중국문제에 대해 토의는 미국이 제시한 루트 4원칙에 기초해서 이루어졌다. 루트 4원칙은 다음 네 가지 원칙을 말한다. 첫째, 중국의 주권, 독립, 영토, 행정 보전. 둘째, 중국으로 하여금 스스로 유효하고도 안정된 정부를 수립 및 유지하도록 충분한 기회를 제공할 것. 셋째, 중국의 전영토를 통하여 각국 상공업에 대해 기회균등주의를 수립, 유지하도록 각국이 영향력을 행사한다. 넷째, 중국에서 특권을 요구하지 않는다.

Ⅳ 워싱턴체제의 주요 내용

1. 해군군축문제(5개국조약)

미국, 영국, 일본, 프랑스, 이탈리아는 1만톤급 이상의 주력함의 비율을 미국과 영국은 5, 일본은 3, 프랑스와 이탈리아는 1.67의 비율로 제한하기로 합의하였다. 이 비율은 해군력에 있어서 절대우위를 점하고 있던 영국의 큰 양보였으며 대서양에서는 영국이 패권을 쥐되 태평양에서의 패권은 미국에 양보하겠다는 영국의 의지의 표현이었다. 일본은 1934년에 워싱턴 군축비율에 불만을 품고 이를 파기시켰다.

2. 태평양문제(4개국조약)

세계최강대국군에 속했던 미국, 영국, 프랑스, 일본은 태평양에서 이해를 조정하기 위해 4개국 조약을 체결하여 각자의 세력권을 상호존중하기로 합의하였다. 우선, 태평양에서의 각국이 지닌 속령 및 위임통치지역에 대해서는 상호 존중한다. 둘째, 체약국 간 분쟁은 공동회의를 통해 결정한다. 셋째, 체약국 이외의 국가로부터의 침략에 대해 상호 원조한다. 넷째, 영일동맹은 폐기한다.

---

24) 김경창, 전게서, 693면–694면.

3. 야프섬 문제(미일협약)

야프섬은 독일령이었으나 베르사유회의에서 적도이북에서 독일이 차지한 섬들은 일본의 위임통치하에 둘 것을 결정하였다. 그러나 미국은 필리핀과의 관계를 고려하여 이에 반대하였고, 특히 이지역의 해저전선의 소유권을 주장하였다. 일본은 야프섬 자체와 야프섬에 관한 일체의 소유권을 주장하고 있었다. 워싱턴 회의를 통해 일본이 야프섬을 위임통치하되, 미국은 야프섬에 있어서 해저전선의 운용과 무선전신업무에 대한 자유를 지니며 동시에 전기통신에 관한 특권과 면제권을 갖기로 합의하였다.

4. 중국문제(9개국조약)

중국의 안전보장과 문호개방원칙을 명문화하였다. 중국의 주권, 독립 및 영토적 · 행정적 보전의 존중을 약속하였다. 안정된 중국정부 수립의 기회를 부여하기로 하였고, 중국 전영토에서 각 국민에 대한 상공업상의 기회균등주의의 실현에 합의하였다. 중국에서 상호배타적 특권을 배제하였으며, 중국에서 세력범위 설정이나 독점적 기회를 지니는 것에 반대하기로 하였다.

5. 산동성문제(중일협약)

중일양자 간 협약을 통해 산동성문제를 해결하였는바, 일본은 6개월 이내에 교주만의 조차지를 환부하고 그 지역 내에서의 일체의 공유재산을 이전하기로 하였다. 또한 세부협정을 체결하여 교주만 조차지의 행정권을 이양하고, 일본군이 모두 철수하였다.

6. 일본의 시베리아 철군문제

일소 간 기본조약을 통해 시베리아에서 일본점령을 종식하기로 합의하였다.

Ⅴ 워싱턴체제의 영향

1. 보조함의 건함경쟁

워싱턴에서의 해군군축협상에서 보조함 건함문제가 배제됨으로써 이후 국가 간 보조함 건함경쟁이 발생하였다. 보조함이란 대형순양함, 소형 순양함, 구축함, 잠수함 등을 말한다. 보조함문제는 1930년 런던군축협상에서 미국 · 영국 · 일본 3국 간 보조함 비율에 대한 합의가 이뤄졌다.

2. 영일동맹 폐기

4개국조약의 핵심은 영일동맹을 파기시킨 것이었다. 영일동맹이 파기된 가장 큰 이유는 영일동맹조약은 아시아 대륙에서 양국의 특수이익을 상호 승인한 것이었는바 이것이 문호개방과 기회균등을 기본으로 하는 미국의 아시아정책과 배치됨으로써 미영관계에 부담이 되었기 때문이었다. 영일동맹조약의 폐기로 일본은 고립되는 한편, 문호개방정책을 내세우면서 아시아에 진출한 미국과의 직접적인 갈등관계에 들어서게 되었다.

3. 일본의 대륙정책 좌절

문호개방정책과 기회균등, 중국의 주권 및 영토보전이 공식화됨으로써 중국 내에서 일본의 특수이익이 모두 부정되었다. 중국에서 일본의 특수이익을 보장해 주었던 영일동맹이나 이시이-랜싱협정이 폐기되었다. 일본은 21개조 요구의 일부를 폐기하였고, 교주만 조차지도 환부하였다.

4. 태평양 강대국 간 상대적 영향력 조정

미국은 워싱턴체제를 통해 태평양지역의 패권국으로 등장하였고, 중국의 국제적 지위도 향상되었다. 반면, 영국은 태평양지역의 패권을 미국에 내어줌으로써 대서양세력으로 물러섰고, 일본은 군사력측면에서 강대국의 지위를 인정받았으나, 중국에서의 이권과 세력권이 박탈됨으로써 미국에 비해 상대적 영향력이 쇠퇴하게 되었다.

Ⅵ 국제정치사적 함의

워싱턴회의를 통해 아태지역의 강대국 간 주요 현안들을 조정하고, 군비경쟁을 완화시키는 한편, 전후처리문제를 완료함으로써 동아시아 질서의 안정을 유지할 수 있었다. 워싱턴 체제는 1931년 만주사변이 발생하기 까지 동아시아 안보유지기제로 작동하였다. 이로써 1920년대의 세계는 베르사유체제와 함께 유럽에서의 로카르노체제, 동아시아에서의 워싱턴체제, 부전조약 등 중층적 안보기제로 평화의 시대를 구가하게 되었다. 한편, 워싱턴체제는 일본의 대륙정책을 과도하게 제약함으로써 일본을 현상타파국가로 만들어놓았다는 내재적 한계를 배태하고 있었다고 볼 수 있다.

제8절 1930년대 미국의 대외정책

Ⅰ 유럽의 위기와 미국의 고립주의

1. 유럽의 위기

(1) 독일

경제 대공황과 베르사유조약에 대한 민족주의적 반감에 기초하여 1933년 1월 권력을 장악한 히틀러는 유대인에 대한 인종주의, 반볼세비즘, 개인적 권력욕에 기초하여 팽창주의적 현상타파정책을 전개하기 시작하였다. 1933년 10월 국제연맹을 탈퇴하고, 1935년 재무장을 선언하였으며, 라인란트에 군대를 주둔시켰다. 한편, 오스트리아, 주데텐, 체코를 차례로 병합하고, 1939년 9월 폴란드를 침략함으로써 제1차 세계대전이 발발하였다.

(2) 이탈리아

1922년 이래 이탈리아를 통치한 무솔리니는 이탈리아제국을 건설하려는 야망으로 1935년 10월 이디오피를 침공, 병합하였다. 국제연맹이 석유를 제외한 전쟁물자에 대해 금수조치를 취했으나, 영국과 프랑스의 유화정책으로 실패하였다.

(3) 유럽의 유화정책

독일과 이탈리아의 현상타파정책에 대해 프랑스와 영국은 유화정책으로 일관하였고, 독일의 체코병합 이후에 유화정책을 변경한다. 영국은 유럽의 세력균형을 통한 안정과 볼세비즘으로부터 유럽을 지키기 위한 방어막을 위해 독일이 어느 정도 강화되는 것이 필요하다고 생각하는 한편, 경제위기로 인해 유럽전쟁에 개입하지 않기 위해 독일의 요구를 어느 정도 수용하고자 하여 유화정책을 펴게 되었다.

2. 미국의 고립주의

(1) 고립주의의 배경

제1차 세계대전 이후 미국에서는 반전여론이 지배적이었다. 특히 미국이 막대한 무기를 판매함으로써 이익을 얻는 대신 수많은 사람이 죽었으며, 미국은 세계의 안전과 번영을 수호하기보다 오히려 독재자에게 안전한 세계를 만드는 데 기여하였고, 경제적으로는 악성부채로 경제적 이익이 침해되었다고 생각했기 때문이었다. 한편, 미국이 또 다시 유럽전쟁에 참전한다면 경제 불황을 극복하기 위한 뉴딜정책이 실패로 돌아갈 것이라고 주장하였다.

(2) 중립법의 채택

전쟁혐오증, 유럽전쟁에의 개입회피, 미국의 행동 자유 확보를 위해 1935년부터 1937년 사이 중립법이 통과되었다. 대통령이 전쟁의 존재를 공식적으로 선언한 이후, 모든 교전국가에 대한 미국의 무기금수를 요구한 내용이었다. 교전국에 대한 신용대출도 금지되었고, 스페인 내란에서도 중립을 지켰다. 미국시민이 교전국 선박으로 여행하는 것도 금지시켰다.

Ⅱ 동아시아 신질서와 미일갈등

1. 일본의 대동아 공영권 구상

1930년대 미일관계는 갈등관계가 지속되었다. 무엇보다 일본이 대동아 공영권 구상이라는 기치 하에 만주지역에 대한 팽창을 지속함으로써 미국의 문호개방정책과 대립하였다. 일본은 인구급증, 토지부족, 외국으로부터의 원료수입증가 등에 위협을 느껴 원료의 자급자족과 인구, 토지문제 해결을 위해 만주를 영유하고자 하였다. 만주영유를 위해서는 강력한 해군력을 유지할 필요가 있었으므로, 일본은 워싱턴조약과 런던조약을 폐기하였다. 미국은 일본인의 미국이민을 제한하는 한편, 미국에서는 일본상품 불매운동이 일어났다. 또한 항공모함을 건조하고 1937년에는 해군예산도 두 배로 증가시켰다.

2. 중일전쟁과 미국

1937년 중일전쟁이 발발하여 11월 상해가 일본군에 의해 함락되었다. 그러나, 루스벨트는 중립법에 기초하여 중국과 무역을 지속하는 한편, 중국에 대한 지원조치를 취하지 않았다. 루스벨트는 1937년 10월 5일 '격리연설[25](Quarantine Speech)'을 통해 일본의 중국침략을 비난하였으나, 실제적인 조치는 취하지 않았다.

3. 미국의 대일 금수조치

1938년 일본이 중국에 대한 지배를 강화하자, 미국은 중국 은을 구입하여 무기 구매에 필요한 달러를 제공하였고, 일본에 대한 항공기 판매를 중지하였다. 항공모함건조와 항공기를 증가시키기 위한 법안을 만들었으며, 태평양의 여러 섬들을 해군기지로 만들었다. 그럼에도 불구하고 일본의 중국지배는 약화되지 않았고 오히려 일본은 아시아의 '새로운 질서'를 선언하며 서양제국주의의 축출을 통해 자국 중심의 아시아블록을 형성하고자 하였다. 이에 대해 미국은 1911년에 체결한 미일무역조약을 폐기하고 경제제재조치를 취했으나, 루스벨트는 엄격한 무역금지를 원하지 않았다. 미국은 일본과 중국문제로 전쟁할 생각을 가지지 않았기 때문이다.

---

25) 1937년 10월 5일 미국의 F.루스벨트 대통령이 시카고에서 행한 연설. 방역(防疫)연설이라고도 한다. 그는 이 연설에서 '국제적 무정부상태'를 조성하고 있는 나라들(독일·이탈리아·일본)은 '격리'되어야 한다는 것과, 미국은 중립주의를 버리고 평화 애호 국들과 협력하여 침략행위를 저지하기 위한 집단 안전보장에 참가해야 한다는 것을 강조하였다. C.헐 국무장관조차 이 연설 내용에 대한 사전통고를 받지 못했으며, 당시 미국 내에서도 고립주의(孤立主義)가 강한 때였으므로 여론이 좋지 않았다.

Ⅲ 라틴아메리카와 미국의 선린정책

1. 먼로주의의 한계와 선린정책

먼로주의와 루스벨트 추론(Roosevelt Corollary)에 기초한 미국의 미주대륙에 대한 팽창정책은 제국주의적이었고, 해군력을 통한 위협과 군사점령을 수단으로 하였다. 이러한 제국주의정책의 산물로 군사개입비용이 급증하고 이에 대한 국내비판여론이 증가하였다. 또한 피압박 국가들의 반미 민족주의의 분출로 경제관계의 안정성이 위협받았다. 이로 인해 프랭클린 루스벨트는 먼로주의를 폐기하고 '선린정책'(Good Neighbor Policy)으로 기조를 변경하여 경제적 침투, 차관, 조약, 독재자 지원등 비군사적 방법으로 개입하였다.

2. 미국과 중남미 경제 관계

선린정책에 따라 미국기업들은 중남미 국가들에 대한 투자를 증가시키고, 중남미경제는 미국에 상당부분 종속되었고, 결과적으로 중남미국가들의 정치도 통제하였다. 미국투자로 인해 쿠바경제는 설탕생산 중심의 단일작물 경제체제(one-crop economy)로 전환되었고, 미국 원유회사들은 베네주엘라 전체 석유생산량의 절반이상을 생산하였다. 미국은 중남미지역에서 유럽국가들, 특히 영국을 제치고 무역, 투자에 있어서 1위로 부상하였다.

3. 미국의 중남미 국가에 대한 개입 사례

(1) 도미니카공화국

1916년 5월 미국은 도미니카 공화국을 군사점령하였으나 1924년 철수하였다. 다만, 미국은 직접적인 군사통치 대신 친미인사가 정권을 잡게 하여 영향력을 유지하는 간접 개입방식으로 수단을 변경시켰다. 라파엘 레오니다스 트루히요(Rafael Leonidas Trujillo)를 지원하여 1930년 대통령이 되었다. 독재자였음에도 국내질서를 안정시키고 미국의 군사개입 필요성을 제거하였으므로 지속적으로 지원하였다.

(2) 니카라과

니카라과를 군사통치하던 미국은 친미적인 보수정권이 들어서고 내정 및 경제가 안정되자 1925년 군사통치를 종식시켰으나, 반란세력 산디노(Augusto Sandino)를 제거하기 위해 다시 개입하였다. 미군은 1933년에 국내 여론에 떠밀려 다시 철수하였고, 미국이 창설한 국가보안대를 장악한 아나스타시오 소모사(Anastasio Somoza)가 정권을 잡아 1979년까지 독재하였다. 미국은 소모사와 동맹관계를 유지하였다.

(3) 아이티

아이티는 1915년부터 1934년까지 미해병의 통치하에 있었다. 프랭클린 루스벨트의 선린정책하에서 아이티의 경제는 미국에 예속되었고, 해병대에 의한 통치대신, 국가보안대를 창설하고 보안대를 통해 영향력을 행사하였다. 후버 대통령은 포브스 위원회(Forbes Committee)를 통해 '아이티의 아이티화 정책'(Haitianization)을 실시하여 아이티인들을 보다 책임감 있는 지위로 승격시켜 자신들의 운명에 대해 스스로 자립하도록 하였다.

4. 범미주의

미국의 선린정책으로 라틴아메리카에 대한 미국의 군사적 개입이 약화되었고, 독일, 일본, 이탈리아 등 추축국들은 라틴아메리카 제국과 경제적, 정치적 관계를 개선하려는 시도를 하게 되었다. 이에 위협을 느낀 각국들이 유대와 안보적 결속을 강화하게 되었다. 아르헨티나, 우루과이, 브라질 등은 나찌에 동조하여 유럽과 유대를 강화하고 미국에 대해 독자적인 노선을 주장하기도 하였으나, 뮌헨위기 이후 반독감정을 가지게 되었다. 범미주의는 미주 공화국들은 그들을 위협할 수 있는 어떠한 외국의 개입이나 활동에 맞서 저항하기 위해 협력하는 정치노선을 의미하였다.

I 제2차 세계대전 참전 이전의 미국의 외교

1. 기본입장

1939년 9월 독일이 폴란드를 침공한 때부터 1941년 12월 일본의 진주만 공습이 있을때까지 제2차 세계대전에 대한 미국의 공식적인 입장은 중립을 유지하는 것이었다. 그러나 루스벨트는 추축국의 침략주의와 유럽 대륙을 제패하려는 히틀러의 야망이 미국의 안보에 심각한 위협이 된다는 판단하에 다양한 경로를 통해 연합국을 지원하였다. 이는 무엇보다 여론과 의회가 고립주의를 주장하여 미국이 도발받지 않은 전쟁에 참전하기를 꺼려하였기 때문이었다.

2. 중립법안의 수정

전쟁을 회피하면서도 연합국들에게 가능한 많은 원조를 제공하기 위해 1939년 9월 21일 루스벨트는 중립법의 내용 중 '무기금수조항'을 철회할 것을 요청하여 중립법안이 수정되었다. 한편, 남미국가들도 중립을 선포하고, 전 해양에 중립지대를 설정하여 독일과 이탈리아 함대의 진입을 차단하였다. 1940년 미국은 전쟁을 선포하지 않았으나, 독일에 대항하여 영국과 해군 연합작전을 수행하였다.

3. 징병제도 채택

1940년 6월 프랑스가 함락되자, 루스벨트는 좀 더 적극적인 조치를 취하기 시작하였다. 이탈리아를 비난하는 한편, 영국에게 군수물자의 원조를 약속하였다. 친영적인 인사들로 내각을 개편한 다음, 영국과 협상을 통해 50대의 중고 구축함을 양도해 주었다. 또한 징병 및 훈련 법안(Selective Training and Service Act)을 만들어 미국 역사상 첫 번째 평시 징병제도를 도입하였다.

4. 무기대여법 제정

영국의 처칠은 무기와 탄약의 부족을 호소하면서 더 이상 현금으로 지불할 수 없다고 선언하였다. 이에 대해 미국은 1941년 3월 11일 '미국방위추진법'(Act to Promote the Defense of the United States)(일명, 무기대여법)을 제정하였다. 어떤 나라의 방위가 미국의 방위에 긴요하다고 판단되는 경우 그 나라에 군수품을 판매, 이양, 교환, 임대, 대부, 처분할 수 있는 권한을 대통령에게 부여하는 법이었다. 전쟁 종결시까지 미국은 무기대여 비용에 500억 달러 이상을 지출하였다.

5. 중립법 폐지와 참전

1941년 11월 독일 잠수함 U-보트가 미국의 구축함 류벤 제임스호를 격침하자 미국은 중립법을 철폐하였고, 대서양에서는 독일 잠수함과 미국 해군과의 긴장이 점차 고조되고 있었다. 루스벨트는 참전을 원했으나 대부분의 국민들은 미국이 전쟁에 개입하기를 원하지 않았으므로 루스벨트는 개전사유가 발생하기를 기다리고 있었다. 1941년 12월 태평양전쟁이 발발하자 히틀러는 미국이 병력을 태평양지역에 집중시킬 것이라 판단하고 대미 선전포고를 선언하였다. 히틀러의 대미 선전포고는 참전의 구실을 찾던 루스벨트를 도와준 결과가 되었다.

Ⅱ 제2차 세계대전과 미국의 참전

1. 유럽전쟁과 미국의 대동맹 정책

(1) 대동맹체제의 형성

미국의 참전 이후 추축국에 대항하는 '대동맹'(Grand Alliance)이 형성되었다. 미국과 영국이 주축이 되었으나, 이후 소련과 중국을 비롯하여 47개국이 참여하였다. 대동맹형성국가들은 추축국에 대한 완전한 승리를 목표로 모든 군사적, 경제적 자원을 사용하고 단독휴전이나 강화를 하지 않기로 하였다.

(2) 영국과 미국의 대립

영국과 미국은 '유럽우선전략', 즉 독일을 먼저 패망시키는 것에 대해서는 합의하였으나, 그 방법론을 놓고 대립하였다. 미국은 '적의 심장부를 향해 대량의 군대를 투입하는 것'(대군주작전)이었고 영국은 '주변지역을 돌아서 성공적인 찌르기'(주변전략)를 시도하는 것이었다. 영국은 참호전의 기억과 병력불충분, 지중해와 발칸에서 소련의 영향력 증대를 우려한 반면, 미국은 영국에 비해 인력과 전쟁물자가 충분하므로 직접교전이 유리하다고 보고 있었다. 연합작전 초기에는 영국의 주변전략이 채택되었으나, 1943년 이후에는 미국의 대군주작전이 채택되었다. 양국 간 갈등으로 제2전선 형성이 지연되면서 소련과 영미 간 갈등의 원인을 제공하였다.

(3) 대동맹 전략과 제2전선문제

대동맹의 중심국인 미국, 영국, 소련 상호 간에는 동유럽국경선문제와 서유럽에서 영미연합군의 제2전선(Second Front) 형성시기를 놓고 대립하였다. 스탈린은 히틀러에 대한 공격 이전에 동유럽 국경을 보장해 줄 것을 요청하였으나, 영국과 미국은 즉답을 하지 않았다. 한편, 독일이 소련을 공격하자, 소련은 영미연합군이 조기에 독일의 서부국경에서 전선을 형성해 주길 원하였고, 미국은 이른 시일에 제2전선을 형성하길 원했으나 영국의 반대로 지연되었다. 이 문제로 영미 간, 소련과 영미 간 대동맹의 균열을 초래하게 되었다.

2. 태평양전쟁

(1) 미일관계 악화

1937년 이후 일본이 중국 내륙에 깊숙이 침공하자 미국은 거센 항의를 하였으나, 태평양에서 미국의 군사력은 일본에 대항할 만큼 충분하지 않았기 때문에 중국에 직접 개입할 수는 없었다. 또한 교역상대국으로서 중국은 일본에 비해 비중이 크지 않았기 때문에 개입의 이익도 크지 않았다. 다만, 미국은 중국에 중립법을 적용하지 않고 장제스정권에 대해 군수물자를 제공해 주었다.

(2) 일본의 전쟁 확대

일본이 동남아시아로 진격하자 미국과 일본은 충돌하게 되었다. 프랑스와 화란령 식민지들이 무방비상태에서 일본의 식민지로 전락하였고, 일본의 팽창주의자들은 계속 남진을 요구하며 중국에 대한 포위망을 완성하여 이 지역에 '대동아공영권'을 형성하였다. 한편 일본은 미국이 아시아문제에 개입하는 것을 막기 위해 독일, 이탈리아와 함께 3국동맹을 체결하였다.

(3) 미국의 대일 경제제재

3국동맹 결성에 대해 미국은 항공 연료와 강철 및 모든 금속에 대해 금수조치를 단행하였다. 다만, 일본에 대한 석유공급은 지속하였는바, 영국에 대한 지원이 최우선 정책이었으므로 태평양에서의 무력충돌을 회피하고자 하였기 때문이었다. 양국 간 중국문제를 놓고 협상을 진행하는 도중 일본은 중국의 점령지역에 대한 지배권을 포기하지 않고 팽창을 지속하여 1941년 7월 24일 캄란 만과 남부 인도차이나를 점령하였다. 루스벨트는 미국에 있는 일본인 자산을 동결시켰고, 석유를 포함한 모든 대일 무역을 중단시켰다.

(4) 일본의 진주만 공격

미국의 석유수출금지로 일본은 미국과의 전쟁이냐 중국에서 철수냐의 갈림길에 서게 되었고, 일본은 전쟁을 선택하게 되었다. 미국의 항복을 기대하기보다는 전쟁을 장기전의 교착상태로 만들어 미국을 협상테이블로 유도하고자 하였던 것이다. 일본은 1941년 12월 7일 진주만을 기습하여 태평양전쟁을 도발하였다. 12월 8일 의회는 전쟁을 선포하였다. 진주만 기습은 현실주의자들의 입지를 강화시켜 고립주의를 종식시켰다.

3. 중국에서의 전쟁

(1) 루스벨트의 대중국 전략

소련의 대일전 참전 결정 이전까지 루스벨트는 중국의 군사력을 다소 과대평가하여 중국 군대를 강화하여 중국을 통해 일본본토에 진격하는 전략을 구사하였다. 그러나, 중국의 내란과 장개석의 무능력에 대한 인식, 소련의 대일전 참전을 결정한 이후부터는 대일전에서 중국의 영향력은 감소하였다.

(2) 중국전선과 미국의 지원

루스벨트는 전후 중국이 미국에 우호적인 국가로서 강력하고 통일된 나라를 이루길 바라고 있었다. 전쟁 중 미국은 중국이 미국 군사기지 역할을 감당하도록 하기 위해 군사적 여건을 마련해 주고자 하여 1942년 중국 전선 형성을 결정하고 장제스를 총사령관에 임명하는 한편, 조셉 스틸웰(Joseph W. Stilwell)을 단장으로 하는 미국 군사사절단을 파견하여 중국군의 훈련을 지원하였다. 그러나 장제스와 스틸웰의 지휘권에 대한 갈등으로 강력한 중국군을 양성한다는 미국의 목표는 달성되지 못하였다.

(3) 미국에 의한 국공합작 노력

강력한 중국군을 양성하는 전략의 일환으로 미국은 당시 내란으로 대치 중이던 장제스의 국민당과, 마오쩌둥과 주은래의 공산당을 합작시키려는 노력을 전개하였다. 그러나 장제스는 합작이 아닌 통합, 통합된 군대를 자신이 지휘하고자 하는 주장을 굽히지 않았고 결국 국공합작은 별다른 성과를 얻지 못하였다.

Ⅲ 전시외교와 전후 처리 구상

1. 미영 정상회담과 대서양헌장(1941년)

미국이 유럽전쟁에 참전하기 전 영국이 미국의 지원을 얻기 위한 회담이었다. 루스벨트는 영국에 미국의 구축함 50척과 무기대여원조를 제공하는 한편, 북대서양에서 영국 선박을 미해군이 보호해달라는 영국이 요청도 수락하였다. 정상회담 이후 양국은 8개항으로 된 대서양헌장(Atlantic Charter)을 채택하였다. 전후처리에 대한 기본원칙을 합의한 것으로서 집단안보, 민족자결주의, 해양자유, 자유무역 등의 원칙을 담고 있었다. 다만, 처칠은 국제연맹의 창설을 원했으나, 루스벨트는 국내정치를 의식하여 '광범하고 영원한 일반적인 안보체제의 성립'을 지지하였다.

2. 카이로회담(1943년 11월 22일~26일)

모스크바 3상회의를 통해 미국, 영국, 소련의 정상회담장소가 테헤란으로 정해졌고, 장제스는 테헤란회담 전에 이들과 회담을 원하였다. 당시 소련은 일본과 불가침 조약을 맺고 있었으므로 중국과의 불편한 관계를 고려하여 카이로회담에는 참석하지 않았다. 루스벨트 처칠, 장제스는 전후 아시아문제를 논의하였다. 12월 1일 발표된 카이로선언은 일본이 탈취, 점령한 태평양상의 모든 도서를 박탈하고, 만주, 타이완, 펑후열도 등 일본이 중국으로부터 탈취한 영토를 중국에 반환하며 한국은 '정당한 절차를 거쳐서'(in due course) 독립하게 될 것이라고 밝혔다. 이를 위해 3국은 일본이 무조건항복을 할 때까지 전쟁을 계속하기로 하였다.

3. 테헤란회담(1943년 11월 28일~12월 1일)

(1) 독일공격작전

테헤란 회담에서 루스벨트, 처칠, 스탈린은 우선, 독일에 대한 미영연합군의 작전을 영국이 주장한 주변지역전략대신 대군주전략으로 결정하였다. 영국은 소련군의 영향력 확장을 저지하기 위해 발칸반도를 통해 독일로 진격하길 원했으나, 미국과 소련은 서유럽 노르망디에 직접 상륙하여 진격하는 작전을 지지하였다.

(2) 국제기구 구상

루스벨트는 평화의 위협을 즉각적으로 다룰 수 있는 4대강국들이 지배하는 국제기구를 창설하고자 하였다. 그러나, 소련은 중국이 4대강국의 지위를 부여받는 것에 반대하였다. 프랑스가 전후 세계에서 중요한 나라로 취급되지 않아야 한다는 점에 동의하였다. 소련은 미래의 국제연합기구가 범세계적 기구의 성격을 가져야 한다고 주장하였다.

(3) 독일문제

루스벨트는 독일을 5개 국가와 2개의 국제적 통치영역으로 나누고자 하였다. 독일의 완전한 해체를 의미하는 이 제안에 스탈린은 동의하였다. 유럽에서 패권국이 될 것으로 생각했기 때문이다. 한편, 처칠은 독일의 고립과 영토축소에는 동의하되, 남부독일은 다뉴브의 국가연합체에 속해야 한다고 생각하였다.

(4) 폴란드 문제

폴란드의 동부 국경과 서부 국경을 정하는 문제는 독일을 어느 정도 축소시키고, 소련을 어느 정도 강화시킬 것인지의 문제였다. 처칠은 폴란드의 국경선을 독일 지역을 합병한 서부 국경선 쪽으로 보다 많이 이동할 것을 제안하였다. 루스벨트 역시 폴란드의 동부 국경선이 서쪽으로 더욱 향하는 대신 서부 국경선이 오데르강까지 확장되는 것에 동의하였다. 다만, 1944년 대통령 선거를 의식하여 폴란드 국경문제 획정에 공개적으로 참여하지는 않을 것이라고 말하였다.

(5) 기타

스탈린은 독일 패전 후 대일전에 소련이 참전할 것임을 재확인해 주었다.

4. 브레튼우즈회담(1944년 7월 1일~22일)

이 회담의 목표는 전후 각국의 통화안정을 도모하여 무역의 부진을 방지하고, 전후 부흥개발에 대한 국제투자에 질서를 부여하는 등 세계 평화에 기여하는 경제적 기초를 확립하는 것이었다. 영국의 제의로 국제부흥개발은행과 국제통화기금을 수립하기로 합의하였다. 미국은 양 기구에서 투표권의 1/3을 갖는 지배세력이 되었다. 소련은 미국의 지배에 반발하여 두 기구에 참가하지 않았다.

5. 덤바튼오크스회담(1944년 8월 21일~10월 7일)

전후 국제안보기구에 대한 구체적인 토론을 위한 회담이었다. 10월 9일 발표된 '일반국제기구의 설립에 관한 제안'(덤바트오크스제안)은 국제연합의 목적, 주요조직, 안전보장이사회의 구성등을 담고 있었다. 미국, 중국(미국의 지지), 프랑스(영국의 지지), 영국, 소련이 상임이사국으로 결정되었고 거부권을 부여하기로 하였다. 다만, 상임이사국의 거부권의 범위와, 소비에트연방구성국 16개국 모두에게 투표권을 부여할 것인가의 문제는 타결되지 못하였다. 얄타회담에서 거부권은 주요 문제에 대해서만 인정되고, 소련에게는 3개의 회원권을 부여하는 타협이 이뤄졌다.

6. 모겐소 플랜

미국의 전후 독일에 대한 구상은 이른바 '건설적 정책'과 '교정적 정책'이 대립하고 있었다. 전자는 독일의 부흥과 유럽경제와의 통합에 초점을, 후자는 독일공업의 엄격한 제한, 대규모 배상등에 초점을 맞추고 있었다. 재무장관 헨리 모겐소는 교정적 정책에 기초한 모겐소 플랜(Morgenshau plan)을 만들어 루스벨트와 처칠의 동의를 얻었다. 처칠은 차관을 공여받기 위해 동의는 하였으나, 독일의 무력화 정책이 중부 유럽에서 힘의 공백을 야기하여 소련의 진출을 불러 올 것이라고 우려하였다. 1945년 최종 확정된 미국의 대독일 정책을 담은 합동참모본부훈령 1067호(JCS/1067)도 모겐소 플랜에 기초하여 독일내 나치세력 제거, 비무장화, 철강공업과 화학공업의 해체, 통제경제, 제한된 경제부흥등을 담고 있었으나, 트루먼의 취임 이후 보류되었다.

IV 얄타체제의 형성과 균열

1. 의의

1945년 들어서 연합국의 승리가 가까움에 따라 미국, 영국, 소련 3국은 1945년 2월 4일부터 11일까지 회담을 갖고 추축국과의 전쟁 및 전후 국제문제해결에 관한 주요 결정을 내렸다. 이를 '얄타체제'라고 한다.

2. 당사국의 입장

영국은, 프랑스에게 줄 독일의 점령지역을 얻고, 소련의 폴란드에 대한 일방적인 지배를 저지하고, 대영제국에 대한 보호를 추구하였다. 소련은 전쟁으로 폐허가 된 소련 경제를 부흥시킬 배상금, 아시아에서의 국익의 증대, 폴란드에 대한 소련의 지배권 인정, 독일의 약화를 위해 회담에 참여하였다. 한편, 미국은 국제연합을 미국의 영향력하에 두고, 소련을 대일전에 참전시키며, 폴란드에서 공산주의 세력을 감소시키고, 중국을 강대국의 대열로 끌어 올리고자 하였다.

3. 폴란드 문제

폴란드 문제는 폴란드 정부수립 문제와 국경선획정 문제가 쟁점이었다. 미국과 영국은 친서방적인 런던임시정부, 친소적인 루블린 임시정부, 폴란드 내부의 정당 대표를 구성하여 자유선거를 통한 임시정부 창설을 주장하였다. 그러나, 소련은 폴란드 내의 현 친소 임시정부를 통한 정부수립을 주장하였다. 소련이 동부전선에 지배권을 갖고 있었고, 소련의 대일전 참전이 절박했던 미국이 소련에 양보할 수밖에 없었다. 한편, 소련과 폴란드의 국경은 소련의 주장대로 커즌(Curzon)선으로 획정되었으나, 독일과 폴란드 국경은 합의되지 못 하였다. 소련은 폴란드를 점령한 이후 일방적으로 나이저(Neisser)강을 국경으로 획정하였다.

4. 전후의 독일체제

영국은 미국과 소련의 독일 해체안을 받아들였다. 대신 프랑스도 연합국의 일원으로 점령지역을 할양받는 조건이었다. 미래에 독일이 공격하는 경우 영국의 부담을 줄이기 위해 프랑스가 군사적으로 강해져야 한다고 생각했기 때문이다. 더구나, 미국이 독일을 단기간 점령할 것으로 예상했기 때문에 프랑스 강화는 더더욱 절실한 문제였다. 한편, 독일의 배상금은 배상위원회(Reparations Commission)를 통해 협의하기로 하였다. 소련은 200억 달러의 배상금을 요구하였다.

5. 전후 국제안보기구와 신탁통치

루스벨트는 국제연맹 산하의 위탁받은 영토, 제2차 세계대전 중 적으로부터 빼앗은 영토, 자발적으로 국제신탁통치 밑에 놓인 영토들은 새로운 국제기구가 통제력을 행사하는 영토의 형태안에 포함되어야 한다고 생각하였으나, 처칠은 대영제국의 해체를 우려하여 반대하였다. 한편, 소련은 총회에서 3개의 투표권을 갖는 것과 절차문제에 대해서는 거부권을 행사하지 않는 것이 합의되었다.

6. 소련의 대일전 참전 협상

스탈린은 소련이 독일의 항복 후 2, 3개월 내에 대일전에 참전할 것을 약속하였고 쟝제스 국민당 정부와 우호동맹조약을 체결하여 국민당 정부를 중국의 합법적인 정부로 인정할 것을 약속하였다. 소련은 대일전 참전 대가로 러일전쟁에서 러시아가 상실한 영토 및 제권리를 환부받기로 하였다. 일본의 쿠릴열도의 할양, 외몽고에 대한 소련의 지배, 사할린 섬 남부의 소련에의 반환, 다롄항의 '국제화', 소련의 뤼순항 조차, 동만주, 남만주 철도의 중소 간 공동운영을 의미하는 것이었다.

7. 동맹체제의 분열

(1) 세력권문제

미국은 윌슨의 자유주의 영향으로 전후 어떠한 세력권도 인정하지 않고, 자유무역과 문호개방원칙을 적용하려고 하였으나, 영국과 소련은 전후 각자의 세력범위를 유지하고자 하였다. 처칠은 극동, 지중해, 페르시아만과 동유럽을 세력권으로 유지하고자 하여 국제연합에 의한 신탁통치에 강하게 반대하였다. 한편, 소련은 동유럽을 세력권으로 하고자 하였다. 루마니아, 유고슬라비아, 불가리아, 그리스 등에서 영국과 소련의 전쟁가능성이 있었으므로 루스벨트는 유럽에서의 세력권의 재분할에 동의하였다.

(2) 영국과 소련의 세력 범위 조정

처칠과 스탈린은 이른바 '퍼센트 협정'을 체결하여 동부, 남부 유럽에서 영국과 소련의 세력범위를 정하였다. 영국은 그리스를, 소련은 동유럽을 자신의 세력권으로 두고자 하였다. 루스벨트는 미국이 배제된 어떠한 세력권 협정도 인정하지 않을 것이라고 말했으나, 스탈린은 양자회담으로 소련의 팽창이 서방 측의 묵시적 동의를 얻었다고 생각하였다.

(3) 바르샤바 봉기

소련군이 바르샤바에 접근해 가자, 망명정부를 지지하는 폴란드인에 의한 바르샤바봉기가 발생하여 독일군에게 저항하였다. 그러나, 소련은 반소적인 망명정부 세력의 약화를 위해 진격을 멈췄고 독일군은 바르샤바봉기에 대해 무자비하게 진압하였다. 이로 인해 소련과 미국, 영국의 관계가 악화되었고, 루스벨트의 친소정책이 강하게 비판을 받기 시작하였다.

(4) 미국의 세력권 설정과 미영갈등

미국은 다른 나라들의 세력권 설정을 부인하면서도 자국의 세력권 형성과 팽창을 위해 부단히 노력하였다. 라틴제국에서 독일의 영향력을 배제하고 차관을 제공하여 영향력을 강화시켰다. 1945년 3월 채풀테펙(Chapultepec)협정을 통해 미국과 라틴아메리카의 지역방위동맹을 향한 진전이 이뤄졌다. 이탈리아에서는 소련의 영향력을 배제하는 한편, 태평양에서 일본의 식민지들을 미국이 확보할 것과, 일본을 미국이 단독으로 점령할 것을 강력하게 주장하였다. 아시아에서 영향력 강화를 위해 중국의 장제스와 동맹관계를 형성하고자 하였다. 중동석유를 놓고 영국, 소련, 미국이 경쟁하였다.

8. 포츠담회담

포츠담회담에서 미국의 전후 독일정책은 모겐소플랜과 JCS/1067로부터 재건정책으로 전환되었다. 독일의 해체와 거액의 배상금을 반대하고 전후 독일을 재부흥시키고자 하였다. 대소강경파인 트루먼은 독일을 재건하여 소련에 대항하게 하고자 하였기 때문이었다. 최종적으로 독일은 4개의 구역으로 분할되어 군정장관에 의해 통치하고, 단일 경제체제를 유지하며, 교통, 석탄, 농업, 공공설비산업들을 원상회복시키기로 하였다. 거액의 배상금 대신 점령지역으로부터 배상을 받도록 하는 대신 소련은 다른 3개 구역에 식량을 제공하기로 하였다. 한편, 폴란드 서부 국경은 오데르-나이세 선으로 정하여 독일 영토에 대한 폴란드의 잠식을 허용하였다. 소련은 이탈리아를 국제연합회원으로 받아들이는데 동의해 주었다. 소련의 대일전 참전이 재확인되었고, 영국과 미국은 일본의 무조건 항복을 요구하였다.

MEMO